RESHIT JOJMÁ

Rabí Eliyahu de Vidas

RESHIT JOJMÁ
— Principio de la sabiduría —

(Texto cabalístico del siglo XVI)

PORTAL DEL AMOR

EDICIONES OBELISCO

Si este libro le ha interesado y desea que le mantengamos informado de nuestras publicaciones, escríbanos indicándonos qué temas son de su interés (Astrología, Autoayuda, Ciencias Ocultas, Artes Marciales, Naturismo, Espiritualidad, Tradición…) y gustosamente le complaceremos.

Puede consultar nuestro catálogo en
www.edicionesobelisco.com

Colección Cábala y Judaísmo
Reshit *Jojmá* - Portal del amor
Rabí Eliyahu de Vidas

1.ª edición: julio de 2014

Título original: ראשית חכמה

Traducción: *Simja H. Benyosef*
Corrección: *M.ª Jesús Rodríguez*
Maquetación y diseño de cubierta: *Marta Rovira Pons*

© 2014, Ediciones Obelisco, S. L.
(Reservados los derechos para la presente edición)

Edita: Ediciones Obelisco, S. L.
Pere IV, 78 (Edif. Pedro IV) 3.ª planta, 5.ª puerta
08005 Barcelona - España
Tel. 93 309 85 25 - Fax 93 309 85 23
E-mail: info@edicionesobelisco.com

ISBN: 978-84-15968-17-7
Depósito Legal: B-13.760-2014

Printed in Spain

Impreso en España en los talleres gráficos de Romanyà/Valls, S. A.
Verdaguer, 1 - 08786 Capellades (Barcelona)

Reservados todos los derechos. Ninguna parte de esta publicación, incluido el diseño de la cubierta, puede ser reproducida, almacenada, trasmitida o utilizada en manera alguna por ningún medio, ya sea electrónico, químico, mecánico, óptico, de grabación o electrográfico, sin el previo consentimiento por escrito del editor. Diríjase a CEDRO (Centro Español de Derechos Reprográficos, www.cedro.org) si necesita fotocopiar o escanear algún fragmento de esta obra.

בס"ד

Bendición y aprobación del Rabino Daniel Dov Ber Stawsky –le conceda el Altísimo vida buena y larga– a la publicación del santo libro *El Principio de la sabiduría* del sabio y santo Rabí Eliyahu de Vidas de Safed traducido a la lengua española.

A Simja H. Benyosef, bendiciones y reconocimiento por el gran beneficio que ha logrado para el mundo con su traducción del *Portal del Amor*, que forma parte de la santa obra *El Principio de la sabiduría* –del sabio y santo Rabí Eliyahu de Vidas– al idioma de Rabí Yehudá haLeví y del Bet Yosef (Rabí Yosef Caro).

El sabio Rabí Eliyahu de Vidas, su mérito nos proteja, era el principal discípulo del experto en el estudio del Zohar y compilador de la tradición oral fidedigna: nuestro maestro Rab Moshe Cordovero, su mérito nos proteja, autor de la santa obra *Pardes Rimonim, Or Yakar*. El Rabí De Vidas era también discípulo principal del santo Bet Yosef (Rabí Yosef Caro), su mérito nos proteja, así como de su maestro y cuñado Rabí Shlomo haLeví Alkabetz, su mérito nos proteja, autor de *Lejá Dodí* (Ven, Oh Amado a recibir a la reina Shabat). Estos sabios iluminaron el mundo hace quinientos años de la ciudad santa de Safed.

Nuestro maestro, autor del *Principio de la sabiduría*, escribió su libro con la Inspiración Divina que infundió a todos sus capítulos con la intención de repartir pureza y santidad en el mundo.

Nuestros maestros nos enseñan que existen dos caminos en la vida: el camino del *conocimiento del bien y del mal* y –diferenciando el uno del otro– el camino del *Árbol del bien*.

El camino del Árbol del conocimiento del bien y el mal es el camino de la especulación intelectual (*nijúsh*) y la serpiente (*najásh*).

El camino del Árbol de la vida es el camino de la consagración (*kedusháh*) y el camino del Creador, Bendito sea.

Por lo tanto, hay quienes desarrollan el sentido especulativo del intelecto (*séjel*), como les sucede a la mayoría de nuestra generación en nuestro amargo exilio, y hay quienes desarrollan el sentido de la consagración (*kedushá*), como nuestro maestro, autor del *Principio de la sabiduría*.

Y ya lo explicó nuestro maestro el Baal Shem Tov, su mérito nos proteja, quien siguió los pasos marcados por Rabí Moshe Cordovero y el *Principio de la sabiduría*, que la pureza y el poder del amor y deleite con el cual el pueblo de Israel se dedica al servicio del Creador llegarán a afectar al mundo entero.

La traducción del *Portal del amor* al español ha de iluminar y depurar las almas para lograr la pureza y la santidad, y purificar al mundo, así sea Su voluntad.

Quiera el Todopoderoso que Benyosef pueda seguir dando a conocer sus traducciones realizadas con su habitual docta y certera pluma, con pureza y santidad, con salud y paz interior, así sea Su voluntad.

Sea el año nuevo colmado de bendición.

El Altísimo es nuestro Rey, bueno y compasivo.

Que sean sellados en el libro de la vida, con alegría y abundancia en todas las áreas.

Quien ansía con vosotros la reconstrucción del Santo Templo y la restauración total del Reinado del Todopoderoso con compasión,

Con calurosos saludos,

Daniel Dov haCohen Stawsky

ברכתו והסכמתו של הדב"ר סטבסקי שליט"א להוצאת הספר הקדוש ראשית חכמה להגה"ק רבי אליהו די וידאש מצפת בשפה הספרדית

לכבוד ידידי היקר שמחה בן יוסף הי"ו ברכות לעד וישועות:

דבר גדול פעל כבודו בעולם בתרגומו של שער האהבה מתוך הספר הקדוש ראשית חכמה מאת גאון עוזנו רבי אליהו די וידאש ללשון רבי יהודה הלוי והבית יוסף:

הגאון רבי אליהו די וידאש זיע"א היה גדול תלמידיו של שר בית הזוהר ומסכם השמועה הנאמנה בחכמת האמת, הלא הוא הגה"ק מורנו רבי משה קרדובירו זיע"א בעל סה"ק פרדס רימונים ואור יקר ועוד תלמיד מובהק למרן הבית יוסף הקדוש זיע"א ולרבו וגיסו רבי שלמה הלוי אלקבץ בעל לכה דודי זיע"א, והם פעלו והאירו את העולם לפני כחמש מאות שנה בעיר הקודש צפת:

מורנו בעל הראשית חכמה חיבר ספרו ברוח קדשו על כל שעריו כדי לפעול טהרה וקדושה בעולם:

שכן שתי דרכים יש בעולם: דרך עץ הדעת טוב ורע, ולהבדיל דרך עץ החיים:

דרך עץ הדעת טוב ורע היא דרך השכל והנחש:

דרך עץ החיים היא דרך הקדושה והיא דרך ה':

בעזרת מלך יחיד אל חי העולמים  יום רביעי י"ד כסלו תשע"ג

על כן יש המפתחים חוש לשכל והוא רוב הדור בגלותנו המרה, ויש המפתחים חוש לקדושה, כמורנו בעל ראשית חכמת הקדש:

וכבר ביאר מרן הבעש"ט הקדוש זיע"א אשר הלך בעקבות הרמ"ק והראשית חכמה, כי בטהרה וקדושת כח האהבה והתענוג ע"י בני ישראל בעבודתם – עתיד להתקדש כל העולם:

ותרגום שער האהבה ללשון ספרד יאיר ויעורר הנשמות לטהרה ולקדושה ויטהר את העולם, אבי"ר:

ויהי רצון שכבודו יוסיף לתרגם ולבאר ולפרסם בטוב טעם ודעת כדרכו בקודש מתורת הראשונים כמלאכים על זאת המגמה: טהרה וקדושה מתוך בריאות ונחת אמן סלה:

שנה טובה ומבורכת
ה' הוא המלך הטוב והרחמן

גמר חתימה טובה מתוך שמחה וטוב לב ה' מרב כל ומצפה יחד אתכם לבנין בית ה' ולגילוי מלכותו יתברך על הכל ברחמים

ידידכם
דב"ר הכהן סטבסקי

Dedicado a quien me dijo:
«¿Qué hacen los hombres,
que no corren para servir a *Hashem*?».[1]

---

[1]. En hebreo nos referimos a El Eterno con la palabra *Hashem*, que literalmente significa 'El Nombre', y así lo haremos en esta obra.

RABÍ JAIM P. SHEINBERG

Rosh Yeshivat «Torá-Or»
Moré Horaá De Kiryat Matersdorf, Jerusalén

Rosh Jodesh Jeshván 5760
(10 de octubre de 1999)

Reshit Jojmá se enmarca en la tradición de las grandes obras de *musar* (ética). El propósito principal de este santo libro es ofrecer al lector una línea directriz para modificar su conducta y acercarse al Altísimo, Bendito sea. Además, sirve como preparación para obtener acceso a la sabiduría mística de la Torá.

El lector se siente imbuido de temor reverencial ante esta única oportunidad de vislumbrar un servicio Divino que, desde nuestra situación de ceguera espiritual, se nos hace perteneciente al ámbito de lo inimaginable. Y sin embargo, debemos tener presente lo que el autor, Rabí Eliyahu de Vidas, nos recuerda: «la Causa de las causas ilumina todos los mundos, y cada cual se vinculará apasionadamente a su Hacedor según el nivel espiritual que sus esfuerzos personales le hayan permitido alcanzar».

El traductor, que una vez más ha proporcionado un gran servicio a quienes desean elevar su nivel de conciencia Divina, merece nuestra aprobación por su excelente trabajo.

Que la Comunidad de Israel encuentre verdad y tranquilidad en su importante labor; que produzca muchos más libros de esta clase y aumente la santificación del Nombre del Eterno, y que todos juntos merezcamos recibir al *Mashíaj* (Mesías), en cuya época todos los hijos del Altísimo se llenen de *da'at* (conocimiento) de *Hashem*.

Con bendiciones desde Jerusalén.

Prefacio

(por un eminente rabino
y cabalista de nuestros tiempos)

Reshit Jojmá fue escrito por Rabí Eliyahu de Vidas, uno de los mayores cabalistas del siglo XVI de Safed, que fue discípulo de dos gigantes de la Cabalá: Rabí Moshé Cordovero y Rabí Itzjak Luria. Una gran parte de *Reshit Jojmá* se basa en enseñanzas éticas e instrucciones prácticas derivadas del Zohar.

Reshit Jojmá gozó de un gran renombre, popular como una obra de erudición, desde su primera impresión. Sabios de Israel de diferentes generaciones han alabado el *Reshit Jojmá*, subrayando el gran beneficio que produce su estudio. Una de las aprobaciones más entusiastas es la de Rabí Jayim Palachi, del siglo XVIII, autor de la obra *Caf HaJayim*. Rabí Palachi le recuerda al lector la importancia de estudiar a diario libros de *musar*-ética. En particular, añade, se ha de estudiar el santo libro *Reshit Jojmá* todos los días, y al terminar, se ha de volver al principio y comenzar de nuevo, y así una y otra vez.[2] Otra alabanza, del sabio del siglo XVI conocido por el nombre de Shelá, lo menciona como guía para llegar a la purificación de las partes de cuerpo físicas y espirituales, en búsqueda de *da'at* (conocimiento del Altísimo) y *devekut* (vínculo apasionado) con D-s.

En la introducción a su *Sefer Jasidim*, Rabí Iehudá HeJasid («el piadoso») declaró que el libro fue escrito para los rectos; otros se burlaban de sus palabras. Si esto se dijo de *Sefer Jasidim*, no cabe duda de que *Reshit Jojmá* («El principio de la sabiduría») es estrictamente para los rectos.

---

2. *Motsae Shabbat*: 31:54.

El mismo Rabí Eliyahu de Vidas dice a sus lectores el objetivo de su libro: «Se recibió el permiso de publicar el libro de mi maestro, *Pardés Rimonim* (palacio de las granadas), y la verdad es que quien trate de adquirir la sabiduría esotérica de la Torá sin *teshuvá*-arrepentimiento, nunca logrará penetrarla. Por lo tanto, mi propósito al componer este libro fue explicar los preliminares que han de adquirirse para ganar acceso a la sabiduría de la Cabalá».

Es sabido que Rabí Iosef Jayim de Bagdad (conocido como «el Ben Ish Jai») –un Gaón, autoridad *halájica,* rabínica y cabalista– escribió en sus *responsa* (decisiones legales) que las enseñanzas de la Cabalá no había que traducirlas a ningún idioma. La razón es que la Cabalá es una sabiduría secreta del pueblo judío. No deben estudiarla los que no tengan erudición de la Torá, y por supuesto tampoco los no judíos.[3] Por lo tanto, es con cierta trepidación que se ratifica la traducción de una obra tan santa. Asimismo, como la Cabalá trata de dimensiones y relaciones abstractas es importante que se comprenda correctamente y que no se cometan errores.

La intención del traductor fue la de utilizar la poderosa pureza de esta profunda obra para penetrar en los corazones de los judíos, quienes por falta de conocimientos y a causa de intensas influencias ajenas se han apartado del camino de la Torá, y de infundirles la energía de nuestra maravillosa herencia judía.

Esto es como coger un diamante de la corona de un gran rey, pulverizarlo y preparar con ello un medicamento para sanar al hijo moribundo del rey. Por supuesto, el rey sacrificará de buena gana la joya más preciosa de su corona para salvar la vida a su hijo. Así también, podía alegarse que actualmente la vida espiritual de los judíos está en peligro, hasta el punto de que hay que utilizar la medicina más potente para salvarlos, incluso traducir nuestros más santos libros y revelar sus secretos.

Los corazones de nuestros hermanos que se han apartado del judaísmo se han congelado. Para calentarlos y salvar sus almas hemos de penetrar directamente en lo más profundo de sus corazones. Esto se logra utilizando nuestra poción espiritual más potente y santa. En la presente situación nada más podrá ayudar.[4]

---

3. *Rav Pea'lim* 1, *Oraj Jayim* 56.
4. *Véase* la introducción del impresor del *Sefer Elimá* del Ramak.

No obstante, no podemos utilizar este argumento para traducir y enseñar conceptos luriánicos abstractos y sofisticados a los que no tienen calificación rabínica o no se encuentran en el peldaño más elevado de la escala del perfeccionamiento de los rasgos de carácter. Como ha dicho el rey David, «el secreto del Altísimo está con los que le temen»:[5] los secretos del Creador están dirigidos sólo a los que Le temen. Sin embargo, no hay inconveniente en traducir la forma de conceptos básicos de Cabalá que usa el *Reshit Jojmá*, entremezclados con sus lecciones de *mussar*, que pertenecen sobre todo al servicio de D-s, el cumplimiento de las *mitzvot*, y la corrección de los rasgos de carácter, en particular si el propósito es atraer a nuestros hermanos para que regresen al judaísmo.

El traductor ha tenido gran cuidado de no traducir los conceptos cabalísticos literalmente, evitando así que se pueda malinterpretar algún concepto al atribuirle erróneamente una cualidad física. Por esta razón, cada concepto básico ha recibido un título que define su principio general, para que los conceptos permanezcan al nivel espiritual.

Muchos de los procedimientos y las costumbres que el *Reshit Jojmá* recomienda y alaba no son para los que no pasan la mayoría de su tiempo estudiando Torá, sino para los eruditos de la Torá que hayan alcanzado un alto grado de piedad. Por ejemplo, el texto alaba a los que se levantan a medianoche y estudian Torá hasta el amanecer. Es evidente que esta costumbre sólo puede ser practicada por una eminente personalidad rabínica cuyo recto comportamiento y carácter complementen esta costumbre. La persona que no ha llegado a este nivel y, no obstante, adopta esta costumbre es como el hombre que se pone la corbata antes que el resto de la ropa.

Sin embargo, hay personas que, aunque no tienen conocimientos profundos de Torá, se esfuerzan constantemente en mejorar. Es posible que tales personas sientan el deseo de despertarse para la oración de medianoche y llorar por la destrucción del Templo y el exilio de la *Shejiná*. En cambio, los que se sientan orgullosos de levantarse a medianoche y crean que es la manera más rápida de ascender en la escala espiritual, mientras descuiden obligaciones más básicas y prosaicas, no llegarán muy lejos.

Por lo tanto, el lector debe reconocer su propio nivel y abstenerse de adoptar las costumbres mencionadas en este libro sin considerar primero si está preparado para hacerlo. Es preferible que consulte a un rabino para

---

5. Salmos 25:14.

que le dirija. La actitud correcta es utilizar el conocimiento de los excelsos conceptos para despertar al arrepentimiento y al perfeccionamiento espiritual.

* * *

Uno de los temas fundamentales de la Cabalá y un tema principal del *Reshit Jojmá* es el propósito esencial de nuestro servicio de D-s consiste en unir a *Kudsha Brij Hu* (el Altísimo) y *Shejinte* (la Presencia Divina). ¿Cómo puede reconciliarse esto con nuestra creencia absoluta de que el Creador es Uno, como lo proclamamos de todo corazón todos los días: «*Shema Yisrael, Hashem Elokenu, Hashem ejad*»? («Escucha, Oh Israel, el Altísimo es nuestro Creador Todopoderoso, el Altísimo es Uno»).

La explicación es que el Altísimo se revela a distintos niveles de la creación. La revelación más elevada, que queda en el ámbito espiritual de los mundos celestiales, se denomina *Kudsha Brij Hu*. La revelación del Altísimo según la capacidad de nuestro concepto de este bajo mundo se llama *Shejinte*. Esto puede comprenderse si imaginamos a un rey que, en público, aparece vestido con su corona y su atavío real, sin embargo, en casa con su familia, sólo lleva sus vestiduras diarias y se comporta sin ceremonia.

De igual modo, *Shejinte* es una revelación de D-s en este bajo mundo, en que está Él, oculto bajo Su manto real. No obstante, cuanto más se acercan los súbditos a su Rey, más se les revela Él a ellos.

La trasgresión separa la revelación más elevada de la menor y distancia la una de la otra. En cambio, cumplir la voluntad del Todopoderoso intensifica la conexión entre ambos niveles. Esto causa que la revelación más elevada enfoque su luz hacia la menor, en una relación de dar y recibir simbolizada por el acto de dar masculino y el de recibir femenino, como el sol que ilumina la luna y la luna que refleja la luz del sol. A esto se refiere el *Reshit Jojmá* al hablar de *Kudsha Brij Hu* y *Shejinte*.[6]

Éste es un ejemplo del modo en que los profundos conceptos de *Reshit Jojmá* han de comprenderse.

Le deseo suerte al traductor y pido que sólo tenga buenos resultados de su trabajo.

---

6. *Véase* Rabí Tzadok de Lublin, *Dover Tzedek*.

Portal del Amor

Introducción a la edición española

El Principio de la Sabiduría del rabino Eliyahu de Vidas es una obra santa dividida en «portales», a saber: Temor, Amor, Arrepentimiento, Santidad y Humildad. Con profundo agradecimiento al Creador, presentamos al lector la versión castellana del *Portal del Amor*. La versión que ofrecemos aquí no abarca el texto original completo del *Portal del Amor* ya que nos hemos limitado a las secciones que se adaptan a la comprensión de estas profundas enseñanzas en traducción.

Poco se conoce sobre la vida de Rabí De Vidas. Nació en Safed (Tz'fat), y quedó huérfano muy joven. Durante su niñez sufrió una pobreza extrema. *El Principio de la Sabiduría* fue su obra más importante: la completó en Safed en 1575, y su primera impresión fue en Venecia en 1579. Al final de su vida se trasladó a Jebrón, y llegó a ser uno de los principales rabinos de la ciudad, donde falleció en 1587.[7]

Rabí de Vidas fue el discípulo más destacado del rabino Moshé Cordovero *(Ramak)*. Este último fue el maestro de la Cabalá en el Safed del siglo XVI, hasta la llegada del rabino Itzjak Luria, el santo Arí.[8] También

---

7. La sepultura de Rabí Eliyahu de Vidas puede visitarse en el antiguo cementerio de Jebrón. Se puede ir en grupos organizados, también es posible ir en autobús y bajarse en la parada de *Bet Hadassa*. Sin embargo, si se vaen autobús, es preferible ir acompañado de alguien que conozca el camino al antiguo cementerio.

8. Nos referiremos al santo Arí como «Arizal» así como en hebreo. Al mencionar el nombre de un *tzadik* suele pronunciarse la partícula *zal*, producto de la unión de las letras iniciales de la expresión *zijronó librajá*-de santa memoria, y así lo haremos.

Rabí De Vidas fue estudiante del Arizal, a quien llamaba «mi maestro», así como de Rabí Abraham Berujim,[9] el cabalista de Safed de quien se dijo que tuvo una visión de la *Shejiná*.

Los escritos de Rabí de Vidas iban dirigidos a lectores familiarizados con los conceptos básicos y las interrelaciones de la Cabalá. A continuación, se resumen los principios cabalísticos necesarios para comprender su obra. No es un compendio de todas las enseñanzas de la Cabalá, sino tan sólo un núcleo esencial para comprender el presente trabajo.

Komá rujanit
Estructura espiritual de la unificación

Antes de que tuviese lugar la Creación, lo único que existía era *Ein-Sof*: la Infinita Luz del Ser Supremo. Por lo tanto, cualquier discusión sobre la obra de la Creación comienza por *Ein-Sof*. Esta luz del Infinito es absolutamente simple, sin matices. Mientras ésta existiese en su plenitud nada más podría existir.

La Creación comenzó con la contracción de esa Luz Infinita. Sin embargo, la existencia del mundo tal como lo conocemos seguía siendo imposible debido a la increíble intensidad de dicha luz. En consecuencia, el *Ein-Sof* debía ser velado. El cabalista Rabí Moshé Jaim Luzzato *(Ramjal)* comparó la atenuación de la luz de *Ein-Sof* con una llama protegida por muchos velos. La luz difusa que se percibe a través de los velos no afecta de ningún modo a la intensidad de la llama original.

La serie de velos creados por el Creador Todopoderoso a fin de ocultar Su Luz son cuatro mundos espirituales, cada uno de los cuales esconde al *Ein-Sof* con una opacidad creciente, hasta volverlo casi imperceptible. El más elevado de estos mundos es *Atzilut* (Cercanía); le siguen *Beriyá* (Creación), *Yetzirá* (Formación) y *Asiyá* (Acción). La relación entre el Altísimo, la Creación y el ser humano se establece a través de los mundos celestiales.

Nos advierte Rabí Aryeh Kaplan *(z'l)* acerca de las *sefirot*-emanaciones a través de las cuales el Todopoderoso se relaciona con nosotros:[10]

---

9. Falleció en Safed alrededor de 1593.

10. Rabí Aryeh Kaplan, *Innerspace: Introduction to Kabbalah, Meditation and Prophecy*, p. 103, editado por Rab Abraham Sutton (Jerusalén, Maznaim,1990). Mis traducciones de los nombres de las *sefirot* se desprenden de las de Rabí Kaplan.

> Las sefirot [...] son similares a los cables de un teléfono. Al llamar a un presidente, no presentamos nuestros respetos a los cables telefónicos, pese a que son instrumentos necesarios para la recepción del mensaje.

Las *sefirot* se vinculan entre sí para formar entidades espirituales íntegras cada una de las cuales tiene la capacidad de recibir Luz Divina y de trasmitirla a la entidad inferior a ella que, a su vez, la trasmitirá hasta llegar al pueblo de Israel. Este concepto de entidad divina colectiva se denomina *partzuf*, palabra hebrea que desafía la traducción. El *partzuf* se compone de diez *sefirot* interconectadas; el ejemplo más básico de *partzuf* es el cuerpo humano. Si definiéramos el cuerpo como una serie de partes, la definición sería inexacta ya que le falta el elemento principal: estas partes de cuerpo han de estar interconectadas para cooperar entre sí como parte de la entidad colectiva armoniosa que es el ser humano.[11]

Si analizáramos al ser humano en tanto *partzuf*, diríamos que su cabeza corresponde a *Jojmá* (sabiduría), *Biná* (entendimiento), y *Daat* (conocimiento); su brazo derecho es *Jesed* (bondad), su brazo izquierdo *Guevurá* (limitación), su tórax o corazón es *Tiferet* (armonía), su pierna derecha es *Netzaj* (dominio), su pierna izquierda es *Hod* (empatía), y su órgano reproductor es *Yesod* (fundamento). Como está conectado a su Creador por encima de él, es *Keter* en su cabeza quien le confiere realidad.

El *partzuf* espiritual ha de tener su parte superior, su parte central y su parte inferior, así como también su derecha, izquierda y centro. La parte superior derecha es *Jojmá*; la parte superior izquierda es *Biná*, y la parte superior central es *Daat*. La mitad derecha es *Jesed*; la mitad izquierda es *Guevurá*; y la central es *Tiferet*. La parte inferior derecha es *Netzaj*; la inferior izquierda es *Hod*, y la inferior central es *Yesod*. Ahora bien, como declara el *Sefer Yetzirá*, «existen diez *sefirot*, y no nueve ni once», La décima *sefirá* que enlaza a las nueve *sefirot* puede ser una de las dos posibilidades siguientes: sea *Keter* (corona) cuando el *partzuf* o entidad íntegra esté conectado a otro *partzuf* por encima de éste, o *Maljut* (reino) cuando esté conectado a otra entidad íntegra bajo la primera. Así como

---

11. Se encuentran más explicaciones acerca del concepto de *partzuf* al principio del capítulo VI, en la sección: «El ser humano: réplica del mundo». El Apéndice II se centra en la incidencia del concepto *partzuf* para la trasmisión de Cabalá.

hemos indicado acerca del hombre, el concepto de *partzuf* consta de diferentes partes que han de vincularse una con otra para formar una entidad íntegra coherente más allá de la suma de sus partes.

En la etapa inicial de la Creación, las *sefirot* eran entidades fragmentadas que se centraban en partes específicas de una entidad íntegra. En la segunda etapa de la Creación, las *sefirot* individuales se unieron para formar cinco entidades íntegras, o *partzufim*.

Keter se convierte en un *partzuf* que simboliza la merced Divina sin mitigación. *Keter* es la interfaz entre *Ein-Sof*, el Creador y la Creación.

Keter representa la voluntad Divina, constituye el propósito de la Creación de beneficiar al ser humano con el bien fundamental, apegándose al Todopoderoso por sus propios esfuerzos. Nos es imposible profundizar en el propósito Divino de la Creación, ya que así como el Altísimo es infinito también lo es Su voluntad, y sobrepasa nuestro entendimiento. La voluntad Divina representada por *Keter* funciona de dos maneras. La primera trasciende las leyes lógicas de la Creación pudiendo actuar sin ellas. En el segundo aspecto de *Keter*, la voluntad Divina se manifiesta a través de las leyes lógicas de Su Creación.

Jojmá se convierte en un *partzuf* que simboliza las Fuerzas Masculinas de la Creación. La Creación comienza al nivel de *Jojmá*. El término «masculino» en Cabalá expresa la acción de dar, mientras que el «femenino» indica la capacidad de recibir. *Biná* se vuelve un *partzuf* que representa las Fuerzas Femeninas de la Creación.

Las seis *sefirot* (*Jesed, Guevurá, Tiferet, Netzaj, Hod* y *Yesod*) constituyen un *partzuf* que representa las Fuerzas Masculinas de la Providencia Divina. El *Ramak,* que como hemos indicado, fue el maestro de Rabí de Vidas, usa el nombre de la *sefirá* central de estas seis, *Tiferet,* como palabra colectiva para facilitar la referencia a las Fuerzas Masculinas de la Providencia y nosotros seguiremos su ejemplo.

La *sefirá Jesed* significa «bondad». Los conceptos de *ahavá* (amor) y de *Jesed* tienen su origen en la misma raíz espiritual. En este mundo, la *sefirá* de *Jesed* se manifiesta como amor.

Maljut es una *sefirá* femenina en el sentido de que la iluminación se procesa dentro de ella de un modo similar al proceso de gestación en una madre. Ninguna *sefirá* puede tener efecto en los mundos inferiores al de *Atzilut*, hasta que no se combine e integre con las demás en la proporción exacta requerida por los mundos inferiores.

Maljut no tiene luz propia, sino que es un recipiente perfecto que recibe la iluminación de las *sefirot* que se encuentran por encima de ella. Cada una de las *sefirot* la infunde con su luz característica, y todas están incluidas en ella. *Maljut* simboliza las Fuerzas Femeninas de la Providencia que permiten al ser humano recibir la energía luminosa procedente de las Fuerzas Masculinas de la Providencia.

Encontramos en el Zohar un ejemplo que puede ayudarnos a apreciar la providencia al nivel de *Maljut* en comparación a la que proviene de *Tiferet*.[12]

> La *Shejiná* [es decir, *Maljut*, asciende a unificarse con *Tiferet* en el momento de las tres oraciones] y en Ella está grabada la imagen de todas las entidades espirituales [los mundos espirituales, las sefirot-emanaciones] así como todos los Nombres Divinos [ya que cada sefirá se vincula con un Nombre Divino particular]. En [la *Shejiná* también] están grabadas las almas de los Hijos de Israel, los ángeles y jayot-seres angélicos [y con Ella ascienden en el momento de la oración].

Pregunta Rabí Shimon a Rav Hamnuna el Anciano, con quien está hablando:

> Se levantó Rabí Shimon y dijo: Anciano, anciano, [¿cómo es posible lo que ha dicho que en la *Shejiná* están grabados los mundos espirituales *Beriyá*-formación, *Yetzirá*-creación y *Asiyá*-acción?] ya que la *Shejiná* se unifica con el Creador Todopoderoso en el mundo de Atzilut-cercanía [en el momento de la oración silenciosa. Por lo tanto,] ¿cómo es posible que estén grabadas en Ella las formas de las entidades espirituales inferiores [así como los mundos, o los ángeles] que no comparten Su excelsa esencia?
>
> Le dice [Responde el abuelo con una parábola:] Rabí, [puede comparase a] un rey sentado en su palacio, y entran a verle diversas personas. Hay quienes se fijan en los ropajes reales que viste; otros se fijan en la belleza de su apariencia [es decir, los que tratan de percibir una imagen menos superficial del rey;] hay otros que

---

12. *Tikunei Zohar*, tikun 22, p. 65.

se fijan en sus obras [es decir, la forma en que dirige su gobierno] y por supuesto, en sus obras se revela quién es el rey [ya que se vislumbra la grandeza del rey a través de su comportamiento con sus súbditos y ministros]. Los ropajes del rey son diversos y los que viste por la mañana no son como los que viste por la tarde; así también, los ropajes que viste un día no son iguales a los que viste al siguiente. Todos los días, todos los meses, todos los años, todos los días de Shabat y Yom Tov-festivos, se cambia de ropajes; [por lo tanto, no son los ropajes que revelan la grandeza del rey, sino sus obras y su forma de manejar el gobierno].

Rabí Frish explica la parábola.[13] El rey sentado en su palacio es el Creador Todopoderoso que se unifica con la *Shejiná* –quien es Su hejal-santuario. La gente que viene a visitarle son los tzadikim-rectos que merecen elevarse y captar una percepción más profunda del Altísimo. Hay rectos que contemplan los ropajes del rey, es decir la forma externa en que se manifiesta Su Providencia; hay quienes contemplan la belleza de su apariencia –es decir, que estudian las sefirot-emanaciones; y hay quienes se fijan en Sus obras y no cabe duda que es ahí donde más se revela quién es el rey ya que los ropajes cambian constantemente. Aprendemos del Ari z'l que cada tefilá-oración cumple un propósito distinto y en cada tefilá se elevan chispas de luz Divina que hasta ese momento nunca habían sido rectificadas [desde el proceso que antecedió al de la Creación] y de éstas depende en gran parte la shefa que bajará a través de dicha tefilá y la que se extenderá hacia abajo. Debido a esto, no hay tefilá que se asemeje a otra, y la tefilá diaria no llega a la de rosh jodesh-el principio del mes lunar, ni a las de Shabat y Yom Tov-días festivos ya que cada tefilá contiene elementos espirituales distintos que se han elevado a través de ésta y afectan al modo en que se renueva el tiempo y el din-justicia estricta se suaviza, dando lugar a la compasión Divina hacia la creación.

[Todo lo que acabamos de decir acerca del Creador Todopoderoso] también se aplica a la *Shejiná*, y Ella también tiene diversos ropajes de los cuales el Creador Todopoderoso creó el mundo del Trono [que es *Beriyá*,] los ángeles, jayot y serafim

---

13. Acerca de Rabí Frish, *véase* la sección «Sobre la presente traducción» al final de esta introducción.

[del mundo de *Yetzirá*} así como el cielo y la tierra [del mundo de *Asiyá*]. Todos estos elementos los creó el Creador Todopoderoso de los ropajes de la *Shejiná* e inscribió a cada uno de éstos en dichos ropajes, que constituyen la fuente celestial de dichos elementos. De este modo, la *Shejiná* se encargará de observar y dirigir a todas las criaturas de los mundos inferiores, y compadecerse de ellos, imbuyéndolos con la shefa proveniente de su fuente celestial en *Maljut*.

Hay una alusión a este misterio en el versículo [acerca del arco iris, en Génesis 9:16] y Yo lo contemplaré para recordar el pacto eterno. [Dice la *Shejiná*] «Al contemplar esos ropajes, [recordaré a todos los seres de los mundos *Beriyá*, *Yetzirá* y *Asiyá*, que están inscritos en ellos], y estos ropajes brillan cuando los Hijos de Israel los iluminan con sus buenas obras [a consecuencia de las cuales *Maljut* recibe shefa para distribuirla]. Por el mérito de sus buenas obras el Creador Todopoderoso se apiada [de todos los seres de los mundos inferiores].

Y si [los Hijos de Israel –no lo permita el cielo] cometen actos reprobables [que afectan a la *Shejiná*], Ella se reviste de ropajes distintos, de color negro [que aluden a las fuerzas de contaminación espiritual que se adhieren a Ella] en los que están inscritas todas las fuerzas de impureza llamadas "noche", [a las que alude el versículo Cantar de los Cantares 3:8, Cada hombre tiene su espada sobre sus lomos, por las acechanzas de la noche] con las que ejecuta la justicia en el mundo, y en esos tiempos, les dice la *Shejiná* a los Hijos de Israel [Cantar de los Cantares 1:6] No me miréis así porque soy morena».

Aunque deseo no sobrecargar al lector con información técnica antes de comenzar con el texto, es imprescindible presentar el vínculo de los *partzufim* al Nombre Divino Especial (el Tetragrama), ya que esto nos ayuda a vislumbrar el sistema de Providencia Divina y la manera en que se relaciona con nosotros.[14]

El puntito que inicia la formación de la letra *Yud* del Tetragrama [representa a] *Keter*, y nunca se separa de *Jojmá*, [representada por la misma *Yud*], sino que permanece unido a ella con amor. [Esto se debe

---

14. El texto que sigue proviene del Zohar, *Vaetjanan* p. 267b, y aparece en el segundo capítulo del *Portal del Amor*.

al amor que existe entre *Keter* y *Jojmá*, porque de igual modo que *Jojmá* ansía recibir la luz de *Keter*, ansía *Keter* de infundir su energía a *Jojmá*].

La letra *He* [representa al *partzuf Biná*]; hemos establecido que la *Yud* no se separa de ella. [*Yud* y *He* - *Jojmá* y *Biná* representan las Fuerzas de la Creación Masculinas y Femeninas, y nunca se separan. La relación entre las letras] *Yud* y *He* nos recuerda el versículo,[15] «del Edén surge un río», [es decir, las fuerzas de *Biná* surgen de *Jojmá*. De igual modo que la *Yud* y la *He* están vinculadas con amor, permanece el río vinculado al Jardín del Edén a través de su fuente].

Las letras *Vav* y *He* [del Santo Tetragrama aluden a *Tiferet* y *Maljut*, y] cuando se apegan la una a la otra, se apegan con el amor de una pareja de novios [es decir, como a consecuencia de la destrucción del Templo, en nuestro tiempo la unión entre *Tiferet* y *Maljut* no es continua sino que se unifican (en los momentos en que los Hijos de Israel participan en las *tefilot*-oraciones diarias), se distancian (al terminar la *tefilá*) y luego vuelven a unificarse (en la próxima *tefilá*)], su amor se renueva constantemente [así como el de los novios en la *jupá*-unión matrimonial].

El profeta Eliyahu compuso una oración que, como señala Rabí Kaplan, incluye todos los elementos de la Cabalá:

> ¡Señor del mundo! Tú eres Uno e indivisible. [...] Tú fuiste quien emanó diez rectificaciones y las llamaste diez sefirot para dirigir a través de ellas los mundos que no son revelados y los mundos revelados, y a través de ellas estás oculto del hombre. [...] Tú eres quien las dirige y no hay nada que Te dirija a Ti. [...] Les hiciste ropajes (los mundos celestiales) de los cuales provienen las almas humanas. [...] Cada sefirá corresponde a un Nombre Divino específico [...] pero Tú estás por encima de todo Nombre ya que Tú eres quien llenas los Nombres y Tú eres quien los completa y perfecciona a todos. Por tanto cuando Te ocultas de ellas (impidiendo que las penetre Tu luz) todos los Nombres quedan como cuerpo sin alma (así como recipientes vacíos). [...]
>
> «*La voz de Mi amado llama*» con las *Cuatro Letras de Su Nombre* (paralelas a las Cuatro Letras del santo Tetragrama

---

15. Génesis 2:10.

que se asocian con *Tiferet* y a las que se refiere el Zohar como *Kudsha Berij Hu* –en hebreo *Hakadosh Baruj Hu*– el Altísimo) diciendo (a *Maljut* – la *Shejiná*) «*Ábreme, Mi hermana, Mi amada, Mi paloma, Mi perfecta [tamati]*», (¿Por qué la llama «Mi perfecta» – *tamati*?) *Porque: «el castigo de tu iniquidad está cumplido [tam], O hija de Sión* (*Maljut* o la *Shejiná*). *No te llevaré más al cautiverio»* (Lamentaciones 4:22). […]

Le dice el Altísimo: desde que se destruyó el Bet haMikdash-santo Templo (y el pueblo de Israel partió al exilio) ¿crees Tú que Yo subí a Mi Hogar (alusión al Templo celestial y a la unificación permanente de *Jojmá* y *Biná*)? ¡No es así! No he subido allá desde el momento que partiste en exilio.

Observamos de esta cita que al referirse al exilio, Eliyahu no parece distinguir entre el pueblo de Israel y la *Shejiná*. El cabalista del final del siglo XIX Rabí Iehudá Fetaya da un ejemplo para ayudarnos a comprender:[16] Imaginen que todo el pueblo de Israel está reunido en un valle en el frío del invierno, tratando de calentarse con la luz del sol. Desafortunadamente, una pesada nube los cubre, y los rayos del sol que logran penetrarla son pobres y escasos. La nube representa la barrera creada por nuestras trasgresiones que nos separan del Todopoderoso. La luz débil que llega a ellos representa a *Maljut*, afectada por la impureza que nos contamina a consecuencia de nuestras trasgresiones. Como resultado, el aspecto de *Maljut* vinculado con los Hijos de Israel está distanciado de los niveles más excelsos de revelación divina con la intención de impedir que las fuerzas de impureza deriven sustento de la luz Divina. La alegoría de Rabí Fetaya nos ayuda a captar que la luz bajo la nube –el aspecto exiliado de *Maljut*– es la misma que la radiante luz del sol –el aspecto celestial de la revelación divina–, y que su estado de escasez y mengua sólo refleja nuestros errores.

El Emanador, bendito es, se revela a través de *Maljut,* condensando la luz divina para que pueda revelarse ésta. Por lo tanto la *Shejiná* lleva el nombre *Maljut* porque la luz de esta revelación es como la presencia del

---

16. Rabí Fedaya escribió un comentario cabalístico al Zohar a la edad de dieciocho años, pero no quiso publicarlo porque sintió que sería considerado gran osadía si un simple muchacho se atrevía a interpretar el santo Zohar. No obstante, poco tiempo después tuvo la visita de un gran cabalista de su época que le dijo que acababa de tener un sueño con Rabí Shimón bar Iojái, quien pedía publicase su interpretación del Zohar de inmediato. El ejemplo que citamos proviene de su obra *Minjat Yehudá*.

melej-rey entre sus súbditos. Nos referimos a *Maljut* con el Nombre *Ado-nai*, que, literalmente, significa 'mi señor'.

Para referirnos al Todopoderoso, decimos *HaShem* que, literalmente, significa 'El Nombre'. Señala el gran cabalista de principios del siglo XX, Rab Shlomo Eliashiv, que si entramos en una casa buscando a alguien, hemos de decir su nombre para que aparezca.[17] Dos versículos nos ayudan a captar la idea de que al hablar del Nombre del Todopoderoso nos referimos a *Maljut*:[18] *El Altísimo está en Su santo Santuario (hejal)*, y también:[19] *El Altísimo está en Su sagrado Santuario*. El Nombre Divino de estos dos versículos es el santo Tetragrama con sus cuatro letras *yud – he – vav y he*, pero al leer este Nombre decimos *Ado-nai* con sus cuatro letras *alef dalet – nun y yud*. El valor numérico *(gematriá)* de este último es 65. Los versículos nos revelan donde se encuentra el Todopoderoso –en Su Santuario–; pero la palabra hebrea *hejal*-Santuario tiene el valor numérico 65. Como se explicará más adelante, el Nombre *A-do-nai* es el Santuario en el que se revela el Rey.

La fuente Divina del ser humano se denomina «la raíz» de su alma. Explicó Rabí Jaim Vital que la raíz del alma de Israel se encuentra muy elevada en el mundo de *Atzilut*.[20] El canal del alma se extiende desde su raíz, atravesando todos los mundos hasta alcanzar el cuerpo humano. Al nivel de su raíz celestial cada alma de Israel está vinculada a los Nombres Divinos y su cumplimiento de la Torá contribuye a realizar la unificación del Nombre Divino. A medida que intensifica el hombre su cumplimiento de la Torá va ascendiendo su alma de nivel a nivel –ya que posee una raíz especial en cada mundo celestial– y va adquiriendo a la par un grado superior de conciencia Divina.

Por encima de la nube, enseña el Arizal, la unificación es perfecta entre el Altísimo y la *Shejiná*, así como decimos al final de nuestra *tefilá* diaria en *Aleinu leshabeaj: Su Shejiná*-Presencia Divina *está en las alturas celestiales*. Nuestro deber y deseo es de atraer la unificación celestial hacia

---

17. La explicación que sigue acerca del Nombre del Todopoderoso es adaptada de las enseñanzas de Rabí Shlomo Eliashiv en *Leshem shebo veAjlamá, hakdamot: shaar zain perek he*, pp. 86 y ss.

18. Habakuk 2:20.

19. Salmos 11:4.

20. Explicación basada en *Shaaré Kedushá* (4:3), de Rabí Jaim Vital, principal discípulo del Arizal y coetáneo de Rabí de Vidas.

abajo para que también abarque a *Maljut* o *Kneset Israel*-las almas de Israel en este mundo.

Shir haShirim-el Cantar de los Cantares ilustra el dolor del distanciamiento entre *Tiferet* –la voz masculina del Cantar– y *Maljut* o *Kneset Israel* –la voz femenina del Cantar–. Cuando regresamos al Todopoderoso, reparando las repercusiones celestiales de nuestros errores que afectan al Nombre Divino *Ado-nai* relacionado con *Maljut*, puede este Nombre unificarse con las Cuatro Letras del santo Tetragrama asociado con *Tiferet*. Como resultado de la unificación de las Fuerzas de Providencia Divinas puede la abundancia Divina bajar al mundo, dirigiéndose a los Hijos de Israel. A la inversa, explica Rabí Shimón bar Iojai que cuando *Maljut* está separada de *Tiferet* causa el efecto de una roca que bloquea la apertura de una fuente; en consecuencia, las aguas de ésta quedan atrapadas en el interior, sin poder fluir.[21] Así también, sólo al estar unificada con *Tiferet* puede *Maljut* recibir la abundancia Divina y trasmitirla a los Hijos de Israel.

Como la *he* final del Santo Tetragrama alude a *Maljut*, es importante utilizar un libro de *tefila* que represente gráficamente el Nombre *Ado-nai* dentro de la *he* final del Tetragrama, y a continuación las letras de ambos Nombres entrelazadas la una con la otra como un reflejo de la unificación celestial.[22] El valor numérico de estos dos Nombres –las cuatro letras de Tetragrama entrelazadas con las cuatro letras de *Adonai*– es 91, así como el de la palabra *Amén*. Por lo tanto, recomienda Rabí Shimón que cada vez que respondamos Amén visualicemos las letras de estos dos Nombres entrelazadas, ya que esta visualización refleja y apoya la unificación celestial.

El propósito fundamental del *Principio de la Sabiduría* es ayudar al lector a apegarse apasionadamente a la *Shejiná*. El *Portal del Amor* sensibiliza al lector, ayudándole a sentir la angustia de la *Shejiná* por estar separada de Su Amado, pidiendo la participación del lector. Éste puede aliviar la aflicción de la *Shejiná* esforzándose por facilitar Su vínculo con Él en un *yijud* (unificación), como se explicará en el curso del *Portal del Amor*.

---

21. *Tikuné Zohar; tikun 21*, p. 44a.

22. Es recomendable que quien pueda utilizar un libro de *tefilá* sin traducción consiga el *sidur* Kol Eliyahu organizado por Rab Mordejai Eliyahu, zt'l, que puede comprarse a través de la siguiente página web: www.mekorjudaica.com/store/detail.asp?ProdID=22554

Rabí de Vidas hace hincapié en la importancia del servicio de medianoche para compartir y disminuir el sufrimiento de la *Shejiná* –si puede decirse así–. No obstante, es importante comprender que a través del servicio de medianoche estamos tan sólo compartiendo el dolor de la *Shejiná*, mientras que a través de las tres *tefilot*-oraciones diarias estamos contribuyendo a Su unificación. Por lo tanto, como nuestra edición se dedica a un lector moderno cuyo servicio divino no se acerca al del lector a quien se dirigía Rabí de Vidas, he incluido un preámbulo acerca de la *tefilá*-oración diaria, vehículo principal en el cual iniciamos la unificación entre *Tiferet* y *Maljut*.

Enseña el Tikunei Zohar:[23]

הֵילֵע יָאהוּ חֹכ La palabra *coaj*-poder [alude al poder de *Biná*] רַמְתָא acerca de la cual está escrito [Daniel 1:4]:) מֶהָב חֹכ רֶשָׁאוּ דָּלְמָה לְכַיהָב דוֹמְעַל *que tuviesen la capacidad suficiente para estar en el palacio del rey,* [y alude a los] que tienen el poder [el poder que viene de *Biná*], הַדְּיָמְעַד אָתוֹלְצַב דוֹמְעַל *de estar de pie en la oración* [silenciosa, que se dice en pie, llamada] *Amidá* [con la recitación de la cual contribuimos a la unificación celestial de *Tiferet* y *Maljut*, que sucede en la bendición final *sim shalom*, a través de la ayuda de la iluminación de *Biná*. סתָס דָּלְמָה לְכַיהָב *Referente a lo que está escrito acerca del hejal hamelej*-palacio/santuario del rey, el rey alude a *Tiferet* mientras que la palabra hejal alude a *Maljut* ya que se refiere al] Nombre *A-do-nai*, אַךְ ל"כָיֵה וַבְּשׁוּחֵל קִילְסַד י"נדא cuyas letras *alef, dalet, nun* y *yud*, tienen el mismo valor numérico que la palabra *hejal*.

Nuestras *tefilot* –en particular la *Amidá*-oración silenciosa que las culmina– son como una carroza en la que asciende *Maljut* a diario y se unifica con el Amado las tres veces al día que recitamos la *Amidá*. La participación en las tres *tefilot* diarias es por lo tanto esencial, no sólo al nivel celestial sino también para el bienestar de Israel, ya que tenemos el deber de pedir manutención Divina a través de nuestra oración diaria. Cada vez que los Hijos de Israel dicen la *Amidá* están dirigiendo la luz de *Biná* hacia *Maljut*, en particular cuando dicen *tefilá* en la sinagoga junto con un mínimo de diez hombres, grupo que se denomina en hebreo *minián*. El efecto de nuestra

---

23. *Tikun* 22, p. 68 a (al final de la página).

amidá silenciosa es que se eleva *Maljut* tres niveles en la escala celestial. En cambio, el efecto de nuestra repetición de la *Amidá* que sólo puede decirse en presencia de un *minián* es que se eleva *Maljut* otros tres niveles.

Aclara Rabí Moshe Luria que en la *Amidá* de la mañana pedimos el sustento requerido para el curso de la mañana hasta el momento de la oración de la tarde *Minjá*, en la que pedimos el sustento que necesitamos hasta el tiempo de la oración de la noche, *Arvit*, y al recitar ésta recibimos sustento y protección hasta la oración matinal del día siguiente.

Ahora bien, el sustento que pedimos no es para nosotros sino principalmente para la *Shejiná*, cuyo dolor es el tema primordial del *Portal del Amor*. Nuestra intención es que nuestra *tefilá* sea la «estimulación del mundo inferior», que ayude a producir el *yijud*-unificación celestial y que *Maljut* reciba toda la *shefa*-abundancia que requiere para trasmitirla a Sus hijos. Sin embargo, la abundancia que baja por resultado —sea únicamente espiritual o se manifieste también en nuestra vida material— nos llegará primero a nosotros por haberla atraído hacia abajo. El episodio que sigue, que le sucedió recientemente a una conocida, fue «un regalo» para todo quien lo oyó porque ilustra el efecto que puede tener la *tefilá* cuando la ofrecemos con el único deseo de apego al Todopoderoso.

> Una joven a quien llamaremos Shoshana, así como lo deseaba, se casó con un muchacho cuya intención era la de entregar su vida al estudio constante de la Torá. Después del matrimonio, la pareja vivía con estrechez, pero la joven no se lamentaba por las privaciones que sufrían. Lo único que la afligía era de no tener una secadora de ropa. Como el balcón de su pequeño apartamento no recibía la luz del sol debido a la pared del edificio contiguo, su ropa tendida tardaba mucho en secarse.
>
> Una mañana, Shoshana se sintió particularmente afligida por la situación y al decir la *Amidá* en su oración matinal, volcó su alma ante Quien la escuchaba. Shoshana no estaba pidiendo una secadora de ropa. No estaba pidiendo nada. La falta de lo que precisaba le causaba un vacío que trató de colmar acercándose al Altísimo en el momento del día en que tenía contacto directo.
>
> Tres pasos hacia atrás: Shoshana había terminado, imbuida de fuerza interior. Llamaban a la puerta. Era un muchacho a quien ella no conocía.

> «¡Buenos días!», le dijo éste. «Soy el nuevo inquilino. Espero que no la esté molestando pero quiero pedirle un favor. Mis padres tienen un pisito en este edificio y me permiten utilizarlo ya que ellos no lo necesitan; pero tienen una secadora de ropa que ocupa un lugar enorme y no me queda ningún sitio para mis cosas. ¿Sabría usted de alguien en la vecindad a quien pudiese prestársela permitiéndole usarla a cambio de guardármela hasta que pueda casarme y usarla yo mismo?».

La protección Divina que atraemos con nuestra *tefilá* —tanto el hombre como la mujer— al participar en las tres oraciones diarias es tan cuantiosa que nos dice el Talmud:[24] Quien está recitando la *Amidá* y viene una serpiente a enroscarse en su talón no ha de interrumpir su oración. Señala el Talmud Yerushalmi que, como la serpiente sólo muerde cuando teme que la ataquen, es mejor no moverse si viene a enroscarse en el talón.[25] No obstante, la comprensión literal de esta enseñanza desafía el entendimiento ya que la mayoría de nosotros no podríamos permanecer concentrados en la oración en este momento. En consecuencia, el *Tikuné Zohar* ofrece el significado subyacente de esta lección talmúdica que nos permite comprender la relevancia de la oración diaria:[26]

El mordisco de la serpiente representa las «enfermedades malas y fieles» que menciona la Torá,[27] cuando vienen estos males para ayudarnos a purificar la parte del cuerpo con la cual trasgredimos un precepto de la Torá y, en consecuencia, se cubrió de impureza el aspecto del alma correspondiente a la parte de cuerpo afectada. Aclara el Zohar que el propósito subyacente bajo el sufrimiento de la enfermedad es el de liberar el aspecto del alma maculado para que vuelva a ser una vasija llena de energía luminosa Divina en los momentos de nuestra *tefilá*.

El mensaje que nos trasmite Rabí Shimón es, pues, el siguiente: quien enferme no sólo no ha de cesar de leer el *Shema* y la *Amidá* sino más aún: es precisamente en ese momento cuando debe esforzarse por no interrumpir su participación en la *Amidá* tres veces al día, ya que,

---

24. *Berajot* 30b.
25. *Berajot* 9a.
26. *Tikún* 70, p. 130a.
27. Deuteronomio 28:59.

mientras continúe su participación, su esfuerzo ayudará a efectuar la purificación que requiere en la parte de alma maculada. Si vendrá la sanación al nivel físico o no es la voluntad del Altísimo; por lo tanto, a pesar de que deseamos que la sanación sea el fruto de nuestro esfuerzo, nuestro único objetivo ha de ser sanar una condición espiritual sin expectativa en mente.

Rabí Elazar, hijo de Rashbi, alega: existen casos en que la enfermedad es tan grave que el paciente es incapaz de concentrarse en la oración. Respondió Rabí Shimón: por tanto admite el Talmud que quien tiene un escorpión deslizándose por su cuerpo puede interrumpir su *tefilá* para empujarlo lejos de sí ya que el escorpión muerde aun sin provocación y su veneno es fatal.[28] Explica el Zohar que el mordisco del escorpión representa las trasgresiones graves que han causado una mácula al alma cuya consecuencia es más grave que la anterior. Hemos de comprender que existen bloqueos espirituales que pueden impedir al paciente apegarse a la dimensión espiritual a través de la *tefilá*. En este caso, cuando la enfermedad impide el esfuerzo mental, el sufrimiento basta por sí solo para lograr la purificación requerida.

Puede objetarse: ¿cómo se aplica esta enseñanza del Zohar a los individuos justos que sufren graves enfermedades sin tener conciencia de haber trasgredido la Torá? Y también: ¿y cómo se aplica a los que nunca hayan cumplido la Torá?

Cada alma viene a la tierra con una misión especial que ha de cumplir, y sólo puede lograr su meta tras purificar su alma durante su estadía en este mundo, en el que no siempre tiene conciencia de lo que ha de rectificar. La rectificación que ha de lograr cada cual depende de su nivel de cercanía al Todopoderoso y será juzgado en función de esta cercanía. El aporte más valioso del cual está equipado es la clara fe de que sólo hay bondad que nos llega desde la Fuente. A nosotros nos corresponde colmar el vacío causado por la falta de bienestar de la enfermedad volcando nuestra alma ante El Amado, ante Quien murmuramos las palabras de la *Amida* mientras nos quede un soplo de fuerza.

---

28. Talmud *Yerushalmi*, *Berajot* 9a.

La plegaria de medianoche

El *Portal del Amor* nos permite vislumbrar el dolor de la *Shejiná* ante Su separación, y recomienda encarecidamente al lector que alivie Su aflicción levantándose para la plegaria de medianoche.

La primera es *tikún Rajel*, que se compone de versículos que lamentan la destrucción del Templo y la amargura del exilio. El título atribuido a esta oración se debe a que el dolor de la matriarca Rajel refleja el de la *Shejiná*. Dice el versículo:[29] קוֹל בְּרָמָה נִשְׁמָע נְהִי בְּכִי תַמְרוּרִים רָחֵל מְבַכָּה עַל בָּנֶיהָ מֵאֲנָה לְהִנָּחֵם עַל בָּנֶיהָ כִּי אֵינֶנּוּ: –Se oye una voz en las alturas, lamentaciones y amargo llanto. Es Rajel que llora por sus hijos, y se niega a ser consolada, porque ya no está(n). Señala el Zohar la incoherencia gramatical en este versículo, ya que la palabra אֵינֶנּוּ –que literalmente significa 'ya no está' habría de ser expresada en forma plural –es decir, אֵינָם– *ya no están*. Explica el Zohar que esta incoherencia alude al dolor de la *Shejiná* Quien llora por el distanciamiento de Su Amado, ya que, de estar Él con Ella, Sus hijos no hubiesen sido exiliados. La forma singular del versículo alude al estrecho vínculo entre Su Amado – el Creador Todopoderoso –y Sus hijos– los Hijos de Israel. La voz que se oye en las alturas es de la *Shejiná* en la dimensión celestial –que se refiere a *Biná*-entendimiento– y evoca el dolor Divino ante la destrucción del Templo y el exilio de los Hijos de Israel. Esta parte del servicio no se lee en días festivos, como *Rosh Jodesh* (luna nueva), en Shabat o en Yom Tov (las fiestas). La segunda sección es tikún Leá, que consiste en versículos de añoranza por la Presencia Divina, como el siguiente– que captura la esencia del Portal del Amor:[30]

כְּאַיָּל תַּעֲרֹג עַל אֲפִיקֵי מָיִם כֵּן נַפְשִׁי תַעֲרֹג אֵלֶיךָ אֱלֹהִים –*Como el ciervo clama por las corrientes de agua, así clama mi alma por Ti, ¡O Elo-him-Todopoderoso!*

El concepto judío de medianoche no indica «la hora 0», sino la mitad exacta de la noche. Para conocer dicha mitad exacta se puede consultar

---

29. Jeremías 31:14.
30. Salmos 42:2.

la página web www.myzmanim.com que da los horarios pertinentes a nuestro servicio divino en muchos países del mundo.[31]

Es imposible pensar en la oración de medianoche careciendo de la clara imagen de Rabí Yehudá Guetz, un importante cabalista que fue el último rabino del *kotel* (Muro Occidental) y demás lugares santos de Israel del siglo XX. Una ojeada en su oración de medianoche ayudará al lector a comprender la naturaleza de este aspecto del servicio Divino.

Aunque Rabí Guetz no apreciaba la gran carga que constituía el trabajo administrativo y el protocolo que formaba parte de su puesto oficial, nunca pensó en dejarlo porque le permitía preservar la santidad de los lugares sagrados de Israel. Como resultado, a menudo no se acostaba antes de las 22:30 o las 23:00 horas. Sin embargo, siempre se levantaba antes de medianoche, deseoso de comenzar su servicio nocturno.

Por tanto, todas las noches del año poco antes de medianoche, Rabí Guetz dejaba su hogar en la ciudad vieja de Jerusalén y se dirigía al Muro. Iba a un espacio en la parte más recóndita de la sección interior del Muro, que según la tradición está emplazado frente al *kodesh hakodashim* (el «sanctasanctórum»), y se sumía en las lamentaciones de su plegaria.

Rabí Guetz enseñaba que, aunque es más fácil permanecer despierto, es muy importante acostarse, aunque sólo fuese por unos minutos, lo suficiente para entrar en el sueño, y luego levantarse antes de medianoche. Tiene que crearse lo que los cabalistas llaman *dormitá*, un sueño espiritual en que el *mojín* (la conciencia) está en estado inactivo y luego se despierta. Es imposible sentir la renovación del alma sin haber dormido. Cuando un judío está dormido y luego despierta, como su alma está vinculada a las almas colectivas del pueblo de Israel, su despertar físico para la oración de medianoche causa el estímulo espiritual de Israel. Sólo cuando está en el estado de *dormitá* el alma colectiva de Israel puede despertarse, e instintivamente buscar el vínculo perdido con el Templo.

Rabí Guetz sabía que todo su servicio Divino del día siguiente (tanto el suyo propio como el del pueblo de Israel en su conjunto) dependía de su despertar antes de medianoche. Sentía profunda empatía con el pueblo

---

31. También puede calcularse el momento de jatzot-medianoche calculando el período de tiempo que media entre la puesta de sol y el amanecer y dividiéndolo por dos. Por ejemplo, si el sol se pone a las 17:00 horas y sale a las 6:00, tenemos trece horas. La mitad son seis horas y media. Por lo tanto, medianoche será a las 23:30; es decir, seis horas y media contadas a partir de la puesta de sol a las 17:00 horas

de Israel, y sabía hasta qué punto su oración de medianoche les infundiría fortaleza espiritual. Por lo tanto, era por su gran sentido de responsabilidad hacia Israel que con tanta puntualidad se levantaba de la cama a la hora apropiada, por cansado que estuviese.

Cuando se acostaba por la noche, solía tener la mente llena de las historias del día acerca del sufrimiento de la gente debido a las matanzas de los terroristas que sucedieron durante gran parte de los años de su vida. Cada tragedia individual le motivaba dirigirse al Muro y volcar su alma angustiosamente. En el servicio adicional de *Rosh Jodesh,* a menudo le caían lágrimas al leer, «Sea Tu voluntad, nuestro Creador Todopoderoso… que este mes sea final y término de todas nuestras tribulaciones…».

Un día, un importante sabio de la Torá en Jerusalén se complicó en una crisis de tal magnitud, que buscó la ayuda de Rabí Guetz. Para ponerse en contacto con el rabino acudió a uno de sus amigos, un médico que a medianoche estudiaba en la *yeshivá* de Rabí Guetz, *Bet El.* Respondió el médico: *«En esta época del año, medianoche es a las 23:30. Esté usted a la entrada de las cámaras recónditas del Muro quince minutos antes. Cuando llegue el rabino, pídale unos minutos».*

Esa noche, al ver al sabio de Torá a quien conocía, respondió Rabí Guetz que con gusto hablaría con él, pero sólo después de la oración. El sabio entonces se permitió agregar: *«¿Me permite acompañarlo mientras reza?».* Aunque sorprendido, Rabí Guetz asintió. El sabio comentó después: *«El rabino sollozó como un niño. Sus oraciones le ocuparon una hora y media. La imagen afligida de este anciano, cuyo rostro brillaba por su cercanía al Creador, permanecerá grabada en mi mente para siempre».*

El propósito esencial de esta plegaria es que la persona se vea a sí misma como una morada para la *Shejiná,* y por ello lamente profundamente el dolor Divino, llegando hasta el punto de derramar lágrimas si le es posible. De hecho, el capítulo III del *Portal del Amor* comienza con el versículo de Isaías,[32] «Mi alma *(nafshí)* Te anhela en la noche; así es, mi espíritu *(rují)* en mi interior Te ansía». Explica Rabí de Vidas que Isaías llama a la *Shejiná* «*nafshí*», y anhela Su Presencia por la noche, porque Ella es un espíritu de santidad que viene a morar en él.

«No podemos concebir la intensidad de un dolor hasta enfrentarnos con el de *la Shejiná*», observó un cabalista contemporáneo de Jerusalén, Rabí

---

32. Isaías 26:9.

Moshé Schatz. El ser humano a menudo deja el ámbito de su dolor distraído por su monólogo interior, explica Rabí Schatz. En cambio, la *Shejiná* fija Su atención en Su angustia con la intensidad que sólo una entidad íntegra como la de un *partzuf* puede tener. El dolor se centra en toda la conciencia.

Hay que comprender que la raíz del alma humana se encuentra muy elevada en el mundo de *Atzilut*.[33] El canal del alma se extiende desde su raíz celestial, atravesando todos los mundos hasta llegar al cuerpo humano. El alma posee una raíz especial en cada uno de los niveles constituidos por los mundos celestiales. A través de sus actos, el alma va ascendiendo de nivel en nivel, adquiriendo en cada cual un grado superior de conciencia Divina. Por lo tanto, en su más alto nivel, el alma se vincula directamente con el Todopoderoso. Explica el Zohar que, como todos estos niveles están estructurados uno dentro de otro, igual que las capas de una cebolla, el que viola los preceptos está cerrando dentro de sí los conductos por los cuales la energía Divina podía trasmitirse al mundo de alrededor. Por tanto, no debemos asombrarnos al saber que decía Rabí Guetz les decía a sus discípulos que si no podían llorar por el exilio de la *Shejiná*, deberían procurar derramar lágrimas por sus propias trasgresiones, ya que a éstas se debe el exilio.

En una hermosa metáfora que alude a la unificación de los días del Templo, el Zohar menciona un manto real *(purpirá ilaá)*. Así como un manto oculta al que lo lleva puesto, así también este manto real ocultaba la unificación entre el Altísimo y la Comunidad de Israel, y también a los Hijos de Israel en el mundo. Así como el manto protege a quien lo lleva puesto, este manto real protegía a la *Shejiná* de las fuerzas de contaminación espiritual, ya que, a consecuencia de los fallos en el cumplimiento de la Torá, los hijos de Israel han de entregar la Luz que les corresponde a estas cortezas espirituales *(klipot)*, quienes adquieren poder contra ellos así como contra la *Shejiná*.

Ahora que el Templo ya no está en su recinto, la *Shejiná* ha de bajar a los mundos espirituales inferiores para rescatar las chispas de Luz caídas en manos de estas fuerzas del mal, y nos incumbe a nosotros ayudarla con nuestras oraciones. Una de estas oraciones que suelen recitar los cabalistas al terminar la plegaria de la noche fue escrita por el cabalista del

---

33. Explicación basada en *Shaaré Kedushá* (4:3), de Rabí Jaim Vital, principal discípulo del santo Arí y coetáneo de Rabí de Vidas. Se ha publicado en 2011 una edición de *Shaaré Kedushá* en hebreo con vocales, que facilita su lectura al principiante.

siglo XVIII Rabí Shalom Sharabi *(Rashash)*. El propósito de la plegaria es esencialmente que la *shefa* (energía luminosa Divina) descienda desde la Luz Infinita de *Ein-Sof* a todos los niveles sucesivos de revelación Divina hasta manifestarse en todos los niveles de nuestra alma.

Infunde con bondad celestial y gran misericordia a la *Shejiná*, y dale gran fuerza para que salga de entre las cortezas espirituales y despójala de Sus ropajes maculados, vistiéndola con el Santo manto real. Dale gran potencia para que salgan con Ella todas las santas chispas que aún yacen entre las malas cortezas [...] Eleva [a la *Shejiná*] a Su espacio celestial en el Árbol de la Vida, y bendícenos, Padre, a todos nosotros juntos, con la Luz de Tu Semblante...	וְתַשְׁפִּיעַ חֲסָדִים גְּדוֹלִים לַשְּׁכִינָה לָתֵת לָהּ כֹּחַ גָּדוֹל לָצֵאת מִתּוֹךְ הַקְּלִיּ'' וְלִפְשֹׁט מֵעָלֶיהָ הַבְּגָדִים הַצּוֹאִים. וְתַלְבִּישׁ אוֹתָהּ פּוּרְפְּרָא עִלָּאָה קַדִּישָׁה, וְתֵן לָהּ כֹּחַ גָּדוֹל לָצֵאת עִמָּהּ כָּל נִצוֹצֵי הַקְּדֻשָּׁה שֶׁנִּשְׁאֲרוּ בַּקְּלִי'' [...] וּלְהַעֲלוֹתָהּ אֶל מְקוֹמָהּ הָעֶלְיוֹן דְּעֵץ הַחַיִּים. וּבָרְכֵנוּ אָבִינוּ כֻּלָּנוּ יַחַד בְּאוֹר פָּנֶיךָ [...]

Centinelas de Jerusalén

No cabe duda que levantarse antes de medianoche y permanecer despierto durante la noche hasta después de la oración de la mañana es muy difícil, y como observó una vez Rabí Guetz: «¡Hay cosas en la vida a las que nunca puede uno acostumbrarse, y ésta es una de ellas!».

Uno de los discípulos de Rabí Guetz, que es abogado durante el día, comentó que para él lo que permite al individuo pasar la noche sumido en el servicio divino es su esfuerzo por no derrochar energías, especialmente cuidando la alimentación. El que toma su comida principal por la noche es probable que no se pueda levantar a tiempo, ya que la digestión requiere mucha energía. Por lo tanto, el que se acuesta con el estómago lleno dormirá más de lo normalmente necesario. Es más: el que sabe que cierto alimento no le sienta bien, y decide un día ser indulgente al respecto y comerlo igualmente, es probable que no pueda levantarse esa noche porque su organismo tuvo que invertir energía adicional en digerirlo.

Incluso cuando se tiene cuidado con la selección de alimentos, como por ejemplo, tomando la comida principal al principiar la tarde y sólo algo ligero por la noche; si al levantarse por la noche la persona tiene hambre y come algo, es probable que no pueda mantenerse en pie el resto de la noche. El esfuerzo requerido para la digestión le causará somnolencia.

Rabí Guetz aconsejaba a sus discípulos comer carne y beber vino solamente durante los días en que la comida forme parte de una *mitzvá*, como en Shabat, las Pascuas, bodas o circuncisiones, etc. Recalcaba que aun cuidando la selección de alimentos, era importante no comer en exceso.

La mejor manera de adquirir la férrea disciplina requerida para que nuestra ingestión de alimentos nos permita realizar un servicio nocturno pleno, es considerando la comida como parte íntegra del servicio Divino. Si somos conscientes de que sólo nos alimentamos con el propósito de adquirir energía para servir al Todopoderoso, será más difícil permitirse una golosina que pueda disminuir la calidad del servicio nocturno.

Gran parte del desafío de levantarse a medianoche lo constituye la necesidad de acostarse a tal fin, a una hora en que la mayoría de la gente comienza sus actividades sociales. Y sin embargo, pese a las dificultades que entraña este servicio, como lo muestra Rabí de Vidas, hay quien viene al mundo precisamente para este propósito. Éstos son los Centinelas de los Muros de Jerusalén, que fueron nombrados en el cielo para levantarse y participar en la oración de medianoche y recordarle al Altísimo Su amor por el pueblo de Israel y Su promesa de Redención.

Debemos aclarar la intención de «*recordarle al Altísimo*», ya que obviamente el olvido no es posible hablando de Él. Al lamentarnos a medianoche, lo que hacemos es atraer la atención Divina hacia nuestra aflicción causada por Su alejamiento. Es un principio cabalístico que todo lo que acontece en la tierra es un reflejo de lo que sucede en el cielo. Por ende, esperemos y oremos para que, cuando los seres celestiales respondan a nuestras oraciones con las propias, causen un impulso de voluntad celestial que inicie y acelere nuestra ansiada Redención pronto y en nuestros días.

Existe gente especial, dice Rabí de Vidas en el capítulo IX, que no necesitan que se les recuerde la importancia del servicio de medianoche:

La llamada de Isaías está explicada en el Zohar anterior, «**quienes eternamente ansían recordar al Altísimo *Su amor* no dan descanso a su corazón**». En otras palabras, quienes ya se consumen de anhelo por el Altísimo, «**que recordáis al Altísimo**», y ya están habituados a recordarle, no necesitan que les pidan: «¡**No *Le dejéis* guardar silencio!**». La intensidad de su propio anhelo les permitirá comprender por sí mismos que no deben «**dejarle guardar silencio**». Por consiguiente, indica el Zohar que éstos «**no dan descanso a su corazón**». Así como[34] «**una *mitzvá* atrae otra *mitzvá***», en mayor grado, su deseo de recordarle al Altísimo causa que estén siempre alertas y jamás les permite guardar silencio ni dar descanso a su corazón. Esto nos ayuda a comprender el versículo,[35]

«He emplazado centinelas sobre tus muros, Jerusalén. Nunca se descuidarán, ni de día ni de noche. Nunca guardarán silencio».

Dichos centinelas fueron designados en el cielo, y les ha sido ordenado no callar jamás. En cambio, «**los que recordáis al Altísimo**» están tan próximos al Altísimo que no necesitan mandato; por su propia voluntad nunca guardan silencio. Ayudan a rectificar a la *Shejiná*; e indudablemente, quien obra de esta forma es Su amado.

Los actuales sabios de la Torá se preocupan por quienes desean adoptar el servicio de medianoche antes de haber alcanzado el nivel espiritual adecuado, e invierten demasiada energía en el servicio de la noche a costa de su estudio u ocupación del día. Quien cuenta con un largo historial de esfuerzos de superación física sabe contentarse con unas cuantas horas de sueño nocturno, además de breves siestas durante el día. En cambio, quien carece de la disciplina inherente a tan alto nivel de servicio Divino podría quedarse dormido la mayor parte de la mañana, descuidando sus obligaciones diarias. El resultado de tal conducta será, pues, contraproducente a los efectos de su elevación espiritual.

No obstante, es innegable que existen personas que no han tenido la oportunidad de estudiar Torá, pese a lo cual sienten el imperativo de levantarse a participar en el servicio de la noche, esforzándose para que sus ocupaciones diarias no sufran en consecuencia.

Recuerdo el caso de una mujer joven quien, abrumada por sus problemas, fue a consultar a un cabalista de quien había oído increíbles historias, ignorando las advertencias rabínicas acerca de esta clase de gente.[36] Le encontró vestido de blanco, con una túnica que flotaba alre-

---

34. *Avot* 4:2.

35. Isaías 62:6.

36. *Véase* Rabí Yaakov Hillel, *Fe y desatino: lo oculto en la perspectiva de la Torah*, adaptado de la obra hebrea *Tamim Tihyeh* (Jerusalén, Yeshivath Hebrath Ahavath Shalom).

dedor de él. Al verla entrar, sin dejarla expresarse, como si lo hubiese olfateado, el hombre exclamó que todos sus problemas se debían al hecho de que se despertaba para el servicio de noche, agregando que además ella estaba estrangulando a sus hijos al levantarse de noche para rezar y estudiar la Torá.

La mujer se quedó anonadada. Su marido comprendía lo que ella sentía, pero ¡qué podía decir! ¡El hombre había actuado como si hubiese recibido información de una fuente superior! La pareja regresó a casa y la mujer durmió toda esa noche. A la mañana siguiente, después del desayuno, se volvió a dormir, totalmente abatida. Poco después despertó con un versículo que le resonaba en la mente:[37] «Los que recuerdan al Altísimo nunca guardarán silencio». Como no podía identificar el versículo, fue a ver a un sabio de la Torá a quien conocía y apreciaba. Al oír su historia, el rabino la instó a continuar su servicio de la noche como antes, ya que le estaban comunicando que tal era la voluntad Divina.

En otro caso, un hombre que trabajaba durante el día y dedicaba sus noches al servicio Divino se acostaba temprano y hacía una siesta durante el día, cada vez que sentía somnolencia. Esto continuó hasta que poco a poco comenzó a sentir un cansancio desesperante que no parecía aliviarse, y le diagnosticaron el síndrome de fatiga crónica. Fue a visitar a un médico de Jerusalén que le conocía bien. Éste le dijo: «*Mira, yo sé cuán importante es para ti el estudio nocturno, ¡pero se trata de tu vida! Yo asisto a un equipo de fútbol, y cuando a uno de nuestros futbolistas sufrió este mal tuvo que tomarse una licencia, a pesar de nuestra prevista participación en los Juegos Olímpicos. Créeme, por más fuerte que sea tu deseo de realizar este servicio, dudo que supere al de ese futbolista de seguir jugando*».

Al oír esto, el hombre sonrió sin responder. Esa noche oró: «*Señor del Universo, si es Tu voluntad que padezca este mal, lo acepto con amor; pero no creas que me va a impedir servirte todas las noches de mi vida*». Noche tras noche luchó contra el cansancio que le abrumaba en cuanto comenzaba su servicio. A veces le vencía el sueño y se quedaba dormido en la alfombra, donde se sentaba en señal de luto a recitar la oración. Trascurrieron así unas semanas, hasta que paulatinamente sintió que su energía iba aumentando y, eventualmente, la enfermedad quedó reducida a un recuerdo del pasado.

---

37. Perífrasis de Isaías 62:6.

Rabí Guetz aconsejaba a sus discípulos novatos que comenzaran gradualmente, despertándose media hora antes de despuntar el alba y recitando la plegaria matutina con el amanecer. Poco a poco podrían ir añadiendo, despertándose más temprano cada vez hasta que pudiesen hacerlo antes de medianoche. Insistía: *«Al principio es suficiente con levantarse una vez por semana, luego dos y así sucesivamente, ya que la meta es dominar el cuerpo **sin dañarlo**»*. El Arizal aconseja: haz que tu sueño forme parte del servicio Divino, como dice el versículo:[38] *«En todos tus caminos, ten presente al Altísimo»*.

Disminuir la necesidad de sueño

Hay científicos que han estudiado el sueño humano con miras a ayudarnos a que nuestras horas de descanso sean más efectivas. Dormimos por ciclos cada uno de los cuales dura una hora y media. Al principio del ciclo tenemos un sueño ligero que se profundiza y al final del ciclo vuelve a ser ligero, y luego entramos en otro ciclo. Mucha gente se despierta entre ciclos y después se vuelven a dormir. El ser humano precisa de cuatro ciclos de sueño ininterrumpido por día. Se puede dormir más que esto —y es más, muchos piensan que necesitan al menos cuatro ciclos, pero de hecho tres ciclos son suficientes.

No cabe duda de que cuando se trata de disminuir las horas de sueño, el cuerpo lo resiste y la persona siente deseos de dormir durante el día. Por lo tanto, es importante ayudar el proceso haciendo siestas cortas durante el día. El sueño puede compararse a un tren que llega a su parada a específicas horas del día. Si el horario del tren no me resulta conveniente y voy a la estación cuando me va bien, tendré que esperar mucho tiempo a que el llegue el tren. Así también, cuando la persona siente sueño, ése es el momento en que tiene que hacer una siesta. Si ocurre cuando acostarse no es una opción, puede reclinarse sobre su mesa de trabajo y cerrar los ojos diez minutos. Como justo en ese momento le ha entrado sueño, se despertará refrescado. Las *yeshivot*-academias de estudio de Torá están llenas de mesas en las que hay muchachos reclinados descansando unos minutos.

---

38. Proverbios 3:6.

Para comenzar a implementar este sistema, hay que acostarse al tener sueño ya que si la persona se acuesta a la hora que le conviene puede tener que esperar un largo rato a que le entre sueño. Tratar de dormir en un momento en que no se siente sueño es como escribir con un lápiz cuya mina no está afilada.

Debe fijar el despertador de manera que tenga tres ciclos de sueño, es decir, cuatro horas y media a las que debe agregar quince o veinte minutos para dar tiempo a quedarse dormido o menos si sabe que se va a dormir enseguida. De esta manera se asegura que el despertador no le va a sonar al estar él en medio de un ciclo de sueño. Cuando se usa el despertador sin tener en cuenta los ciclos de sueño puede suceder que la persona haya dormido ocho horas y, sin embargo, sonó el despertador cuando estaba en medio de un ciclo y, como resultado, se siente soñoliento todo el día. En la actualidad, existen despertadores electrónicos que han sido programados para sentir en qué punto del ciclo se encuentra la persona basándose en los movimientos del colchón ya que la persona se mueve más entre ciclos cuando su sueño es más ligero que el profundo sueño del centro del ciclo. Tales despertadores pueden, por lo tanto, programarse para sonar al final del ciclo deseado. No obstante, no hay que pensar que a quien no pueda costearse tales instrumentos le va a ser más difícil despertarse antes de *jatzot*, ya que quien decide emprender este servicio recibirá la ayuda más elevada posible.

Un beneficio adicional que nos proveen estas siestas es que como consecuencia de ellas disminuye nuestra necesidad global de horas de sueño. Cuentan que Picasso a menudo cerraba los ojos al tomar café y añadirle azúcar; al sacar la cucharita de la taza se le caía a la mesa. Ésa era la siesta del famoso artista.

Al levantarse después del sueño nocturno es importante dejar que el cuerpo despierte por sí solo con sus facultades naturales, sin ayudarlo de modo artificial. Hay que permitir dos horas para que se complete este proceso, evitando así hacerse adicto a la cafeína, lo que representa una gran ayuda cuando se desea ayunar. Después de estas dos horas se puede comenzar a tomar cafeína, en forma de café, té o bien hierba mate. Recuerdo que al principio de mi estudio nocturno, comenzaba a tomar mate al despertarme, con el resultado de que dos horas dos horas con miras a cumplir el precepto,[39] «seréis muy precavidos de vuestras almas», me di cuenta de que al cabo de un par de semanas ya no me costaba la espera y la ola de energía que me invadía al llegar el momento de tomar cafeína me permitía quedarme estudiando hasta el momento de ir a la sinagoga para la oración al amanecer.

En síntesis: ¿quién tiene la responsabilidad de participar en este santo servicio? La respuesta es, quienquiera que sienta amor al Todopoderoso con cada fibra de su ser o, como lo expresa Rabí de Vidas, con el vínculo de *deveká*, el deseo de *jasheká* y el deseo mezclado con deleite, denotando una voluntad arrolladora, de *jafetzá*.[40] Quienquiera que se empeñe en cumplir el servicio nocturno puede atestiguar acerca de la increíble cercanía al Altísimo experimentada durante el estudio de Torá hecho en esas horas.

Hemos visto cómo el profeta Isaías describe el espíritu de santidad que lo imbuía en esos momentos. A nuestro nivel, puede que no sea la plena experiencia del Espíritu de Inspiración Divina, sino un sentido penetrante de Su proximidad, de Su asistencia para descifrar un texto complejo, de Su profundo deseo de ayudarnos a vencer en nuestra lucha por permanecer despiertos durante la noche.

¡Cuántas noches sucede que un novato no logra levantarse debido a que cayó en cualquiera de los escollos mencionados en este estudio! Suena el despertador, y extiende su mano soñolienta para apagar el sonido estridente que molesta. Poco después es posible que se oiga el canto de un gallo, la llamada de una voz femenina, o cualquier sonido insólito para esa hora de la noche. Todas éstas son señales del amor del Altísimo, y del ánimo que nos presta para que nos levantemos, superemos nuestra materia física, y nos convirtamos en morada de Su Presencia.

---

39. Deuteronomio 4:15.
40. *Véanse* los capítulos III y IV.

El arpa de David[41]

Aprendemos del Zohar que el arpa del rey David aludía a su garganta, con la que cantaba alabanzas a su Creador.[42] Está escrito en Lamentaciones,[43] «*Levántate*, roni-*clama de noche al principio de las vigilias. Derrama tu corazón como el agua en presencia de el Altísimo*».

La palabra hebrea *roni*-clama está relacionada con *garón*-garganta. Señala el Zohar que así como el arpa de David sonaba a medianoche para que David se levantase a estudiar Torá usando la voz agradable de su garganta, así también hemos de levantarnos para estudiar Torá durante la noche, y usar nuestra garganta así como el arpa, es decir no estudiar en silencio sino en voz alta, cada uno según sus capacidades. La palabra hebrea *kinor*-arpa contiene las letras *caf vav, nun* y *resh* כנור. El valor numérico de las letras *caf* y *vav* es veintiséis, igual que el del Nombre santo de *Hashem* –*Y-H-V-H*– mientras que *nun resh* son las letras iniciales de las palabras *nefesh* y *ruaj*, que son los aspectos de nuestra alma enraizados en la *Shejiná* en el Mundo Celestial.

Por lo tanto, la palabra *kinor*-arpa oculta la unión entre la *Shejiná* y el Altísimo que tomará lugar a través de nuestra oración de la mañana. En el versículo que le sigue, שִׁפְכִי כַמַּיִם לִבֵּךְ נֹכַח פְּנֵי ה' - *Derrama tu corazón como el agua en presencia de el Altísimo,* el Nombre Divino utilizado es *Ado-nai*, que como hemos visto representa a *Maljut*. El versículo alude, pues, al vínculo apasionado que se desprende del maravilloso estudio de Torá nocturno entre la media noche y el amanecer, que puede decirse es el tema central de este santo libro. Subraya el Zohar que *Hakadosh Baruj Hu* se deleita con las almas de los *tzadikim* que están estudiando Torá a estas horas, y no sólo se trata de los *tzadikim* que ya han dejado este mundo, sino también los que están vivos entre nosotros.[44]

> En la mitad de la noche todos los auténticos *tzadikim* despiertan de su sueño para leer Torá y enunciar alabanzas de Torá. Como

---

41. Dedicado a la memoria de mi madre, Rajel Delia hija de Jana y Pinjas. Sea la voluntad de El Todopoderoso que sirva para la elevación de su alma.
42. Zohar *Naso 121b*.
43. 2:19.
44. Zohar *Lej Lejá* 82a.

> hemos aprendido, el Altísimo [baja a medianoche al Edén en el mundo de *Beriyá*] y todos los *tzadikim* del Edén [superior, lugar de residencia de las almas de *tzadikim*] desean [oír] su voz [todos solicitan la voz de los *tzadikim* de este mundo que están estudiando Torá en voz alta] y [se les concede] una energía de *Jesed* que los infundirá durante todo ese día [a esto alude el versículo (Salmos 42:9), «*de día dispensará el Altísimo Su bondad, y de noche Su cántico estará conmigo*» –debido a la Torá que estudian durante las horas de la noche, merecen ellos recibir el efecto de bondad Divina dirigida hacia ellos durante el día].

Se desprende la importancia del innegable esfuerzo que supone estudiar Torá en voz alta. A esto alude el versículo final de *Shir HaShirim*:[45] «*Los compañeros escuchan tu voz; haz que yo (también) la oiga*». (חֲבֵרִים מַקְשִׁיבִים) (לְקוֹלֵךְ הַשְׁמִיעִינִי) Como hemos visto, el versículo,[46] «*Quienes recordáis al Altísimo no toméis descanso*», se refiere a los que se levantan a medianoche para orar por la reconstrucción del Templo, ya que el estímulo de los seres celestiales depende de los terrenales. Este versículo alude también a nuestro deseo de aferrarnos a El Altísimo y aclara Rabí de Vidas que la preposición hebrea *et* (תֶא) compuesta de la letra inicial del alfabeto hebreo –*alef*– seguido por la letra final –*taf*– alude a la *Shejiná*.[47]

Otro versículo en el que puede vislumbrarse el misterio de la preposición *et* (תֶא) en el contexto de la estimulación celestial provista por nuestro servicio espiritual es el momento del encuentro de Iosef con sus once hermanos, al revelarles a éstos su identidad y profundo deseo de hacer paz con aquellos que le vendieron:[48]

> Iosef (José) ya no pudo contenerse en presencia de todos los que estaban ante él y exclamó: «¡Que todos sean sacados de mi presencia!». Y así no quedó nadie con él (וְלֹא עָמַד אִישׁ אִתּוֹ)cuando Iosef (José) se hizo conocer a sus hermanos.

Reconocemos las letras *alef* y *taf* de la palabra *et-* תֶאque, como hemos mencionado, alude a la *Shejiná*, o en otras palabras, a *Maljut*. En este

---

45. 8:13.
46. Isaías 62:6.
47. *Véase* el capítulo IX.
48. Génesis 45:1.

caso, *et-* תָא viene seguida de la letra *vav*, que como hemos visto en la Introducción, alude a *Tiferet*. Explica el Zohar que la palabra *ito-* ותא que aparece en este versículo indica que la estimulación celestial producida por el perdón de Iosef a sus hermanos causó una unificación celestial de *Tiferet* y *Maljut*, respectivamente, las dos letras finales del Tetragrama, *Vav* y *He* –así como sucedía en los días del Santo Templo, a consecuencia de la cual la *He* final, o sea *Maljut*, recibió *shefa* de *Tiferet* que podía trasmitir a la Comunidad de Israel en el mundo–.[49] Y, en efecto, es en ese momento cuando Iosef comenzó a cumplir su función de *tzadik* de estimular la acción celestial de la *sefirá Yesod*-fundamento de atraer la *shefa* del mundo celestial, dirigiéndola a *Maljut*. Iosef pidió, pues, que todo los que eran ajenos a esta unificación salieran afuera, ya que el deseo Divino es de dirigir la *shefa* primero a la Comunidad de Israel protegiendo a Ésta de influencias ajenas y mediante Israel a las demás naciones.

Rabí de Vidas insiste en que el modo en que cada uno de nosotros puede proveer esta estimulación terrenal con miras a causar su paralelo en el mundo celestial es el mensaje del versículo de un salmo que los cabalistas dicen los días semanales, al terminar la oración de la mañana:[50] «¡Oh *Elo-him* (Todopoderoso), no guardes más silencio!». El Nombre *Elo-him* es también asociado con *Maljut* y –repetimos– para que Ella pueda emitir Su canción es esencial que quien se disponga a estudiar Torá después de medianoche no guarde silencio, sino que estudie en voz alta para que Ella no guarde silencio tampoco. La forma gramatical del verbo «no guardes silencio» es, por lo tanto, expresada en el género femenino, *al domi laj* –(אַל יְמַד לָךְ). Otro ejemplo en que la acción del verbo se dirige a *Maljut* y, por lo tanto se expresa en el género femenino, es el versículo en que *Moshé* se lamenta por la pesada carga que le confió el Altísimo:[51] ¿Por qué usa el versículo la forma femenina de *shim'á*, mientras que en otros –como el que sigue– usa la forma masculina de *shemá*? Y concluye que usa la forma femenina para referirse al Omnipresente en Su aspecto de *Maljut*, y la masculina en Su aspecto de *Tiferet*.[52]

---

49. Zohar *Vayigash*, p. 208-208b.
50. Salmos 83:2.
51. Números 11:15.
52. Salmos, respectivamente 39:13 y 30:11.

Si es así como Te *(at)* comportas conmigo... - יִל הֵשָׂע תָא הָכָכ סאִו

Asimismo, en los dos ejemplos que siguen, en el primero tenemos la forma femenina del verbo *(shim'á)*. Pregunta Rashbí en el Zohar:[53]

Escucha mi oración, Oh Altísimo יתְּפִלָּת הָעֲמֹשׁ ה' -
Escucha, Oh Eterno y sé misericordioso conmigo...- יִגֵּנֵחֵו יה עמֹשׁ

Volviendo a la plegaria de medianoche, observamos que cuando la intimación de no guardar silencio se dirige a *Tiferet*, la acción verbal se expresa en la forma masculina (*lo*-en hebreo):[54]

No Le dejéis guardar el silencio... - וֹל יָמַדְ וּנִתֵּת לאוֹ

Los versículos que preceden nos permiten vislumbrar cuánto se pierde al leer el *Portal del Amor* en traducción. Por consiguiente, escojo esta oportunidad para encomendar al lector a que no utilice estas santas horas de la noche para leer obras en traducción. Así como la preposición *et*-תֵא, la palabra hebrea עֵת, que también se pronuncia *et* pero comienza con la letra gutural *ain* y significa 'momento' también alude a la *Shejiná*, ya que de Ella proviene la naturaleza interna de cada momento del día. Como explica el Zohar,[55] la razón por la cual nos referimos a la *Shejiná (Maljut)* con la palabra עֵת - *et*-momento es que hay momentos en que *Maljut* recibe de los niveles más elevados de revelación Divina una influencia de *din*-justicia estricta, que llegará a nosotros como momentos de dificultad, y otros en que recibe *Jesed*-bondad, que llegará a nosotros como tiempos de dicha, y lo que recibe es lo que ha de trasmitir al mundo. En este sentido, incluso con el servicio espiritual que se requiere de nosotros en cada momento está ligado con la *Shejiná*. Por lo tanto, a estas horas de la noche en que tenemos un estrecho contacto con el Altísimo, sería más provechoso estudiar Torá en hebreo, a cualquier nivel en que se encuentre la persona, a sabiendas de que estará proporcionando con su esfuerzo un consuelo para la *Shejiná* aliviando Su dolor en estas horas.

---

53. Zohar *Jaié Sará*, p. 132a.
54. Isaías 62:7.
55. Zohar *Vayerá* 116b.

Sobre la presente traducción

Esta traducción no abarca el voluminoso texto original completo del *Portal del Amor*. Mi intención ha sido ofrecer al lector la esencia de este impresionante trabajo para poder vislumbrar el efecto que podemos causar en la dimensión espiritual a pesar de que no se nos permite ser conscientes del proceso.

He tratado de traducir los Nombres Divinos con palabras que expresan la esencia de cada Nombre para permitir al lector de discernir el Nombre actual hebreo citado en el texto o versículo a través de la traducción. Por lo tanto al traducir versículos, me he basado en las obras citadas pero he cambiado los Nombres Divinos del mismo modo que los he cambiado en texto de la obra:[56]

Con miras a reproducir el concepto de los Nombres Divinos y la relación con el pueblo de Israel que éstos implican utilizo los términos siguientes:

> El Nombre Divino Especial –(el Tetragrama)– que se se escribe con las cuatro letras del Tetragrama pero se lee con la palabra hebrea Ado-nai, será traducido por: El Altísimo
> El Nombre *Elo-him* será traducido por: El Creador Todopoderoso. La palabra hebrea que designa el Nombre *Elo-him* también se usa para referirse al Omnipresente.

---

56. Véase en mi página Web la «Declaración y revelación de fe» *(Mudaa al haDaat)* del *Ben Ish Jai*. Es una plegaria compuesta para ser leída todos los días que nos ayuda a integrar el concepto de los Nombres Divinos y el de los *partzufim*.

El Nombre *Ado-nai* cuando se escribe en hebreo de la misma manera que se pronuncia, es decir con las letras *alef, dalet, nun, yud* –representa el aspecto del Creador que está muy cercano a Israel y será traducido por: El Omnipresente.

El Nombre Divino seguido por la expresión «los ejércitos» se traducirá «el Altísimo, Soberano de los ejércitos».

He tratado de permanecer fiel al original en una traducción tan literal como fuese posible para ayudar al lector que desea utilizar el texto castellano junto con el hebreo, y de indicar las omisiones con tres puntos entre paréntesis cuadrados [...]. Existen palabras hebreas que desafían toda traducción y han de ser explicadas, como por ejemplo *Yom Tov,* término que alude a fiestas como *Pesaj, Shavuot* o *Succot.* Estas palabras aparecen en hebreo en bastardilla y están explicadas en el capítulo en que aparecen, así como en el glosario.

Una lectura superficial del *Portal del Amor* podría suscitar la impresión de que el autor es repetitivo. Al contrario, la pericia de Rabí de Vidas en el terso estilo rabínico de su tiempo nos ha obligado a menudo a añadir comentarios en bastardilla, ya que la comprensión del original hebreo requiere una extensa preparación de Talmud y Cabalá. La razón por la cual parece que algunas ideas se repiten es que *El Principio de la Sabiduría* no es un libro para **leer** sino para **estudiar.** Rabí de Vidas reitera los puntos esenciales a medida que desarrolla sus diferentes facetas.

El lector moderno que desee sacar provecho de esta traducción ha de desprenderse de la pretensión de abarcar todo el contenido del libro. Pueden apreciarse las enseñanzas de Rabí de Vidas a través de distintos niveles de comprensión constituyendo cada uno de éstos un peldaño que conduce al siguiente.

Los capítulos son largos y a menudo parece que no se ciñen al tema; sin embargo, esta impresión es errónea. Al leer cualquiera de los capítulos parece difícil resumirlo, pero el lector retiene la sensación inolvidable de haber penetrado en una dimensión distinta, permitiendo así que las enseñanzas formen parte de su fuero interno, en lugar de disecarlas con el poder analítico de su intelecto.

Al final del libro se listan los temas que discute el autor en cada uno de los capítulos. Estas listas son imprescindibles para apreciar el progreso de los temas. Éstas ilustran la razón por la cual, en lugar de eliminar lo que parecía repetitivo, hemos añadido explicaciones en bastardilla. Por ejemplo, el capítulo IX abarca el tema de hacerse una morada terrestre para la *Shejiná*. Uno de los temas allí tratados es:

«El alimento, la vestimenta y los derechos» alude al concepto místico de las tres encarnaciones.

Al analizar las páginas donde dice discutirse este tema se arriba a una cita del *Tikuné Zohar* que, en efecto, desarrolla los temas del *«alimento, la vestimenta y los derechos»*. No obstante, el Zohar no menciona el verdadero objetivo de la discusión de Rabí de Vidas: la reencarnación. Sólo los comentaristas, leyendo entre líneas, revelan el significado oculto del texto.

Por lo tanto, hemos agregado algunas interpretaciones del Zohar del rabino Daniel Frish (z"l), provenientes de su edición explicada *Matok MiDevash* (Más dulce que la miel), en bastardilla entre corchetes dentro de la traducción del texto. Las explicaciones de Rabí Frish se basan en el trabajo de sabios como el maestro del Rabí de Vidas, el famoso Rabí Moshé Cordovero, así como del Gaón de Vilna. Sin estas explicaciones, nos sería imposible lograr incluso una comprensión básica del Zohar.

Existen dos escuelas principales acerca de la traducción de la Cabalá, sin que una excluya a la otra. He pedido a dos importantes cabalistas que discutan estas escuelas en el contexto de las enseñanzas de *Principio de la Sabiduría*. El primero enfoca la santidad del estudio de la Cabalá y la reticencia que ha existido hasta ahora de permitir que se tradujesen textos cabalísticos: el cabalista que escribió este último prefirió permanecer en el anonimato siguiendo la antigua tradición cabalista de evitar la publicidad.

El segundo, que enfoca el aspecto mesiánico del actual interés generalizado en la Cabalá, aparece como Apéndice al final de este libro.

Jerusalén, 24 de Kislev 5724 – Víspera de Januká.
Sea la voluntad del Todopoderoso de alegrarnos
con la pronta reconstrucción de nuestro Santo Templo,
y la venida del Mashíaj-nuestro ansiado Redentor.

27 de noviembre 2013

Agradecimientos

A Rabí Itzjak Abadi *shlita,* por su incalculable guía.

A Rabí Israel Avijai, *shlita,* por ayudarme a poner al nivel del novato las indicaciones detalladas acerca de cómo pueden rectificarse errores cometidos en el pasado que siguen afectando a la cualidad de nuestra vida así como a nuestro vínculo con el Todopoderoso.

A Rabí Yishai Hojman, *shlita,* por compartir conmigo sus recuerdos de su amado maestro, Rabí Iehudá Guetz, y por empujarme a trasmitir las enseñanzas que atañen a la rectificación del alma en una página web.

A mi hijo Gabriel Pinjas, en recuerdo de las sesiones de estudio en que discutimos los conceptos de la historia de Diná, y por ayudarme a completar la investigación acerca de los Compañeros de Alma.

A mi hijo David, por estar siempre dispuesto a arreglar los fallos de mi ordenador a pesar de que éstos ocurrían en los momentos más inoportunos. Sea la voluntad de El Todopoderoso de inspirarle con el imán irresistible de Su amor.

A mi hija Rajel, autora de la ilustración de la portada del libro, mi gratitud y bendiciones. Sea la voluntad del Todopoderoso de otorgarles a Rajel y su marido hijos cuya alma arda con el fuego del apego al Creador.

A Raquel y Erez Nataf, ya que a raíz de su boda surgió la posibilidad de publicar la edición castellana del *Portal del Amor.* Sea la voluntad del Todopoderoso de otorgarles hijos *tzadikim* que aceleren nuestra deseada *gueulá*-Redención.

A Dina Yaira bat Beatrice, por ayudarme a aclarar el concepto de «recordarle al Altísimo» que constituye el tema esencial de este libro, y por mucho más…

Una bendición para Maurice Pinto por su generosa ayuda. Sea la voluntad del Todopoderoso de elevar su alma junto con la de su esposa Lunita.

Mi profundo agradecimiento a Iosef Benzaquen y a su esposa Devorah, por ser los *shelijim*-mensajeros, gracias a los cuales se me facilitó encontrar la sepultura de Rabí Eliyahu de Vidas. Fue en la última de las *sheva berajot*-festividades después de su boda que conocí a D. Tzuriyá, quien vive en el edificio llamado *Bet Hadassa*, cerca del viejo cementerio de Jebrón, y me ofreció su guía para visitar la tumba de Rabí de Vidas. Agradezco a Iosef donar generosamente su tiempo y cuidado para editar la primera versión de este manuscrito.

Agradezco a Itzjak *ben* Biniamin Pollack su ayuda con la introducción a la edición española, gracias a la cual son más asequibles estas profundas enseñanzas.

Agradezco encarecidamente a los hermanos Saúl y Sarita Bensadon, y a Victoria Mazal Serfaty, su generosa ayuda al leer y corregir la primera versión de este trabajo; que el Todopoderoso los colme de *shefa*.

También deseo expresar mi agradecimiento al que con celo y devoción se ha entregado a corregir la edición final del manuscrito; que el Todopoderoso ilumine su camino, como él ha iluminado el de otros.

Alabo al Altísimo por Su infinita bondad al alimentar la llama de nuestra esperanza de Redención, y al permitirme presentar esta ofrenda.

Ruego al Creador que este libro cumpla su misión de encender los corazones, hacerlos partícipes de la aflicción de la *Shejiná* y ponerlos en acción. Sea Su voluntad que las palabras de Torá nunca cesen de la boca de mis hijos, ni la de sus hijos por la eternidad, y que siempre guíen sus vidas según lo que en ella está escrito.

Portal del Amor

Introducción

TEMER AL TODOPODEROSO SIGNIFICA EVITAR LA TRASGRESIÓN

El temor y el amor son los dos pilares de nuestro servicio. De hecho, uno de ellos, el temor, es la clave de cada faceta de este servicio. Como nos exhorta Moshé:[57]

Ahora, Israel, ¿qué te pide el Altísimo, tu Creador Todopoderoso? Únicamente que Le temas al Altísimo, tu Creador Todopoderoso, que vayas por todos Sus caminos y Lo ames, y que sirvas al Altísimo, tu Creador Todopoderoso, con todo tu corazón y con toda tu alma.

Fíjate en los términos que emplea el versículo: «*que Le temas*», para que «*vayas por todos Sus caminos*». El mensaje es claro: sólo tu temor al Creador Todopoderoso te permitirá ir por Sus caminos.

Esencialmente, temer a un rey implica rechazar la mera idea de realizar cualquier cosa de la que te haya pedido abstenerte. Si además de temerle también lo amas, tu servicio (es decir, lo que estás preparado a hacer por Él) abarcará el cumplimiento amoroso y dedicado de todo lo que te haya encomendado. Como dice la Torá, has de servir al Todopoderoso con todo tu corazón y con toda tu alma. Entonces merecerás llamarte Su «siervo».

«Servicio», en términos Divinos implica amor. En consecuencia, tratándose del concepto del servicio Divino no se destaca el temor, sino el

---

57. Deuteronomio 10:12. *La Torá: traducción de la Biblia basada en el Talmud, el Midrash y las fuentes judías clásicas.* Edición a cargo de Daniel ben Itzjak. Barcelona, Ediciones Martínez Roca. Las citas de la Biblia *(jumash)* serán de esta edición a menos que lo indique en una nota, ya que a menudo he introducido modificaciones, siguiendo el sentido que Rabí de Vidas les atribuye.

amor. Pues si bien la base del temor es evitar la trasgresión a causa del juicio Divino, el sentimiento de amor es inherente al cumplimiento de los preceptos.

Rabí Shimón bar Yojai (Rashbí) aunó los conceptos de temor y amor al declarar que debemos cumplir los preceptos «*con temor y amor*». Al vincular eternamente ambos conceptos, Rashbí subrayó que el temor precede al amor.

Una de las razones para tal requisito es que, como hemos visto, el temor es la clave de todas las facetas de nuestro servicio. Otra razón se basa en el comentario de Rashbí en los *Tikunim*: expresamos nuestro amor al Altísimo cumpliendo Sus preceptos de sentimiento y acción, y que Le demostramos temor absteniéndonos de trasgredir.

Habiendo explicado el concepto del temor, seguimos con el amor, con el propósito de unificar el Nombre Divino.

Capítulo I

OBLIGACIÓN DE DESEMPEÑAR NUESTRO SERVICIO POR AMOR. ESENCIA DEL AMOR SEGÚN NUESTROS SABIOS, DE BENDITA MEMORIA.

Cinco recordatorios

Hay muchos mandamientos en el Deuteronomio que nos piden servir al Altísimo por amor. Leemos en el primer párrafo del *Shemá*:[58]

> Y amarás al Altísimo tu Creador Todopoderoso con todo tu corazón, con toda tu alma y con todos tus recursos.

Y en el segundo párrafo del *Shemá*:[59]

> Ocurrirá que si obedecéis Mis preceptos…de amar al Altísimo, vuestro Creador Todopoderoso, y de servirlo…

En su libro *Sefer Hamitzvot Hagadol*, Rabí Moshé de Kutzi explica que el primer párrafo del *Shemá* es de inestimable valor a ojos del Altísimo. Al leerlo acrecentarás tu temor hacia Él, ya que este versículo nos recuerda la unidad del Creador y el mandamiento de amarlo «con todo tu corazón, con toda tu alma y con todos tus recursos».

Aquí se incluye la Torá completa; ya que si amas al rey, cada uno de tus pensamientos contendrá la intención de obrar con rectitud ante Él.

---

58. Deuteronomio 6:5.
59. Deuteronomio 11:13.

En consecuencia, el Todopoderoso ha pedido que recordemos este precepto cinco veces al día:

1. Lee este párrafo de la Torá al acostarte para dormir.
2. Vuelve a leerlo al levantarte.
3. Fija este párrafo en tu corazón, como está escrito en los *tefilín* del brazo izquierdo, y mantenlo presente como dice el versículo,[60] «colocaréis estas palabras Mías sobre vuestro corazón y sobre vuestra alma».
4. Fija este párrafo en tu mente, como está escrito en los *tefilín* que se colocan en la cabeza sobre al espacio entre los ojos, *al inicio del cuero cabelludo*. Éste es el centro del saber y el foco principal del alma, como dice el versículo,[61] «como insignia entre tus ojos».
5. Que este párrafo controle tus recursos, como está escrito en las *mezuzot* (pergaminos fijados en las puertas de las casas), ya que ahí se localizan los recursos financieros personales. Tal es el orden que indican nuestras Escrituras: primero el corazón, sigue el alma, y después el dinero.

Objetivo: el amor

Hay numerosas referencias al precepto de amar al Altísimo, ya que este mandamiento es la base del servicio Divino.[62] Como explicaremos a continuación, el objetivo del alma es vincularse a su Hacedor; así lo indica el versículo,[63] *«a Él te unirás»*.

Enseña el Midrash respecto del amor:[64]

> El precepto «amarás al Altísimo, tu Creador Todopoderoso» implica que el amor debe motivar todos tus actos. Cuando sirves a El Altísimo por amor, tu recompensa es doble. Examinemos

---

60. Deuteronomio 11:18.
61. Deuteronomio 6:8.
62. Deuteronomio 6:5; 10:12; 11:1; 11:13; 11:22; 19:9; 30:6; 30:16; 30:20.
63. Deuteronomio 10:20.
64. *Midrash Sifre; Veetjanan* 32.

los conceptos de amor y temor en la relación de dos personas. Si temes a tu amigo y éste comienza a molestarte en exceso, instintivamente desearás finalizar esta amistad impertinente. Es difícil imaginar que se pueda amar a este amigo mientras se le teme. Sin embargo, cuando tu amor y temor se dirigen al Altísimo, en lugar de contradecirse, una cosa complementa a la otra.

El Midrash *Tana Debé Eliyahu* expone la analogía de dos sirvientes de un rey mortal, con miras a analizar la actitud de quien obra por amor, a diferencia de quien está guiado por el temor.[65] Uno de ellos ama y teme al rey, mientras que el otro sólo le teme pero no lo ama.

El rey emprendió un largo viaje a ultramar. El siervo que lo amaba y temía dedicó su tiempo libre a plantar jardines y huertos con variedad de frutos, mientras que el siervo que lo temía permaneció ocioso. Al cabo de un tiempo, el rey regresó y fue a visitar a sus siervos.

Demostró su abierta satisfacción al contemplar los bellos jardines y huertos, frutos del empeño amoroso que le presentó su primer siervo. También éste rebosaba de alegría al comprobar que había causado placer a su rey.

En cambio, al franquear el umbral del domicilio del siervo temeroso, el rey lo halló casi vacío. El siervo se estremeció ante la mirada despectiva que dirigió el rey hacia los productos secos que le presentaban. Demasiado tarde cayó en la cuenta de las temibles consecuencias que le depararía el desagrado del rey.

Sería justo que una persona cuya relación con el Todopoderoso se reduce a la del segundo siervo, el Creador Todopoderoso le suprimiese su porción *en el mundo venidero*.

Como la recompensa del que ama duplica la del que sólo teme, quienes no cumplen los preceptos tan sólo merecen gozar los placeres de este mundo. Existen quienes pueden alcanzar ambos mundos, como veremos más adelante. El amor fundamental supone cumplir los deseos del Rey con la intención de agradarle. Aun sabiendo que será recompensado con el fruto de los mismos árboles que ha plantado, tan sólo busca el placer de agradar al Rey.

En esta parábola, el siervo que teme representa a las naciones del mundo, que cometen idolatría pero temen al Todopoderoso.[66] Explica el

---

65. *Tana debé Eliyahu*, capítulo 28. Es decir, temor a la ira del rey.

66. «*¿Quién no Te temería, Rey de las naciones? Porque corresponde que Te teman, ya que entre todos los sabios de las naciones, y entre todos sus reyes, no hay nadie como Tú*» (Jeremías 10:7). Las naciones temen las consecuencias de la ira Divina.

Zohar que, a pesar de su temor al Altísimo, no cumplen los preceptos que les incumben (o sea, los 7 preceptos de los *noájidas*).

El siervo que ama es el pueblo de Israel que cumple los mandatos Divinos: los preceptos y el estudio de Torá representan los árboles frutales que se plantan en la tierra *durante la vida* y producen luces celestiales que causan gran placer al Rey.

Como ya mencionáramos, la calidad de tu relación con el Altísimo depende del servicio activo que emprendas mientras vives. El éxtasis de tu alma en el mundo venidero se centrará en la luz desprendida de los preceptos que cumples aquí.

Por lo tanto el precepto,[67] «amarás al Altísimo, Tu Creador Todopoderoso [...] y te aferrarás a Él» contiene la siguiente advertencia: no pienses, «estudiaré para que me consideren un sabio de la Torá; enseñaré y me llamarán rabino».[68] Tu deber es estudiar por amor al Altísimo, y la honra vendrá por sí sola.

A propósito del versículo,[69] *«se complace mucho en Sus preceptos»*, el Talmud enseña que lo que te ha de complacer es *«Sus preceptos»*, y no la recompensa. Como enseña la Mishná,[70] *«no seáis como el siervo que sirve a su amo para que le recompensen...»*.

Aclara el Zohar:[71]

> El versículo,[72] «amarás al Altísimo, tu Creador Todopoderoso» significa que debes aferrarte al amor Divino, efectuando todo tu servicio al Todopoderoso con amor. No hay servicio del Altísimo como el que se cumple con amor.

---

67. Deuteronomio 30:20; mi traducción. Tratado de *Nedarim* 62a.
68. *Sifrí: Ekev* 41.
69. Salmos 112:1. Tratado de *Avodá Zará* 19a. Me ha ayudado la versión castellana de la Biblia de Moisés Katznelson (Tel Aviv, Editorial El Árbol de la Vida, 1986) en mi traslación de citas bíblicas de *Naj* (profetas, salmos, hagiógrafos). No obstante, a menudo introduje modificaciones, siguiendo el sentido que Rabí de Vidas les atribuye.
70. *Avot* 1:3.
71. Zohar *Vaetjanán* 267a.
72. Deuteronomio 6:5.

El *Tikuné Zohar* describe al que se esfuerza en su servicio Divino, con miras a beneficiarse en este mundo:[73]

> Existen dos clases de amor y temor al Altísimo. El hombre puede temer a su Creador, no sea que caiga en la trasgresión y en consecuencia pierda su riqueza, o mueran sus hijos en el curso de su vida. De igual modo, el hombre puede amar al Todopoderoso con miras a adquirir hijos y fortuna. Si amas y temes al Altísimo de esa manera, no estás cumpliendo lo esencial del precepto de amar y temer al Creador, porque tu objetivo principal es la recompensa inmediata.
>
> El ser humano debe amar y temer al Todopoderoso sea cual sea su situación, satisfactoria o no, [ya que no se debe servir al Creador para su beneficio personal].
>
> [Acerca del amor verdadero], dice el Altísimo,[74] «Yo os conjuro, [Israel, esparcidos entre las] hijas de Jerusalén [las naciones] por las huestes celestiales o por las gacelas del campo, que no despertéis ni agitéis a mi amada [la Redención final] hasta que ella quiera», es decir, hasta que Israel ame [al Altísimo con un amor verdadero], y no con miras a recibir pago. [...]

Deberes del corazón: el amor

El autor de *Deberes del corazón* en su *Portal del Amor*, y al final de su *Portal de la fe*, escribe lo siguiente acerca del amor:[75]

> El amor es el anhelo del alma de aproximarse a su Creador, de dejarse llevar por su atracción natural hacia Él, y vincularse apasionadamente a Su Luz Divina. El alma es un ente espiritual y se siente atraída por otros seres espirituales como ella. Siguiendo los dictados de su conciencia, se distancia de quienes

---

73. *Tikún* 30, 73b.
74. Cantar de los Cantares 2:7; todas las citas del *Cantar de los Cantares* se basarán en la traducción de Abraham Sutton. Le quedamos agradecidos a Rabí Sutton por permitirnos usar su traducción, antes de la publicación de ésta. En ocasiones modificaremos el texto, de acuerdo con el sentido que Rabí de Vidas atribuye al original.
75. Bajia Ibn Pakuda, mi traducción.

le son incompatibles debido a la tosca esencia de su materia. Cuando el Creador la unió a un cuerpo con la intención de poner a prueba su dirección de dicho cuerpo, le recomendó que tuviera compasión del mismo [...]. Cuando el alma percibe algo que añadiría luz y poder a su esencia, dirige sus pensamientos a dicho objeto, y ansía adquirirlo.[76]

Cuando adquieras conciencia de la razón por la cual fuiste creado y enviado a este mundo transitorio, y tengas conciencia de la elevada esencia del mundo venidero, sentirás desprecio por este mundo y sus intereses. Con tus pensamientos, tu alma y tu cuerpo, huirás para vincularte apasionadamente al Altísimo; sentirás un placer intenso al pensar en Él cuando estés solo y te invadirá la melancolía si no estás meditando en Su grandeza. Incluso si estás acompañado, sólo pensarás en tu anhelo de complacerle, tu ansia de aproximarte a Él.

Las Escrituras mencionan el anhelo del Altísimo que penetra el alma:[77]

«Con mi alma Te he anhelado en la noche».

Y también,[78]

«Tu Nombre, Tu memoria es el anhelo de nuestra alma»,

En el libro de salmos,[79]

«Mi alma tiene sed de *Elo-him* (el Todopoderoso), de *E-l Jai*»,

Y también,[80]

«Mi alma tiene sed de Ti, mi carne Te anhela».

---

76. Aquí termina la cita del *Portal del Amor*.
77. Isaías 26:9.
78. Isaías 26:8.
79. Salmos 42:3.
80. Salmos 63:2.

Así meditará tu alma en su deseo de apegarte al Altísimo, y en tu corazón contemplarás tu unión a Él, tu amor y tu anhelo de Él. No tendrás más interés que cumplir los requisitos de Su servicio; no te vendrán otras ideas a la mente más que acerca de Él, y tan sólo Él reinará en tu pensamiento. Ordenarás a tu cuerpo que sólo actúe para Él y a tu lengua que sólo se preste a mencionarle con alabanza y gratitud, expresando tu amor e intenso deseo de cumplir la voluntad del Todopoderoso.

Si prosperas Le agradecerás; si estás afligido sufrirás con paciencia. Te entregarás en cuerpo, alma y recursos, a la santificación de Su Nombre, y tu amor y tu fe en Él se intensificarán de continuo. Serás como aquel piadoso que se levantaba por la noche y clamaba:

> «Mi Creador Todopoderoso, Me has dejado hambriento y desnudo; me has puesto en la oscuridad de la noche, y me has mostrado Tu grandeza y Tu poder. Si me quemases con fuego, Te amaría más todavía, sintiendo mayor exaltación y regocijo ante Tu proximidad».

Como exclamó Job:[81]

> «Aunque Él me quitase la vida, confiaría en Él».

La ayuda más potente para alcanzar este excelso nivel de amor al Todopoderoso es sentir un intenso temor, *incluso* terror de Él, un miedo que impregne tu cumplimiento de los preceptos. Si piensas que Su ojo vigilante se fija en las partes más ocultas de tu mente, que conoce tus pensamientos ya sean ocultos o revelados, y que escruta los dictados de tu conciencia; si piensas en la sutileza con que dirige cada uno de tus movimientos, Su bondad hacia ti, el hecho de que conoce tanto tu pasado como tu futuro, y Su constante esfuerzo de aproximarte a Él, no podrás resistir el amor que te inundará, y te entregarás a Él con plena confianza.

Confiarás en Su bondad e inmensa ternura, y al considerar Su amor no pensarás en el de otros. No querrás que Él vea que temes a otros, sino que Él reinará constantemente en tus pensamientos. Su presencia estará siempre ante tus ojos; será tu compañero en momentos de soledad; salas

---

81. Job 13:15.

llenas de gente te parecerán vacías, y lugares vacíos te parecerán llenos. Nunca te aburrirás estando solo ni te preocuparás si no hay nadie a tu lado. Siempre encontrarás regocijo en el Altísimo y te alegrarás de cumplir Su voluntad. Como está escrito,[82] «*Y se alegrarán todos los rectos de corazón*»;[83] «*yo me alegraré en el Altísimo*»; y [84] «*Él es mi luz y mi salvación. ¿A quién temeré?*».

El sabio *Rokeaj* (siglo XII) explica que se alcanza la fuente del amor cuando el alma rebosa de amor al Altísimo y se alegra de estar unida a Él. No como el siervo que trabaja para su amo a desgana, sino con un intenso amor interior, que le empuja a servirle activamente cumpliendo Su voluntad con alegría.[85]

No cumples tu servicio para obtener placer ni en busca de honor. En cambio, te preguntas cómo es posible que un ser indigno como tú, lleno de trasgresiones, que hoy está aquí y mañana en la tumba, ha merecido ser escogido para servir a un Rey tan venerable.

Es precisamente cuando tu alma medita en la profundidad de su temor reverencial al Creador Todopoderoso, que se enciende el fuego de tu amor en tu fuero íntimo y tu corazón se regocija; entonces la sabiduría ilumina tu rostro.

Cuando tienes sabiduría Divina en el corazón, piensas con alegría en tu deseo de ejecutar la voluntad de tu Creador observando Sus preceptos con fervor. No piensas en los placeres que ofrece este mundo, ni en las excursiones de tu familia, que son insignificantes para ti. Grabado en tu pensamiento está el deseo de cumplir Su voluntad y de estimular a otros a hacerlo a su vez. Deseas santificar Su Nombre y entregarte en un acto de amor, como lo hizo nuestro padre Abraham.

Quienes alcanzan este nivel de piedad no entablan conversaciones vanas; no *se detienen a* mirar el rostro de una mujer; y si son insultados no se sienten compelidos a replicar. En síntesis, concluye el *Rokeaj*, sus pensamientos arden con el fuego del amor; son dignos de alabanza.

---

82. Salmos 64:11.
83. Habacuc 3:18.
84. Salmos 27:1.
85. Rabí Eliezer de Worms, *Shoresh Haahavá*.

El abrazo de los querubines

En su libro *Taamei Hamitzvot*, Rabí I. Parji escribe que una de las razones por las cuales debemos amar al Altísimo es que, al sentir amor, causamos que los querubines se enlacen cara a cara en un abrazo amoroso [...] e impregnamos los reinos celestiales de energía y bendición Divinas.

Enseña el Zohar:[86]

> El precepto de amar al Todopoderoso requiere que el ser humano ame a su Creador con un amor intenso. Como Abraham, que en un acto de amor se entregó en cuerpo y alma al Todopoderoso [en Ur de los caldeos]. Aprendemos de esto que quien ama al Altísimo sustenta los diez dichos con que Él creó el mundo, [si estudias Torá y cumples los preceptos por amor al Altísimo, en el cielo se considera que estás sosteniendo y rectificando las diez *sefirot* o modos básicos de la creación Divina], tanto en el cielo como en la tierra.
>
> Las diez pruebas de Abraham se equiparan a estos diez dichos. [Es decir, cada prueba aportó energía luminosa y rectificación a una de las diez *sefirot*].
>
> Una por una, Abraham sobrellevó estas diez pruebas porque se vinculó apasionadamente a la diestra del Altísimo, llamada «amor intenso». ¿Por qué designamos al Todopoderoso «amor intenso»? Porque [quien logra sentir este amor] se vincula [con los atributos Divinos] en el mundo celestial.
>
> [En cambio, el «amor perdurable» es el concepto místico de este mundo], es decir, de la *sefirá* de *Maljut*. Cuando la base de la relación del hombre con su Creador es un amor tan intenso como perdurable, se produce un *yijud* entre el Todopoderoso y la Comunidad de Israel, quienes a partir de ahora están juntos como si jamás se hubiesen [separado].
>
> Como hemos visto, el servicio ejecutado por amor se eleva más que ningún otro. También le otorga más honor y bendición al Nombre Divino que cualquier otro, y *asigna energía Divina a todas las* sefirot. Bendito sea Su Nombre por siempre y eternamente.

---

86. Zohar *Vaetjanán* 263b.

Amar es entregarse

Enseña el *Tikuné Zohar* que el amor Divino en su esencia supone entregarse en cuerpo y alma para santificar Su Nombre:[87]

Dice el versículo,[88] «Y los sabios resplandecerán»; «los sabios» son los iniciados en la explicación mística del segundo precepto, al cual alude *la expresión «bereshit»* [en el principio. Es decir, el primer precepto es temer al Todopoderoso, y el segundo es amarlo sin esperar retribución].

[¿De qué manera alude la expresión] *«bereshit»* [al precepto de amar al Todopoderoso?] El valor numérico de las letras de la palabra hebrea *ahavá* [amor] es 13. [El valor de la expresión *bereshit* es 913; pero las cifras 9, 1, y 3 también suman 13]. *El hecho de que tanto ahavá como bereshit* [sumen 13] implica que la fuente del amor *se encuentra en* [la *sefirá* de] *Jesed*. [El valor numérico de la palabra «*Jesed*» es] *72,* que alude al Nombre Inefable de setenta y dos letras [derivado de los versículos 19 al 21 del capítulo XIX del libro Éxodo, cada uno de los cuales contiene 72 letras].

La primera palabra de cada uno de estos tres versículos comienza con la letra *Vav: vaisá, vayavó, vayet.* [El valor numérico de las letras que forman la palabra] *«Vav»* es 13, como el de las palabras *ejad* [uno], *y* [la palabra] *ahavá.* Hay aquí una referencia al primer dicho de la Creación – *«Bereshit »,* acerca del cual nos enseñan,[89] «¿No podía [el mundo] haberse creado con un único mandato?». [Es decir: los conceptos] *bereshit, ejad* y *ahavá,* [se vinculan por su idéntico valor numérico – 13].

He aquí el significado de «amor intenso»: al enunciar la palabra «uno» [en el Shemá], has de entregar tu alma por el amor a tu Hacedor. Es por esta razón [que a continuación del versículo *Shemá' Israel* está escrito,] «amarás al Altísimo, tu Creador Todopoderoso; [con todo tu corazón, con toda tu alma y con todos tus recursos]». [En otras palabras, por amor a Él, debes estar dispuesto a] ofrecerle lo que más estimes, tu cuerpo [padeciendo

---

87. Zohar, Introducción, p. 10b.
88. Daniel 12:3.
89. *Avot* 5:1.

sufrimientos], tu alma [tu vida] y tus recursos financieros, inclusive en tiempos de crisis.

La prueba que habrá de sobrellevar Israel durante los últimos setenta años del exilio que será el último,[90] [en que serán más severas las tribulaciones,] *es la pérdida financiera*. El Talmud compara el pobre al muerto, lo que en este sentido significa que la pérdida de los recursos financieros es equivalente a la pérdida del alma.

Si tu cuerpo, tu alma y tu dinero tienen igual importancia a tus ojos, ofrece al Todopoderoso lo que más estimes, [para santificar Su Nombre]. Al hacerlo, estás simultáneamente uniéndote a Él con la palabra *ahavá* [que, como hemos visto, alude a] *bereshit*. En ese momento, es como si el mundo hubiese sido creado para ti.

Si un judío no entrega su alma, su cuerpo o su fortuna por amor al Todopoderoso en tiempos de persecución religiosa [decidiendo vivir en este mundo como un pagano incircunciso,], en el cielo consideran como si hubiese [destruido] el mundo, devolviéndolo a su estado caótico original. [Vemos el vínculo entre] *bereshit* y *ahavá* en el versículo «*la tierra estaba desolada y vacía*», ya que éste sigue al versículo que comienza con «*En el principio*».

En cambio, quien entrega su cuerpo, alma y fortuna *por amor a* su Hacedor, alcanzará el nivel más elevado en el mundo venidero. Tan sólo cuando tu amor al Todopoderoso [se manifieste con el cumplimiento de] *los* 613 preceptos, puede *Maljut* existir [como entidad cohesiva y trasmitir la Providencia Divina al hombre, como lo sugiere el versículo]:[91] «*¿Por qué desafías la orden del rey?*». El cumplimiento de los preceptos mantiene el mundo.

[La inclinación al mal, llamada en Cabalá] «la sirvienta malvada», causa la destrucción del mundo [incitando a los hombres a trasgredir]. Por tanto, se relaciona con el versículo «la tierra estaba desolada y vacía». [El Altísimo creó a esta «sirvienta malvada»] para otorgar recompensa e imponer castigo a los hombres.

[Hay distintos modos de entregar el alma para santificar el Nombre Divino, y] quien ama al Altísimo con su alma, su

---

90. Esto es, setenta años antes de la Redención.
91. Ester 3:3.

cuerpo y su fortuna *para que el Todopoderoso lo proteja* de las aflicciones de este mundo, ama con interés. Si su amor se basa en lo que le da el Altísimo, su motivación no es el amor, sino los resultados de ese amor.

En este caso, si sucediera que el Altísimo le quitase la fortuna o el cuerpo, [su reacción natural sería] negar la existencia del Creador Todopoderoso.

[No puede decirse que el amor al Creador] es la fuerza motriz [de tu vida] hasta que no estés listo a entregar tu alma [para santificar Su Nombre] por el amor de tu Hacedor. Y si los tres elementos [la vida, salud y dinero] tienen igual importancia a tus ojos, entrega los tres por Su amor. Éste es el amor fundamental. [Quien ama al Altísimo de este modo causa que fuerzas de *Tiferet* fortalezcan] a *Maljut*, iluminándola con *Jesed* hasta que *Maljut* pueda funcionar como entidad cohesiva, capaz de trasmitir *shefa*. Cuando está iluminada por *Guevurá*, *Maljut* se vincula con el temor del Todopoderoso y cuando su iluminación proviene de *Jesed*, *Maljut* se vincula con el amor al Altísimo.

[El valor numérico de] «*Torá*» es 611. La Torá fue entregada a Israel por medio de las fuerzas Divinas de *Jesed* y *Guevurá*, [que corresponden al amor y al temor del Altísimo]. Con éstas se completa la Torá, y equivale a 613, la cantidad de *preceptos* en la Torá.

La Torá Escrita representa la línea central y la influencia armoniosa de *Tiferet*; [*Tiferet* conecta y fusiona las líneas de bondad y de reserva], fortaleciendo a *Maljut*, [quien ahora] se identifica con el versículo,[92] «La Ley del Altísimo es perfecta». [*Tiferet* representa la Torá Escrita, mientras que *Maljut* representa el precepto ya que, como hemos visto, la capacidad de *Maljut* de trasmitir energía Divina depende del cumplimiento de los 613 preceptos].

La fuente fundamental de los 613 preceptos es el Tetragrama [como aparece inicialmente en el Libro de Éxodo, seguido por la explicación Divina:][93] «Éste es *Shemí* [Mi Nombre] por siempre y para siempre y éste es *Zijrí* [Mi recuerdo] de generación en generación»

El valor numérico de *Shemí*, añadiéndole el de las dos primeras letras [del Nombre,] *Yud* y *He*, es 365, [el número

---

92. Salmos 19:8.

93. Éxodo 3:15; mi traducción.

de preceptos «negativos» (prohibiciones) de la Torá]. El valor numérico de *Zijrí*, añadiéndole el de las dos letras finales [del Nombre,] *Vav* y *He*, es 248, [el número de preceptos «activos» de la Torá. 365 y 248 suman 613 que, como hemos visto, representa a *Maljut*]. Los 613 [preceptos que constituyen *Maljut* están incluidos en la Torá Escrita que nos dio el Altísimo] a Su imagen y semejanza.

Rabí Shimón bar Iojai explica de la siguiente manera la relación entre amar al Altísimo y entregarse a santificar Su Nombre:[94]

> El segundo *precepto* [temer al Creador Todopoderoso] incluye al primero [amar al Altísimo] y se une a él [ya que quien Lo ama teme la mera idea de irritarle. Estos preceptos] nunca se separan. [En consecuencia, como veremos, ambos están insinuados en la luz del primer día de la Creación].
>
> *Ahavá* consiste en amar al Altísimo con un amor total, [y pregunta], ¿qué es un amor total? [Es decir, ¿a qué *sefirá* alude? Y responde:] *Es el amor intenso* [que alude a la *sefirá* de *Jesed*, como vemos en el versículo,[95] «Sí te he amado con amor eterno; por tanto te he manifestado bondad», en el cual *ahavá* y *Jesed* se encuentran unidos].
>
> *Ahavá y la sefirá de Jesed tienen una fuente común*, como inferimos de las palabras Divinas a Abraham,[96] «Camina ante Mí y sé íntegro».[97] [Es decir, Abraham, cuya raíz espiritual se encontraba en la *sefirá* de *Jesed*, había de ser íntegro en su amor al Creador]. Está escrito *en el relato de la Creación*, que dijo el Creador Todopoderoso «Haya luz». [En Cabalá, la luz repre-

---

94. Zohar *Bereshit* 11b.

95. Jeremías 31:2

96. Génesis 17:1.

97. En su edición crítica de *Reshit Jojmá*, Rabí Jayim Iosef Waldman aclara la diferencia entre Noé y Abraham: *Podemos comparar este mandato Divino a otro versículo, acerca de Noé, quien (Génesis 6:9) «anduvo con* Hashem». *El hecho de que Noé anduviese con el Altísimo significa que necesitaba la ayuda y el apoyo Divino. Por ende, su amor no se considera perfecto por estar combinado con su deuda de gratitud para con el Todopoderoso que lo había ayudado. En cambio, Abraham recibe el mandato de andar «ante* Hashem». *Esto es, sin depender del apoyo Divino. En consecuencia, el amor de Abraham se considera «perfecto».*

senta la *sefirá* de *Jesed*. Por lo tanto, explica el Zohar,] el amor perfecto equivale al «amor intenso». El precepto de amar al Altísimo nos enseña cómo hemos de quererle.

Dijo Rabí Elazar a su padre: «Padre, he oído la explicación del amor intenso». Dijo su padre, «Dilo ante Rabí Pinjas, hijo mío, ya que él se encuentra en ese nivel». Dijo Rabí Elazar, «El amor intenso es un amor perfecto de ambos lados». [El amor perfecto presupone amar al Todopoderoso, sin importar si Él te trata con amor y ternura o con justicia estricta]. Si tu amor no incluye ambos lados, no es un amor perfecto. Hemos aprendido que estos dos lados definen el modo en que hemos de amar al Creador. Un hombre puede amar al Todopoderoso porque tiene dinero, vida larga, hijos que le rodean, éxito *en sus confrontaciones* con sus enemigos, o simplemente porque lleva una vida cómoda. Si, *no lo permita el cielo*, su situación se invirtiese y el Altísimo fuera a cambiar la dirección de Su rueda tratándolo con justicia estricta, pronto comenzaría a estar en contra de su Creador. Un amor de esta índole no constituye el amor fundamental [porque se basa en una segunda intención: si este motivo cesase de cumplirse, también desaparecería el amor].

Un amor al Todopoderoso total e íntegro presupone ambos lados, te trate Él con justicia estricta, o con amor y ternura haciendo que tengas éxito en la vida. Por lo tanto [y a fin de rectificar tu vida,] ama al Altísimo como enseñaron nuestros sabios: «incluso si te quita la vida». Ya que sólo ese amor [en el que aceptas] *ambos extremos* [de la Providencia Divina,] es íntegro. Esto explica el brillo [infinito] de la luz de la Creación [que corresponde a la Providencia Divina influenciada por la entrega incondicional de la *sefirá* de *Jesed*].

Esta luz fue ocultada para dejar paso a [la Providencia Divina afectada por] la justicia estricta [predominante en la *sefirá*] *Guevurá*. La luz y la oscuridad, que corresponden a la bondad y la *fortaleza*, se fusionaron entonces en una sola entidad [para mostrarnos que el amor perfecto que hemos de sentir presupone amar al Creador cuando nos aflige, tanto como cuando nos muestra Su amor incondicional]. *Así es el amor perfecto que hemos de sentir por el Creador.*

El amor fundamental introduce el amor en el reino de la justicia estricta, y presupone amar al Altísimo con toda tu alma, entregándosela para santificar Su Nombre. Si el Altísimo te pusiese a prueba de este modo, ya fuese una prueba insignificante o de gran importancia, has de estar listo para entregarle tu cuerpo y tu alma con amor, como aprendemos de Jananiá, Mishael y Azariá en la hoguera, y de muchos otros. Entonces estarás incluyendo a *Jesed* dentro de *Guevurá*.

La introducción de *Guevurá* dentro de *Jesed* es de gran importancia. Si amas al Creador por Su inmensa bondad hacia ti y por todos los beneficios con que te ha colmado, no confíes en tu rectitud, sino teme que una debilidad pasajera te cause caer en el error, como hemos explicado en la *Portal del Temor*.[98] Éste es el amor total, que incluye ambos lados del espectro, ya que sólo puede decirse que la bondad es perfecta cuando se combina con la *fortaleza*, y a la inversa, la *fortaleza* sólo es perfecta si está impregnada de bondad.

La razón oculta por la cual repetimos el versículo, «*el Altísimo es el Creador Todopoderoso*» durante los diez días de arrepentimiento entre Rosh Hashaná y Yom Kipur, es que el Nombre Inefable es el Nombre Divino que representa el amor incondicional, mientras que el Nombre *Elo-him* expresa Su justicia estricta. Esto nos recuerda que, especialmente durante esos días, el Creador Todopoderoso dirige hacia nosotros tanto Su amor incondicional como Su justicia estricta.

La primera vez que la palabra «amor» aparece en la Torá es con referencia al sacrificio de Itzjak en el monte Moriá. Como está escrito,[99] «Toma por favor a tu hijo, a tu único hijo, a quien amas, a Itzjak...». Este versículo es un claro ejemplo de *Guevurá* combinada con *Jesed*. El nombre de Abraham se relaciona con el apego del Todopoderoso hacia el patriarca, refiriéndose a este como,[100] «Abraham Mi amado», ya que el amor puro proviene de la *sefirá* de *Jesed*. Itzjak, en cambio, está vinculado con *Guevurá*.

Ambos conceptos aparecen más adelante en la Torá, cuando Itzjak se casa. Dice:[101] «tomó a Rivka (Rebeca) y ella se convirtió en su mujer, y él la amó». El aspecto dominante en Itzjak era la justicia estricta.

Al ser ofrecido en sacrificio pudo contenerse lo suficiente para aceptar las fuerzas de justicia estricta. Sin embargo, al amar a Rebeca desarrolló en su interior las fuerzas Divinas de *Jesed* heredadas de su padre Abraham.

---

98. Capítulos 3 y 5.
99. Génesis 22:2.
100. Isaías 41:8.
101. Génesis 24:67.

En su amor por Rebeca y su unión con ella, Itzjak muestra las fuerzas de *Jesed* que están en él, como explicaremos al referirnos al concepto místico del amor relacionado con la *Shejiná*.

Por tanto, lo principal del amor proviene del atributo de justicia estricta, que se manifiesta cuando entregas tu existencia por la santificación de Su Nombre. Tu cuerpo fue creado de acuerdo con las fuerzas de la naturaleza, por medio del Nombre Divino *Elo-him*: como *al aceptar la muerte en potencia por amor a Su Nombre* muestras que no te preocupa tu bienestar, estarás santificado por las fuerzas de *Jesed*, quienes tienen ahora la capacidad de contener la justicia estricta.

Por otra parte, la estructura espiritual de la *neshamá* proviene de las fuerzas de *Jesed*. Como dice Rashbí, *Jesed* es hija de Abraham. El patriarca mereció su contacto con las fuerzas Divinas de *Jesed* porque, como deducimos de las numerosas pruebas que sobrellevó, se desgastó (tanto física como económicamente) al servicio de su Creador. Mostró que estaba desprovisto de la gula habitual en los seres humanos.

Lo mismo sucede con los donativos que se donan a causas de *tzedaká*. Quien da mucho dinero por caridad, actuando en contra de su tendencia natural, se vincula a *Jesed*. Por tanto, cualquier aspecto de tu servicio Divino en que tengas que actuar en contra de tu naturaleza te otorgará un contacto directo con el amor Divino.

Lo que anotamos más arriba (que el «amor perdurable» pertenece al mundo terrenal y se une al mundo celestial) se explica ahora con una cita de los *Tikunim*:[102]

> El venerable sabio se incorporó, y alzando la piedra entre sus manos, dijo: «¡Luminaria bendita! Hasta ahora la piedra [como he explicado en la Introducción, alude a la justicia estricta proveniente de *Maljut*] estaba en tu posesión, pero ahora se está elevando; guárdate de Sus piedras ya que ahora Ella está elevándose a Su Amado por medio de las plegarias y canciones de los individuos rectos y por sus buenos actos». Cuando esta piedra desciende al mundo terrenal, se convierte en la «piedra de prueba» que probó a los patriarcas. Por tanto, dice el versículo:[103] «La piedra que rechazaron los constructores...» [Los

---

102. *Tikuné Zohar jadash*, 100b.
103. Salmos 118:22.

constructores] son los patriarcas. Cuando la piedra desciende a este mundo [el amor incondicional de *Jojmá* y *Biná* como Fuerzas Divinas de la Creación es suplantado por las Fuerzas de *Tiferet*, porque su fusión característica de bondad y fortaleza ha de ponerse en vigor para guiar el mundo terrenal].

En cambio, cuando la piedra asciende está escrito: «*La piedra que rechazaron los constructores*» se ha elevado hasta que «*vino a ser la piedra fundamental*». La piedra probó a Abraham con las diez pruebas que superó. Cuando el hombre se enfrenta a una prueba la *Shejiná* cae afligiéndose, y cuando la supera, Ésta se eleva hacia su Amado en los cielos. Al elevarse Ella, el ser humano puede superar todos los problemas que afectan a la humanidad. En el caso de Mordejai, tras superar la prueba de Hamán, el Todopoderoso le entregó al malvado Hamán. Esta *reacción Divina* es aún más segura cuando se refiere a quien sobrelleva una prueba por amor a la *Shejiná* exiliada. [...]

Espejo del corazón

Aprendemos acerca del amor:[104]

> Hay amor, unidad y verdad en la Torá. Abraham amaba a Itzjak e Itzjak amaba a Abraham, y ambos sentían este apego. Ambos patriarcas estaban apegados a Iaacov con amor y armonía, y cada uno de ellos dio de su *ruaj* al otro.

Con esto, Rashbí nos enseña el concepto místico de la esencia del amor. Durante su vida, todos *sus discípulos, llamados* «los compañeros» se amaban entre sí con un amor que provenía de su alma *(nefesh)* y su espíritu *(ruaj).* Así pues, se ama a un amigo mediante la parte de alma llamada *nefesh*, ya que el *nefesh* desea amar.

Aunque la sustancia material de tu cuerpo te separa de tu amigo, el *nefesh* de ambos es una entidad espiritual, y la tendencia del espíritu es apegarte a tu amigo con una unión ininterrumpida.

Cuando se despierta en tu *nefesh* el deseo de amar a un amigo, el *nefesh* de tu amigo también deseará amarte, de modo que vuestras almas se

---

104. Zohar *Ki Tisa* 190b.

unirán hasta formar una sola entidad, como está descrito sobre la eterna amistad entre David y Ionatán. El alma de David estaba unida a la de Ionatán y éste amaba a David. El amor de David a Ionatán reflejaba el amor de su amigo hacia él.

El poder del amor entre dos personas causa que sus almas se unifiquen. Como dice el rey Salomón:[105] *«Como en el agua un rostro refleja al otro, así el corazón del hombre, al hombre»*.

«¿Acaso el agua tiene rostro?», pregunta Rabí Janina para explicar el versículo.[106] ¿Qué es esta agua? Si pones agua en un recipiente y miras dentro, verás tu reflejo. El corazón del hombre tiene una función similar: refleja sus sentimientos para el ser amado. El agua en el recipiente te permite ver el reflejo de tu rostro cuando la miras. Así pues, resultan dos rostros: uno es el tuyo propio que se proyecta desde arriba, tal como lo haría la luz directa, y el segundo es el rostro que devuelve tu imagen, tal como lo haría la luz reflejada.

En realidad, ambos rostros son uno, aunados como una sola entidad. Pero si no miras directamente hacia el agua, no verás nada en ella. Si no hay luz directa no puede haber luz reflejada. Así es un corazón con respecto al otro: cuando enciendas el deseo de tu corazón de amar a tu amigo, tu mismo deseo encenderá el corazón de tu amigo.

Lo mismo sucede en el dominio del espíritu, y se llama «la iniciativa de abajo»: es decir, quien desea una relación íntima con el Creador inicia el proceso por medio de sus actos, y su cumplimiento de los preceptos por amor a la *Shejiná*. En el idioma del Zohar, éste es el concepto místico de las *mei nukvin*.[107] si no hay iniciativa inferior, tampoco hay iniciativa superior. Si el ser humano no inicia la relación desde abajo mediante sus actos, el Altísimo no responde con un lazo personal de amor. Éste es el significado místico del versículo,[108] *«Ascendió una bruma de la tierra»* y, en consecuencia, *«regaba toda la faz de la tierra»*.

Tratemos de comprender el significado latente en esta parábola. Para poder mirar tu reflejo en una superficie de agua necesitas dos cosas: agua y un recipiente. Si te falta uno de éstos no podrás ver el reflejo de tu rostro. Así

---

105. Proverbios 27:19.

106. *Midrash Mishlé* 27.

107. Zohar *Bereshit* 17b. *Mei Nukvin* consiste en la energía espiritual que asciende desde el mundo terrenal al celestial, producto del cumplimiento de *mitzvot* del pueblo de Israel.

108. Génesis 2:6.

también, necesitas tanto el corazón como el alma. El *ruaj* mora en el corazón. El corazón es tu recipiente, mientras que tu *ruaj* es el agua en el recipiente.

Un corazón sin *ruaj* es como un recipiente sin agua. Y a la inversa, cuando miras una masa de agua que no está contenida en un recipiente, no puedes ver nada, ya que la naturaleza intrínseca del recipiente es la causa de que se refleje la forma. Como el agua es una sustancia simple, la forma que se refleja en ella va a través de ella y la traspasa si no hay barreras para cristalizarla. Lo mismo sucede en el mar, por ejemplo, en que no puedes ver tu reflejo porque el agua se expande sin recipiente que la contenga. Lo mismo sucede con un espejo pulido: si no hay una lámina por detrás que retenga la forma en la faz del espejo, no tiene capacidad de reflejar.

Así también, no amarás a otro a menos que lo puedas ver, de modo que al encenderse tu propio amor, encenderá el de tu amigo hacia ti. El mero hecho de mirar tu reflejo en el agua basta para encender el amor. El deseo de tu *nefesh* en tu corazón enciende el *ruaj* en el corazón de tu amigo. Las dos almas se enlazarán una con otra con amor, incluso si una está apartada de la otra, porque el agua (el *ruaj*) es una sustancia etérea y espiritual, parte del Altísimo. Así pues, no hay separación entre almas, aun si residan en recipientes diferentes.

Más allá de *Atzilut*: la fuente

Así también es la esencia de lo Divino, que se manifiesta en los recipientes de las *sefirot*: la esencia del espacio interno Divino es una y está unificada, aun cuando los recipientes que la contienen se manifiesten de diversas formas. El *Ra'ya Mehemna* compara el espacio interno de las *sefirot* a un volumen de agua contenido en distintos recipientes: si se rompiesen, el agua correría a su fuente. La identidad o naturaleza del recipiente es insignificante; toda el agua regresará a la misma fuente de origen.

No me explayaré en el concepto de luz directa y reflejada, que equivale a la relación «cara a cara» *con el Altísimo*. Me apoyo en lo que mi maestro, Rabí Moshé Cordovero, ha explicado en su *Pardés Rimonim*.

Ahora nos es más asequible el concepto de los atributos Divinos mediante los cuales nos ayuda el Altísimo a percibirlo, encerrando en ellos Su luz infinita. Los atributos son recipientes que contienen la luz divina; y aunque los recipientes cambian de forma y aparecen como bondad, compasión, etc., no obstante, cada atributo permanece unido al siguiente mediante el *ruaj* que contiene, que es el mismo de los demás.

La parábola del agua reflejada nos enseña que al ser humano le es imposible lograr el vínculo con su Hacedor en el concepto místico del amor al nivel más allá de *Atzilut* (Cercanía), porque en calidad de seres corpóreos somos incapaces de captar un concepto de amor completamente abstracto. De igual modo, no podemos percibir al Todopoderoso incorpóreo; queda más allá de nuestra percepción y entendimiento. Tampoco podemos amar a un alma desprovista de su envoltura humana.

Aunque no puede hablarse de cuerpo con respecto a lo espiritual, al mencionar la envoltura visible nos referimos a los actos del Creador, del modo en que se nos revelan. Es similar al modo en que el alma se nos revela por medio de sus actos, ya que previamente a su envoltura humana carecía de actos. Dice el Zohar:[109]

> Antes de que el Todopoderoso crease la forma del mundo [esto es: el proyecto original del mundo en el reino de *Atzilut*], y diseñase *las diferentes sefirot*, estaba solo en el mundo, sin forma alguna. *Así pues,* [quien quiera aprender acerca del Ser Supremo antes de su manifestación en *Atzilut*] no debe atribuir ninguna forma ni apariencia a la Presencia Divina antes del nivel de *Beriyá,* ni siquiera mediante la letra *He,* ni la *Yud,* ni pronunciando el Nombre Inefable, ni por medio de ninguna letra.

Cuando el hombre se apega a su Creador con un amor apasionado que comprende cuerpo y alma *[no sólo mediante los sentimientos del alma, sino también mediante su adopción de los preceptos de Torá como norma de vida]* ocasiona que su Creador se apegue a él, como el agua que refleja una mirada de amor.

Y amplía el Zohar:[110]

> El precepto «amarás al Altísimo, tu Creador Todopoderoso» indica que ames al Altísimo apegándote a Él. Al amar al Altísimo estimulas Su lado derecho [Sus fuerzas de *Jesed,*] y Él te acepta con amor. Todo en el mundo depende del deseo –el espíritu

---

109. *Ra'ya Mehemna, Bo* 42b.
110. *Terumá* 162a-162b.

que lo habita [es decir, todo lo que haces en este mundo depende de la intensidad con que lo deseas. Así pues, en cuanto sientes el anhelo de amar al Altísimo, tu *ruaj* se apega a Él con amor, y de inmediato atrae al espíritu Divino de *Jesed* a que resida en ti]. Así lo sugiere el versículo,[111] «Si el hombre fijase Su corazón en Él», [es decir, si el ser humano estimulara su amor por el Altísimo, entonces] «atraería a sí mismo [la energía luminosa de *Jesed*] a su *ruaj* y su *neshamá*», [para que el espíritu Divino de *Jesed* resida en él].

Si a tu vez tratas de despertar tu amor al Altísimo, sólo puedes encender la energía Divina de *Jesed* de tres modos: «con todo tu corazón» [que arda en tu corazón el amor al Altísimo por siempre, y que ningún pensamiento te impida seguir fijando tu atención en Su amor;] «con toda tu alma», [has de saber que el amor del Altísimo lo trasciende todo;] «y con toda tu riqueza»: *tu amor también ha de expresarse de estos tres modos*. Ya que el versículo no expresa *cláusulas excluyentes*, como «con todo tu corazón o con toda tu alma...», los tres han de estar presentes: corazón, alma y riqueza. A *Su vez*, el Altísimo *también responde de tres modos:* estimula Su diestra [es decir, Sus fuerzas de *Jesed*] hacia ti; extiende *la energía de Su amor hacia ti, y te recibe en el reino de Su amor*. [...]

Este Zohar significa que al entregar tu *ruaj* por amor al Altísimo, atraes el amor del Altísimo (el Espíritu Divino) hacia ti.

Según Rabí Iose, el versículo «*Si el hombre fijase su corazón en Él* [el Altísimo] *atraería a Sí su espíritu y su aliento* [del hombre]», alude al matrimonio basado en el precepto *yibum*, que requiere el enlace de una viuda con el hermano de su esposo, cuando éste ha fallecido sin dejar descendencia.[112] Si el hermano vivo fija su atención en infundir vida al alma de su difunto hermano, y ésta es su única intención en el matrimonio, atraerá a sí el alma de su hermano difunto y la desarrollará.

Expone el Zohar que el hermano vivo ha de fijar su corazón y voluntad en el difunto, con la intención de desarrollar el alma del difunto. En cambio, si se casa con su cuñada en un matrimonio de *yibum* movido por su belleza o por su deseo hacia ella, anula el objetivo del enlace y no logrará desarrollar el alma de su hermano, porque no fijó su voluntad y su corazón

---

111. Job 34:14.
112. Zohar *Koraj* 177a.

en el difunto. Así pues, dice el versículo, «*si el hombre fijase...*» señalando que el deseo de su corazón debe centrarse en el difunto. Sólo entonces podrá atraer *el espíritu de su hermano* hacia sí, con miras a desarrollarlo.

Así también sucede con respecto a tu amor al Todopoderoso. Si entregas tu corazón, tu alma y tus recursos financieros al servicio de tu Hacedor, y lo haces con amor y anhelo, de hecho, causas que el Espíritu Divino resida en ti, como explicamos en el capítulo III, en el misterio de los besos espirituales.

El tema del amor aparece de nuevo en el Zohar cuando se refiere al versículo,[113] «*Ponme como un sello sobre tu corazón, como un sello sobre tu brazo*», que describe el amor y el anhelo de la Comunidad de Israel por el Altísimo:

> Nuestro corazón Te anhela con amor y ascuas ardientes. Sea Tu voluntad que nuestra forma se grabe sobre Tu corazón, así como –por así decir– Tu forma está grabada en la nuestra.

Cuando tienes la forma del Nombre Inefable grabada en tu corazón, como dice el rey David:[114] «*He puesto al* Altísimo *permanentemente ante mí*», causas que tu propia forma se grabe arriba, y entonces el Altísimo te amará. Éste es el mensaje de la parábola de las aguas reflejadas, como lo sugiere el fin del versículo, «*así el corazón del hombre al hombre*». Cuando estimulas tu corazón a que ame al Altísimo, Él se apegará a ti, como dice el versículo,[115] «*si lo buscas, lo hallarás*». Así pues, siempre hemos de ser nosotros quienes iniciemos el proceso, encontrando formas de encender nuestro corazón con el amor al Altísimo.

En este capítulo he explicado el concepto de amor. Esencialmente, sólo puedes amar al Altísimo con tu alma, como lo dice el versículo «*con toda tu alma*». La palabra «amor» sugiere un vínculo apasionado porque es mediante tu amor como lograrás el vínculo anhelado. En los próximos capítulos, analizaremos los pormenores del amor Divino.

---

113. *Cantar de los Cantares* 8:6.
114. Zohar *Mishpatim* 114a.
115. I Crónicas 28:9.

Capítulo II

ATZILUT: MUNDO DE AMOR

Como hemos mencionado, *Atzilut* es el más elevado de los cuatro mundos espirituales creados por el Todopoderoso, que permiten nuestra relación con el Creador. Enseña Rashbí que el reino de *Atzilut* es amor puro:[116]

> ¡Ven y mira! Todo el mundo de *Atzilut* se llama «amor» [del atributo *Jesed*, que se relaciona con el amor]. El mundo se mantiene gracias al mérito [de los hombres rectos que aman al Altísimo]. El Cantar de los Cantares alude a este amor,[117] «Muchas aguas [las fuerzas del mal] no pueden apagar el amor [entre el pueblo de Israel y su Padre celestial]». Todo [el Universo entero] depende del amor, ya que el Santo Nombre del Altísimo es amor puro.
>
> [La manera en que cada una de las letras del nombre del Altísimo (el Tetragrama) se une a la siguiente es un vestigio de este amor]. El puntito que inicia la formación de la letra *Yud* del Tetragrama [representa] *Keter*, y nunca se separa de *Jojmá*, [representada por la misma *Yud*], sino que permanece unido a ella con amor. [Esto se debe al amor que existe entre *Keter* y *Jojmá*, porque de igual modo que *Jojmá* ansía recibir *shefa* de *Keter*, ansía *Keter* infundir su energía a *Jojmá*].
>
> La letra *He* [representa *Biná*-entendimiento]; hemos establecido que la *Yud* no se separa de ella. [*Yud* y *He* - *Jojmá* y

---

116. Zohar *Vaetjanán* 267b.
117. Cantar de los Cantares 8:7.

Biná nunca se separan. La relación entre las letras] *Yud* y *He* nos recuerda el versículo,[118] «del Edén surge un río», [*es decir, las fuerzas de Biná surgían de Jojmá.* De igual modo que la *Yud* y la *He* están vinculadas con amor, permanece el río vinculado al Jardín del Edén a través de su fuente].

La letra *Vav* [representa las seis *sefirot* de *Tiferet*, ya que el valor numérico de la letra *Vav* es seis y se une a la *He* final, que representa a *Maljut*. La unión entre *Tiferet* y *Maljut*], siempre [sugiere el estrecho contacto de] una pareja de novios. [No obstante, en comparación con el lazo que une a *Jojmá* y *Biná*, el que une a *Tiferet* y *Maljut* es sólo ocasional].

El Nombre difunde amor y quien ama al Rey se incorpora a este amor. Como está escrito: «Ama al Altísimo, tu Creador Todopoderoso».

Cuando merezcas amar al Rey y trates de cumplir sus preceptos con fervor, establecerás un lazo con el Altísimo cuya base es el amor. Te unirás entonces a Su lado derecho, y como hemos visto, estarás rodeado de amor.

Enseña el *Tikuné Zohar* que la fuente del amor parece hallarse en *Biná*-entendimiento, y analiza la relación entre los dos primeros preceptos (amar al Todopoderoso y temerlo) y las dos primeras letras del Nombre:[119]

Si sientes temor reverencial al Altísimo [la letra *Yud*] mora en tu corazón, y si le amas [la letra *He*] mora en tu cerebro. Dice el versículo:[120] «Las cosas secretas pertenecen al Altísimo, nuestro Creador Todopoderoso». [Secretas] son las dos primeras letras del Nombre, ya que el amor y el temor que siente una persona hacia su Creador les son ocultos a otros [la mera apariencia exterior de una persona no nos permite determinar si ama o teme al Todopoderoso. Eso es algo que sólo sabe el Altísimo]; «pero las cosas que son reveladas son para nosotros y para nuestros hijos por siempre». [Reveladas] están la *Vav* y la *He* [finales del Nombre], ya que cuando se estudia Torá, se lleva la *Vav* en la boca, y mientras que se observan los preceptos, la *He* mora en las 248 partes del cuerpo. [Como hemos visto en el capítulo precedente, *Tiferet* representa la Torá escrita, mientras que

---

118. Génesis 2:10.
119. *Tikuné Zohar Jadash* 101a.
120. Deuteronomio 29:28; mi traducción.

> *Maljut* representa el concepto del precepto, ya que el potencial que tiene *Maljut*-reino de trasmitir energía Divina depende de nuestro cumplimiento de los 613 preceptos].

[El *Matok Midevash* precede al siguiente Zohar exponiendo los diferentes modos de temer al Todopoderoso: enseñaron nuestros sabios que el temor al Todopoderoso que emana de la primera *Yud* del Nombre es un temor reverencial ante la grandeza del Altísimo. Este temor es más elevado que el amor al Altísimo simbolizado por la letra *He*. También existe el temor que no disminuye a pesar de los sufrimientos que envíe el Altísimo. Esta clase de temor corresponde a las Fuerzas Femeninas de la Creación. Hay una tercera clase de temor (al castigo) que proviene de *Maljut*, las Fuerzas Femeninas de la Providencia].

Continúa el Zohar:[121]

> [La *Yud*, que representa el temor al Creador Todopoderoso, proviene de *Jojmá*, ya que, como hemos visto, *Jojmá* está representada por la letra *Yud* del Tetragrama sagrado. La *Yud*] mora en el cerebro y de ella proviene el temor al Creador Todopoderoso que induce al ser humano a venerar al Todopoderoso y a protegerse contra la tentación de trasgredir las 365 prohibiciones. La primera *He* del Nombre del Altísimo simboliza [*Biná*, y] el amor del ser humano hacia el Altísimo. La *He* mora sobre la cabeza y de ella proviene el amor que infunde a las partes del cuerpo, alentando al individuo a cumplir los 248 preceptos de sentimiento y acción. [La *Vav* representa a *Tiferet*]. La Vav mora sobre la cabeza y de ella provienen las palabras que le vienen a la boca para que estudie Torá.

Las citas precedentes parecen indicar que el simple amor que el ser humano siente hacia el Altísimo se manifiesta de manera distinta al amor que existe en el reino de *Atzilut*. En el dominio de *Atzilut*, donde no hay más que amor, el concepto de «amor» implica la relación e *yijud* entre Emanador y emanado. Por tanto, todos los elementos de *Atzilut* están entretejidos en una unidad cohesiva: en *Atzilut* prevalece el amor.[122]

---

121. Zohar *Naso: Ra'ya Mehemna* 122b.

122. [El amor en *Atzilut* simboliza el concepto de «luz directa», que se distingue de la «luz reflejada», como explicamos en el capítulo precedente. La luz directa es el amor en el reino de *Atzilut*, donde se revela que el Emanador Divino está unido a Sus emanaciones. La luz reflejada es el simple amor del ser humano hacia su Hacedor, a pesar del ocultamiento de la Presencia Divina].

¿Cómo se dirige al hombre el amor Divino *prevalente en el mundo de Atzilut*? Explica Rashbí que el individuo atrae hacia sí mismo las fuerzas de amor que necesita para cumplir los preceptos con fervor, por medio de la primera *He* del Nombre. Una vez que el ser humano se vuelve merecedor de amar al Rey y cumplir Sus preceptos anhelando aproximarse a Él, tiene lugar la integración de los atributos y su *yijud*, llamado *ahavá*. En ese momento, merece despertar el lado derecho Divino llamado amor, como explicamos en el capítulo anterior.[123]

Esta unificación se llama «amor» debido a que vincula los lados derecho e izquierdo de la Providencia Divina. Como explica Rashbí, quien ama al Altísimo está rodeado de amor. Es decir, envuelto por todos los lados de *Jesed*. La plena manifestación de *Jesed* en una entidad cohesiva contiene las fuerzas de *Guevurá*. Como hemos visto, el ser humano consigue atraerse a estas fuerzas solamente cuando se entrega en cuerpo, alma y recursos al amor de su Hacedor, como hizo Abraham. Es patente que quien contribuya a la fusión del amor y la justicia estricta causará la integración de todos los atributos y su *yijud*, como vimos.

El principio de que quien ama al Altísimo se une a Su lado derecho no sólo se refiere al lado derecho (que corresponde al atributo de bondad) sino a todas las *sefirot* que recibirán la influencia de *Jesed* y se reunirán en ella. Éste es el mensaje místico de la lección talmúdica,[124] «que la mano derecha siempre aproxime», y del versículo,[125] «y los huesos se reunieron, hueso con hueso». La palabra hebrea *atzamot* (huesos) también puede comprenderse como «esencias», tal como lo indica el *Tikuné Zohar*.[126]

La *mitzvá:* unión con el Altísimo

La unión de las *sefirot* tiene lugar mediante la *sefirá Jesed*. Cada uno de los 248 preceptos *de sentimiento y acción* aúna y unifica todos los elementos dispares de *Atzilut*, que corresponden al Santo Tetragrama. Además, la misma palabra *mitzvá* implica una unión, ya que al cumplir un precepto te vinculas con el amor Divino. […]

---

123. *Véase* el capítulo 1, sección «Más allá de *Atzilut*: La Fuente».
124. Tratados *Sanhedrín* 107b y *Sotá* 47a.
125. Ezequiel 37:7.
126. *Tikún* 69, 105b.

El Zohar relaciona el atributo de *Jesed* con nuestro amor al Altísimo:[127]

> El tercer compartimiento de nuestros *tefilín* [filacterias] incluye el versículo, «Escucha Israel…», además de, «Y amarás al Altísimo tu Creador Todopoderoso». Enseña Rabí Shimón: es un concepto místico celestial que Israel está rodeado del *Jesed* de Abraham y también de la *Guevurá* de Itzjak. Hemos aprendido que el mandamiento «Amarás al Altísimo…» significa que quien ama al Rey ha alcanzado el amor más excelso de todos y es bondadoso con todos, [porque canaliza las fuerzas de *Jesed* hacia todos]. Este amor incondicional es el «amor verdadero» y desinteresado, en el que la única recompensa deseada es el amor del Rey hacia ti. Por tanto [el efecto de las fuerzas de *Jesed*] depende de nuestro propio amor al Rey, como [se indica] en el tercer compartimiento de los *tefilín*.

Servicio de amor

Al amar propagas el amor por el mundo y, como veremos, recibes dos coronas. El verdadero servicio Divino de amor pertenece a quien no espera recibir recompensa, ya que si esperas recibirla te estarás vinculando con el atributo de *Guevurá*, y recibirás tu pago según la justicia estricta, o sea de acuerdo con la evaluación meticulosa de tu servicio.

Por el contrario, cuando cumples tu servicio sin esperar recompensa alguna, tu esfuerzo es incondicional en el sentido de que procuras hacer lo posible e incluso más. No piensas en el valor de tu servicio ya que el pago no es tu objetivo. En respuesta, te atraerás el amor incondicional de tu Creador. Entonces estarás unido a Él a través del atributo de *Jesed*, y como no estás motivado por el pago sino con pleno amor y devoción, causarás que *Guevurá* se incorpore a la corona de *Jesed*. Como consecuencia, el influjo de la bondad se difundirá en el mundo terrenal.

El mundo entero reposa en la bondad. El Altísimo acostumbra a beneficiar a los trasgresores y atender sus necesidades así como a prodigar bondades a los que cumplen Su voluntad, sin medida ni distinción. Para adquirir el atributo de *Jesed*, debe placerte ser generoso con los demás y ayudarles: el Creador Todopoderoso ama a todas Sus criaturas de tal modo que los colma de abundancia, sin esperar que le retribuyan sir-

---

127. Zohar *Vaetjanán* 262b.

viéndolo con fervor. De igual modo, si amas al Rey le mostrarás tu propio *Jesed:* te dedicarás a Su servicio sin esperar que tus esfuerzos se vean recompensados, imitando así lo que Él hace al manifestar Su atributo de bondad. En consecuencia, te vincularás con Su atributo de bondad.

Cuando tu relación con el Rey se basa en el atributo de *Jesed*, tu amor por Él está tan firmemente afianzado en tu corazón, que supera el amor que puedas sentir por cualquier otra persona o cosa ajena a Él. La intensidad de tus sentimientos causa que pierdas interés en cualquier clase de recompensa. Hay quienes emprenden su servicio Divino anticipando la recompensa que recibirán, y no por amor al Rey. Incluso quien ama al Rey pero no obstante desea una retribución no tiene mérito, ya que ¿cómo determinar el pago por amar al Rey? Por lo tanto, no has de desear nada para ti, ni siquiera la recompensa del mundo venidero; limítate a entregarle tu amor incondicional.

Deleite celestial

Cuando tu amor al Altísimo es incondicional, *aunque el objetivo de tu servicio no sea recibir retribución, igualmente* merecerás una recompensa tan incondicional *como tu propio amor.* El Zohar destaca esta calidad de amor:[128]

> ¿Qué significa el mandamiento de «amar»? Cuando amas al Rey [cuando mereces alcanzar el nivel de cumplir el precepto de amar al Altísimo] estás rodeado [de todos los aspectos del atributo] de *Jesed*. Eres bondadoso con todos sin pensar en ti mismo ni en tu dinero [no vacilas en entregarte a ti mismo, ni en donar tu dinero, por amor a Él]. Hemos heredado esta cualidad de Abraham. Aprendimos que nuestro patriarca nunca se mostró indulgente con su corazón [es decir, con su mala tendencia] ni con su alma, ni su dinero.
>
> Lo único que motivaba al corazón de Abraham era el amor a su Amo. Con [relación a] su alma, no mostró compasión hacia su hijo ni a su esposa por amor a su Amo. Y en lo concerniente a su dinero, se colocaba en los cruces de camino, y distribuía alimento generosamente a todos [los transeúntes].

---

128. Zohar *Vaetjanán* 267a.

Como consecuencia, Abraham fue coronado de *Jesed*, como lo sugiere el versículo «Concédele... *Jesed* a Abraham».[129]

Si estás apegado a tu Hacedor con amor, habrás de merecer esta corona. Más aún, todos los reinos celestiales se aunarán como consecuencia de tu servicio Divino, y la *Shejiná* misma será bendecida por ti.

Un día Rabí Iose enfermó, y Rabí Aba, Rabí Iehudá y Rabí Itzjak fueron a visitarlo. Lo hallaron echado en tierra, dormido. Se sentaron y esperaron. Cuando despertó, vieron que sonreía. Le dijo Rabí Aba: «¿Has visto algo insólito?». Respondió: «¡Desde luego! Mi alma se elevó a los palacios celestiales y pude ver el justo premio de *los* [justos] *que* se entregan por santificar a su Amo. Los admiten en las trece colinas de puro *árbol* caqui [es decir, trece iluminaciones puras que provienen de *Biná*] y el Altísimo se regocija con ellos. También vi algo que no tengo permiso de revelar. Les pregunté: "¿Quién merece este honor?". Me dijeron: "Los que aman a su Hacedor en este mundo". Se iluminó mi corazón de lo que percibió mi alma; por eso está mi faz sonriente».

Replicó Rabí Aba: «¡Afortunado eres!». La Torá atestigua [el alto nivel de los hombres rectos, ya que dice el versículo],[130] «nunca habían tenido noticia... ni ojo alguno había visto un creador aparte de Ti, que trabaja para quien Le espera». [...] [Estos rectos merecen][131] «contemplar el deleite del Altísimo», es decir, una energía Divina que proviene de *Keter* y se trasmite por *Biná*. Afortunados los que están apasionadamente vinculados a su Amo. Su recompensa en el mundo venidero es infinita.

Dijo Rabí Itzjak: «¡Cuántas moradas hay en el reino celestial para los rectos de este mundo! La más elevada es para los que están sumidos en amor hacia el Creador. Su morada tiene una conexión interior al más elevado de los palacios. Esto se debe a que el Altísimo está coronado [por el amor].

¡Ven y mira! Toda [la dimensión de *Atzilut*] se llama amor».

Respecto a los que cumplen la voluntad Divina con amor, está escrito que merecen el deleite que *«ningún ojo ha visto»*. Escuché de mi maestro, de bendita memoria, que la razón por la cual quienes cumplen la voluntad Divina

---

129. Miqueas 7:20.
130. Isaías 64:3.
131. Salmos 27:4.

con amor merecen tal recepción celestial es porque se esfuerzan en cumplir su servicio movidos por su amor al Soberano del Universo, sin esperar retribución alguna. Por tanto, el Altísimo mismo les entrega la máxima recompensa.

Si emprendes tu servicio con motivos ulteriores, como recibir prosperidad o hijos, obtendrás tu recompensa en este mundo. Y así como este mundo es transitorio y efímero, ocurre lo mismo con una recompensa recibida aquí. Ahora bien, si adoptas los preceptos de la Torá con miras a merecer la gloria eterna del Edén en el mundo venidero, ciertamente la recibirás, pero será por medio de los ángeles encargados del Jardín.

En cambio, si lo único que inspira tus actos es el amor al Altísimo, tu alma se vinculará con la Luz Infinita de *Ein-Sof* y Sus atributos, y lograrás aunarlos. La recompensa que recibirás, entonces, será gozar la dicha total del deleite celestial.

Motivación y niveles de la otra vida

[Hasta aquí hemos visto que cada nivel del alma está relacionado con una cualidad específica de servicio Divino y conduce al correspondiente estado de conciencia Divina].

En mi opinión, lo que merezcas en la otra vida dependerá con precisión exacta del grado de fervor que motive tu servicio Divino. Si tan sólo cumples los preceptos al nivel elemental de tu *nefesh*, tu reposo eterno tomará lugar en el espacio celestial de los *nefesh*, en el recinto situado al umbral de la muerte. Si mereces el nivel de *ruaj*, reposarás en el Jardín del Edén. Y si logras el nivel de *neshamá* ascenderás al Edén superior. A este tercer grupo se les denomina «amados».[132]

---

132. Como anotamos en la Introducción, explica el Zohar que el ser humano merece el más alto nivel de *nefesh* por medio de su cumplimiento de los preceptos y por sus buenas obras. A continuación viene el *ruaj*, y reposa sobre el *nefesh*. El ser humano merece recibir el nivel de *ruaj* por medio de su cumplimiento de los preceptos relacionados con el habla, y en particular al estudiar Torá con su voz. En otras palabras, así como el vocablo hebreo *ruaj* significa «viento», o «soplo», para recibir su *ruaj*, el individuo debe utilizar su soplo para articular las enseñanzas de la Torá en hebreo, en lugar de leerlas mentalmente en silencio, lo que requiere menos esfuerzo. Luego viene el alma *neshamá* a reposar sobre el *ruaj*. Una persona merece ascender al excelso nivel de *neshamá* por medio de los preceptos relacionados con el pensamiento, como el temor y amor al Creador y por medio del estudio de los misterios de la Torá.

Rabí Iosef Iaabetz explica la Mishná:[133] «*No seáis como siervos que trabajan para recibir paga*» y la Mishná que condena la ejecución del servicio Divino con miras a obtener un beneficio específico.[134] Como sus enseñanzas a este respecto contienen conceptos fundamentales para comprender el amor Divino, decidí incluirlas aquí:

Dice el salmista:[135] «Tu bondad *(Jesed)* llega a los cielos en Su grandeza». Sin embargo, otro versículo del Libro de los Salmos afirma que la bondad Divina de *Jesed* no sólo asciende hasta el cielo sino más allá,[136] «*Tu bondad es grande sobre los cielos*». El Talmud allana esta aparente contradicción.[137]

Si emprendes tu servicio Divino con miras a satisfacer a tu Amo, lograrás vincularte al Altísimo y tu recompensa será infinita, «*sobre los cielos*». En cambio, si eres de los que creen en el Altísimo en función de Sus premios y castigos, o cumples los preceptos con algún interés ulterior, tu recompensa *sólo* llegará a los cielos.

Ten presente que[138] «El grande y terrible día del Altísimo», el día del juicio final, está más allá de los Cielos, como comprenderán los que saben. Exclamó el rey David,[139] «¡Mira cómo amo Tus preceptos! ¡Vivifícame, Altísimo, conforme a Tu Jesed!». Soy de los que Te sirven exclusivamente por amor. Por lo tanto, Te pido que me abras Tu tesoro inagotable: el tesoro de Tu inmenso amor.

De igual modo, exclamó el profeta:[140]

> En esto recapacito, y respondo a mi corazón [que había perdido la esperanza en el Todopoderoso]; por lo tanto, conservo las esperanzas. De seguro la misericordia del Altísimo no está consumida. Sus compasiones nunca se acaban. Se renuevan cada mañana. Grande es Su paciencia. «El Altísimo es mi porción», dice mi alma.

---

133. *Avot* 1:3.
134. *Avot* 5:7.
135. Salmos 57:11.
136. Salmos 108:5.
137. Tratado *Pesajim* 50b.
138. Yoel 3:4; Malaquías 3:23
139. Salmos 119:159.
140. Lamentaciones 3:20-23.

¿Por qué el profeta señala una distinción tan clara entre su alma y su corazón?

En mi opinión, mientras el ser humano vive en este mundo en forma corpórea, le es difícil imaginar un servicio emprendido sin esperar premio alguno. Esto sólo le es posible al alma, debido a su naturaleza. Nuestra alma es un ente celestial y, naturalmente, ansía emprender Su servicio, de la misma manera que los ángeles. Es habitual en el mundo que el trabajador reciba su paga a cambio de servicios prestados. En consecuencia, considerando la naturaleza humana, el profeta adujo explicaciones a su corazón para calmarlo. En cambio, su alma no necesitaba explicaciones. Por sí sola, el alma escoge emprender el servicio Divino sin necesidad de recompensa. Así pues, dice el alma: «*El Altísimo es mi porción*» y el final del versículo, «*Por lo tanto, confiaré en Él*».

Se emplean dos argumentos para calmar el corazón. El primero: el Altísimo no nos castiga por odio, ya que de ser éste el caso nos aniquilaría por completo. Al contrario, sabemos que es debido a Su amor que nos aflige, como está escrito,[141] «*El Altísimo me ha castigado duramente, pero no me ha entregado a la muerte*».

El segundo argumento: si el Altísimo renueva la obra de la Creación todos los días por amor a nosotros, no cabe duda de que cumplirá las promesas que nos hizo por intermedio de Sus profetas, y nos reunirá de los cuatro rincones de la tierra.

Hasta aquí las enseñanzas del Iaabetz. Si reflexionas en su mensaje, notarás una fuerte similitud con los comentarios de mi maestro acerca de quienes cumplen la voluntad Divina con amor y merecen el deleite celestial.

El amor interesado

Señala la Mishná que si tu amor se centra en el beneficio, al desaparecer el beneficio desaparecerá tu amor también. Es por esto que Satán le pidió al Creador que comenzase por quitarle a Job todas las bendiciones que le había dado y sólo entonces, viendo la reacción de Job, podría juzgar el amor de Job hacia Él:[142]

---

141. Salmos 118:18.
142. Job 1:9-10.

> ¿Acaso Job teme a Elo-him, el Creador Todopoderoso, en balde? ¿No has puesto una valla en su entorno y al entorno de su casa y de todo cuanto posee?

El mensaje del autor de la Mishná es esencialmente el mismo: si amas al Creador con la esperanza de recibir beneficios físicos, tu servicio no perdurará, ya que apenas sufras un percance también desaparecerá tu amor; y tras la muerte, cuando tu alma capte la magnitud de su error ya será tarde, ya que[143] «*no hay obra, ni empresa, ni conocimiento, ni sabiduría en la tumba a la que te diriges*».

Por otra parte, si tu amor al Creador es total y abrasador, tu amor perdurará por siempre, y también tu recompensa sobrevivirá tu paso al otro mundo. Esto enseña el Talmud acerca de las almas rectas que moran en el Edén, con «*coronas sobre la cabeza, disfrutando del esplendor de la Shejiná*».[144]

Ejemplo de un amor desinteresado es el de David y Ionatán. El texto indica claramente que sus almas estaban unidas, tan intenso era su amor.[145] Más adelante, cuando iban a separarse, ambos se dieron un estrecho abrazo, llorando.[146] El beso es una expresión de amor, pero las lágrimas provienen de un vínculo apasionado.

La razón por la cual David lloraba más que Ionatán era que David representaba el concepto místico de la *Shejiná* en exilio. Ambos, David y Ionatán, son representaciones simbólicas del amor entre el Altísimo y la *Shejiná*, desgarrados por Su separación como consecuencia del exilio de Ella; los que saben comprenderán.

«Los besos de Su boca»

El Zohar profundiza acerca del concepto místico del amor:[147]

---

143. Eclesiastés 9:10.
144. Tratado *Berajot* 17a.
145. I Samuel 18:1.
146. I Samuel 20:21.
147. Zohar *Terumá* 146a.

Dice el versículo,[148] «Béseme Él con los besos de Su boca». [¿Por qué el rey Salomón expuso el tema del amor entre el Altísimo y la *Shejiná*, comenzando su alabanza con el anhelo de un beso?] Ya vimos que cuando el amor se basa en un vínculo apasionado, un *ruaj* se apega al otro *ruaj* por medio de un beso. El beso se da con la boca. Cuando una persona besa a otra [se mezclan los alientos de ambos, y en consecuencia] los espíritus de ambos se juntan hasta formar uno. Su amor es por lo tanto un solo amor. [El lazo espiritual de amor que une al Altísimo y a la *Shejiná* se compara a la unión de alientos que se produce en el beso humano, que, como explica Rabí Shimón bar Iojai más adelante, produce «cuatro espíritus»].

El libro de Rabí Hamnuna el Anciano enseña que los besos de amor *mencionados en el Cantar de los Cantares* se extienden a los cuatro espíritus. Éstos se integran en un solo *espíritu en el momento del* yijud, mediante el concepto místico de la fe, *que alude al mundo de* Atzilut. Los cuatro espíritus ascienden con las cuatro letras, y las letras del Nombre Santo dependen de ellos *[las cuatro letras de «ahavá» se relacionan con las cuatro letras del Tetragrama]*. La alabanza del Cantar de los Cantares también depende de estas cuatro letras. ¿Cuáles son?

Son las cuatro letras [hebreas *alef he vav* y *he*] de la palabra *ahavá*, que constituyen el carro celestial [el conducto por el cual el Altísimo trasmite Su Providencia]. Las cuatro se integran en una entidad cohesiva. Las cuatro letras [de *ahavá*] representan los cuatro alientos o espíritus que hemos señalado; estos espíritus de amor y alegría se extienden [en los cielos (…) a consecuencia del *yijud*]. Entonces no cabe lugar para la tristeza [las fuerzas de impureza no pueden adherirse a las fuerzas de santidad, que es lo que aflige a la *Shejiná*].

Mi maestro, de bendita memoria, analizó este tema a fondo, pero aquí sólo señalaremos los puntos que son esenciales a nuestra exposición sobre el amor Divino.

Una relación con el Altísimo que se basa totalmente en el amor se actualiza mediante el lazo de los cuatro alientos, como explicaremos. Este lazo se cristaliza en el concepto místico del beso, que simboliza la fusión

---

148. Cantar de los Cantares 1:1.

del espacio interno de todas las *sefirot* –del espíritu de vida que las mantiene. Por lo tanto, el Cantar de los Cantares describe el lazo de amor del Altísimo con la Comunidad de Israel como un vínculo apasionado entre dos espíritus, *así como el beso humano es una fusión de dos alientos*, y expresa este lazo como el anhelo por un beso espiritual.

Y ¿qué son estos cuatro espíritus o alientos? El Zohar explica:[149]

> La expresión «Béseme Él» describe un apego amoroso del espíritu celestial al espíritu terrenal, ya que los cuatro espíritus se unen *en un beso espiritual,* convirtiéndose en uno solo [a fin de asimilar el concepto del beso espiritual, lo comparamos al beso humano]. Cuando un hombre besa a una mujer, le da *un soplo* [de su aliento] y acoge el de ella. Este intercambio de alientos intensifica el vínculo apasionado que sienten uno por el otro. Por lo tanto, el hombre tiene ahora dos alientos: el suyo y el de su amada. Lo mismo, la mujer también tiene dos alientos: el suyo junto con el de su amado. Su beso ha creado una fusión de cuatro alientos [y en el reino espiritual, estos cuatro alientos equivalen a los cuatro espíritus].

Ya hemos citado la enseñanza del Zohar: «*estos cuatro espíritus de amor y alegría moran en todas partes del cuerpo, y entonces no cabe lugar para la tristeza*». En otras palabras, este lazo espiritual es imposible a menos de que todas las *sefirot* estén reunidas en una, ya que así se disminuye el poder de la justicia estricta, que es lo que causa tristeza y depresión. Cuando esto sucede, se ha preparado un espacio apropiado para que resida un espíritu celestial.

La comparación de este lazo con una relación humana clarificará el significado del Zohar. Un hombre que se encuentra con su amada sólo la besará si siente una intensa dicha, cuando las partes de sus cuerpos están entrelazadas como si fuesen uno. El valor numérico de la palabra hebrea *ahavá* es 13, lo mismo que el de la palabra *ejad*, lo que indica que el equivalente espiritual de esta unión es el *yijud* entre Emanador y emanado, mediante sus almas *ruaj* y *neshamá*.

Mi maestro, de bendita memoria, explicó la relación entre las letras de *ahavá* y las del Nombre Divino. Las cuatro letras de la palabra *aha-*

---

149. Zohar *Shir Hashirim* 63a.

vá corresponden directamente a las del Nombre Divino. Debido a esto, cuando la Torá discute nuestra obligación de amar al Altísimo, usa el Tetragrama para consignar el Nombre Divino.

Unificación espiritual

Ahora debemos comprender que el lazo de amor entre el ser humano y su Creador se realiza, de hecho, mediante cuatro espíritus. La conexión entre el cielo y la tierra ocurre por medio del alma, que forma parte del Altísimo.

En primer lugar has de preparar tu cuerpo, abriendo la conexión entre las partes físicas de tu cuerpo y sus equivalentes espirituales *[mediante el cumplimiento de los preceptos relacionados con cada parte del cuerpo]* de modo que *las partes espirituales* puedan unirse y formar una sola entidad. Asimismo, tienes que estimular tu corazón para que sienta dicha, porque la *Shejiná* no mora donde hay tristeza. Cuando también trates de despertar en tu corazón el amor al Creador, el *ruaj* celestial dentro de ti se despertará, y entonces te vendrá la santa *shefa*.

El *ruaj* celestial que te ha impregnado y se ha mezclado con tu propio *ruaj* produce dos espíritus unidos. Esto es lo que sucede en el «Béseme Él» del Cantar de los Cantares, en que el *ruaj* de las Fuerzas Divinas de la Providencia desciende a producir el beso. En este momento has de tener la intención consciente de proyectar tu *neshamá* al cielo para que se una a la Luz Infinita, y entonces ambos *ruaj* [el tuyo más el celestial que descenderá a unírsele] estarán juntos en el cielo.

Así como el agua refleja una mirada de amor, como ya dijimos, esta cristalización de la relación de amor con el Creador produce cuatro espíritus mezclados en uno. Como lo dice Rashbí:[150]

> El sexto palacio celestial [llamado el «palacio del deseo», en el mundo de *Beriyá*] es el de los besos. En este palacio, un espíritu se une al otro [mediante el *yijud*]: el *ruaj* [de abajo de *Maljut*] unido al *ruaj* [celestial de *Tiferet*]. Como está escrito, «¡Béseme Él con los besos de Su boca!» [que alude al misterio del *yijud*

---

150. Zohar *Pikudé* 256b.

de *neshikin*-besos].¹⁵¹ Todo beso es una unión [espiritual] para vincular *ruaj* con *ruaj*, el celestial [de *Tiferet*] y el de abajo [de *Maljut*]. Y dice más adelante [Rab de Vidas omite aquí unas líneas del Zohar y sigue:]

Y ésta es la explicación mística: cuando el *ruaj* [de *Tiferet*] se une al *ruaj* [de *Maljut*] en el *yijud* de *neshikin*, *las otras partes* [alude a las *sefirot de Maljut*] se alborotan con añoranza de la unificación al nivel de *Maljut* y entonces se vinculan todas las partes de *[Tiferet]* con las de *[Maljut]* en el misterio de la unificación inferior [de *Tiferet* y *Maljut* que sucederá en la *Amidá*].

Y si preguntas, «¿el proceso del *yijud* se inicia aquí abajo, producto de la intensidad del deseo de unión, o arriba en el cielo?». La respuesta es que el proceso siempre comienza abajo; la estimulación de abajo [actúa como un imán en busca de las fuerzas celestiales,] así como quien mora en la oscuridad, busca instintivamente la luz. [Del mismo modo, *Maljut*, que carece de luz propia, siempre aspira a ascender al cielo para vincularse con *Tiferet*, quien posee la luz a la que Ella aspira].

La llama negra de abajo [de *Maljut*] siempre desea elevarse hacia la llama blanca de arriba [de *Tiferet*] deseando vincularse eternamente con su esplendor [en el concepto místico del *yijud*]. Éste es el significado oculto del versículo,¹⁵² «*Elo-him* - (Todopoderoso) ¡no guardes más silencio!» [Así llaman los Hijos de Israel a la *Shejiná*: *Elo-him*. «No guardes más silencio», es decir, no ceses Tus canciones y alabanzas a *Tiferet* (es decir, las Fuerzas Masculinas de Providencia), ya que éstas le despertarán al *yijud* que ha de producir *shefa* para Israel].

A simple vista parecería que la enseñanza de este Zohar contradice lo explicado acerca del Cantar de los Cantares, que mediante el beso el espíritu celestial se une al terrenal. En realidad no hay conflicto, porque aquí el *ruaj* terrenal parece tomar la iniciativa, y es descrito en su deseo de ser absorbido por el *ruaj* celestial. En consecuencia, «Béseme Él» es una expresión de deseo de fundirse al *ruaj* celestial.

---

151. Este texto del Zohar alude a las *tefilot*-oraciones que le preceden al *Shema* por la mañana.
152. Salmos 83:2.

Sin embargo, al *ruaj* terrenal le es imposible vincularse con el celestial a menos que este último descienda e ilumine a su equivalente en la Tierra. Este contacto permite al *ruaj* terrenal fusionarse con el celestial. Para que esto suceda, la iluminación de abajo ha de ser antecedida por el estímulo espiritual de las almas colectivas del Pueblo de Israel en la Tierra.

Lo mismo sucede con respecto a los seres humanos: al principio deben ansiar vincularse con la luz celestial. En cuanto el Omnipresente percibe su anhelo, dirige Su luz Divina sobre esta persona. De este modo, el *nefesh* del hombre también puede vincularse arriba, y los cuatro espíritus celestiales se entrelazan arriba en un doble vínculo, como ya señalé respecto del agua reflejada. Asimismo, cuando el individuo despierta en su corazón el amor a su amigo, no cabe duda de que su amigo a su vez, despertará su propio amor hacia él. Y esto es lo que Rabí Iose afirma en el Zohar: que el *ruaj* terrenal puede atraer a sí el *ruaj* celestial.

Un vínculo más íntimo

A la luz de lo dicho, podemos comprender la enseñanza talmúdica de que cuando haces el menor esfuerzo para santificarte, la reacción Divina te otorga una poderosa concentración de ayuda para intensificar el proceso que has iniciado.[153] Éste es el lazo doble ya señalado.[154] Un lazo de esta índole no se deshace con facilidad ya que, en respuesta a tu anhelo, el Rey te sujeta próximo a Él y te rodea con cuerdas de amor para ceñirte a Él. Es entonces cuando el grado de tu santificación se intensifica considerablemente.

Digamos, por ejemplo, que te enamoras y tratas de enlazarte a quien amas por medio de una cuerda. Al darse cuenta de lo que sientes, la persona a quien amas se sentirá profundamente conmovida y, a su vez, lanzará una cuerda alrededor de ti. Este doble lazo es muy fuerte y no permite separación.

No cabe duda de que quien merece tal lazo de amor permanecerá eternamente vinculado con la luz de la vida. Afortunado es en este mundo y en el próximo. A esta ardiente emoción y lazo eterno se refiere Moshé

---

153. Tratado *Yomá* 39a.
154. *Véase* el capítulo 1, sección «Espejo del corazón».

al implorar a los Hijos de Israel,[155] «*amarás al Altísimo, tu Creador Todopoderoso… y te unirás a Él*». Éste es el significado oculto del versículo:[156] «*Pero vosotros que estáis apegados al Altísimo, vuestro Creador Todopoderoso, estáis todos vivos hoy*».

Explica el Zohar que el versículo anterior se basa en el concepto místico de los besos celestiales:[157]

> El versículo, «Béseme Él con los besos de Su boca», se refiere a la fusión de los espíritus celestiales y terrenales. Cuando el Altísimo mora entre los Hijos de Israel, Su *ruaj* está permanentemente unido al de ellos. En consecuencia dice el versículo, «*los que entre vosotros se apegaron…*». De este modo se expresa el estrecho vínculo de *devekut*, y nunca se separan. [El pueblo de Israel nunca se separa del Altísimo].

Así pues, el amor entre el Todopoderoso y la Comunidad de Israel se expresa mediante besos *espirituales* de *devekut*, como hemos explicado. También está escrito:[158]

> […] «Los besos de Su boca»: ¿A qué se refiere «Su boca»? Es una invitación al mundo venidero. […] La única meta del amor que existe en nuestro mundo terrenal [el amor de *Maljut*] es ayudarnos a vincularnos al mundo celestial [de *Biná*].
>
> En cuanto la [*neshamá* asciende y] entra en el Palacio del Amor, se enciende el amor de los besos celestiales, como dice el versículo,[159] «entonces Iaacov besó a Rajel» [alude al *yijud* de *Tiferet* y *Maljut* en *Atzilut*] y [se manifiesta el deseo de que] los besos espirituales [que representan la etapa inicial del despertar de amor y *devekut* que produce el vínculo celestial] cumplan su meta deseada, *el yijud*.[160] *Por lo tanto, el Cantar de los Cantares comienza formulando el deseo,* «*Béseme Él…*».

---

155. Deuteronomio 11:22; mi traducción.
156. Deuteronomio 4:4.
157. Zohar *Mishpatim* 124b.
158. *Zohar Jadash Shir Hashirim* 64a.
159. Génesis 29:11.
160. Zohar *Terumá* 146b.

El Palacio del Amor indica la presencia de la *sefirá Jesed* en el reino de *Atzilut*. Mi maestro, de bendita memoria, recalca que de dicho nivel proviene el inicio de este vínculo.

Lazo con las Fuerzas de la Creación

Nos queda por explicar el significado del Zohar precedente acerca del amor que nos llega de ***Biná***. Si te detienes un momento a considerar los innumerables beneficios que el Altísimo te concede continuamente desde el momento de tu formación, tu alma se llenará de amor por Él y tendrás el deseo ferviente de servirle.

Dijeron los sabios del Midrash,[161] comentando acerca de la respuesta Divina a Job,[162] «¿Quién Me ha dado algo que Me obligue a pagárselo? Todo lo que se halla bajo el cielo es Mío»:

> Rabí Jeremías, hijo de Rabí Elazar, observó: en el futuro, una voz celestial proclamará desde la cima de la montaña: «¡Quien haya actuado junto con el Creador Todopoderoso, que venga y reciba su recompensa!». Y dice el espíritu Divino, «¿Quién Me ha dado algo que Me obligue a pagárselo?». o bien: «¿Quién Me ha alabado antes de que le diera alma? ¿Quién ejecutó una circuncisión en Mi Nombre antes de que le diera un hijo? ¿Quién hizo una barandilla para cumplir Mi mandato antes de que le diera techo?», etc.

Al exponer sus ejemplos, los sabios del Midrash explican las palabras Divinas: si alguien Me ha dado alguna vez un beneficio que no haya recibido de Mí, ¡le recompensaré! Sin embargo, «*todo lo que se halla bajo el cielo es Mío*», es decir, a pesar de que lo que Me dan ya era Mío, igualmente los recompensaré por dármelo.

Si fijamos nuestra atención en las palabras del versículo «Quién Me ha dado algo», observamos otro nivel de interpretación. La partícula hebrea *Mi* («Quién», cuyo valor numérico es 50) alude a las cincuenta puertas de *Biná* que se abren para beneficiar a las criaturas, como lo explica el *Sefer Yetzirá*.

---

161. *Midrash Tanjuma; Emor* 7.
162. Job 41:3.

La respuesta Divina a Job,[163] «desde el torbellino», contiene una alusión implícita a las cincuenta puertas.

> [164]¿Dónde estabas tú cuando Yo eché los cimientos de la tierra? ¡Indícamelo, ya que tanto sabes! ¿Quién determinó sus medidas, si lo sabes? ¿O quién extendió sobre ella cordel?[165] ¿Quién abre canales para la inundación?[166] ¿Quién ha engendrado las gotas de rocío?[167] ¿De qué matriz vino el hielo?[168] ¿Quién provee al cuervo su presa?[169] ¿Quién puso en libertad al asno salvaje?

Hay cincuenta versos de reprobación Divina, correspondientes a las cincuenta puertas de entendimiento que abrió el Altísimo para beneficiar a Sus criaturas. Por lo tanto, el versículo comienza con la palabra *Mi* (quién), que alude a las fuerzas Divinas de *Biná*, que precedieron a la creación del mundo. Como señaló mi maestro en su *Pardés Rimonim*, a pesar de que no había nadie antes de Él, aun así el Creador recompensa al ser humano, ya que la retribución de las personas rectas es gozar del deleite celestial que proviene de *Biná*.[170]

Cuando consideras que el Altísimo creó al ser humano y le infundió [al cuerpo y al espíritu] las veintidós letras sagradas del alfabeto hebreo que provienen de *Biná*, y si piensas que estas letras contienen el anteproyecto del universo, no puedes más que amarlo y tener el deseo de cumplir Su voluntad. Y tu amor se ha de intensificar aún más cuando consideres que de *Biná* proviene la infinita bondad que el Creador extiende sobre Sus hijos.

El Zohar, al referirse al Cantar de los Cantares, nos ayuda a vislumbrar el reino de *Biná*:[171]

---

163. Job 38:1.
164. Job 38:4-5.
165. Job 39:25.
166. Job 38:28.
167. Job 38:29.
168. Job 39:41.
169. Job 39:5.
170. *Shaar Arjé Hakinuyim Erej Kedem.*
171. *Zohar Jadash Shir Hashirim* 62a.

> Es un lugar donde serás feliz, porque carece de justicia estricta y de ira; el mundo venidero [equivalente a *Biná*] es pura dicha. Hace que todos se alegren y, en consecuencia, extiende una profunda alegría a los niveles sucesivos.

Debemos destacar otro vínculo existente entre amor y entendimiento, ya que se debe a este vínculo que nuestras plegarias de angustia encuentren respuesta. Como está escrito:[172]

> Pues ¿cuál es la gran nación que tiene un Dios Que está junto a ella, como está El Altísimo, nuestro Creador Todopoderoso, cada vez que Lo llamamos?

El Zohar distingue «*El Altísimo tu Creador Todopoderoso*» de «*el Altísimo nuestro Creador Todopoderoso*», señalando que «*el Altísimo tu Creador Todopoderoso*» equivale al Altísimo y Su *Shejiná*, mientras que «*el Altísimo nuestro Creador Todopoderoso*» se refiere a las Fuerzas de la Creación Masculinas y Femeninas.[173]

El temor al Todopoderoso es un sentimiento reverencial hacia el Emanador, poderoso Creador de todo. Como ya hemos señalado en el Portal del Temor, capítulo II, este temor reverencial se le revela al hombre mediante las Fuerzas de *Jojmá*. El amor, en cambio, es el sentimiento que tiene el hombre hacia su Creador debido a Su infinito amor impregnado de bondad que, como hemos visto, se revela mediante las Fuerzas de *Biná*. La esencia del amor es despertar un deseo ferviente en el corazón, que explicaremos a continuación.

Del mismo modo, el Talmud hace contrastar el amor con el honor:[174] «el amor mora en el corazón, mientras que el honor habita en nuestros actos».

---

172. Deuteronomio 4:7.

173. Zohar *Vaetjanán* 265b.

174. Tratado *Calá*, capítulo 3. Rabí Waldman explica la diferencia entre el amor y el honor: el amor a *Hashem*, o a la Torá, o al estudio de la Torá, están ocultos al ojo; has de amar a éstos con todo tu ser, pero tu amor está oculto dentro de tu corazón. El honor, en cambio, es el modo en que tratas a un sabio de la Torá, o a tus padres. No puedes expresar tu honor tan sólo con tu corazón. Has de traducir el sentimiento de honor en actos y palabras, como por ejemplo al hablarles con respeto, etc.

Capítulo III

LA ESENCIA DEL AMOR: CÓMO VINCULARSE A ÉL PARA QUE NUNCA TE ABANDONE

El anhelo nocturno

[…]Rashbí continúa exponiendo la esencia del amor,[175]

> Dijo Rabí Aba [a Rabí Shimón, citando el versículo de Isaías,][176] *Nafshí* [mi alma] Te anhela en la noche; y *rují* [mi espíritu] en mi interior Te ansía». [El profeta no está comunicando su propio anhelo de aproximarse al Todopoderoso, sino el de su alma. Asimismo, en la segunda parte del versículo, es su espíritu quien ansía al Altísimo. (…)]
>
> Dijo [Rabí Shimón a Rabí Aba]: explicaron *los compañeros*:[177] «En Su mano está el *nefesh* de todo ser viviente y el *ruaj* de toda la humanidad» [es decir, como nuestro *nefesh* y nuestro *ruaj* están en la mano del Creador, el pueblo de Israel se refiere al Todopoderoso como «Nafshí», y «Rují». Por lo tanto, dice el versículo, Tú eres quien habita dentro de mí; mi alma esta oculta en Ti y «te ansía» con amor y deseo, «en la noche», mientras que estoy sumido en mi estudio de la Torá y composiciones de alabanza en las horas de la noche. «Y mi espíritu en mi interior»: en Ti está oculto mi espíritu, y eres Tú quien

---

175. Zohar *Ajarei Mot* 68b.
176. Isaías 26:9.
177. Job 12:10.

me lo devuelve al despertarme, de modo que está ahora en mi interior; por lo tanto, «Te ansía»].

También explica Rabí Shimón: ¡Ven y mira! El *nefesh* y el *ruaj* están siempre relacionados. *Es sabido* [que el *ruaj* y el *nefesh* del ser humano aluden respectivamente a *Tiferet* y *Maljut*. Éstos] *están siempre relacionados* [para guiar al mundo terrenal].

El servicio perfecto que debes ofrecer al Todopoderoso requiere, como hemos señalado, que ames «*al Altísimo tu Creador Todopoderoso con todo tu corazón...*», con un amor total que comprenda tanto *nefesh* como *ruaj*.[178] Así como el *nefesh* y el *ruaj* están vinculados en tu cuerpo, y tu cuerpo los ama [porque le insuflan vida], de la misma manera debes amar al Altísimo y vincularte a Él. Como está escrito, «*Mi alma Te anhela en la noche*»: el profeta se refiere literalmente a su *nefesh* dentro de su cuerpo. «*Y el espíritu en mi interior Te ansía*». Así como mi *ruaj* se aferra a mí, así también deseo vincularme a Ti con un amor ardiente. [Dice pues el profeta al Altísimo, «así como mi alma Te anhela en la noche, y como mi espíritu en mi interior, así también Te ansío yo»]

[Al decir] «*en la noche*» [el mensaje de Isaías es que] has de levantarte todas las noches *a medianoche*, por amor al Altísimo, procurando cumplir Su servicio hasta después del amanecer, *sin interrumpir tu estudio para dormir hasta después de* [las oraciones de] *la mañana*. Entonces atraerás a ti un caudal de amor que te impregnará *y permanecerá contigo el día entero*. Digno de alabanza es aquel cuyo amor alcanza la intensidad *de levantarse a medianoche* para servir al Creador y cuantiosa será su recompensa.

Los que aman al Todopoderoso de este modo son los verdaderamente justos, y el mundo depende de su existencia. Tienen el poder de anular los decretos severos arriba y abajo, porque gracias a ellos existe el mundo. Así pues, aprendemos que los justos *cuyos nefesh y ruaj* están vinculados al Altísimo en el cielo con un amor de esta índole, pueden ejercer su dominio sobre la tierra; todo cuanto decretan para la tierra se realiza.

En el versículo que inicia este Zohar, *Isaías* parece decir que su *nefesh* anhela al Altísimo en la noche, y expresa su anhelo por medio del *ruaj* dentro de él.

---

178. Tratado *Berajot* 54a.

Explica Rashbí que Isaías no se refería a su *nefesh* ni a su *ruaj* propios, sino al Altísimo y a Su *Shejiná*. Como de Ellos provienen el *nefesh* y el *ruaj*, el versículo los llama *Nafshí* (mi alma), y *Rují* (mi espíritu). Como lo indica Rashbí, «¡Ven y mira! El *nefesh* y el *ruaj* están siempre relacionados mutuamente en el ser humano, y con el Altísimo».

La razón por la cual *nefesh* y *ruaj* están unidos entre sí *mientras viva la persona* en este mundo, es que la raíz que comparten yace en el Altísimo y Su *Shejiná*. Del mismo modo que es imposible relacionarse con Él sin Ella, asimismo se entrelazan las ramas que provienen de Ellos.

El *Tikuné* Zohar[179] explica el versículo:[180] «La *neshamá* del hombre es el *ner* (lámpara) del Altísimo». La palabra hebrea *NeR* puede leerse como un acróstico en el que la «N» es la letra inicial de *nefesh*, y la «R» es la letra inicial de *ruaj*, lo cual indica que *nefesh* y *ruaj* están aunados como una sola entidad.

El *Tikuné Zohar* cita el versículo, «En Su mano está el *nefesh* de toda cosa viviente y el *ruaj* de toda la humanidad», para mostrar que aunque *nefesh* y *ruaj* han descendido a la tierra y están contenidos en el cuerpo, la raíz de ambos sigue fijada en el cielo. Es mediante esta raíz celestial que el Creador tiene literalmente el alma de todo ser viviente en Su mano.

Si el versículo sólo se hubiese referido al vínculo personal de Isaías con el Todopoderoso y la *Shejiná*, la redacción habría sido, «Mi Creador Todopoderoso, Te anhelo en la noche, y Te ansío». Sin embargo, para mostrarnos el amor y el apego del alma humana al Altísimo, recalca el profeta que su *nefesh* y su *ruaj* ansían al Todopoderoso.

La chispa divina

Observemos la segunda parte del versículo,

«Mi espíritu [*rují*] *dentro de mí Te ansía*».

Si la palabra *rují* se refiere al Creador, de quien proviene su *ruaj, como se ha señalado,* la expresión «dentro de mí» parece superflua; ¿por qué la

---

179. *Tikún* 21, 49b.
180. Proverbios 20:27.

añadió el profeta? *Para responder a esta pregunta,* el *Tikuné Zohar* cita el versículo «En Su mano está [...] el *ruaj* de toda la humanidad», y muestra que, literalmente, hay una chispa del Todopoderoso y de Su *Shejiná* en nuestro interior.

La *neshamá,* una hebra ardiente emitida desde el cielo a la tierra, sólo sigue en vida debido a la energía que recibe continuamente del cielo. Cuando llega el momento en que el Todopoderoso quiere cesar de mantener un alma en la tierra, retiene la esencia de vida en la raíz del alma fijada a Él, para impedir que siga fluyendo energía al *nefesh* y *ruaj* que están abajo. En consecuencia, la persona muere de inmediato. Como dice el versículo,[181] «Si recogiera para Sí el *ruaj* y el aliento (humanos), toda la carne perecería junta». El Todopoderoso atrae hacia Sí el aliento del ser humano, de la misma manera que nosotros aspiramos la fragancia de una manzana; el *ruaj* y la *nefesh* regresan a su fuente.

Explica Rashbí:[182]

> Dijo Rabí Iehudá, «Afortunado el justo cuando el Todopoderoso desea recoger su alma y atraer a Sí su *ruaj.* Hemos aprendido que cuando el Altísimo desea recoger el alma de una persona, si el *ruaj* es merecedor [porque esa persona ha rectificado su servicio Divino,] ¿qué dice el versículo?»[183] «y retorne el *ruaj* a *Elo-him* que lo dio», [es decir, el *ruaj* retorna de inmediato a *Maljut,* que se llama «Elo-him», ya que es Ella quien lo colocó en el cuerpo humano].

Mientras vive el ser humano, yace en su interior un espíritu viviente del Creador Todopoderoso y de la *Shejiná,* que le da vida. Como está escrito, «En Su mano está el *nefesh* de toda cosa viviente y el *ruaj* de toda la humanidad». El Creador cesa de dirigir hacia el hombre el aliento de vida según Su voluntad. Ahora comprendemos la razón por la cual el profeta añadió la expresión «dentro de mí»: «mí» se refiere al *nefesh* y al *ruaj*, ambos emanados del Altísimo y de Su *Shejiná*. Por tanto, el versículo significa, el Altísimo y Su *Shejiná* que están dentro de mí, Te ansían; *ansían la unión con su Fuente de origen, y su* anhelo se manifiesta a través del estudio por la noche.

---

181. Job 34:14-15.
182. Zohar *Vayjí* 217b.
183. Eclesiastés 12:7.

Es más, la palabra misma que expresa este anhelo, el verbo hebreo *ashajareka*, se basa en la palabra *shajar* (amanecer). Por lo tanto, la exclamación «Mi espíritu dentro de mí *ashajareka* (Te ansía)» contiene una sutil alusión a la inmersión nocturna del profeta en el estudio de Torá hasta el amanecer, que produce este anhelo.

Partes de un todo

Lo que antecede nos ayudará a comprender el versículo:[184] «Pues la porción del Altísimo es Su pueblo: Iaacov es la cuerda (*es decir, la medida*) de Su herencia». *Se plantean dos preguntas*. ¿Qué designan las palabras «porción», y «cuerda»? Además, ¿por qué dice «Su pueblo», en lugar de decir claramente «el pueblo de Israel»?

Lo que hemos aprendido acerca de las diferentes partes del alma pone de manifiesto el sentido latente de este versículo. La palabra «porción» señala una parte del total. La selección de esta palabra muestra que las *neshamot* de Israel están talladas del Creador mismo; ellas y Él son partes de un todo, como dos partes del mismo cuerpo. Cuando la parte inferior de la *neshamá* se fusiona con Él, *pierde su individualidad y* forma parte de Él.

El hecho que las *neshamot* formen parte de Él no implica una separación, no lo permita el cielo. La *neshamá* no se separa de Él cuando desciende a nuestro mundo, sino que su raíz permanece adherida en el cielo. Por ende, la interpretación del texto es «Su pueblo», ésa es la porción. En consecuencia, no está escrito «Israel es la porción del Altísimo», que implicaría que la porción inferior del alma [Israel] estaría separada de su Fuente de origen, sino que se refiere a «Su pueblo».

Para recalcar este vínculo mutuo, el Altísimo también envía una chispa de vida a las almas *nefesh* y *ruaj* dentro del cuerpo. Como este vínculo jamás se destruye, está escrito que Iaacov era «*jebel* de Su herencia», ya que la palabra hebrea *jebel* puede comprenderse como «medida», pero literalmente significa «cuerda». Así como la cuerda está formada de dos o tres hilos entrelazados, del mismo modo está Él vinculado a nosotros y nosotros a Él.

---

184. Deuteronomio 32:9; mi traducción.

Los sabios del Midrash han ilustrado el ejemplo de la cuerda con una parábola.[185] Es como un hombre a quien arrojan de un barco y cae al mar. El capitán del barco le echa una cuerda, diciéndole: «Aférrate a esta cuerda. Nunca la sueltes, o de lo contrario perderás la vida».

La representación gráfica de la conexión entre la *neshamá* y el Creador es similar a la de esa cuerda. Dicha «cuerda espiritual» se extiende desde Su mano en el cielo hasta el cuerpo humano terrenal. Sentir amor y apego apasionado con el Altísimo requiere aferrarse a esta cuerda hasta que puedas vincularte a la raíz de tu alma, que forma parte de Él.

Por lo tanto, el Zohar enseña que el servicio Divino perfecto requiere que te apegues a tu Creador como está escrito, «con todo tu corazón, todo tu *nefesh*...», con un amor similar al de tu *nefesh* por tu cuerpo. Y así como se adhiere el *nefesh* a éste, del mismo modo has de apegarte al Todopoderoso.

El amor entre el *nefesh* y el cuerpo es doble; cada cual ama al otro y ninguno desea separarse del otro. Del amor del *nefesh* hacia el cuerpo está escrito:[186] «*Los celos son crueles como la tumba*».

¡No me abandones!

Enseña Rashbí que cuando llega el momento en el que el *nefesh* debe abandonar el cuerpo al morir, le suplica *al cuerpo*, como lo haría alguien al despedirse de un ser amado que emprende un largo viaje, expresando la angustia de la separación inminente:[187]

> «Ponme como un sello sobre Tu corazón»[188] para que mi imagen permanezca sellada dentro de Ti, como un sello que deja su impresión imborrable; «porque el amor es fuerte como la muerte».[189] Cuando llega el momento en que el hombre ha de morir y ve lo que ve [una visión de la *Shejiná* que le indica

---

185. *Midrash Rabá* 17:7; *Tanjuma* 338:15.
186. Cantar de los Cantares 8:6.
187. Zohar *Vayjí* 245a.
188. Cantar de los Cantares 8:6.
189. Cantar de los Cantares 8:6.

que debe dejar este mundo], el *ruaj* acude a todas las partes del cuerpo [esperando encontrar espacio para morar en una de ellas]. Atraviesa las olas [de sus últimos temblores] como quien viaja [en un barco] sin tripulación [a merced del viento], *yendo de un lado a otro sin avanzar*.

Cuando llega el momento en que el *ruaj* ha de dejar el cuerpo, no hay nada más difícil *para él* que esta separación. El amor que la Comunidad de Israel siente por el Todopoderoso es tan avasallador como agobiante es la agonía del *ruaj* al separarse del cuerpo.

«Los celos son crueles como la tumba». Si amas pero no has probado las ansias de los celos, tu amor no es verdadero, ya que sólo los celos [la exigencia de exclusividad] completan el amor. [Digamos, por ejemplo,] *que un hombre que ama* [a una mujer se da cuenta de que ella lo ha herido]. Si él no expresa sus celos [dándole así la oportunidad de excusarse y/o disculparse] su amor no fue verdadero, ya que al expresar sus celos podría haber solucionado el mutuo distanciamiento. Aprendemos de esto que el hombre ha de tener celos de su amada para que su amor por ella se intensifique hasta alcanzar la cúspide. Cuando esto suceda, será incapaz de mirar a otra mujer.

¿Qué significa «los celos son crueles como la tumba?». [¿Por qué se comparan los celos a la muerte?] Así como el cuerpo agonizante sufre por separarse del alma al verse obligado a descender a la tumba; así también son desgarradores los celos del que ama y teme separarse del ser amado.

El Zohar precedente nos permite entrever el amor del alma por el cuerpo. Al estar contenida dentro del cuerpo, no se quiere separar y se siente muy apegada a él. En cuanto al cuerpo, su amor por el alma proviene del hecho de saber que no tiene otra fuente de vida sino a través del alma.

El Zohar compara el amor entre el alma y el cuerpo con el amor Divino. Así como a la *Shejiná* le es difícil separarse del Altísimo, hasta el punto de exclamar *«Ponme como un sello sobre Tu corazón»*, de la misma manera al alma le duele separarse del cuerpo. Con un fervor de esta índole debe tu *nefesh* amar a la *Shejiná*.

Tal es el mensaje del Zohar: así como amas a tu *nefesh* y tu *ruaj* que te insuflan vida, de la misma manera debes amar al Todopoderoso y vincular a Él las partes inferiores de tu *nefesh* y tu *ruaj*. Lo cierto es que tu existencia se debe a la energía Divina que proviene de la raíz de tu alma fusionada con el Altísimo. Como dijimos, por estos *conductos de energía* el Creador Todopoderoso envía energía vital a las ramas inferiores del alma contenida en tu cuerpo.

Desgarrado por los celos

Concluye el Zohar: «Dichosos los apegados al Altísimo con su *nefesh* y su *ruaj*». Como indica Rashbí, el indicio inequívoco que delata el amor de un hombre son sus celos. Quien cela a su esposa debido al gran amor que le profesa no quiere que haya entre ellos ninguna interferencia ajena capaz de separarlos. Al contrario, quiere que ella permanezca unida a él para siempre.

El amor del recto hacia la *Shejiná* debe arder con idéntico fervor, hasta el punto de sentirse desgarrado por los celos ante la mera idea de que Ella pueda separarse de él para vincularse a otro, y comparta con otro el mismo contacto íntimo compartido con él. Tal habría de ser el deseo de tu *nefesh* y tu *ruaj* de alcanzar el vínculo apasionado. Como señalé, es durante tu estudio de Torá entre medianoche y el amanecer cuando más se agudiza tu sensibilidad, permitiéndote sentir este amor intenso.

El segundo aspecto del contacto entre el reino celestial y el terrenal es el amor del *nefesh* por el cuerpo. Es evidente que el Todopoderoso ama el cuerpo, ya que le ha dado un alma de Sí mismo para permitirle vivir. Por lo tanto, debes pensar: «Así como el Todopoderoso desea unirse a mí, y me ha dado *nefesh* y *ruaj* como energía vital, así también tengo que vincularme a Él».

La parte inferior del *nefesh* es una mera rama cuya raíz celestial forma parte del Omnipresente, de cuya esencia proviene. Sin la energía vital Divina, el *nefesh* no sería alma. En consecuencia, quien vela por su *nefesh* y *ruaj*, por amor al Altísimo rectifica *las imperfecciones que puedan tener* adoptando los preceptos de la Torá como norma de vida.

Períodos de tiempo de la hija del rey

El versículo «*Mi alma Te anhela en la noche*» hace hincapié en un horario: el nocturno. Esta alusión indica nuestra obligación de expresar nuestro amor al Todopoderoso levantándonos cada noche. Lo ilustraremos con una parábola: la de un enamorado que se levanta por la noche deseando a su amada, ansioso de encontrarse con ella en los momentos en que puede expresarle su gran amor, más aún sabiendo que también ella lo ama.

Del mismo modo, el estudioso de la Torá debe separarse de su esposa durante los días de la semana, para poder expresar su amor a la Hija del Rey [la Torá] y sumirse en su estudio. Mientras estudia, está unido a la energía vital que proviene del cielo, y así se vincula apasionadamente con la *Shejiná*. A su vez, Ella acude a infundirle inspiración Divina.

El amor de la *Shejiná* hacia nosotros no necesita demostrarse. Está escrito:[190]

> ¡Mi amada, que moras en jardines!, los compañeros [ángeles y almas en el cielo] escuchan tu voz [hablando de Torá y abriéndome vuestros corazones en vuestras plegarias]. ¡Házmela oír también!

Ahora comprendemos por qué Isaías llamaba a la *Shejiná Nafshí*, y por qué La añoraba *en la noche*: porque Ella es el espíritu de inspiración Divina que viene a habitar en él.

Fusion de la noche con el día

El mandamiento de «*vincularnos a Ella con un amor intenso*» a que se refiere el Zohar puede comprenderse mediante la interpretación de Rashbí:[191] cuando se permanece despierto con la *Shejiná* durante la noche hasta el alba, el Todopoderoso extiende al amanecer una hebra de *Jesed* sobre la *Shejiná* y sobre quienes se asociaron con Ella por la noche.

A la mañana siguiente, después de que la noche *de estudio ha dejado su impresión sellada dentro de ti,* estás vinculado al Rey con un inmenso amor que proviene de Sus fuerzas de *Jesed*. Tu deseo por Su amor aumenta en consecuencia, ya que hasta entonces sólo tenías el frágil vínculo de tu *nefesh*. Al despuntar el alba tu apego ha aumentado intensamente. Tienes que seguir estudiando hasta la luz del día, para fusionar la cualidad de la

---

190. Cantar de los Cantares 8:13.
191. Zohar *Beshalaj* 46a.

noche con la del día. En este momento, la luz de *Jesed* comienza a brillar, y con ella vienen los regalos del Rey. Como lo dice el Zohar:[192]

> Cuando [va a terminar la noche y] está por apuntar el alba, se intensifica la oscuridad; [entonces] se reúne el Rey con Su Reina en el concepto místico de la dicha. En ese momento le entrega regalos a Ella y a quienes se encuentren en Su palacio. ¡Dichosos los que vivan en el palacio [de la *Shejiná*]!

A la luz de lo dicho podemos derivar la clave del concepto místico del amor. Aunque el Zohar recalca que el momento *en que más se agudiza tu sensibilidad permitiéndote sentir el amor Divino es* durante la noche, en realidad, deberías sentir este amor constantemente. Tu alma y tu espíritu deberían vincularse al Todopoderoso siempre con la misma intensidad.

El Zohar subraya que el amor que sientes por la mañana ya estaba presente la noche anterior. La diferencia es que durante la noche tu amor arde con mayor intensidad, de manera que piensas constantemente, *«¿cuándo llegará la noche para que me pueda levantar a cumplir la voluntad de mi Creador, y así demostrarle mi amor?»*.

Ahora comprendemos que haya recalcado Rashbí la expresión *«en la noche»*, porque es entonces cuando una ola de amor viene a infundirte energía para dejar tu lecho y levantarte a Su servicio. […]

La mayor prueba

Otra razón por la cual tu capacidad de amar al Altísimo depende de que te levantes en medio de la noche para estudiar Torá es que no hay mayor prueba que puedas darle al Altísimo que romper el urgente deseo de sueño y bienestar que te invade, y sufrir incomodidad por amor al Omnipresente.

El sabio rey Salomón aludió a esta devoción al escribir:[193] *«Como manojo de mirra [tzeror haMor] es mi amado para mí. Entre mis pechos reposa»*.

---

192. Zohar *Beshalaj* 46a.
193. Cantar de los Cantares 1:13.

Y explicaron los sabios del Talmud:[194]

> Aunque mi vida tenga aflicciones [*metzar*] y amargura [*memar*], mi amor reposa entre mis pechos.

Entonces estás cumpliendo el mandamiento de amar al Altísimo tu Creador Todopoderoso «con todo tu corazón». En hebreo, «*bejol lebaveja*» significa literalmente «con todos tu*s* corazone*s*», es decir, con tus dos tendencias, la buena y la mala.

¿Cómo puede cumplirse el precepto de amar al Creador con la mala inclinación? En opinión del Zohar, para tener un amor maduro hay que controlar la mala tendencia, y quienes se levantan a medianoche son «siervos de Altísimo».[195]

Leemos en el Libro de Salmos:[196] «*Bendecid al Altísimo todos vosotros, siervos del Altísimo que permanecéis en la Casa del Altísimo por las noches*». Señala el Zohar que quienes se levantan en medio de la noche merecen llamarse «siervos del Altísimo», porque quien supera su deseo corporal de sueño movido por el amor que arde en su fuero interno es un digno siervo del Todopoderoso, ya que sirve al Todopoderoso en lugar de a su cuerpo.[197]

Quien no se levanta porque prefiere dar reposo a su cuerpo está, en realidad, sirviendo a su mala tendencia, además de a su cuerpo material. Este fundamento puede aplicarse a todo el servicio Divino de amor, ya que siempre que superes tus tentaciones y padezcas aflicciones para servir al Creador, eres Su siervo. Si no controlas tu tendencia te conviertes en esclavo de ella. El amor al Altísimo es la llave que nos permite cumplir la Torá en su totalidad.

La recuperación de tu alma

Otro elemento que puede ayudarte a adquirir el hábito de levantarte a medianoche es pensar en la gran bondad que te hace el Creador al reinte-

---

194. Tratado *Shabat* 88b.
195. Zohar *Terumá* 163a.
196. Salmos 134:1.
197. Zohar *Toldot* 136b.

grarte el alma tras del sueño, que es la sexagésima parte de la muerte. Imagina lo que sentirías si un día estuvieses verdaderamente muerto, como el Zohar relata que le sucedió a Rabí Iose;[198] entonces percibirías cuánto le debes al Creador por Su bondad para contigo.

En cuanto a la analogía de que el sueño es la sexagésima parte de la muerte, si consideras cuánta gente se acuesta para dormir por la noche y no se despierta *a la mañana siguiente*, tu *nefesh* se encenderá de amor al Altísimo al percibir que, una vez más, te ha devuelto el alma. Por eso nuestros Sabios instituyeron la plegaria: «*Mi Creador Todopoderoso, la neshamá que has puesto en mí es pura...*», que recitamos al despertar.

«*Mi Creador Todopoderoso*» es mi Hacedor que me protege, a quien estoy vinculado, la *Shejiná* que ha conservado mi alma en fianza como le recé al dormirme, «En Tu mano deposito mi espíritu...».

Mientras duermes no estás apegado al amor del Todopoderoso, porque el sueño [la muerte] controla tu cuerpo. Pero cuando recuperas tu alma y te sientes vivo, el vínculo al Altísimo que sentías antes de dormir no tarda en regresar.

Mientras la *neshamá* esté dentro de ti, ten presente: «*Te agradezco mucho, Altísimo, mi Creador Todopoderoso*». Sería apropiado que te sintieses vinculado al Altísimo cada vez que respiras, ya que mientras la *neshamá* está en ti, Él mora sobre tu cabeza. El sentido de la plegaria de la mañana es pues: «*Estoy agradecido ante Ti* [dirigiéndote a la *Shejiná* que mora sobre tu cabeza] *por infundirme la vida*».

Al despertar, tu amor al Altísimo que te ha revivido se enciende, y debes pensar que lo mismo sucederá en la resurrección de los muertos, como explican los sabios del Midrash acerca del versículo de Lamentaciones:[199]

«*Sus compasiones* se renuevan cada mañana. ¡Grande es Tu fidelidad!». Dijo Rabí Alexandri, «Por el hecho de que nos renuevas *la vida* cada

---

198. *Balak* 204b-205a; Rabí Iose tenía un hijo que no permitía que nadie se aproximase al cadáver de su padre. El niño permanecía cerca de su padre y lloraba sobre él, su boca pegada a la de su padre. Los compañeros no podían soportar los sollozos del niño y sus plegarias al Todopoderoso, llorando al verse solo en el mundo. Seguía el niño aferrado a su padre cuando los separó una columna de fuego, restaurando energía vital a Rabí Iose. Los compañeros bendijeron al Altísimo por haber ejecutado la resurrección de los muertos y permitir que el padre siguiese enseñándole Torá a su hijo.

199. Lamentaciones 3:23.

mañana, sabemos que guardarás fielmente Tu promesa acerca de la resurrección de los muertos».

Mi maestro, de bendita memoria, señaló que los sabios de la Gran Asamblea se basaron en este Midrash para instituir el final de la oración de la mañana: *«La recuperarás en el futuro y me la restituirás en la vida futura»*. La vida futura alude a la resurrección de los muertos.

Con ambas tendencias

Nuestra santa Torá nos ha dado otra manera de adquirir el amor, basada en el mandamiento,[200] *«Amarás al Altísimo tu Creador Todopoderoso, con todos tus corazones, con toda tu alma y con todos tus recursos»*. Cuando estos tres elementos estén aunados, tu amor al Creador quedará grabado en tu interior para siempre. Rashbí discute estos tres elementos:[201]

> Rabí Iehudá estaba en compañía de Rabí Elazar y le dijo: el amor del Todopoderoso forzosamente ha de encenderse primero en el corazón, porque las emociones del corazón son las que generan el amor. Es más, el Todopoderoso quiere el corazón del hombre. Pero entonces, ¿por qué añade el versículo «con toda tu alma» después de «con todo tu corazón»? Parece pues que hay dos modos de amar al Todopoderoso: uno con tu corazón y otro con tu alma. Si el corazón es el elemento esencial, ¿por qué se menciona el alma?
>
> Respondió [Rabí Elazar]: es cierto que el corazón y el alma son dos entidades distintas, pero se integran y forman una [ya que aun cuando el corazón es la fuente del amor, es el alma quien lo inspira a amar al Altísimo]. El corazón, el alma y los recursos se entrelazan mutuamente [porque indican tres clases de amor: un amor espiritual que proviene del alma, un amor físico relacionado con la situación económica y un amor emocional proveniente del corazón. Este último es el lazo que aúna a los tres:] en el corazón permanece la base de los tres [ya que cuando el corazón rebosa de amor Divino, los otros dos siguen su ejemplo].

---

200. Deuteronomio 6:5 traducción literal mía.
201. Zohar *Terumá* 162b.

La explicación que hemos aprendido acerca del versículo «con todos tus corazones» indica que han de participar tus dos tendencias, la buena y la mala [ya que «con todo tu corazón» no significa «del fondo de tu corazón» sino «con las dos fuerzas que habitan en tu corazón»]. Cada una de tus dos tendencias se llama «corazón»; una es el corazón puro y la otra es la mala inclinación. Por lo tanto, está escrito «con todos tus corazones» [en plural], ya que son dos, la buena y la mala tendencia.

¿Por qué, entonces, dice, «con toda tu alma»? En este caso, la intención era incluir todas las partes del alma [*nefesh, ruaj* y *neshamá*, es decir, todas las fuerzas espirituales del hombre].

¿Y «con todos tus recursos»? [La palabra «todos», que reaparece, alude a] todos los medios financieros, ya que cada uno es distinto del otro. Amar al Creador con todos tus recursos supone entregar todo esto y sentir tu amor por Él mediante cada acto de entrega.

Surge la cuestión: ¿cómo se puede amar al Creador con la mala tendencia? La mala tendencia acusa al trasgresor ante el Altísimo, tratando de impedir que se acerque a Él y le sirva. ¿Cómo se puede servir al Todopoderoso a través de ella [si uno tiene que huir de ella para evitar mancharse con su impureza]?

La respuesta radica en que éste es precisamente el servicio más sublime que puedas hacer por el Todopoderoso: cuando constriñes tu mala tendencia y la dominas, estás ofreciendo al Creador la mayor prueba de tu amor por Él. Estás «usando» tu mala tendencia para servirlo. [Es decir, si estás sirviendo al Altísimo cabalmente, no cabe duda de que tu mala inclinación tratará de incitarte a que abandones tu servicio y tu amor. Superar tus tentaciones y negarte a ceder a su provocación equivale a amar al Altísimo, ya que estás trocando el mal en bien].

«Con todos tus recursos» [subraya Rashbí] se refiere a toda tu fortuna, ya sea que vino a tus manos por herencia o por otro modo. [Has de estar listo a entregarlo todo]. Por eso está escrito, «con todos tus recursos».

Si nos fijamos en este Zohar, vemos que hay dos puntos principales que definen la esencia del amor: *«con todo tu corazón»* y *«con toda tu alma»*. El tercero, «con todos tus recursos», es sólo la consecuencia de este amor. El significado de *«con todo tu corazón»* es, como señalamos, con tus dos tendencias: sientes el amor hacia tu Hacedor, al punto de que logras dominar tu mala tendencia por amor a Él. Como indica Rabí Bajia Ibn Pakuda [Rabenu Bejaye] en sus *Deberes del corazón*:[202]

> Toma conciencia de tus deseos de disfrutar los placeres de este mundo, y a medida que los arranques de tu fuero íntimo se intensificará tu amor al mundo venidero. Un sabio expresó así el conflicto entre ambas tendencias: «Así como el agua y el fuego no pueden convivir en el mismo recipiente, así el amor por el mundo terrenal y el venidero no pueden coexistir en el corazón del creyente».

Y añade en su *Portal del Amor* que es imposible que logres el nivel excelso de amar al Altísimo y apegarte apasionadamente a Él, a menos que comiences por adquirir el temor a Él, que esencialmente supone separarte de los deseos de este mundo.[203]

Las enseñanzas de *Rabenu Bejaye* son «inspiraciones de *Elo-him Jayim* (el Creador Viviente)».[204] Como indica Rabí Pinjas ben Yaír, «la *jasidut* (devoción) es la más importante norma de conducta». La devoción equivale al amor al Altísimo que hemos descrito, y las normas (como ser, guardarse [de la mala tendencia que puede inducir tu caída en el error], o mostrar fervor [en tu adopción de los preceptos de la Torá, etc.)] constituyen los peldaños que has de franquear para adquirirla».[205]

En resumidas cuentas, adquirir amor al Todopoderoso supone dominar tus tentaciones, como se explicará a continuación. Por eso dice el versículo, *«con todos tus corazones»*. Es importante aclarar la interpretación de «con todos tus corazones»; con ambas tendencias: la buena y la mala. Como lo dice el Zohar:[206]

> «Con todos tus corazones» significa con tus dos tendencias: la del lado derecho y la del lado izquierdo, que equivalen a la buena y la mala inclinación.

El significado de este Zohar es que cada vez que sigues tu buena tendencia estás atrayendo hacia ti el atributo Divino de *Jesed*, que *en Cabalá* se llama «lado derecho». En cambio, quien cae en las redes de su mala

---

202. Portal de responsabilidad espiritual 3:25.
203. Al principio del *Portal del Amor*.
204. Perífrasis de Jeremías 23:26.
205. Tratado *Avodá Zará* 20b.
206. Zohar *Vaerá* 27a.

tendencia está atrayendo hacia sí el atributo Divino de *Guevurá*, llamado «lado izquierdo». *Al servir al Altísimo con tus dos inclinaciones, causas una unificación de las sefirot Jesed y Guevurá con su fuente de origen celestial.*

En el capítulo IV del Portal del Temor, hemos explicado el versículo,[207] «Conoceréis este día, y lo internalizaréis en vuestro corazón [literalmente, corazones], que El Altísimo, Él es el Elo-him». Cada vez que superas tu mala tendencia, de hecho, estás ocasionando que la izquierda Divina se cobije bajo la derecha, y como se señaló en el capítulo I, la inclusión de *Guevurá* en Jesed es la esencia misma del amor. Por lo tanto, la expresión «con todo tu corazón» aparece escrita en plural para incluir las raíces celestiales de donde provienen la buena y la mala tendencia, para que la *Guevurá* se oculte siempre bajo el amor, y el lado derecho del Altísimo prevalezca constantemente.

Con todos los niveles de tu alma

«Con *toda* tu alma» quiere decir que debes usar los poderes de tu *nefesh, ruaj* y *neshamá* en tu servicio Divino. Tratemos de comprender la diferencia entre amar al Altísimo con el *nefesh*, el *ruaj*, o *la neshamá*, ya que hasta ahora no hemos marcado una clara distinción entre estos conceptos. Tu objetivo ideal es amarle con los tres aspectos de tu alma, pero sólo si mereces ascender a tan excelso nivel. Si no es así, ámalo al nivel que consigas alcanzar.

Como ya señalamos, amar al Todopoderoso significa vincularte con el Emanador y Sus atributos. Luego, amarlo con toda tu alma supone vincularte a Él con todos los aspectos de tu ser: en pocas palabras, vincular tu *nefesh* al aspecto de Él que corresponde a tu *nefesh*, al espacio celestial de donde ésta proviene. Lo mismo se aplica a tu *ruaj*; debes vincular tu *ruaj* a su equivalente celestial, que también conserva la impresión del tuyo propio.

Hemos indicado en el capítulo IX de nuestro *Portal del Temor* que la raíz de la *neshamá* permanece impresa en el cielo.[208] *Véanse* las enseñanzas de Rashbí al respecto, en su comentario ya citado al versículo «*Ponme como un sello sobre Tu corazón*».

---

207. Deuteronomio 4:39; el Zohar explica que sólo se puede comprender el concepto místico de la unificación del Nombre Divino actualizando el poder de los corazones y superando la mala tendencia. [*Vaerá* 27a]

208. *Portal del Temor:* Por lo tanto, cada trasgresión que hayas cometido sin rectificarlo permanecerá grabada en la parte celestial de tu *neshamá*, y no cabe duda de que le impedirá a tu alma ser incluida en el *yijud* en el momento de la *Amidá*.

Tu meta es unir cada porción inferior de tu alma con su correspondiente forma impresa en las más altas esferas de los mundos celestiales. La fuente de origen de los tres aspectos principales de tu alma *nefesh*, *ruaj* y *neshamá* está en el mundo de *Atzilut*. No obstante, cada parte de tu alma también tiene su equivalente celestial en los demás mundos: el *nefesh*, el *ruaj* y la *neshamá* tienen raíces en el mundo de los ángeles *(ofán)*, es decir, *en el mundo más bajo de Asiyá* [donde lo físico entra en contacto con lo espiritual] y en el de los seres celestiales llamados *jayá, en el mundo de Yetzirá,* así como en el mundo del Trono, en *Beriyá.*

El amor perfecto al Altísimo supone vincular los tres aspectos de tu alma, según el nivel *que tu cumplimiento de los preceptos de la Torá te ha permitido alcanzar.* Si has llegado a los aspectos inferiores de tu *nefesh, ruaj* y *neshamá,* te vincularás con estos tres aspectos de tu alma, en la fuente de origen de tu propio nivel. Si, en cambio, has merecido el lazo con tu *nefesh, ruaj* y *neshamá* en el más alto mundo celestial de *Atzilut*, podrás vincularte a ese nivel como premio a tus esfuerzos. La esencia del precepto «con toda tu alma» es que luches por alcanzar el completo potencial de tu alma, de manera que tu amor sea perfecto en todos los mundos celestiales.

Hemos visto en el capítulo anterior que en la expresión de amor entre el cielo y la tierra encontramos el concepto místico de los besos celestiales. Asimismo, en el mundo de los *ofanim*, en el de los *jayot*, y en el del Trono, los besos también se manifiestan. Rashbí discute el tema en el contexto del Cantar de los Cantares:[209]

> En el momento en que los querubines desplegaban las alas hacia arriba, se dispersaban letras de abajo hacia arriba, y se diseminaban letras de arriba hacia abajo, encontrándose unas con otras y absorbiéndose entre sí en un beso de amor. Como todas las letras estaban reunidas, todos los niveles arriba y abajo, así como todos los mundos celestiales, se unían unos con otros y se besaban con amor hasta estar completamente entrelazados. El Creador es uno sin diferenciación; letras con letras, mundos con mundos, el Amado con la Amada, de forma que todo se unifica.

El objetivo de los besos de amor es esta fusión de una emanación a otra, hasta que no haya diferenciación. Por lo tanto, el principio fundamental acerca de estos besos es que han de producir la integración de todo en

---

209. *Zohar Jadash Shir Hashirim* 63b.

una única entidad. Podemos ver que los besos se manifiestan en todos los mundos celestiales; producen la unión de entidades que se fusionan una en otra, desde su espacio interior hasta su forma exterior.

En consecuencia, podemos relacionarnos con el Creador con un amor que proviene de nuestra alma, apegándonos al Nombre Inefable cuya Presencia impregna todos los mundos celestiales. Como explicamos en el capítulo I del *Portal del Temor*, la Causa de las causas ilumina a todos los mundos, y cada cual se vinculará apasionadamente a su Hacedor al nivel espiritual que sus esfuerzos personales le hayan permitido alcanzar.

Acceso al mundo del Trono

Indudablemente, si has alcanzado el nivel de *neshamá*, tu capacidad de percibir el amor Divino estará mucho más desarrollada que si estás al nivel de *ruaj* o *nefesh*. Tu alma y tu cuerpo se purificarán paulatinamente a medida que asciendas los peldaños de la escala, a tal punto que serás incapaz de separarte del Altísimo debido a la intensidad del deseo que arderá en tu interior.

Esto se debe a que el *nefesh*, que mora cerca del *ofán* San-dal-fón[210] en nuestro mundo de *Asiyá*, está cerca de las cortezas *espirituales (klipot)* que forman una barrera, separando tu *nefesh* del Altísimo.

Por lo tanto, mientras estés al nivel de *nefesh* sólo podrás sentir el amor del Altísimo esporádicamente. En cambio, cuando asciendas al nivel de *ruaj* accederás al mundo del ángel Me-ta-trón (no pronunciar), donde la barrera que te aleja de las cortezas es mayor. Aquí, tu conciencia del amor Divino aumentará considerablemente.

Si mereces alcanzar el nivel de *neshamá*, entrarás en contacto con el mundo del Trono. A tan excelso nivel ya no hay cortezas; ésta es la envoltura del Rey para el Shabat y *Yom Tov*-las fiestas. Estarás apasionadamente vinculado al Altísimo con un amor cuya llama arderá en tu interior. Te sentirás separado de tus deseos corporales debido al vínculo de éste con los seis días la de semana: *quien alcanza el nivel en que es invitado a la «cá-*

---

210. Explicaba Rabí Kaplan que el ángel San-dal-fón (no se ha de pronunciar su nombre), que mora en el primero de los cuatro mundos celestiales (el más cercano al nuestro), debe su nombre a que el prefijo *san* evoca el calzado con que vamos de un sitio a otro. De la misma manera, el ángel San-dal-fón lleva las plegarias de nuestro mundo físico a la dimensión espiritual del mundo de *Asiyá*.

mara interior» *del Rey ya no puede relacionarse con un estado de conciencia mental inferior, donde prevalece el ocultamiento Divino.* Ya no te tentarán los placeres materiales, porque el mundo terrenal estará encubierto por una piel de serpiente, *la personificación de Satán*. En su lugar, centrarás tu amor en el mundo de las *neshamot* que están eternamente vinculadas a su Creador. Te apegarás al lugar que acabará siendo tuyo al final de tus días.

Extranjero en tierra extraña

El piadoso autor de *Deberes del corazón* traza el camino del alma, explicando el concepto de distanciarse de los placeres mundanos con una parábola.[211]

El ser humano es en este mundo como un extranjero que llega a un país desconocido donde nadie se apiada de él salvo el señor del lugar, que bondadosamente le enseña a mejorar su situación en el país. El noble le dice que, como su estadía no será permanente sino transitoria, deberá preparar provisiones para finalmente mudarse a otra tierra mejor. Parte de las condiciones de esta visita es que debe dedicarse a aprovisionarse, así como a cumplir los demás requisitos que le atañen como forastero.

Según *Rabenu Bejaye*, la prueba de que eres forastero y te encuentras solo en este mundo es que mientras duró tu formación en el útero materno, si la humanidad entera se hubiese esforzado en acelerar o demorar tu formación aunque fuese en un instante, no lo habría conseguido. Asimismo, nadie puede ayudarte a subsistir sin la ayuda del Todopoderoso, como nadie puede hacer que tu cuerpo sea más alto o más bajo.

Imagina que el mundo entero te perteneciese sólo a ti: incluso de ser así y no haber otros habitantes, la manutención que te corresponde recibir no aumentaría ni en el valor de un grano de mostaza. De forma similar, si la población humana aumentase considerablemente, la manutención que cada cual deba recibir según el decreto Divino no disminuiría ni en el valor de un grano de mostaza. Ningún ser humano puede beneficiarte o dañarte de ninguna forma, ni alargar o acortar tu vida. Lo mismo ocurre con tus rasgos de carácter, tu naturaleza y cualidades o defectos.

Así pues, ¿qué clase de vínculo existe entre los demás y tú? ¿De qué manera estás vinculado a ellos o ellos a ti? Estás en este mundo como un

---

211. Portal de la responsabilidad espiritual 3:30.

rehén a quien no puede ayudar ni el mayor número de personas reunidas, y no puede dañarte ni siquiera el menor número. Eres un individuo solitario que no tiene otra compañía que la de su Creador Todopoderoso, y de quien nadie se apiada más que su Hacedor.

Por lo tanto hermano, dedícate enteramente a Su servicio. Cuando consideres que Él te creó, que te guía y te mantiene en vida o causa tu muerte, cuando tengas siempre presente Su Torá y Su ayud<a, y cumplas las condiciones que te estoy indicando como un extranjero de paso por este mundo, entonces probarás la dulzura del mundo venidero.

Aquí terminan las instrucciones que he condensado, sólo incluyendo los puntos esenciales para trasmitir su sentido. En breve, cuando te apercibas de que sólo eres un extranjero en este mundo podrás despojarte de sus tentaciones y, en lugar de ellas, apegar tus pensamientos al mundo de las *neshamot*. Entonces, estarás constantemente unido al Todopoderoso.

La meditación es uno de los recursos necesarios para alcanzar esta clase de amor, y a quien goce con el contacto social le será imposible vincularse a su Hacedor. Rabí Itzjak de Acco, de bendita memoria, escribió al respecto:[212]

> Si deseas alcanzar el nivel de «meditador» para que el espíritu Divino de la paz resida en ti durante tu vida, debes adquirir tres normas de conducta y distanciarte de sus opuestas. Debes regocijarte de la porción que te haya tocado; debes disfrutar de meditar aislado, y has de huir del poder y el honor. Si consigues adquirir estas virtudes, el espíritu Divino de la paz residirá en ti durante tu vida, y con más razón tras la muerte. Además, llegarás a dominar tu corazón.

Lo opuesto a estas tres normas de conducta se encuentra en quien nunca está conforme con lo que tiene. Como dice el versículo,[213] *«quien ama la plata nunca se saciará de ella»*, porque siempre deseará tener más. Igualmente nocivos son: desesperarse al estar solo; añorar el contacto social y el bullicio; gozar hablando y escuchando trivialidades; buscar el prestigio y la alabanza propios. Que el Misericordioso nos ayude a merecer las buenas normas de conducta y sus derivadas, y a distanciarnos de sus opuestas con sus derivadas. Discutiremos la humildad [en el capítulo XI) como subdivisión de la sección huida del honor.

---

212. *Meirat Enayim: Ekev*, p. 281.
213. Eclesiastés 5:9.

Una sola estructura

Volvamos a nuestro tema. Te será imposible de alcanzar el nivel de *devekut*-apego apasionado, y mantener un vínculo constante con el Creador a menos que hayas alcanzado el grado de *neshamá*, ya que en este nivel no hay barrera que te separe de Él. Esto sucederá cuando logres dominar tu mala tendencia, como explicaremos más adelante.

Por tanto he incluido un análisis detallado del amor al Altísimo *«con toda tu alma»*, e indico lo que debe hacerse para unificar lo que el alma tiene en potencia y estar enteramente imbuido del amor Divino. Esto asociará a todos los mundos celestiales, integrándolos en un espacio perfecto, digno de ser iluminado por el fulgor del Emanador.

Mientras los mundos celestiales no estén aunados en una entidad sin fallos, no tendrán la capacidad de recibir la Luz Infinita de *Ein Sof*. En esto consiste el *yijud*-unificación: la *kedushá*-santidad impregna al hombre y reside en la totalidad de su alma, o no reside en absoluto. Esto se debe a que, en realidad, todos los mundos celestiales forman uno solo; cada mundo abarca al otro *como las capas de una cebolla*, formando una sola entidad espiritual. En consecuencia, si cualquier parte de la estructura está dañada, el conjunto de la estructura también lo estará, quedando defectuosa.

Lo mismo puede decirse del *nefesh*, el *ruaj* y la *neshamá*: el *ruaj* es el espacio en que habita el *nefesh*, y la *neshamá* el espacio en que mora el *ruaj*. Si el *nefesh* tuviese una imperfección, el *ruaj* y la *neshamá* huirían de allí. Éste es el significado místico del versículo,[214] *«en el que hubiere mácula, no se aproximará»*.

La *shefa* Divina enseguida abandona al *ruaj*, porque éste carece del recipiente apropiado para contenerla. Asimismo, la *shefa* deja a la *neshamá* cuando ésta ya no puede trasmitir su luz al *ruaj*. Si esto sucede, la energía Divina asciende; te abandona y regresa a su fuente de origen. Por eso está escrito que al cometer una trasgresión, atraes a ti un espíritu de impureza. Como enseña el Talmud:[215] Si el hombre deja que le afecten ligeramente las fuerzas de contaminación espiritual, éstas le afectarán considerablemente.

Esto sucede porque, al irse la energía Divina debido a la imperfección que te afecta, deja a la impureza el camino expedito para asentarse en el espacio desocupado. A la inversa, lo mismo sucede con la

---

214. Levítico 21:17.
215. Yoma 39 a.

kedushá-santidad. Dado que todos los niveles están conectados entre sí, cuando te atraes a ti un mínimo de *kedushá*, como todos los niveles están conectados, recibes del cielo una gran concentración de shefa Divina; o sea que todo depende del conducto de tu propia *neshamá* y su capacidad de actuar como *merkavá* –«carro celestial» en el que pueda residir la luz Divina.[216] Y nadie más que tú puede reparar el daño causado a la estructura de tu propia alma. Mi maestro, de bendita memoria, narra una bella parábola para explicar este proceso.[217]

El modo de vincularte apasionadamente a tu Creador es conectar tu *nefesh, ruaj* y *neshamá* con sus fuentes de origen celestiales. Todos los mundos se integrarán entonces para formar uno solo mediante estos niveles de tu alma, y tú contribuirás a que el Emanador, Rey de Reyes, ilumine los mundos celestiales. Así, se concretará el concepto místico de los besos celestiales en los mundos que se aunarán, fusionado uno con otro.

---

216. *Véase* la sección «Los besos de Su boca» en el capítulo II.

217. Rabí Waldman incluye la parábola aquí aludida, en una nota: imagina un manantial grande y bello, representado bajo la forma de una prensa de aceitunas con gruesas paredes. Por encima de este manantial, en su fuente, numerosos canales delgados como el ojo de una aguja alimentan el manantial. Al reunirse estos conductos diminutos, se vuelven un gran río por el que puede fluir el agua impetuosa *del manantial.* Si se cerrase uno de estos diminutos conductos, el caudal disminuiría según el tamaño del canal cerrado, y ya no fluiría con su plena capacidad. El manantial representa el conjunto de energía Divina que impregna al mundo terrenal *mediante la estructura del alma de cada judío*, mientras que los conductos diminutos simbolizan las hebras de llama de cada alma, que ascienden y se reúnen con su raíz en las *sefirot*. Es por la hebra de nuestra propia *neshamá* como cada uno de nosotros se vincula a su fuente celestial y es imbuido de energía Divina. Cuando alguien trasgrede, desarraiga la impresión celestial de uno de los niveles de su alma. Incluso si la trasgresión parece insignificante, el daño que acarrea en el mundo celestial es cuantioso. De hecho, está impidiendo que la energía Divina fluya hasta él y el mundo que le rodea por el conducto de su alma, que ahora se encuentra bloqueado. Quien completa la reparación de su conducto dañado obtiene un gran logro. Tan sólo el responsable de la imperfección puede repararlo, aun si otros sufren las consecuencias, ya que cada alma judía contiene el conjunto de las seiscientas mil almas judías. Por lo tanto, cuando se bloquea un conducto, cada uno de los conductos restantes tiene seiscientos mil otros conductos menos uno, *y en consecuencia recibe tanto menos energía Divina.* Si un piadoso trasgrede recibirá peor castigo que el trasgresor común, ya que debido a su conducta ejemplar el conducto de su *neshamá* es muy amplio, y por él puede llegar mucha energía Divina tanto a sí mismo como a su entorno. Debido a que su trasgresión impide que descienda una gran concentración de energía Divina, en consecuencia se oscurece el mundo que le rodea. Por lo tanto, la ira Divina se dirige hacia él, a tal punto que su vida peligra hasta que se arrepienta y corrija su trasgresión. (*Pardés Rimonim, Shaar haCavaná*).

En consecuencia, los niveles *nefesh, ruaj* y *neshamá* de tu propia alma recibirán su parte de luz y se vincularán al mundo celestial, absorbiendo la energía luminosa Divina de la Fuente de las bendiciones.

Grados de aproximación

Nuestros padres, de santa memoria, muestran que el *nefesh*, el *ruaj* y la *neshamá* son los medios por los cuales podemos vincularnos a nuestro Creador:[218]

> Dijo Rabí Shimón ben Lakish, «El amor al Altísimo por Israel se traduce mediante tres expresiones: *deveká* (apego), *jasheká* (deseo) y *jafetzá* (ansia/deleite);[219] ¿dónde vemos *deveká* en la Biblia? Como dice el versículo,[220] «vosotros que estáis apegados (*devekim*) al Altísimo, vuestro Creador Todopoderoso». ¿Dónde vemos el deseo en la Biblia? Como dice el versículo,[221] «el Altísimo os deseó» (*jashak*). ¿Y dónde vemos el deleite? Como dice el versículo,[222] «tendréis una tierra deleitable» (*jefetz*).
>
> Aprendemos el significado de estas tres expresiones según su uso en el relato bíblico del malvado [Shejem, hijo de Jamor].

---

218. *Midrash Bereshit Rabá* 80:7.

219. *Véase* el relato bíblico del malvado Shejem ben Jamor que violó a Diná, hija de Iaacov, y después se enamoró de ella. Quería desesperadamente casarse con ella y envió a su padre a solicitar de Iaacov la mano de Diná. Anota Rabí Waldman: comprendemos el significado de las tres expresiones de amor que aparecen en los versículos citados en el Midrash mediante su uso en el encuentro del malvado [Shejem ben Jamor; los sabios del Midrash y Rabí de Vidas evitan nombrarlo]. A simple vista parecería que el amor del Altísimo hacia Israel primero se enciende y luego desaparece, ya que la primera expresión es «apego». Luego tenemos «deseo», que es menos intenso que el apego, y finalmente «deleite», que es aún más débil. No obstante, si nos fijamos en el modo en que aparecen estas expresiones en el relato de Shejem, vemos que nos equivocamos al asumir que disminuyen de intensidad. De hecho, el amor de Shejem hacia Diná [descrito con esas mismas expresiones y en indéntico orden] no disminuye sino que aumenta en intensidad. Queda claro, pues, que deleitarse es más fuerte que sentir deseo, que a su vez es más intenso que estar apegado.

220. Deuteronomio 4:4.

221. Deuteronomio 7:7.

222. Malaquías 3:12.

Acerca del vínculo está escrito,[223] «su alma se apegó a Diná, hija de Iaacov». Acerca del deseo dice el versículo,[224] «el alma de mi hijo Shejem anhela profundamente a vuestra hija». Acerca del deseo/deleite (*jafetzá*) está escrito,[225] «se deleitaba en la hija de Iaacov».

Rabí Aba ben Elisha añadió dos conceptos que expresan el amor al Altísimo: el amor y la palabra. Derivamos el entendimiento del amor de su uso en:[226] «Os he amado, dice el Altísimo»; y de la palabra en,[227] «Hablad al corazón de Jerusalén». De la narrativa del malvado Shejem aprendemos el uso del amor,[228] «amó a la joven», y también el uso de la palabra, «le habló cariñosamente (al corazón)», es decir, palabras que encienden el corazón.

Conviene recalcar por qué Rabí Shimón ben Lakish sólo citó tres expresiones de amor mientras que Rabí Aba ben Elisha añadió otras dos en su propia comparación del amor al Altísimo, basado en la historia de Shejem. Se debe a que Rabí Shimón ben Lakish quería destacar los niveles principales, correspondientes a *nefesh, ruaj* y *neshamá*. En cambio, Rabí Aba ben Elisha enumeró los cinco niveles, correspondientes a los cinco niveles del alma, como señala Rashbí:[229]

«Amarás al Altísimo tu Creador Todopoderoso con todo tu corazón»: [ama a la *Shejiná*] con tu cuerpo [más que a tus necesidades corporales], «con toda tu alma» [con todas las fuerzas de tu alma]. Esta última tiene cinco nombres: [*nefesh, ruaj, neshamá, jayá* y *iejidá*, y debes amar al Altísimo con la energía de cada uno de estos niveles]. «Con todos tus recursos»: equivale a todos tus recursos financieros. El Todopoderoso y Su *Shejiná* nunca te dejarán si consigues lo que esperan de ti.

Regresemos a la historia del malvado Shejem, analizándola en detalle. El amor del Todopoderoso por Israel se traduce principalmente en las tres expresiones mencionadas [apego, deseo y ansia] porque las energías de nuestras almas *nefesh, ruaj* y *neshamá,* que corresponden a estas tres ex-

---

223. Génesis 34:3.
224. Génesis 34:8; mi traducción.
225. Génesis 34:1; mi traducción.
226. Malaquías 1:2.
227. Isaías 40:2.
228. Génesis 34:3.
229. Zohar *Terumá* 158b.

presiones, provienen directamente del Todopoderoso. Es a través de ellas que Él se apega a nosotros.

El carro divino

El Creador nos prodiga estas emanaciones suyas por el amor que nos profesa, como dice el versículo,[230] «*Fue sólo por vuestros antepasados que el Altísimo os deseó. Os amó y por lo tanto os escogió a vosotros, sus descendientes...*». Explica Rashbí que el Creador Todopoderoso diseñó un carro con los patriarcas, *un vehículo mediante el cual el Omnipresente se revela*. Como lo dice el Zohar:[231]

> Rabí Aba citó el versículo, «fue sólo por vuestros antepasados que el Altísimo os deseó». Rabí Shimón dedujo de este versículo que los patriarcas forman el santo carro celestial, ya que está escrito, el Altísimo «*jashak*». El hecho de que el versículo especifique «sólo por vuestros antepasados» [indica que los tres patriarcas forman el carro. Sin embargo, sólo eran tres, y para formar] un carro se requieren cuatro. ¿Quién es el cuarto? [Continúa el versículo,] «os amó y por lo tanto os escogió a vosotros, sus descendientes». ¿Qué significa esto? [Nos sugiere que de entre los descendientes de los patriarcas,] el rey David se suma al grupo para representar la cuarta rueda del carro.

Como los patriarcas son un «carro celestial» por el cual el Altísimo se revela a nosotros, fue por Su gran amor a nosotros que les infundió santas almas celestiales. Así lo explica Rashbí:[232]

> Afortunado es el pueblo de Israel, ya que de todas las naciones del mundo, el Todopoderoso sólo se aproximó a ellos [como quien escoge la sémola y aparta el grano grueso, porque las almas de Israel provienen de una santa fuente de origen. No es por la rectitud de ellos que] Él los quiso [ni por otra razón particular]. Los acercó a Él de un lugar distante [de entre los idólatras que

---

230. Deuteronomio 10:15; traducción basada en la de Rabí Kaplan, en *The Living Torah*.
231. Zohar *Vaetjanán* 262b.
232. Zohar *Emor* 98b.

están separados del Altísimo]. Como dice el versículo:[233] «Así dice el Altísimo Creador Todopoderoso de Israel. En otros tiempos vuestros padres habitaban al otro lado del río [Éufrates]», y [el siguiente versículo,] «y Yo tomé a vuestro padre Abraham de allende el río y le guié por toda la tierra de Canaán».

Objeta el Zohar que, dado que *Iehoshua* (Josué) y el pueblo eran conscientes de esto, ¿por qué subrayar, *«Así dice el Altísimo, Creador Todopoderoso de Israel»*?

La explicación mística [de esta dificultad] es [que el texto quiere subrayar] la gran benevolencia que mostró el Altísimo a Israel al querer aproximarse a los patriarcas. [Es decir, debido a que sus almas emanan de una fuente de origen más santa que la de los hijos de Noaj, Shem o Eber, y que la de otros hombres justos antes que ellos,] hizo de ellos un carro santo para que honraran a su Creador. [Para que merecieran el papel que les tenía preparado,] les proporcionó almas que provenían del santo río celestial.

Subraya el Zohar que el amor que el Altísimo profesa hacia Israel *se demuestra por el hecho* de haber tomado las raíces de sus almas de un lugar excelso en los cielos. Este proceso no lo iniciaron los patriarcas, ni fueron ellos los primeros en suscitar su propia estimulación espiritual, sino que fue el Altísimo quien tomó sus almas del otro lado del río. Aquí tenemos, pues, el significado de la expresión *jashak bahem* «el Altísimo os deseó»: el deseo y el estímulo del amor comenzaron en Él.

Nefesh-apego

Por consiguiente, las tres expresiones que trasmiten el amor del Altísimo por Israel representan las partes del alma *nefesh, ruaj* y *neshamá* que les dio el Creador Todopoderoso en un gesto de amor. Equivalente a nuestro *nefesh* es el concepto de apego, como dice el versículo,[234] «vosotros que estáis apegados al Altísimo, vuestro Creador Todopoderoso, estáis todos vivos hoy».

Explica Rashbí en el Zohar que Israel está vinculado al Altísimo por el concepto místico de la llama azul en la *Shejiná*, porque Israel ofrece a la *Shejiná* el estímulo de sus buenas normas de conducta. El azul simboliza

---

233. Josué 24:2.
234. Deuteronomio 4:4.

el final, la aniquilación y la justicia estricta, y no obstante estamos vivos. Dice, pues, el Zohar:[235]

> ¡Ven y mira! Sólo en lo que atañe a Israel el Todopoderoso enciende la luz azul, es decir, el aspecto de justicia estricta de *Maljut*, y la vincula con la luz blanca de *Tiferet* que reside sobre la luz azul, sin consumirla ni alterar su tono blanco de compasión y ternura, incluso cuando están administrando la justicia estricta mediante *Maljut*.
>
> Los israelitas están vinculados al Omnipresente por debajo [son el carro mediante el cual se revela *Maljut*]. Ven y mira: aunque esta luz azul-negra suele consumir todo lo que se le acerque por debajo [destruye su aspecto maléfico y rectifica lo bueno], no obstante, Israel está vinculado a ella por debajo y pese a ello permanece en vida. Por eso dijo Moshé, «los que entre vosotros se apegaron al Altísimo, vuestro Creador Todopoderoso» [… estáis apegados a] la misma luz azul y negra que quema y consume lo que entra en contacto con ella, y sin embargo «todos estáis vivos hoy» [porque las buenas obras y las plegarias de Israel ascienden al Altísimo a través de *Maljut* y La impregnan de energía luminosa].

Señala el Zohar que el versículo «*los que entre vosotros se apegaron…*» presenta a la *Shejiná* en Su aspecto de llama azul, que corresponde a nuestro *nefesh*. Sin embargo, existe una dificultad. Este versículo se presenta como prueba del amor del Altísimo a Israel, aunque a primera vista parece indicar el amor que Israel profesa por el Omnipresente.

El otro versículo citado por el Zohar, «*Fue sólo por vuestros antepasados que el Altísimo os deseó*», sí muestra el amor del Altísimo, pero en el versículo anterior el sujeto era Israel; son ellos quienes están vivos por haberse apegado al Todopoderoso. ¿Por qué fue escogido este versículo en particular para mostrar el amor que el Altísimo profesa a Israel?

Examinemos el principio del Zohar precedente: «Sólo en lo que atañe a Israel enciende el Todopoderoso la luz azul y la fusiona con la luz blanca». Esto indica que en el versículo «los que entre vosotros se apegaron al Altísimo, vuestro Creador», el verbo «se apegaron» se refiere tanto al Omnipresente como a Israel. El Zohar especifica más adelante que la *Shejiná* necesita el estímulo de las obras de Israel para vincularse a la luz blanca. Por lo tanto, subraya el Zohar: «Observad que el versículo dice el

---

235. Zohar *Bereshit* 51a.

Altísimo, nuestro Creador Todopoderoso». Y explica Rashbí: «Es vuestro Creador, porque está apegado a vosotros».

El Midrash aporta una prueba adicional de que el versículo *«los que entre vosotros se vincularon al Altísimo, vuestro Creador Todopoderoso…»* se refiere al amor del Omnipresente tanto como al amor de Israel, por analogía con otros dos versículos: *«Seréis santos, porque Yo soy santo»*,[236] y *«Así como la faja aprieta la cintura de un hombre, así apreté contra Mí a toda la casa de Israel».*[237]

El segundo versículo muestra claramente que el apego del Creador Todopoderoso con Su pueblo Israel es tan íntimo como el del cinto que aprieta las caderas de una persona. Por consiguiente, puede inferirse la misma analogía con el amor Divino en el versículo *«los que entre vosotros se apegaron…»*. Analizaremos esta inferencia en detalle en la sección apropiada del capítulo VII.

El nivel de *ruaj* corresponde a la expresión *jasheká*. Hemos visto el versículo,[238] *«el Altísimo os deseó» (jashak)* que, como el versículo:[239] *«Fue sólo por vuestros antepasados que el Altísimo os deseó»*, se refiere a los patriarcas […].

La expresión *jafetzá* fue sugerida como equivalente al nivel de *neshamá*, y hemos visto la prueba textual ofrecida, *«tendréis una tierra deleitable (jefetz)»*. […] Ésta es una tierra cuya manutención está íntimamente conectada a la voluntad Divina y que el Creador considera deleitable. Es una tierra cuyo origen es excelso, también llamada *«tierra de los vivos»*.[240]

Tratemos de comprender la sutil diferencia entre estas tres expresiones: apego, deseo y ansia.

Deveká se aplica al amor entre seres humanos, en que el *nefesh* de uno se apega a la del otro. Un ejemplo es Rut, que[241] *«se estrechó con su suegra»;* es decir, la voluntad de Rut se centró en Naomi.

No obstante, esta clase de vínculo no es perfecto. Cabe la posibilidad de separación. Esto puede verse en el versículo que hemos citado: *«Como la faja aprieta la cintura de un hombre, así apreté contra Mí a toda la casa de Israel»*. Como señalaron nuestros sabios, no siempre se aprieta la faja sobre la cintura de uno. A veces la lleva ceñida al cuerpo, pero otras se la quita.

---

236. Levítico 19:2.
237. Jeremías 13:11.
238. Deuteronomio 7:7.
239. Deuteronomio 10:15; traducción basada en *The Living Torah*.
240. Malaquías 3:12; Zohar *Bereshit* 33b.
241. Rut 1:14.

Del deseo a la voluntad total

En cambio, el término *jeshek* se aplica a un vínculo más íntimo, como se deriva del modo en que la Torá usa esta palabra para indicar conexión y unión, en relación con las columnas del Tabernáculo: *«las columnas y sus anillos, de plata»*.[242] Había anillos de plata incrustados alrededor de las columnas y unidos a éstas a perpetuidad. *Radak* explica esta clase de unión comparándola a un barril de madera cuyas tablas están fijadas una a la otra para sujetar el barril con firmeza.

Jefetz implica una unión más fuerte aún, en que cada fibra de tu ser se centra en la fuente de tu deseo, y tus pensamientos no se apartan de ello ni por un momento. Como dice el versículo,[243] *«sirve al Creador Todopoderoso con todo tu corazón y con un alma anhelante»* (*nefesh jafetzá*), y también[244] *«el joven no demoró en hacer lo dicho, porque se deleitaba en la hija de Iaacov»*. El hecho de no demorarse da la impresión de que se estaba muriendo de amor, que no deseaba ninguna otra cosa en el mundo fuera de ella.

El Zohar[245] cita un ejemplo:[246]

> «Y en cuanto a los eunucos que guardan Mis *días de Shabat*, escogieron las cosas que Me complacían (*jafatzti*)...». [La explicación mística de este versículo es que estos «eunucos» representan a quienes estudian Torá, separándose de sus mujeres durante los seis días de la semana, y se limitan a cumplir sus obligaciones conyugales en las noches de Shabat].[247]

Subraya el versículo *«las cosas que Me complacían»* sin motivo particular. Así como el enamorado cuya voluntad, corazón y partes del cuerpo están igualmente sumidos en su vínculo de amor, anhelando la unión más que cualquier otra cosa en el mundo.

---

242. Éxodo 38:17.
243. I Crónicas 28:9.
244. Génesis 34:19; mi traducción.
245. Zohar *Yitró* 89a.
246. Isaías 56:4.
247. Recomiendan nuestros sabios gran cautela acerca de esta marca de devoción ya que al tratar de adoptarla alguien que no esté en el nivel de *kedushá* de los sabios a los que se refería Rabí de Vidas corre el peligro de caer en un error grave a pesar de ser involuntario.

Al concentrarnos en los versículos en que aparecen las tres expresiones podemos ver que *jafetzá* es más intenso que *jasheká*, que a su vez es más intenso que *deveká*.

Mencionamos el versículo «*los que entre vosotros están apegados...*» como evidencia textual que muestra el significado de *deveká*. Como observamos, el versículo destaca más el apego de Israel a su Creador, que el del Altísimo a ellos. El versículo que ilustra el uso de la expresión *jasheká* revela más el amor del Altísimo por Su pueblo:[248] «*El Altísimo os deseó y os escogió no porque fueseis más numerosos que los demás pueblos [...] sino porque el Altísimo os amaba...*».

Deducimos de este versículo que el Altísimo deseó aproximarlos a Él antes de que ellos comenzasen a encender Su amor mediante sus obras. Los sabios talmúdicos ven en este versículo una alabanza a la humildad de Israel. Atribuyen el amor del Creador Todopoderoso al hecho de que incluso cuando el Omnipresente les da grandeza, igualmente se humillan ante Él.[249] Sin embargo, el versículo pone de manifiesto con más lucidez aún que el deseo del Altísimo se basaba en el amor, no en la razón.

El versículo que ilustra el uso de *jafetzá*, «*tendréis una tierra deleitable (jefetz)*»,[250] sugiere que esto sucederá en la vida futura. El hecho de que el versículo esté escrito en tiempo futuro, «*tendréis*» indica que la nación todavía no ha alcanzado este nivel. La palabra hebrea *jefetz* expresa el deseo Divino por la Comunidad de Israel por ningún motivo en particular, salvo Su inmenso amor hacia ellos, así como una persona podría preferir un terreno a otro aunque ambos fuesen idénticos en calidad y valor.

Hemos presentado estas tres expresiones con sus equivalentes en nuestra alma: *nefesh, ruaj* y *neshamá*. Cada una de estas expresiones contiene un matiz del cual carecen las otras dos. No obstante y como hemos visto, amar al Omnipresente con tu *nefesh* no puede compararse en intensidad con amarlo con tu *ruaj*, y amarlo con tu *ruaj* no se acerca a amarlo con tu *neshamá*.

Todavía debemos comprender por qué el autor del Midrash citado escogió precisamente la historia del malvado *Shejem* como modelo de este amor. Dado que esta explicación es extensa, la presentaremos por separado en el próximo capítulo.

---

248. Deuteronomio 7:7-8; traducción basada en la de *The Living Torah*.
249. Tratado *Julín* 89a.
250. Malaquías 3:12.

Capítulo IV

EL AMOR A LA *SHEJINÁ:* CÓMO AMARLA PARA QUE NUNCA SE SEPARE DE TI

Como desearías que te amasen

Lo siguiente se deduce de las enseñanzas de los comentaristas acerca de la historia del malvado Shejem. Rabí Menajem Recanati, de bendita memoria, escribió que la interpretación mística del incidente en que Shejem, hijo de Jamor el heveo, tuvo relaciones íntimas con Diná, era que Shejem representaba la serpiente del Jardín del Edén que cohabitó con *Javá* (Eva).[251] Basamos esta deducción en la similitud del término bíblico *jiví* (heveo), con el arameo *jiviá*, que significa 'serpiente'.

La matriarca Leá tuvo seis hijos y una sola hija, Diná. Aprendemos del Zohar que esta hija representaba el Juicio Celestial: es decir la *Shejiná*.[252] Si el malvado Shejem movido por su lascivia logró una relación íntima con Diná apegándose a ella, deseándola y ansiándola con todo su ser, así también deberías tú unir tu alma con la *Shejiná* de estas mismas tres maneras, como explicaremos.

Comparando la historia del amor del malvado Shejem por Diná con el vínculo entre la Comunidad de Israel y el Creador, el autor del Midrash quiso poner de manifiesto que las tres expresiones que citó también describen distintos grados de intensidad en el amor del Todopoderoso hacia Su pueblo. Quería mostrarnos que así como el Creador desea apegarse

---

251. La serpiente es la personificación de Satán; Zohar *Vayishlaj* 66b.
252. Zohar *Vayetse* 153b.

a nosotros, también nosotros debemos vincularnos a Él de estas tres formas.

La Torá nos pide,[253] «*amaréis a vuestro prójimo como a vosotros mismos*». Enseñaron los sabios del Midrash,[254] «tu prójimo es el Altísimo, porque está escrito,[255] *A tu compañero y al compañero de tu padre no los abandones*». En Su gran amor a nosotros, el Altísimo nos considera compañeros, como dice el versículo,[256] «*por Mis [...] compañeros*», y también[257] «*para los Hijos de Israel, pueblo allegado a Él*».

Por lo tanto, está escrito «*ama a tu Compañero*», o sea al Altísimo, «*como a ti mismo*», con el amor que quieres que otros sientan por ti. En pocas palabras, el Creador Todopoderoso quiere que le ames con la misma intensidad con que desearías que tu amigo te amase a ti.

Imagina a dos amigos que se aman, y uno de ellos por amor es generoso con el otro: le provee ropa, alimento y bebida, amén de diversas bendiciones. ¿No es correcto que en aras de la gratitud, el beneficiado ame a su compañero como a sí mismo? Si su generoso compañero necesitase algo, entonces el que recibió de su generosidad debería corresponder devolviéndole el favor en la medida de sus posibilidades. Y si no le fuera posible, por lo menos debería mostrarle su buena predisposición…

Aprendemos de este ejemplo que el Todopoderoso fue el primero en demostrar Su bondad a Sus criaturas. En particular, mostró favor a Su pueblo Israel a través de los milagros que hizo y continúa haciendo para nosotros, como enseguida expondremos.

Por consiguiente, has de ser consciente de la magnitud del amor de tu Creador porque es tu Compañero y debes amarlo para no ser ingrato, como está escrito repetidas veces en los *Tikunim*. Has de mostrarle a Él y a Su *Shejiná* tu propio amor, adoptando los preceptos de la Torá como norma de vida. Dice el versículo,[258] «*cual pájaro que anda errante fuera de su nido, así es el hombre cuando está fuera de su lugar*». Quien falla en su servicio Divino no sólo causa el exilio de la *Shejiná*, llamada «pájaro

---

253. Levítico 19:18.
254 *Shemot Rabá* 27:1.
255. Proverbios 27:10.
256. Salmos 122:8.
257. Salmos 148:14.
258. Proverbios 27:8.

errante fuera de su nido», sino también del Todopoderoso, también llamado «*ish*» (hombre) en las Escrituras.[259] […] Más adelante citaremos los comentarios de Rashbí al respeto.

Tu amor al Omnipresente nunca debe vacilar, como está escrito:[260] Ahora, Israel, ¿qué te pide el Altísimo, tu Creador Todopoderoso? Únicamente que Le temas al Altísimo, tu Creador Todopoderoso, […] y Lo ames, […] con todo tu corazón y con toda tu alma. El amor y el temor que residen en el corazón y en el *nefesh* están dentro de ti y no necesitas pedírselos a otro sino a ti mismo, como dice el versículo:[261] «Más bien, esto está muy cerca de ti, en tu boca y en tu corazón, para que lo realices». Basándose en lo que antecede, señala el Zohar que la palabra «Compañero» implica rectitud.[262] Comentan nuestros sabios que el *tzadik* (justo) y la *Shejiná*, también llamada *tzedek* (justicia), son compañeros amados e inseparables. […]

Alimento del fuego divino

Hemos visto que el Zohar asocia a la *Shejiná* con el fuego azul. «Israel está unido al Todopoderoso por el concepto místico del fuego azul en la *Shejiná*». La Comunidad de Israel representa la mecha donde arde el fuego. Así como el fuego necesita aceite para seguir ardiendo, y si carece de aceite se apaga, lo mismo se aplica al fuego santo que reside sobre nuestras cabezas: la *Shejiná*. Como dice el versículo,[263] «*Pues el Altísimo, vuestro Creador Todopoderoso, es un fuego que consume*»: Su combustible es la Torá, las plegarias y los preceptos, y Él mismo es el aceite. Como está escrito:[264] «*Que tus ropas estén siempre blancas, y no falte el óleo a tu cabeza*». Enseña Rashbí:[265]

---

259. Véase Éxodo 15:3, «*El Altísimo es el Amo de la guerra*». La palabra hebrea que expresa «Amo» es *ish*, que literalmente significa «hombre».

260. Deuteronomio 10:12.

261. Deuteronomio 30:14.

262. Zohar *Terumá* 149b.

263. Deuteronomio 4:24.

264. Eclesiastés 9:8.

265. Zohar *Balak* 187a.

Dice el versículo,[266] «Los ojos del sabio están en su cabeza…». ¿Dónde van a estar, si no en su cabeza? ¿Quizás en su cuerpo o en sus brazos? ¿Por qué hacer hincapié en el sabio en particular? [¡No es sólo el sabio quien tiene los ojos en la cabeza!] El verso recalca lo que aprendimos de los sabios del Talmud,[267] que los hombres no deben caminar más de cuatro codos con la cabeza descubierta. Y ¿por qué no? Porque la *Shejiná* mora sobre la cabeza. Si eres sabio [te cuidas] en lo que dices [porque eres consciente de la Presencia Divina sobre ti].

Cuando fijas tu atención en el Altísimo, comprendes que la lámpara que arde sobre tu cabeza [la santa *Shejiná*] necesita [una provisión constante de] aceite [debe recibir energía luminosa de *Jojmá*, producto del cumplimiento de los preceptos]. El cuerpo humano es una mecha cuya extremidad superior está encendida [es la lámpara de la *Shejiná* que lo ilumina infundiéndole vida].

Por eso recomienda el rey Salomón: «que no falte el óleo a tu cabeza». La luz sobre tu cabeza necesita que le proveas aceite, el cual simboliza [las *mitzvot*] que cumples. [Éstas permiten a *Maljut* atraer hacia Sí la energía de *Jojmá*]. Por esta razón nos advirtió el sabio Salomón, que tus ojos se centren [en la Luz] sobre tu cabeza [y te esfuerces en proveer combustible asiduamente, para que la Luz brille sobre ti alumbrando tu camino].

Enseñan los *Tikunim*:[268]

Los Hijos de Israel son la mecha [que representa el cuerpo] y la Torá es la luz [las Fuerzas de *Tiferet* que atraen «aceite» (energía) de *Jojmá* para iluminar a] la *Shejiná*, que es la lámpara. Como dice el versículo,[269] «cuando su lámpara resplandecía sobre mi cabeza». [Esto exclama el hombre justo que querría que la lámpara de la *Shejiná* ardiese sobre su cabeza, expresando así su ansia de constituirse en digna morada terrenal para la *Shejiná*].

El consejo de que tu cabeza nunca carezca de aceite significa que debes alimentar la llama que arde sobre tu cabeza con el combustible de tus estudios de Torá.

---

266. Eclesiastés 2:14.
267. Tratado *Kidushín* 31a.
268. *Tikún* 21, 60b.
269. Job 29:3.

Un pacto con la Shejiná

Lo que precede nos ayudará a comprender el versículo,[270] *«Quienes recordáis al Altísimo no guarden silencio»*. Se refiere a los que se levantan a medianoche para orar por la reconstrucción del Templo, ya que el estímulo de los seres celestiales depende de los terrenales, como se señala en el Cantar de los Cantares[271] y otros escritos.

Mi maestro, de bendita memoria,[272] explicó que el rey David también pensaba en la iniciativa de abajo al decir:[273] Para que mi alma pueda cantarte alabanzas, y no quede callada. Altísimo, Mi Creador Todopoderoso, ¡Te alabaré por siempre!

[La palabra hebrea que aquí usó el rey David para decir «alma» es «*cavod*». Literalmente, «honor». Sin embargo, ya vimos que «mi alma» se usa a veces refiriéndose a la *Shejiná*].[274] El significado místico es pues, «para que la *Shejiná* pueda cantarte a Ti y no permanezca callada, Altísimo, Mi Creador Todopoderoso, Te alabaré por siempre». En otras palabras, *si quiero que la Shejiná cante en el cielo y no calle, yo, desde abajo, también debo alabarte por siempre*.

«Ama a tu prójimo como a ti mismo» puede, por lo tanto, comprenderse como un mandamiento de amar a la *Shejiná* y estimularla con tus obras para que nunca le falte [esta iniciativa de abajo], así como desearías *que la persona a quien amas te hiciese a ti*. Es sabido que Ella infunde esencia vital y bendiciones a las criaturas terrenales.

Así como no querrías que te faltase energía Divina y esencia vital en el trascurso de tu vida, de la misma manera debes esforzarte en donar aceite al mundo celestial, así como lo hemos explicado,[275] porque los seres celestiales necesitan a los humanos. Explican nuestros sabios que, *por así decir,* el Altísimo necesita tener a Su *Shejiná* en el mundo terrenal, como lo ex-

---

270. Isaías 62:6.
271. *Zohar Jadash Shir Hashirim* 64a.
272. Rabí Moshé Cordovero, *Or Yakar,* segunda parte, p. 80b.
273. Salmos 30:13.
274. *Véase* el *Portal del Amor*, principio del capítulo III.
275. Como se ha indicado en las citas de Zohar que preceden, donamos «aceite al mundo celestial» a través de las *mitzvot* que cumplimos, a través de nuestro estudio de Torá y buenas obras.

plicó mi maestro en detalle en su libro *Pardés Rimonim*.[276] Esta necesidad requiere que expresemos *nuestros sentimientos de deveká, jasheká y jafetzá.*

Así como queremos que el Altísimo nos ame con estos tres grados de intensidad, ya que ningún amor es completo sin los tres, así también debemos amarlo a Él y a la *Shejiná*, para cumplir el precepto *«ama a tu prójimo como a ti mismo»*.

Volvamos a referirnos ahora al análisis del Midrash examinado anteriormente [sobre la fuente bíblica de las tres expresiones de amor]. Por el modo en que el malvado Shejem *cortejó a Diná* aprendemos que debemos amar a la *Shejiná* de tres maneras distintas. Esto se debe a que la *Shejiná* no puede lograr un *yijud* en el cielo a menos que el justo inicie el proceso apegándose a Ella con estos tres grados de intensidad.

Mediante estas tres clases de amor, la *Shejiná* establece un pacto con el justo que se apega a Ella, porque es con este pacto como logrará la plenitud ansiada. Como enseñan los sabios, la *Shejiná* sólo establece un pacto con los que le ocasionan placer adoptando los preceptos de la Torá como norma de vida, con la intención de ayudarla a lograr la plenitud en el cielo.[277]

Una por otra

Primero debes alcanzar el nivel de *deveká*, como dice el versículo, *«apegóse su alma a Diná»*. La esencia del vínculo es que te esfuerces con cada fibra de tu ser en ayudar a unificar a la *Shejiná con el Altísimo* y liberarla de las *klipot*. A fin de conseguirlo debes erradicar de tu mente cualquier pensamiento ajeno, como enseña Rashbí en el Zohar.[278] Mientras te concentras en unificar a la *Shejiná con el Altísimo* no puede haber pensamientos ajenos en tu mente.

El versículo *«apegóse su alma a Diná»* implica que debes apegarte a Diná que es Ella, la *Shejiná*, y a nadie más. Esta advertencia es similar a la enseñanza talmúdica de que no se debe beber de un vaso mirando a otro,

---

276. Portal octavo, capítulo 20.

277. Tratado *Sanhedrín* 22b.

278. *Vayelej* 285a; Rabí de Vidas cita este pasaje del Zohar en el último capítulo de su *Portal del Temor*.

porque esto se llama cambiar uno por otro.[279] ¡Cuánto nos ha advertido Rashbí al respecto![280]

Pensamientos ajenos

De igual modo, cuídate de no fijar tu atención en la *Shejiná* y luego distraerte siguiendo el hilo de tus pensamientos, porque esto erigiría una barrera, no lo permita el cielo. Debes apegarte a la *Shejiná* distanciándote de cualquier cosa que no sea el amor a Ella.

Cuando el pensamiento de un hombre no se concentra en la Shejiná, es como si estuviera casado con dos mujeres. Su amor no es perfecto porque una es rival de la otra. El amor de una mujer hacia su esposo se arraiga profundamente en ella si ve que es la única mujer del mundo a quien ama aquél. Entonces se une con él en un pacto de amor total.

Asimismo, la *Shejiná* no se unirá a quien esté dominado por las tentaciones mundanas. Por consiguiente, sólo alcanzarás la esencia del amor cuando no haya nada ni nadie en el mundo que ames más que al Altísimo, y tu amor hacia Él supere tus sentimientos por tu cónyuge, hijos, o cualquier otra relación terrenal.

El peor detractor de tu amor al Altísimo es tener la mente invadida por el monólogo interior mientras estás sumido en tus plegarias o tu estudio de Torá. Esto le sucede a aquel cuyo apego al Todopoderoso no está más arraigado que su apego a las tentaciones terrenales. Le gusta esto y le gusta aquello, y no sería de extrañar que su amor por este mundo superase sus sentimientos hacia el Altísimo.

Si el Omnipresente constata que el amor de una persona no es completo, sino que a veces ésta Lo deja, entonces el Todopoderoso abandona a esa persona también. Es lo que le dijo el rey David a su hijo Salomón:[281] *«Si tú Lo buscas Lo encontrarás, pero si Lo abandonas te arrojará de Sí para siempre»,* y los pensamientos ajenos se apoderarán de tu mente. Por lo tanto, sepárate de los deseos terrenales, que equivalen a adorar dioses

---

279. Tratado *Nedarim* 20b.
280. Zohar *Vayetze;* sección *Sitré Torá* 155a.
281. I Crónicas 28:9.

extraños o a «*deleitarse con la botella*»,[282] porque todos estos son intrusos. Debes vincular tu corazón al amor de la santidad como el de *la Shejiná*.

Enseñan los *Tikunim* que al acercarte a cumplir un precepto, a rezar o a estudiar Torá, debes comenzar concentrándote en la *Shejiná* con la intención de unificarla [con el Altísimo].[283] Como dice Rashbí:[284]

> ¡Ven y mira! Si tratas de elevar a la *Shejiná* en tu rezo o en cada *mitzvá* que cumples, si eres profeta, vidente, sabio de la Torá o justo, en cuanto llamas a la puerta del Palacio Real, si la *Shejiná* ha subido hasta allí el Altísimo abrirá de inmediato. No espera a que lo haga un sirviente o mensajero. Él mismo te abrirá, movido por Su amor hacia ti, como lo haría un novio con su novia.
>
> Y si la *Shejiná* no ha ascendido con tu rezo o con la *mitzvá* que cumpliste [debido a tu falta de concentración], el Altísimo no te abrirá la puerta de Su Palacio, ni siquiera por intermedio de un mensajero, porque no te considerará digno de entrar. Como está escrito,[285] «te quedarás afuera»: y afuera te darán lo que pidas por intermedio de algún mensajero.
>
> Y si tu rezo no asciende como debiera, te empujarán afuera y cerrarán la puerta ante ti. Como está escrito,[286] «Entonces Me llamaréis, pero Yo no responderé. Me buscarán verdaderamente, pero no Me hallarán».
>
> Cuando el pueblo de Israel llama al Altísimo en el Shemá, en su rezo, o al cumplir los preceptos, si la *Shejiná* no está [es decir, si su intención no ha sido de fortalecer a la *Shejiná*, el Altísimo], no descenderá. Como está escrito,[287] «*en todo lugar donde Yo permita que se mencione Mi Nombre, vendré hacia ti y te bendeciré*». Y tradujo Onkelos, «Allí donde resida Mi *Shejiná*».
>
> Cuando elevas a la *Shejiná* hacia el Altísimo mediante tu cumplimiento de las *mitzvot*, el Altísimo baja hacia ti debido

---

282. Alusión a Osías 3:1: «Ve otra vez, ama a una mujer amada de su marido pero adúltera, como el Altísimo ama a los Hijos de Israel aunque se vuelven a otros dioses y se deleitan con la botella».

283. *Tikuné Zohar Jadash; Tikún,* folio 32b.

284. *Tikuné Zohar* 33b.

285. Deuteronomio 24:11.

286. Proverbios 1:28.

287. Éxodo 20:21.

a [Su *Shejiná*]. En consecuencia, dijo el profeta,[288] «No se vanaglorie el hombre sabio por su sabiduría, ni el hombre rico por sus riquezas, sino que se vanaglorien por esto» [la palabra hebrea *zot*, literalmente, 'ésta', alude a la *Shejiná*].

Aprendemos de este Zohar que el Omnipresente mismo te abrirá, en un gesto de amor hacia ti. Por lo tanto, tu meta principal en la vida será usar *toda tu energía mental* para conseguir la unificación de la *Shejiná* con el Altísimo. El premio por tus esfuerzos será tu vínculo con Ella.

Diná: a la inversa

[Como hemos visto, las Escrituras detallan el siguiente proceso:]

1. Y apegóse su alma a Diná.
2. Y amó a la joven.
3. Y le habló cariñosamente *al corazón*.

Éstas son tres etapas preparativas para la unificación de la *Shejiná con el Altísimo*.

Aquel malvado obró a la inversa, ya que primero violó a Diná, después la cortejó y se prendó de ella, y sólo entonces su alma se apegó a ella. Éste no es el orden apropiado. El proceso correcto habría sido que inicialmente se apegase su alma a Diná, a Ella y no a otra; que se vinculase a Ella con amor, y que le hablase con palabras que cautivasen el corazón, y después que le invadiera el anhelo. Tan sólo a través del vínculo del alma y el amor puede sentirse el *jefetz* [ese deseo arrollador que nos infunde un anhelo infinito de unión] como lo hemos explicado.

Vínculo mediante los hombres justos

El concepto del apego al Altísimo también tiene otro significado, del cual vemos un ejemplo en el Libro de Rut:[289]

> Dijo Boaz a Rut: «Hija mía: no vayas a espigar en otro campo, ni pases de éste. Quédate aquí, en estrecha compañía con mis doncellas».

---

288. Jeremías 9:22.
289. Rut 2:8.

Este versículo nos sugiere dos *normas de conducta:* la primera es huir del mal, inferida de la recomendación *«no vayas a espigar en otro campo»*, porque la palabra «otro» alude al Satán y a los dioses extraños. Encontramos la segunda norma de conducta en *«quédate en estrecha compañía con mis doncellas»*.

Explica el Midrash:[290]

> «No vayas a espigar en *otro* campo» para que no adores a otros dioses. También, en «ni te pases de éste», la palabra «éste» alude al versículo:[291] «Éste es mi Creador Todopoderoso y Lo exaltaré»; «quédate aquí, en estrecha compañía» alude al versículo del Deuteronomio[292] «los que entre vosotros se apegaron al Creador Todopoderoso...» ; «mis doncellas» sugiere a los justos, como encontramos en Job[293] «¿Jugueteearás con él como un pajarillo, o lo atarás para entretenimiento de tus mozas?».

Esta exposición del Midrash muestra dos aspectos del concepto de vincularse al Creador Todopoderoso; uno se deriva de la interpretación simple del versículo *«vosotros que estáis apegados al Altísimo, vuestro Creador Todopoderoso»*, y el otro indica que para acercarte a Él debes vincularte con los justos. Como enseña el Talmud,[294]

> ¿Acaso es posible apegarse a la *Shejiná*? ¿No está escrito,[295] «Pues El Altísimo, vuestro Creador Todopoderoso, es un fuego que consume»? Sino que puedes *acercarte a Él* apegándote a los justos.

La recién mencionada comparación de las doncellas con los justos puede expresarse como en el Zohar, donde lo mismo es sugerido acerca de las siete doncellas entregadas a la reina Ester.[296] *La reina Ester representa a la Shejiná, mientras que las doncellas que la atienden son los justos que sirven a la Shejiná.*

---

290. *Rut Rabá* 4; *Yalkut Rut* 601.

291. Éxodo 15:2.

292. Deuteronomio 4:4.

293. Job 40:29.

294. Tratado *Ketubot* 111b.

295. Deuteronomio 4:24.

296. Rut 2:9.

La palabra hebrea *Co* (aquí) en el comentario de Boaz *«quédate aquí, en estrecha compañía con mis doncellas»*, alude a la *Shejiná*, a veces llamada *Co*. En cambio, las siete doncellas pueden sugerir los siete palacios místicos que mencionó Rashbí,[297] explicando que estos siete palacios santos logran su propósito cuando recitamos el orden de las plegarias con la intención de propiciar la plena realización de la *Shejiná*.

A fin de estimular a la *Shejiná*, ten en mente a Diná y al versículo «le habló cariñosamente al corazón»; lee las palabras de las bendiciones que anteceden al Shemá con la intención de llegarle «al corazón». Estas bendiciones son Sus adornos, equivalentes a los de la reina Ester. La bendición «Con amor intenso» que antecede al Shemá, asciende al Palacio de Amor y atrae una reacción Divina de buena voluntad y apaciguamiento que causa que el Altísimo se una con la *Shejiná*, como se explica en los Tikunim:[298]

> ¡Ay de los que tienen el corazón y los ojos bloqueados, que no se esfuerzan en aprender cómo honrar a su Hacedor, cómo apaciguarlo [para que se una] con Su *Shejiná*, y cómo atraerlo al mundo terrenal hacia Ella, mediante plegarias de súplica y de expiación! Y tanto más los que no consiguen estimular Su amor por Ella [ni iluminarla con la energía de *Jesed*], como indica el orden de las plegarias [que anteceden al Shemá], «quien escoge a Su pueblo Israel con amor».

El pueblo del Altísimo, Israel, también llamado «Comunidad de Israel», forma parte de Su *Shejiná* y el Altísimo la escoge a Ella y a sus miembros con amor, como amados compañeros de juventud. De hecho, el Altísimo llama a Israel «la esposa abandonada de la juventud».[299]

Solidarizarse con la *Shejiná*

Nuestros sabios ven el *Shemá* diario como una invocación al Altísimo, *pidiéndole* que se una con la *Shejiná*. Como enseñan los *Tikunim*:[300]

---

297. Zohar *Pikudé* 244b.
298. *Tikún* 21, folio 45a.
299. Isaías 54:6.
300. *Tikún* 21, folio 45a.

[«Oigo (*anojí shomea*) voz de *anot* (angustia)».³⁰¹ La expresión hebrea para «yo»«, *Anojí*, representa a la *Shejiná*, mientras que *anot* sugiere *inuy* (aflicción), y expresa el dolor de *Maljut* cuando no está unida a *Tiferet*]. Éste es el sufrimiento de *Anojí* [el Yo de la *Shejiná*] que llama todos los días a Su Amado. Ella y Sus hijos Lo invocan dos veces al día, por la mañana y por la noche, «*Shemá Israel*»-Escucha Israel. Y cuando una persona se solidariza con el sufrimiento de la *Shejiná* angustiada en Su exilio lejos de Su Amado, llamándolo como lo hace, «Escucha Israel», pidiéndole al Altísimo que descienda hacia Ella, forzosamente se dirá que esta persona puede oír la llamada de la *Shejiná* y que comparte Su aflicción.

La empatía del que reza consuela a la *Shejiná*, cuya aflicción se alivia al oír estas palabras que tratan de conmover Su corazón. La vulnerabilidad de la *Shejiná* mientras está en exilio evoca la de Diná en manos de Shejem, como explica el Zohar.³⁰²

Cuando acaeció la desgracia de su hija, el patriarca Iaacov estaba lejos de su casa. De haber residido en su heredad, en Beer-Sheva, el desafortunado incidente en el que el malvado *raptó a su hija y la trató de* las tres formas ya mencionadas no se habría producido.

Del mismo modo, ahora que la *Shejiná* está exiliada, debes procurar consolarla apegándote a Ella con amor, y dirigiéndote a Su corazón *en tus plegarias*. Desarrollaremos los diferentes modos de colmar a la *Shejiná* y de dirigirte a Su corazón. También existe otra clase de vínculo a las «siete doncellas» que explicaremos en la sección de Torá y plegaria.

Dos deseos que se funden

Como dijimos, hay dos modos de expresar el deseo: *uno proviene del intelecto y el otro del corazón*. Puedes unir tu alma a la *Shejiná* al cumplir cada uno de los preceptos con deseo y entusiasmo, con un amor intenso. De hecho, éste es el *«deseo del corazón»* que el Zohar menciona a menudo. Es imposible que sientas este deseo a menos que te detengas a pensar en

---

301. Éxodo 32:18; mi traducción.
302. *Zohar Jadash, Shir Hashirim* 69b.

el Altísimo con amor inmediatamente antes de cumplir una *mitzvá*. La intensidad de tu deseo dependerá del amor con que pienses en Él en esos momentos. Rashbí, de santa memoria, desarrolla este concepto:[303]

> «Tomad de vosotros una ofrenda para el Altísimo; todo aquel cuyo corazón lo impulse a dar traerá como ofrenda para el Altísimo».[304] ¡Ven y mira! En el momento de centrar tu voluntad en el servicio Divino que quieres cumplir [con toda tu alma y con todas las partes de tu cuerpo,] la voluntad con que sirves al Altísimo primero invade tu corazón. [De todas las partes de tu cuerpo, la primera que se conmueve es el corazón,] que es la esencia de la vida y la base de tu cuerpo [porque la vida que mantiene a las restantes partes del cuerpo proviene del corazón].
>
> Tu voluntad se extiende después a todas las partes del cuerpo [que participarán en tu servicio Divino, de acuerdo con tu corazón; la esencia de vida que proviene del corazón está imbuida del deseo del corazón y motiva que este deseo se extienda por las partes del cuerpo. En consecuencia,] la voluntad [de tu intelecto trasmitida a] las partes de tu cuerpo se une al deseo de tu corazón [y todos cumplen con amor la voluntad de su Hacedor,] atrayendo hacia sí la energía luminosa de la *Shejiná*. [Ésta es la ayuda Divina preparada para residir en los que sirven al Creador Todopoderoso. Cuando decides servir a tu Hacedor con todo tu corazón y todas las partes de tu cuerpo, la *Shejiná* viene de inmediato a habitar en tu corazón, y cada una de las partes de tu cuerpo se vuelve un vehículo o morada terrenal para la *Shejiná*. Entonces formarás parte del Altísimo.
>
> Tal es el significado [místico] de «Tomad de vosotros una ofrenda para el Altísimo»; «Tomad de vosotros» [quiere decir de vuestros propios esfuerzos]. La posibilidad de atraer hacia ti la ofrenda [o sea, a la *Shejiná*] está en tus manos [ya que atraer hacia ti el espíritu de inspiración Divina depende de la devoción con que te entregues a Su servicio].
>
> Se podría objetar que no está en nuestras manos [que la exigencia de rechazar el mal y escoger el bien con miras a apegarse a la *Shejiná* es superior a las fuerzas humanas]. ¡Ven y

---

303. Zohar *Vayakhel* 198b.
304. Éxodo 35:5.

mira! Fíjate en la redacción del verso: «todo aquel cuyo corazón lo impulse a dar traerá como ofrenda para el Altísimo». Cuando tu corazón ansía trasformarse en morada terrenal para la *Shejiná* [tu mismo deseo te infunde la fuerza de carácter para escoger el bien, y como dice el versículo, tal persona «traerá (a) la *terumá*-ofrenda *(Shejiná)*»]. Aun cuando Ella mora en los cielos, no cabe duda de que puedes atraerla a residir en ti. [Sólo depende de la intensidad de tu deseo].

Influencia de la mala tendencia

Nuestros sabios discutieron el efecto de la mala tendencia:[305]

> Nos enseñan que la mala tendencia vence al hombre a diario, como está escrito,[306] «siempre maligno era el fruto de los pensamientos de su corazón». De este versículo dedujeron nuestros sabios que la imaginación conduce a la lascivia; la lascivia conduce al deseo; el deseo conduce a la persecución; la persecución conduce a la consumación. [La facilidad de caer de un grado a otro viene agravada por] el daño causado por la caída [en los mundos celestiales y muestra la dificultad de retractarse].
>
> Los pasos del arrepentimiento corresponden [a las etapas de degradación ocasionadas por] la influencia de la mala tendencia; vemos que la abstinencia conduce a la vigilancia y la vigilancia conduce al fervor.

Así como las etapas de la degradación van de la imaginación y la lascivia al deseo y la persecución terminando con la consumación, así también respecto del amor Divino: la imaginación y la lascivia corresponden a *deveká*, el deseo y la persecución equivalen a *jasheká*, que es el deseo del corazón mencionado en el Zohar. Como dice Rashbí, *«el deseo del corazón representa la persecución»*. La consumación corresponde a *jefetz*: la cúspide de la voluntad arrolladora es la consumación, *la satisfacción de un deseo irresistible*. La persecución sólo participa en la acción cuando están presentes la lascivia y el deseo, porque juntos despiertan el anhelo. Como indica

---

305. Tratado *Calá*, capítulo II; Tratado *Sucá 52a;* Tratado *Kidushín 30b.*
306. Génesis 6:5.

Rashbí,[307] para atraer a la *Shejiná* a residir en ti, debes centrar en Ella el deseo de tu corazón. Rashbí explica que es muy fácil entrar en contacto con las cortezas que acechan de continuo, tentándote a consumar tu deseo para asentarse en ti:

> En cambio, el espíritu de inspiración Divina sólo acude a ti si pagas su valor íntegro, tras un esfuerzo tenaz [para superar tu mala tendencia]: si te aplicas a mejorar tus normas de conducta; si te purificas para hacer de tu cuerpo un recipiente digno de contener el espíritu, y llenas de deseo tu corazón y tu alma. Aun así, ojalá logres retenerlo [y continúes siendo una morada terrenal para la *Shejiná*. Incluso cuando atraes a ti el espíritu de inspiración Divina, debes cuidarte de] permanecer en el camino recto, sin desviarte del sendero de la Torá a la derecha ni a la izquierda. Si dejas de cumplir cualquiera de estos requisitos, el resultado es la partida inmediata del espíritu [de inspiración Divina, que es la *Shejiná*. Pero tras Su partida, atraerla hacia ti nuevamente te será mucho más difícil que la primera vez,] y ya no gozarás de Su presencia como antes.
>
> [Cuando el Altísimo quiso que Su *Shejiná* habitase entre los Hijos de Israel mediante la construcción del Tabernáculo,] dijo,[308] «Habla a los Hijos de Israel y que tomen para Mí una ofrenda [de oro y plata para construir el Tabernáculo]; de cada hombre cuyo corazón lo impulse a dar tomaréis Mi ofrenda». La expresión «de cada hombre» [en hebreo «*me-et col ish*»] implica *de todo el que merezca ser llamado «hombre»*.
>
> [¿Qué sugiere «*ish*»? Este término] señala a alguien que haya superado su mala tendencia –«de cada hombre cuyo corazón lo impulse a dar»–: ¿qué significa esto? Señala a la persona cuyo corazón anhela hacerse aceptable al Altísimo [y tener el privilegio de que la *Shejiná* venga a residir en su interior]. Como dice el versículo,[309] «*En Tu Nombre ha dicho mi corazón: "Buscad Mi Presencia"*»;[310] «*Mi carne y mi corazón desfallecen, pero el Creador Todopoderoso es la roca de mi corazón y mi porción*

---

307. Zohar *Terumá* 128 a.
308. Éxodo 25:2.
309. Salmos 27:8.
310. Salmos 73:26.

por siempre»;[311] *«el que tiene el corazón alegre»,*[312] *«cuando [...] su corazón estuvo contento».* Estas expresiones indican que el Todopoderoso habita en el corazón de quien Le es aceptable. De igual modo, en *«todo hombre quien la done de corazón»;* a esta clase de persona se refiere el versículo al decir *«que Me traigan ofrendas»,* porque es en él que habita el Altísimo, y no en otro sitio.

¿Cómo sabemos que el Altísimo desea residir en esta persona? Puede verse que su voluntad más recóndita es idéntica al deseo de su corazón, centrados en su esfuerzo por vincularse al Todopoderoso con su corazón, su alma y su voluntad arrolladora. Sabemos que en este caso, la *Shejiná* forzosamente morará en él, y de nosotros depende procurar relacionarnos con dicha persona, pagando el valor íntegro [para aprender de ella].

Como dijimos, la esencia de esta relación con el Creador Todopoderoso es el deseo del corazón. Éste es pues, el significado del versículo «de cada hombre cuyo corazón lo impulse a dar»: como indica Rashbí, el Omnipresente desea la ofrenda de aquel cuyo corazón rebosa de deseo de aproximarse a Él, y cuya vida se centra en su anhelo de perseguir al Altísimo y sus preceptos.

Puedes vincular tu alma a la *Shejiná* cumpliendo cada uno de los preceptos con anhelo y entusiasmo. Ya vimos que de este modo se expresa el deseo del corazón y se adquiere el vínculo apasionado al Omnipresente «pagando el valor íntegro», y las preparaciones que hemos hasta ahora detallado son el medio de alcanzar este objetivo.

Barreras que bloquean a la *Shejiná*

Básicamente, estas preparaciones son las mismas que requerirías para superar tu mala tendencia y apegarte al Creador. No obstante, el vínculo con el Altísimo no será posible a menos que te deshagas primero de las cortezas, dominando tu mala tendencia. Es más: debes esforzarte en seguir el consejo de Rashbí y estar listo a «comprarte un compañero», pagando el valor íntegro por la relación con alguien próximo al Creador

---

311. Proverbios 15:15.
312. Rut 3:7.

Todopoderoso. Mediante el fervor, puedes atraer el espíritu de inspiración Divina a residir en ti.

Asimismo, es necesario esforzarse mejorando tu conducta. Como dice el versículo,[313] «*¡Prepárate para encontrarte con tu Creador Todopoderoso, Israel!*». El Zohar menciona la purificación del cuerpo, que es el receptáculo del espíritu de inspiración Divina, como veremos en el Portal de la Santidad.

Respecto al deseo del corazón, advierte el rey Salomón:[314] «*No tuerzas a la derecha ni a la izquierda*». La advertencia de no doblar a la derecha significa[315] «*No seas demasiado justo*», y el no doblar a la izquierda sugiere «*no te excedas en tu iniquidad*». En otras palabras, evita los extremos y sé moderado.

El dominio de tu mala tendencia implica controlar tu deseo de satisfacer cada capricho y tentación. *Tan rigurosa preparación es imprescindible, ya que* la luz de la *Shejiná* no se vinculará a quien siga absorto en su naturaleza física, porque su mala tendencia lo convencerá de colmar su afán de placeres materiales. A la *Shejiná* Le atrae más bien el que tiene la mala tendencia bajo su control, como explicamos en el capítulo V del *Portal del Temor*.

Cuando has logrado alcanzar el grado óptimo de rectitud, eres digno de estar estrechamente vinculado a la *Shejiná*, y el deseo que invade tu corazón tras experimentar un contacto íntimo con Ella es lo que te inspira a «donar de corazón». En resumidas cuentas, éste es el «deseo del corazón» al que me referí tantas veces, y la palabra «corazón» contiene una alusión oculta a la *Shejiná*, anhelada por tu alma. Este deseo te acapara si cumples los preceptos con celo, *fijando tu atención en tu* vínculo apasionado.

Daremos más indicaciones acerca del modo de atraer a la *Shejiná* a residir en ti, en la sección «Amado Compañero» […] en el capítulo VI. También ha de expresarse el deseo espiritual a través de la oración matinal, en particular en los «palacios celestiales», *como se denominan las bendiciones que anteceden a la Shemá,* ya que en estas *secciones de nuestro rezo* se manifiesta el concepto místico del beso espiritual que tiene lugar en el «palacio del deseo». Así como lo explicamos en el capítulo II,[316] estos besos espirituales sólo suceden cuando se reza con deseo y amor.

---

313. Amós 4:12.

314. Proverbios 4:27.

315. Eclesiastés 7:16-17.

316. *Véanse* las secciones «Los Besos de Su Boca», y «Unificación espiritual».

Anhelo de unión

Jafetzá representa la consumación de la unión *celestial,* que es el concepto místico de la *Amidá*. Rashbí enseña al respecto:[317]

> Cuando comienzas a rezar la *Amidá* inmediatamente después de la última bendición del Shemá sobre la redención [«Bendito Tú, Altísimo; que redimiste a Israel»][318] tiene lugar [...] la unificación con amor y alegría, en el espacio apropiado en los cielos.

La consumación de la unión se produce con la bendición *Sim Shalom*-Establece paz al final de la *Amidá*. Tiene lugar de nuevo en la confesión que pronunciamos tras la *Amidá* apoyando la cabeza sobre el brazo *izquierdo*. Al decir esta oración debes *predisponerte mentalmente a sacrificarte y* entregar tu alma al Creador Todopoderoso *para santificar Su Nombre* en la unificación. Estos momentos de consumación de la unificación se denominan *jefetz,* y denotan el inmenso anhelo Divino por el *yijud* de las fuerzas Divinas.

Las preparaciones precedentes a la unificación son conductos que provocan la unión. *Aunque esta unificación* era el pensamiento original *que motivó la Creación,* no puedes ocasionar la realización del *jefetz* a menos que sigas las citadas preparaciones en su orden. El *jefetz* es el último grado de acción, aun cuando es el primero en pensamiento.

En la cúspide del deseo

El anhelo *(jefetz)* se relaciona estrechamente con el cumplimiento de los preceptos. De hecho, el objetivo ideal de tu *jefetz* debe ser que tanto tu corazón y tu alma *como* tu cuerpo, *participen* del cumplimiento de los preceptos, como aprendimos de la historia del malvado Shejem: «*el joven no demoró en hacer lo dicho, porque se deleitaba en la hija de Iaacov*». La deseaba porque era hija de un gran hombre, el patriarca Iaacov, de bendita memoria.

---

317. Zohar *Terumá* 128b.

318. *Véase* el libro de oraciones *Tikrav Rinatí,* editado con traducción castellana por *Haktav Institute,* P.O.B. 6040, Jerusalén.

No demores el cumplimiento de un precepto, aun si sabes que algo malo te ocurrirá en consecuencia. Así aprendemos del ejemplo de Shejem, que a pesar de tener plena conciencia del peligro personal al que se exponía, no tardó en circuncidarse *«porque se deleitaba en la hija de Iaacov»*. Su *jeshek* y *jefetz* de unión con ella habían alcanzado tal intensidad que no se entretuvo ni un instante.

De forma similar, cada *mitzvá* es «hija de Iaacov». Como dijimos, cada uno de los preceptos activos abarca a los 248 de su grupo, de modo que cada precepto tiene una estructura espiritual íntegra.

Si eres capaz de discernir la voluntad del Altísimo latente en cada uno de Sus preceptos, estás mostrando tu profundo deseo de cumplir Su voluntad. Es importante que antes de cumplir un precepto te desocupes de cualquier actividad relacionada con las necesidades materiales y de cualquier pensamiento ajeno, para que el deseo de tu alma se realice plenamente.

Entonces, tu corazón desbordará de entusiasmo y sentirás la unión apasionada con tu Hacedor mientras cumples el precepto, hasta tal punto que toda la riqueza del mundo no te impedirá completar lo que empezaste. Así como un hombre en la cúspide de su deseo no demoraría sus relaciones íntimas con su esposa por todo el oro del mundo, así debería ser tu deseo de cumplir un precepto; ya que de este modo te unes estrechamente a la hija del Rey, la *Shejiná*, también llamada hija de Iaacov […].

Si en lugar de retrasarte, te apresuras a cumplir los preceptos ansiando conseguir la unificación, tus esfuerzos se verán coronados por la habilidad de vincularte a la vida celestial, y tu alma estará iluminada por el resplandor de la luz celestial emitida cuando los preceptos se cumplen de este modo.

Entregarse en cuerpo y alma

Cabe destacar que el texto no dice «el joven no demoró […] porque **su alma** se deleitaba en la hija de Iaacov», sino «porque [**él**] se deleitaba en la hija de Iaacov». En cambio, en los versículos anteriores acerca de Shejem, el alma es sujeto de la acción, como en: «el alma de mi hijo Shejem anhela profundamente a vuestra hija», y también, «apegóse su alma a Diná».

En el versículo que describe la voluntad arrolladora de *jefetz*, el alma no es mencionada porque el muchacho ya había consagrado cuerpo y alma a su amor por Diná. Por consiguiente, la escueta frase, *«se deleitaba en la hija de Iaacov»*, habla por sí sola.

El nivel de *devekut* requiere que sientas un intenso anhelo por el Altísimo y Su *Shejiná*, como pide el mandamiento, *«y amarás al Altísimo, tu Creador Todopoderoso con todo tu corazón, con toda tu alma y con todos tus recursos»*. Rashbí, de santa memoria, explica que *«amarás al Altísimo, tu Creador Todopoderoso»* se refiere a tu amor por la *Shejiná*.[319]

> Dice el versículo:[320] «Es tiempo de que obre el Altísimo, porque han anulado Tu Ley». «Es tiempo de que obre el Altísimo» implica que hay tiempos y tiempos [como dice el versículo,][321] «tiempo de amar, y tiempo de odiar». Existe el tiempo en el cielo, y el concepto místico de la fe se basa en dicho tiempo. [Tal es la explicación mística de la *Shejiná*, también llamada «Tiempo», porque cambia según las circunstancias. Hay momentos en que asciende, y otros en que desciende. Cuando asciende a una posición de dominio,] se considera que el momento es favorable.
>
> Así pues, debes amar al Omnipresente en cualquier circunstancia [ya sea que la *Shejiná* esté ascendiendo o descendiendo,] como dice el versículo, «amarás al Altísimo, tu Creador Todopoderoso». Por lo tanto, la frase «tiempo de amar» indica que la *Shejiná* es ese Tiempo que debes amar.
>
> Sin embargo, hay otro tiempo [el de las cortezas] que alude al concepto místico de los dioses extraños. Debes odiar este otro tiempo para proteger tu corazón contra el poder de su atracción. Ése es el «tiempo de odiar».

Lo que te sea más preciado

Dijo Rashbí en el Zohar, al alabar a *Moshé*:[322]

> Como estableciste con la *Shejiná*, «amarás a tu Creador Todopoderoso…» [En el hebreo original, aparece la preposición

---

319. Zohar *Terumá* 155b.
320. Salmos 119:126.
321. Eclesiastés 3:8.
322. Zohar *Terumá* 158b.

et- את, compuesta de la primera y la última de las letras del alfabeto *(alef* y *tav)*, después de «*amarás*». La Cabalá ve en dicha preposición una alusión a la *Shejiná* que abarca las veintidós letras del alfabeto hebreo, de *alef* a *tav*].

«Con todo tu corazón» [más que todo lo que beneficie a] tu cuerpo.

«Con toda tu alma» [con todos los poderes de] tu alma. Ésta tiene cinco nombres, *nefesh, ruaj, neshamá, jayá, iejidá*.

«Con todos tus recursos»: con todos tus medios económicos.

Si así lo haces, el Altísimo y la *Shejiná* no te dejarán nunca. [De la misma manera que tú los sirves con la totalidad de tu ser y capacidades, asimismo se unirán a ti] en todas las manifestaciones [de tu cuerpo, tu alma y tus recursos].

[Tu amor y anhelo de cercanía te hacen] pensar que si todos los mundos estuviesen bajo tu mandato, los dedicarías íntegramente a establecer el vínculo entre la *Shejiná* y el Altísimo, a coronarlo a Él y a Su *Shejiná* por encima de toda la riqueza de las naciones. [Te gustaría lograr esto mediante] la estructura espiritual de tu propia alma, que contiene las virtudes, los mundos celestiales, los campamentos [de ángeles] superiores e inferiores, y el pueblo de Israel.

El Altísimo considera las buenas intenciones como si fuesen obras, y como eres Su hijo, todo lo que pensaste para Él será realizado [mediante tus esfuerzos]. Nunca perderás [tu vínculo apasionado con] Él, y siempre permanecerás a Su imagen.

Aprendemos en los *Tikunim:* [323]

Y el premio de la *Shejiná* es que debes obrar por Ella [entregándole] lo que te sea preciado. Explican los sabios de la Mishná: «Amarás al Altísimo, tu Creador Todopoderoso…» significa que [entregues] todo lo que aprecias [a tu Creador, con amor]. Y explicaron los sabios: hay personas para quienes su cuerpo es más importante que su dinero. Por tanto dice [el versículo]: «con todo tu corazón». Y a la inversa [para quienes su dinero es lo más importante dice], «con todos tus recursos», [indicando así que expreses] tu amor hacia el Todopoderoso con lo que te sea más preciado.

---

323. *Tikún* 18, 37a.

También explican los *Tikunim*:[324]

«Hay temor y amor» [Se espera de ti un temor reverencial del Altísimo ante Su grandeza y majestad. Sin embargo,] hay quienes temen al Creador Todopoderoso para que vivan sus hijos, o para no empobrecer. También quienes aman al Creador con miras a enriquecerse y lo ponen a prueba, como diciendo [cumplamos los preceptos al pie de la letra] y veamos:[325] «¿Acaso el Altísimo está entre nosotros» para recompensarnos por ello, «o no?».

Y si el Todopoderoso no los premia [como esperan], dejarán de amarlo: ni darán dinero a causas benéficas, ni cumplirán Sus preceptos. [Constantemente] prueban al Creador. Es evidente que tales individuos pertenecen a la turba [que estaba entre los hebreos –los no hebreos que los habían acompañado en el éxodo de Egipto]– quienes decían, «¿acaso el Altísimo está con nosotros o no?».

En cambio, al que ama y teme al Omnipresente con todo su ser no le importa si recibe recompensa o no [incluso si vive en la pobreza y la aflicción]. Por lo tanto, ordena la Torá: «amarás al Altísimo, tu Creador Todopoderoso con todo tu corazón, con toda tu alma y con todos tus recursos». Los primeros sabios explicaron que si tu alma te es más preciada que tu dinero, [debes entregarle tu alma]. Por eso está escrito «con toda tu alma». Y si tu dinero te es más importante que tu alma [y constituye tu mayor prioridad], entonces ámalo «con todos tus recursos».

Hay quienes cumplen los preceptos y rezan con el objeto de recibir una recompensa; pero si [supiesen que] no recibirán nada a cambio, dejarían de cumplir. Hay personas ricas cuyo dinero les es más preciado que su propia alma, [y preferirían morir antes que perder sus bienes]. Y sin embargo, la riqueza espiritual [supone] cumplir los preceptos [para merecer la riqueza del mundo venidero], mientras que la riqueza material [supone] tener dinero para gozar de más placeres en este mundo.

Cuando alguien prefiere su dinero a su cuerpo, si le ofreces la Torá entera por una suma ínfima no aceptará, porque ama a su cuerpo más que a su alma. Ama y teme al Todopoderoso por el dinero [que Él le da]. Para semejante individuo el dinero es priori-

---

324. *Tikún* 4, 141a.
325. Paráfrasis de Éxodo 17:7.

tario, mientras que la Torá amada del Altísimo constituye apenas un detalle. El Creador no desea esta clase de amor ni de temor.

La esencia del amor y del temor al Altísimo debe ser tal, que incluso si aprecias el dinero más que tu alma, muestres tu amor al Omnipresente mediante tu dinero, precisamente porque esto es lo más importante para ti. Por eso dice el versículo, «con todos tus recursos». Si en cambio tu alma es más valiosa para ti que tu dinero, y darías de buena gana toda tu fortuna con tal de no recibir el menor daño corporal, para ti se ordenó, «con toda tu alma». En cualquier caso [sólo demostrarás tu genuino amor al Altísimo entregándole] lo que sea más importante para ti.

Abstracción total

Así como el concepto de *jafetz* se aplica al cumplimiento de los preceptos, de igual modo puede aplicarse a tu estudio de Torá, para que el deseo de tu alma se realice plenamente y tus sentidos corporales dejen de afectarte. Tu alma se entregará entonces al profundo análisis de la Torá hasta tal punto que no percibirás nada relacionado con este mundo.

Los sabios del Talmud ofrecen el modelo de Rabá, que estaba tan sumido en sus estudios que se sentó accidentalmente sobre su mano; le corría la sangre de la uñas pero él no se apercibía, de tan intenso que era su vínculo apasionado con la Torá.[326]

Asimismo, he oído hablar de muchos sabios de generaciones pasadas cuyo vínculo con la Torá era tan profundo que olvidaban cualquier otra cosa mientras estudiaban. Al rechazar los pensamientos que surgían ajenos al objeto de su deseo, encendieron el fuego del amor en su corazón hasta tal punto que comían, bebían y dormían con la mente concentrada en la fuente de su deseo. Así debería ser tu amor al Altísimo.

La hija del rey y el plebeyo

Tenemos otro ejemplo de la separación de lo físico en la parábola escrita por Rabí Itzjak de Acco, de bendita memoria.

---

[326]. Tratado de *Shabat* 88a.

Un día, la hija de un rey salió de la casa de baños y la vio uno de esos hombres indolentes que *pasan el tiempo* sentados en las esquinas. Aquél suspiró profundamente, exclamando: «¡Qué sueño sería si fuese mía y pudiese hacer con ella lo que quisiese!».

Respondió la hija del rey que eso sucedería en el cementerio, no aquí. Al oír estas palabras, el hombre se regocijó creyendo que lo estaba citando en el cementerio, que allí lo aguardaría y entonces él podría hacer con ella lo que quisiese. Sin embargo, no había sido esa la intención de ella, sino recordarle que en el cementerio el pequeño es igual al grande, el viejo y despreciado igual al honorable. Allí todos serán iguales pero aquí no, ya que no es posible que un plebeyo se acerque a la hija del rey.

Pero ese hombre no lo entendió así. Se levantó, fue al cementerio y, sentándose, fijó su pensamiento en ella, continuamente obsesionado por su forma. Tan intenso era su deseo que despojó cualquier otra sensación de su pensamiento, centrando su conocimiento en el aspecto y la belleza de esa mujer, abstraído del mundo circundante. Pasaba los días y las noches en el cementerio comiendo, bebiendo y durmiendo allí. Pensaba que si no venía hoy quizás lo haría mañana. Así trascurrieron varios días.

De tan abstraído y concentrado que estaba, paulatinamente su alma fue separándose de los asuntos terrenales, incluido el pensamiento hacia esa mujer. Su alma se apegó al Altísimo, hasta que en cuestión de días se apartó por completo de las sensaciones terrenales. En su anhelo por el Altísimo llegó a ser un hombre íntegro y santo, cuyas bendiciones se cumplían. Los lugareños y transeúntes acudían a solicitar su bendición, hasta que cundió su fama.

[...]

De lo mundano a lo divino

Rabí Itzjak de Acco, de bendita memoria, anotó en sus historias de ascetas que un hombre que jamás ha deseado a una mujer es como un asno o menos, ya que de las sensaciones mundanas se deriva el entendimiento del servicio Divino, como acabamos de ejemplificar. La parábola precedente nos ilustra con gran intensidad el sentido de la expresión *jefetz*, y sus principios.

Deducimos de esta parábola que si tus deseos de Torá alcanzan tal intensidad que no puedas pensar en otra cosa día y noche, es evidente que tu *neshamá* ascenderá a un nivel prodigioso sin necesidad de penitencias ni de ayunos. Esto se debe a que el grado de intimidad de tu vínculo con el Altísimo sólo depende de tu deseo y tu amor por la Torá, hasta tal punto que pienses en ella como en el ser que más amas, objeto de tu deseo. También depende de que te levantes a medianoche con anhelo, como lo explicaremos en la sección apropiada.

Capítulo V
RABENU BEJAYE ACERCA DEL AMOR DIVINO

El autor de los *Deberes del corazón* explica:

> Antes de preguntar cómo se ama al Omnipresente (y entender la respuesta) debes cumplir ciertos pasos preliminares.[327] Eventualmente, te percatarás de que estos preparativos forman parte de tu amor al Todopoderoso.
>
> Tu trabajo inicial consiste en dirigir tus sentimientos hacia tu Creador sometiendo tus deseos a Su voluntad, y en examinar tu conducta con un ojo crítico. Centra tu pensamiento en la unidad del Creador, y siempre que vayas a actuar, recuerda que estás obrando con el propósito específico de traer gloria a Su Nombre. Humíllate ante el Creador Todopoderoso y ante Sus temerosos. Sé consciente de tu monólogo interno, y en particular ten presente lo siguiente:
>
> a) Lo que debes al Todopoderoso por los beneficios que te prodiga constantemente.
> b) Lo que le debes al Todopoderoso por ocultar tus trasgresiones [ante los hombres], por contener Su enojo hacia ti y por perdonarte.

---

327. Bajia Ibn Pakuda, *Portal del Amor*, capítulo III.

Estudia los libros proféticos y las enseñanzas de los sabios antiguos, como dice el versículo,[328] «me acuerdo de los días antiguos». Aprende cómo lograron el nivel de proximidad al Altísimo que anhelas tener. Examina el mundo que te rodea para ser consciente de las maravillas de la creación Divina.

Cuando hayas logrado aquello, y además puedas abstenerte de ceder a las tentaciones del mundo y sus placeres; cuando comprendas la grandeza del Creador, Su poder y Su verdad; cuando contemples lo diminuto, insignificante y bajo que es tu valor, y te des cuenta de la infinita bondad de tu Creador y de la magnitud de Su merced contigo, entonces comenzarás a sentir un inmenso amor hacia el Altísimo. Te volverás un creyente con verdadera pureza de alma y anhelarás Su proximidad, dedicando tus esfuerzos a Su servicio con apasionado fervor. Como dice el versículo[329] «con mi alma Te he anhelado en la noche», y[330] «mi alma tiene sed del Creador Todopoderoso».

Rabenu Bejaye escribe también:[331]

¿Cuántos signos de sabiduría Divina podemos discernir en la Creación?

Pueden distinguirse siete fundamentos:

Primero: Observa el sello de sabiduría Divina en los cuatro elementos del universo. Podemos ver que la tierra está suspendida en el centro, como un punto dentro de un círculo. El agua rodea la tierra por encima de ésta; el aire rodea el mar y los estratos, y por encima de todos está el fuego. Cada uno de estos elementos ocupa el espacio que le fue designado; el agua contenida en el océano no traspasa sus límites, incluso cuando rugen las olas y se desencadenan los vientos.

Segundo: Maravíllate ante la estabilidad del cielo y de la tierra, y la sabiduría de la especie humana. El ser humano es un

---

328. Salmos 143:6.

329. Isaías 26:9.

330. Salmos 42:3.

331. Segundo tratado, *Portal de la observación y de la creación,* capítulo IV. Hemos abreviado esta sección. Las explicaciones de esta sección se basan parcialmente en el comentario hebreo *Lev tov.*

microcosmos para cuyo provecho todo fue creado, y en quien se centran la belleza, el resplandor y la perfección.

Tercero: Observa la sabiduría Divina en la formación del ser humano, la armoniosa unión de su cuerpo con los poderes espirituales de su alma, y la luz del entendimiento que el Creador sólo concedió a la humanidad, colocándola por encima de las demás criaturas carentes de habla. El ser humano se parece al macrocosmos, al poseer sus mismos elementos fundamentales.

Cuarto: Fíjate en la sabiduría inherente en otras criaturas vivientes, ya sean grandes y pequeñas, vuelen, naden, repten o caminen a cuatro patas. Observa su forma y características, y estudia la utilidad de cada una de ellas para la humanidad en particular, y el mundo en general.

Quinto: Contempla la sabiduría que denotan las plantas y otras formas de la naturaleza, como los metales y las piedras preciosas que por sus propiedades naturales y su efectividad, han sido puestas a disposición del perfeccionamiento humano.

Sexto: Maravíllate ante la sabiduría que proviene de la ciencia, la artesanía y la técnica que el Creador pone a disposición del hombre para colmar sus deseos, ayudarle a mantenerse y derivar otros beneficios para el progreso de la humanidad en general y de individuos en particular.

Séptimo: Ten siempre presente la sabiduría de la Torá y de sus preceptos, a través de los cuales aprenderás a servir al Altísimo. Si adoptas Sus preceptos como norma de vida, derivarás gratificación inmediata, así como eterna recompensa en el mundo venidero. Como dice el versículo:[332] «Escuchadme diligentemente, y comed lo que es bueno, y deléitese vuestra alma». Y también:[333] «Inclinad vuestro oído, y venid a Mí. Escuchad y vuestra alma vivirá».

De los preceptos de la Torá también emanan las leyes y costumbres con que otras naciones se han legislado. Aquéllas fueron concebidas por estas naciones como sustitutos de la Torá en lo referente a asuntos seculares.

Se ha dicho que la relación entre la naturaleza y la Torá es similar a la existente entre siervo y amo; ya que las fuerzas de la naturaleza operan en el universo según las necesidades de

---

332. Isaías 55:2.
333. Isaías 55:3.

quienes cumplen la Torá. Como dice el versículo:[334] «Adoraréis al Altísimo, vuestro Creador Todopoderoso, y Él bendecirá vuestro pan y vuestra agua, y quitará la enfermedad de entre vosotros» Y también,[335] «Si obedeces diligentemente la voz del Altísimo, vuestro Creador Todopoderoso, y haces lo recto a Sus ojos, prestando oído a Sus preceptos y observando todos Sus decretos, entonces ninguna de las enfermedades que traje sobre Egipto las traeré sobre ti, pues Yo soy el Altísimo, tu Curador».

Presta atención, pues como señala el piadoso autor de los *Deberes del corazón,* la observación cuidadosa de la obra de la Creación es, en verdad, lo que enciende tu amor al Altísimo. Para lograr este fin, decidimos discutir el aspecto místico de dicha observación, analizando este tema desde una perspectiva distinta.

Acto de amor

La observación de la Creación enciende tu amor al Altísimo, porque la principal razón de la existencia del mundo es Su bondad. [...] Cada día, el mundo está siendo re-creado en un acto de amor. Este tema se desarrolla en el Zohar acerca del versículo,[336] «el Todopoderoso [...] se indigna todos los días»:[337]

> El Nombre Divino usado en este versículo (Él) siempre indica una iluminación de la sabiduría celestial [cuyo amor atenúa la justicia estricta que puede acaecer cuando los seres humanos no cumplen la voluntad Divina]. Está escrito: «El Todopoderoso [...] se indigna todos los días», Si este Nombre no ejerciese Su influencia sobre el mundo, el mismo no subsistiría ni siquiera una hora, debido a los rigurosos decretos pronunciados a diario [...] Como está escrito:[338] «De día el Altísimo dispensará Su bondad». Ya que sin esto el mundo no podría existir ni un momento. [...]

---

334. Éxodo 23:25.
335. Éxodo 15:26.
336. Salmos 7:12.
337. Zohar *Tzav* 31a.
338. Salmos 42:9.

Esta cita del Zohar nos ayuda a comprender la siguiente frase, leída a diario en nuestras plegarias,[339] «y con Su bondad renueva cada día la obra de la Creación»: la bondad del Creador Todopoderoso es el amor con que renueva a diario todas las criaturas vivientes.

El hecho de que el verbo esté conjugado en presente, «que hace las grandes luminarias», y no en el pasado, «al que hizo», sugiere la renovación diaria de las luminarias celestiales, «pues Su bondad perdura por siempre».[340] Es la energía de *Jesed* quien las renueva cada día.

Es posible que los sabios redactaran las bendiciones diarias para recordarnos que el Altísimo creó el mundo de la nada y lo renueva a diario. Cuando pronunciamos una bendición, el Nombre Divino indica que prodiga la esencia vital a toda la Creación. En cambio, la palabra «Rey» que sigue nos recuerda que observa a Sus criaturas como un rey vigilante que es compasivo con sus súbditos. Así también, el Todopoderoso supervisa el mundo desde el momento en que lo creó, para que continúe existiendo.

Re-creación eterna

Con ese propósito, Su energía Divina no cesa de ejercer Su influencia ni por un instante. La conclusión de una bendición, por ejemplo, «Quien crea el fruto de la tierra», sigue la misma interpretación. Es decir, sin la energía Divina que difunde esencia vital a todo lo creado, este fruto u otro producto no hubiese sido creado, ya que sin el agua y el rocío que bajan todos los días no existiría el mundo.

Lo mismo puede decirse de la claridad del sol que endulza los frutos del árbol, como dice el versículo,[341] «con la merced de los cultivos del sol y con la merced de los frutos de la luna», que indica que algunos frutos maduran con la ayuda del sol mientras que otros lo hacen con la de la luna. Así pues, si el Creador no hiciese que el sol y la luna brillasen día a día, el mundo no subsistiría. Por lo tanto, las luminarias son el vehículo de la renovación diaria de la Creación, y todos los días el Todopoderoso crea el mundo de nuevo.

---

339. *Tikrav Rinatí* (Haktav Institute for Torah Research p.o.b. 6040, Jerusalén, Israel), p. 100.
340. Salmos 136:7.
341. Deuteronomio 33:14.

Lo que precede nos ayuda a comprender las bendiciones, «con Su bondad renueva cada día la obra de la Creación», y «al que hace las grandes luminarias», ya que es mediante el sol y la luna como se renueva la obra de la Creación. El concepto general de renovación proviene de la energía de *Jesed*, como hemos explicado. Los *Tikunim* dirigen nuestra atención al color del sol al amanecer, que inicialmente es rojo y paulatinamente se blanquea:[342]

Como el sol adopta primero el color del atributo Divino de *Guevurá*, inicialmente parece rojo. A continuación, *cuando brilla*, se blanquea mediante el atributo de *Jesed*, y esto causa que se olvide el poder del sol.

También cabe mencionar algunos elementos que mantienen el mundo mediante la bondad Divina. El rey David menciona algunos de éstos en su gran salmo de alabanza.[343] Son particularmente importantes las corrientes de agua viva que día y noche, como prometió el Todopoderoso, «no cesarán».[344] De los cuatro elementos [agua, fuego, aire y tierra], el agua proviene del poder Divino de bondad y su constante corriente hacia abajo mantiene el mundo. En cambio, el fuego, correspondiente al de la justicia estricta, asciende, mientras que el aire separa el uno del otro. Este eterno proceso está dispuesto según el orden de los atributos Divinos.

El Zohar dirige nuestra atención a una incongruencia:[345] de las cuatro direcciones del espacio, el sur es seco debido al calor, mientras que el norte es húmedo debido al agua. En realidad, debería ser a la inversa, porque dice el versículo que,[346] «del norte irrumpirá el mal». Por tanto, es del norte que debería provenir la destructiva combinación de fuego y calor, si el Todopoderoso no hubiese fusionado las propiedades de norte y sur una con otra. En este caso, el fuego adquiere las propiedades de la bondad. Como enseña Rashbí:[347]

> Por lo tanto, el fuego en invierno proviene de la bondad Divina, como el brillo del sol y el soplo del viento.

---

342. *Tikún* 6, 145a.
343. Salmo 136.
344. Génesis 8:22.
345. Zohar *Vaera* 24a.
346. Jeremías 1:14.
347. Zohar *Bereshit* 29b.

Explica el Midrash:[348]

> Dijo Rabí Leví, «A cambio de todo lo que los hombres hacen al cumplir los preceptos y de sus obras de bondad, les basta que el Todopoderoso haga brillar el sol. Como dice el versículo,[349] «el sol se levanta, y el sol se pone», y explican los sabios: a cambio de todo lo que logran los justos al cumplir la voluntad Divina en este mundo, les basta que el Altísimo renueve su faz como hace con el sol, como dice el versículo,[350] «los que Te amen sean como el sol cuando se levanta en su esplendor».
>
> Observó Rabí Ianái, «el hombre compra cierta cantidad de carne en el mercado, y ¡cuánto debe esforzarse hasta que esté cocida! En cambio, mientras que los hombres duermen en sus lechos, el Altísimo hace que sople el viento, dispersa las nubes, ayuda a que crezcan las cosechas, endulza la fruta, y lo único que ofrecen los hombres a cambio es la medida de un *"omer"* de vuestra primera cosecha al sacerdote».[351]

Como el *cohen* representa el atributo Divino de bondad, a él brindamos el producto de este atributo: las primicias.

El gran salmo de alabanza del rey David alude a esta misma clase de bondad imbuida de amor, como vemos en sus veintiséis versículos,[352] cada uno de los cuales ilustra el refrán del salmo, «pues Su bondad perdura por siempre».

Podríamos desarrollar estas ideas, pero nuestra intención sólo es dirigir la atención del lector a la bondad Divina imbuida de amor, ya que quien analice su inmensidad se conmoverá hasta el punto de poder responder con su propio amor al Omnipresente. Entonces, se vinculará al lado Divino de *Jesed*, como hemos explicado en el capítulo II.

---

348. *Vayikrá Rabá* 28:1.
349. Eclesiastés 1:5.
350. Jueces 5:31.
351. Levítico 23:10.
352. 26 es la *guematria* (el valor numérico) de las cuatro letras del santo Tetragrama, el Nombre Divino que denota *Jesed*-bondad.

Treinta y dos senderos de sabiduría divina

Aquí nos fijaremos en tres principios señalados en los *Deberes del corazón*:

- ✓ **El primero:** Observación del mundo en general. El modo en que el Creador mantiene las plantas, los animales, los cuerpos celestes como el sol y la luna, etc.
- ✓ **El segundo:** Observación del paso del hombre por este mundo, desde su nacimiento hasta su muerte.
- ✓ **El tercero:** Observación del amor del Altísimo por Israel, y de los milagros que hace en su bien.

Cuando centras tu atención en los actos de bondad del Creador Todopoderoso que son evidentes a nuestro alrededor, te das cuenta de que es Uno y que no hay otro, y que «Él crea y mantiene a cada criatura viviente». Tu conciencia de Su unidad te permite vincularte a Él con amor al decir la palabra «Uno» en el *Shemá*, porque el valor numérico de la palabra hebrea *ejad* es 13, idéntico al de la palabra *ahavá*.

El tercer párrafo contenido en los *tefilín*, el de «*Shemá Israel*», corresponde al amor Divino y hace alusión al *Yijud* entre el Altísimo y la Comunidad de Israel con las palabras «El Altísimo es nuestro Creador Todopoderoso, el Altísimo es Uno». El texto se centra después en el amor: «Y amarás al Altísimo, tu Creador Todopoderoso, con todo tu corazón…».

La yuxtaposición de la llamada del *Shemá* [el momento de entrega total] al mandamiento de amar al Omnipresente nos enseña que no podemos cumplir nuestro deber esencial de entregar nuestra vida y nuestra alma por el amor de nuestro Hacedor, a menos que sepamos en nuestro corazón que Él es Uno y que el objeto de nuestra vida es honrarle.

Hemos discutido dos principios esenciales: la bondad imbuida de amor y la unidad. El primero consigue la continuación de la existencia del mundo y su manutención, mientras que el segundo se centra en la unidad del Creador Todopoderoso.

Rashbí analiza la *mitzvá* de *tefilín*:[353]

> La tercera sección [la tercera de las cuatro porciones de Torá contenidas en los *tefilín* de la cabeza] representa el concepto

---

353. Zohar *Bo* 43b.

místico del lado derecho, llamado «*Jesed* celestial», a través del cual se unifican todos [los *parzufim*-niveles de revelación Divina, y esta luz de *Jesed*] se difunde a los cuatro extremos del universo. [Esto produce una armonía] que se extiende hasta las más bajas profundidades.

Examinemos la creación y el mantenimiento del mundo. Este mundo fue creado por las treinta y dos enunciaciones del Nombre *Elo-him*, que son treinta y dos senderos, como lo enseña el *Sefer Yetzirá*:[354]

Con 32 senderos de sabiduría místicos, *Ya*, el Señor de las Huestes, grabó Su mundo.

Aunque hay muchas interpretaciones de esta Mishná, basta el significado superficial: que la existencia de todo cuanto existe en el mundo deriva de estos senderos de sabiduría, para cumplir nuestro propósito. Como expresa el salmo,[355] «¡Cuán múltiples son Tus obras, oh Todopoderoso! En sabiduría las has hecho a todas».

Fuerzas angélicas

El poder de la sabiduría Divina se difunde por toda la creación para darle fuerza vital. Por lo tanto, cada brizna de hierba, cada animal, tiene un ángel y una fuerza espiritual celestial que le infunde vida. Como enseñaron los sabios acerca del versículo de Job,[356] «¿Conoces tú las ordenanzas de los cielos? ¿Puedes establecer el dominio de los cielos en la tierra?». El hecho de que no haya tallo de hierba que no tenga un ángel mandándole que crezca nos ayuda a comprender el precepto de *kilaim*: la prohibición de mezclar semillas, como lo indica el Zohar.[357]

Rabí Gikatilia enseña que está escrito en la historia de la Creación:[358] «Que la tierra produzca vegetación: hierbas que den semillas, árboles fru-

---

354. Capítulo 1, Mishná 1.
355. Salmos 104:24.
356. Job 38:33.
357. Zohar *Kedoshim* 86b.
358. Génesis 1:11.

tales que den frutos, cada uno según su especie». Literalmente, según su especie, es decir, según la fuerza vital única que fue designada a cada especie en el cielo. También acerca de las aves y los peces está escrito: «según sus especies».[359] Una vez más, según la energía Divina infundida desde arriba a cada especie.

Misterios divinos en la naturaleza

Debemos comprender que la forma y naturaleza de cada aspecto de la creación depende del sendero de sabiduría Divina al que debe su existencia. Por ejemplo: la rosa está rodeada de trece pétalos, *que representan los trece atributos de merced que rodean y protegen a la Comunidad de Israel*, y de cinco hojas que aluden a las cinco letras del Nombre Divino *Elo-him*.[360]

[El siguiente párrafo de *Matok Midevash* nos ayudará a comprender la imagen de la llama utilizada por Rashbí en el Zohar.[361] Así como la llama no arde sin aceite que la alimente y una mecha que la mantenga, así también Israel deriva su santidad del cumplimiento de los preceptos, el estudio de la Torá y las plegarias. Éstos constituyen «el aceite y la mecha» que mantienen a la *Shejiná*. La llama que asciende cuando Israel cumple su deber es el *yijud* (unificación del Altísimo con la Comunidad de Israel)].

Rashbí indica que la llama alude al concepto místico del *yijud*:[362]

> ¡Ven y mira! Quienquiera desee tener acceso a la sabiduría del santo *yijud* [entre *Tiferet* y *Maljut*] que contemple la llama que asciende del carbón ardiente o de la vela encendida.

Rashbí explica que la llama que asciende es la luz blanca que representa al Altísimo, mientras que la llama azul asociada a las brasas [o a la mecha] representa el fuego de la *Shejiná*. Cerrando las enseñanzas de Rashbí sobre el tema, encontré el ejemplo siguiente en un manuscrito:[363]

---

359. Génesis 1:21.
360. Zohar, Introducción 1a.
361. Daniel Frish, *Matok Midvash*, vol. 1, p. 585.
362. Zohar *Bereshit* 50a.
363. Zohar *Bereshit* 51a.

> Y por encima de la llama blanca habita una luz oculta [de *Binâ*] que la rodea [en el concepto de luces circundantes], y esto representa un profundo concepto místico.

Por su falta de párpados, los peces sugieren la habilidad de contemplar el resplandor Divino.

El gallo negro fue designado para gritar a media noche y despertarnos para que sirvamos a nuestro Creador.

De forma similar, cada aspecto de este mundo es *el paralelo físico de un proceso espiritual*. Como expresa el Zohar:[364]

> Le dijo Rabí Akiva [a Rabí Elazar]: todo lo que el Todopoderoso ha creado es para enseñarnos Su sabiduría infinita [por lo tanto, el hombre debe examinar las plantas, los árboles y su fruta, fijándose en el color y la forma de los frutos, en la cáscara y el hueso que tengan ciertos frutos, ya que puede aprender acerca de la sabiduría Divina en cada uno de estos elementos].
>
> Dijo Rabí Elazar: Está escrito:[365] «Y vio el Creador Todopoderoso todo lo que había hecho y he aquí que era muy bueno». ¿Por qué dice que «era muy bueno»? Esto implica que todos los aspectos de la creación son muy buenos para aprender acerca de la sabiduría Divina.
>
> Dijo Rabí Iehudá: Está escrito,[366] «El Creador Todopoderoso ha hecho al uno del mismo modo que al otro». Esto sugiere que todo lo que hizo el Todopoderoso en el cielo, lo hizo también en la tierra, y a la inversa, todo en la tierra tiene su réplica en el reino celestial.

El Zohar también menciona variedad de frutos y árboles que indican elementos celestiales. Por ejemplo, la nuez tiene cuatro secciones, que sugieren las fuentes de los cuatro ríos del Edén, correspondientes al concepto místico del Carro Divino, y otros.

---

364. Zohar *Shemot* 15b.
365. Génesis 1:31.
366. Eclesiastés 7:14.

Creación celestial y terrenal

La persona con capacidad de discernimiento examinará cada aspecto de la Creación procurando encontrar su correspondiente celestial. De ahí sabrá que hay un solo Creador, y que Él es el Pastor de la Creación. Esta información se grabará más aún en su mente cuando sepa que la obra de la Creación se estudia tanto arriba como abajo: arriba la estudian los seres celestiales y en este mundo los seres humanos. Por consiguiente, aun cuando este mundo es material, sigue reteniendo su esencia espiritual general y particular. Enseña Rashbí:[367]

> ¡Ven y mira! Lo que existe arriba [en el mundo celestial] existe abajo [en este mundo]; lo que existe abajo [en la tierra], existe en el mar [todas las criaturas que hay en la tierra tienen su paralelo en el mar]. Lo que hay arriba tiene su réplica en el mar celestial; [los *partzufim* (entidades espirituales)[368] que existen en el mundo celestial de *Atzilut* tienen su réplica en el mar celestial, que representa a *Maljut*. Todo lo que hay arriba hay abajo [todo lo que existe en el mundo celestial de Atzilut tiene su réplica en los mundos celestiales inferiores de *Beriyá, Yetzirá y Asiyá*]. Todo lo que hay abajo también existe en el mar inferior [todo lo que hay en los mundos de *Beriyá, Yetzirá y Asiyá* tiene su réplica abajo al nivel de la *sefirá Maljut* de *Asiyá*]. [...]

Rashbí sigue desarrollando esta idea en el Zohar pero no lo cito para no alargar. Los componentes de la creación celestial y terrenal pueden compararse a un sello y su impresión, que van reproduciéndose hasta llegar a nuestro mundo físico. Los *partzufim* que existen en el mundo de *Atzilut* tienen su réplica en los mundos de *Beriyá, Yetzirá y Asiyá* y, por lo tanto, ha de existir en *Asiyá* la imagen humana.

Señala Rashbí: dado que el *Mishkán* (Santuario) es un microcosmos de la Creación, su construcción corresponde a la creación del cielo y de la tierra. Similarmente, el Jardín del Edén inferior es réplica del reino celestial. El Zohar revela el concepto místico del Santuario:[369]

---

367. Zohar *Beshalaj* 48b.
368. *Véase* la Introducción a la edición española.
369. Zohar *Pekudé* 231b.

> «En el principio, creó el Todopoderoso el cielo y la tierra»: el *Mishkán* es paralelo al mundo terrenal y la dimensión espiritual. El Todopoderoso hizo el universo celestial como réplica del mundo terrenal. Y todo lo que creó [en este mundo] es la impresión de lo que hay arriba. Lo mismo sucede con el *Mishkán*: todo lo que hay en el Santuario es réplica de lo que hay en el mundo celestial. Tal es el concepto místico del Santuario: el Todopoderoso obró de este modo para que la *Shejiná* pudiera residir en el cielo entre los ángeles, así como en la tierra entre los humanos. Lo mismo con el Edén inferior, que es réplica del Edén superior [...]

Según este principio podemos comprender que las medidas del Templo nos fueron dadas según las características del Santuario celestial, como indica el versículo:[370] «Le dio entonces David a Salomón, su hijo, el diseño del pórtico (del Templo), y de sus recintos, y de sus tesorerías, y de sus cámaras altas, y de sus cámaras interiores, y del lugar del propiciatorio; y el diseño de todo lo que había ideado con inspiración Divina...». Dijo el rey David a su hijo:[371] Las obras de este diseño *te las doy* por escrito, tal como el Altísimo me las ha trasmitido.

Como hemos visto, los detalles del diseño de este mundo representan un diseño celestial.

Del mismo modo, nuestros sabios enseñaron que la tierra contiene todos los *partzufim (niveles de revelación Divina), que suponen la unificación de partes que parecen dispares en unidades integradas,* paralelas al cuerpo humano.[372] Dijo Resh Lakish que todo lo que el Todopoderoso creó en el hombre también lo creó en la tierra. Por ejemplo, así como el hombre tiene ojos, lo mismo la tierra:[373] «(La langosta) cubrió la superficie (literalmente, 'el ojo') de la tierra y la tierra se oscureció». También como el hombre tiene oídos, lo mismo la tierra, como dice el versículo,[374]

---

370. I Crónicas 28:11.

371. I Crónicas 28:19.

372. Sobre el concepto de *partzuf*, véase Rabí Moshé Schatz, *Sparks of the Hidden light: Seeing the Unified Nature of Reality through Kabbalah* (Jerusalén, The Ateret *Tiferet* Institute, 1998).

373. Éxodo 10:15.

374. Isaías 1:2.

«apresta el oído, O tierra». El hombre come, y también la tierra:[375] «es una tierra que devora a sus habitantes». El hombre bebe, así como la tierra,[376] «es tierra de montañas... que bebe el agua de las lluvias del cielo». Lo mismo que tiembla el hombre, tiembla la tierra.[377] Así como el hombre se embriaga, lo hace la tierra:[378] «la tierra se tambalea de un lado a otro como un hombre borracho». El hombre vomita, e igual lo hace la tierra,[379] «Yo recordaré su trasgresión y la tierra vomitará a sus habitantes». Y así sucesivamente.

De igual modo, el Midrash señala que la Biblia alude a las «partes de cuerpo» del mar. Por ejemplo, el mar tiene ojos:[380] «el mar vio y huyó...», tiene manos,[381] «he allí el mar, grande y ancho (literalmente, de manos anchas)». El mar tiene corazón,[382] «las aguas profundas se congelaron en el corazón del mar», y otros. También hay referencias a los sentidos humanos y las partes del cuerpo referentes a los cielos, como en,[383] «el firmamento muestra la obra de Sus manos».

El hombre no tiene conciencia de las «partes de cuerpo» atribuidas al mar, al cielo o a la tierra; sólo el Todopoderoso sabe esto. *Cada elemento de nuestra creación física es paralelo a un proceso espiritual;* esto forma parte de la sabiduría Divina que queda más allá del entendimiento humano, y a la que se alude mediante las personificaciones mencionadas.

Personificaciones de lo divino

Rabí Y. Gikatilia, de santa memoria, analiza el concepto de las personificaciones Divinas en su estudio *Merkevet Yejezkel*:

---

375. Números 13:32.
376. Deuteronomio 11:11; mi traducción.
377. II Samuel 22:8.
378. Isaías 24:20.
379. Levítico 18:25.
380. Salmos 114:4.
381. Salmos 104:25.
382. Éxodo 15:8.
374. Salmos 19:2.

El Todopoderoso creó los ángeles para realizar Su plan de la Creación, aun cuando no podemos percibirlos con nuestros sentidos físicos. Asimismo, la imagen de las luminarias celestiales debe ayudarnos a captar el aspecto oculto de estas formas. Por ejemplo, el sol y la luna son obvios testigos de las enseñanzas ocultas del Carro Divino. Por lo tanto, el significado místico del versículo[384] «el Creador Todopoderoso hizo las dos grandes luminarias», es que estas luces verdaderamente deberían alumbrar la tierra, alumbrar nuestros ojos mientras pasamos por la vida terrenal.

Las luminarias nos ayudan a vislumbrar los numerosos misterios que quedan fuera de nuestro alcance, como son las enseñanzas acerca de las *sefirot* y las referidas a la existencia del Altísimo y Su unidad. Las características de la creación en el cielo y en la tierra, tanto las ocultas como las reveladas, representan el concepto místico del Carro celestial. Los elementos físicos que percibimos con nuestros sentidos nos ayudan a comprender lo oculto. Éste es el secreto del versículo:[385] «Alzad vuestros ojos hacia las alturas y mirad. ¿Quién ha creado ésos (cuerpos celestes)?».

Escribió Rabí Gikatilia que la estructura espiritual del Carro Divino corresponde a la del alma humana, *y cada uno de los rasgos distintivos del Carro está directamente relacionado con una parte del hombre.* Así pues, el estudio del Carro contiene entidades como «pelo», y «oído», «ojo», etc. Hay otra que se llama «pie», así como las restantes partes del cuerpo humano. Cada una de estas entidades Divinas refleja la actividad de su contraparte. Al integrarse estas entidades reveladas, se denominan «hombre», y cada cual constituye un «trono» [es decir, un recipiente dispuesto a recibir] el Santo Nombre. El Altísimo reina sobre todas ellas y está entre ellas como el alma en el cuerpo. Es de Él que reciben la energía Divina que las mantiene.

También el Zohar enseña que la Torá, el ser humano y el mundo tienen características en común:[386]

---

384. Génesis 1:16.
385. Isaías 40:26.
386. Zohar *Toldot* 134b.

¡Ven y mira! Quien estudia Torá mantiene al mundo y permite que toda actividad cumpla su propósito. No hay parte del cuerpo humano a la que no corresponda un ser viviente en el mundo. Así como se divide el cuerpo humano [en 248 partes, así también, cada criatura viviente puede verse como una estructura espiritual compuesta de 248 elementos].

[Lamentablemente, por nuestras trasgresiones ya no tenemos acceso a la sabiduría que permite ver las equivalencias. Asimismo, la Torá contiene 248 preceptos de acción positiva y sentimiento, cada cual corresponde a una de las 248 partes del cuerpo humano, y nuestros sabios de antaño sabían qué precepto correspondía a qué parte. Así pues, los elementos conflictivos del mundo se integran mediante el hombre como entidad cohesiva, y cuando éste estudia Torá, atrae la bendición Divina sobre sí mismo y su entorno].

Así como el cuerpo humano se compone de partes que interactúan formando un ser viviente íntegro, lo mismo sucede con el mundo. Todas sus criaturas representan aspectos particulares de la Creación, y cuando cumplen el objetivo de su existencia, obran recíprocamente y forman una estructura viviente. En este sentido, el ser humano y el mundo son como la Torá. La Torá se compone de partes y secciones que están ligadas y, al integrarse, estos elementos forman un organismo viviente. *Como la Torá creó y formó el mundo y al hombre, ambos* [mundo y hombre] *fueron hechos a imagen de la Torá.*

¿Quiénes somos nosotros para atribuirles propiedades físicas a los seres celestiales? Como el Altísimo no tiene cuerpo ni imagen, no podemos pensar en Su trono o Su envoltura con ninguna representación física, no lo permita el cielo. Los términos físicos asociados al Omnipresente sólo son denominaciones que designan conceptos ocultos o Nombres santos que no nos son revelados. Quien lea el libro *Brit Hamenujá* notará algunos ejemplos de estas personificaciones. El autor ha utilizado las partes del cuerpo para denominar los Nombres Divinos: por ejemplo, el Nombre Divino *Ab* [de 72 letras] se llama «vista», mientras que el Nombre *Mab* [de 42 letras] se denomina «hígado», etc. Rabí Y. Gikatilia explica estos conceptos en la Introducción de su *Shaarei Orá* (Portal de la luz). Añade Rabí Gikatilia acerca del Carro:

Os revelaré un principio que debéis tener siempre presente: Siempre que encontréis un rasgo humano atribuido al Creador, tal como la forma de la mano o del pie, o inclusive Su esencia, no lo toméis literalmente ya que no es exacto. Estos términos se utilizan como representaciones, pero no designan ni la esencia ni la forma, porque las formas del Carro celestial sólo pueden percibirlas los videntes y profetas en visiones Divinas. Sabemos, sin embargo, que existen ángeles cuyas envolturas son más visibles al ojo humano.

Debéis comprender que cada uno de los aspectos del Carro, tales como «pie», «oído», «ojo» etc. encierra una fuente Divina interna que les infunde una energía motriz. Las entidades que componen el Carro celestial, cada cual según su especie, son emanadas por el Altísimo en el concepto místico de las diez *sefirot*, y nadie puede comprender estas *sefirot*, ni puede percibir su esencia de ningún modo. Como proclamó el profeta:[387] «¿A quién entonces se asemeja el Todopoderoso, o a quién podéis compararle?». Quien atribuya límite, tamaño o apariencia física a las *sefirot* tiene poca fe.

Las palabras de este sabio bastan para impedirnos atribuir forma material a conceptos espirituales, dado que cualquier personificación mencionada en la Torá y los profetas, tal como[388] «la espada del Altísimo gotea sangre», son puramente simbólicas.

Rabí Aba explica en el Zohar que dicha «espada» representa la justicia estricta, como por ejemplo:[389] «David alzó la vista y vio al ángel del Altísimo detenido entre el cielo y la tierra, empuñando una espada». ¿Realmente tenía el ángel una espada desenvainada en la mano? El significado de este versículo es que poseía permiso de administrar justicia. Rabí Aba señala también que el versículo,[390] «el ángel [...] envainó su espada», indica que el atributo de justicia se había retirado.

Si nuestros sabios interpretan tales ejemplos como simbolismos, con más razón versículos como «los ojos del Altísimo», «los oídos del Altísimo», etc., son meras metáforas de la capacidad divina de ver, oír, etc.

---

387. Isaías 40:18.
388. Isaías 34:6.
389. I Crónicas 21:16.
390. I Crónicas 21:27.

Otro principio relacionado con el mundo y con sus criaturas es que todo fue creado mediante los cuatro fundamentos que son la base de las cuatro letras del sagrado Tetragrama Divino. Enseña el Zohar:[391]

> Dijo Rabí Shimón: ¡Ven y mira! Estos cuatro fundamentos manifiestan el concepto místico de la fe [cuya raíz espiritual está en el mundo de *Atzilut*]. Están en la base de todos los mundos celestiales y representan el concepto místico del Carro Divino. Estos cuatro fundamentos son: el fuego, el aire, el agua y la tierra, y forman la base de todo. De ellos provienen los metales, como son el oro, la plata, el cobre, el hierro y los demás. También son el origen de los cuatro vientos, y de las cuatro direcciones espaciales: norte, sur, este y oeste. El fuego corresponde al Norte, el agua al Sur, el aire al Oeste, y la tierra al Este. Los cuatro fundamentos se vinculan con los cuatro vientos y se integran en una sola entidad.
>
> ¡Ven y mira! El fuego, el aire, el agua y la tierra [son los primeros fundamentos y representan la raíz celestial y terrenal de las formas de providencia hacia el mundo], y los seres terrenales así como los celestiales se mantienen de ellos. Los cuatro [fundamentos se relacionan] con las cuatro direcciones del espacio que mantienen a estos cuatro [es decir, se revisten en los cuatro vientos que son los recipientes para la luz de las *sefirot Jesed, Guevurá, Tiferet* y *Maljut*]. El Norte [recipiente para *Guevurá*], el Sur [recipiente para *Jesed*], el Este [recipiente para *Tiferet*] y el Oeste [recipiente para *Maljut*]. Éstos son los cuatro puntos cardinales y se mantienen debido a estos cuatro [fundamentos]. El fuego [se reviste] en la dirección del Norte [relacionada con *Guevurá*]; el aire en dirección Este *[Tiferet]*; el agua en dirección Sur *[Jesed]*; la tierra [se reviste] en la dirección del Oeste *[Maljut]*. Estos cuatro [fundamentos se vinculan y revisten en] los cuatro [vientos] y constituyen una sola entidad [que revisten la luz de las *sefirot Jesed, Guevurá, Tiferet* y *Maljut*] y produce los cuatro metales: el oro, la plata, el cobre y el hierro. [Por lo tanto, tenemos tres entidades con cuatro aspectos: cuatro vientos, cuatro fundamentos y cuatro clases de metal] que son doce y constituyen una sola entidad.

---

391. Zohar *Vaerea* 23b.

El misterio de las piedras preciosas

Quien reflexione detenidamente sobre este tema, se hará más consciente del Altísimo en el proceso de la Creación. Querrá saber cómo se originan los metales de estos cuatro fundamentos y cómo la creación del hombre también proviene de ellos. Se verá atraído por el estudio de las gemas y las perlas, *y querrá comprender por qué* son algunas blancas [símbolo de gracia y amor], mientras que otras son rojas [símbolo del odio que se propaga]. Esto proviene de cierta fuente celestial y de los atributos Divinos.

Otra fuente declara que el Creador causó que el Norte fuese húmedo y contuviera agua, y en cambio hizo al Sur caluroso y seco, a fin de crear conexión entre los puntos cardinales. Así como los atributos Divinos están emparejados en el cielo, el Sur [equivalente a *Guevurá*] con el Norte [equivalente a *Jesed*] y el Norte con el Sur, así también están emparejados en este mundo, porque el agua del Sur se fue al Norte, mientras que el fuego del Norte entró en el Sur, como lo explica el Zohar,[392] que en otro párrafo explica un aspecto adicional de la Creación:[393]

> Citó Rabí Iehudá:[394] «Que haya un firmamento en medio de las aguas». ¡Ven y mira! Cuando el Altísimo creó el mundo, estableció siete firmamentos en el cielo *en este mundo,* y siete tierras abajo *en las profundidades,* siete mares, siete ríos, siete días *de la semana,* siete semanas *en la época del Omer entre Pesaj y Shavuot,* siete años en la cuenta de *Shemitá-*(año sabático), siete veces *siete años, equivalente al* quincuagésimo aniversario *de Iovel-*(quincuagésimo aniversario), siete mil años de existencia del mundo, *y el séptimo milenio es el Shabat del Altísimo;* el Todopoderoso habita en el séptimo de éstos.
>
> Hay siete firmamentos en el cielo, y cada cual contiene estrellas, constelaciones, soles y Carros Divinos [seres angélicos de distintas jerarquías que reciben la tarea de dirigir los asuntos de cada firmamento. Y cada ángel] acepta el yugo de su amo [el ángel del firmamento superior].

---

392. Zohar *Vayera* 119b.
393. Zohar *Vayikrá* 9b.
394. Génesis 1:6.

Los Carros en estos firmamentos [poseen seres angélicos] de diferente índole. Algunos tienen seis alas, mientras que otros tienen cuatro; unos tienen cuatro rostros y otros dos, o incluso uno. Algunos [están compuestos de] fuego [espiritual] resplandeciente, mientras que otros de agua [espiritual que proviene del ángel Mijael]. Aun otros [se componen] de viento [espiritual que proviene del ángel Uriel]. Como dice el versículo,[395] «haces de los vientos Tus mensajeros, del fuego flamígero Tus ministros» [o sea, *el Creador Todopoderoso hace que los ángeles sean de viento y de fuego*].

Los firmamentos son concéntricos como las capas de una cebolla, y cada uno siente temor ante su amo y acata su mandato. Por encima de ellos está el Altísimo, que lo dirige todo con Su poder.

[En el siguiente pasaje del *Matok Midevash*, Rabí Frisch cita el comentario de Rabí Moshé Cordovero acerca de la exposición del Zohar sobre las siete tierras.[396] Sólo podemos asombrarnos ante la existencia de dichas tierras… Tenemos conciencia que este tema presenta un desafío al intelecto humano, pero quien cree en la sabiduría recibida de nuestros sabios no puede dudar de la veracidad de su existencia. Debido a esto, el Zohar narra la anécdota de Rabí Nehorai el anciano, que temía ser castigado por su incredulidad].

Asimismo, existen siete tierras abajo [bajo la corteza terrestre]. Están habitadas y una es más alta: Israel es más alta que las demás, y Jerusalén está por encima de todas. […] Cada una de las siete tierras tiene uno de los siete firmamentos por encima de ella, que la separa de las otras. Cada una de ellas tiene su nombre, y entre ellas está el Jardín del Edén [y Gehinom en este mundo], y cada una de ellas tiene criaturas de diferente especie, como los Carros que anteceden.

Las maravillas del mar

Rabí Nehorai el Anciano viajó una vez en barco por mar. Hubo una tormenta y todos se ahogaron menos él, que se salvó de

---

395. Salmos 104:4.
396. Zohar *Vayikrá* 10a. Vol. 10, p. 96.

milagro. Descendió por senderos que conducían al fondo del mar, y salió debajo del mar a un establecimiento [que era una de las siete tierras], en el que vio criaturas diminutas. Estaban rezando, pero [él no sabía ni] podía entender lo que estaban diciendo. Le sucedió otro milagro y regresó a la superficie [de este mundo]. Dijo entonces, «¡Alabados sean los hombres justos que estudian Torá y conocen los misterios celestiales! ¡Ay de quien discute con ellos y pone en duda sus enseñanzas!». A partir de ese día, cuando iba a la academia y se encontraba con hombres que discutían asuntos de Torá, comenzaba a llorar. Si le preguntaban por qué, respondía, «Porque mostré falta de fe en los sabios al no creer sus enseñanzas acerca de las siete tierras; y ahora… ¡temo el día del Juicio!».[397]

La Biblia nos relata el milagro de la Creación:[398] «Vieron las obras del Altísimo y Sus maravillas en las profundidades» Cuando el Todopoderoso reprende a Job diciendo: «¿Has penetrado en los manantiales del mar, o has entrado en las profundidades del abismo?».[399] «¿Has examinado la anchura de la tierra? ¡Dime, si sabes todo eso!».[400] «¿Has entrado en los tesoros de la nieve, o has visto los tesoros del granizo?».[401] El texto menciona fenómenos naturales asombrosos, como los seísmos: «El que sacude la tierra, desplazándola de su lugar y haciendo temblar sus columnas».[402] Indudablemente, quien contemple las maravillas del mundo tomará conciencia de la grandeza del Creador y se percatará de que Él lo creó todo; entonces se dedicará a servirlo con amor.

El Shabat: concepto universal

Sobre lo mencionado por Rabí Iehudá en el Zohar que precede, acerca de los siete firmamentos, siete mares, etc., y la selección Divina del séptimo

---

397. Zohar *Vayikrá* 10a.
398. Salmos 107:24.
399. Job 38:16.
400. Job 38:18.
401. Job 38:22.
402. Job 9:6.

aspecto, se debe aclarar que entre las naciones existen setenta idiomas, y el término *Shabat* no ha cambiado en ninguno de ellos.[403] Esto se debe a que el Shabat muestra la renovación del mundo, y el Altísimo creó el mundo y descansó en el séptimo día, el Shabat. Por lo tanto, el término Shabat no ha cambiado *en ningún idioma* para que todos sepan que hay un solo Creador.

También consideremos el río Sambatión, que fluye durante los seis días de la semana, y descansa el sábado. Los sabios del Midrash mencionan otro milagro relacionado con el Shabat,[404] referente al versículo,[405] «El Altísimo ha hecho todas las cosas para Sus propósitos». Explicaron que «para Sus propósitos» significa «como testimonios *de Su Creación*» Como dice el versículo,[406] «no prestarás falso testimonio contra tu prójimo» y también,[407] «por mis hermanos y mis compañeros».

Y enseña el Midrash:[408]

> «Dijo Rabí Abahu: hay dos hechos que las naciones no niegan: que el Todopoderoso creó el mundo en seis días, y que resucita a los muertos». Durante los seis días laborables pueden los gentiles invocar el espíritu de los muertos con el espiritismo, pero en *Shabat* no les es posible, *lo que les demuestra la índole del séptimo día*. En el caso de un animal, su alma nunca podrá ser invocada, *demostrándoles que* el alma animal no será incluida en la resurrección de los muertos. Por consiguiente, «El Creador Todopoderoso ha hecho todas las cosas para Sus propósitos», como testimonio de que Él es el Creador.

¿Quién creó esos cuerpos celestes?

Dijo el profeta acerca de contemplar la obra de la Creación:[409] «Alzad vuestros ojos hacia las alturas y mirad. ¿Quién ha creado esos cuerpos

---

403. *Portal de contabilidad espiritual,* capítulo 3.
404. *Midrash Tehilim* 19:1.
405. Proverbios 16:4.
406. Éxodo 20:13.
407. Salmos 122:8.
408. *Midrash Tehilim* 19:1.
409. Isaías 40:26.

celestes? [...] Los llama a todos por su nombre», y[410] «extiende los cielos como una cortina, y los despliega como una tienda para vivir en ella». Dice el Zohar:[411]

> Dijo Rabí Shimón: [El versículo: «¿Quién ha creado esos cuerpos celestes?» me fue revelado] un día [en que estaba al borde del mar]. Vino a mí [el profeta] Eliyahu y me preguntó: Rabí, ¿qué significa, «Quién ha creado esos cuerpos celestes»? Le dije: «Ésos» se refiere a los cielos y a sus huestes, *y* [los identifica como] obra del Todopoderoso; [el versículo nos dice que el hombre debe] contemplarlos [para recibir la inspiración de] bendecirle [por sus maravillas], porque está escrito:[412] «Cuando contemplo Tus cielos, la obra de Tus dedos»; [tal contemplación nos invita a exclamar, en alabanza al Creador],[413] «¡Oh Altísimo, nuestro Creador Todopoderoso! ¡Cuán glorioso es Tu Nombre en toda la tierra!».

Añadió Rabí Shimón al respecto:[414]

> «Alzad vuestros ojos hacia la altura»: si quieres aprender acerca de las obras del Altísimo, alza los ojos al cielo, y verás cuántas huestes y legiones, [cuántos] elementos distintos, cada cual mayor que el siguiente. Entonces preguntarás, «¿Quién ha creado esos cuerpos celestes?».

Dijo también:[415]

> ¡Ven y mira! Las estrellas de abajo [de este mundo] extraen su esencia vital de la energía del concepto místico celestial [más allá del espacio y el tiempo]. Toda existencia se basa en la imagen celestial, *ya que,* como hemos mencionado [todo ser físico tiene su réplica espiritual, y los seres terrenales son como ma-

---

410. Isaías 40:22.
411. Zohar *Bereshit* 1b.
412. Salmos 8:4.
413. Salmos 8:2.
414. Zohar *Pikudé* 231b.
415. Zohar *Pikudé* 232a.

nifestaciones concretas de los celestiales]. Por consiguiente, las estrellas y las constelaciones de los cielos en las alturas [es decir, en la energía Divina de allende el espacio y el tiempo] guían al mundo debajo de ellas.

De ahí se desarrollan una serie de niveles, uno superior al otro, en dirección de las estrellas del mundo terrenal. Ninguna [de las estrellas ni de las constelaciones superiores] tiene poder propio. Como dijimos, están bajo el dominio del Altísimo [se limitan a trasmitir la energía Divina que reciben del nivel superior. Por lo tanto, el Omnipresente advierte a la Comunidad de Israel, refiriéndose a la energía trasmitida por las estrellas, que emana de Él].[416] «Estás perdida en la multitud de tus consejos. Que se levanten ahora los astrólogos, los adivinos, y los pronosticadores y te salven...», porque todo en este mundo está supeditado al dominio del Todopoderoso.

Existen otros componentes de la Creación que, al examinarlos, se comprende que aluden a misterios celestiales, pero no hay necesidad de especificar. También he oído a mi maestro discutir al observar la vegetación, los árboles y las plantas, etc., que todos emiten aceite. Esto alude al concepto místico de *Jojmá* que se extiende a los seres creados y *los impregna*. Como dice el versículo,[417] «con sabiduría los has hecho a todos».

Reflexionemos también sobre el sentido del trueno. Nuestros sabios enseñaron que[418] «el trueno sólo fue creado para rectificar *la tendencia a engañar* del corazón», como dice el versículo,[419] «El Creador Todopoderoso así lo hizo para que los hombres Le teman».

La noche y el día

El autor de los *Deberes del corazón* escribió que debemos examinar todos los aspectos de la Creación, tales como el movimiento de los planetas, el fluir incesante de los ríos al alejarse de su fuente, la caída de la lluvia, el soplo de

---

416. Isaías 47:13.
417. Salmos 104:24.
418. Tratado *Berajot* 59a.
419. Eclesiastés 3:14.

los vientos y la salida del niño del seno materno, ya que estas cosas reflejan los milagros del Creador, Su ternura y la efectividad de Su Providencia. Quien no tiene conciencia de esto es como un ciego. Por lo tanto, debemos abrir los ojos del intelecto para tomar conciencia de los milagros divinos.

Entre los aspectos de la naturaleza a examinar, está el fenómeno del día y la noche. Como explicaron nuestros sabios, el concepto místico del día y la noche yace en el ámbito de *Atzilut* y se basa en el atributo de merced más que en el de justicia. Por eso dijo el rey David:[420] «Haces las tinieblas y es de noche, cuando las bestias del bosque se ponen en movimiento. Los leoncillos rugen tras su presa, y buscan su alimento del Creador».

La compasión divina brilla al amanecer

Explican los comentaristas que estos versículos aluden al atributo relacionado con la noche, como indica Rashbí[421] acerca del versículo,[422] «El Todopoderoso se indigna a diario», porque este atributo mantiene los vientos que la noche necesita para rectificar el mundo. Explica el Zohar que el significado místico del versículo,[423] «hacían rodar la piedra de la boca del pozo», es que «desalojaron del pozo de subsistencia el rigor de la justicia que lo petrificaba, por así decir, formando una piedra de la cual el agua no podía fluir».[424] Cuando llega la mañana, como dice el versículo,[425] «cuando se levanta el sol, se recogen», porque cuando domina el atributo de merced, se recogen las fuerzas de justicia, como lo indica el Zohar repetidas veces.

En el versículo[426] «al despuntar la luz a la mañana siguiente despidieron a los hombres, ellos con sus asnos», el libro de Génesis yuxtapone los términos «luz» y «mañana». El Zohar sugiere que la yuxtaposición de estas palabras alude al predominio de la justicia en la noche, reemplazado por

---

420. Salmos 104:20-21.
421. Zohar *Bamidbar* 119b.
422. Salmos 7:12.
423. Génesis 29:3.
424. Zohar *Vayetse* 152a.
425. Salmos 104:22.
426. Génesis 44:3; mi traducción.

las fuerzas de bondad que rigen por la mañana. Esto puede verse en el sufrimiento que padecen los enfermos durante la noche y que se alivia por la mañana. La mejoría en el estado del paciente dura hasta cerca del mediodía, cuando las fuerzas de bondad ceden paso nuevamente a las de justicia.

Este ciclo está insinuado en el versículo,[427] «Conoceréis este día, y lo internalizaréis en vuestro corazón, que el Altísimo *(Y-H-V-H)*, Él es el Creador Todopoderoso *(Elo-him)*, arriba en los Cielos y abajo en la Tierra, y no hay ningún otro». Este versículo implica que el día establecido en el relato de la Creación comprende día y noche.[428] Por lo tanto, el versículo «sabrás que *Y-H-V-H* es *Elo-him*» yuxtapone el dominio del Tetragrama al de la justicia de *Elo-him*, implicando que, en realidad, ambos Nombres forman un conjunto, de la misma manera que no existe día sin noche ni noche sin día.

Las connotaciones del Nombre *Elo-him* se aclaran cuando consideramos el modo en que explica mi maestro el concepto de Rashbí, «eclipse de la noche»,[429] que abarca el día y la noche, integrándolos en una sola entidad. Cuando llega el momento de despuntar el día, hay un eclipse de noche para mostrar que, si bien llega el día, la noche también está comprendida en él.

A la inversa, cuando el sol se pone y debe llegar la oscuridad de la noche, el ocaso brilla para mostrar que su resplandor será incluido en las tinieblas que se aproximan. En otras palabras, el Nombre Especial (el Tetragrama) comprende al Nombre *Elo-him*, mientras que *Elo-him* incluye también al Tetragrama, ya que ambos Nombres se integran en la unidad del Creador.

Rashbí explica que ambos Nombres aluden a conceptos místicos que sugieren aspectos de derecha e izquierda, correspondientes a la buena y la mala tendencia. Esta relación también es sugerida en el versículo que antecede, «sabrás hoy y confirmarás en tu corazón», porque en Cabalá, la derecha indica el día, mientras que la izquierda implica la noche.[430]

Concluimos aquí nuestra observación limitada del mundo. Dedicaremos el próximo capítulo a discutir la creación del hombre mismo.

---

427. Deuteronomio 4:39.
428. «Y hubo tarde y hubo mañana el segundo día» (Génesis 1:18).
429. Zohar *Beshalaj* 46a.
430. Zohar *Shemot* 18b.

Capítulo VI

SOBRE LA CREACIÓN DEL SER HUMANO, SUS NORMAS DE CONDUCTA MIENTRAS VIVE, Y LA RECOMPENSA QUE RECIBIRÁ TRAS SU DECESO

El cuerpo humano: réplica del mundo

Enseña la Mishná:[431]

> Dijo *[Rabí Akiva]*, «Amado es el ser humano, por haber sido hecho a imagen *(betzelem) divina*. Aún mayor es ese amor al habérsele comunicado que fue creado a imagen *divina*, como está escrito:[432] «pues a la imagen del Creador Todopoderoso hizo al hombre».

La primera afirmación de la Mishná es, «amado es el humano, porque fue hecho a imagen *del Creador Todopoderoso*». ¿Qué nueva información se deriva de la segunda afirmación, «aún mayor es ese amor porque se le dijo…»? Pienso que la respuesta está en la enseñanza de Rashbí ya citada en el Portal del Temor:[433] que el hombre fue hecho como un microcosmos, una réplica del mundo terrenal, y sus órganos están dispuestos según el orden de la Creación. En el *Portal de la kedushá* (santidad) he facilitado detalles acerca de cada una de las partes del cuerpo.

---

431. *Pirkei Avot*, capítulo 3, Mishná 14.
432. Génesis 9:6.
433. *Portal del Temor*, capítulo IX.

Rashbí dio una explicación general basada en el Cantar de los Cantares:[434]

>«Hagamos un hombre a Nuestra Imagen y a Nuestra Semejanza».[435] Dice el versículo:[436] «Los pasos del hombre fuerte son establecidos por el Altísimo. Él se complace en su camino». ¡Ven y mira! Cuando el Altísimo *[Jojmá,]* [437] creó el mundo celestial [*Biná*, que incluye el mundo de *Atzilut*] y el mundo terrenal [*Maljut*, que incluye los mundos inferiores a *Atzilut*, a saber: *Beriyá, Yetzirá* y *Asiyá*] se valió de un molde único, para que uno reflejase la imagen del otro [ambas están representadas en el Tetragrama: *Biná* se refleja en la primera *He* del Nombre y *Maljut* en la última *He*, y ambas fueron creadas simultáneamente como una sola entidad].
>
>Cuando el Altísimo quiso crear la imagen humana en el mundo terrenal reflejó ambas dimensiones en ella, de modo que contuviese los conceptos místicos de la tierra y el cielo. La cabeza sobre el cuerpo representa el mundo celestial *[Biná]*, con las mismas rectificaciones de la cabeza. El cuerpo es paralelo a [la formación antropomórfica de las *sefirot* representada por *Tiferet*, y] contiene elementos conocidos bajo la cabeza [se refiere a *Jesed, Guevurá* y *Tiferet*, que constituyen el mundo celestial]. Los muslos y los pies [que representan a *Netzaj, Hod* y *Yesod*] son equivalentes de los terrenales [ya que los muslos son representados por *Netzaj* y *Hod*, y de allí los niveles descienden hasta llegar a las uñas del pie, a las que se adhieren las cortezas espirituales *(klipot)*]. El Altísimo grabó todas las formas celestiales y terrenales en el hombre para que éste las perfeccionase.

Y enseñan los *Tikunim*:[438]

>Estas partes del cuerpo se encuentran [en la formación antropomórfica de las *sefirot*]: la cabeza corresponde a *Keter*, el ce-

---

434. Zohar *Jadash, Shir Hashirim* 74a.
435. Génesis 1:26.
436. Salmos 37:23.
437. Como se menciona en la instrucción, *Jojmá* se convierte en un *partzuf* que simboliza las Fuerzas Masculinas de la Creación. La Creación comienza al nivel de *Jojmá*.
438. *Tikún* 70, p. 123a.

rebro a *Jojmá*, y *Biná* es paralela a la comprensión del corazón. *Jesed* y *Guevurá* son los brazos; el tronco corresponde al pilar central de *Tiferet*; los muslos son *Netzaj* y *Hod*, mientras que el órgano reproductor es *Yesod*, símbolo del pacto sagrado, y *Maljut* es la *Shejiná*.

¿Por qué los hombres tienen barba?

Los sabios de la Torá que estudian la sabiduría verdadera, la Cabalá, examinan la obra de la Creación más que otros. La *sección Idra del Zohar* enseña por qué los hombres tienen barba y las mujeres no;[439] por qué hay diferencias físicas entre hombre y mujer; por qué tenemos treinta y dos dientes con una lengua en medio; por qué el ojo combina tres tonos distintos de color; por qué se compone de cámaras el diseño de la oreja; por qué tenemos diez dedos y no ocho ni seis; por qué tenemos veintiocho articulaciones; por qué tenemos un esófago y una tráquea; por qué el esófago tiene seis anillas; por qué la tráquea es blanca por dentro y roja por fuera, todo lo cual alude al Nombre del Omnipresente *Ado-nai*.

La Cabalá enseña que el ser humano se mantiene en pie, anda erguido y no pegado a la tierra como un animal porque está al nivel de los ángeles erguidos. Como dice el versículo,[440] «ante Él estaban en pie los serafines» y[441] «te daré libre acceso entre los *ángeles* erguidos que están presentes». Rashbí, de bendita memoria, discute la providencia *personalizada* con que el Altísimo guía al ser humano, a quien creó con Su sabiduría.[442] Como vemos en la bendición pronunciada tras satisfacer las necesidades fisiológicas: «que formó al hombre con sabiduría…».

La Mishná: «Amado es el hombre, porque fue hecho *(betzelem)* a imagen *del Creador Todopoderoso*» se refiere al mundo de *Atzilut*. Sugiere

---

439. La respuesta a la pregunta por qué los hombres tienen barba se discute en una parte de la Cabalá llamada *Tikuney Djkná*, «rectificaciones de la barba», que exceden el ámbito de este libro. *Véase* Rabí Aryeh Kaplan *Innerspace*, Jerusalén, Moznaim, 1990, pp. 102-103; Zohar 1:130b; 3:288b *ff.*

440. Isaías 6:2.

441. Zacarías 3:7.

442. Zohar: *Parashat Yitró* 76b y *Tikuné Zohar* 121a.

la Mishná que el cuerpo humano contiene los elementos del mundo celestial más próximo al Altísimo. Es más, incluso una lectura superficial de las Escrituras revela hasta qué punto el Altísimo observa al hombre y lo guía. Como dice el versículo:[443] «El que ha plantado el oído, ¿acaso no oirá? El que ha formado el ojo, ¿acaso no verá?».

La expresión «plantar el oído» nos recuerda que el diseño interior del oído se asemeja a la forma de un árbol plantado cuyas raíces están abajo y sus ramas se extienden hacia arriba. Podemos apreciar la sabiduría Divina que hizo el oído, ya que si sólo hubiese sido creado con el propósito de oír habría consistido en una mera abertura sin ningún otro elemento discernible en su exterior.

Está claro, sin embargo, que así como las ramas del árbol reflejan la naturaleza de sus raíces, así también el dibujo exterior del oído pone de manifiesto lo que fue implantado en el cerebro humano para crear el sentido del oído. Lo mismo puede decirse de los demás sentidos: son como el alma del cerebro que se manifiesta por el diseño del órgano sensorial, ya que la naturaleza de una rama depende de su raíz.

Dice el versículo «El que ha formado el ojo...»: vemos que el ojo tiene tres tonos de color distintos, aunque según nuestra capacidad de entender, no vemos la necesidad de esta divergencia. Ya que el Altísimo lo diseñó de esta manera específica, «¿acaso no verá?». Este verso sugiere la observación constante del Todopoderoso hacia el hombre y cuanto le atañe.

Cuando profundizas en las enseñanzas esotéricas de este aspecto de la Creación, aprendes que el origen del diseño del oído y el ojo se encuentra en las *sefirot* Divinas, y la función de los sentidos de la vista y el oído depende del espíritu que habita en ellos.

Envoltura del alma

«Aún mayor es ese amor al habérsele comunicado que fue creado a imagen (*tzelem* divino)» La Mishná se refiere al espacio interior del alma. Enseñan los *Tikunim* que el alma humana se denomina *tzelem*:[444]

---

443. Salmos 94:9.
444. *Tikún* 62, p. 94b.

Dijo Rabí Elazar [a su padre, Rabí Shimón: Dice el versículo,[445] *«Elo-him (el Todopoderoso) creó al hombre a Su imagen»*. Ya que este versículo se refiere a] la *Shejiná* [del mundo de *Atzilut*], ¿no debería decir [«emanó» *(vayeatzel)*, verbo relacionado a] *Atzilut*, en lugar de «creó»? [Otra dificultad textual es que, como vimos,[446] «en Su imagen» significa, como un microcosmos de *Tiferet*, representado por el Nombre *Y-H-V-H (el Altísimo)*]. *Por lo tanto, ¿por qué se usa aquí el Nombre Elo-him?*

La respuesta es que el Nombre *Elo-him* se refiere a la *Shejiná* y al alma entregada al ser humano. [Así pues, el versículo significa que *Elo-him*], o sea la *Shejiná*, creó el alma del hombre, [y *betzalmó* significa] «a imagen de la *Shejiná*» [También podemos ver que *betzelem* en este contexto se refiere al alma, porque el ser humano vive mientras conserve su imagen de la *Shejiná*, como muestra] el versículo,[447] «con la imagen *(betzelem) del Crador Todopoderoso* anda el hombre». Cuando el alma sale de él, el hombre ya no puede moverse, [ya que sólo el alma que está envuelta en su *tzelem* da vida al cuerpo: sin ella, el cuerpo regresa al polvo].

Le dijo [su padre], ¡El Altísimo te bendiga, hijo mío! [Expresando aprobación a la explicación de su hijo, y añadió]: Quien daña su *tzelem* es como si contribuyera a limitar los atributos Divinos, y [en consecuencia, la *Shejiná*] no habita en él, [y por ello pierde la imagen-*tzelem* que le rodeaba].

En su objetivo de trasmitirnos que el alma [la «imagen» humana] forma parte del Altísimo, el redactor de la Mishná nos dice que de todas las criaturas del Todopoderoso, sólo del ser humano se dijo que fue creado a imagen Divina. Esto nos muestra el gran amor que el Omnipresente le profesa. Ni siquiera los ángeles fueron creados a imagen del Creador Todopoderoso, como está escrito acerca del primer hombre,[448] «le exhaló en sus fosas nasales el alma de vida». Citaremos la enseñanza de la *Idra* acerca de este verso en el capítulo XI.

---

445. Génesis 1:27.
446. *Véase* el *Portal del Amor*, capítulo I, «Amar es entregarse», nota 36.
447. Salmos 39:7.
448. Génesis 2:7.

Los *Tikunim*[449] explican también el versículo:[450] «Creó el Todopoderoso al hombre a Su propia imagen. A imagen del Todopoderoso lo creó». La expresión «Su Imagen» se repite porque la primera vez alude a la *Shejiná* terrenal *(Maljut)*, mientras que la segunda, a la *Shejiná* celestial *(Biná)*. Esto también aclara la repetición de la palabra *tzelem* en la Mishná precedente.

Enseña Rashbí[451] que el versículo:[452] «Ciertamente *(betzelem)* con la imagen *del Creador Todopoderoso* anda el hombre» alude a un aspecto del *tzelem* humano diferente al del alma. Es decir, la palabra *tzelem* también se refiere a la envoltura del alma, que es de donde proviene la luminosidad que se desprende del rostro humano. La expresión «amado es el hombre, porque fue hecho *betzelem*» alude, por lo tanto, a este aspecto exterior de la imagen Divina, mientras que la afirmación que sigue, «aún mayor es ese amor…» se refiere, como hemos visto, al alma.

Más acerca de los niveles de alma

Hemos mencionado que el alma humana se compone de diversos elementos. Puede poseer un *nefesh*, un *ruaj* y una *neshamá* conectados con los ángeles *ofan* en el mundo de *Asyiá*, o con los seres celestiales *jayá* en el mundo de *Yetzirá*, o con el Trono en el mundo de *Beriyá* como explican los *Tikunim*. Quien alcanza un nivel más elevado recibe un *nefesh*, un *ruaj* y una *neshamá* del mundo de *Atzilut*.

Tanto en su apariencia física exterior como en su estructura física interior, el ser humano contiene estos elementos. Por ende, cuando decide cumplir la voluntad de su Hacedor en cada una de sus actividades y evita dañarse a sí mismo y a los mundos celestiales trasgrediendo, es consecuencia natural que el Creador habite en él. Como dice el salmo:[453] «*Tú que vives al amparo del Altísimo… Él ha de liberarte de la trampa… Me llamará y yo le responderé. Estaré con él en tiempo de aflicción*».

---

449. *Tikún* 69, p. 116b.
450. Génesis 1:27.
451. Zohar *Emor*, 104b.
452. Salmos 39:7.
453. Salmos 91: 1, 3, 15.

A proósito de los dos niveles de la imagen Divina del hombre, la exterior y la interior, se considera al Todopoderoso como el Padre, y al ser humano como Su hijo. El versículo,[454] «¿No es Él tu Padre, tu Amo? ¿No te ha hecho y formado?», puede representar el vínculo del alma, como mostramos en el capítulo III del *Portal del Temor*.

Una unión de esta índole genera en el hombre un gran amor por el Altísimo, que le creó a Su imagen para habitar en él, a pesar de que el lugar de residencia del ser humano esté en el mundo inferior de la acción *(Asiyá)*. No discutiremos los milagros del Omnipresente relacionados con la creación del feto en el seno materno, ya que sobre este tema se ha escrito mucho.[455] Tampoco discutiremos por qué el líquido de los ojos es salado, ni por qué el de los oídos es grasiento, el de la nariz fétido y el de la boca dulce. Estos temas los explica el Midrash.[456]

Retratista divino

Otro aspecto de la creación del hombre que debe examinarse se relaciona con el versículo:[457] «No hay roca como nuestro Creador Todopoderoso». Enseñan nuestros sabios que en lugar de «roca» *(tzur)*, podemos leer «dibujante» *(tzaiar)*, porque el Altísimo ha dibujado los rostros humanos sin que uno sea idéntico al otro.[458] Esto se debe a que, así como cada una de las seiscientas mil almas santas tiene una raíz distinta en el cielo, de igual manera la fuente del rostro humano puede ser cualquiera de los cuatro rostros del Carro Divino: el león, el buey, el águila o el hombre. Cada uno de ellos tiene varios derivados posibles. El arte de remontar al origen de un rostro humano relacionándolo con uno de los cuatro del Carro, puede aprenderse en la ciencia de la fisiognomía. Como enseñan los *Tikunim*:[459]

---

454. Deuteronomio 32:6.
455. Puede encontrarse más información acerca de este tema en *Yalkut*, Samuel 3, Job 905.
456. *Véase Yalkut*, Salmos, 33, 720; *Midrash Tehilim* 18.
457. I Samuel 2:2.
458. *Berajot* 10a.
459. *Tikún* 22, 67b.

Aquel cuyo rostro proviene de la faz de león *a la derecha del Carro* tiene la tez blanca, *que sugiere Jesed*. Cuando el rostro proviene de la faz del buey *a la izquierda* se tiene la tez roja, *que sugiere Guevurá*. El águila *al Este* produce una tez aceitunada, *que indica Tiferet*, mientras que el rostro humano *al Oeste* del Carro desarrolla una tez morena, *que sugiere a Maljut;* como dice el versículo: «Soy morena, pero hermosa».[460] […]

Amor entre donante y receptor

De lo precedente podemos ver por qué llamamos al Altísimo Padre y Rey nuestro, y nos consideramos Sus hijos, como está escrito:[461] «Vosotros sois hijos del Altísimo, vuestro Creador Todopoderoso». Enseña la Mishná:[462] «Amado es *el pueblo de* Israel, porque se llaman hijos del Altísimo». Un hombre ama a su hijo porque lo engendró; su primogénito en particular, así como el hijo de su madurez. El Altísimo nos creó como una de las setenta naciones y debido a Su amor y ternura por nosotros, nos llamó Su primogénito, como veremos más adelante al discutir el amor del Altísimo por Israel.

No cabe duda de que el Todopoderoso creó a Adán por Su deseo de otorgar, así como la creación del mundo entero fue producto de Su deseo altruista, como enseña Rashbí.[463] El Todopoderoso creó al hombre a Su imagen, y así como un padre trasmite sus rasgos faciales a su hijo, lo mismo sucede con la creación del alma. En cambio, el cuerpo fue creado como envoltorio del alma, lo que explica la existencia del cuerpo, y no a la inversa.

Es debido a Su amor por el ser humano que el Todopoderoso le otorga vida, energía Divina y bendiciones, así como un padre que ama a su hijo, porque el dador quiere beneficiar a su receptor. Enseñaron nuestros sabios:[464] «El deseo de la vaca de amamantar es más fuerte que el de su becerro de mamar».

---

460. Cantar de los Cantares 1:5.
461. Deuteronomio 14:1.
462. *Avot* 3:14.
463. *Ra'ya Mehemná, Bo,* 42b.
464. *Pesajim* 112a.

Así como la madre cesa de amamantar a su hijo si aquel enferma y no puede digerir la leche, a veces el Todopoderoso impide que Su energía Divina alcance al ser humano, no porque Él desee privarlo, sino porque en ese momento su hijo es incapaz de recibir. Tan pronto el hombre corrige los daños ocasionados a su alma y se vuelve un receptáculo apto para recibir luz Divina, el Altísimo vuelve a imbuirle Su amor. Este amor existe desde el nivel más elevado hasta el más bajo.

Hemos visto que toda la Creación se basa en la bondad. [...] Dice el Zohar:[465]

> ¡Ven y mira! Todo el reino de *Atzilut* se denomina «amor» *debido al atributo Jesed, que se vincula con el amor. Y* el mundo entero se mantiene en virtud de *los rectos* que aman *al Altísimo.*

De hecho, de no ser por el amor que los dadores expresan a sus receptores en una eterna concatenación de causa y efecto, el mundo cesaría de existir y regresaría al caos, ya que todos los niveles están ligados entre sí, desde el más alto al más bajo. Por ejemplo: si entre las *sefirot, Keter* restringiese la luz que irradia sobre *Jojmá*, el mundo quedaría destruido porque *Jojmá*, a su vez, sería incapaz de beneficiar a *Biná*, ni beneficiaría *Biná* a *Tiferet*, ni mantendría *Tiferet* a *Maljut*. A su vez, *Maljut* sería incapaz de favorecer la Creación.

[...] No es por necesidad personal que el donante quiere favorecer al receptor. Más bien, se debe a un amor que vincula el uno al otro, como el que une al padre con su hijo. Por lo tanto, en el versículo: «Amarás al Altísimo, tu Creador Todopoderoso...» aparece el santo Tetragrama, porque es Autor de la existencia de todas las formas de vida.[466]

El hecho de que no llamamos al Creador «Señor de los ángeles» o «de las esferas», sino Creador Todopoderoso de Israel, «el Altísimo, tu Creador Todopoderoso», muestra que está orgulloso de ti y que desea que Lo conozcas como «tu Creador Todopoderoso». La divinidad del Creador se incorpora a nosotros a través del alma, la parte de Él confiada al ser humano, mediante la cual la *Shejiná* puede establecer un estrecho contacto con nosotros.

---

465. *Vaetjanán* 267b.

466. La expresión hebrea que indica el Tetragrama es *Shem Havayah*, palabra cuyo significado literal sugiere la existencia.

Amado compañero

Lo anterior nos ayuda a comprender el versículo,[467] «Pero vosotros que estáis apegados al Altísimo, vuestro Creador Todopoderoso, estáis todos vivos hoy». Nos enseña cómo apegarnos al Altísimo y recibir vida por medio del alma que portamos y proviene de Él. Es mediante esta alma como nos unimos a Él, y Él a nosotros.

Sabemos que Él se vincula con nosotros, porque tiene la capacidad de quitarnos el alma en un momento, como dice el versículo,[468] «en Cuya mano se encuentra el alma de todo ser viviente», y también,[469] «al Todopoderoso en Cuya mano se encuentra tu alma». El número de personas saludables cuyas vidas se apagan nos muestra que el Altísimo se une a nosotros mediante el alma, que Él nos quita según Su voluntad.

Es debido al alma que nos otorgó y forma parte de Él, que nos referimos al Altísimo como «nuestro Compañero», como lo dice el versículo:[470] «tu compañero y el compañero de tu padre». Se llama nuestro Compañero porque hay tres participantes en la creación del hombre: su padre, su madre y el Omnipresente. Rashbí enseña en el Zohar[471] que a este compañerismo se refiere el versículo,[472] «el compañero lo es en todo tiempo»:

> Rabí Jizkiyá explicó el versículo: «El [verdadero] compañero ama en todo tiempo y el hermano nació para la adversidad"». «El compañero» es el Altísimo [que nunca nos abandona debido al amor que nos profesa]. Está escrito, «no abandones a tu compañero y al compañero de tu padre» [es decir, no Le abandones para unirte al Otro Lado (el de las fuerzas impuras) al cometer alguna trasgresión. En cambio] «el hermano nació para la adversidad» [es decir], cuando te aflijan los enemigos, dirá el Altísimo,[473] «Sea la paz contigo» [y te salvará].

---

467. Deuteronomio 4:4.

468. Job 12:10.

469. Daniel 5:23.

470. Proverbios 27:10. La palabra hebrea *re'eja* se traduce alternativamente por «prójimo», «amigo», o «compañero». Por lo general he optado por «compañero».

471. Zohar *Beshalaj* 55b.

472. Proverbios 17:17; basado en la traducción de R. Charles Wengrow, *Malbim on Mishley*, Nueva York: Feldheim, 1982.

473. Salmos 122:8.

Los Hijos de Israel son «hermanos y compañeros del Altísimo», y «el hermano nació» [implica que es ahora, en los períodos de aflicción, cuando se manifestará el vínculo fraternal entre el Altísimo e Israel]. «Para la adversidad» [es decir, cuando haya una ola de disturbios en el mundo, el Altísimo se asemejará a un hermano] que te salvará de los que te aflijan.

Enseña Rabí Iehudá que la palabra «nació» implica que el poder del Altísimo se manifiesta. [Las Fuerzas de *Tiferet* del] Rey Santo se ponen en movimiento, y Él dirige Sus Fuerzas de *Guevurá* para aniquilar las naciones [agresoras], y ante la presencia de este poder,[474] «El poder y la alabanza del Altísimo fue la salvación para mí».

Dijo Rabí Iose: ¡Cuánto debe uno amar al Altísimo! No hay servicio Divino que se asemeje al amor. Cuando una persona ama al Altísimo y Le sirve por amor, el Altísimo le llama «Su amado». Si es así [y debemos sentirnos compelidos a amar al Altísimo, sin limitarnos a pensar en Él como Compañeros], ¿cómo se interpreta la contradicción aparente en el versículo, «no abandones a tu Compañero y al Compañero de tu padre» [que parece indicar que basta pensar en Él como en un compañero?]

[Otra dificultad] surge ante el contraste con el versículo:[475] «Esté tu pie raramente en casa de tu compañero» [que parece indicar el imperativo de mantenernos a distancia de Él]. Explicaron los compañeros [los discípulos de Rabí Shimón]: los versículos pueden ser relacionados con dos clases de ofrendas [son deseadas las ofrendas holocausto, pero es preferible no trasgredir a tener que ofrecer un sacrificio expiatorio. Por lo tanto], «Esté tu pie raramente en casa de tu compañero» [es una advertencia para que no pequemos]. «No abandones a tu Compañero...» significa que debemos servirlo, apegarnos a Él y cumplir Sus preceptos [y no abandonarlo].

Por lo tanto, «esté tu pie raramente...» indica que debes superar tu mala tendencia [llamada «pie», ya que te empuja a trasgredir], no sea que te incite y venza; y evita tener malos pensamientos. «La casa de tu Compañero» es el alma pura que el Altísimo puso en ti. Por consiguiente, servir al Altísimo supone amarlo con todo tu ser, como está escrito, «Amarás al Altísimo tu Creador Todopoderoso, con todo...».

---

474. Éxodo 15:2.
475. Proverbios 25:17.

Esta lección del Zohar nos ayuda a apreciar la magnitud del amor Divino por la humanidad y en particular por Israel, hasta el punto que nos referimos a Él como Hermano y Compañero personal. Por eso debemos amarlo continuamente, como sugiere el versículo, «el *verdadero* Compañero ama en todo tiempo» y «No abandones a tu Compañero».

Corazón, pensamiento y acción

Explica el Zohar que para no abandonar al Creador debemos servirlo, apegarnos a Él y observar Sus preceptos. Estos tres medios representan, respectivamente, nuestro *nefesh*, *ruaj* y *neshamá*, que a su vez corresponden a la acción, la palabra y el pensamiento, como explicamos en el capítulo III del *Portal de la Santidad*.

Analicemos estos tres mandamientos alterando el orden en que el Zohar los presenta. Las expresiones «servirlo» y «cumplir Sus preceptos» parecen redundantes. Sin embargo, «servirlo» se refiere al rezo, que se relaciona con el uso de la palabra, como nos pide el versículo:[476] «servidlo con todo vuestro corazón». Señalan nuestros sabios:[477] «¿cuál es el servicio del corazón? ¡Es la plegaria!». En cambio, «apegarte a Él» se refiere al vínculo apasionado y a pensar en Él, ya que sólo podemos unirnos a Él mediante nuestro pensamiento, como dice el versículo:[478] «Apegóse su alma a Diná». Se entiende que «Cumplir Sus preceptos» se refiere a la acción, a cumplir preceptos como *tefilín*, *tzitzit*, o actos de beneficencia, etc.

Paralelo a estos tres mandamientos está el versículo, «Esté tu pie raramente en casa de tu Compañero», que te pide doblegar tu mala tendencia, impidiéndole ser un obstáculo en tu servicio al Creador, ya que un cuerpo inflamado por el entusiasmo de la mala tendencia te impedirá cumplir el servicio Divino de acción. Según este principio, si nos dejamos llevar por la ira, tanto nuestra alma como el Altísimo se apresuran a dejarnos. El Altísimo no reside tampoco en personas cuya habla es trasgresora, como en el caso de la calumnia o la frivolidad. Y no te ensucies la mente fijándola en trasgresiones, o en cosas prohibidas. Cualquiera de estas tres faltas, o sea la lascivia, el habla trasgresora

---

476. Deuteronomio 11:13; mi traducción.
477. *Taanit* 2a.
478. *Véase* el final del capítulo III en el *Portal del Amor*, Génesis 34:3 (mi traducción).

o los malos pensamientos, causará que la *Shejiná* se aparte de tu lado, porque no encuentra espacio para residir en quienes cometen dichas trasgresiones.

La etérea *Shejiná* sólo habita en un alma pura sin imperfecciones. Como indiqué en el capítulo IV, quien quiera evitar la partida del espíritu de inspiración Divina debe seguir el camino recto, sin desviarse a la derecha ni a la izquierda.[479]

Una casa digna del «Compañero»

El Zohar precedente concluye: «servir al Altísimo supone amarlo con todo tu ser», cumpliendo estos tres mandamientos acerca de la palabra, el pensamiento y la acción, como dice el versículo, «amarás al Altísimo, tu Creador Todopoderoso…». El significado de este mandamiento se aclara al final del versículo, «con todo tu corazón, con toda tu alma y con todos tus recursos».

«Con todo tu corazón» se refiere al pensamiento, porque los pensamientos emanan del corazón. «Con toda tu alma» se refiere a la palabra, porque está escrito,[480] «Y el Altísimo, Creador Todopoderoso, formó al hombre… y exhaló en sus fosas nasales el alma de vida; y el hombre se trasformó en un ser vivo». Onkelos traduce «ser vivo» como «espíritu parlante». «Con todos tus recursos» se refiere a la acción, porque se necesita dinero para hacer obras de beneficencia. ¡Cuántos actos que pertenecen al ámbito de la acción dependen del dinero! Además, es mediante el dinero como cumplimos la mayoría de los preceptos activos, como el *tzitzit*, los *tefilín*, la *sucá*, el *lulav* (rama de palmera *combinada con las otras tres especies*), etc.

Comprenderás mejor lo dicho, *si los comparas a* dos hermanos que se aman. Si uno de ellos está en apuros, el otro hará lo posible por salvarle, con toda la devoción y abnegación que pueda mostrar.

El Altísimo obra como si fuese un hermano al salvarnos de innumerables aflicciones, y es también con el fin de salvarnos que permanece cerca de nosotros. Asimismo, dos compañeros que se aman se ayudarán mutuamente si surge algún problema, ya sea material o espiritual; como dice el versículo:[481] «dos podrán más que uno».

---

479. *Véase* el Zohar, *Terumá* 128a.
480. Génesis 2:7.
481. Eclesiastés 4:9.

Cuando uno de los compañeros siente que el otro lo ama con todo su corazón y toda su alma, se conmoverá y le corresponderá. Es a este compañero a quien revelará sus secretos más íntimos y favorecerá cuando pueda. En particular, si su compañero ya ha mostrado anteriormente su benevolencia a su padre y a su abuelo, queda claro que su amor es sincero y no pretende forzarlo a retribuirle.

El Altísimo es socio del ser humano desde que se forma en el seno materno hasta el día de su muerte. Es el Altísimo quien lo salva de diversas enfermedades, de diferentes formas de muerte y aflicciones, le ayuda a ganarse la vida y más, como explica el autor de los *Deberes del corazón*.[482]

Así como el Altísimo es bueno contigo, también lo fue con tu padre y tu abuelo antes de ti; como dice el versículo: «tu Compañero, y el Compañero de tu padre», porque es un Compañero fiel, cuyo amor se reconoce. Por lo tanto, no es correcto abandonarlo, ni ser desagradecido con Él. Por consiguiente se te pide: «esté tu pie raramente en casa de tu Compañero», porque «tu Compañero» es el Todopoderoso, y Su «casa» está dentro de ti, donde reside. Si dañas el alma mediante una de las tres trasgresiones mencionadas *[malos pensamientos, habla trasgresora y lascivia]* o cometes alguna trasgresión, la casa se vuelve impura y el Rey, que es espíritu y pureza, abandona el lugar [...].[483] Como dice el versículo:[484] «el mal no habita delante de Ti».

En consecuencia, ambos versículos: «No abandones a tu Compañero y al Compañero de tu padre», y «esté tu pie raramente en casa de tu Compañero», te enseñan a no obrar de tal forma que causes el alejamiento del Compañero, *como lo haría si trasgredieras uno de los 365 preceptos negativos*. No obstante, el versículo «no abandones a tu Compañero...» también te pide que cumplas los 248 preceptos de sentimiento y acción.

El arpa del rey David

Debemos tratar a un «invitado» espiritual de la misma forma que tratamos a uno *de carne y hueso*. Si un amigo importante te visita, procurarás crear un ambiente agradable limpiando tu casa de cualquier cosa que

---

482. *Portal del examen de la creación (Shaar Habjiná)*, capítulo V.
483. *Véase* Tratado *Nidá* 13b.
484. Salmos 5:5.

pudiera repelerlo. Tal es el mensaje del versículo:[485] «¡Ven, bendito del Altísimo! ¿Por qué permanecerás afuera? He desocupado la casa». Si tu estilo de vida no satisface los requisitos de tu amigo, éste se alejará de ti.

Ésta era la intención del rey David al decir:[486] «Apartaos del mal y haced el bien». Por lo tanto, el rey Salomón incorporó los preceptos de sentimiento y acción en el de hacer el bien, al enunciar su máxima: «no abandones a tu Compañero»; «no permitas que se vaya». «Al contrario, apégate a Él para que Él se una a ti».

¿Cómo apegarnos al Altísimo? Estudiando Torá, cumpliendo los preceptos y manteniendo la mente pura. Si te comportas así, Él [por decirlo así] *tendrá* que venir a vivir contigo. Como tu «casa» se volverá una morada terrenal cuya fragancia Le agradará, no cabe duda que se unirá a ti. Tal es el sentido del versículo:[487] «Cuidaré el camino de la integridad. ¿Cuándo vendrás a mí? Yo andaré dentro de mi casa en la integridad de mi corazón».

El rey David esperaba la visita del *Ruaj Hakodesh* (espíritu de inspiración Divina) a medianoche, cuando soplaba el viento del norte en las cuerdas de su arpa. Entonces despertaba y el espíritu de inspiración Divina venía a residir en él. El rey se preparaba con miras a que el espíritu encontrase espacio disponible en su interior. Como indica el versículo: «Andaré en la integridad de mi corazón», y especifica: «dentro de mi casa»; aludiendo a la *neshamá* dentro de su cuerpo, que representa su casa. Ya hemos visto en el *Portal del Temor*, que los 248 preceptos son las piedras que forman nuestro hogar.

Esencialmente, la morada terrenal de la *Shejiná* se halla en las almas de quienes son dignos. Como dice el versículo:[488] «Me harán un Santuario para que habite dentro de ellos». Observemos que no dice «dentro *de él*», sino «dentro *de ellos*». Mediante la *neshamá* que forma parte de lo Divino, el Omnipresente se une al hombre y lo protege cuando aquél Lo invoca. Como indica el versículo:[489] «Me llamará y Yo le responderé. Estaré con él en tiempo de aflicción, y lo rescataré». Este vínculo es más accesible al pueblo de Israel que a las demás naciones.

---

485. Génesis 24:31.
486. Salmos 34:15.
487. Salmos 101:2.
488. Éxodo 25:8; mi traducción.
489. Salmos 91:15.

Si te detienes a considerar la impresionante proximidad Divina que está a nuestro alcance, tu alma desbordará de entusiasmo y amor, y pensarás: soy un mero ser humano de tierra y ceniza mientras que el Altísimo es tan santo que[490] «el cielo y el cielo de los cielos no pueden contenerlo». ¿Quién soy yo para que el excelso Rey venga a vivir en mi casa? No obstante, si así lo desea, me esforzaré mediante el estudio de Torá creando en mi interior una morada terrenal agradable para que venga, como exclamó el rey David, «¿Cuándo vendrás a mí?».

Enseña Rashbí:[491]

> Cuando los sabios de la Torá se separan de sus esposas durante las seis noches de la semana para estudiar Torá, se apegan a la *Shejiná* con una unificación celestial, y Ella no se separa de ellos.

Cuando el estudioso de la Torá es consciente de esta enseñanza, su alma arde con amor apasionado a la *Shejiná*, como quien ama desea al ser amado. Entonces se esfuerza en preparar un ambiente agradable para que habite en su interior, ya que la *Shejiná* no se alojará en un espacio imperfecto.

Podemos decir que la *Shejiná* se llama «tu Compañero», como explicamos en el capítulo IV, porque siempre acompaña a los hombres en el mundo con el fin de mantenerlos y proveer sus necesidades. En cambio, nos referimos al Altísimo como «Compañero de tu padre».[492] *Como hemos indicado, el Zohar enseña que la palabra compañero implica rectitud: la rectitud [el Altísimo] y la justicia [la Shejiná] son compañeros amados que nunca se separan uno del otro.*[493] El mundo está dirigido por el Altísimo así como por la *Shejiná* que se unifican, como dice el versículo:[494] «la rectitud y la justicia son la base de Tu trono».

[…]

---

490. II Crónicas 2:5.
491. Zohar *Bereshit* 50a.
492. Proverbios 27:10.
493. *Véase Portal del Amor*, capítulo 4; *Zohar, Terumá* 149b.
494. Salmos 89:15.

Tres llaves divinas

Enseñaron los sabios respecto al sustento:[495]

> Dijo Rabí Iojanán: el Todopoderoso retuvo tres llaves que no confía a ningún mensajero: de la lluvia, de la maternidad y de la resurrección de los muertos. Está escrito acerca de la llave de la lluvia,[496] «El Altísimo abrirá para ti Su tesoro de bondad, los Cielos, para procurar lluvias para tu Tierra en su tiempo». Acerca de la llave de la fertilidad, dice:[497] «El Creador Todopoderoso recordó a Rajel... y abrió su matriz». Y acerca de la llave de resurrección está escrito,[498] «y sabréis que Yo soy el Altísimo cuando haya abierto vuestras tumbas». Dijeron en la tierra de Israel: el Todopoderoso también se quedó con la llave del sustento, porque dice:[499] «Tú abres Tu mano y satisfaces a todo ser viviente». ¿Por qué no añadió Rabí Iojanán esta llave a las otras? Porque en su opinión, está incluida en la de la lluvia.

Explica el Zohar sobre las tres llaves:[500]

> Dijo Rabí Shimón: ¡Ven y mira el poder del Altísimo! Resucita a los muertos. Puede llevar a una persona al mundo de los muertos y sacarla de allí. Da luz a las luminarias. Ayuda a que crezca la vegetación y a que brote el grano. Visita al estéril. Da subsistencia. Ayuda a los débiles. Sostiene a los caídos. Endereza a los doblegados. Les quita el poder a ciertos líderes y hace que otros asciendan en su reemplazo. Y todo esto lo hace en un solo acto, en un instante. No hay mensajero en el mundo capaz de hacer esto.

El Midrash analiza el versículo: *«El Altísimo abrirá para ti Su tesoro de bondad, los Cielos»*, asemejando la llave de la lluvia a la resurrección de los muertos:[501]

---

495. Tratado *Taanit* 2a.
496. Deuteronomio 28:12.
497. Génesis 30:22.
498. Ezequiel 37:13.
499. Salmos 145:16.
500. *Vayerá* 116b: *Midrash Neelam.*
501. *Devarim Rabá* 7:6.

Dijeron Rabí Eliezer y Rabí Iaacov: cuando llueve también la economía es bendecida, como sugiere el versículo:[502] «para procurar lluvias para tu tierra en su tiempo, y para bendecir toda la obra de tus manos». Dijeron nuestros sabios: «Incluso los peces son bendecidos». Una reflexión alternativa: «el Altísimo abrirá para ti…». ¡Mira la grandeza de la lluvia! Cuando Rabí Iehudá ben Ezequiel veía llover, decía la siguiente oración: que el Nombre del que habló y con Su palabra creó el mundo sea exaltado, glorificado y bendecido. Hay innumerables ángeles en cada gota que cae. ¿Cómo lo sabemos? El viaje *del mundo* al cielo lleva quinientos años, y sin embargo al caer la lluvia, las gotas no se mezclan.

Respecto a la llave del sustento, debemos saber que hay un Creador que dirige nuestras vidas, y conoce las circunstancias personales y lo que es mejor para cada cual. Para evitar salirme del tema, omitiré los relatos que oí de mis maestros sobre milagros acerca del sustento acontecidos por mediación del profeta Eliyahu. Uno de éstos le ocurrió a un hombre que aún vive en Safed.

Plegaria por el sustento

Nuestro maestro, Rabí Salomón Alkabetz Haleví, escribió una oración por el sustento para ser recitada a diario:

> Tú eres el Altísimo que sostiene *a Tus criaturas,* desde los cuernos de los bueyes salvajes hasta las liendres, y ningún ángel tiene poder de mantener Tu creación. Como dice Tu siervo David:[503] «Los ojos de todos Te esperan, y Tú les das alimento a su debido tiempo. Abres Tu mano y satisfaces a todo ser viviente con favor». También está escrito:[504] «Quien da alimento a todo ser viviente, porque Su misericordia perdura por siempre». Conservas la llave del sustento en Tu mano para refinar y

---

502. Deuteronomio 28:12.
503. Salmos 145: 15-16.
504. Salmos 136:25.

purificar a los hombres, para que confíen en Ti y sepan que no hay más salvador que Tú.⁵⁰⁵

תְּלוֹכִי, רְשַׁוְ רְאֱלָם סוֹשׁ דַּיָב וְיַאוּ סִינֶכ יַצִיָב דֵע סִימְאָר יְנִרְקַם וָהֶ ל-אַהְ הַתָא וּרבַשָׁי רְיֶלֵא לְכ יְנֵיֵע רְדבָעַ דוַד יְדֵי לֵע בוּתכָכ, רְתִלַבלִב לְכלַבלוּ סְנִרְפַלוּ וְיֹחל בִיתכוּ ,וֹצֵר יַח לְכֹל עִיבַשְׁמוּ רָדֵי תֵא חַתוֹפ ,וֹתעֵב סֶלכַאֶ תֵא סַהֵל וֹתוֹנ הַתֹאן יֵנְב וּבֵלְלוּ וְרֵלֶצַל רֵדֶיַב אוֹה זֶה חַתפֲמוֹ ,וֹדסַח סַלוֹעֵל יָכ רָשָׁב לְכֹל סַחַל וָתוֹנ רְתֵלִב יֵא עַיַשׁוֹם יָכ וּעָדֵיןְ בַר וְחטַבְיָשֵׁל סָדָא.

Por lo tanto, el versículo «Los ojos de todos Te esperan...» significa que los ojos de todos los mundos celestiales, los que están por encima de la *Shejiná* y los que están por debajo, cuentan con Ella para su subsistencia y energía vital, porque los ángeles y las almas celestiales también derivan su alimento espiritual de los cielos, como enseña el Zohar⁵⁰⁶ y como explicamos en nuestro *Portal de la Kedushá* (Santidad).⁵⁰⁷

Otra manifestación de la bondad Divina relativa al sustento es proveer al ser humano de diversas facultades intelectuales y destrezas con que encontrar fuentes de ingresos, como señala el versículo:⁵⁰⁸ «Y podrías decir en tu corazón: "¡Mi fuerza y el poder de mi mano me hicieron toda esta riqueza!". Entonces recordarás al Altísimo, tu Creador Todopoderoso: que fue Él Quien te dio fuerza para acumular riqueza».

Onkelos traduce: «Él te sugiere cómo ganarte la vida». Añade el *Tana debe Eliyahu*:⁵⁰⁹

Una vez, viajando de un lugar a otro, conocí a un erudito en las Escrituras pero no en la Mishná. Me dijo: «Rabí, me gustaría decirle algo pero temo que se enfade conmigo». Le dije: «¡No permita el cielo que me enoje si me haces una pregunta de Torá!». Me dijo entonces: Rabí, ¿por qué está escrito⁵¹⁰ «Quien da alimento a toda

---

505. Version de la dicha oración trasliterado a letras Latinas: *Atá haE-l jazán mikarnéi reemim ad beitzéi kenim ve en beyad shum mal-aj ve sar yejolet lefarnes ulejalkel calcalateja, cacatuv al yedei David avdeja (Salmos 145:15) Enei col eleja yesaberu veAta noten lahem et ojlam be itó, poteaj et yadeja umasbia lejol jai ratzón, ujtiv, (Salmos 136:25) noten lejem lecol basar ki leolam jasdó, umaftea'j ze hu beyadeja letzaref ulelaben benei adam lesheyivtejú beja veyade-ú ki moshia en biltejá.*

506. *Zohar Terumá* 156b.

507. Capítulo XVI.

508. Deuteronomio 8:17-18.

509. Capítulo XIV. *Véase* Braude/Kapstein *The Lore of the School of Elijah, op. cit.,* p. 197.

510. Salmos 136:25.

carne», y[511] «que da a la bestia su alimento»? ¿No debe el hombre trabajar para ganarse el pan? Le respondí: Así sucede en el mundo: cuando el hombre trabaja para ganarse la vida, el Todopoderoso bendice la obra de sus manos, como está escrito,[512] «para que el Altísimo, tu Creador Todopoderso, te bendiga en todas las obras de tus manos que emprendas». Como podía malinterpretarse dando a entender que la bendición Divina llega incluso a los ociosos, el versículo termina con las palabras «en toda la obra de tus manos».

Me contestó, «Esta respuesta confirma mi pregunta». Le dije: «Escucha, hijo mío, ve y aprende del simplón que carece de sabiduría y no es capaz de valerse por sí mismo, *y sin embargo no carece de sustento*. Asimismo, si los hombres fueran desprovistos de su inteligencia valdrían tanto como las bestias, el ganado y las aves. No obstante, el Altísimo que alimenta a todas las criaturas del mundo por igual *los sustentaría a ellos también*».

Frustración al buscar el sustento

Enseña el Midrash:[513]

> Dice el versículo:[514] «Quien abre un canal *(shetef)* para la inundación». Dijo Rabí Berejiá: «Hay sitios donde el término utilizado para designar el pelo es **shiftá**. Relatan que un hombre se sentó una vez y enseñó: no existe pelo al que el Altísimo no haya creado su propio folículo, para que no fuese a necesitar subsistencia de otro. Al día siguiente, el hombre expresó su deseo de partir en busca de medios de subsistencia. Su mujer objetó: «Ayer enseñaste que no hay pelo que el Altísimo no haya creado con su propio folículo, para que uno no derive subsistencia del otro, ¿y ahora deseas irte para ganarte la vida? Permanece aquí y el Altísimo te mantendrá». La escuchó y se quedó, y el Creador lo sostuvo.

Para comprender el aspecto místico de la cita precedente, debes saber lo que enseña el *Tikuné Zohar* acerca de los hijos, la vida y los ingresos. Éstos no dependen del mérito individual sino del *mazal* [*la shefa*-bendición Di-

---

511. Salmos 147:9.
512. Deuteronomio 14:29.
513. *Vayikrá Rabá* 15:3.
514. Job 38:25.

vina, que como indica su raíz *(izal)* emana de arriba]. El *mazal* proviene de las tres primeras *sefirot*: la vida proviene de *Jojmá*, los ingresos de *Biná*, y los hijos de *Daat*. Dice el *Tikuné Zohar*:[515]

> Y de allí provienen la vida, los ingresos y los hijos. Acerca de la vida, dice el versículo:[516] «la sabiduría preserva la vida de quien la tiene» [es decir, que la vida proviene de *Jojmá*]. Acerca de los ingresos está escrito,[517] «Abres Tu mano y satisfaces a todo ser viviente con favor» [el sustento se trasmite a partir de *Biná* a *Tiferet*, que lo entrega a *Maljut* y de *Maljut* llega a nosotros].[518]

Las tres llaves citadas [maternidad, resurrección y lluvias] corresponden a los hijos, la vida, y los ingresos. El provecho que cada persona recibe de cada una de ellas depende de su propio *mazal*. El concepto místico de las llaves está contenido en el concepto del destino. Como la trasmisión de estas llaves depende de cada destino individual, las llaves no son confiadas a ningún mensajero. El Omnipresente mismo determina los ingresos de cada cual mediante *Jojmá* y *Biná*.[519]

Cuando comprendas la lección de los *Tikunim* acerca del versículo «Tú abres Tu mano...», verás que el concepto de los tres mundos inferiores es equivalente al de las llaves. Si a veces te sientes angustiado en tu búsqueda frustrada de subsistencia, debes saber que el Todopoderoso quiere enviarte estas aflicciones para purificarte de las trasgresiones cometidos.

El autor de los *Deberes del corazón* explica que el Altísimo provee el alimento de cada criatura según su especie. Las moscas, por ejemplo, son el alimento de las arañas. Referente al versículo[520] «a los polluelos del cuervo que lo reclaman», nuestros sabios explican que cuando el pichón

---

515. *Tikún* 22: 67b.
516. Eclesiastés 7:12.
517. Salmos 145:15.
518. De ahí la importancia del *birkat hamazón* (la bendición de la mesa) que se recita tras desayunar con pan después de la oración matinal. El Zohar señala que esta bendición es la única alegría que *Maljut* recibe en tiempo de exilio; porque cuando los israelitas recitan esta bendición, *Maljut* puede reclamar subsistencia de *Tiferet* y entregarla a sus hijos.
519. *Tikún* 22, 67b; *Tikuné Zohar Jadash* 103b y *Tikuné Zohar* 74a.
520. Salmos 147:9.

de cuervo nace blanco, los padres no lo reconocen. El Altísimo se compadece entonces del polluelo *rechazado* y lo alimenta con moscas que vienen atraídas por su excremento y entran en su pico.

Angustia de la gacela

Los sabios del Midrash notaron la siguiente incoherencia gramatical en el versículo[521] «como el ciervo *(ayal)* brama *(ta'arog)* por las corrientes de agua»: la palabra hebrea *ayal* es masculina, mientras que el verbo *ta'arog* es femenino. La discrepancia refleja la angustia de la gacela *(ayelet)* que, incapaz de parir a su cría, clama al Creador. El Omnipresente responde a su súplica enviándole una serpiente que muerde su canal de parto, ensanchándolo y facilitando así el alumbramiento. De la misma manera, los hijos de Koraj pidieron clemencia al Todopoderoso temiendo por su vida, y Él les respondió. Por lo tanto, está escrito, «como el ciervo brama...».

¿Qué significa «por las corrientes de agua»? La gacela es la más bondadosa del mundo animal: cuando los animales tienen sed acuden a la gacela, que comienza a escarbar hundiendo sus cuernos en la tierra, suplicando al Todopoderoso *que la ayude a encontrar agua. El Todopoderoso* rasga entonces las profundidades para ella, y el agua brota. [...][522]

Providencia personal

Rashbí explicó que el sustento es enviado desde el Cielo a cuatro destinos distintos, como explicaremos en el capítulo XV del *Portal de la Kedushá* (Santidad).[523] Veremos que el hombre no se mantiene únicamente del pan, sino de todo cuanto sale de la boca del Todopoderoso. Reflexiona en cuántos penitentes ayunan durante tres días y noches consecutivos. Hay quienes ayunan cuatro días seguidos con sus noches, o incluso seis, y no se mueren por eso. Sin embargo y según las leyes de la naturaleza, un médico diría que ponen su vida en peligro. Lo mismo puede decirse de las mortificaciones que se imponen ciertos penitentes sin perder la salud por eso, y esto es gracias a que reciben ayuda Divina.

---

521. Salmos 42:2.
522. El Zohar discute el tema de la gacela más adelante: *véase Beshalaj* 52b y *Pinjas* 248b.
523. *Beshalaj* 61b.

Quizás fuese ésa la intención del rey David al decir: «Quien da alimento (literalmente, pan) a todo ser viviente», «porque Su misericordia perdura por siempre». Explican que el Creador Todopoderoso proporciona el sustento, llamado «pan», a todo ser viviente, cada cual según sus hábitos. A algunos les da pan, que es un alimento no refinado. A los enfermos les envía comida que puedan digerir. A los eruditos de la Torá les manda una fuente de nutrición que convenga a su nivel de servicio Divino. Para los sabios de la Torá, la forma de subsistencia esencial es la Torá, como dice el versículo:[524] «Ven, come de mi pan». Explican los *Tikunim*:[525]

> Cuando la *Shejiná* desciende a proporcionar energía Divina a Sus hijos, a cada cual lleva su sustento apropiado. A uno le lleva conocimiento de Torá [alimento espiritual] y a otro le prodiga el sustento del cuerpo. A cada cual según su deseo.

El hombre debería recordar los muchos milagros que el Altísimo hizo para él personalmente, y de las muchas formas de muerte que lo ha salvado, porque hay muchos enfermos que llegan a las puertas de la muerte y sanan. Además, ¡cuánta gente ha sido amenazada por maleantes y escapan sanos y salvos! Señala el Midrash que a veces el Altísimo nos hace milagros sin que nos percatemos, y cita el versículo:[526] «al que hace grandes maravillas Él solo». Explican los sabios que el Altísimo lo hace todo solo, sin participación de terceros; y sólo Él sabe qué milagros hace. Por ejemplo: uno puede estar tendido en su lecho con una serpiente en el suelo cerca de él y cuando se levanta la serpiente lo siente y se marcha. El hombre ni se ha dado cuenta del milagro que el Altísimo le hizo. ¿Quién puede conocer al Altísimo? Por eso está escrito:[527] «Muchas cosas has hecho, oh Altísimo, mi Creador Todopoderoso. Grandes son Tus obras y Tus pensamientos sobre nosotros. Nadie hay que pueda compararse a Ti. ¡Quién puede declarar y hablar de Tus obras, si son más de las que pueden ser referidas!». [...]

---

524. Proverbios 9:5.
525. *Tikún* 21, 45b.
526. Salmos 136:4.
527. Salmos 40:6.

El mundo de los sueños

Procura examinar tus sueños, porque manifiestan la dirección personal que te proporciona el Altísimo. Rabí Shimón bar Iojai enseña también, como veremos en el capítulo IV del *Portal de la Kedushá* (Santidad), que puedes analizar tu comportamiento por medio de un sueño, ya que según lo que hayas hecho durante el día, así será el sueño.[528] Como dice Elihú a Job:[529] «En un sueño, en una visión nocturna, cuando el sueño profundo cae sobre los hombres adormecidos en la cama, el Creador Todopoderoso abre los oídos del hombre y le vierte Sus represiones».

El grado de rectitud de una persona determina la veracidad de sus sueños. A veces se reciben visiones de los mundos celestiales en sueños, se habla con los muertos y se los reconoce. Éstos revelan al durmiente información acerca del Jardín del Edén y el *Gehinom*, como sucedió a menudo en nuestros días. No obstante, no quiero prolongar este ensayo con relatos. Enseñaron nuestros sabios:[530]

> Dijo Rabí Yoná en el nombre de Rabí Zeira: quien no haya soñado durante siete días consecutivos es un trasgresor, como dice el versículo:[531] «el que lo tiene reposará satisfecho. No le visitará el mal». No leas **savea** *(satisfecho)* sino **sheva** *(siete)*.

Rashí explica que un trasgresor no recibe la dirección de la Providencia Divina mediante el sueño. Pienso que no recibirá un sueño, porque su alma no asciende a los cielos mientras duerme. El alma de esta persona es como el espíritu de la bestia, que desciende a las profundidades de la tierra.[532]

Lo que se decreta para el individuo en los mundos celestiales es revelado por medio del sueño. Como explica Rabí Shimón bar Iojai:[533]

> Treinta días antes de que una nación ascienda al poder o sufra algún desastre, el acontecimiento que se avecina es anunciado en el mundo. A veces es comunicado por boca de los niños o la de

---

528. Zohar *Jayé Sará* 130a.
529. Job 33:15-16.
530. Tratado *Berajot* 14a.
531. Proverbios 19:23.
532. Perífrasis de Eclesiastés 3:21.
533. *Shemot* 6b.

los simples, o lo proclaman los pájaros a los cuatro vientos. Pero nadie lo percibe ya que *nadie comprende*. Si la nación es digna, la catástrofe inminente es anunciada a los líderes justos de la generación, para que proclamen su advertencia y, al oír *noticias* del decreto, la gente pueda arrepentirse y volver a su Hacedor. Sin embargo, si la gente del país no es digna, sucede lo dicho.

Uso del cetro real

Otro tema a analizar, que muestra cómo el Creador Todopoderoso dirige a Israel, es la sabiduría que el Altísimo otorga a quienes la merecen. Como dictaminan nuestros maestros, quien vea a un sabio de Israel dice: «Bendito sea quien dio de Su sabiduría a los que Le temen». Aquí en Safed en la Alta Galilea, ya hemos visto a sabios que merecen que se diga esta bendición acerca de ellos. También hemos visto a sabios expertos en la ciencia de la fisiognomía, capaces de decir a la gente lo que han hecho o dónde han trasgredido. Es evidente que estas personas sólo merecieron esta maravillosa sabiduría, que se aproxima al *Ruaj Hakodesh* (espíritu de inspiración Divina), como consecuencia de sus actos y su devoción.

Otra clase de hombre que merece atención es el experto en Cabalá y el estudio de los Nombres Divinos y sus diferentes usos, como por ejemplo, el Nombre de 42 letras o el de 72 letras. Enseña Rashbí:[534]

> Este Nombre [de 72 letras] nos vincula con los patriarcas y nos da acceso a los [diez] senderos [de energía Divina, correspondientes a las diez *sefirot*]: la justicia [estímulo del juicio Divino contra nuestros enemigos]; la compasión [estímulo de la compasión Divina]; la ayuda [ayudar a tener éxito en las ocupaciones; atraer las fuerzas Divinas de] *Jesed*, [e inspirar] el temor; [comprender] *la Torá*; [atraer la *shefa* vital e infligir] la muerte [a quien la merece]; el bien y el mal. Bienaventurados son los rectos que conocen los caminos de la Torá, y saben seguir el sendero del Rey Santo.

Es cierto que no cualquiera es digno de usar los Nombres, porque ¿quién puede usar el cetro real sino los allegados a Él? No cabe duda de que quien sabe cómo usarlos es digno de hacerlo, y cuando haga uso de ellos logrará prodigios impresionantes, como pude comprobar.

---

534. *Beha'alotjá* 151a.

El Nombre de 72 letras proviene de las letras destacadas en los siguientes versículos: «El ángel del Creador Todopoderoso que había estado yendo al frente del campamento de Israel *(vayisá)* se trasladó y fue tras ellos.[535] Se colocó *(vayavó)* entre el campamento de Egipto y el campamento de Israel.[536] Moshé extendió *(vayét)* su mano sobre el mar».[537] Dado que el Mar Rojo fue dividido mediante este Nombre, aparece en los versículos referentes a dicho milagro. El Tetragrama también fue pronunciado sobre las olas; este Nombre produce prodigios aún más excelsos.

La espada del ángel de la muerte

Otro tema en el que nos fijaremos, porque ayuda al hombre a conocer a su Hacedor y a cumplir Su Torá y Sus preceptos, es la muerte. El ser humano no muere como las demás criaturas. Los animales, por ejemplo, si mueren por causas naturales puede ser por enfermedad, o por defectos que no les permiten vivir, o por la debilidad de la vejez. Con los seres humanos no es necesariamente así, como podemos verlo en el caso de niños y jóvenes que dejan este mundo en la plenitud de sus fuerzas muriendo repentinamente, sin ninguna causa plausible.

Un ejemplo de esta índole es la peste que el Creador Todopoderoso envía ocasionalmente por nuestras trasgresiones, y afecta a jóvenes y viejos, niños y mujeres sin distinción. Esta clase de enfermedad desafía a la ciencia médica, incapaz de distinguir entre el bien y el mal. Ya hubo casos en que el médico diagnosticó que un paciente se recuperaría, y sin embargo falleció una o dos horas más tarde. ¡Cuántos afectados por la peste han visto al ángel de la muerte! Algunos le vieron con una espada desenvainada, otros con un arco y flechas, etc. ¡Cuántas veces hemos visto estos casos aquí en Safed, en la alta Galilea! La razón es que cuando hay una epidemia, la justicia que reina en el mundo es de tal severidad que los ejecutores adoptan forma humana para permitir que la gente los vea.

---

535. Éxodo 14:19.
536. Éxodo 14:20.
537. Éxodo 14:21.

Rectificación fundamental

Es importante entender que la muerte, particularmente en lo que concierne a Israel, es un acto de gracia Divina porque ayuda a rectificar el alma del difunto. En consecuencia, está escrito que el Altísimo es[538] «benevolente en todas Sus obras», porque Su obra principal es la creación de almas. A veces el Altísimo ve que una persona, cuyo cuerpo [la carne que proviene de las *klipot*] es producto de Su asociación con el hombre y la mujer que lo engendraron, ya no puede enmendarse mediante el poder curativo de los preceptos. Entonces le quita la vida para continuar la rectificación de Su propia porción, el alma humana. Si la muerte no proporcionase alguna rectificación, ¿por qué la causaría el Altísimo? ¿Para qué crearía seres humanos si piensa quitarles la vida tras unos pocos años? No cabe duda de que he aquí el concepto místico de la reencarnación, como enseñaron nuestros sabios, de bendita memoria. Es notable que Pitágoras coincidiese con ellos al respecto, aunque muchos no lo aprobasen. El alma trasmigra a este mundo porque[539] «El Creador Todopoderoso trata de no apartar de Él al trasgresor».

El Altísimo nos envía de regreso a este mundo para darnos la oportunidad de enmendar nuestra conducta pasada *al completar en la nueva encarnación lo que no logramos en la vida precedente.* Y permanecemos en este mundo hasta rectificar las faltas que vinimos a reparar. Sin embargo, quien no logra emprender su rectificación es retirado del mundo, como un árbol que ya no produce fruto.

El profeta menciona la rectificación beneficiosa que la muerte proporciona al pueblo de Israel:[540] «He aquí que como el barro en la mano del alfarero, así sois vosotros en Mi mano, Oh casa de Israel».

Cuando el alfarero percibe que su recipiente es defectuoso, lo rompe para reelaborarlo mejor. En lo que concierne a la reencarnación, también está escrito:[541] «Tú cambias su semblante y le despides». Si en su encarnación pasada, un rostro humano adoptaba la característica facial del león en el Carro de Ezequiel, en la presente adoptará la del buey, y en la próxima el semblante siguiente, etc. La intención Divina es enmendar las almas conti-

---

538. Salmos 145:17.
539. II Samuel 14:14.
540. Jeremías 18:6.
541. Job 14:20.

nuamente, según les convenga. Si el Altísimo no considerase que la muerte fuese una forma de rectificar una vida, sería difícil comprender el motivo Divino por el cual un artesano crea su obra de arte, y tras completarla hace caso omiso del tiempo invertido en producirla y piensa en destruirla. ¿No le daría lástima, diciendo que no estaba en su sano juicio *cuando pensó destruir su propia creación*, y preferiría mejorar la apariencia de su obra artística?

Rueda de encarnacion[542]

Lo mismo se aplica a la artesanía del Todopoderoso, como dice el versículo:[543] «¿No te ha hecho y formado?». El ser humano contiene la sabi-

---

542. *Matok Midevash* precede la discusión de la trasmigración de las almas en la porción de Torá *Mishpatim,* con las siguientes enseñanzas de R. M. Cordovero: existen dos clases de trasmigración; la primera es la del recto que debe completar el servicio Divino requerido para la completa realización de su ser. Tal alma tiene la certeza de encarnar en una situación y condiciones que sólo pueden ayudarla a lograr su objetivo, sin disminuir su actual grado de proximidad al Altísimo. En cambio, el alma de quien ha trasgredido los preceptos de la Torá está forzada a reencarnar en otro cuerpo. El hecho de que el alma no consiga cumplir su misión no implica que será aniquilada, sino que deberá encarnar por segunda vez, y si tampoco entonces logra su propósito, por tercera vez. Debes saber que para el alma, la reencarnación es la consecuencia más difícil que pueda afrontar. El sufrimiento que padece el alma en *Gehinom* no es tan duro, porque su fuego la purifica: tras su estancia en el *Gehinom* el alma sale apta para entrar en el Jardín del Edén, y reunirse con los rectos. La angustia del alma que debe reencarnar puede representarse con la parábola del hombre que, tras luchar durante muchos años para reunir mercancía, viaja a una tierra lejana para vender sus productos. No obstante, a las puertas de la ciudad examinan su mercancía con desprecio, diciéndole que lo que ha conseguido con su trabajo no tiene valor alguno en su situación presente. En consecuencia, ese hombre debe emprender un nuevo viaje de muchos años. Se va con las manos vacías a buscar la clase de mercancía que le han pedido reunir. ¡El viaje es tan largo que teme olvidar incluso lo que busca! Esta parábola ilustra la situación del alma en el juicio. Ella llega a este mundo y se afana por realizar sus objetivos hasta que regrese al mundo celestial. Sin embargo, a la puerta del Jardín del Edén se encuentra con guardias que le dicen que no trae lo requerido: debe volver a descender para reunirlo. El castigo de *Gehinom* es mucho más fácil para el alma, porque sabe que el premio de su sufrimiento será el acceso al Jardín, donde disfrutará de la Presencia de su Padre Celestial sin volver a trasmigrar. En cambio, la angustia de la reencarnación se debe a la incertidumbre de su resultado. La mala tendencia causa que uno olvide la razón de su regreso a la Tierra. Por lo tanto, el alma obligada a reencarnar está angustiada por la posibilidad de ir a padecer otros setenta años de sufrimiento en vano, si una vez más no consigue superar su mala tendencia.
543. Deuteronomio 32:6.

duría de todos los mundos celestiales, y si la muerte no tuviese la facultad de rectificar las imperfecciones de su alma, el Creador Todopoderoso no le quitaría la vida. Así que todo depende de cómo se comporte en este mundo: si perfecciona su conducta, la *Shejiná* (uno de Cuyos nombres es «Rueda», ya que las almas encarnan por Su mediación), gira la rueda hacia la derecha y el mundo se rectifica; de lo contrario (no lo permita el cielo), la gira hacia la izquierda. Así enseña el Zohar, indicando que esta Rueda está en continuo movimiento, dependiendo de la conducta humana.[544]

> Esta Rueda de Justicia nunca cesa [de rodar en su papel de juzgar las almas, y en ella], las almas siempre ascienden y descienden [cuando dejan este mundo. Al morir, se juzgan sus obras para determinar su destino, y a qué espacio celestial merece ascender. En el caso de las almas que deben regresar al mundo, según el nivel alcanzado en vida, se determina en qué cuerpo reencarnará]. Las almas entran [en el dominio de la Rueda para ser juzgadas] y salen [tras recibir su veredicto].

Continúa el Zohar:

> [El juicio de la Rueda] es un concepto místico Divino: [este mundo está regido por mediación del Árbol del Bien y el Mal, que corresponde a la corteza Noga, en que el bien y el mal se entremezclan. Es también la corteza Noga la que proclama que la Rueda gire hacia el bien o hacia el mal] cuando las personas se comportan según el bien [gira hacia la derecha] y cuando se dejan llevar por su mala tendencia [gira en consecuencia].

Rabí Shimón bar Iojai discutió el tema[545] refiriéndose al versículo[546] «y cambia según Sus designios, de acuerdo a la conducta de ellos, haciendo lo que Él ordena bajo la faz del orden terreno».

---

544. *Mishpatim* 95b.
545. *Vayera* 109b.
546. Job 37:12; trad. R. Shahar, *op. cit.*

Citó Rabí Elazar «y cambia según Sus designios, de acuerdo a la conducta de ellos». [Significa que nada sucede en la tierra sin participación activa del Todopoderoso. Las cosas no ocurren por casualidad, sino que provienen del reino Divino como se manifiesta por la *sefirá Maljut* según la conducta humana. El Zohar explica, que] el Todopoderoso dirige los acontecimientos en la tierra y hace planes para que las condiciones de vida *sean favorables* en la tierra. [El Todopoderoso desea que se materialicen estas condiciones en el mundo. Sin embargo] el hombre piensa que estos acontecimientos están firmemente establecidos [y no fija su atención en que lo bueno de su vida proviene del Omnipresente, quien lo favorece o priva según Su voluntad, y por eso trasgrede]. El Todopoderoso cambia entonces los designios [de Su Providencia a situaciones que distan de las condiciones favorables anteriores].

Por lo tanto, el versículo anterior puede traducirse «cambia según Su **designio**», en singular; en vez de «designios», en plural[547] [porque la Providencia Divina se determina por un solo designio: el juicio de la Rueda, cuya acción realiza Su voluntad. El movimiento de esta Rueda] puede compararse al torno del alfarero. El artesano crea un recipiente de barro. Mientras su rueda esté girando, puede dar al barro la forma que desee. Si decide darle una forma distinta, puede hacerlo. Puede cambiar la forma del barro y hacer con él un recipiente distinto, gracias a la rueda que gira ante él.

Así también, el Todopoderoso cambia la forma en que dirige los acontecimientos mediante Su único «designio». Su tribunal [es decir, *Maljut*], que es la Rueda [celestial] ante Él, determina el destino de los seres humanos. [Éste es el] concepto místico *de* la Rueda que gira ante Él. [Es mediante el movimiento de esta Rueda como el Todopoderoso modifica la energía de *Jesed* que puede estar dirigiendo el mundo, a una de *din*, así como el alfarero puede cambiar la forma de su recipiente] y basa Su acción en la conducta humana.

Por consiguiente, si las obras del hombre son dignas de alabanza, la Rueda gira a la derecha [infundiendo amor]. Asi-

---

547. La palabra hebrea que expresa «Sus designios», *tajbulotav*, está escrita sin *Yud*; por lo que puede leerse en singular «Su designio», o más literalmente, «Su ingenioso designio», que alude a la Rueda celestial.

mismo, el Todopoderoso colma el mundo de bendiciones para beneficiar al hombre. Si a la inversa, el hombre trasgrede, el Todopoderoso hace que Su Rueda [que es *Maljut*], modifique su movimiento y gire hacia la izquierda, dirigiendo el mundo con la intención de ocasionar sufrimiento. La Rueda continúa girando hacia la izquierda hasta que el hombre se arrepienta y rectifique sus obras. Por lo tanto, la dirección de la Rueda depende exclusivamente de la conducta humana terrenal. A esa acción se refiere el versículo, «cambia según Su designio», porque la Rueda nunca está en reposo [sino que se mueve]; según el comportamiento [humano].

El Zohar que antecede nos ayuda a comprender la lección de los sabios:[548] «El hombre siempre debe considerarse mitad digno y mitad culpable, y al mundo como en parte recto y en parte culpable. Quien cumple un precepto es digno de alabanza, porque causa que el mundo entero se incline hacia el mérito, etc.».

Bondad con el alma

Mediante esa Rueda, el ser humano influye en el mundo para bien y para mal. Por lo tanto, quien se arrepiente beneficia: 1) a su propia alma, 2) a su cuerpo y al mundo entero (ya que lo hace más merecedor), y 3) al Altísimo.

1. *Su propia alma*: porque le evita el suplicio del *Gehinom* y otras consecuencias de la trasgresión, como explico en el *Portal del Temor*. También salva su alma de la reencarnación, que para ella es muy dolorosa.
2. *Su cuerpo*: no sufrirá la pena de *caret* falleciendo en la flor de la vida.
3. *Al Altísimo*: porque si se arrepiente no aflige al Omnipresente, forzándolo a decretarle muerte y reencarnación. La voluntad del Altísimo no es infligir la muerte al trasgresor, sino aceptar con amor su contrición cuando se arrepiente de su pasado. El decreto de la reencarnación es muy doloroso para la *neshamá*, y

---

548. Tratado *Kidushin* 40a.

el Altísimo es misericordioso; desea beneficiar a Sus criaturas, y en particular a Sus almas sagradas que forman parte de Él.

¿Para qué vine al mundo?

El Altísimo no desea desarraigar un alma de su fuente de origen, de donde absorbe su energía vital. Una escisión de esta índole se asemeja a quien corta un árbol de su lugar, lo separa de las raíces que le dan vida, y lo planta en otro sitio. El Altísimo concede tiempo a los trasgresores antes de imponerles la pena merecida, porque es posible que con el tiempo, el trasgresor se arrepienta. Así pues, el trasgresor es libre de escoger *su campo de acción*. Los *Tikunim* discuten este tema.[549]

Por lo tanto, una persona sensata debe considerar el tema de la muerte, como indica el versículo:[550] «el corazón de los sabios está en la casa del duelo», y[551] «es mejor ir a la casa del duelo que ir a la casa del banquete». El hombre no viene al mundo para comer y beber, como piensan los necios que fijan su mente en disfrutar de la vida. Si así fuera, ¿cuál sería el provecho de la Creación?

Cierto que hay muchos individuos de esta índole entre las naciones idólatras del mundo: comen, beben, trabajan y mueren. Se van como vinieron, sin recibir castigo por su comportamiento, porque no tienen *neshamá* y no les encargaron que observasen preceptos. Sólo deben evitar cometer actos nocivos, como dice el versículo:[552] «El Altísimo arrojará el alma de tus enemigos como con una honda». Rabí Shimón bar Iojai explica que una de las preguntas a las que la persona responderá tras su muerte es si investigó la razón por la cual su alma vino al mundo y qué ha venido a rectificar.[553] *[Ésta es la interpretación esotérica del versículo*[554] *«Dime Tú, a quien ama mi alma»]*:

---

549. *Tikún* 69, 103a.
550. Eclesiastés 7:4.
551. Eclesiastés 7:2.
552. I Samuel 25:29.
553. Zohar *Jadash, Shir Hashirim* 70b.
554. Cantar de los Cantares 1:7.

> La ciencia que uno debe [adquirir] es estudiar y contemplar los misterios de su Amo, aprender a conocer su propio cuerpo, y estudiar cómo nació y a dónde se dirige. Debe saber rectificar su cuerpo, y cómo presentarse ante el tribunal del Soberano del Universo.
>
> También debe estudiar y contemplar los misterios de su alma: en qué consiste, de dónde proviene, y por qué llegó a este cuerpo que es una gota fétida que está hoy aquí y mañana en la tumba.

Prenda de luz

Sobre la rectificación del *nefesh* que la muerte proporciona al hombre,[555] Rashbí cita una explicación del Midrash sobre el versículo:[556] «Y el Creador Todopoderoso vio todo lo que había hecho, y he aquí que era muy bueno», que «bueno» se aplica al ángel de la vida, mientras que «muy» es el ángel de la muerte. Rashbí pregunta por qué un humano cumple los preceptos de su Amo, y relaciona su respuesta al concepto del jardín del Edén y a Adán antes de la trasgresión. Resumiendo, el mensaje de Rashbí es que, debido a la trasgresión de Adán, el hombre está encerrado en un cuerpo tosco cuya materia le impide percibir los excelsos reinos celestiales. Tras la muerte se despoja de su cuerpo y adopta una prenda espiritual compuesta por sus estudios de Torá y los preceptos que cumplió en este mundo. Equipado con esta prenda, es digno de contemplar y gozar la luz de la vida celestial. Añade Rashbí:[557]

> Bondadoso con Sus criaturas, el Altísimo no quita al hombre sus vestiduras físicas hasta que le prepara prendas mejores y más preciadas. Esto excluye a los descarriados de este mundo, quienes no regresaron a su Amo profundamente arrepentidos [mientras vivían]. Desnudos vinieron al mundo, y desnudos regresarán al otro mundo, [porque quien no cumplió preceptos

---

555. Zohar *Terumá* 149b.
556. Génesis 1:31.
557. *Terumá* 150a.

en este mundo carece de «tejido» para confeccionar el atuendo del Edén. Algunas almas tenían esta prenda mientras estaban en el Edén pero la perdieron al reencarnar por trasgredir la Torá; su prenda anterior fue entregada a otro].

Por lo tanto, la muerte representa una enmienda cuando el hombre es recto, porque al morir puede cubrirse con la prenda espiritual mencionada. El miedo a la muerte también ayuda a los trasgresores ya que puede causarles que se arrepientan, como ya explicamos.

La rectitud contra la descomposición

Hay personas rectas cuyos cuerpos no entraron en contacto con los gusanos tras la muerte. A los mencionados en la *Beraita* podemos añadir a Rabí Elazar, hijo de Rabí Shimón bar Iojai y a Rashbí mismo, así como a los *Amoraim* como Rabí Ajai ben Iashiá.[558]

> Incluso en nuestros días cuentan que un recto falleció en el campo, a uno o dos días de marcha fuera de su ciudad. Lo enterraron allí, y años más tarde sus hijos fueron a recoger sus restos para sepultarlos entre los miembros de su familia. Encontraron su carne intacta, salvo uno de sus pies. Afligido de pensar que los gusanos seguirían descomponiéndolo, su hijo mayor ayunó. Su padre lo visitó en sueño y le dijo, «debes saber que el gusano tuvo acceso sólo a uno de mis pies, porque con él di un puntapié a un sabio de la Torá». Nunca había trasgredido con el resto de su cuerpo y, por consiguiente, los gusanos no lo tocaron, ni lo tocarían. Oí este relato de un anciano erudito que lo oyó a su vez por boca del hijo protagonista, quien todavía vive.

Lo precedente nos da una idea de hasta qué punto todo depende de nuestros actos. Como dice la Mishná:[559] «Lo principal no es el estudio sino la práctica, y quien habla mucho ocasiona trasgresión». ¡Cuántos eruditos no alcanzaron este nivel! Todo depende del modo en que cada cual se purifica y sus obras: así será purificada su materia, y el gusano no lo podrá tocar.

---

558. *Véase* Tratado *Baba Metziá* 84b y Zohar *Bereshit* 4b.
559. *Avot* 1:17.

La Torá es la vida

Quizás por esta razón dicen que los rectos continúan «vivos» tras su muerte: porque han separado de su materia la impureza de la Serpiente, que son la envidia, la lujuria y la soberbia. El poder de la Torá y sus preceptos (a los que llamamos «vida») se apega cada vez más al justo, hasta que el gusano pierde su dominio sobre él. El Todopoderoso desea que la muerte purifique a cada cual de la trasgresión de Adán, devolviendo su alma al prístino estado de la Creación:[560]

> El talón de Adán brillaba más que la esfera del sol; ¡cuánto más el resplandor de su semblante! Que no te extrañe. Si alguien hace *tazones,* uno para sí y otro para su hogar, ¿a cuál hará más bello? Al suyo. Así también, Adán fue creado para servir al Omnipresente, mientras que la esfera del sol, para servir a la humanidad.

Como enseña el Zohar:[561]

> Dijo Rabí Iehudá: ¡Ven y mira! La forma y belleza de Adán eran tan radiantes como el más alto de los firmamentos, y como la luz que el Altísimo ocultó reservándola para los justos en el mundo venidero.

El Zohar enseña que en la vida futura los justos se asemejarán al sol y a la luna.[562] Más aún, Rabí Jiyá dice en el Zohar haber visto el rostro de Rashbí más resplandeciente que la luz del sol.[563]

El valor del silencio

El recto Rabí Lapidot, de bendita memoria, dijo a mi maestro que soñó con el sabio de la Torá Rabí Iehudá ben Shoshan, de bendita memoria,

---
560. Rabí de Vidas cita el Midrash *Vayikrá Rabá, Ajarei Mot* 20:2.
561. *Jaié Sará* 121b.
562. *Jaié Sará* 121b y 124a.
563. Zohar *Bereshit* 4a.

tras su defunción, aquí en la Alta Galilea. Vio brillar el semblante de Rabí Iehudá como la luz del sol, y cada pelo de su barba relucía como una antorcha. Rabí Lapidot le preguntó qué había hecho para merecer eso. Respondió que se debía a su esfuerzo en guardar el silencio, porque nunca en su vida había hablado de cosas fútiles. También vimos la lección de la Mishná: «Lo principal no es estudio [de la Torá] sino la práctica, y quien habla mucho ocasiona trasgresión».

El Zohar discute extensamente la muerte infantil.[564] Desarrollamos este tema en el *Portal del Temor*; lo hemos incluido aquí para fusionar el temor con el amor.

Un pabellón en el cielo

Otro factor que estimula el amor al Creador es considerar lo que el Altísimo ha prometido mediante Sus profetas y por revelaciones del espíritu de inspiración Divina, a propósito del beneficio del mundo venidero reservado a los justos. Dijo Isaías:[565] «Y el Altísimo creará sobre la extensión del monte Sión y sobre sus asambleas una nube y humo de día y el resplandor de un gran fuego de noche, y sobre toda la gloria habrá un pabellón...».

Basándose en ese versículo, El Zohar estudia el Jardín del Edén.[566] Y el Talmud enseña que el Altísimo hará un pabellón individual para cada justo en el Jardín del Edén según el nivel de cada cual; como dice el versículo, «sobre toda la gloria habrá un pabellón». El humo y el fuego aluden a la vergüenza que sentirán algunos si el pabellón del vecino es más lujoso que el propio.[567]

Basándose en el mismo versículo, enseña Rabí Shimón bar Iojai:[568]

> Aprendimos que siete días después de la muerte, el cuerpo pasa por diferentes procesos [es decir, sobrelleva la azotaina de los seres celestiales encargados de esta tarea, o sufre la agonía de

---

564. Zohar *Bereshit* 113a.
565. Isaías 4:5.
566. *Vaiakhel* 209-213.
567. *Baba Batrá* 75b.
568. Zohar *Vayjí* 219a.

ser comido por los gusanos], mientras que el alma asciende al lugar [que merece. El orden de ascensión es]: el alma entra a la cueva de Majpelá, ve lo que [es digna de] ver, y entra en el palacio [que le corresponde], hasta que llega al Jardín del Edén inferior [porque en la cueva de Majpelá hay un sendero que conduce al Edén inferior]. Allí encuentra a los querubines y la espada ígnea [que el Todopoderoso puso en la entrada del Edén inferior para guardar el árbol de la vida]. Si merece entrar [se abren las puertas y], entra.

Aprendimos que los cuatro ángeles guardianes [Mijael, Gabriel, Uriel y Rafael] se encargan de vestir [al alma recién llegada], y uno de ellos tiene entre las manos [una prenda espiritual] con la forma del cuerpo. [Ésta es la prenda mencionada, compuesta de los estudios de Torá y los preceptos cumplidos en vida] El alma viste esta prenda con alegría, y permanece en este espacio por el tiempo decretado. [El alma puede tener algunas trasgresiones de las que necesite purificarse en el Edén inferior antes de que le permitan ascender al Edén superior, que es el espacio digno de su esencia]

Después, un heraldo hace una proclamación [de que tal alma tiene permiso para ascender. En el proceso de ascensión al Edén superior], fijan una columna [que es la *sefirá Yesod* del Edén] de tres colores [o iluminaciones, de *Jesed, Guevurá* y *Tiferet*, ya que en el Edén mismo hay diez *sefirot*]. Esta columna se llama «asamblea del monte Sión» [porque Sión equivale a la *sefirá Yesod*], como dice el versículo,[569] «Y el Altísimo creará sobre la extensión del monte Sión, y sobre sus asambleas, una nube y humo de día, y el resplandor de un gran fuego de noche». [Significa que cuando el Altísimo desea elevar las almas que merecen estar en el Edén superior para que se reúnan, les crea una columna llamada «asamblea del Monte Sión»]

El alma asciende por esta columna a la puerta de justicia: he aquí a Sión y a Jerusalén [es decir, *Yesod* y *Maljut*]. Si es digna de seguir ascendiendo, bienaventurada, porque entonces se apegará a la esencia del «cuerpo del Rey» [*Tiferet*]. Si no merece ascender más,[570] «lo que quede en Sión y lo que quede en Jerusalén será llamado santo». [El alma destinada a permanecer en

---

569. Isaías 4:5.
570. Isaías 4:3.

Yesod y *Maljut*, denominada «Sión y Jerusalén», que no puede ascender más, sin embargo se llama «santa»]

Si merece ascender más alto [que *Tiferet*], es afortunada y digna de alabanza, porque entonces entra en contacto con la Gloria del Rey y disfruta del deleite superior que yace más allá del espacio llamado «cielo» [goza de la energía de *Jesed* imbuida de *Biná*]. Como dice el versículo,[571] «entonces te deleitarás en Y-H-V-H» [la palabra hebrea que expresa «en», es «על» «al», que literalmente, significa «sobre», y sugiere el espacio superior al cielo]. Afortunada el alma que merece esta bondad Divina, como dice el versículo:[572] "«Tu bondad llega a los cielos en Su grandeza».

Hay, sin embargo, una fuente de bondad aún más elevada, como sugiere el versículo:[573] «Tu bondad es grande sobre los cielos». Rabí Iose explica que existe una bondad superior y una inferior. La bondad superior está por encima de los cielos, mientras que acerca de la inferior está escrito «Tu bondad [llega] *hasta* los cielos».

Rashbí sigue analizando el Jardín del Edén:[574]

¡Ven y mira! Quien se esfuerza en conservar su santidad en este mundo y se aleja de la impureza habita en el cielo entre los seres celestiales que sirven continuamente al Altísimo. [Éstos] permanecen de pie en el atrio, como indica el versículo,[575] «el Patio del Tabernáculo». Hay otros que se mantienen de pie más hacia adentro: no en el patio sino en la casa [tienen el privilegio de ascender al mundo de *Beriyá* (la esfera de las almas) para recibir una *neshamá* de allí]. De ellos dijo el rey David:[576] «Estemos satisfechos con la bondad de Tu Casa».

[Al principio del versículo, el rey David parece referirse a otra persona]: «Digno de alabanza es [aquel] a quien Tú esco-

---

571. Isaías 58:14.
572. Salmos 57:11.
573. Salmos 108:5.
574. *Jayé Sará* 129b.
575. Éxodo 27:9.
576. Salmos 65:5.

ges y acercas a Ti para que [habite] en Tus patios». ¿Por qué entonces [a continuación cambia el sujeto y se incluye en el verbo] «estemos satisfechos»? Lógicamente el versículo debería decir, «esté satisfecho». No obstante, aprendimos que sólo los reyes de la dinastía Davídica tenían permiso de sentarse en el Patio del Templo.[577] [Por lo tanto, el rey David se refería a sí mismo y a sus descendientes al escribir «estemos satisfechos con la bondad de Tu Casa». El versículo alude a los que merecen una *neshamá* del mundo de *Beriyá*].

El ajeno a una casa permanece en pie en el umbral, pero quien está autorizado a pasar puede sentarse o habitar en su interior. David, que tenía permitido sentarse en el patio del Templo, llamaba a *Beriyá* «la casa» en que gozaría del resplandor de la *Shejiná*. El alma de aquel cuyo nivel de rectitud es inferior al anterior es «el hombre a quien Tú escoges y acercas a Ti para que habite en Tus patios»: aquí David alude a *Yetzirá*.

Para ayudarnos a comprender que David considera que *Beriyá* es «la casa» y *Yetzirá* «el atrio», el *Matok Midevash* nos recuerda que el Patio del Templo era como un pórtico que precedía a la cámara interior llamada *Hejal*-Santuario. Por consiguiente, existe un nivel más elevado en que el mundo de *Beriyá* ya no se considera la casa, sino el patio del mundo más excelso de *Atzilut*].

Los justos cuya naturaleza es más eminente penetran aún más adentro [al mundo de *Atzilut*, equivalente al *Hejal*]. ¿Quiénes son? Como dice el versículo:[578] «debían acampar delante del Tabernáculo» [más adentro que el mundo de *Beriyá*, denominado Tabernáculo], «ante la tienda de reunión al oriente» [éstos merecen contemplar la luz de *Tiferet* en el mundo de *Atzilut*, llamado oriente. Aquí] «estaban Moshé, Aarón y sus hijos» [y demás almas santas de su nivel].

¡Cuántas moradas y luces celestiales hay en los cielos! [según los distintos niveles de rectitud de las almas. En cada nivel hay diferentes «palacios» o moradas, y pabellones, uno más alto que otro, y cada uno recibe la iluminación que merece su habitante. Hay academias en las que muchas almas se reúnen para estudiar Torá juntas. Al recibir cada alma la porción que le corresponde,

---

577. *Yomá* 25a.
578. Números 3:38.

la intensidad de la luz de una puede ser por lejos más radiante que la de otra, según los esfuerzos de cada alma durante su estancia en la tierra] Cada [alma justa] siente vergüenza cuando la luminosidad de otra [supera la suya, porque muestra que su esfuerzo en el servicio divino no fue tan arduo como el de su vecina, cuya intensa luminosidad evidencia su mayor intimidad]. Así como una obra se distingue de otra en este mundo [por su valor], así también se diferencian las diferentes moradas y luces en el cielo [cada *mitzvá* tiene una calidad única que revela la índole particular de su luz Divina al espectador. La calidad del cumplimiento de preceptos de cada cual determinará la luz de que dispondrá su futuro pabellón en el mundo venidero].

Un edén propio

Basándose en el versículo,[579] «El Altísimo, Creador Todopoderoso plantó un jardín en el Edén, hacia el Este», los sabios del Midrash deducen los distintos niveles de los justos en el Edén.[580] También interpretan el versículo,[581] «en Tu Presencia hay alegría plena»: «No lean *sova* (plena), sino *sheva* (siete)»,[582] aludiendo a las siete clases de alegría reservadas para los rectos en el mundo venidero. Éstas reflejan la luminosidad del semblante de los justos en el cielo, que puede compararse a una de las siete jerarquías: el sol, la luna, los cielos, las estrellas, los rayos, las azucenas, las luces *de la Menorá en el Hejal* del Templo sagrado. Cada comparación se basa en un versículo. *En Midrash Rabá se* menciona el tema, citando como evidencia el versículo,[583] «tomaréis para vosotros... durante siete días». *[Explica el Midrash: «siete compañías de justos que darán la bienvenida en el futuro a la presencia de la Shejiná, cuyos semblantes se asemejarán al sol, a la luna, etc.»].*

Quien considere el inmenso provecho del mundo venidero, sus maravillas y misterio, se esforzará en mejorar su comportamiento y amar a

---

579. Génesis 2:8.
580. *Yalkut Bereshit* 20.
581. Salmos 16:11.
582. *Sifri Devarim* 10; *Midrash Tehilim* 11:6.
583. *Midrash Rabá* acerca de Levítico 23:40.

su Amo. Como dice el versículo,[584] «fueron cosas de las que nunca habían tenido noticia los ancianos, ni percibido por el oído, ni ojo alguno había visto un dios aparte de Ti, que trabaja para quien Le espera». En cambio, con Su gran bondad, el Altísimo otorgará una morada en la excelsa delicia que proviene de Su ya mencionado lado de *Jesed*. Escribe el rey David:[585] «¡Cuán preciosa es Tu bondad, Oh Altísimo! Y los hijos de los hombres se refugian en la sombra de Tus alas. Están abundantemente satisfechos con la riqueza de Tu Casa, y Tú les haces beber del río de Tus delicias».[586]

Cada justo tiene su Edén propio. [...] Sin embargo, nos aconsejan huir de la arrogancia, porque[587] «todo el que es de corazón altanero es abominación al Altísimo». Aunque los justos recibirán su deleite celestial como gesto de bondad Divina, aun así el lado de justicia también tiene su papel para decidir si merece dicho nivel o no. [...] Como está escrito:[588] «sigue siendo benevolente con los que Te conocen».

También está escrito,[589] «¡Cuán abundante es Tu bondad, que dispensas a quienes Te temen y reservas para los que se refugian en Ti!». Explica el Zohar que la frase «y reservas para los que se refugian en Ti» alude al Jardín del Edén, donde se mantienen los justos, vestidos con prendas similares a las de este mundo.[590] La frase «cuán abundante es Tu bondad» se refiere a la luz primigenia del primer día de la Creación. Moshé utilizó esta luz, que está oculta y reservada para el uso de los justos en el futuro, como enseña Rabí Shimón.

El deleite del alma

La obra *Jupat Eliyahu* nos permite vislumbrar beneficios adicionales en el mundo venidero:

---

584. Isaías 64:3.
585. Salmos 36:8-9.
586. Rabí de Vidas refiere el lector al *Tikuné Zohar* 88a, y a *Vayikrá Rabá* 27:1.
587. Proverbios 16:5.
588. Salmos 36:11.
589. Salmos 31:20.
590. Zohar *Bereshit* 7a.

> Tres cosas reflejan el mundo venidero: Shabat, la luz del sol y las relaciones conyugales.

La luz que nos revela el Shabat encierra un aspecto del mundo venidero. En efecto, nuestros sabios enseñaron que en Shabat nuestro semblante no es igual al de los días hábiles. El Talmud cuenta de un gentil que preguntó por qué las comidas que preparamos para Shabat son tan exquisitas. Le contestaron que es a causa de un ingrediente especial, llamado «Shabat». Quien no observa el Shabat, sus comidas carecen de tal «condimento».

Debido al alma adicional que recibimos, en Shabat sentimos un deleite espiritual sublime. Un erudito de la Torá también percibe conceptos místicos de la Torá mientras está bajo la influencia de esta alma, como comprobé personalmente en el caso de mi maestro, de bendita memoria, y otros sabios. Desarrollo el tema de Shabat en el *Portal de la Kedushá* (santidad).

La luz del sol también puede asemejarse a la Luz Oculta. Así como no podemos mirar fijamente la luz del sol cuando brilla con plena potencia, asimismo estando en este mundo no podemos resistir una revelación de la Luz Oculta. En la vida futura esta luz se revelará a las almas del Jardín del Edén inferior. Como dice el versículo,[591] «se levantará el sol de justicia trayendo salud en sus rayos», como indica Rashbí en el Zohar;[592] texto citado en el *Portal del Temor*.[593]

[...] Dicen que en el futuro,[594] «La luz de la luna será como la luz del sol. Y la luz del sol será siete veces mayor, como la luz de los siete días».

El placer que se siente en las relaciones conyugales *(tashmish)* es la sexagésima parte del deleite del mundo venidero.

En relación al deleite del mundo venidero podemos mencionar la fragancia agradable que olemos al terminar el Shabat. Anota Rashbí:[595] «¡Ven y mira! Este aroma mantiene a nuestro *nefesh*, ya que se dirige al *nefesh* más que al cuerpo. Como dice el versículo acerca de Itzjak, que antes de bendecir a su hijo:[596] «olió el aroma de su ropa y lo bendijo».

---

591. Malaquías 3:20.
592. *Vayakhel* 211:b.
593. Capítulo XIII, secciones 85-92 en la edición de Waldman.
594. Isaías 30:26.
595. Zohar *Vayakhel* 208b.
596. Génesis 27:27.

Rashbí también explica:[597]

> ¡Ven y mira! Afortunados son los justos, pues se les reserva mucho bien en el mundo venidero. Sin embargo, nadie ha penetrado en los recintos interiores [del Edén] hasta donde llegan los que conocen los misterios de su Amo, y [saben cómo] apegarse a su Amo todos los días [cada uno de sus movimientos está hecho de acuerdo con la sabiduría esotérica: esto les permite adquirir una *neshamá* del mundo de *Atzilut*, y atraer diariamente hacia sí la luz de las *sefirot*]. A ellos se refiere el versículo:[598] «ningún ojo ha visto un dios aparte de Ti, que trabaja para quien Le espera» [es decir, ningún profeta ha visto lo que hace el Altísimo para quien confía en Él]. ¿Qué significa «espera (*mejaké*)» en el Altísimo? Lleva el mismo mensaje que el versículo,[599] «Elihú esperó (*jiká*) para hablar a Job».

[La raíz hebrea de *mejaké* (espera) es la misma que la de *jej* (paladar). El *Matok Midevash* explica que, así como el paladar nos permite saborear la comida, los maestros de la sabiduría mística se esfuerzan en captar los niveles de comprensión tras los preceptos de la Torá, con el fin de endulzar la experiencia de cumplirlos].

> [«Los que conocen los misterios de su Amo»] son los que persisten en su esfuerzo por comprender la sabiduría [mística], y tratan de [captar cada concepto]. Esperan [o sea, se sumergen constantemente en este estudio], porque [están motivados por su deseo de] comprenderlo con claridad y así conocer a su Amo. El Altísimo se enorgullece de ellos *día a día, y tienen acceso al reino de los seres celestiales. Les permiten* franquear todas las puertas celestiales, y nadie puede impedir su ascensión.
>
> [En otras palabras, quien se contenta con un entendimiento superficial de la Torá no llega al estrecho vínculo con el Creador que alcanza el que se esfuerza en captar los métodos de interpretación más complejos. Si este último no comprende a la primera o segunda tentativa, espera con paciencia y profundiza

---

597. Zohar *Jayé Sará* 130b.
598. Isaías 64:3.
599. Job 32:4.

en su estudio sin desesperar. Éste es el significado secreto de la palabra «esperan» usada en el versículo que antecede: su espera será el medio con el cual adquirirá la sabiduría y el entendimiento apreciados por el Altísimo. Entonces], bienaventurado es en este mundo [porque sabe cómo agradar a su Hacedor con sus oraciones. Tal persona tiene conciencia de la esencia de las trasgresiones. Las evita y como resultado merecerá probar los deleites que], «ningún ojo ha visto» cuando llegue al mundo venidero.

Objetivo principal: los preceptos

Por lo tanto, el hombre debe mejorar su conducta y temer siempre la posibilidad de cometer alguna trasgresión que le impida alcanzar este nivel de intimidad con el Creador. Exclama el rey David,[600] «¡Yo no hubiera creído que vería la bondad del Altísimo en la tierra de los vivos!». Enseña el Talmud que el rey David temía que alguna falta suya causara que le excluyeran del mundo venidero.[601] Si el rey David, de bendita memoria, dudaba de ser admitido, si *él* no estaba seguro de la perfección de su conducta, ¿qué debe pensar alguien lleno de trasgresiones? ¿De qué puede estar seguro? Debe arrepentirse de sus culpas pasadas hasta el día de su muerte y quizás… Quien espera merecer el bien del mundo venidero sin invertir esfuerzo en mejorar su conducta es insensato, ya que si no trabaja el viernes, ¿qué comerá en Shabat? Cada cual come el fruto de su propio esfuerzo.

El bien del mundo venidero sólo puede ganarse al entregarnos con gran diligencia a nuestro servicio Divino. Como dice el rey Salomón,[602] «el alma del perezoso desea pero no tiene nada, mas el alma del diligente será abundantemente gratificada». Esto significa que quien anhela el bien del mundo venidero sin dar los pasos requeridos para alcanzar su meta es como «el alma del perezoso»: si no ha trabajado, ¿qué comerá? En cambio, «el alma del diligente», que se entrega al estudio de la Torá y al cumplimiento de los preceptos, gozará del deleite celestial según la medida de

---

600. Salmos 27:13.
601. *Berajot* 4a.
602. Proverbios 13:4.

su esfuerzo. Sin embargo, a pesar de su afán no confiará en la perfección de sus obras, sino en la gracia del Altísimo.

Rabenu Bejaye enseña:[603]

> Un piadoso solía decir que nadie conseguiría la recompensa del mundo venidero si descontara de su *cuenta celestial* las mercedes que debe al Creador. *Sólo podemos esperar* la gracia Divina. Por lo tanto, no confíes en la perfección de tus obras. Como dijo el rey David:[604] «Tuya, Altísimo, es la bondad. Porque Tú le das a cada cual según su obra».

Continúan los Deberes del corazón:

> La mejor manera de asegurarte de *que merezcas la recompensa futura* es adoptar las normas de conducta que conducen a los altos niveles de devoción de los que merecen esta gracia Divina. Debes imitar el ejemplo de los ascetas que se mantienen separados de este mundo; éstos expulsan el gusto de los placeres mundanos de su corazón y lo remplazan con el amor a su Creador. Se entregan al Altísimo y gozan del intenso placer de Su proximidad. Se separan de los asuntos terrenales y de sus habitantes.

Debes imitar las costumbres de los profetas y los piadosos confiando en que, como ellos, también tú recibirás Su gracia en el mundo venidero. Desear la recompensa eterna sin trabajar por ella es como pretender recibir la recompensa de Pinjas tras comportarse como Zimrí.[605] Una gran persona dirige a los siervos del Todopoderoso al cumplimiento correcto del servicio Divino y padece con paciencia en tiempos de aflicción. Una gran persona no ve importancia más que en el cumplimiento de los preceptos del Creador. Tenemos conciencia de esto en el momento en que[606] «El Creador Todopoderoso puso a prueba a Abraham»; *con los ejemplos de Jananiá, Mishael y Azariá, a quienes arrojaron a un horno ardiente;* de

---

603. *Deberes del corazón*, Portal de la fe en el Altísimo, fin del capítulo IV.
604. Salmos 62:13.
605. *Véase* números 25:6-14; Tratado *Sotah 23b*.
606. Génesis 22:1.

Daniel a quien arrojaron a una guarida de leones, y de los diez mártires a quienes mataron sus opresores.

Quien escoge morir en el servicio del Creador Todopoderoso antes que vivir rebelándose contra Él, o quien vive en la pobreza, en la enfermedad, con aflicciones, y se entrega al juicio de su Creador, aceptando Sus decretos con amor: tal persona merece la gracia Divina y el deleite indescriptible del mundo venidero, como indica el versículo:[607] «Tengo que legar a los que Me aman, y llenaré sus arcas».

La gacela del alba

El Zohar nos permite vislumbrar el mundo celestial en un episodio en que Rabí Jiyá, que llora el fallecimiento de Rabí Shimón y añora a su maestro, emprende un ayuno de cuarenta días para merecer que el mismo se le revele. Lo que sigue es la visión recibida por Rabí Jiyá:[608]

> Vio [seres celestiales dotados de] alas enormes. Rabí Shimón y su hijo Rabí Elazar montaron en sus alas y los trasportaron a la academia celestial [en el Edén Superior]. Los seres alados permanecieron a la entrada, esperándolos. Rabí Jiyá vio [a Rabí Shimón y a Rabí Elazar] regresar [de la academia] con renovado resplandor. [Debido a los] conceptos místicos [de Torá que habían explicado], el fulgor que despedían sus rostros resplandecía más que la luz del sol.
>
> Dijo Rabí Shimón: ¡Que entre Rabí Jiyá [al Jardín del Edén] y vea cómo renueva el Altísimo el semblante de los justos en la vida futura! [Así como los justos han enseñado nuevas facetas de la Torá en esta vida, asimismo renovará el Altísimo a diario la luz que ilumina su semblante en la vida futura]. Bienaventurada el alma admitida a esta morada sin [tener que padecer] vergüenza. Bienaventurado quien se mantiene en el mundo, [firme] como una columna [contra las tentaciones de la mala tendencia, protegiendo a su generación].

---

607. Proverbios 8:21.
608. Zohar *Bereshit* 4a.

[Se oyó] una voz [en el cielo] que exclamaba: «Seres celestiales, ocultos e inaccesibles» [éstos son siete ángeles] cuyos ojos están abiertos [llamados «ojos del Altísimo». Mediante estos ángeles se revela el poder de las siete *sefirot* de *Tiferet*. Por lo tanto, los tres adjetivos que los caracterizan, «celestiales, ocultos e inaccesibles» corresponden a las tres primeras *sefirot*], que viajan por el mundo [observando las obras humanas]. «¡Ven y mira!» [La voz siguió hablando]: «Vosotros, seres humanos que estáis durmiendo, cuyos ojos [literalmente huecos] están cerrados [por el profundo sopor de los placeres físicos (el Zohar utiliza la palabra «huecos» en lugar de ojos para indicar que como sus ojos no ven la dimensión espiritual, sino que fijan su atención exclusivamente en sus asuntos mundanos, son en realidad más huecos que ojos)] ¡despertad! [¡poneos en movimiento!] ¿Quién entre vosotros ha trasformado la oscuridad en luz antes de venir aquí? [Los justos que trasforman la oscuridad en luz trasforman el atributo de justicia en el de merced mediante sus obras, e iluminan a muchos con sus interpretaciones de las secciones complejas de la Torá]. ¿Quién entre vosotros [ha iluminado la oscuridad de las noches con la luz de su estudio de la Torá, imbuyendo a *Maljut* de la luz de *Tiferet*, y] ha trasformado la amargura en dulzura [endulzando la amargura de la justicia al sobrellevar sus penurias con amor cuando estaban vivos]?».

¿Quién entre vosotros esperó día a día que brillara la Luz [del Redentor]? [¿Quién espera a diario la Luz que el Altísimo otorga a los que se levantan antes de medianoche y no vuelven a acostarse hasta después de las oraciones matinales, ocasionando una unificación celestial?] ¿Quién añora el momento en que el Rey visita a la gacela? [es decir, a la Comunidad de Israel, en un *yijud*. (El momento de unificación que sucede en la *Amidá*-oración silenciosa, en la bendición de *sim shalom*-establece paz se llama *ayelet hashajar* –gacela del alba–]. En este momento glorifican al Altísimo y Le reconocen como Rey todos los reyes del mundo [porque no hay rey sin reina]. Quien no haya añorado [la redención] cada día de su vida [que no haya anhelado la energía Divina que recibe a medianoche y conserva al no volver a dormir hasta pasada la oración de la mañana] no pertenece a este lugar [en la morada celestial de Rabí Shimón. Esto se debe a que, al unir la noche con el día, ocasiona una unificación celestial de la *Shejiná* con el Altísimo, y a la inversa, si volviera a dormir, no lo permita el cielo, Los separaría. Esta persona recibirá su recompensa según sus esfuerzos en vida].

Vergüenza celestial

El Zohar anteriormente citado, «Bienaventurada es el alma admitida a esta morada sin *tener que padecer* vergüenza» puede explicarse como sigue. Hay dos clases de vergüenza:

La primera: sentirse avergonzado de entrar en el Palacio del Rey debido a sus trasgresiones. Es la causa más prevalente de vergüenza, como indica el versículo:[609] «Acostémonos en nuestra vergüenza y dejemos que nos cubra nuestra confusión, porque hemos trasgredido contra el Altísimo nuestro Creador Todopoderoso». ¿No se sentirá avergonzada un alma cuando revelen la lista de sus trasgresiones ante los justos y santos del Jardín del Edén? Hemos narrado episodios del juicio final en nuestro *Portal del Temor*, capítulo XIII.

La segunda: también se sentirá cubierto de vergüenza si no ha estudiado Torá como debía. Dijo Rabí Shimón al respecto:[610]

> Una santa *jaiá* [llamada ángel Iofiel] se mantiene [en este palacio], y cuando asciende el alma y llega a este recinto, [la *jaiá*] le pregunta acerca de conceptos místicos de la sabiduría de su Amo [es decir, le pregunta qué ha estudiado en vida]. La recompensa que recibe [el alma] se determina por [la sabiduría] de la Torá [que] se ha afanado por obtener [y el esfuerzo con que se ha dedicado a estudiarla].
>
> Si [tuvo capacidad] de adquirir sabiduría de la Torá [pero la desperdició], empujan su alma fuera [de este recinto] y no le permiten entrar. Permanece debajo de este palacio [cubierta] de vergüenza. Cuando los seres celestiales llameantes [bajo el ángel Iofiel] alzan las alas, entonces [los cuatro] azotan a esta alma con sus alas como merece, y la queman [la juzgan y castigan por su debilidad], pero ésta no se consume. [Se quema según el modo en que ha descuidado su capacidad de estudiar, pero no es aniquilada]; se mantiene en pie y no se mantiene [logra mantenerse en pie cuando acaba su juicio pero todavía

---

609. Jeremías *3:25*.
610. *Zohar Pikudé* 247b.

no puede erguirse por completo]. Brilla [al ascender] pero todavía no puede brillar [según su potencial]. Siguen juzgándola de este modo día a día, y aunque [el alma] tiene buenas obras a [su favor, la empujan fuera de este recinto], porque no merece recibir una recompensa en esta morada Divina, de la misma manera que los que se han sumido en sus estudios de Torá, esforzándose en [aprender los] conceptos místicos [de la Cabalá] *y* contemplando la gloria de su Hacedor. Los que conocen la sabiduría de la Torá *y* [se han afanado por adquirirla para tener conciencia] de la gloria de su Amo reciben una recompensa infinita. Afortunados son, como dice el versículo,[611] «Feliz es el hombre que halla sabiduría, y el que logra entendimiento».

Firme como una columna

El mensaje de los comentarios al Zohar que antecede, «Bienaventurado es quien se mantiene en el mundo *firme* como una columna», es que debes ser fuerte en tu servicio Divino sin vacilar. Si comienzas a desarrollar tu cumplimiento de una clase de servicio particular como ir a la sinagoga temprano o levantarte a medianoche, no debes interrumpir este esfuerzo por nada del mundo, sino hacer voto de perseverar a cualquier precio. Como dijo el rey David,[612] «¿Quién morará en Tu Tabernáculo? ¿Quién habitará en Tu santa Montaña?».

Nos enseñan que un rasgo *deseable* es «hacer voto de imponer daños sin desistir». El *Radak* y otros comentaristas han explicado que imponer daños significa imponer sufrimientos a su cuerpo emprendiendo ayunos y privándose de placeres físicos, y también reduciendo su capital al dar dinero a causas de caridad o comprar los implementos necesarios para cumplir un precepto.

«Sin desistir»: incluso si el voto hecho ocasiona sufrimientos a tu cuerpo, no debes desistir de cumplirlo. Como expresó el rey David,[613] «He jurado y lo he confirmado, que observaré Tus juicios justos». Por lo tanto, enseñan los sabios que[614] «los votos son la barrera de la abstinencia».

---

611. Proverbios 3:13.
612. Salmos 15:1.
613. Salmos 119:106.
614. *Avot* 3:13.

Como explican los *Tikunim*:[615]

> Enseñan los sabios talmúdicos:[616] «quien tiene un lugar fijo para su oración [tiene al Creador Todopoderoso de Abraham por ayudante», y la *Shejiná* está siempre consigo]. La *Shejiná* reside con cada cual según su comportamiento: el alma de la persona que está constantemente sumida en sus oraciones y estudios [y cuyo servicio Divino siempre ocasiona la unificación entre la *Shejiná* y Su Amado] es un habitáculo fijo para la *Shejiná*. En cambio, aquel cuyas oraciones y estudios no son continuas sino ocasionales sólo recibirá visitas ocasionales de la *Shejiná*. Éste es el mensaje oculto del versículo,[617] «Si te encuentras con un nido de pájaro en el camino, en cualquier árbol o sobre el suelo...» [«si te encuentras» sugiere que sucede ocasionalmente].[618]

También se te pide que seas fuerte y no permitas que tu mala tendencia te tiente con facilidad, ya que si gana *la lucha contra ti*, aunque sea *sólo* una vez, volverá a hacerlo, hasta que *logre* separarte de tu servicio Divino. El piadoso autor de *Deberes del corazón* ilustra [este caso] con el ejemplo del *collar de* piedras preciosas unidas por una cuerda. Si *cortas la cuerda para sacar* aunque sea una única gema, caerán todas y perderás el collar.[619]

Trata más bien de ser constante en todos *los aspectos de tu servicio Divino*, porque entonces podrás conservarlos íntegros, ya que como enseñan nuestros sabios,[620] «una *mitzvá* conduce a otra». El sabio *rey Salomón* explica que una buena obra conduce a otras, *en una cadena interminable de causa y consecuencia*:[621] «feliz es el hombre que me escucha, apresurándose a mis portones día tras día, vigilando el umbral de mis portones».

Observa el progreso: quien primero escucha y luego se apresura consigue eventualmente que su esfuerzo sea constante. Este mensaje se asemeja al de

---

615. *Tikún* 6, 21a.

616. *Berajot* 6b.

617. Deuteronomio 22:6.

618. El tema del nido de pájaro en relación con la *Shejiná* se discute en el capítulo IX del *Portal del Amor*.

619. *Deberes del corazón, Portal de la Abstinencia*, capítulo V.

620. *Avot* 4:2.

621. Proverbios 8:34.

Rabí Shimón bar Iojai, «Bienaventurado quien se mantiene en el mundo *firme* como una columna», firme en el cumplimiento de todos los preceptos y las facetas del servicio Divino. Por lo tanto, debes ser fuerte y no vacilar.

Rabí Shimón también menciona a los ángeles que van por el mundo.[622] Explica mi maestro que son siete, y como dice el versículo, son[623] «los ojos del Altísimo, y van de un lado a otro en toda la tierra» observando el comportamiento humano, como hemos explicado en el Portal del Temor.[624]

¿Cuál es mi prioridad?

Mi maestro, de bendita memoria, movió a la gente a despertar del ciego sopor que Rashbí mencionó anteriormente, y a entregarse al servicio del Creador.[625] Cuando alguien supera su mala tendencia, unifica las fuerzas de justicia con las de merced Divina, pues su mala tendencia se relaciona con la izquierda, mientras que el buen impulso lo hace con la derecha. Cuando la mala tendencia está dominada por el buen impulso, la izquierda se somete a la derecha, la oscuridad se trasforma en luz, y la amargura en dulzura. Es posible trasformar la noche que es oscura en claridad al estudiar Torá, que se denomina «luz» y es verdad.

Mi maestro se une al Zohar en su pedido a quienes se levantan a medianoche para estudiar Torá, que no vuelvan a dormir, sino que permanezcan despiertos y esperen la luz del alba, como explica el Zohar.[626] Hemos visto lo que conviene hacer para merecer el deleite de la proximidad al Creador. Sin embargo, lo esencial es levantarse a medianoche y estudiar Torá hasta el amanecer. Y como dice el Zohar:[627]

> Quien no anhele todos los días [de su vida la ansiada redención; quien no se espere tras levantarse a medianoche sin volver a dormir hasta que llegue el día], no pertenece a este lugar [en

---

622. Zohar *Mishpatim* 107a.
623. Zacarías 4:10.
624. *Portal del Temor*, capítulo X.
625. Rabí Moshé Cordovero *Or Yakar*, primera parte 71a.
626. Zohar *Beshalaj* 46a.
627. Zohar *Bereshit* 4a.

la academia celestial de Rabí Shimón. No obstante, tal persona recibirá su merecida recompensa según su conducta en vida].

Incluimos esta recomendación al final de este capítulo, porque quien se comporta mal no puede levantarse por la noche, ya que los rasgos del carácter humano están unidos entre sí. Por consiguiente, el arrepentimiento y la superación de la mala tendencia deben preceder al levantarse por la noche para estudiar Torá.

Todo era amor

Aquí concluimos las recomendaciones a quien desee amar al Creador. Al estudiar este capítulo, entenderá que todo proviene del amor Divino: la creación del mundo y del ser humano al insuflarle un alma sagrada, el sustento que nos envía con amor, la muerte y el mundo venidero.

El Talmud menciona cuatro clases de personas que deben ofrecer su agradecimiento *al Altísimo* [628]: quien atravesó el mar, quien atravesó del desierto, quien se recupera de una enfermedad, y un prisionero liberado. De ellos dice el versículo:[629] «Alaben al Altísimo por Su misericordia y Sus obras maravillosas para con los hijos del hombre». Sin embargo, el que recibe la mayor revelación de amor Divino de todos ellos es quien se recupera de una enfermedad, pues ha llegado a las puertas de la muerte.

Como dice Elihú en el Libro de Job:[630] «de modo que su vida lo impulsa a aborrecer el pan, y su alma el manjar más delicado. Su carne se consume tanto que no la ve... Su alma se acerca a la tumba». El Talmud enseña que si le defiende un ángel entre cien mil, se salvará de la muerte.[631] Explican los sabios que si hay novecientos noventa y nueve Acusadores *tratando de probar que merece la muerte,* y un único Defensor, se salvará. *Esto nos permite vislumbrar* la bondad del Creador. Cuando analices las mercedes con que el Creador te favoreció, desde tu gestación hasta tu madurez, te sentirás abrumado y consagrarás tu amor a tu Hacedor.

---

628. *Berajot* 54b.
629. Salmos 107:8.
630. Job 33:20-21.
631. *Shabat* 32a.

Otro aspecto del amor Divino es que acepta a quien vuelve a Él arrepentido; extendiéndole Sus fuerzas de *Jesed* hasta el ámbito de las *klipot*, a fin de rescatar de allí el alma del trasgresor. La Torá alude a este acto de amor en el versículo,[632] «El *cohen* saldrá afuera del campamento», para purificar al que sufrió de lepra. Como dice el versículo, incluso en *Gehinom*,[633] «aun allí me conduciría Tu mano, y Tu diestra me sostendría». «Me conduciría Tu mano», la mano de la justicia que guía al alma mientras permanece en *Gehinom*, para purificarla. Y «Tu diestra me sostendría» indica las fuerzas Divinas de *Jesed* que sacan al alma de allí. Esa enseñanza la escuché de mi maestro, de bendita memoria.

Los *Deberes del corazón* ofrecen más ejemplos de bondad Divina, como la creación *ex-nihilo*, el haber formado las partes de nuestro cuerpo completas y en su justo lugar, el brindarnos facultades mentales eficientes, etc. Todo esto muestra la infinita bondad Divina hacia el ser humano, y más aún hacia el trasgresor de Su voluntad.[634] Incluso aquel a quien falta un miembro debe aceptar su aflicción con amor, como veremos en los capítulos siguientes.

---

632. Levítico 14:3.
633. Salmos 139:10.
634. *Portal del examen de la creación (Shaar Habejiná)*, capítulo V.

Capítulo VII

ESTE CAPÍTULO SE CENTRA EN EL AMOR DEL ALTÍSIMO POR SU PUEBLO ISRAEL

Llamados por el nombre Divino

Está escrito en el *Tana debe Eliyahu*:[635]

Dice el versículo,[636] «El Altísimo dijo todas estas palabras: Yo soy El Altísimo, tu Creador Todopoderoso…». Bendito sea Él, cuya Presencia está en todas partes, quien escogió a Israel entre todos los pueblos del mundo y entre toda la obra de Su mano que creó en el mundo. Tomó a Israel, considerándolos Su posesión permanente, hijos y siervos, y los llamó por Su Nombre.

El Altísimo habló con ellos en muchas ocasiones por el amor que sentía por ellos y por la dicha que Le causaban. *Debido a este vínculo especial*, cada judío debe anhelar, «¿Cuándo será mi comportamiento análogo al de Abraham, Itzjak y Iaacov, quienes superaron los desafíos de este mundo, ganándose el mundo venidero y los días del Mashíaj tan sólo con el mérito de sus buenas obras y su estudio de la Torá?». Por lo tanto, cada judío ha de decirse a sí mismo,[637] «El mundo fue creado para mí».

Podemos preguntar, ¿cómo se gana el hombre *el vínculo de amor* con su Padre celestial? La respuesta es que se gana me-

---
635. Capítulo XXV.
636. Éxodo 20:1-2.
637. Tratado *Sanhedrín* 37a.

diante sus obras y su estudio de Torá. En cambio, el Altísimo hará que se gane este mundo, los días del *Mashíaj* (Mesías) y el mundo venidero. El hombre puede vincularse a su Padre Celestial por su amor, su hermandad, su compañerismo, su verdad, su estudio prolongado *de la Torá*, su interés muy limitado en los negocios, sus discusiones de Torá, su ayuda a los sabios, sus discusiones talmúdicas, su reverencia, su «no» que signifique «no», y su «sí» que signifique «sí».

El *Tana debe Eliyahu* ofrece otro comentario acerca del versículo: «Y dijo el Altísimo todas estas palabras: Yo soy el Altísimo, tu Creador Todopoderoso...».

El Altísimo dijo a Israel: Hijos Míos, Yo soy Él, quien novecientas setenta y cuatro generaciones antes de que se creara el mundo, vino a vincularse a vosotros. Yo soy Él, quien apartó a las naciones idólatras del mundo y vino a vincularse a vosotros. Yo soy Él, quien dejó a los idólatras del mundo y os escogió a vosotros, llamándoos Mis hijos y Mis siervos. Yo soy Él, acerca de quien dice el versículo:[638] «Yo soy Él. Antes de Mí nada fue creado por otro dios, ni lo será después de Mí», y sin embargo, os he llamado,[639] «Mis hermanos». Yo soy Él acerca de quien se dice,[640] «No hay otro dios aparte de Mí, ningún dios justo y salvador», y sin embargo, he vinculado vuestro nombre a Mi gran Nombre. Yo soy Él quien era antes que se crease el mundo y Yo soy Él quien soy desde que se creó el mundo. Como dice el versículo:[641] «Yo hago morir y hago vivir, Yo golpeo y Yo curo».[642]

Enseña el Midrash:

Está escrito en la sección bíblica *Mishpatim*, acerca del versículo:[643] «Tres veces por año todos tus varones aparecerán ante el

---

638. Isaías 43:10.
639. *Véase* Salmos 122:8.
640. Isaías 45:21.
641. Deuteronomio 32:39.
642. *Tana debe Eliyahu*, capítulo XXVI.
643. Éxodo 34:23.

Altísimo, Creador Todopoderoso de Israel»: dijeron nuestros sabios, ¿No está escrito que[644] «todos tus varones deberán aparecer ante el Altísimo, tu Creador Todopoderoso»? ¿Por qué añade el versículo anterior «ante el Altísimo, Creador Todopoderoso de Israel»? Lo hace para subrayar la proximidad entre el pueblo de Israel y el Nombre del Altísimo. […] Yo soy el Creador de todas las criaturas del mundo, aunque sólo he vinculado Mi Nombre al de Israel.

No sólo vinculó Su Nombre al de Israel al llamarse Creador Todpoderoso de Israel, sino que también dejó a Su *Shejiná* entre ellos […].

El Midrash también explica que por amor a Israel, el Altísimo les llama por Su Nombre,[645] como dice el versículo,[646] «porque como el cinto aprieta los costados de un hombre así apreté contra Mí a toda la casa de Israel». Dice el Altísimo, «No soy como un ser de carne y hueso; en el mundo de los humanos, una persona común no puede llamarse por el nombre del rey». Sin embargo, Israel fue nombrado por el Nombre del Altísimo. Cualquier nombre preciado por el Altísimo también se usa para designar a Israel.

El Todopoderoso se llama *Elo-him-Creador Todopoderoso*, y también usó el Nombre *Elo-him* para designar a Israel:[647] «Yo dije: sois *Elo-him*-seres angélicos; hijos del Altísimo sois todos».

El Todopoderoso se llama sabio:[648] «Él es sabio de corazón y poderoso en fortaleza», y llamó Él a Israel:[649] «un pueblo sabio y entendedor».

El Todopoderoso se llama amado:[650] «Mi amado es blanco *[Jesed]* y rubicundo *[Guevurá]*», y llamó a Israel bien amados:[651] «Comed, amigos. Bebed, mis bien amados, y embriagaos *[con Mi espíritu profético]*».

---

644. Deuteronomio 16:16.
645. *Tanjuma* acerca de *Kedoshim* 5.
646. Jeremías 13:11.
647. Salmos 82:6.
648. Job 9:4.
649. Deuteronomio 4:6.
650. Cantar de los Cantares 5:10.
651. Cantar de los Cantares 5:1.

El Todopoderoso se llama elegido:[652] «Su aspecto es como el del Líbano, elegido como los cedros», y para Él, Israel es Su elegido:[653] «El Altísimo tu Creador Todopoderoso te ha elegido para que seas para Él». [...]

El Todopoderoso se llama Santo y Él llama a Israel santos:[654] «Santos seréis, pues Yo soy santo». Aun en la vida futura, cada cual será llamado santo:[655] «sucederá que quien quede en Sión y quien quede en Jerusalén será llamado santo, es decir, todo el que fuere escrito para la vida en Jerusalén». Dice el Zohar:[656]

> Afortunados son los Hijos de Israel, porque el Altísimo desea exaltarlos más que a las otras naciones del mundo. Les dijo al principio,[657] «y seréis para Mí un reino de sacerdotes», [«vosotros», y no las otras naciones]. No les negó Su gran amor, sino que les dijo,[658] «un pueblo sagrado eres», [que es un mayor nivel de proximidad]. No les negó Su amor, sino que les dijo:[659] «Personas santas seréis para Mí», [que es el nivel de proximidad más elevado] de todos.

Más cercano que los ángeles

Explicó Rabí Shimón bar Iojai que todo lo que el Altísimo creó en el cielo también lo creó en la tierra para que los mundos se integraran en una sola unidad. Dijo a continuación:[660]

> Así como el Creador hizo a los ángeles en el cielo [para que cantasen Su alabanza], asimismo hizo a los hombres en la tierra, [para

---

652. Cantar de los Cantares 5:15.
653. Deuteronomio 7:6.
654. Levítico 19:2.
655. Isaías 4:3.
656. Zohar *Mishpatim* 121a.
648. Éxodo 19:6.
658. Deuteronomio 7:6.
659. Éxodo 22:30.
660. Zohar *Shemot* 20a.

que cantaran ante Él la canción de la Torá].[661] En el mar, creó al Leviatán, [quien también tiene] el conocimiento íntimo de el Altísimo [llamado *Daat*, y puede cantar ante el Creador]. El versículo:[662] «para unir la Tienda» [alude al Leviatán. Los seres celestiales se vinculan con los seres humanos mediante la canción de ambos que asciende ante el Altísimo].

Dice el versículo acerca de la creación del hombre:[663] «En la imagen del Creador Todopoderoso Él hizo al hombre». [Debido a Su amor al hombre, el Creador lo hizo a la imagen Divina, como lo indica el versículo,[664] «lo has hecho apenas un poco más pequeño que los ángeles». [Los hombres Le son tan preciados al Creador que su servicio Le es más importante que el de cualquier otra criatura].

¿Cómo es posible, entonces, que se destruyeran a sí mismos –[su identidad espiritual]– mediante sus trasgresiones? [La consecuencia de sus trasgresiones es que el polvo –las fuerzas de impureza– se apega a la cisterna de agua viva, a *Maljut*, como dice el versículo,[665] «se hicieron para sí cisternas, cisternas rotas que no contenían agua». ¡Cuántos ángeles vienen para sacar (agua) de esta cisterna! Sin embargo, de todos los que vienen, nadie tiene el potencial del hombre de sacar agua santa].

Eligió a los seres angélicos, y también eligió a Israel, [quienes son más importantes para Él que todos los seres celestiales]. No llamó a los seres celestiales, Sus hijos, sino a los de la tierra –[es decir, Israel]– sí los llamó Sus hijos. Como dice el versículo,[666] «Vosotros sois hijos de el Altísimo vuestro Creador Todopoderoso», [porque forman parte del Altísimo, privilegio que no tiene ninguna otra nación, ni siquiera los ángeles].

Los llamaba Sus hijos, y ellos Le llamaban Padre, como dice el versículo,[667] «Tú eres nuestro Padre». También está es-

---

661. La canción de la Torá. *Véase* el capítulo X, sección «*Devekut* y la potencia del sonido».
662. Éxodo 36:18.
663. Génesis 9:6.
664. Salmos 8:6.
665. Jeremías 2:13.
666. Deuteronomio 14:1.
667. Isaías 63:16.

crito,[668] «Mi amado es mío y yo soy Suya», [es decir], Él me eligió a mí, y yo Le elegí a Él.

A este nivel de proximidad se refería la Mishná en su enseñanza:[669] Bien amados son los Hijos de Israel, porque se llaman hijos del Altísimo, como dice el versículo, «Vosotros sois hijos del Altísimo vuestro Creador Todopoderoso».

El Midrash ofrece comentarios adicionales acerca del versículo «Vosotros sois hijos...»: El Altísimo usó cinco términos afectivos para designar a los ángeles, y usó los cinco para llamar a Israel; ama a Israel aún más que a los ángeles:[670]

> Dijo Rabí Shimón bar Iojai, «Ved cuántos términos de cariño usó el Altísimo para llamar a Israel. Los llamó Sus hijos, y a continuación, en la misma sección bíblica los llamó Su pueblo santo; vinculó Su Nombre al de ellos tres veces en esta sección: «Vosotros sois hijos del Altísimo vuestro Creador Todopoderoso»; «tú eres un pueblo santo»; y «el Altísimo os ha elegido». Dijo el Altísimo a Israel: En este mundo os elegí y vinculé Mi Nombre al vuestro. En la vida futura, Yo, con Mi gloria, estaré entre vosotros, y[671] «permitiré que sintáis Mi presencia entre vosotros».

El *Tana debe Eliyahu* también dijo acerca del amor del Altísimo,[672] al final del pasaje que hemos citado en el capítulo I de este portal:

> Dice el versículo,[673] «Muchas aguas no pueden apagar el amor»: «Casa de Israel, ¡Yo soy vuestra expiación donde sea que residáis!». Observan la circuncisión, leen la Torá, recitan la Mishná, y todo por amor a su Padre celestial. Por consiguiente, les dijo el Altísimo a Israel: «Hijos Míos, juro por Mi trono de gloria que incluso si las naciones del mundo Me diesen toda su plata...».

---

668. Cantar de los Cantares 2:16.

669. *Avot* 3:14.

670. *Yalkut Reeh* 890-891.

671. Levítico 26:12; según la traducción de Aryeh Kaplan *The Living Torah* (Nueva York, Moznaim, 1981); literalmente, «iré junto a vosotros»

672. Capítulo XXVIII.

673. Cantar de los Cantares 8:7.

¡Si perdéis, pierdo yo también!

El *Pesiktá Rabatí* desarrolla el tema:[674]

> Está escrito,[675] «Hazme recordar, encontrémonos en juicio»:[676] «el Todopoderoso se complace en absolver *[a Israel]*», y[677] «Yo, que hablo en victoria». El Altísimo les dice a Israel: quiero que salgáis victoriosos en el juicio.
>
> Ven y mira: dos hombres entran en un tribunal y uno de ellos le dice a su litigante, «¡*Yo* hablo el primero!». Sin embargo, su compañero no se lo permite, y replica, «¡*Yo* hablo el primero!». Ahora bien, en el momento en que el Todopoderoso les dijo a Israel «encontrémonos en juicio», les dijo: hablad vosotros primero. Presentad vuestro argumento para que seáis absueltos, porque si Yo fuese vencedor en un juicio contra vosotros saldría Yo perdiendo, mientras que si sois vosotros los vencedores salgo Yo ganando. Pronuncié contra la generación del diluvio y perdí a Mis hijos, como lo dice el versículo,[678] «borró toda la existencia que había sobre la faz de la tierra». Cuando fue absuelto Moshé, está escrito,[679] «Dijo entonces que los destruiría, y si no hubiese intercedido Moshé Su escogido...». En realidad gané Yo...

¡Si os duele, me duele a Mí también!

La discusión del Zohar acerca del amor Divino está relacionada con la idea expresada en la cita que antecede:[680]

> Dijo,[681] «¡Oh pueblo Mío! Recuerda lo que tramaba Balak, rey de Moab». Pueblo Mío, ¡cuánta merced tiene el Altísimo de Sus hi-

---

674. *Pesiktá Rabatí* 40:1.
675. Isaías 43:26.
676. Isaías 42:21.
677. Isaías 63:1.
678. Génesis 7:23.
679. Salmos 106:23.
680. Zohar *Balak* 203b.
681. Miqueas 6:5.

jos! A pesar de que hayan trasgredido contra Él, el Creador Todopoderoso sigue hablándoles con amor como un padre a sus hijos. Si el hijo trasgrede contra su padre, le castiga éste [para corregirle]. Sin embargo, a pesar de los golpes, el hijo no se corrige. Le regaña su padre, pero el hijo no acepta la censura. Dice su padre: No deseo comportarme con mi hijo como lo he hecho hasta ahora. Si le pego, le va a doler la cabeza y sentiré yo su dolor. Si le regaño, causaré que cambie de forma. ¿Qué he de hacer [para corregirle], entonces? Iré a suplicarle, diciéndole palabras conciliadoras para que no se entristezca.

En forma análoga, el Todopoderoso trata a Israel de diferentes modos. Comenzó con golpes pero ellos no cambiaron. Censuró su comportamiento pero ellos no aceptaron Sus reproches. Dijo el Omnipresente: veo que Mis hijos sufren por los golpes que les he dado; ¡Ay, que siento su dolor! Como dice el versículo,[682] «En toda su aflicción Él fue afligido». Les regañé y cambió [la expresión] de su semblante [por la pena que sintieron], como está escrito,[683] «Su semblante es más oscuro que el carbón. No se les conoce en las calles». ¡Ay, que cuando los miro ni siquiera los reconozco! Ahora les suplicaré:[684] «¡Oh pueblo Mío! ¿Qué te he hecho? ¿Y en qué te he molestado?».

Israel, eres Mi hijo único, bien amado de mi alma; date cuenta de lo que Yo he hecho por ti. Te he elevado por encima de todos los [ángeles,] miembros de Mi palacio; [porque las almas del pueblo de Israel provienen de los niveles más cercanos al Altísimo]. Os he elevado por encima de todos los reyes del mundo, y si he hecho otras cosas contra vosotros, contestadme! ¡Atestiguad contra Mí! «Pueblo Mío, escuchad lo que tramó Balak, rey de Moab, y lo que Balaam, hijo de Peor, le respondió».

¡No acusen a Mi pueblo!

Explicando el versículo,[685] «¿Cómo puedo maldecir? El Creador Todopoderoso no ha maldecido.

---

682. Isaías 63:9.

683. Lamentaciones 4:8.

684. Miqueas 6:3.

685. Números 23:8.

Dice el Midrash:[686] [...] Se declararon en rebeldía contra su Creador, y al hacer el becerro dijeron:[687] «Éstos son tus dioses, Israel, que te hicieron ascender de la tierra de Egipto». Incluso en ese momento, no sólo que no los maldijo, sino los trató con amor, rodeándolos con las nubes de gloria y manteniéndolos con el maná y el pozo. Como dijo el profeta:[688] «Si, cuando se hicieron un becerro fundido y dijeron...Tú en Tu múltiple misericordia no los abandonaste... y no les quitaste tu maná de la boca» ¿Cómo puedo yo maldecirlos? [...] Cuando trasgredieron y les advirtió acerca de la maldición que se avecinaba, no les dijo que Él se la echaría, mientras que las bendiciones son trasmitidas en forma directa. Esto puede verse en los versículos; al tratarse de bendiciones:[689] «Y ocurrirá que si obedeces la voz del Altísimo, tu Creador Todopoderoso, [...] entonces el Altísimo, tu Creador Todopoderoso, te dará supremacía sobre todas las naciones de la Tierra»; y también:[690] «El Altísimo ordenará la bendición para tus almacenes». En cambio, acerca de la maldición, está escrito:[691] «Pero ocurrirá que si no obedeces la voz del Altísimo, tu Creador Todopoderoso [...] que todas estas maldiciones vendrán sobre ti» – Es decir, la maldición está expresada de manera indirecta, implicando que el individuo se las causa por sí solo. Como dice el versículo, ¿Cómo puedo maldecir? El Creador Todopoderoso no ha maldecido". Concluye el Midrash [...] que como está claro que el Altísimo desea absolver a Israel y alabarlos, siempre debemos defenderlos en lugar de acusarlos [...].

El *Tana debe Eliyahu* explica el versículo[692] «¿Qué haces aquí, Eliyahu?»:

> Eliyahu debería haber respondido, «Señor del Universo: tus hijos son los hijos de Abraham, Itzjak y Iaacov, quienes se comportaron en el mundo de acuerdo con Tu voluntad». Sin embargo, no fue esto lo que dijo Eliyahu. *En lugar de defenderlos,* los acusó,[693] «He

---

686. *Midrash Tanjuma:* Balak 12.
687. Éxodo 32:4.
688. Nehemías 9: 18-20.
689. Deuteronomio 28:1.
690. Deuteronomio 28:8.
691. Deuteronomio 28:15.
692. I Reyes 19:9.
693. I Reyes 19:10.

sido muy celoso por el Altísimo, el Soberano de los ejércitos, ya que los Hijos de Israel han abandonado Tu Pacto, han derribado Tus altares, y han matado a Tus profetas con la espada; y quedo yo, solamente yo». Comenzó entonces el Altísimo a dar argumentos para apaciguar a Eliyahu: cuando descendí para darles a Israel la Torá, sólo bajaron conmigo los ángeles que querían el bien de Israel. Continuó el Altísimo,[694] «Sigue adelante, y mantente sobre el monte delante del Altísimo». He aquí que pasó el Altísimo, y un grande y poderoso viento sacudió las montañas, y descuartizó las rocas ante el Altísimo, pero el Altísimo no estaba en el viento. Y después del viento (sobrevino) un terremoto, pero el Altísimo no estaba en el terremoto. Y después del terremoto (sobrevino) un fuego, pero el Altísimo no estaba en el fuego. Y después del fuego, una voz queda y suave. El Altísimo esperó tres horas para que Eliyahu *defendiese a Israel*. No obstante, Eliyahu persistió en su acusación y dijo de nuevo, «He sido muy celoso...». El Altísimo le dijo entonces a Eliyahu,[695] «a Elisha, hijo de Shafat, le ungirás para ser profeta en tu lugar», porque lo que quieres tú que Yo haga –aniquilar a Israel– no puedo hacerlo.[696]

El Altísimo sólo quiere alabanzas de Israel

El gran amor del Altísimo por Israel ocasionó que dejase a Su *Shejiná* entre ellos en exilio, como lo explica el Zohar[697] acerca del versículo[698] «Pero a pesar de todo esto, mientras estuvieren en la tierra de sus enemigos, no los aborreceré ni los rechazaré para aniquilarlos». Y explica el Midrash[699] que el Altísimo es «victorioso» en su redención, como lo indica el versículo,[700] «triunfante y victorioso».

---

694. I Reyes 19:11-12.
695. I Reyes 19:16.
696. *Eliyahu Zuta*, capítulo 8.
697. Zohar *Bejukotai* 115b.
698. Levítico 26:44.
699. *Tanjuma;* final de la sección bíblica *Ajaré Mot*.
700. Zacarías 9:9.

Añade el Midrash,

> «En la multitud de la gente está la gloria del rey»,[701] dijo Rabí Jama bar Janina para alabar al Altísimo. Aunque tiene innumerables ángeles que Le sirven y Le alaban, El sólo desea las alabanzas de Israel. Como dice el versículo, «en la multitud de la gente está la gloria del rey», y no hay más pueblo que Israel, como está escrito,[702] «el pueblo que formé para Mí». ¿Para qué? Para que Me alaben. También está escrito,[703] «Los príncipes de los pueblos se han reunido, el pueblo del Creador Todopoderoso de Abraham».

¡Venid y mirad!

> Dijo Rabí Shimón: el Nombre del Altísimo se eleva en Su mundo cuando se reúne Israel en sinagogas y salas de estudio para ensalzarle, alabando Su grandeza. Dijo Rabí Ishmael: Cuando se oye en el cielo la voz de un sabio explicando la Torá, y después se oye la voz de otros que responden «Sea Su gran Nombre alabado por siempre», se regocija el Altísimo. Les dice a los ángeles, «Venid y mirad el pueblo que formé para Mí, cómo Me ensalzan». En ese momento, se cubre Israel de gloria. Por lo tanto, está escrito, «En la multitud de la gente está la gloria del rey, pero en la ausencia de gente está la ruina del príncipe». Si dejan su estudio de la Torá, Yo también dejaré de enseñarles la dimensión interna de la Torá.

Una manera efectiva de suscitar la estimulación espiritual es recordar cuántos milagros ha hecho el Altísimo por nosotros y cómo comenzó a mostrarnos Su amor en los episodios que antecedieron al éxodo de Egipto; cómo infligió las plagas a los egipcios y protegió a Israel a pesar de que vivían ambos en el mismo lugar.

Primero mandó la plaga de la sangre, en la que sólo los egipcios fueron afligidos por la sangre mientras que los israelitas seguían recibiendo agua.

---

701. Proverbios 14:28.
702. Isaías 43:21.
703. Salmos 47:10.

Después vino la plaga de la peste,[704] «El Altísimo hará una distinción entre el ganado de Israel y el ganado de Egipto, y nada de lo que pertenece a los Hijos de Israel morirá». Tercero, sucedió la plaga de la oscuridad,[705] «pero, en las residencias de todos los Hijos de Israel había luz», y donde iban los israelitas les acompañaba la luz, como lo explicaron nuestros sabios. Además, en la plaga del primogénito está escrito,[706] «Pero contra todos los Hijos de Israel ningún perro afilará su lengua…» […] Y está escrito,[707] «El Altísimo salteará la entrada y no permitirá que el destruidor entre a vuestros hogares para atacar». Moshé también censuró a Israel en su mensaje final,[708] «¿O alguna vez algún dios vino de forma milagrosa a tomar para sí una nación de en medio de una nación, con desafíos, con señales y con maravillas, y con guerra y con mano fuerte, y con brazo extendido y con proezas imponentes, como todo lo que el Altísimo, vuestro Creador Todopoderoso, hizo en Egipto delante de vuestros ojos?».

En su comentario al versículo[709] «sabréis que El Altísimo os sacó de la tierra de Egipto», los sabios del Midrash observaron que el Éxodo, en sí, equivale al conjunto de todos los milagros que hizo el Todopoderoso por Israel.[710]

Yo soy quien os alumbra el camino

Comenta el Midrash[711] acerca del versículo,[712] «¿Hasta cuándo oiré a esta mala asamblea que provoca quejas en Mi contra?». *Si se me permite decir*, el Altísimo les dice a los israelitas, «El hombre suele valerse de un sirviente que le alce la linterna y le alumbre el camino a su amo, pero esto no es lo que Yo hice. Aunque vosotros sois Mis siervos, soy Yo quien alza la linterna y os ilumina el camino». La linterna representa la columna de fuego

---

704. Éxodo 9:4.
705. Éxodo 10:23.
706. Éxodo 11:7.
707. Éxodo 12:23.
708. Deuteronomio 4:34.
709. Éxodo 16:6.
710. *Yalkut Beshalaj* 258.
711. *Midrash Rabá* 16:27.
712. Números 14:27.

que alumbró el camino a los israelitas durante las noches del desierto. La columna de nube durante el día, junto con la columna de fuego de las noches, de hecho, corresponden a las características mismas del día y de la noche; la característica del día representa el atributo Divino de bondad, mientras que el de la noche se identifica con el atributo de reserva. Si los aunamos, forman el Nombre Especial (el Tetragrama) junto con el Nombre *Elo-him*. La combinación de estos Nombres representa la cúspide del amor del Todopoderoso por nosotros. Los comentadores que se atienen al significado literal de la Torá no captan este simbolismo porque no comprenden los conceptos esotéricos de la Torá.

«En el mundo, el hombre suele conseguirse un sirviente, y si sale de viaje, su sirviente va antes que él y le prepara un alojamiento. Sin embargo, esto no es lo que Yo hice», dice el Altísimo. «Aunque vosotros sois Mis siervos, soy Yo quien os he preparado un alojamiento», como dice el versículo,[713] «el Arca del pacto del Altísimo se desplazó delante de ellos una distancia de tres días, para buscarles un lugar de descanso».

Continúa el Midrash:

> En el mundo el hombre suele conseguirse un sirviente para que éste le prepare pan. Sin embargo, esto no es lo que Yo hice. Aunque vosotros sois Mis siervos, soy Yo quien os he preparado el pan celestial, como está escrito,[714] «el hombre comió el pan de los ángeles». El Todopoderoso le dijo a Moshé, «los voy a aniquilar a todos». Le dijo Moshé al Creador Todopoderoso, «Creador Todopoderoso del universo, Tú eres paciente. Si el trabajo de un siervo es satisfactorio, si obedece a su amo, y su amo se dirige a él amigablemente, nadie va a encomiar al amo por ello. ¿En qué ocasión se juzga a un amo digno de alabanza? Cuando el siervo da malos resultados, y a pesar de ello su maestro se dirige a él amigablemente, como está escrito,[715] «no repares en la obstinación de este pueblo». Le dijo el Altísimo,[716] «He perdonado a causa de tus palabras».

---

713. Números 10:33.
714. Salmos 78:25.
715. Deuteronomio 9:27.
716. Números 14:20.

Añade el Midrash que todo cuanto el hombre tiene el deber de trasmitir a su hijo también se lo otorgó al Altísimo a Israel; el padre ha de redimir a su hijo, enseñarle Torá y conseguirle una vivienda, así como ropa. Todo esto lo hizo el Altísimo por Israel.

Diez milagros en el mar

El Midrash cita el versículo,[717] «Y tú, levanta tu vara», refiriéndose a la división del Mar Rojo:[718]

> El Creador Todopoderoso hizo diez milagros para los israelitas en el Mar Rojo. Les partió el mar, dejándolo en forma de cúpula, como está escrito,[719] «has castigado con sus propias varas…». Dividió el mar en dos mitades, como está escrito[720] «extiende tu brazo sobre el mar, y pártelo». Resultó tierra seca, como está escrito,[721] «Los Hijos de Israel anduvieron sobre lo seco en medio del mar». Se formó barro, como está escrito,[722] «Tú has pisado el mar con Tus caballos la espuma de las aguas poderosas». Partió el mar en pedazos, como está escrito,[723] «Con Tu fuerza hiciste pedazos el mar». Hubo rocas, como está escrito,[724] «Aplastaste las cabezas del Leviatán». Dividió el mar, como está escrito,[725] «al que partió en dos el Mar Rojo». Se mantuvo el mar erguido, como está escrito,[726] «Con un soplo de Tus fosas nasales las aguas se amontonaron». Las dos partes del mar se asemejaban a muros, como está escrito,[727] «erguidas

---

717. Éxodo 14:16.
718. *Mejilta Beshalaj* 4.
719. Habakuk 3:14.
720. Éxodo 14:16.
721. Éxodo 14:29.
722. Habakuk 3:15.
723. Salmos 74:13.
724. Salmos 74:13.
725. Salmos 136:13.
726. Éxodo 15:8.
727. Éxodo 15:8.

como un muro se pararon las aguas corrientes». Brotó agua dulce del agua salada, como está escrito,[728] «También hacía surgir corrientes de la roca». Se congeló el mar en masas informes, como está escrito,[729] «Las aguas profundas se congelaron en el corazón del mar».

Notable también fue el milagro que tuvieron los israelitas al cruzar el río Jordán cuando entraron en la tierra de Israel. Dijeron nuestros sabios,[730]

> ¿A qué altura estaba el agua? Doce *mil-millas* por doce *mil* según las dimensiones del campo de Israel. Dijo Rabí Elazar a Rabí Shimón: según tu explicación, ¿quién es más veloz, el hombre o el agua? No cabe duda de que el agua tiene mayor velocidad; por lo tanto ¡el agua habría de regresar y ahogarlos! Nos enseña, sin embargo, que las aguas estaban amontonadas a una altura de más de trescientos *mil*, de modo que todos los reyes del Este y del Oeste lo presenciaron; como dice el versículo,[731] «Y ocurrió que cuando todos los reyes amorreos, que estaban allende el Jordán; y todos los reyes de los cananeos, que estaban del lado del mar, supieron cómo el Altísimo había secado las aguas del Jordán ante los Hijos de Israel hasta que ellos lo cruzaron, sus corazones desfallecieron»…

Continúa el Talmud:[732]

> Cuando el último de los israelitas hubo cruzado el río Jordán, regresaron las aguas a su lugar. Como está escrito,[733] «Y ocurrió que cuando los *cohanim*-sacerdotes que llevaban el Arca del Pacto del Altísimo salieron de en medio del Jordán…». Por lo tanto, ¡el Arca y los sacerdotes que la llevaban estaban por un lado *del Jordán* y los israelitas por el otro! El Arca entonces llevó

---

728. Salmos 78:16.
729. Éxodo 15:8.
730. Tratado *Sotá* 34a.
731. Josué 5:1.
732. *Sotá* 35a.
733. Josué 4:18.

a sus portadores y cruzó. Como dice el versículo,[734] «Y ocurrió, cuando todo el pueblo había cruzado, que el Arca del Altísimo pasó también, y los *cohanim*-sacerdotes, ante el pueblo». Debido a esto fue castigado Uzá, como está escrito:[735] «Y cuando llegaron al granero de Najón, Uzá extendió su mano hacia el Arca de *Elo-him*-el Creador Todopoderoso, y la asió, porque los bueyes se desmandaron. Y se encendió la ira del Altísimo contra Uzá». Dijo *Elo-him*-el Creador Todopoderoso, «Uzá, *fue el Arca quien* llevó a sus portadores [no a la inversa]; ¡cuánto más puede *llevarse a sí misma*!

Shehacol: milagros mediante el agua

Nuestros rabinos, de bendita memoria, instituyeron la bendición לְכַהֵשׁ וּרְבָדָב הֵיְהִנ *shehacol nihyé bidvaró,* «mediante cuya palabra todo vino a ser», y תּוֹבֵּר תּוֹשָׁפָנ אֵרוֹב *Boré nefashot rabot,* «quien crea numerosos seres vivientes», que se dice tras beber agua, para que recordemos los milagros que tuvimos mediante el agua.[736]

    Está escrito,[737] «¡Oye, Israel, hoy cruzas el Jordán...». En su comentario a este versículo, enseñan los sabios del Midrash:[738] *Halajá*-ley: un israelita que bebe agua para saciar su sed dice, «Bendito... mediante cuya palabra todo vino a ser». Dice Rabí Tarfon, «quien crea numerosos seres vivientes y sus deficiencias...». Dicen los rabinos: Ven y mira todos los milagros que el Todopoderoso llevó a cabo para Israel a través del agua. ¿Cómo? Mientras estaban en Egipto les hizo milagros mediante el río.

    Dijo Rabí Itzjak: Cuando los egipcios y los israelitas iban a beber agua del río, los egipcios bebían sangre mientras que los israelitas bebían agua. Además, cuando Israel salió de Egipto, el Altísimo tan sólo les hizo milagros mediante el agua. ¿Cómo

---

734. Josué 4:11.

735. II Samuel 6:6-7.

736. *Véase* el libro de oraciones *Tikrav Rinati, op. cit.,* pp. 432-461.

737. Deuteronomio 9:1.

738. *Midrah Devarim Rabá, Ekev,* 3:8.

sucedió? Dice el versículo,[739] «el mar lo vio y huyó». ¿Qué vio? Dijo Rabí Nehorai: vio el Nombre Inefable grabado en la vara de Moshé y se partió. Como dice el versículo,[740] «las aguas Te vieron y sufrieron».

Después de salir del mar llegaron a Marah; el agua sabía amarga, y Él les hizo milagros. ¿Cómo? Dice el versículo,[741] «El Altísimo le mostró un árbol». En la roca les hizo milagros mediante el agua. ¿Cómo sucedió? Porque está escrito,[742] «y háblale a la roca...». En el pozo les hizo milagros y cantaron un cántico, como está escrito,[743] «Entonces cantó Israel este cántico».

Les dijo Moshé: sabed que todos los milagros que os ha hecho el Altísimo los hizo sólo mediante el agua, e incluso cuando crucéis el Jordán para tomar posesión de la tierra, también os hará un milagro mediante las aguas del Jordán.

Vínculo de *boré nefashot rabot* con el agua

¿Qué tiene de particular el Midrash que antecede? ¿Cuál es el vínculo entre la ley de un israelita que bebe agua para saciar la sed y el versículo «Escucha, oh Israel»? Las palabras de los rabinos que siguen, «Ven y mira todos los milagros que ha hecho el Altísimo» nos guían, porque aclaran el vínculo entre este versículo y las bendiciones que anteceden; en particular, «Bendito sea quien crea numerosos seres vivientes y sus deficiencias».

¿Qué nos enseñan las palabras de Moshé, «hoy has de cruzar el Jordán»? La respuesta a estas preguntas se encuentra al final del Midrash, donde nos recuerdan que el Altísimo les haría milagros mediante las aguas del río Jordán. Para explicar el vínculo, los rabinos ofrecen una larga introducción basada en la ley de un israelita que al beber agua para saciar su sed, ha de pronunciar la bendición *shehacol*. Esto nos lleva a preguntarnos por qué instituyeron los sabios esta bendición particular sin

---

739. Salmos 114:3.
740. Salmos 77:17.
741. Éxodo 15:25.
742. Números 20:8.
743. Números 21:17.

especificar que hay que decirla para beber agua. Si nos fijamos en otras bendiciones como «Quien crea el fruto de la tierra», ¡la bendición debería ser «Quien crea el agua»!

Más aún, Rabí Tarfon cita la bendición «Quien crea numerosos seres vivientes y sus deficiencias» *(Boré nefashot rabot)*: ¿por qué vincula Rabí Tarfon esta bendición al agua en particular, en lugar de los muchos alimentos tras de los cuales se dice?

La ley es que todos los alimentos por los cuales decimos la bendición *shehacol* –todo lo que no sale de la tierra– requiere la bendición final *Boré nefashot rabot*. «Quien crea numerosos seres vivientes y sus deficiencias»« es, por consiguiente, una bendición global.

El *Tur Oraj Jayim*[744] explica que la bendición trata acerca de los distintos seres vivientes y sus carencias. Nos dice *Rabenu Yoná* que se subraya lo que carece cada ser viviente y, por tanto, lo necesita. En cambio, el propósito de todos los otros *alimentos* que el Todopoderoso creó en el mundo, que son sólo para que disfrutemos de ellos, *se halla al final de la bendición «Boré nefashot rabot»*, «mantener la vida de toda criatura viviente. Bendito sea Él, vida de los mundos». Todo lo que creó se vincula con las palabras finales de la bendición.

Así pues, regresemos a nuestra pregunta inicial: ¿si *Boré nefashot rabot* es una bendición global, por qué la vinculan al agua los sabios del Midrash?

El agua, los milagros y la bondad divina

Los rabinos trataron de resolver dos preguntas difíciles –por qué *shehacol* no menciona el agua y por qué *Boré nefashot* se relaciona con el agua en particular– con la siguiente explicación. Todos los milagros que nos ha hecho el Altísimo los hizo sólo mediante el agua. Esta declaración desafía nuestro entendimiento, porque ¿cuántos milagros hizo el Altísimo para Israel que no se relacionaron con el agua?

Mientras estaban en Egipto, salvo las plagas de sangre y de granizo, las demás ocho plagas no se basaron en el agua. Más adelante, tuvieron la columna de nube que los dirigía durante el día, y la columna de fuego durante las noches –*que tampoco se relacionaban con el agua*–. La entrega

---

744. *Tur Oraj Jayim* 207.

de maná y de las codornices, la entrega de la Torá mediante el fuego, las guerras contra Sijon y Og y los muchos milagros hechos por los profetas Eliyahu y Elisha no se vincularon con el agua. Nos extraña, pues, esta declaración.

El significado subyacente de la declaración de que todos los milagros que nos ha hecho el Altísimo los hizo sólo mediante el agua es que, en este caso, el agua simboliza la pura bondad Divina. Los rabinos utilizaron ejemplos de agua porque el agua mantiene el mundo, como dice el versículo[745] «colocas las vigas de Tus cámaras superiores en las aguas», y también[746] «Porque dije: para siempre es edificada la bondad». Por lo tanto, el mundo no puede existir sin agua. Tiene sentido, pues, que escogiesen la metáfora del agua para representar los milagros, ya que, esencialmente, éstos son muestras de la bondad Divina.

Fue posible que los israelitas bebiesen agua –bondad Divina– al mismo tiempo que los egipcios bebían sangre –justicia estricta– debido a la conexión entre la bondad y la justicia estricta Divinas.

El final del Midrash subraya las palabras del versículo, «Tú has de cruzar hoy el Jordán para ir a conquistar...», para que nadie pueda decir que el Altísimo sólo dio muestras de Su amor hasta que llegaron a la tierra de Israel. Tenemos otro indicio de este amor en el versículo[747] «Cuando viniereis a la Tierra y plantaréis cualquier árbol frutal...», ya que nos informa el versículo de que incluso después de que cruzaron el Jordán para conquistar la tierra, les acompañaron las fuerzas Divinas de bondad.

Comprendemos esta alusión debido al uso de la segunda persona del singular en el verbo «Tú has de cruzar». *El uso del pronombre atá-tú parece superfluo en hebreo* porque el versículo comienza con una interpelación, «¡Escucha, oh Israel!». *Lógicamente, en lugar de «has de cruzar hoy» (atá 'over) que parece indicar un solo individuo, el texto hubiese debido usar la expresión «habéis de cruzar» (atem 'ovrim), que sugiere una colectividad.* No obstante, como *en la Cabalá*, el pronombre *atá*-tú sugiere el aspecto de bondad Divina, el mensaje era que las fuerzas de *Jesed*-bondad cruzarían el Jordán con el pueblo y les harían un milagro mediante las aguas del Jordán.

---

745. Salmos 104:3.
746. Salmos 89:3.
747. Levítico 19:23.

La naturaleza y la justicia estricta

Los milagros se relacionan con el atributo de bondad porque violan las leyes de la naturaleza, y el valor numérico de la palabra hebrea *hateva'* (la naturaleza) es 86, igual que el del Nombre Divino *Elo-him*. *Elo-him* sugiere la justicia estricta, y la creación del mundo –la naturaleza– vino a ser mediante el Nombre *Elo-him*, como lo vemos en el versículo,[748] «En el comienzo de la creación del Todopoderoso de los Cielos y la Tierra».

Si la naturaleza sugiere justicia estricta, podemos comprender que romper su orden ha de provenir del amor y la ternura. Derivamos esto del versículo:[749] «Mi mano sentó la base de la tierra, y Mi mano derecha expandió los cielos». *En la Cabalá, «la mano» del Creador Todopoderoso indica la justicia estricta, sugiriendo así que el mundo fue creado con la justicia estricta, mientras que Su «mano derecha» indica la bondad,* como lo enseñan los *Tikunim*.[750] […]

La palabra del Altísimo: la bondad

Lo que antecede nos ayuda a comprender las dos bendiciones para beber agua instituidas por nuestros sabios. El significado de la expresión *shehacol nihyé bidvaró*, «por cuya palabra todo vino a ser», es que todos los milagros que hizo Él por nosotros provinieron de «Su palabra», que indica la bondad.

Enseña la Cabalá que la expresión *shehacol* alude al hecho de que los milagros provienen de la característica llamada *col*, es decir que to-

---

748. Génesis 1:1.

749. Isaías 48:13.

750. *Tikuné Zohar Jadash* 93b. La sefirá Yesod-fundamento, llamada «tzadik», se identifica con el concepto del milagro (*nes*), y como Yesod es el pacto que une el cielo y la tierra, está sugerida en la palabra col-todo del versículo, «todo (*col*) cuanto hay en el cielo y en la tierra…». El valor numérico de la palabra hebrea *nes*-milagro es 110, igual al de la combinación de los dos Nombres Divinos: el primero es *MaH* acerca del cual enseña el Arí que este Nombre compuesto de las letras *Mem* y *He* es una de las cuatro expansiones del santo Tetragrama cuyo valor numérico suma 45. *MaH*, que alude a las fuerzas Divinas celestiales de *Tiferet*. El segundo es Ado-nai, que alude a la fuerza Divina de *Maljut* que opera en la tierra. La combinación de estos dos Nombres indica la bondad.

dos los milagros se hicieron mediante el vínculo entre la palabra hebrea *nes*-milagro y el atributo de *Jesed*-bondad, «por cuya palabra *estos milagros vinieron a ser*».

La conexión entre la palabra del Altísimo y el atributo de bondad no presenta dificultades, porque hay muchos versículos que ilustran este vínculo con precisión, como:[751] «Envió Su palabra y los sanó»,[752] «Espero al Altísimo. Mi alma Le ansía, y en Su palabra confío», y[753] «Él envía Su palabra y se derrite». [...]

El concepto de la palabra también se asemeja al agua, como dice el versículo:[754] «Las palabras de la boca de un hombre son como aguas profundas», y[755] «La apertura de Tus palabras alumbra»; la palabra «alumbra» es una clara indicación de la bondad Divina.

Como el agua apaga el fuego...

Cuando bebas agua para saciar tu sed, ten en mente los milagros que el Creador Todopoderoso ha hecho por nosotros. Esta intención es de particular importancia cuando bebes para saciar la sed, ya que cuando se tiene sed parece que en el estómago se ha prendido fuego, lo que sugiere la justicia estricta. Por consiguiente, al beber agua estás mostrando que las aguas de la bondad Divina apagan la justicia estricta.

La bendición *Boré nefashot rabot* «quien crea numeroso seres vivientes», sugiere milagros hechos por pura bondad. La diferencia es que la bendición *shehacol* es general, mientras que *Boré nefashot rabot* señala lo particular.

El significado de «quien crea numerosos seres vivientes y sus deficiencias» es que la creación proviene del lado Divino de la bondad. El Todopoderoso ha creado lo que necesitan Sus criaturas para ser saciadas, y no puede haber saciedad en el mundo sin agua, porque el agua es la vida del mundo. *Así, pues, la bendición termina, «Bendito sea Él, la vida de los mundos».*

---

751. Salmos 107:20.
752. Salmos 130:5.
753. Salmos 147:18.
754. Proverbios 18:4.
755. Salmos 119:30.

La bendición *shehacol* usa la palabra *nihyéh* –«vino a ser» –por cuya palabra todo vino a ser– mientras que en *Boré nefashot rabot*, la palabra *barata*-creó se refiere a Su creación. Ambos conceptos –«vino a ser» y «creación»– se vinculan al amor y, por lo tanto, se aúnan con las dos primeras letras del Nombre Especial (el Tetragrama) –*Yud* y *He*. Enseña la Cabalá que estas dos letras representan a *Jojmá* y *Biná*, como lo sugiere el versículo «*yehi or*- «Que haya luz».[756] Acerca de la creación explica el *Tikuné Zohar*,[757] «el hombre de *Beriyá* [es decir, el *partzuf* de *Keter*,[758]] está montado sobre el Arie [la constelación vinculada con la bondad Divina. Es decir, *Keter* –el primer *partzuf* que creó el Todopoderoso en el mundo celestial de *Atzilut*– se reviste de bondad Divina].

Continúa la bendición *Boré nefashot rabot*, «por todo cuanto has creado para mantener la vida de cada ser viviente». Nuestra declaración anterior de que los milagros provienen del lado Divino de la bondad implica que nos son revelados por amor, mediante la *sefirá* Divina de *Yesod*-fundamento, pero la fuente de donde brota el agua es aún más elevada. Asimismo, enseña el Zohar que la separación del Mar Rojo fue iniciada por el *partzuf* de *Keter*[759] [*que simboliza la bondad Divina sin mitigación, una bondad que no se basa en lo que el hombre merece, sino en la pura benevolencia del Creador*].

Por lo tanto, después de mencionar que *Jesed*-bondad ha creado la saciedad sin la cual no podríamos existir, la bendición se refiere a los milagros que están ejecutados desde un espacio celestial más elevado que *Jesed*, pero se nos revelan mediante las aguas de bondad, como lo indica la bendición, «por todo cuanto has creado para mantener...».

La declaración de los sabios del Midrash de que «todos los milagros que os ha hecho el Altísimo los hizo sólo mediante el agua», por lo tanto, significa que fueron revelados mediante el agua. Así pues, nos es de extrañar que la primera plaga fuera ejecutada mediante el agua. Esto indicaba que todos los milagros que seguirían sucediendo serían revelados por el mismo medio.

«Por todo cuanto has creado» עַל כָּל מַה שֶׁבָּרָאתָ -*(al col mah shebarata)*: el uso de la preposición hebrea «עַל' *al*», que literalmente significa «por encima de» *–pero suele traducirse con las preposiciones «por, o en»*—nos

---

756. Génesis 1:3.
757. *Tikún* 70, p. 133a.
758. *Véase* la Introducción a la edición española.
759. Zohar *Beshalaj* 52b.

recuerda otro versículo en que se usa la preposición *'al con el sentido de «por encima de»*,[760] «Entonces te deleitarás en *('al)* el Altísimo». Y explica el Zohar que *hemos de comprender el versículo según su explicación textual, es decir,*[761] literalmente, 'por encima'. *[Podríamos decir entonces]* «Por encima de todo cuanto has creado» –desde allá creó el Altísimo lo necesario para «mantener la vida de cada ser viviente» ya que de allá proviene la esencia vital que mantiene a «cada ser viviente»–. Como esta esencia vital proviene de un espacio Divino oculto a los humanos, las palabras de la bendición no son «por todo cuanto creas para mantener», ya que «creas» está en el presente, que evoca la experiencia del momento, sino «todo cuanto has creado» que alude a lo que permanece oculto en el cielo –el hombre de *Beriyá*– que se refiere al aspecto del Altísimo de *Keter*-corona.

Dicen los comentadores que «para mantener a cada ser viviente» se refiere a los demás placeres, ya que éstos provienen de este espacio oculto, como lo indica el versículo, «Entonces te deleitarás…». Asimismo, de este espacio oculto celestial provienen los milagros que representan la base de la vida para Israel.

«La vida de cada *jay*-ser viviente: los seres humanos, que son dominados por la muerte, derivan su esencia vital de la energía Divina. «La vida de cada *jay*» también se refiere al deleite de las almas de los justos en el mundo venidero, porque la persona recta lleva el nombre *jay*. Por ejemplo, en el *Libro de Samuel*, llaman al justo Benaiahu, hijo de Yehoiada, *ish jay*.[762] Aun-

---

760. Isaías 58:14.

761. Zohar Yitró 83a. Subraya el Zohar que la preposición *'al* en los versículos citados se refiere al aspecto de *Hashem*-el Altísimo que está más elevado, así como la corona del rey está más alta que sus brazos. El aspecto de Hashem al nivel de *Jesed* ha de tener en cuenta el aspecto de *Guevurá*, juzgando si el receptor merece la benevolencia que está pidiendo, mientras que el aspecto de *Keter* representa la bondad incondicional. Por eso, cuando los judíos estaban angustiados, enfrentados con el mar por delante y los egipcios por detrás, y Moshé comenzó a rezar, le dijo Hashem: (Éxodo 14:15) «¿Por qué clamas ante Mí? Habla a los Hijos de Israel y que marchen». En otras palabras, Hashem le estaba diciendo que la tefilá (el rezo) es juzgada teniendo en cuenta el mérito del que la pide. En contraste, al ponerse en marcha sin pedir, en total fe de la protección del Todopoderoso, los judíos estarían apelando al aspecto de Hashem que está por encima de la bondad y la justicia, Su aspecto de la corona real con la que el rey puede favorecer a un súbdito sin pasar por su sistema de gobierno. Y nos dice Rabí de Vidas que a ese mismo aspecto de Hashem estamos apelando cada vez que recitamos la bendición *boré nefashot rabot, 'al…*

762. Isaías 58:14.

que esta expresión suele traducirse como «hombre valiente», también puede comprenderse esotéricamente como un hombre que es *jay*, o sea, justo.

Por consiguiente, la bendición *Boré nefashot rabot* fue instituida para expresar nuestra gratitud por el agua en particular, porque el agua nos recuerda tres factores:

1. La bondad Divina está perpetuamente dirigida al hombre. El agua y otros placeres que consume el hombre provienen todos del amor del Altísimo por el hombre.
2. El aspecto celestial, *oculto,* de la bondad, que el Altísimo realizará en la vida futura. Este aspecto alude al maravilloso deleite oculto a la experiencia humana, la fuente de «todo cuanto has creado».
3. Los milagros que ya hemos tenido en el pasado.

No cabe duda de que la conciencia de la bondad Divina causará que el hombre se vincule a su Creador con amor, como se debe.

Ahora podemos comprender el final de esta bendición, «Bendito sea Él, vida de los mundos», mediante el comentario de Rashbí:[763]

> *Jay*-«el Ser Viviente», [alude a la *sefirá Yesod*-fundamento –llamada *tzadik*-el justo– que mora] en dos mundos: en el mundo celestial, [el de *Biná*-entendimiento, porque *Yesod* infunde a *Maljut* una esencia vital y *shefa*-energía que proviene de *Biná*]. *Jay* [también mora] en el mundo inferior, [es decir *Maljut*, cuya esencia vital e iluminación provienen de *Biná* a través de *Yesod*. Por lo tanto, *Yesod* infunde a *Maljut* dos clases de *shefa*-energía: una provisión constante de] energía que mantiene al mundo inferior de [*Maljut*, y también una fuente de energía nueva, que sólo viene ocasionalmente].

¿Carbones calientes o pan caliente?

También has de comprender cómo el maná distribuido milagrosamente mostraba el amor del Altísimo por nosotros, como lo dice el Midrash[764] acerca del versículo,[765] «He aquí que haré llover pan para vosotros desde

---

763. Zohar *Toldot* 135b.
764. *Midrash Tanjuma* acerca de Éxodo 16:4.
765. Éxodo 16:4.

el cielo». En el *Libro de Job* está el versículo:[766] «Con tales cosas juzga a los pueblos y da alimentos en abundancia». Por consiguiente, «el cielo», de donde proviene nuestro alimento, juzga a las naciones del mundo.

Ten conciencia del hecho de que cuando pecó la generación del diluvio, fueron juzgados por el cielo, como está escrito:[767] «Hará que sobre los inicuos lluevan ascuas, fuego y azufre». Cuando trasgredieron los habitantes de Sodoma, fueron juzgados por el cielo, como dice el versículo,[768] «El Altísimo hizo que lloviera azufre y fuego sobre Sodoma y Gomorra, de el Altísimo, de los Cielos». Cuando pecó Sísera, fue juzgado por el cielo, como está escrito,[769] «desde el cielo pelearon». Sin embargo, el versículo «da alimentos en abundancia» muestra que también proviene del cielo el alimento que mantiene a Israel. De hecho, éste es el mensaje del versículo, «He aquí que haré llover para vosotros pan del cielo». Esto puede compararse a un panadero que trabaja ante un horno abierto. Llega su enemigo, que saca del horno un recipiente lleno de carbones ardientes y lo coloca sobre la cabeza del panadero.

En otro momento, la persona quien ama al panadero entra en la panadería, prepara una masa de pan, la cuece, saca pan caliente del horno y se lo da al panadero a comer. Tanto el recipiente de carbones ardientes como el pan caliente han salido del mismo horno.

De igual modo, el Altísimo vertió desde el cielo azufre y fuego sobre los sodomitas, así como maná para los israelitas.

Aquí concluye el Midrash. Hay otros milagros que se basan en el maná, pero lo que hemos citado bastan para encender el corazón de amor.

Mi más preciado tesoro

El Altísimo también nos mostró Su amor al darnos la Torá, como lo indica el versículo,[770]

---

766. Job 36:31.
767. Salmos 11:6.
768. Génesis 19:24.
769. Jueces 5:20.
770. Éxodo 19:4-6.

> Habéis visto lo que le hice a Egipto, y que os he trasportado sobre alas de águilas y os he traído hacia Mí. Y ahora, si obedecéis Mi voz y observáis Mi pacto, seréis para Mí el tesoro más preciado de todos los pueblos, pues Mía es toda la tierra. Seréis para Mí un reino de ministros, eruditos de la Torá, y una nación santa.

«El tesoro más preciado entre todos los pueblos» implica que habéis de estar disponibles para Mí y ocuparos con Mi Torá; no trabajéis en nada más.

«Tesoro»: así como el hombre estima su tesoro, así también os querré Yo.

Rabí Iehoshua ben Korjá dijo, «si Me obedecéis», *seréis para Mí el tesoro preciado.* «Del mismo modo que para el hombre, su mujer es su *tesoro más preciado*, el hijo es el de su padre, el siervo es el de su amo, y la sirvienta es el de su ama, así también os he reservado para Mí, *como Mi tesoro especial*». Y los sabios explican, como está escrito, «porque Mía es toda la tierra, y vosotros sois para Mí».

Dios está diciendo, «nadie tiene derechos sobre vosotros sino Yo», y también,[771] «He aquí que El que guarda a Israel no dormita ni se duerme». Asimismo, la promesa Divina, «Y seréis para Mí un reino de sacerdotes y un pueblo santo» implica: «No permitiré que las naciones del mundo os dominen». También dice el versículo:[772] «Mi paloma, Mi perfecta melliza, es única».

Las palabras de Rabí Joshua ben Korjá pueden comprenderse mediante la interpretación que dio Rashí al versículo anterior:

> La palabra «tesoro» implica una posesión muy querida, como dice el versículo[773] «tesoros tales como los tienen los reyes», objetos de gran valor y piedras preciosas que los reyes ocultan *para su uso personal.* Asimismo, al usar la palabra «tesoro» en el versículo precedente, el Altísimo les está diciendo a Israel: sois para Mí más queridos que las otras naciones. Sin embargo, no penséis que sois lo único que tengo, que no tengo a nadie más, y no os preguntéis –¿a quién otro puedo amar?– porque, como sigue el versículo, «Mía es toda la tierra». Sin embargo, a Mis ojos y en Mi Presencia, los otros son insignificantes.

---

771. Salmos 121:4.
772. Cantar de los Cantares 6:9.
773. Eclesiastés 2:8.

«Seréis para Mí un reino de sacerdotes», es decir, de príncipes, como en el versículo,[774] «y los hijos de David serán ministros principales». La expresión «seréis para Mí» indica el amor del Altísimo por nosotros, o en otras palabras, como lo interpretan nuestros sabios: «No permitiré que nadie tenga derechos sobre vosotros sino Yo». Enseña el Zohar:[775]

> Bienaventurado es el pueblo de Israel, porque el Altísimo no lo entregó a ningún gobernante ni a ningún otro mensajero; [El Altísimo no permitió que ninguno de Sus ángeles ni otros mensajeros Divinos dominasen a Israel]. Más bien, los Hijos de Israel forman parte de Él y Él forma parte de ellos; [Él y sólo Él, cuida a Israel y lo guía]. Por amor a ellos, los llama Sus siervos. Como dice el versículo,[776] «Pues los Hijos de Israel son sirvientes para Mí», (debido a su vínculo con el Ángel Metatrón [no debe pronunciarse], llamado «siervo»). Más adelante, comenzó a llamarlos hijos; como dice el versículo,[777] «Vosotros sois hijos del Altísimo, vuestro Creador Todopoderoso», [ya que sus almas *nefesh* y *ruaj* provienen de *Tiferet* y *Maljut*]. Los llama hermanos; como dice el versículo,[778] «por Mis hermanos y Mis compañeros», [ya que sus almas *jayá* y *yejidá* provienen de *Jojmá* y *Biná*]. Como los llama hermanos, quiere dejar a Su *Shejiná* entre ellos y nunca alejarse de ellos.

El amor del Altísimo y la Torá

Acerca del amor por la Torá, Moshé advierte a Israel en su declaración final:[779]

> Pues inquirid ahora acerca de los días primeros que os precedieron, desde el día en que el Altísimo creó al hombre sobre la tierra… ¿ha habido alguna vez algo parecido a esta gran cosa o

---

774. II Samuel 8:18.
775. Zohar *Vayikrá* 7b.
776. Levítico 25:55.
777. Deuteronomio 14:1.
778. Salmos 122:8.
779. Deuteronomio 4-32-33.

se ha oído alguna vez algo parecido? ¿Ha oído algún pueblo la voz del Altísimo hablando desde el medio del fuego, tal como vos la habéis oído, y ha sobrevivido?

Y también,[780]

> Desde los Cielos Él hizo que oyerais Su voz para enseñaros y sobre la Tierra Él os mostró Su gran fuego, y vosotros oísteis Sus palabras de en medio del fuego, porque Él amaba a vuestros antepasados y Él eligió a su descendencia posterior, y os sacó de ante Él Mismo con Su gran poder de Egipto…

Otra prueba del amor del Altísimo por nosotros al darnos la Torá es *la tierra que nos preparó*:[781]

> … para expulsar de ante ti a las naciones que son más grandes y más poderosas que vosotros, para traeros, para daros su tierra por heredad…

En lo que concierne al amor Divino por nosotros en conexión con la Torá, consúltese la interpretación de Rashbí[782] del versículo:[783] «El Altísimo apareció en Sinaí y resplandeció ante ellos desde Seir». Rashbí vincula a este versículo el amor del Omnipresente por nosotros como el de un padre por su hijo querido.

Referente al amor del Altísimo y a la Torá, la Mishná enseña:[784]

> Bienamados son Israel porque se les dio un precioso instrumento. Este amor era aún mayor ya que les informaron de que habían recibido un precioso instrumento con el que se creó el mundo, como dice el versículo,[785] «porque os doy buena doctrina. No abandonéis Mis enseñanzas».

---

780. Deuteronomio 4:36-37.
781. Deuteronomio 4:38.
782. Zohar *Balak* 192a.
783. Deuteronomio 33:2.
784. *Avot* 3:14.
785. Proverbios 4:2.

En lo que concierne a los milagros que el Altísimo ha hecho por nosotros, en Pesaj leemos en la *Hagadá*:[786]

¡Cuánto, por consiguiente, hemos de agradecer al Omnipresente por Sus múltiples favores! Nos sacó de Egipto. Castigó a los egipcios y a sus reyes. Mató a sus primogénitos. Nos dio sus riquezas. Dividió el mar. Nos hizo cruzar por tierra seca y ahogó a nuestros opresores. Sació nuestras necesidades en el desierto durante cuarenta años. Nos alimentó con maná. Nos dio el Shabat. Nos trajo al monte de Sinaí y nos dio la Torá. Nos trajo a la tierra de Israel y nos construyó el Templo.

El amor en la oración

Nuestros maestros incluyeron muchas facetas del inmenso amor del Altísimo hacia nosotros en la bendición que antecede al *Shemá* de la mañana:[787] «Con amor eterno nos amaste, Altísimo, nuestro Creador Todopoderoso, y con compasión excesiva Te apiadaste de nosotros». Aunque no podemos profundizar para evitar desviarnos de nuestro tema, estos aspectos del amor Divino se centran por lo general en el mismo principio: la gran ternura del Altísimo por nosotros.

Pueden derivarse muchas lecciones de esta bendición.

1. «Por amor de Tu Gran Nombre», que se vincula con el nuestro.
2. «Por el amor de nuestros padres que confiaron en Ti».
3. «Les enseñaste Leyes de Vida».
4. «Padre nuestro, Padre Misericordioso. Apiádate de nosotros».
5. «Pon inteligencia en nuestro corazón»: ya que nos dio una capacidad única de comprensión comparado con el resto de las naciones del mundo.
6. «Que jamás suframos vergüenza, menosprecio ni tropezones; «jamás» alude al mundo venidero.
7. «Permítenos regocijarnos y alegrarnos en Tu salvación», «estoy con él en tiempo de aflicción».

---

786. *La Hagadá Sefaradita,* editado por Yeshivat Nahalat Moshé (Jerusalén, 1989), p. 93.
787. *Véase Tikrav Rinati,* pp. 105-109.

8. «Rompe el yugo que los pueblos extraños pusieron sobre nuestra cerviz», que alude a la reunión de los exiliados.
9. «Porque Tú eres el Todopoderoso que trae la salvación»; el Todopoderoso siempre lleva a cabo la salvación para el mantenimiento del mundo. Esto se refiere a las cinco clases de salvación mencionadas en el Zohar.[788]
10. «Nos eligió de entre todas las naciones y lenguas»:[789] «Cuando el Supremo les dio a las naciones su herencia, cuando separó a los hijos del hombre... Pues la porción del Altísimo es Su pueblo».
11. «Nos acercaste, oh Rey nuestro, hacia Tu Gran Nombre». He oído de mi maestro, de bendita memoria, Rabí Itzjak de Luria *Ashkenazí* (el Arí), que al pronunciar esta frase hemos de tener en mente que nos acercó hacia Su gran Nombre en el monte Sinaí con el fin de darnos la Torá, porque la Torá y Su Gran Nombre forman una sola entidad, como lo viene a explicar el Zohar.
12. «Para que podamos apreciarte».
13. «Y proclamar Tu unidad y amor a Tu Nombre», porque el valor numérico de la palabra hebrea *ahavá*-amor es trece, el mismo que el valor de la palabra *ejad*-uno, que sugiere las treces facetas del amor Divino que mencionamos en esta oración.

La bendición que sigue al *Shemá*, «Verídica y cierta...» también menciona muchas facetas del Creador que encienden nuestro amor por Él: «Es verdad que el Altísimo es nuestro Rey; el Protector de Iaacov; el escudo de nuestra salvación. Él permanece de generación en generación». Más aún, «Verdad es, que Tú eres el Altísimo, nuestro Creador Todopoderoso y Creador de nuestros padres, Rey nuestro y de nuestros padres, Protector nuestro y Roca de salvación de nuestros padres, Redentor y salvador nuestro...»; y «Tú has sido siempre el socorro de nuestros padres, y escudo y salvador serás para Ellos y para sus hijos durante todas las generaciones».

De aquí hasta las palabras finales de esta bendición, «que has redimido a Israel», que precede a la *Amidá*, el texto de la oración revela el amor del Altísimo por nosotros. También nos recuerda algunos de los milagros que hizo por nosotros, como el Éxodo de Egipto, la plaga de los primogénitos, la división del mar y otros, como lo hemos expuesto.

---

788. *Bereshit* 49 y *Terumá* 169a.
789. Deuteronomio 32:8-9.

Si al leer esta bendición, permites que te llegue al corazón en lugar de leer las palabras maquinalmente como muchos lo hacen, no cabe duda de que el amor al Altísimo y deseo de Su proximidad se encenderán en ti. Entonces, sumido en tu oración ante Él, podrás vincularte a Él.

De igual modo, la primera bendición de la *Amidá*, que termina con las palabras «escudo de Abraham», alude al amor: todo lo que menciona la bendición evoca actos de amor cuyo propósito es encender el amor en ti.

«Creador Todopoderoso de Abraham, de Itzjak y de Iaacov»: como hemos explicado, esta frase se basa en el versículo,[790] «Únicamente a tus antepasados el Altísimo los quiso para amarlos...».

«El Creador Todopoderoso Grande, omnipotente y reverenciado, el Altísimo que concede generosamente Sus favores, el que todo lo crea, el que se acuerda de las buenas acciones de los patriarcas y el que con amor quiere enviar el redentor a Sus hijos». Todos estos factores señalan la eterna bondad del Omnipresente con Sus criaturas. El texto no dice «que concedió Sus favores», sino «que concede». Esto indica una acción dinámica continua. Asimismo, «el que todo lo crea, el que se acuerda de las buenas acciones de los patriarcas» también aparece en el presente, que sugiere la incesante bondad imbuida del amor del Altísimo.

En mi futuro análisis de la oración explicaré cómo cada uno de estos factores es producto del amor.

Aunque la bendición «Tú eres, Oh Señor, eternamente poderoso», cabe en la categoría de la justicia estricta, se trata de la justicia estricta atenuada, vinculada a la bondad, porque, como puede verse, todas las obras mencionadas en esta bendición pertenecen al ámbito de la bondad Divina: «Resucita a los muertos con suma piedad. Sostiene a los que caen, cura a los enfermos, da libertad a los prisioneros y cumple Su promesa...».

La justicia estricta tan solo se menciona de forma explícita en la expresión תִּימַם דֶּלֶם –«Rey que causa la muerte», pero va seguida de הְיֶחְמוּ *umejayé–* «y restaura la vida». Esto muestra que incluso en la muerte, que es la forma de justicia estricta más dura, la intención del Altísimo es beneficiar al hombre, al regenerar la vida para que el mal desaparezca del mundo. Como dice el versículo:[791] «Se regocijará el Altísimo en Sus

---

790. Deuteronomio 10:15; *véase* el capítulo III, nota 51.
791. Salmos 104:31.

obras». En mi estudio de la oración, explicaré las numerosas referencias a la muerte que aparecen en esta bendición, la cual representa la justicia estricta vinculada a la bondad, como lo explica Rashbí en el Zohar.[792]

Véase también lo que mencionamos acerca de la bendición, «Nosotros Te agradecemos», «por nuestra vida que está en Tus manos y por nuestras almas a Ti encomendadas; por los milagros que Tu providencia obra por nosotros todos los días; … Tú eres bondadoso y Tu misericordia es inagotable…».

Asimismo, se han de estudiar con cuidado los trece atributos de la fe que leemos todas las mañanas después de la oración, «El Creador Todopoderoso, bondadoso y misericordioso…» porque muestran la inmensa bondad del Altísimo con el hombre.

Leemos el Shabat por la mañana, «Aunque nuestra boca estuviera llena de canciones como la mar…». «Tú, Oh nuestro Creador Todopoderoso, nos redimiste de Egipto…». «Por lo tanto, los miembros con los que formaste nuestro cuerpo y el espíritu y el alma que insuflaste en nuestro ser, y la lengua que pusiste en nuestra boca…». «Tú salvas al pobre del prepotente, y al indigente y menesteroso de su expoliador…».[793]

> También, en la Bendición de la mesa, decimos:[794]
> Te damos gracias; oh Altísimo, nuestro Creador Todopoderoso, porque diste a nuestros padres como heredad una tierra buena, amplia y placentera, pacto y ley, vida y sustento, porque nos libraste de Egipto… y por la señal del pacto que estampaste en nuestras carnes.

Estas palabras ilustran el vínculo de amor entre el Altísimo y el pueblo de Israel, porque Su Nombre está sellado en nuestra carne. Así suelen hacer los amigos que se aman el uno al otro: haciéndose una señal entre ellos como prueba de su amor mutuo, para que nunca lo olviden.

«Por la Torá que nos enseñaste»: como lo explicamos anteriormente.[795]

«Por la vida y por el sustento que nos otorgas y que nos provees». Esto también prueba el amor del Altísimo a todas Sus criaturas.

---

792. Zohar *Ki Tisá* 190b.
793. *Tikrav Rinati, op. cit.* pp. 505-507.
794. *Tikrav Rinati*, p. 431 y sigs.
795. *Véanse* las secciones, «Mi más preciado tesoro», y «El amor del Altísimo y la Torá».

Si piensas en los numerosos milagros que hizo el Altísimo mediante Sus profetas, algunos mediante Samuel, otros mediante Eliyahu, otros mediante Elisha, tendrás conciencia de Su grandeza y de Su bondad con Israel. Además, los milagros hechos para Israel en cada generación, los cuales seríamos incapaces de contar aunque quisiésemos, se reflejan en las palabras que recitamos en la *Hagadá* de Pesaj, «en cada generación se alzan contra nosotros para destruirnos; pero el santo Bendito Él nos salva de su mano».[796]

«El Todopoderoso no pudo soportar la desgracia de Israel»[797]

Todos los milagros a los que nos referimos, así como los que no mencionamos, están incluidos en el libro de Ezra:[798] «Tú eres el Altísimo, sólo Tú. Tú hiciste el cielo…».[799] «Tú eres el Altísimo, Creador Todopoderoso, que escogió a Abram».[800] «Y viste la aflicción de nuestros padres en Egipto…».[801] «Y partiste el mar delante de ellos…».[802] «Además con una columna de nube los condujiste de día, y con columna de fuego de noche, alumbrando el camino por el que debían ir».[803] «Y sobre el monte Sinaí Te volviste y hablaste con ellos desde el cielo y les diste preceptos justos…».[804] «y les diste a conocer Tu santo Shabat…».[805] «y les diste pan del cielo para su hambre, y sacaste para Ellos agua de la roca para su sed, y les ordenaste que poseyesen la tierra…».[806] «Pero ellos y sus padres obraron altaneramente y endurecieron su cerviz…».

---

796. *Hagadá, op. cit.,* p. 73.
797. Perífrasis de Jueces 10:16; וַתִּקְצַר נַפְשׁוֹ בַּעֲמַל יִשְׂרָאֵל
798. Nehemías 9:6.
799. Nehemías 9:7.
800. Nehemías 9:9.
801. Nehemías 9:11.
802. Nehemías 9:12.
803. Nehemías 9:13.
804. Nehemías 9:14.
805. Nehemías 9:15.
806. Nehemías 9:16.

[807]«Pero Tú eres *Elo-ha* —un Creador Todopoderoso presto al perdón, pleno de misericordia, lento en iras y abundante en compasión, y no los abandonaste, incluso cuando se hicieron un becerro fundido...». [808]«Tú en Tu múltiple misericordia no los abandonaste en el desierto. La columna de nube no se apartó de ellos de día...». [809]«Les diste Tu buen espíritu para instruirlos y no les quitaste Tu maná de la boca...». [810]«Los mantuviste durante cuarenta años en el desierto, y nada les faltó. Sus ropas no se gastaron...».

[811]«También les diste reinos y pueblos, que repartiste por distritos, y así poseyeron la tierra de Sijon, la tierra del rey Jeshbon, y la tierra de Og, rey de Bashan. A sus hijos los multiplicaste como las estrellas del cielo...». [812]«Tomaron ciudades fortificadas y una tierra fértil, y se adueñaron de todas las cosas buenas...». [813]«Sin embargo, fueron desobedientes y se rebelaron contra Ti...». [814]«Por eso, Tú los entregaste en la mano de sus adversarios, que les castigaron. Y en la época de sus tribulaciones, cuando clamaron a Ti, les escuchaste desde el cielo, y conforme a Tu múltiple misericordia, les diste salvadores que pudieran librarles...». [815]«Pero después de que tuvieron descanso se comportaron otra vez mal contra Ti, por lo que los dejaste caer en mano de sus enemigos, quienes entonces los dominaron. Pero cuando volvieron y clamaron a Ti, muchas veces les escuchaste desde el cielo, y los libraste conforme a Tu compasión».

Asimismo, el Libro de Jueces nos recuerda que el Altísimo,[816] «no pudo soportar la desgracia de Israel». ¡Maravíllate ante Su amor por nosotros, que se asemeja al de un padre angustiado por el sufrimiento de

---

807. Nehemías 9:17-18.
808. Nehemías 9:19.
809. Nehemías 9:20.
810. Nehemías 9:21.
811. Nehemías 9:22-23.
812. Nehemías 9:25.
813. Nehemías 9:26.
814. Nehemías 9:27.
815. Nehemías 9:28.
816. Jueces 10:16; traducción basada en la de Rabí Iaacov Elman, *op. cit.*

su hijo! También en el Libro de Ezra,[817] «No obstante ello, durante muchos años les extendiste Tu misericordia y les notificaste por Tu espíritu a través de Tus profetas, pero ellos no prestaron oído. […] Sin embargo, por Tu infinita clemencia no los consumiste del todo ni los abandonaste, porque eres *É-l* –un Creador lleno de gracia y de misericordia».

También deben estudiarse las enseñanzas de la Mishná:[818] «Diez milagros se hicieron a nuestros padres en el Templo: ninguna mujer tuvo un aborto…». Esto sucedió durante la existencia del Templo. […] Como dijo Rabí Iosef Iabetz citando la Mishná, «El humilde irá al Paraíso: Sea Tu voluntad que se reconstruya el Santo Templo, pronto y en nuestros días».

El Santuario se llamaba «Santuario de testimonio», porque para Israel representaba la prueba actual de la Presencia de la *Shejiná* entre ellos. El Templo también se conocía por los milagros que sucedían en él, en particular el del hilo de lana escarlata que se volvía blanco en el día de Kipur,[819] para mostrar que[820] «aunque vuestras trasgresiones sean como la grana, se tornarán tan blancas como la nieve».

Aun ahora que está destruido el Templo, es un recuerdo perpetuo que por nuestras trasgresiones ya no existe. El Altísimo nos lo reconstruirá con la obra de Sus manos. Cuando los israelitas dejaron Egipto, era la intención del Altísimo de hacer bajar el Templo que estaba construido en el cielo. Eventualmente, no les bajó este Templo porque trasgredieron con el becerro de oro.

Por lo tanto, enseña el Zohar:[821]

> Cuando los israelitas se fueron de Egipto, el Altísimo quería hacer de ellos ángeles –seres celestiales santificados– [como Adán antes de la trasgresión, cuando estaba en el Edén]. Quería construirles una casa santa, [es decir, en el cielo,] bajársela desde el cielo, y establecerlos en la tierra santa como seres celestiales. [El pueblo de Israel terrenal sería entonces como las almas celestiales en *Maljut*,] como lo dice el versículo,[822] «Tú los traerás y los im-

---

817. Nehemías 9:30-31.
818. *Avot* 5:5.
819. Tratado *Yomá* 67a.
820. Isaías 1:18.
821. Zohar *Pinjas* 221a.
822. Éxodo 15:17.

plantarás en el monte de Tu heredad». ¿Dónde? En «el cimiento de Tu lugar de residencia que Tú, el Altísimo, has hecho».[823] y en ningún otro sitio; ésta es una referencia al primer Templo. Y el «El Santuario, mi Señor, que Tus manos establecieron»: ésta es una referencia al segundo Templo, y ambos son la obra del Altísimo. Cuando provocaron la ira Divina [al hacer el becerro de oro] en el desierto, murieron. El Altísimo entonces hizo entrar a Sus hijos en la tierra de Israel, y el Templo fue construido por los hombres. En consecuencia, no prevaleció.

El milagro que tuvo lugar en la época de Mordejai y Ester fue que el pueblo de Israel aceptó unánimemente la Torá. Como lo explica el Talmud,[824] antes de la revelación de Sinaí, el Creador puso el monte Sinaí sobre ellos como un casco invertido. Sin embargo, en el tiempo de Haman,[825] los judíos confirmaron y decidieron que… continuarían observando escrupulosamente… lo que habían aceptado hacía mucho tiempo.

Aceptaron de todo corazón y por amor lo que inicialmente habían recibido en contra de su voluntad porque vieron los numerosos milagros que efectuó el Altísimo por ellos, tal como un padre bondadoso lo haría con su hijo. Se sintieron como un hijo *abrumado por la bondad de su padre*, moralmente obligado a cumplir la voluntad de su padre.

La *Shejiná* cautiva

Es imperativo comprender que los milagros que sucedieron en el pasado, aquellos que nos hacen a diario, así como los que nos han de hacer, están todos ejecutados por la *Shejiná* que está unida a nosotros. Está llena de compasión. Como explican los *Tikunim*:[826]

> Como está vinculado a Israel en exilio, dicen de Él,[827] «El prisionero no puede liberarse de la cárcel», y la *Shejiná* es Su cár-

---

823. Éxodo 15:17.
824. Tratado *Shabat* 88a.
825. Ester 9:27.
826. *Tikún* 6, p. 21b.
827. Tratado *Berajot* 5b.

cel. Debido al amor [que los une,] Él está unido con Ella [en el exilio de Ella]. Éste es el mensaje de *la Shejiná*,[828] «Como manojo de mirra [como el vínculo de las yerbas unidas en un manojo] es mi [vínculo con] mi Amado». [Este vínculo atenúa los poderes de la justicia estricta de *Maljut*, que] «entre mis pechos reposa». [El significado literal de la palabra *yalín* «reposa», es «duerme». El concepto de dormir simboliza el largo exilio de la *Shejiná*, quien dice que el Altísimo está con Ella en Su exilio, y la protege contra las fuerzas de impureza, para impedirles acapararse de Su *shefa*-energía] vinculándose a Ella.

Por lo tanto, [como el Altísimo está siempre con la *Shejiná*,] si quieres llegar al Rey, sólo puedes hacerlo mediante la *Shejiná*, [porque es Ella la puerta de *Atzilut*-Cercanía]. Así, pues, dice el versículo,[829] «No se gloríe el hombre sabio por su sabiduría,… sino que se gloríen en esto *(zot)* [es decir, el cumplimiento de preceptos que representa a la *Shejiná*, a veces llamada *zot*].

Y Aarón, al entrar en el *Kodesh Hakodashim* - «Santasanctórum» en Yom Kippur, entró con Ella [es decir, ascendió al nivel de *Biná*] como lo indica el versículo,[830] «Con esto *(zot)* vendrá Aarón al Santuario». La *Shejiná* [también llamada 'et-tiempo עת] representa el[831] «tiempo ('et- עת) de que obren para el Altísimo», y Moshé prevaleció en el mundo debido a Ella. [Como Moshé se vinculó a la *Shejiná* antes de su muerte, su espíritu permaneció vivo para iluminar las almas de Israel]. Como dice el versículo:[832] «Y ésta *(zot)* es la bendición que Moshé…»; [con el poder de la *Shejiná*, llamada *zot*, bendijo Moshé a Israel]. Dotado de Su poder, Moshé infligió las diez plagas a Faraón. Asimismo es el mensaje que el Todopoderoso le envió a Faraón a través de Moshé,[833] «Sin embargo, para esto *(zot)* [para mostrarte el poder de la *Shejiná*] te he dejado sobrevivir».

Y Iaacov, como sabía que todos los deseos del Rey se centraban en Ella, les dijo a sus hijos que sólo se presentaran ante el Rey con

---

828. Cantar de los Cantares 1:13; *véase* el capítulo III, «La mayor prueba».
829. Jeremías 9:22-23.
830. Levítico 16:3.
831. Salmos 119:126.
832. Deuteronomio 33:1.
833. Éxodo 9:16.

Ella. Y añadió que todos los deseos que expresaran en sus oraciones, así como en sus ruegos, los habían de hacer a través de Ella. A esto alude el versículo,[834] «Y esto (*zot*) es lo que su padre les dijo».

Y David, como sabía que toda la voluntad y la fuerza del Rey están en Ella, dijo:[835] «Aunque se levante la guerra contra mí, en *zot* confío». Como está escrito acerca de Ella:[836] «Y Su reino *(Maljutó)* gobierna a todos».

Si es así [que las oraciones sólo ascienden al Rey a través de la *Shejiná*] cuando Israel expresa sus deseos al Rey [que regrese a morar entre ellos en permanencia], le dicen [a Ella] en sus oraciones y su ruegos:[837] «¿Hacia dónde se dirigió tu Amado, [porque se ha alejado de nosotros], para que podamos buscarle contigo?». [Te pedimos que Le trasmitas nuestro ruego que vuelva a nosotros].

Es por Ti que baja Él a morar entre nosotros [porque Tú estás exiliada con nosotros] y no nos deja a menos que Te faltemos el respeto con nuestro comportamiento. Es por Ti que está encarcelado con nosotros durante los seis días de la semana [con miras de protegerte contra las fuerzas del mal].

Un amor no correspondido

Rabí Shimón bar Iojai subrayó que las diez plagas fueron ejecutadas por la *Shejiná*, y enseñó:[838]

[Los trasgresores se hacen daño a sí mismos e impiden que la bendición Divina baje y se extienda en el mundo terrenal. El perjuicio que causan con su comportamiento también repercute en el cielo. Por lo tanto,] Dijo Rabí Iehudá, citando el versículo:[839] «¿Es al Altísimo que le haces (*tigmelu*) *zot*-esto…»? Sois una[840] «generación

---

834. Génesis 49:28.
835. Salmos 27:3.
836. Salmos 103:19.
837. Cantar de los Cantares 6:1.
838. Zohar *Haazinu* 297b.
839. Deuteronomio 32:6.
840. Deuteronomio 32:5.

perversa y torcida». A causa de vosotros tuvo *zot* [la *Shejiná*] que irse en exilio. ¿Es ésta la recompensa (**gemul**) que tenéis para Ella a cambio de todo lo que hizo [Ella] por vosotros en Egipto? ¿A pesar de todos los milagros que os hizo? ¿Por qué lo hicisteis? Es porque sois un[841] «pueblo vil e insensato», y no os dais cuenta de todo el bien que Ella os ha hecho hasta ahora. «¿*Es al Altísimo a quien Le hacéis zot-esto? Zot* alude a la *Shejiná*, como hemos visto.

De igual modo, enseña el Midrash:[842]

> Dice el versículo,[843] «Moshé hizo que Israel marchara...» [...] Está escrito, «¿Así pagáis al Altísimo?». ¡Después de todos los milagros que os hizo, dividiendo el mar en doce partes para vosotros y ahogando a los egipcios en el mar! ¡Los ahogó con una mano y os salvó con la otra! [...] Os sacó del mar y os dio plata y oro y todos los adornos que se hallaban en los caballos egipcios. Durante cuarenta años os alimentó, sin descuidaros ni un instante. ¿Cúantos enemigos os atacaron y no tuvisteis que escaparos? ¡Él os protegió haciendo que cada uno de ellos cayera ante vosotros! No sólo actuó así con vuestros enemigos, sino también que os cuidó de las serpientes y los escorpiones. [...] ¿Habéis olvidado todos los milagros que hizo el Altísimo por vosotros? Sin embargo, ¡el ídolo de Mija cruzó el mar con vosotros! Además, ¡habéis abandonado las enseñanzas de la Torá y os ocupáis de otras cosas! Por esto está escrito, «¿Así pagáis al Omnipresente?».

No debemos ser desagradecidos por los beneficios que nos ha otorgado el Altísimo. Más bien, hemos de esforzarnos en cumplir Su voluntad y amarle como nos ama Él a nosotros. Expresamos nuestro amor por Él en nuestras plegarias, y cumpliendo los preceptos con la intención de unificar a la *Shejiná*. Como hemos visto, esta unificación es un gesto de amor y se vincula al amor. Como dice el versículo:[844] «Y amarás al Altísmo tu Creador Todopoderoso con todo tu corazón».

---

841. Deuteronomio 32:6.

842. *Shemot Rabá* 24:1.

843. Éxodo 15:22.

844. Deuteronomio 6:5; *véase* el elemento 13 de este capítulo en «El amor en la oración».

En particular en nuestros días en que la unión celestial *del Altísimo y la Shejiná* sólo es completa en momentos especiales y la *Shejiná* está en exilio por nuestras trasgresiones —como nos acusa Isaías,[845] «por vuestras trasgresiones fue repudiada vuestra madre»— hemos de rectificar la unión celestial con nuestras plegarias.

Esto se asemeja a quien ama a su madre y le pide a su padre que provea el alimento adecuado y las vestiduras que su pobre madre necesita. Luego clama a su padre, lamentándose acerca del divorcio de éste de su madre, recordándole a su padre el amor de su juventud, como dice el versículo,[846] «una mujer de juventud ¿puede ser rechazada?». Así enciende el amor del Altísimo por Ella. Asimismo deben los hijos encender este amor mediante sus oraciones.

Como enseñan los *Tikunim*:[847]

> ¡Ay de los hombres cuyos corazones están bloqueados y cuyos ojos [del entendimiento] están cerrados! ¡[Ay de los que] no tratan de tener conciencia del honor de su Amo [de aprender cómo honrar al Altísimo] ni Le reconcilian con la *Shejiná* con sus plegarias y lamentaciones; los que no ocasionan que baje [el Altísimo] a la *Shejiná*! Más aún ¡ay de los que no encienden Su amor por Ella como se nos pide que hagamos [en las oraciones de la mañana]: «que eliges a Tu pueblo Israel [a la *Shejiná*, llamada «Comunidad de Israel»] con amor!».

Con nosotros en tiempo de aflicción

Enseñan también los *Tikunim* que la *Shejiná* nos protege en todos sitios. Por lo tanto, Israel tiene el deber de unificarla mediante sus preceptos y plegarias:[848]

> Bienaventurado es Israel, que actúa como los pies de la *Shejiná*, [ya que Ella se mantiene con la ayuda del cumplimiento de los preceptos y el estudio de la Torá que hacen los Hijos de Israel].

---

845. Isaías 50:1.
846. Isaías 54:6.
847. *Tikún* 21, 41a.
848. *Tikún* 18, 35a.

Ellos se mantienen con Ella, y *vivan* con bienestar o en la aflicción, [nunca dejan a la *Shejiná*].

Cuando son juzgados en Rosh Hashaná, [se adelantan los Acusadores y formulan acusaciones contra Israel; en este momento,] Ella se mantiene cerca de ellos [para defenderlos por su rectitud y protegerlos]. Ellos La apoyan con sus plegarias, y en cuanto a Ella, dice el versículo,[849] «cuando camines, te conducirá; cuando te acuestes, te cuidará, y cuando te despiertes, hablará contigo». Siempre que Israel sostenga a la *Shejiná* observando un precepto, Ella se mantendrá cerca de ellos, [protegiéndoles] en cada momento de preocupación y apuro, sea que estén en camino, en reposo o viajando por el mar. Está escrito [acerca de Ella], «cuando camines, te conducirá». También está escrito:[850] «*Tzedek*-La justicia [refiriéndose a la *Shejiná*] andará delante de él, y sus pasos abrirán un camino». «Cuando te acuestes, te cuidará», y «cuando te despiertes», para ir al mar, «hablará contigo» [te protegerá de los peligros del viaje defendiéndote por tu rectitud].

Dijo Rabí Shimón bar Iojai acerca de este amor:[851]

Dijo Rabí Iehudá: cuántas veces he visto ejemplos de cómo el Altísimo nunca niega su amor por Israel, porque donde fuera que se encontrasen, estaba el Altísimo con ellos. Como dice el versículo:[852] «Pero a pesar de todo esto, mientras estuvieren en la tierra de sus enemigos, no los aborreceré ni los rechazaré para aniquilarlos, para anular Mi pacto con ellos». Las palabras finales del versículo son apropiadas: está siempre «con ellos», y no abandona nunca su compañía. [El pacto del Altísimo con Israel es que la *Shejiná* siempre morará entre ellos].

Rabí Itzjak estaba una vez caminando cuando se encontró con Rabí Jiyá. Le dijo este último: veo por [la luz de] tu semblante que la *Shejiná* mora en ti. [Y para probar lo que acababa de decir, añadió,] como dice el versículo, acerca del exilio de

---

849. Proverbios 6:22.
850. Salmos 85:14.
851. Zohar *Haazinu* 297b-298a.
852. Levítico 26:44.

Egipto:⁸⁵³ «Y bajaré y lo rescataré de la mano de Egipto». [¿Por qué está escrito] y bajaré? [Tenía que haber dicho el versículo,] 'Bajaré'. [Respondió: al poner la «y» en posición inicial, el tiempo futuro del verbo toma el significado del pasado]. ¿Cuándo [bajó el Altísimo a Egipto]? Al ir Iaacov a Egipto, [fue la *Shejiná* con él]. ¿Por qué [fue con él a Egipto]? Para salvar a Israel de los egipcios. De no haber ido la *Shejiná* con ellos, no habrían podido soportar [el exilio; fue Ella quien les infundió la fuerza para tolerar el exilio y quien les alivió del yugo de sus enemigos]. Como dice el versículo:⁸⁵⁴ «Estaré con él en tiempo de aflicción. Le rescataré y le glorificaré».

Respondió Rabí Itzjak: es evidente [que es así], porque donde sea que se encuentra Israel, está el Altísimo entre ellos.

«¡Nunca te olvidaré!»

Continuó Rabí Jiyá: *Dice el versículo*,⁸⁵⁵ «¿Puede una mujer olvidar a su recién nacido, y no compadecerse del hijo de su seno?». ¿Qué significa este versículo?⁸⁵⁶

¡Ven y mira! Dijo Rabí Elazar en el nombre de su padre: el día en que Israel cayó en exilio, exclamaron, «¡El Altísmo nos dejará en el exilio y se olvidará de nosotros!», como está escrito,⁸⁵⁷ «dice Sión: El Altísimo me ha abandonado y el Omnipresente me ha olvidado» Les dijo la *Shejiná* [a Israel], «¿Puede una mujer olvidar a su recién nacido?».¿No son Israel⁸⁵⁸ «hijos del Altísimo vuestro Creador Todopoderoso»? Por lo tanto, ¿puede una mujer no compadecerse del hijo de su seno? Como dice el versículo:⁸⁵⁹ «Yo te había plantado de una noble vid con buenísimas semillas».

---

853. Éxodo 3:8; Mi traducción basada en la explicación de Rab Frish en el Zohar *Matok miDevash*.
854. Salmos 91:15.
855. Isaías 49:15.
856. Zohar *Haazinu* 298a-298b.
857. Isaías 49:14.
858. Deuteronomio 14:1.
859. Jeremías 2:21.

«Aun éstos pueden olvidarse», como está escrito:[860] «Estos son los productos del cielo y de la tierra». *La palabra «éstos» alude a «los productos del cielo y de la tierra», quienes podrían olvidarse de Israel,* «pero Yo nunca te olvidaré». Sabemos de esto que el Altísimo nunca se separa de Israel.

También dijo [Rabí Elazar en nombre de su padre]: está escrito, «¿puede una mujer no compadecerse del hijo de su seno?». Estas palabras aluden al excelso concepto esotérico que ha revelado el Altísimo: estas palabras están vinculadas a Mi Nombre. Así como el Altísimo nunca olvida Su Nombre, ya que lo abarca todo, así también el Altísimo nunca olvida a Israel, quienes están vinculados a Su Nombre.

Como Israel se llaman Sus hijos y forman parte de Su Nombre, han de obrar como hijos que honran a su padre. Éste es el mensaje del Midrash[861] acerca del versículo,[862] «Y llamó Moshé a todo Israel y les dijo...».

Está escrito:[863] «Hijo mío, si quieres recibir Mis palabras...». Dijo Rabí Iehudá bar Shalom: les dijo el Altísimo a Israel: ¿Cuándo os llamáis Mis hijos? Cuando recibís Mis palabras. Esto se asemeja a un rey cuyo hijo le dice: «Ponme una señal *por la cual me identifiquen contigo* cuando esté en la tierra, *para que se sepa* que soy tu hijo»

Respondió el rey: si quieres que todos sepan que eres mi hijo, entonces ponte mi manto real y mi corona sobre la cabeza, y todos sabrán que eres mi hijo. Lo mismo les dijo el Altísimo a Israel: pedís que os marque de un modo especial que revele que soy Mis hijos. Si estudiáis la Torá y cumplís los preceptos, sabrán todos que sois Mis hijos.

La imagen del manto real representa los preceptos, que son las prendas del alma, mientras que la corona simboliza la Torá, como explicaremos.

El Midrash ofrece otra explicación del versículo «Hijo mío, si quieres recibir Mis palabras...»:

---

860. Génesis 2:4.
861. *Devarim Rabá* 7:9.
862. Deuteronomio 29:1.
863. Proverbios 2:1.

Dijo el Todopoderoso: ¿Cuándo os llamáis Mis hijos? Cuando recibís Mis palabras. Dijo Rabí: Cuando estaba Israel en el desierto, una columna de nube iba ante ellos y se elevaba el humo del altar y del incienso. Más aún, había dos chispas de fuego que provenían de entre las dos varas del Arca que consumían las serpientes y los escorpiones delante de ellos. Las naciones del mundo vieron esto y exclamaron: ¡Éstos son seres celestiales, pues sólo obran con fuego!

Les dijo Moshé a Israel: el Altísimo sólo os distinguió *al daros estas marcas de Su grandeza* porque habéis aceptado Su Torá en el monte Sinaí. *Lo que antecede explica el significado del versículo citado anteriormente,* «Y llamó Moshé a todo Israel y les dijo...».

Bondad oculta

El Midrash[864] ofrece otra explicación del versículo:[865] «Y condujo Moshé a Israel...».

Está escrito, «¿Así pagáis al Altísimo?». Los hijos tienen el deber de cumplir la voluntad de su padre. Sólo así merecen llamarse hijos y el padre entonces les concede sus deseos. Por lo tanto, el versículo que citamos anteriormente continúa, «¿Acaso no es Él tu Padre, tu Amo?». Si lo mereces, Él es tu Padre. Sucede a veces que el hijo se rebela contra el padre; *no obstante,* este último satisface *de todos modos* los deseos de su hijo. En forma análoga, te rebelas contra Él, y *de todos modos,* Él cumple tus deseos.

Sin embargo, si es tu Padre, ¿cómo es tu Amo? Y a la inversa, si es tu Amo, ¿cómo es tu Padre? Cuando Israel cumple la voluntad del Omnipresente, Él es misericordioso hacia ellos, como un padre a su hijo. No obstante, cuando no cumplen Su voluntad, los castiga como a siervos.

¿Cuál es la situación de un siervo? Sea su amo bueno con él o no lo sea, ha de obedecer sus órdenes. Lo mismo tienes tú que cumplir la voluntad del Altísimo, lo quieras o no.

---

864. *Shemot Rabá* 24:1.
865. Éxodo 15:22.

> Rabí Tajlifa de Cesárea dijo en nombre de Rabí Pila: ¡Ven y mira! ¿Cuántos milagros te hace el Altísimo de los que ni siquiera te das cuenta? Si te tragases un pedazo de pan *sin masticarlo ni mojarlo con la saliva,* te rasguñaría al bajar a tus intestinos. Sin embargo, el Todopoderoso creó en tu garganta la fuente de *tu saliva* con la que baja el pan sin dañarte.
>
> Por lo tanto, el versículo termina, «*¿Acaso no es Él tu Padre, tu Amo,* el que te hizo y te estableció?». *Las palabras «te hizo» implican que* Él creó todo lo que necesitas. Y a pesar de *Su amor incondicional,* «¿Así pagáis al Altísimo?».

Otro modo de estimar el amor es examinar los comentarios del Midrash[866] acerca de la sección de la Torá sobre el *nazir*-nazareno.[867] Comienza el Midrash discutiendo el versículo,[868] «Las palabras de Su paladar son dulcísimas. Todo Él es dulzura misma».

> «Todo Él es dulzura misma». Observó Rabí Jiyá bar Aba: por lo general, pagan a un trabajador por ensuciarse con la tierra. En cambio, el Altísimo les recomienda a Israel: no os ensuciéis con nada malo y os recompensaré. Por lo tanto dice el versículo,[869] «no haréis que vuestras almas sean aborrecibles... Yo soy el Altísimo». ¿Cuál es el mensaje tras del final de este versículo, «Yo soy el Altísimo»? Os recompensaré con certeza por esto. ¡No podemos más que asombrarnos [ante este beneficio]! Por lo tanto, [como dice el versículo de *Shir haShirim* citado anteriormente], «Todo Él es dulzura misma», [porque no sólo derivamos placer de la recompensa que obtenemos, sino también de nuestro cumplimiento de Sus preceptos, que son un «trabajo limpio»].
>
> Dijo Rabí Tanjum bar Jiyá en el nombre de Rabí Iojanán: dice el versículo,[870] «santificad Mis días [de Shabat]». ¿Cómo se

---

866. *Bamidbar Rabá* 10:1.

867. *Véase* Números, capítulo VI. El *nazir*-nazareno se consagraba al servicio de *Hashem*. No tomaba ninguna bebida alcohólica, evitaba el contacto con la impureza de la muerte, y no se cortaba el pelo ni la barba.

868. Cantar de los Cantares 5:16.

869. Levítico 11:43.

870. Ezequiel 20:20.

santifica el Shabat? Con comida, bebida, y ropa limpia. ¿Qué está escrito al respecto?[871] «Y ellos [los días de Shabat] serán señal entre Yo y vosotros, para que sepáis que Yo soy el Altísimo vuestro Creador Todopoderoso». Por consiguiente, «Yo soy el Altísimo» significa que con certeza os he de recompensar por esto. Y esto explica «Todo Él es dulzura misma». Como dice el versículo,[872] «os he separado de los pueblos para que seáis Míos», [y la diferencia entre Israel y las naciones se centra en su servicio Divino, que es «limpio»].

La oveja entre lobos

Como hemos mencionado, una manera potente de encender nuestro amor al Altísimo es recordar cómo nos guarda la *Shejiná* en nuestro presente exilio. Como decimos en la *Hagadá* de Pesaj: «Es Ella quien socorrió a nuestros padres y a nosotros, pues no ha sido sólo uno quien se ha levantado contra nosotros para destruirnos… pero el Santo Bendito Él nos salva de su mano».

Enseñan los sabios del Talmud que después de la destrucción del Templo, se trató de omitir los atributos אֲרוּנַהוּ רוּבֵּגַה לוֹדְגַה לֵאָה - El grande, omnipotente y reverenciado» de la primera bendición de la *Amidá*. Sin embargo, los miembros de la Gran Asamblea los restituyeron, explicando que es precisamente con estos poderes temibles como nos protege el Creador de las otras naciones.[873]

Como dicen, grande es el pastor que cuida su rebaño. El Talmud[874] cita el versículo,[875] «Mis flechas utilizaré contra ellos». «Mis flechas» destruyen, pero ellos –Mi pueblo– no están destruidos». Ésta es la base del quejido del profeta:[876] «¡Inclusive si nos hubieses rechazado por completo, ya Te has enojado bastante contra nosotros!».

---

871. Ezequiel 20:20.
872. Levítico 20:26.
873. Tratado *Yomá* 69b.
874. Tratado *Sotá* 9a.
875. Deuteronomio 32:23.
876. Lamentaciones 5:22.

El mensaje es que si el Altísimo nos repudiara por completo, se habría enfurecido contra nosotros hasta aniquilarnos. No obstante, el hecho de que dejara un núcleo de nosotros intacto muestra que Su intención al destruir el Templo y al exiliarnos era de castigarnos y causar que nos arrepintiésemos. Por lo tanto, dice el versículo:[877] «Vuelve a traernos a Ti, oh Altísimo, y nosotros volveremos». Nuestros sabios repiten este versículo al final del Libro de las Lamentaciones para recalcar que el objeto de Su ira era sólo reconciliarse con nosotros. Así pues, nos dice el Altísimo por medio de Isaías:[878] «En verdad no contendré por siempre, ni estaré siempre airado».

Señala el piadoso autor de *Deberes del corazón* que, de todos los beneficios que le ha dado el Altísimo al hombre, el mayor es la Torá que nos dio por medio de Moshé nuestro profeta.[879] Más aún, el Altísimo nos ha permitido presenciar Sus milagros. Sin embargo, añade *Rabenu Bejaye*, si necesitásemos en nuestros días una prueba semejante de Su existencia, sólo tendríamos que considerar honestamente nuestra posición estable entre las naciones que nos rodean desde que ha comenzado el exilio.

Plegarias de aflicción

También hemos de tener conciencia de que el Altísimo responde a nuestras plegarias de aflicción cuando lamentamos nuestras trasgresiones y emprendemos ayunos de arrepentimiento. En estos casos, responde inmediatamente a nuestras plegarias. Esto es particularmente cierto en lo que se refiere a la falta de lluvia que el pueblo de Israel ha sufrido en muchas ocasiones. Israel es la nación santa y preciada de su Hacedor, y cuando ayunan por tres días –*lunes, jueves y lunes*–[880] se cumple el objeto de sus plegarias.

El arrepentimiento y las oraciones de Israel sirven para santificar el Nombre de Israel en el mundo, porque la respuesta Divina que sigue muestra que Israel goza de *un vínculo personal* con el Omnipresente. Como dice el versículo:[881] «¿Hay alguien entre las naciones vanas que

---

877. Lamentaciones 5:21.
878. Isaías 57:16.
879. *Portal del examen de la creación*, capítulo V.
880. *Véase* Tratado *Ta'anit* 10a.
881. Jeremías 14:22.

pueda causar la lluvia? ¿O *hay alguien* que pueda hacer que los cielos nos den aguaceros? ¿No eres Tú el único, oh Altísimo, nuestro Creador Todopoderoso, en Quien esperamos...?». Esta clase de amor abarca a todo el pueblo de Israel.

Otra situación que puede encender nuestro amor por el Creador es que cuando Israel, la más pequeña de las naciones, fue repudiada, el pueblo se reunió y se escondió bajo las alas de la *Shejiná*, arrepintiéndose del pasado. El Altísimo hizo entonces por ellos milagros innumerables y tuvieron el deber de agradecer a su Creador y de alabarle por Sus milagros. Por lo tanto, recitamos todas las mañanas en nuestra oración:[882] «Bendito sea nuestro Creador Todopoderoso que nos creó por Su gloria, nos separó de los que andan descarriados y nos dio una Torá verídica».

¡Cuántas almas cayeron en las profundidades de las malas *klipot*-cortezas *espirituales* durante el exilio egipcio! Su liberación de las manos del mal se asemeja al Éxodo de Egipto. Por consiguiente, la esencia de nuestro éxodo de Egipto no consiste en la redención de nuestros cuerpos físicos de la esclavitud; es que se liberaron nuestras almas de la opresión espiritual a la que estaban sometidas en el reino del mal. Así como los egipcios estaban sumidos en el ámbito de la idolatría, así también lo estaban muchos israelitas.

Por lo tanto el Midrash[883] cita el versículo:[884] «Sacad y coged del rebaño corderos según vuestras familias». Debido a la aparente repetición del verbo, «sacad y coged», los comentadores del Midrash comprendieron la primera expresión como un mandato de cesar su participación a la idolatría, o sea: «Sacad *vuestra presencia de la idolatría* y coged corderos para vuestras familias».

Cómo el agua refleja una mirada de amor...

Hay otro aspecto del amor del Omnipresente que afecta a cada israelita según la cualidad de su servicio Divino. Mira con firmeza hacia tu fuero

---

882. Citado de la oración *Uva LeTzion* (Y vendrá el Redentor a Sión); *véase Tikrav Rinati* p. 177.
883. *Mejilta* 11.
884. Éxodo 12:21.

interno y ten conciencia de cuántos milagros te ha hecho el Altísimo a ti personalmente desde que has llegado a la madurez, sin contar los que te hizo durante tu niñez. Si te ha favorecido el Altísimo dándote más sabiduría, riqueza o poder que otros, estás obligado a corresponder con un servicio cuya excelencia sobrepasa lo que se espera de la nación colectiva. Tienes que hacer por Él más de lo que hacen los otros.

Éste es el mensaje de *Deberes del corazón*:[885]

> Si reflexionas en los beneficios especiales con los que el Altísimo ha favorecido a tu pueblo [el pueblo judío], podrás creer que, [como miembro de esta nación], has de emprender el cumplimiento de los preceptos de la Torá que son incomprensibles para ti, además de los que están al alcance de tu intelecto.
>
> Más aún, si consideras los beneficios especiales con los que el Altísimo ha favorecido a tu tribu –por ejemplo si eres *cohen*-sacerdote o *leví*– creerás que es imperativo que cumplas los preceptos que el Creador dio a tu grupo. Por lo tanto, en comparación con las otras tribus, los *cohanim*-sacerdotes han de cumplir veinticuatro preceptos correspondientes a los veinticuatro beneficios especiales de los sacerdotes en el tiempo del Templo.
>
> Asimismo, si el Creador te ha elegido para darte beneficios personales que no ha dado a otros, has de adoptar maneras especiales de servirle que vayan más allá del cumplimiento de tu deber. Has de emprender éstas además del servicio Divino que le incumbe a todo judío. De este modo expresarás tu gratitud al Altísimo por haberte favorecido. Tu reconocimiento causará que la energía Divina se dirija a ti con potencia acrecentada, y también serás recompensado en el mundo venidero. De este modo no serás como el sujeto del versículo:[886] «Yo le multiplicaba a ella su plata y su oro, *pero* lo usaban para Baal». [No sólo no gastaron nada de la fortuna que les envié para mejorar Mi servicio, sino que la usaron para favorecer a Mis enemigos –las fuerzas de contaminación espirituales–].[887]

---

885. *Portal del Servicio Divino.*
886. Oseas 2:10.
887. Explicación de Rabí Waldman.

¡Cuidado con la ingratitud!

La obra *Deberes del corazón* desarrolla este tema en el capítulo VI de la misma sección. Quien ofende al Creador, a pesar de los beneficios que ha recibido personalmente, sufrirá una caída *espiritual*, y perderá así la proximidad especial de la que ha gozado hasta ahora. El Altísimo será severo con él durante su estancia en el mundo, como lo sugiere el versículo:[888] «De esto habló El Altísimo, diciendo: Seré santificado a través de los que están más cerca de Mí», y también:[889] «Sólo a vosotros he amado entre todas las naciones de la tierra, por lo que os castigaré por todas vuestras iniquidades». Su castigo en el mundo venidero será aún más severo, como está escrito,[890] «porque desde antiguo está preparada la hoguera. Sí, está preparada incluso para el rey».

Rabenu Bejaye escribió también:

> Todo favor Divino que te distingue de los demás, te compromete a corresponder haciendo un esfuerzo especial en tu servicio Divino. Puedes verlo de la Biblia, en particular referente a los diezmos que has de presentar a cambio de los productos agrícolas que recibes, como lo dice el versículo:[891] «Separarás el diezmo de toda la cosecha de tu cultivo, el fruto del campo, año tras año».
>
> Por ejemplo, Reuven, que ha reunido cien unidades de productos agrícolas por la gracia del Omnipresente, ha de presentar diez unidades de ofrenda. En cambio, Levi, que sólo ha reunido diez unidades, ha de dar una sola. Si Reuven ofreciera nueve unidades y Levi una unidad, Reuven sería castigado mientras que Levi recibiría una recompensa.
>
> De forma análoga, quien no tiene hijo no ha de cumplir el precepto de circuncidar ni de enseñarle Torá a su hijo. Quien es cojo no ha de viajar a Jerusalén para las tres pascuas. Y si se está enfermo, no se le aplican los preceptos que es incapaz de cumplir.

---

888. Levítico 10:3.
889. Amós 3:2.
890. Isaías 30:33.
891. Deuteronomio 14:22.

A la inversa, si el Omnipresente te ha distinguido dándote un beneficio especial, tienes el deber de corresponder aumentando el ámbito de tu servicio Divino actual.

Lo que antecede nos ayuda a comprender que cuando los primeros santos recibían una marca especial de favor Divino, temían por dos razones:

Primero, temían que quizás no lograrían ofrecer la calidad de servicio Divino y la expresión de gratitud que se esperaba de ellos, y como resultado, el beneficio se podría convertir en un elemento negativo. El patriarca Iaacov cristalizó esta preocupación con su observación,[892] «Me he empequeñecido ante tantas bondades y ante toda la bondad que Tú has hecho por Tu sirviente».

Segundo, que esta marca especial de favor Divino no fuera a ser la recompensa del Altísimo por su servicio, ya que si fuera así, su recompensa en el mundo venidero disminuiría, como explican los sabios en el versículo,[893] «Él paga a Sus enemigos en su vida para hacer que perezcan».

Las enseñanzas que preceden completan lo que hemos aprendido de nuestros rabinos y comentadores, de bendita memoria, con ideas en las que has de meditar, de modo que enciendan tu amor por el Creador y te infundan una medida adicional de fervor con el cual cumplirás Su servicio con amor.

---

892. Génesis 32:11.
893. Deuteronomio 7:10.

Capítulo VIII

EL PROPÓSITO DE LOS CAPÍTULOS PRECEDENTES HA SIDO ESTIMULAR TU AMOR AL TODOPODEROSO. HEMOS EXPLICADO CÓMO TODOS LOS MILAGROS QUE HEMOS TENIDO FUERON EJECUTADOS POR LA **SHEJINÁ**. ERES TÚ QUIEN TIENES QUE ENCENDER EL AMOR DENTRO DE TI, Y DECIDIMOS AÑADIR ESTE CAPÍTULO PARA EXPLICAR LOS MODOS EN QUE PUEDES VINCULARTE A ELLA CON AMOR

El hijo del rey

Como sabes, nos llamamos hijos del Altísimo.[894] Es natural que un hijo luche por el honor de su madre. Por lo tanto, dice el versículo, «honrarás a tu padre y a tu madre». Como el hijo suele honrar a la madre más, en este contexto, se menciona primero el padre. El hijo obra por amor.

Distinguimos entre un hijo y un siervo, ya que un siervo a veces trabaja para ser compensado. En cambio, el hijo obra sólo por amor a sus padres. Por lo tanto, el Zohar menciona el hijo del Altísimo, cuya alma proviene del mundo más excelso de *Atzilut*.[895]

> [Tal persona] estudia Torá, [cumple los preceptos] que requieren acción positiva, así como [los que son del ámbito del] habla, y [los de la esfera del] pensamiento [como la fe en el Altísimo amor y temor de Él] y no lo hace para ser compensado, [sino que el vínculo al Árbol de la vida es para él la mejor recompensa].

Tal persona, concluye el Zohar, no cae en la trasgresión.

---

894. Deuteronomio 14:1, «Vosotros sois hijos del Altísimo, vuestro Creador Todopoderoso».

895. Zohar *Kedoshim* 83a.

Sin embargo, Israel también se llaman siervos. El Zohar explica:[896]

> Los tres patriarcas se llaman siervos en su relación con la *Shejiná*, porque Ella sirve al Altísimo. [Durante los días de semana Ella ejerce Sus funciones por medio del ángel Me-ta-trón (no pronunciar su nombre), que se llama «esclavo», y obra mediante las fuerzas de *Jesed*-bondad, *Guevurá*-reserva y *Tiferet*-armonía, que corresponden respectivamente a los tres patriarcas]. Del mismo modo, Moshé también sirvió a Altísimo. Por lo tanto, está escrito:[897] «Pues los Hijos de Israel son sirvientes para Mí». [Todos ellos procuran con Ella completar todos los aspectos del servicio Divino a través de las tres *tefilot*-oraciones diarias que rectifican los mundos celestiales. Por lo tanto, dice el versículo, «los Hijos de Israel son sirvientes para Mí»]. Sin embargo, con respecto a los demás [los gentiles y las fuerzas de contaminación espiritual], todo el pueblo de Israel son hijos del Rey.[898] ¿Por qué llaman a la *Shejiná avodá*-servicio Divino? [Es porque combina e integra todas las *sefirot* y es por Su mediación como todas ejercen su función y cooperan la una con la otra. Sin embargo, por Sí sola, Ella es Soberana sobre todos los seres terrenales]. La mujer suele servir a su esposo y los hijos a su padre.

Como hemos explicado, la *Shejiná* siempre nos inspira a cantar canciones.[899] Como dice el versículo:[900] «*Elo-him*, Todopoderoso ¡no guardes más silencio! *E-l*-Creador Todopoderoso, no Te ensordezcas; no sigas sin inmutarte!». Ella requiere la estimulación de las obras del pueblo de Israel que se aferran a ella: en este aspecto se consideran siervos. Por lo tanto, si deseas apegarte al amor de la *Shejiná*, tienes que despertarla siempre con tus obras, sea tu estudio de Torá o tu cumplimiento de los preceptos.

---

896. *Ra'ya Mehemna, Pinjas* 223a.

897. Levítico 25:55.

898. En su relación con la *Shejiná*, los Hijos de Israel se pueden llamar siervos o hijos, según el nivel de su servicio Divino. En cambio, con respecto a los demás, sólo se consideran hijos.

899. *Portal del Amor*, capítulo IV, sección «Un pacto con la *Shejiná*».

900. Salmos 83:2. Muchos cabalistas recitan este salmo, así como el segundo salmo al final de *shajarit*-la oración matinal como parte del estímulo al que se refiere este capítulo.

De este modo puedes estimular Su deseo por medio de tus obras. Por ejemplo, *un miembro de la tribu de* Biniamin, que es un vehículo para la revelación de la *Shejiná* mediante el concepto esotérico de estimular Su deseo, fue el primero en saltar al Mar Rojo, como lo explicaron nuestros sabios:[901] «Allí está Biniamin, el más joven, que los gobierna».

Concepto esotérico de estimular su deseo

Explica Rabí Meír en el Talmud que al llegar los israelitas al Mar Rojo comenzaron a discutir, cada uno de ellos declarando su intención de ser el primero en tirarse al mar.[902] Se adelantó con ímpetu la tribu de Biniamin y saltó primero, como dice el versículo: «Allí está Biniamin, el más joven, que los gobierna - סדור *(rodem)*». Sugieren nuestros sabios que en lugar de leer סדור *(rodem)* leamos סי-דר *(red-yam-*bajó al mar). Con una enérgica protesta *porque un miembro de la tribu más joven usurpase su papel,*[903] «los príncipes de Iehudá los apedrearon». *La tribu de* Biniamin se volvió entonces la morada terrenal del Altísimo, como dice el versículo:[904] *«Que el amado del Altísimo habite seguro junto a Él; Él se encuentra sobre él todo el día; y mora entre sus hombros».*

La razón por la cual discutían las tribus acerca de quién iba a saltar el primero era que la división del mar requería la iniciación terrenal [ya que como hemos visto, el estímulo de los seres celestiales depende de los terrenales]. Las palabras del Altísimo a Moshé,[905] *«¿Por qué clamas ante Mí? Habla a los Hijos de Israel y que marchen»,* sugieren el deseo Divino de que saltasen al mar espontáneamente. Este acto mostraría su fe implícita en que Él les partiría el mar. Sólo después que ellos mostrasen su fervor y su fe al iniciar el proceso les partió el Todopoderoso el mar. Por lo tanto, el versículo que sigue es,[906] *«Y tú, levanta tu vara y extiende tu brazo sobre el mar, y pártelo».*

Los miembros de la tribu de Biniamin conocían la naturaleza de la raíz del alma de su antepasado, que personificaba la iniciación terrenal.

---

901. Salmos 68:28.
902. Tratado *Sotá* 36b.
903. Salmos 68:28.
904. Deuteronomio 33:12.
905. Éxodo 14:15.
906. Éxodo 14:16.

Por lo tanto, fue con gran anhelo y sin demora que saltaron al mar. Su recompensa fue que la *Shejiná* moraría en la porción que ellos heredarían. Como dice el versículo, «mora entre sus hombros».

Aprendemos del ejemplo de *la tribu de* Biniamin que si deseas que el Altísimo te haga un milagro, debes primero modificar tu propia naturaleza por amor a su servicio Divino, ya que, así como la división del mar, un milagro implica la alteración del orden de la naturaleza.

Por lo tanto, enseña el Zohar que «esto depende de la fuente de la compasión Divina, ya que es en ese nivel donde suceden los cambios de naturaleza. Allí, *Elo-him*, el Nombre Divino por medio del cual ejerce el Creador Todopoderoso Su juicio, obra con compasión.[907] Así, pues, *para conmover la compasión Divina,* la tribu de Biniamin tenía que hacer algo que fuese en contra de la naturaleza humana, como saltar al mar.

Aprendemos de lo precedente que si incluso en un milagro como la división del Mar Rojo, en el cual la fuerza Divina operante provenía de aspecto de *Keter*-corona, que es la esencia misma de la concesión y misericordia incondicional, el impulso aún había de provenir de la tierra, no cabe duda de que cualquier acontecimiento en que la fuerza Divina sea de un origen menos elevado requerirá tanto más la iniciación terrenal.

Por ejemplo, cualquier acción cuya fuerza Divina provenga de las *Tiferet* –un ámbito de justicia estricta– y de la *Shejiná* –la esencia misma de la justicia estricta– cuyo Nombre es Justicia, claramente requerirá la iniciación terrenal.

La producción de frutos celestiales

También enseña el Zohar que la *Shejiná* no llega al *yijud*-unificación mediante el concepto esotérico del amor, sino por medio de las almas de los justos:[908]

> Dijo Rabí Elazar,[909] «Ponme como un sello sobre tu corazón». Ya hemos explicado este versículo, pero una noche en que estaba yo en pie ante mi padre [Rashbí], le oí enseñar que [el concepto

---

907. Zohar *Beshalaj* 48a.
908. Zohar *Vayjí* 244b.
909. Cantar de los Cantares 8:6.

esotérico de este versículo es que *Maljut*,] la Comunidad de Israel, no tiene luz propia. *Maljut* no puede recibir *shefa* celestial ni elevar Su anhelo a *Tiferet* de no ser mediante las almas de los justos, porque éstos estimulan la fuente de aguas terrenales para [el beneficio de] las aguas celestiales. En este momento, se cumple el deseo de vincularse y produce fruto [o sea, un *yijud* en el cielo cuya iluminación puede ser dirigida hacia abajo].

Por lo tanto, como todo depende de los justos, éstos han de mostrar fervor en sus esfuerzos por vincularse a ella con amor, para encender el amor celestial; y en consecuencia, podrán ellos también vincularse a la *Shejiná*. Explica el Zohar que la *Shejiná* se mantiene entre dos personas justas, como lo dice el versículo,[910] «los justos heredarán la tierra». El impulso o el ímpetu de todo proceso siempre depende de las obras de los justos, inclusive en la era del Templo, como lo mencionamos en el capítulo I del *Portal del Temor*.

Cuando se ofrecía un sacrificio, los israelitas se mantenían en su lugar indicado mientras que los levitas cantaban alabanzas al Altísimo para que el impulso siempre ascendiese de la tierra. La iniciación terrenal se requiere aún más en nuestros días, ya que, por nuestras numerosas trasgresiones, durante nuestro largo y amargo exilio, la *Shejiná* está privada de la estimulación ocasionada por las ofrendas del Templo. Ahora sólo tiene Ella el leve apoyo del comportamiento de los justos. Son ellos quienes tienen que sostenerla un poco en Su caída, porque Ella es el Santuario caído de David, y cada día que trascurre cae un poco más que el precedente. Todo esto se ha precipitado por nuestras trasgresiones, como lo dice el versículo,[911] «por vuestras trasgresiones fue repudiada vuestra madre». Ella cae cuando trasgredimos, pero deriva fuerza y sostén de nuestras obras.

[*Antes del Zohar siguiente, el Matok Midevash anota una enseñanza del santo Ari, R. Isaac Luria z'l: has de saber que quien sabe cómo llevar a cabo los yijudim-unificaciones cabalísticas —porque a él se lo ha enseñado un maestro, quien forma parte de la trasmisión oral que va de maestro a discípulo— infunde mucha shefa-energía a Maljut. Mientras persista el exilio, permanece Maljut en Su caída, y los yijudim-unificaciones le infunden fuerza y sostén porque, de hecho, ocasionan que se dirija a Ella una shefa-energía que proviene de Biná-entendimiento*].

---

910. Salmos 37:29.
911. Isaías 50:1.

Enseña el Zohar:[912]

Dice el versículo,[913] «¡Sostenedme con delicias selectas! Sustentadme con manzanas, porque desfallezco de amor». Hemos oído una bella interpretación de este versículo [de los compañeros, pero ahora fijaremos nuestra atención en otro aspecto de la interpretación esotérica]. La Comunidad de Israel –[la *Shejiná*, caída,] en exilio– exclama [este versículo, pidiéndoles a Sus hijos, el pueblo de Israel]: «¡Sostenedme!».

¿Por qué necesita que La sostengan? Quien se cae necesita que le sostengan, como lo indica el versículo:[914] «El Altísimo sostiene a todos los que caen». Dice el versículo acerca de la Comunidad de Israel, que se ha caído:[915] «Ha caído y no se levantará más la virgen de Israel» [por Sí sola. Por consiguiente,] dice, «¡Sostenedme!». ¿A quién [se dirige la *Shejiná*?] A Israel, Sus hijos, quienes están en el exilio con Ella; [a los individuos entre los israelitas que se llaman «Hijos», o sea, los que dominan la tradición esotérica. Ellos pueden llevar a cabo los *yijudim*-unificaciones que La sostienen y estudian los conceptos esotéricos de la Cabalá por amor a Ella, sin motivo ulterior].

¿Cómo sostienen [a *Maljut*, caída y exiliada?] Con «delicias selectas»: esto se refiere a las primeras *sefirot* –*Jesed*-bondad, *Guevurá*-reserva, y *Tiferet*-armonía– quienes están llenas del vino viejo y conservado, [de la *shefa*-energía que proviene de *Biná*-entendimiento,] que puede ser dirigido hacia ella. Entonces se llena [*Maljut*] de bendiciones. Si una persona sabe cómo unificar al santo Nombre, [y lleva a cabo *yijudim*-unificaciones con el propósito de sostener a la *Shejiná*,] a pesar de que ya no hay bendiciones en el mundo [debido a las fuerzas dominantes de justicia estricta prevalentes en nuestro estado actual de exilio], aun así, [al hacerlo] está sosteniendo a la Comunidad de Israel en Su exilio. [*Maljut* queda imbuida de una energía luminosa que proviene de *Biná*. Por lo tanto pide,] «¡Sostenedme con delicias selectas!».

---

912. Zohar *Shemini* 40a.
913. Cantar de los Cantares 2:5; traducción literal.
914. Salmos 145:14.
915. Amós 5:2.

Sostén de la *Shejiná* en exilio

Si la *Shejiná* pide que Sus hijos La sostengan, ¡no cabe duda de que nos ha de ser posible hacerlo! Es nuestro deber sostenerla por medio de las unificaciones que podamos llevar a cabo en nuestras plegarias y estudio de la Torá. Esto La ayuda y La sostiene, aun cuando no puede haber unión total mientras estemos en exilio. *No obstante,* hemos de sostenerla con unificaciones, ya que esto causará que La ilumine cierta energía Divina. Mi maestro, que su memoria sea bendita, comparaba Su situación a la de un rey alejado de su reino, forzado a errar en el exilio. Si se es bondadoso con él, y se le da un trozo de pan y un vaso de agua, este poco de alimento se vuelve tan importante a sus ojos como si le hubiesen dado aves rellenas cuando estaba en el poder.

En forma análoga, enseñan los *Tikunim*:[916]

> No cabe duda de que mientras esté la *Shejiná* en exilio [debido a las trasgresiones de los Hijos de Israel], quien cumpla una *mitzvá* con la intención de elevarla de Su exilio está honrando al Altísimo. Esto se puede comparar a un rey que discutió con la reina y la expulsó de su palacio. Ella se refugió entonces en casa de sus vecinos.
>
> [Esta parábola representa a la *Shejiná*, que, al ser exiliada, se fue a Babilonia, que es un país vecino de Israel]. Es evidente que quien La reciba en su casa y honre Su Presencia está honrando al Rey. Esto se aplica en particular a quien hace la paz entre la Reina y Su Amado [arrepintiéndose de sus trasgresiones pasadas y esforzándose por mejorar su cumplimiento de las *mitzvot* y normas de conducta con el fin de ayudarla a lograr la unión]. Cualquier honor que se Le haga a Ella se Le está haciendo también al Rey.
>
> El Rey puede haberse enojado con Ella una vez [alusión al Primer Templo] o dos [alusión al Segundo Templo]. Sin embargo, eventualmente La ha de restaurar a Su antigua posición en Su hogar [el Tercer Templo, que se reconstruya pronto, en nuestros días]. Entonces Le preguntará Él: «¿Quién Te honró, y quién Te menospreció [mientras estabas en exilio], o quién te expulsó a otro reino?».

---

916. *Tikún* 7, 146b.

La *Shejiná* quiere que la unamos a Su Amado para siempre, sea por medio de nuestras plegarias, cumpliendo una *mitzvá* como hacer actos de bondad o cualquier otra *mitzvá*, o por medio de nuestro estudio de Torá, como lo explican el Zohar y los *Tikunim*. En una interpretación de la oración, el Zohar,[917] cita el versículo:[918] «Tomad *de vosotros* una ofrenda para el Altísimo». Esta «ofrenda» alude a la misma *Shejiná* junto al Altísimo, a quien hemos de elevar fijando nuestra atención en este propósito, con el fin de no separarla de Su Amado. […]

> ¡Ven y mira! Todos los días sale una proclamación destinada a los hombres, que dice, «¡Todo depende de vosotros!». [Es decir, la elevación de la *Shejiná* depende de tus plegarias y de tus obras]. Por lo tanto, dice el versículo: «Tomad *de vosotros…*» [lo que has de brindar es el mejoramiento de tu propia conducta] «una ofrenda», [es decir la *Shejiná*].
>
> Y si dices, [sigue el Zohar,] que es demasiado difícil, observa la continuación del versículo, «todo aquel cuyo corazón lo impulse a dar *La* traerá…» [quien quiera entregarse a la empresa de elevar a la *Shejiná* tiene el poder de hacerlo]. Las palabras del versículo «todo… *La* traerá», y no «La unificará», nos enseñan el concepto esotérico de la oración. La persona que teme a su Amo y [se sume] –de corazón y voluntad– [en su plegaria,] puede llevar a cabo una rectificación fundamental en el cielo, [ya que, como hemos mencionado, asciende con su plegaria de nivel a nivel].

Subraya el Zohar que las oraciones –los salmos de alabanza, el *Shemá* y sus bendiciones y la *Amidá*– en el orden en el que aparecen, son todas rectificaciones cuyo objetivo es unificar a la *Shejiná*. La existencia misma del *yijud*-unificación *de la Shejiná* depende del modo en que nos entregamos de todo corazón, con suma piedad, durante cada oración.

'Todo hombre de corazón generoso *La* traerá…», ocasionará la elevación de la *Shejiná* con su plegaria y La unificará al Altísimo. Por lo tanto, concluye el Zohar, «afortunado es quien decide en su corazón emprender esta tarea» porque, como dice el versículo, «todo aquel cuyo corazón lo impulse a dar traerá –la *Shejiná*– al Altísimo» al brindarle su corazón al Rey.

---

917. Zohar *Vayakhel* 200a.
918. Éxodo 35:5.

La redención del Altísimo

Discute la sección de Zohar llamada *Ra'ya Mehemná*[919] el cumplimiento de los preceptos:

> No es de extrañar que haya dicho el Altísimo, «Cuando estudias Torá, eres bondadoso con otros, y rezas [en la sinagoga] junto con los miembros de una comunidad, estimo tu comportamiento como si Me hubieses redimido a Mí y a Mis hijos de las naciones. Sin embargo, ¿cuántas personas hay que estudian la Torá y son bondadosos pero no llevan a cabo la redención del Altísimo y de la *Shejiná*? La observación Divina que precede se refiere a los que estudian Torá [con la intención específica] de unificarla con el Altísimo. Por lo que se refiere a la bondad, enseñan los sabios, «¿Quién es piadoso (*jasid*)? Todo el que Le muestra *Jesed*-bondad a su Hacedor», ya que cuando cumples *mitzvot* con el propósito de redimir a Su *Shejiná*, eres bondadoso con el Altísimo.
>
> Cuando los Hijos de Israel trasgredieron [en la tierra de Israel] y quiso el Todopoderoso corregirlos [de inmediato, para que en lugar de volver a caer en el error, se arrepintiesen,] su Madre los protegió [la *Shejiná* los defendió con Su Presencia. Como resultado, no sólo los Hijos de Israel no se arrepintieron sino] que fueron por mal camino. *Exclamó el Altísimo, «¡Su Madre –la Shejiná– es responsable, porque no Me permitió corregirlos!»*.
>
> ¿Qué hizo el Altísimo? Expulsó a los hijos del Rey y también a la Reina; [Dios envió a la *Shejiná* al exilio con ellos para que Ella los protegiese de las naciones. Fue el Altísimo –Él mismo– con la *Shejiná* también, para impedir que las fuerzas de contaminación espiritual se pegaran a Ella]. Después juró que no regresaría a Su lugar hasta que no estuviese la Reina restaurada en Su antigua posición.
>
> Por lo tanto, si te arrepientes de tus errores del pasado por amor a la *Shejiná*, a Su Torá y a Sus preceptos, y tu sola intención es de redimir a la *Shejiná*, estás obrando con *Jesed*-bondad al Altísimo. Más aún, es como si hubieses redimido al Rey, a Su *Shejiná* y a Sus hijos.
>
> Exclamaron el profeta Eliyahu y todos los líderes de las academias celestiales: Fiel Pastor –Moshé–, tú eres el modelo

---

919. Zohar *Ki Tetzé* 281a.

ejemplar de tal persona. Como eres hijo del Rey y de la Reina, tu servicio Divino no es sólo como el de la persona que ama a su Hacedor. Más bien, es como quien siente el apremio de entregarse y dedicar toda su energía para redimir a su padre y a su madre, entregando su vida misma por amor a ellos.

No obstante, no cabe duda de que si uno que no sea hijo del Rey [que no tenga un alma-*neshamá* que proviene del mundo más elevado de *Atzilut*, como la tenía Moshé] y sin embargo, favorece al Rey y a la Reina [llevando a cabo un *yijud*-unificación con la única ayuda de su propia rectitud,] se considerará en el cielo que obra con *Jesed*-bondad al Altísimo, [más allá de lo que le exige su deber].

Además, cuando una persona tiene un alma cuya raíz está en el mundo de *Atzilut*-Cercanía, tiene el deber de entregarse totalmente por amor al Altísimo y a Su *Shejiná*, porque forma parte de Ellos. Como consecuencia, lo que les favorece a Ellos le favorece a él también.

El Fiel Pastor se levantó, y prosternándose ante el Altísimo, lloró al rezar: «Sea Tu voluntad que me consideres Tu hijo. Sean Mis obras para el Altísimo y Su *Shejiná* como las del hijo que se esfuerza por servir a su padre y a su madre porque los quiere más que a sí mismo, más que a su alma-*nefesh*, su espíritu-*ruaj* o su alma-*neshamá*. Todas sus posesiones carecen de importancia a sus ojos; son meros objetos para ayudarle a cumplir la voluntad de su Padre y de su Madre con el objeto de redimirlos».

Cumplir preceptos por amor a la *Shejiná* significa hacerlo con la intención de provocar la redención, cuyo objetivo es unificarla. Cuando esté unificada, ascenderá de Su exilio –Su contacto con las *klipot*-malas cortezas *espirituales*– se purificará y se reunirá con Su Amado. Está escrito que cuando tu propósito es redimir a la *Shejiná*, estás obrando por amor al Altísimo, porque un Rey sin Reina no es enteramente Rey, ya que el bienestar de Él no puede existir sin el de Ella.

Por amor a la *Shejiná*

Así, pues, enseñan los *Tikunim*:[920]

---

920. *Tikún* 7, 146b.

El Altísimo se separó de la *Shejiná*, y la envió lejos de Su casa [el Templo]. Como dice el versículo,⁹²¹ «por vuestras trasgresiones fue repudiada vuestra madre», y si se La honra en Su exilio, es como si se estuviera honrando al Altísimo, mientras que si se La deshonra es como si se deshonrase al Altísimo. Por lo tanto está escrito,⁹²² «a quienes Me honran Yo honraré, y los que Me desprecien serán maldecidos».

Los *Tikunim* mencionaron anteriormente⁹²³ que honrar a la *Shejiná* supone cumplir los preceptos con la intención de elevarla de Su exilio. «Mientras esté la *Shejiná* en exilio, si cumples los preceptos para redimirla de Su exilio, es como si hubieses redimido al propio Omnipresente».

No cabe duda de que el cumplimiento de las *mitzvot* con amor y temor La eleva y ayuda a terminar Su exilio, que se basa en las *klipot*, o fuerzas de contaminación espiritual. Como lo enseñan los *Tikunim*, una *mitzvá* cumplida sin amor ni temor no puede elevarse y presentarse ante el Altísimo.⁹²⁴ Consecuentemente, las alas que La ayudan a elevarse para que las *klipot* no se peguen a Ella son el amor y el temor. Desarrollaremos, a continuación, nuestra discusión referente al cumplimiento de las *mitzvot*.

La bondad hacia el Altísimo

Hemos visto que ser *jasid*-piadoso supone obrar con *Jesed*-bondad por amor al Altísimo. Añade el Zohar:⁹²⁵

La Torá provino del lado derecho del Altísimo, que corresponde a *Jesed*-bondad, y quien estudia Torá con la intención de ejecutar el *yijud*-unificación es un *jasid* que es piadoso con su Hacedor. Así, pues, Le digo al Altísimo,⁹²⁶ «Guarda mi alma, porque soy *jasid* de Ti [me he entregado a Ti sin pensar en re-

---

905. Isaías 50:1.
922. I Samuel 2:30.
923. *Tikún* 7, 146b.
924. *Tikún* 7, 25b.
925. Zohar *Pinjas* 222b.
926. Salmos 86:2.

cibir recompensa]» –no juzgues mi alma como si proviniese de las naciones (*am haaretz*), acerca de quienes está escrito,[927] «un (*am haaretz*) hombre que no ha estudiado *Torá* no puede ser *jasid*»–. [Los sabios] enseñan a quien señala cuántas naciones existen que obran con amor: ¿Qué es un *jasid*-piadoso? Es uno que obra con bondad a su Hacedor, como el rey David, que unificaba la Torá con el Altísimo en el cielo. Por consiguiente, dijo «Guarda mi alma, porque soy *jasid* de Ti».

Los *Tikunim* enseñaron también:[928]

> Los que son piadosos por el lado del amor [que se esfuerzan más de lo que les exige su deber, y hacen incluso lo que les es difícil de hacer] han llegado al nivel del patriarca Abraham –llamado *jasid* que obraba con amor por su Hacedor (*Konô*)–. Esto es porque Abraham hizo un *ken*-nido para Su Hacedor– [llegó a ser una morada terrenal para el Altísimo]. Este *ken*-nido es la *Shejiná*, que es Su nido y Su hogar.

La hija de Abraham

Estimo que lo que precede será mejor comprendido con la siguiente enseñanza del *Ray'a Mehemna*:[929]

> Dijo [Eliyahu]: Fiel Pastor (Moshé), esta novia tuya [llaman a la *Shejiná* novia de Moshé porque siempre moraba en él], el Altísimo se La dio a nuestro patriarca Abraham, [porque la raíz de su alma estaba en la *sefirá Jesed*,] con el fin que te La criara, [infundiéndole su atributo de *Jesed*]. Como la protegió [contra las fuerzas de contaminación espiritual], La llaman su hija. Por lo tanto, enseñan acerca de Ella:[930] «Abraham tenía una hija y Bakol era su nombre, y es por ella que él cumplió toda la Torá». [Así como las Fuerzas Divinas de la Providencia de *Tiferet* se rectifican cuando los Hijos de Israel cumplen las 613 *mitzvot* de

---

927. *Avot* 2:5.
928. Introducción 1b.
929. Zohar *Ki Tetzé* 276b.
930. Tratado *Baba Batra* 16b.

la Torá, asimismo se considera que Abraham −por haber infundido a la *Shejiná* su atributo de *Jesed*-bondad, que abarca todos los demás atributos− cumplió todos los preceptos de la Torá].

Abraham cumplió incluso el precepto llamado *eruv tavshilin*[931] [por el cual se infunde a *Yom Tov* la santidad de Shabat, para que toda la comida cocinada en la pascua para el Shabat próximo no se vuelva fuente de energía para las fuerzas de contaminación espiritual]. Esto se deriva del versículo,[932] «porque [Abraham] obedeció Mi voz y [observó Mis resguardos, Mis preceptos lógicos, Mis decretos que no están basados en la lógica, y Mis *Torot*,[933] escrita y oral]». Él era para Ella como un padre adoptivo, [porque se esforzó por criarla,] como está escrito:[934] «Y él crió a Hadasa», [así como Mordejai se esforzó por criar a Ester].

Y el Altísimo le bendijo por medio de Ella. Como dice el versículo,[935] «el Altísimo había bendecido a Abraham *Bakol*-con todo». [Como resultado, el mundo entero fue bendecido con una *shefa*-energía que no provenía tan sólo de *Jesed*, sino de todas las *sefirot*]. Él La crió [infundiéndole] la iluminación del aspecto de Jesed que se halla en todas las *sefirot;* fue bueno con Ella y La crió con grandeza, [infundiéndole] el rasgo que le caracterizaba, que era el *Jesed* de Abraham. Era por Ella que su hogar estaba generosamente abierto a todos los visitantes del mundo. [Inspirados por el *Jesed* de Abraham, su generosidad con el mundo entero, todo el mundo se arrepintió, y en consecuencia, los defectos que afectaban a todas las *sefirot* se rectificaron. Entonces pudo Abraham infundir a la *Shejiná* la faceta de *Jesed*-bondad de cada una de las *sefirot*].

Aprendemos de este Zohar que, fundamentalmente, la bondad que caracterizaba a Abraham estaba dirigida a la *Shejiná*. Consiguió esto de dos mane-

---

931. «*Eruv tavshilin*»: Si *Yom Tov* (la Pascua) cae en viernes, se permite cocinar para Shabat, si se hace un preparativo simbólico llamado *Eruvé Tavshilín*. *Shulján Aruj* de Rabí Iosef Caro, *Recopilación de las leyes prácticas y sus comentarios hasta los Sabios contemporáneos según la tradición sefaradí*, por Rabí Abraham M. Hassan, 1990, p. 170.

932. Génesis 26:5.

933. La palabra hebrea *torot* es el plural de *Torá*.

934. Ester 2:7.

935. Génesis 24:1.

ras: la primera era asegurarse de que todos los buenos atributos se integrasen en Ella, y la segunda era vincularla a la *sefirá* de *Jesed*, como dicen de él, que su hogar estaba generosamente abierto a todos los visitantes del mundo.

¿Qué significa que «todos los buenos atributos se integrasen en Ella»? Explican los *Tikunim* que durante los seis días de la semana, la *Shejiná* vaga de un sitio a otro, buscando a un *tzadik*-hombre justo a quien pueda vincularse.[936] Este *tzadik,* por medio del cual puede revelarse el *Tzadik* que sustenta Su Creación –*o sea, el Altísimo*– ha adquirido él mismo e integrado todos los buenos atributos:

> ¿Quién es el *tzadik* que pueda vincularse al Altísimo? Es la persona que tenga todos los rasgos que caracterizan el Altísimo representados por las *midot*-atributos, [como *Jesed*-bondad, o *Guevurá*-reserva] porque es recto y bondadoso con la *Shejiná*. Él Le infunde poder a través de la *sefirá Guevurá*-reserva, y Le trasmite el poder creativo de cada una de las *sefirot*. Como dice el versículo,[937] «las alas de la paloma están cubiertas de plata». [Así como las plumas de las alas protegen a la paloma, así también le oculta la *Shejiná*] con Sus alas y le protege contra todos los Acusadores del mundo.

Así, pues, un *tzadik* es una persona que ha adquirido todos los buenos rasgos que abarcan las diez *sefirot,* y puede infundir a la *Shejiná* el poder y la iluminación de cada una. Es sólo por medio del *tzadik* como Ella puede recibir esta energía. Por lo tanto, le corresponde a él adquirirlos todos, como está escrito, «él le trasmite a Ella el poder creativo de cada una de las *sefirot*». No hemos descrito aquí el ámbito de las diez *sefirot*, sino sólo *Jesed*-bondad y *Guevurá*-reserva; pueden encontrarse descripciones de las otras en los *Tikunim,* y nos referiremos a ello más adelante.

Unificación de la *Shejiná*

El modo en que puedes unificar a la *Shejiná* por medio de tu estudio de Torá se explica en los *Tikunim*:[938]

---

936. *Tikuné Zohar Jadash* 102a.
937. Salmos 68:14.
938. *Tikuné Zohar Jadash* 97b.

El Fiel Pastor vino y cogió una honda. Luego dijo [los nombres de los *Taamim* (las notas musicales con las cuales se lee la Torá en la sinagoga) –*zarká, makaf, shofar holej, segoltá*– que aluden al mundo más elevado de *Atzilut*-Cercanía].

Cogió tres piedras y las lanzó hacia arriba. Al lanzarlas, se aunaron, volviéndose una sola piedra. Dijo [Moshé] a los líderes de las academias celestiales: aceptad esta piedra, porque representa a la *Shejiná* en exilio, y no hay quien La estimule y La haga deseable a Su Amado. Además, cuántos sabios hay aquí que estudian la ley oral día y noche, analizando sus dificultades, y gritan como perros, «¡Dame, dame!» así como en *Gehinom*, donde todos gritan «¡Dame, dame!». Como dice el versículo:[939] «La tumba tiene dos hijas [que dicen]: ¡Dame, dame!». Danos riqueza en este mundo y también en el mundo venidero. Así lo enseñan nuestros sabios,[940] «si estudias mucha Torá, recibirás una gran recompensa».

No hay quien estudie con la intención de elevar a la *Shejiná* de Su exilio y de unificarla con Su Amado. Es como si todos fueran ciegos y tuviesen el corazón bloqueado. Debido a esto, una voz proclama todas las noches cuando el Altísimo desciende al Jardín del Edén y las almas ascienden ante Él. Como dice el versículo:[941] «Una voz grita: ¡Anunciad!». Decidles que estudien Torá para unificar a la *Shejiná* y al Altísimo, como David, que dijo,[942] «no daré sueño a mis ojos, ni haré dormitar mis párpados, hasta que encuentre un lugar para el Omnipresente». David estudiaba Torá con el propósito de unificar a su Madre –acerca de quien está escrito,[943] «no abandones las enseñanzas de tu Madre»– con Su Amado.

Del aspecto de *Jesed*, la *Shejiná* se llama Bondad; del de *Guevurá*-reserva, se llama Servicio; y del aspecto de la Columna central, *Tiferet*-armonía, se llama Torá. Y no hay quien la estimule con estos rasgos con el propósito de unificarla con Su Amado, como dice el versículo:[944] «No hay quien La guíe entre

---

939. Proverbios 30:15.
940. *Avot* 2:16.
941. Isaías 40:6.
942. Salmos 132:4-5.
943. Proverbios 1:8.
944. Isaías 51:18.

> todos los hijos que ha dado a luz, ni hay nadie que La lleve de la mano». Como resultado, dice una voz:[945] «¿Qué anunciaré? Que toda la carne es *como* hierba», *es decir, que* sólo estudian Torá para poder degollar carne. Éstos son los ignorantes.
>
> Y los que se esfuerzan por hacer obras de amor y por estudiar Torá lo hacen por su propio beneficio, como está escrito al respecto,[946] «¡Toda su bondad es como la flor del campo!». Todos los que estudien con motivos ulteriores no tendrán *Ruaj Hakodesh* (espíritu de inspiración Divina); la *Shejiná* no vendrá a morar en ellos. Como está escrito,[947] «porque se acordó de que no eran más que carne, un soplo que pasa y no vuelve».

La cita que precede explica el gran valor del estudio de la Torá cuando lo haces con la intención de unificar a la *Shejiná*. No lo hagas con un motivo personal, como el de adquirir sabiduría, o ganarte una recompensa en el mundo venidero, porque esto hace rugir a la *Shejiná*, y exclama, «¡Toda su bondad es como la flor del campo!». La actitud que se espera de ti es la del hijo, más que la del siervo, porque el hijo no piensa en recibir recompensa al servir a su padre, y quien sirve al Creador Todopoderoso con la idea de recibir recompensa será castigado. Anotan los *Tikunim*:[948]

> Quien ama y teme al Todopoderoso con la intención de ser recompensado es como un siervo [y recibirá su recompensa del ángel Metatron, llamado «siervo», y no del Altísimo]; como dice el versículo,[949] «Por tres cosas se estremece la tierra... el siervo cuando reina...» [la tierra alude a la *Shejiná*, que tiembla de ira cuando los hombres aumentan la importancia del «siervo» –Metatron– al llevar a cabo su servicio Divino con motivos ulteriores].

Los *Tikunim* también mencionan tu obligación de estudiar la ley oral para unificar a la *Shejiná*:[950]

---

945. Isaías 40:6.

946. Isaías 40:6.

947. Salmos 78:39.

948. *Tikuné Zohar* 73b.

949. Proverbios 30:21.

950. Introducción al *Tikuné Zohar* 14b.

> Dignos de alabanza son los que se esfuerzan por *cumplir los preceptos de la Torá* para favorecer a la *Shejiná*; [el *Tikuné Zohar* ahora explica el significado de «esforzarse por la *Shejiná*»]. Ella mora con todos los que se sumen en el complejo estudio de la *halajá para aprender* el cumplimiento de los preceptos con la intención de elevarla de Su exilio, porque dice el versículo, «por vuestras trasgresiones fue repudiada vuestra madre», y para llevarla a Su Amado para que Él la coja en Sus brazos. Como dice el versículo:[951] «está Su mano izquierda debajo de mi cabeza», y «me abraza Su diestra». *El «abrazo» será culminado por el yijud-unificación total.*

Te piden estudiar Torá en el primer párrafo del *Shemá*,[952] «y llevarás dentro del corazón estos mandatos que te doy hoy». El mensaje es: las enseñanzas de la Torá han de estar «dentro de tu corazón». Estúdialas con tu corazón y con tu alma.

- ✦ «Los inculcarás a tus hijos»: las enseñanzas de la Torá han de estar en tus labios.[953]
- ✦ Las palabras que siguen son:[954]
- ✦ «Y hablarás de ellos»: piensa en ellas constantemente.
- ✦ «cuando estés en tu casa, cuando viajes, cuando te acuestes y cuando te levantes»: éstas son cuatro veces en que debes estudiar Torá, de modo que no estés nunca sin Torá.

La Torá es el Árbol de la Vida y, por consiguiente, el elemento fundamental por medio del cual puedes vincularte al cielo, como lo explica el Zohar:[955]

> El consejo principal que nos dan para nuestra estancia en este mundo es estudiar la Torá día y noche, sin apartarnos de Sus

---

951. Shir haShirim 2:6.
952. Deuteronomio 6:6.
953. Tratado *Kidushín* 30a.
954. Tratado *Yomá* 19b.
955. Zohar *Vaetjanán* 260a.

enseñanzas. Como dice el versículo,[956] «meditarás en él día y noche». ¡Ay de los que se separan de la Torá! Es como si se separasen de la vida.

La *Shejiná* también se unifica en el cielo por medio del estudio de Torá que hacen en la tierra. Como el estudio de Torá es el modo esencial de encender Su deseo, *a través de este estudio* se estimula el *yijud*-unificación amoroso entre Ella y el Altísimo. Como lo explica el Zohar:[957]

> ¡Ven y mira! La llave de este concepto esotérico es que la Comunidad de Israel –la *Shejiná*– sólo puede mantenerse ante el Rey mediante [la fuerza] de la Torá. Cuando el pueblo de Israel estudia Torá en la tierra, la Comunidad de Israel mora con ellos, pero cuando cesan de estudiar, no puede quedarse con ellos ni un instante. Así, pues, cuando se enciende [el deseo de] la Comunidad de Israel de estar con el Rey [a través de la fuerza de nuestro estudio de Torá en la tierra], Su propia fuerza aumenta y el Santo Rey se regocija al recibirla. Sin embargo, cuando la Comunidad de Israel se presenta ante el Rey y [la fuerza de la] Torá no la respalda, Su [propia] fuerza está disminuida. ¡Ay de los que debilitan el poder celestial! A la inversa, ¡dignos de alabanza son los que persiguen con fervor sus estudios de Torá!

En forma análoga, el Zohar[958] explica el versículo,[959] «pues Él es tu vida y la prolongación de tus días, habitando en la tierra». El mensaje es que la *Shejiná* sólo mora con bienestar, en el cielo así como en la tierra, mediante el estudio de Torá.

> He encontrado este secreto en las enseñanzas de Rabí Hamenuna el Anciano, que interpretó el versículo anterior aplicándolo a la Comunidad de Israel. Como está escrito,[960] «no disminuirá su comida[la *shefa* dirigida a la *Shejiná* desde *Tiferet* –su vesti-

---

956. Josué 1:8.
957. Zohar *Vayikrá* 22a.
958. Zohar *Vaetjanán* 268a.
959. Deuteronomio 30:20.
960. Éxodo 21:10.

menta– [las rectificaciones que recibe la *Shejiná* desde *Biná*-entendimiento] ni sus relaciones maritales [la energía que recibe la *Shejiná* desde *Jojmá*-sabiduría]. «Y si se Le disminuyen ¿qué dice el versículo?[961] «Si no cumple con estas tres cosas para ella, ella se irá libre de cargo, sin pago», [se irá exiliada], como está escrito:[962] «¿Dónde está la carta de divorcio de vuestra madre, con la cual Yo la repudié?», y también,[963] «Fuisteis vendidos por nada, y seréis rescatados sin dinero». Y negarle la Torá [a la *Shejiná*] es como impedir a un hombre estar con su esposa, dejándola así como una viuda que no ha enviudado, como dice el versículo,[964] «¡Se ha tornado [como una] viuda!».

En contraste con otras *mitzvot,* el estudio de la Torá favorece *a la Shejiná* de tres modos distintos, como lo sugiere el versículo, «no disminuirá su comida, su vestimenta ni sus relaciones maritales». Así, pues, como lo explica el Zohar que precede, no estudiar Torá equivale a separar a una mujer de su esposo; porque el marido provee para su mujer la comida, la vestimenta y la relación marital. De estos tres, la relación conyugal –infligirle al cuerpo el malestar de negarle la relación marital durante *la semana con el fin de estudiar para favorecer a la Shejiná*– es el más importante.

Por lo tanto, la *Shejiná* se rectifica mediante el estudio de Torá más que por cualquier otra mitzvá. El estudio de Torá es la *mitzvá* más importante y el núcleo de toda la Torá, porque el estudio te conduce a la obra, y así, a cumplir todas las *mitzvot*. Más aún, quien no estudia no cumple tampoco la Torá, como lo explican los sabios y como lo explicaremos en el próxima portal.

---

961. Éxodo 21:11.
962. Isaías 50:1.
963. Isaías 52:3.
964. Lamentaciones 1:1.

Capítulo IX
VUÉLVETE UNA MORADA TERRESTRE

En el capítulo precedente, explicamos que es tu deber unificar a la *Shejiná* en todas tus actividades, como lo dice el versículo,[965] «En todos tus caminos ten presente al Altísimo». En este capítulo, deseamos ofrecer indicaciones suplementarias de lo que puedes hacer para mostrar tu amor por la *Shejiná*. Tu iniciativa será un alivio para la *Shejiná*, porque encontrará en ti un espacio apropiado para Su morada terrestre.

En el capítulo precedente, aprendimos de R. Shimón bar Iojai que durante los seis días de la semana, la *Shejiná* erra de un sitio a otro, buscando a algún *tzadik* a quien Se pueda vincular.[966] Cuando el impulso de todo lo que haces es rectificar a la *Shejiná*, te conviertes en el hijo que da placer a su madre. Éste es el nivel de los maestros de Cabalá, es decir, los recipientes de la trasmisión oral de las enseñanzas esotéricas de la Torá. Está escrito acerca de ellos,[967] «no tomarás a la madre con los pichones».

Los *Tikunim* se refieren al versículo:[968]

«Si te encuentras con un nido de pájaro en el camino, en cualquier árbol o sobre el suelo, y hay en él pichones o huevos y la

---

965. Proverbios 3:6

966. *Tikunei Zohar Jadash* 102a; véase el capítulo VIII, nota 39.

967. Deuteronomio 22:6. He traducido la palabra hebrea *banim* por «su cría» según el énfasis del texto.

968. Introducción al *Tikunei Zohar* 1b.

madre está empollando sobre los pichones o sobre los huevos, no tomarás a la madre junto con su cría». ⁹⁶⁹

Explican los *Tikunim* que el significado oculto de la intimación de este versículo es de no separar a la *Shejiná* de Sus hijos, ya que siempre está con ellos:

> La palabra «huevos» de este versículo alude a los que se concentran en los estudios bíblicos. [Como no han estudiado la Torá Oral, sus estudios de la Torá Escrita son defectuosos y están obstruidos, porque no tienen la preparación necesaria para comprender lo que están estudiando, así como un huevo carece de intelecto].
>
> Los «pichones» representan a los expertos en los estudios de Mishná; [aunque han estudiado la Torá Oral, les es imposible captar las razones y la lógica que forman la base de los preceptos sin tener acceso a las enseñanzas esotéricas de la Torá].
>
> La «cría» [en hebreo *banim*-hijos] señala a los maestros de Cabalá. [Éstos conocen el fundamento de los preceptos y pueden cumplirlos como se debe, con el propósito de llevar a cabo *yijudim*-unificaciones celestiales].
>
> Está escrito que si se halla la madre echada sobre los pichones o los huevos,⁹⁷⁰ «echarás a la madre»: [la *Shejiná*, que es Madre de Israel, a veces mora sobre «los pichones» o «los huevos» en tiempos favorables. Sin embargo en otros momentos, «echarás a la madre», es decir, la *Shejiná* es expulsada porque los israelitas no estudian la Cabalá].
>
> No obstante, de los maestros de Cabalá dice el versículo, «no tomarás a la madre con su cría», [es decir, la *Shejiná* mora con permanencia sobre ellos, en contraste con los que se limitan a los estudios bíblicos, así como los expertos en los estudios de Mishná,] quienes no tienen el nivel de intelecto ni la profundidad de percepción requeridas para comprender plenamente la situación de la *Shejiná*.
>
> Los únicos sabios que tienen acceso a esta información son] los maestros de Cabalá; [estudian la Torá sin motivo ulterior. Su

---

969. Deuteronomio 22:6.
970. *Ibíd.* 22:6-7.

único propósito es elevar a la santa *Shejiná* y, si puede decirse, de compartir Su dolor]. Se hacen a sí mismos una morada terrestre para Ella y para el Altísimo, [porque la *Shejiná* mora con ellos, como quien tiene una residencia permanente]. Ellos erran con la *Shejiná* a todos sitios donde va Ella [en Su exilio, luchando con ella a donde sea que esté desterrada; donde se encuentre la *Shejiná*, se encuentran con Ella los maestros de Cabalá].

En el caso de los «pichones», sin embargo [los que tratan exclusivamente con las enseñanzas reveladas de la Torá no tienen la energía espiritual y mental requeridas para estar con la *Shejiná* y para elevarla porque] sus velas —es decir, los preceptos que ellos cumplen— no están lo bastante desarrolladas para permitirles que erren, [es decir, carecen de las *cavanot*-intenciones que enseñan los maestros de Cabalá]. Esto puede decirse aún más de los «huevos» [los que estudian sólo las Escrituras]. Por lo tanto, dice el versículo acerca de estos dos, «echarás a la madre» [es decir, la *Shejiná* los deja].

Continúan los *Tikunim*:[971]

Los hijos (*banim*) —es decir, [«su cría»]— sin embargo, provienen del fuero interno, y acerca de ellos dice el versículo,[972] Mi corazón *los* ansía». Los hijos, que inspiran un amor que proviene de lo más recóndito del ser, son los maestros de la Cabalá, acerca de los cuales dicen «no tomarás a la madre con su cría», porque la madre nunca deja su lado.

La razón por la cual «la madre nunca deja su lado», es que saben cómo unificar a la *Shejiná* mediante su cumplimiento de los preceptos, su estudio de Torá y sus buenas obras. El fundamento del cumplimiento de las *mitzvot* y del estudio de la Torá se halla en la intención que se vincula con cada actividad. Los «pichones», sin embargo —los que tratan exclusivamente con las enseñanzas reveladas de la Torá— no logran completar su cumplimiento de los preceptos porque les falta la intención apropiada que se requiere.

---

971. *Tikun* 6, 21b.

972. Jeremías 31:19; literalmente el versículo dice «Mi corazón le ansía». En este caso, «le» se aplica a Efraim, quien representa el pueblo de Israel.

Para encender el amor al Altísimo en el corazón, se debe recordar las enseñanzas de R. Shimón bar Yojai. Aunque citaremos otros factores que encienden el amor al Altísimo, las palabras que siguen tratan de temas fundamentales referentes al amor por el Altísimo y por Su *Shejiná*. Por lo tanto, decidimos incluirlas aquí:[973]

> La palabra hebrea *teshuvá*-arrepentimiento alude a la *Shejiná*, que está representada por la última letra *He* en el santo Tetragrama. [El significado esotérico es que la palabra *teshuvá* puede leerse *tashuv He*] —es decir, «que regrese la *He*»— y se una de nuevo a las demás letras del Nombre: *Yud, He, Vav.*
>
> Esta *teshuvá* se llama «vida», porque,[974] «de ella manan las instancias de la vida» —*Maljut*— de donde provienen las almas de Israel. Éste es el aliento que entra y sale de la boca [o sea, de la boca celestial, es decir de *Maljut*, como lo indica el versículo,[975] «insufló en sus fosas nasales aliento de vida»,] sin esfuerzo, [porque no hay esfuerzo ni lucha en el cielo]. Es *el misterio de* la letra *He* en la palabra hebrea *behibar-am* [cuando el Todopoderoso creó…],[976] porque[977] *He* [es la letra que requiere menos esfuerzo para pronunciarla]. Dice el versículo a este respecto,[978] «el hombre vive… de todo lo que sale de la boca del Altísimo», [es decir de la *Shejiná*, ya que las almas de Israel provienen de Ella].
>
> Ella [o sea, la *Shejiná*] mora sobre la cabeza del hombre, [protegiéndole]. Dicen de Ella,[979] «él contempla el semblante del Altísimo» [porque Ella se identifica con el Nombre Especial (el Tetragrama)] y también,[980] «ciertamente, el hombre anda como una mera *tzelem*-semejanza [del Creador», es decir, *Maljut* mora sobre la cabeza del hombre como una *tzelem* que le permite moverse y ejecutar sus actividades en el mundo]. Por lo tanto, al hombre le está prohibido andar cuatro codos de

---

973. *Ray'a Mehemnah, Naso,* 122b.
974. Perífrasis de Proverbios 4:23.
975. Génesis 2:7.
976. Génesis 2:4: «Estos son los productos del cielo y de la tierra…».
977. Nota explicativa de R. Waldman.
978. Deuteronomio 8:3.
979. Números 12:8.
980. Salmos 39:7; mi traducción.

espacio con la cabeza destapada [y el hombre que lo haga le está mostrando una actitud de desafío a la *Shejiná*] porque si dejase Ella la cabeza del hombre, su vida –es decir, su alma-*neshamá*– le dejaría también de inmediato.

Puedes objetar que Ella [Su aliento] mora sobre las naciones del mundo también, aunque ellos no sean «los productos del cielo y de la tierra *behibar-am*-cuando el Todopoderoso creó la tierra y el cielo» [es decir, aunque el mundo no haya sido creado para ellos. La palabra hebrea *behibar-am* se deletrea «be Abraham»: esto sugiere que el Todopoderoso creó «los productos del cielo y de la tierra a partir de Abraham y de sus descendientes, pero no de las naciones del mundo.[981]]. La respuesta es que es evidente que no mora sobre ellos, porque Moshé le pidió al Altísimo que Su *Shejiná* no morase sobre las naciones del mundo, y el Altísimo accedió a su plegaria.[982]

Con cada soplo

Considera que la *Shejiná* está situada por encima de tu cabeza, que es Ella quien te da vida; es tu alma-*neshamá*, así como el aliento que te mantiene, ya que es imposible existir sin respirar aire. Si el aire no se asentase en los pulmones del hombre, el corazón le quemaría con su calor natural.[983] Esto está explicado en los *Tikunim*.[984] El versículo «el hombre vive... de todo lo que sale de la boca del Altísimo» sugiere que la existencia del hombre se centra en el aire que respira. La «boca del Altísimo» alude a la *Shejiná*, cuyo aliento da vida al hombre.

El soplo suave con el que pronunciamos la letra *He* muestra la esencia del aliento del punto de vista espiritual. Así como el versículo, «el hombre vive... de todo lo que sale de la boca del Altísimo» alude a la *He* del Nom-

---

981. Nota de R. Waldman.

982. *Véase* Tratado *Berajot* 7a.

983. Dice el Zohar [Pinjas, p. 234a]: El corazón es la llama ardiente [que representa la justicia estricta de *Maljut*] y, si no fuera porque el santo Rey [aludiendo a *Tiferet*] dirige a Ella las alas de los pulmones que provienen de las fragancias celestiales [alude a las tres primeras *sefirot* de *Tiferet*], Ella quemaría al mundo en un instante [y así también, sin el enfriamiento del viento de los pulmones, el corazón físico no podría mantener el calor que él mismo genera].

984. 52b.

bre Especial (el Tetragrama), porque éste es el aliento que le infundió vida a Adán, así también, el aliento que proviene de la *Shejiná* mantiene al hombre en la tierra.

La *Shejiná* mantiene las vidas del pueblo de Israel con Su aliento, ya que el aliento que mora sobre Israel no es el mismo que el que mora sobre las naciones. Así, pues, es propio que el pueblo de Israel La ame y cumpla Su voluntad.

Ten conciencia de cuántas veces has amargado la «boca de la *Shejiná*» trasgrediendo, y a pesar de ello, Ella no te ha quemado con Su justicia estricta, ya que, como lo indica el versículo, es,[985] «un fuego que consume». A pesar de que La llaman *Tzedek*-Justicia –una justicia sin indulgencia– aun así te infunde la vida. Por lo tanto, debes cumplir Sus preceptos con el aliento que te ha dado Ella, y tu corazón debe consumirse de amor por Ella, hasta el punto que te sientas vinculado a Ella con cada soplo que respires, si te es posible, como lo explica el Midrash:[986]

> [La *Neshamá* es el aliento del hombre]. R. Bisni, R. Aja y R. Iojanán dijeron en el nombre de R. Meír, «El alma-*neshamá* llena el cuerpo». Mientras el hombre duerme, asciende el alma y desde el cielo, dirige vida hacia él. Dijo R. Levy en el nombre de R. Janina: el hombre debe alabar a su Hacedor con cada soplo que respira. ¿Por qué? Porque está escrito,[987] «¡Alabe al Altísimo todo el que tenga aliento!». Es decir, hemos de alabarle con cada soplo.

También enseña el Midrash:[988]

> Dice el versículo,[989] «Cuando una persona peque en forma inintencionada». Esto se refiere al versículo,[990] «todo el trabajo del hombre es para su boca». R. Samuel bar Amey dijo: por muchos preceptos que hayas cumplido, o buenas obras que hayas hecho, aún no basta que agradezcas al Creador por el aliento que sale de tu boca.

---

985. Deuteronomio 4:24.
986. *Bereshit Rabá* 14:9.
987. Salmos 150:6.
988. *Vayikrá Rabá* 4:2.
989. Levítico 4:2.
990. Eclesiastés 6:7.

El Midrash continúa discutiendo este tema,[991] refiriéndose al versículo,[992] «Amarás al Altísimo, tu Creador Todopoderoso, con todo tu corazón, con toda tu alma y con todos tus recursos...».

¿Qué significa «con todo tu corazón» y «con toda tu alma»? Con cada alma que ha creado Él dentro de ti. Dijo R. Meír: el Hombre debe alabar a su Hacedor por cada soplo que respira. ¿Cómo sabemos esto? Porque dice el versículo, «¡Alabe al Altísimo todo el que tenga *neshamá*-aliento!».

Protección eterna

Enseña el Talmud de Jerusalem:[993] Dijo R. Iose en el nombre de R. Iojanán: ten siempre este versículo en los labios,[994] «El Altísimo, Soberano de los ejércitos es con nosotros; el Creador Todopoderoso de Iaacov es nuestra alta torre, *selah*-por siempre». Citó R. Abahu en el nombre de R. Iojanán,[995] «¡Oh Altísimo de los ejércitos, cuán feliz es quien confía en Ti!».

Aunque se ofrecen muchas explicaciones para estos versículos debido al gran bien que encierran para nosotros, el mensaje fundamental es que siempre debes tener conciencia de la Providencia Divina que te guía. Por consiguiente, nos dice el Talmud que tengamos siempre este versículo en los labios, porque el hecho de que «el Altísimo Soberano de los ejércitos está con nosotros» señala Su gran amor por Israel. A pesar de que es el Rey de los ejércitos celestiales, Su guía personal sigue con nosotros. Aún más, el Creador Todopoderoso es una «alta torre» de protección ya que nos guarda de aflicciones que puedan dañarnos en este mundo, y esto continuará *selah*-por siempre.

Indicaron nuestros sabios que la palabra hebrea *selah* sugiere continuidad eterna,[996] ya que dice el versículo,[997] «Como hemos oído, así hemos visto en la ciudad del Altísimo, Soberano de los ejércitos... ¡para siempre,

---

991. *Devarim Rabá* 2:37.
992. Deuteronomio 6:5.
993. *Berajot*, capítulo 5:25a.
994. Salmos 46:8.
995. *Ibíd.* 84:13.
996. Tratado *Eruvin* 54a.
997. Salmos 48:9.

selah!». Debido a la redundancia aparente del final de este versículo, «¡para siempre, *selah!*», los sabios del Talmud interpretaron que la palabra *selah* indica la continuidad eterna, sin interrupción, de la acción discutida.

Fe implícita

Como hemos visto, el mensaje de Rabí Abahu sobre que tengamos siempre en los labios el versículo «¡Oh Altísimo, Soberano de los ejércitos, cuán feliz es quien confía en Ti!», muestra los méritos de la fe en el Creador Todopoderoso. Uno de éstos es que no puedes vincularte a tu Creador a menos que tengas fe en Él. Cuando confías verdaderamente en el Altísimo, no te preocupa ningún problema material.

Dijo Rashbí acerca del tema,[998] a propósito del versículo,[999] «Confiad en el Altísimo por siempre, porque en el Altísimo está la fuerza de los mundos».

> «Confiad en el Altísimo por siempre»: el mensaje es que debes siempre [todos los días de tu vida] encontrar tu fuerza en el Altísimo [es decir, incluso en los días de angustia y de pena, no pienses con desesperación que nunca volverás a sentir de nuevo la ternura y la compasión Divina]. Como está escrito,[1000] «¡Mi Creador Todopoderoso! No me defraudes. No triunfen mis enemigos sobre mí». Si pones tu fe y tu fuerza en Él como se debe, ningún ser humano tendrá el poder de dañarte [es decir, ¡no seas como quien se limita a decir maquinalmente que confía en el Altísimo, pero en el momento en que está pasando una prueba, se derrumba! A la inversa, pon todas tus esperanzas en Él durante todo el tiempo, tanto en los momentos de sufrimiento como en los de abundancia. Si haces eso, el único dolor que pueda afectarte provendrá de tu Hacedor, cuya intención es purificarte de tus trasgresiones].
>
> A quien pone su fe en el Altísimo no puede dañarle nadie ya que todo el que centra toda la fuerza en su fe en su Santo Nombre es protegido en el mundo ¿Cómo es eso? Como [él no

---

998. *Vaerá* 21b.
999. Isaías 26:4.
1000. Salmos 25:2.

cree que el mundo sea un intermediario entre él y su Hacedor por medio del cual recibe su manutención,] le mantiene directamente el Altísimo, en quien confía.

¿Cómo sabemos esto? Porque el versículo que antecede continúa,[1001] «porque en el Altísimo (*YaH*) está la fuerza (*tzur*) de los mundos». [El Nombre del Todopoderoso, *YaH*, tiene las dos letras iniciales del Nombre Especial –*Yud* y *He*– que aluden a *Jojmá* y *Biná*, y la palabra *tzur*, cuya traducción literal es 'roca', puede leerse como *tzayar*-pintor, que indica que el Todopoderoso creó «los mundos», es decir, el celestial y el terrestre].

Aclara Rabí Shimón que el concepto de fe abarca dos elementos importantes. Uno de ellos es que debes siempre centrar tu atención en tu fe en el Altísimo, como lo indica el versículo citado, «Confiad en el Altísimo *por siempre*». El segundo es que el fundamento de la fe es el impulso de tu propio vínculo al Altísimo. El énfasis que pone el Zohar «debes siempre encontrar tu fuerza en el Altísimo», y «si pones tu fe y tu fuerza en Él» señalan a una persona cuyo vínculo apasionado ha llegado a tal nivel de intensidad que no puede alejarlo de su conciencia inmediata. Esta persona confía en el Altísimo en lo que le atañe y no le preocupan los problemas materiales.

La esencia del vínculo de *devekut*-apego apasionado yace en el Nombre Especial del Altísimo, que, como dice El Zohar, «mantiene el mundo entero». Esto se debe a que el nombre del Altísimo representa la fuerza vital interna de este mundo tanto como del otro. Así como el alma infunde vida al cuerpo, este mundo es el cuerpo, mientras que el Nombre Divino es el alma que lo mantiene. Si sucediese, no lo permita el Cielo, que la fuerza vital Divina se fuese de este mundo, permanecería éste en caos, como *lo estaba antes de la creación, en que* «la tierra estaba desolada y vacía», porque el Nombre del Altísimo es el alma que lo mantiene todo.

Por lo tanto, podemos concebir que la persona que se vincule al santo Nombre –el alma o la fuerza vital del mundo– permanecerá en este mundo más tiempo, porque su alma-*neshamá* está constantemente refinada por medio de su raíz celestial. Como dice el versículo,[1002] «pero vosotros

---

1001. *Véase* el capítulo VI, sección «Retratista Divino».

1002. Deuteronomio 4:4.

que estáis apegados al Altísimo, vuestro Creador Todopoderoso, estáis todos vivos hoy». Hemos discutido este tema anteriormente,[1003] a propósito de lo que nos estimula a amar a la *Shejiná*.

Alejarse del monólogo interior

El Zohar discute las causas que encienden el amor del Altísimo,[1004] basándose en el versículo,[1005] «Habla a los Hijos de Israel y que tomen para Mí una ofrenda, de cada hombre cuyo corazón lo impulse a dar tomaréis Mi ofrenda».

> [...] Digna de alabanza es la persona justa que sabe cómo fijar su corazón en los deseos del Rey celestial [porque la cualidad del servicio Divino depende de la intención de cada cual y de su deseo del corazón] y cuyo anhelo no se centra en este mundo y sus vanos apetitos. Esta persona sabe cómo entregar sus deseos personales y vincularse al reino celestial; se esfuerza por perseverar, [en su anhelo de atraer del cielo hacia sí el amor y deseo que quisiera sentir por el Creador. Su propósito es] de atraer a sí la voluntad de su Hacedor [para que more con él la *Shejiná*,] de arriba a abajo.
>
> ¿Y de dónde toman la voluntad de su Rey para atraerla a sí mismos? La toman de un espacio excelso y etéreo, el lugar de donde proviene toda voluntad Divina. [...]
>
> «todo *hombre*»: o sea, como lo dice el versículo,[1006] un «*tzadik*-hombre justo» [alusión a la *sefirá Yesod*-fundamento, que se denomina «*tzadik*»]. Esto se refiere al Señor de la casa, cuyo amor se centra siempre en la Reina [la *Shejiná*] del mismo modo que el hombre ama a su esposa.
>
> «que la diere de corazón»: es decir, Él La ama, y Su corazón —Su Reina— hace que se vincule apasionadamente a Ella, y Ella a Él— [porque Ella también anhela vincularse a Él]. Y aunque el amor que siente el Uno por el Otro es tan grande que nunca se separan, [el Altísimo dijo aun así]: «Todo hombre» se refiere

---

1003. *Véase* el capítulo VI, sección «Amado compañero».
1004. *Terumá* 134b-135a.
1005. Éxodo 25:2.
1006. Génesis 6:9.

al Señor de la casa y Señor de la Reina. Es de Él que «tomaréis Mi ofrenda», [es decir, «tomad a Mi *Shejiná* a que more con vosotros»].

En el mundo terrestre, si quisieran privar a un hombre de su esposa quitándosela, el esposo lo resentiría y no la dejaría ir. No es así el Altísimo, sin embargo. Aunque todo el amor de Ella se centra en Él, así como el de Él en Ella, Se La quitan para que more con ellos, y se La llevan lejos del lugar celestial en que se centra Su amor. Como lo sugiere el versículo, es de allí que «tomaréis Mi ofrenda» –*la Shejiná*–. Afortunados son los Hijos de Israel, y dignos de alabanza son los que merecen esto.

Continúa el Zohar:

¡Afortunadas son *estas personas justas!* A pesar de que se La llevan [al atraer a sí mismos a la *Shejiná*], tan sólo pueden hacerlo cuando Su Amado lo desea y lo permite. [El Altísimo no desea que nadie fije los pensamientos de su corazón en Ella sola, no lo permita el Cielo, sino en el *yijud*-unificación de los dos Nombres santos, el Nombre Especial (el Tetragrama) y el Nombre *Ado-nay*].

[Con este propósito,] han de ofrecerle el servicio de amor [para suscitar la estimulación que precede su *yijud*-unificación]. Sólo entonces, [dice el Altísimo,] «tomaréis Mi ofrenda», [es decir, Mi *Shejiná*]. Este [propósito] se realiza en el orden de la oración y de las rectificaciones que Israel Le ofrecen al Altísimo a diario.

Como lo explica el Zohar, aunque el Altísimo desea el amor de Su *Shejiná*, no obstante, Su amor por Israel hace que nos permita atraerla a nosotros por medio de nuestras oraciones y nuestro cumplimiento de Sus preceptos. Su intención es que mediante nuestro servicio se una a Su Amado en el cielo, y que nosotros encendamos Su amor por Él. Éste es el mensaje de la expresión, «que elige a Su pueblo Israel – *es decir, la Shejiná, llamada "Comunidad de Israel"* con amor», como he explicado.[1007]

Como lo expresa el Zohar, *para llevar esto a cabo,* «han de ofrecerle el servicio de amor». Aunque este Zohar tiene muchos elementos que

---

1007. *Véase* el capítulo VII, sección «Un amor no correspondido».

estudiar, continuaremos fijando nuestra atención en el tema actual –el amor y el vínculo apasionado al Altísimo–. No cabe duda de que este pasaje se refiere a los que saben cómo apartar sus pensamientos de los pasatiempos materiales, y concentrar los anhelos de su corazón en el Soberano del Universo.

El Zohar nos ayuda a comprender el concepto del vínculo al Altísimo,[1008] en su discusión de la *shefa*-energía Divina que se materializa en el momento del *yijud*-unificación celestial. Esta energía se revela por medio de las personas justas que han llevado a cabo el *yijud*-unificación y merecen ser incluidos en él, para que forme la base del vínculo de su corazón.

La voluntad interna, oculta –de *Ein Sof*-la Luz Infinita– entonces mitiga *las sefirot de una manera encubierta*. Afortunada es la persona que se aferra a su Hacedor en este momento: se realiza plenamente en el cielo y en la tierra. Dice el versículo acerca de él,[1009] «alégrense tu padre y tu madre, y regocíjese la que te engendró»; *es decir, infunde una profunda alegría al mundo más elevado de Atzilut*-Cercanía. La persona que merece apegarse a su Hacedor de este modo hereda todos los mundos: es amado en el cielo como en la tierra.

Lo que antecede aclara la explicación del Zohar del concepto de corazón en el versículo «que la diere de corazón»: es decir, Él La ama y Su corazón –Su Reina– Le inspira a vincularse apasionadamente a Ella, y Ella a Él. Esto se debe a que, como lo hemos explicado, es por medio de la inspiración del corazón de los rectos como se revela la voluntad Divina a la *Shejiná*, iluminándola así con la Luz Infinita de *Ein-Sof* en el momento de la unificación.

La expresión del Zohar «Él La ama» significa, por lo tanto, que Él Le infunde Su Luz Infinita. Ahora podemos enfocar el misterio del versículo,[1010] «fluía del Edén un río para regar el jardín». ¿Si no hubiese jardín, cómo cumpliría el río su objetivo de nutrirlo e irrigarlo?

Mi maestro [Rabí Moshé Cordovero], de bendita memoria, enfocó esta pregunta y explicó que los seres celestiales necesitan a los bajos seres humanos. Quien realice la intimación «Tomaréis Mi ofrenda» y lleve a

---

1008. Zohar *Bereshit, Hejal Kodesh Kodashim* 45b.
1009. Proverbios 23:25.
1010. Génesis 2:10.

cabo Su reunión con Él mediante el servicio de la *tefilá*-oración terrenal, se vinculará al Altísimo y recibirá la voluntad Divina que se revele en el momento de la unificación celestial.[1011]

Esta explicación es el hilo que aúna todo el Zohar citado en este capítulo. Derivamos de ello que el estar apasionadamente vinculado al Creador y amarle depende totalmente de las rectificaciones de la *tefilá*, todas las cuales fueron instituidas para ayudar a la *Shejiná* a lograr la unificación celestial. Esencialmente, la mejor manera de alcanzar este propósito es separar tus pensamientos de los apetitos mundanos, todos los cuales terminarán con la muerte de tu cuerpo. Tu objetivo es lograr que tu alma se vincule a la voluntad Divina por medio de todos los *yijudim*-unificaciones y del servicio Divino que ejecutas con tus plegarias.

La única barrera

Debes darte cuenta de que no hay separación *en absoluto* entre tú y el Altísimo. A pesar de que es el Todopoderoso, sin embargo, está contigo, presente en los más ínfimos detalles de tu vida, como dice el versículo,[1012] «¿Quién es como el Altísimo nuestro Creador Todopoderoso que está entronizado en lo alto, y sin embargo mira desde el cielo a la tierra?».

Sólo pueden separarte de Él tus trasegresiones, como dice el versículo,[1013] «vuestras iniquidades os han separado de vuestro Creador Todopoderoso». No obstante, cuando te arrepientes te reúnes con tu Creador de nuevo. Te darás cuenta de hasta qué punto es esto verdad si estudias con cuidado en los capítulos que preceden cuántos milagros hizo el Creador Todopoderoso por el pueblo de Israel. El Altísimo está siempre con nosotros y responde cuando sufrimos.

1011. *Pardés Rimonim*, «Shaar Mahut veHanhagá», capítulo XX.
1012. Salmos 113:5.
1013. Isaías 59:2; R. Waldman nota que las letras finales del versículo en hebreo – *'avonotejeM* (tus iniquidades) *hayU* (os han) *mavdiliM* (separado)– forman la palabra *mum*, que significa mácula . Esto alude al concepto cabalístico de que es por medio de su alma, contenida en las partes del cuerpo, como el hombre siente el vínculo cona su Hacedor. Si cualquiera de estas partes del cuerpo tiene una imperfección porque la usó para trasgredir el precepto con el cual está vinculada, su alma Divina ya no contiene esa parte y, como resultado, está separada de *Hashem*.

Considera, en particular, el nivel de R. Shimón bar Iojai, de bendita memoria, y el de otros sabios tanaicos. Cualquier cosa que dijesen se cumplía de inmediato, incluso cuando decían algo sin previa intención, como implica el versículo,[1014] «como un error que procede de un príncipe». El Talmud,[1015] así como el Zohar,[1016] citan varios ejemplos que verifican esta afirmación, como el siguiente:

> Cuando llegó el momento de que R. Itzjak había de dejar este mundo, vio Rashbí al ángel de la muerte rondando alrededor de R. Itzjak. Exclamó Rashbí, «¡Señor del universo, mira cómo está R. Itzjak entre nosotros, pues es uno de nuestros siete discípulos! ¡Fíjate, lo estoy sujetando: entrégamelo!». Se oyó una voz celestial que anunciaba, «Aquí lo tienes. R. Itzjak es tuyo». Y permaneció en este mundo.[1017]

El Zohar cita muchos otros milagros de esta clase. Por consiguiente, cuando consideras que, en realidad, no hay nada que te separe de *Hashem*, comprendes que has de servirle así como servirías a un rey si estuviera éste delante de ti. Has de cumplir la voluntad Divina ofreciéndole tus *tefilot*-oraciones y tu estudio de la Torá a las horas indicadas del día y de la noche, así como en otros momentos, según el orden establecido en los mundos celestiales.

Las tres *tefilot* diarias

Ante todo, tu objetivo principal ha de ser de ayudar a la *Shejiná* a que alcance la unificación en el cielo por medio de las tres oraciones diarias: por la mañana, por la tarde y por la noche. La razón por la cual hemos de rezar tres veces al día es que, así como cambia la hora en la tierra, del mismo modo cambia la Providencia Divina que guía al hombre, de bon-

---

1014. Eclesiastés 10:5.
1015. Tratado *Ketubot* 23a.
1016. *Vayjí* 218a.
1017. R. de Vidas sólo cita las primeras palabras de este Zohar: «Señor del universo, mira a R. Itzjak entre nosotros...». R. Waldman cita todo el episodio en sus notas.

dad a justicia estricta o a compasión. Por ejemplo, [con nuestra *tefilá*] estimulamos la bondad Divina por la mañana [dirigiéndola a nosotros mismos así como a todo Israel].

Nuestros rabinos, de bendita memoria, discutieron las tres oraciones diarias.[1018] Dijo R. Iehoshua ben Leví: los patriarcas instituyeron las tres *tefilot* diarias. Abraham instituyó la oración matutina; *Itzjak, la oración de la tarde, y Iaacov la de la noche*. Dijo R. Samuel bar Najmani: *debes expresarle al Todopoderoso tu conciencia de* las tres veces que cambia el día. Por la noche, debes decir, «Sea Tu voluntad, *Hashem*, mi Creador Todopoderoso, que me saques de la oscuridad y me lleves a la claridad». Por la mañana, debes decir, «Te agradezco encarecidamente, *Hashem*, mi Creador Todopoderoso, que me has sacado de la oscuridad y me has traído a la claridad». Por la tarde, di, «Sea Tu voluntad, *Hashem*, mi Creador Todopoderoso, que así como me has permitido ver el sol con todo su resplandor, así también me permitirás ver el ocaso». Explicaron los rabinos que las tres *tefilot* también corresponden a los tres sacrificios diarios que se ofrecían en el Templo a esas horas.

Según los cambios del día debes tú también adaptar tus alabanzas y expresiones de gratitud al Creador por los beneficios que te ha dado. Los sabios han instituido las oraciones diarias a horas diferentes para que la expresión de tu amor a *Hashem* sea perfecta y puedas rezarle con el deseo vibrante en tu corazón al recordar el bien con el que te ha favorecido.

En forma análoga, explica el Midrash:[1019] Dice el versículo,[1020] «el sol también se levanta, y el sol se pone». Dijo R. Levi: *para recompensar a* los hombres por todos los preceptos que cumplen y las buenas obras que hacen en este mundo, basta que el Creador haga que el sol brille para ellos, como está escrito, «el sol se levanta, y el sol se pone».

1018. *Bereshit Rabá, Vayetze*, 68:9.
1019. *Vayikrá Rabá* 28:1.
1020. Eclesiastés 1:5.

«¡No guardes más silencio!»

Si después de levantarte tras haber dormido, te aplicas a estudiar Torá con amor a la *Shejiná*, ¡qué cuantiosa será tu recompensa, como lo explicaremos con la ayuda de *Hashem*![1021] Rashbí discute este tema:[1022]

> ¡Ven y mira! Cuando el Rey se va a Su lecho en la hora en que se divide la noche, el viento del Norte comienza a soplar y enciende Su amor por la Reina. Sin esta estimulación del viento del Norte, el Rey no se reuniría con Ella, porque la fuente del amor está en el Norte, como lo indica el versículo,[1023] «Está Su mano izquierda debajo de mi cabeza». En cambio, el Sur abraza con amor, como continúa el versículo, «me abraza Su diestra». En este momento, ¡cuántos se regocijan y reciben la inspiración de cantar hasta que apunta el alba! Como dice el versículo,[1024] «cuando las estrellas matutinas cantaban juntas y todos los seres celestiales gritaban de júbilo».
>
> Cuando llega la mañana, todos en el cielo y en la tierra cantan Su canción. De igual modo, Israel canta Su canción en la tierra, como lo indica el versículo,[1025] «¡Los que recordáis a *Hashem* [Sus promesas] no toméis descanso!».[1026] Esto se refiere exclusivamente al pueblo de Israel. Por consiguiente, cuando se divide la noche, los que eternamente ansían recordarle al

---

1021. *Véase* la *Puerta de Santidad*, capítulo VII.

1022. Zohar *Vaerá* 30a.

1023. Cantar de los Cantares 2:6.

1024. Job 38:7.

1025. Isaías 62:6.

1026. Como he indicado en la «Introducción», el Zohar se refiere a los Centinelas de los muros de Jerusalén, los individuos cuyas almas recibieron antes de nacer la misión celestial de levantarse y participar en la oración de medianoche y recordarle al Altísimo Su amor por el pueblo de Israel y Su promesa de Redención. La idea de «recordar a *Hashem*» implica atraer la atención del Todopoderoso al dolor que nos causa Su alejamiento. Como hemos aprendido a lo largo de esta santa obra, todo cuando sucede en este mundo es un paralelo físico del proceso espiritual en el mundo celestial, ya que el estímulo de los seres celestiales depende de los terrenales. Por lo tanto, al recitar este versículo en *Tikún Rajel* expresamos el deseo de que los seres celestiales reflejen nuestras oraciones con las suyas propias, y causen un impulso de voluntad celestial que inicie la esperada Redención.

Altísimo [Su amor por Israel] no dan descanso a su corazón y se levantan [de su lecho] para recordarle [la redención prometida]. Y cuando llega la mañana, se van a la sinagoga temprano para alabar al Creador. Hacen lo mismo después del mediodía y también más tarde, cuando comienza a oscurecer al ponerse el sol. A ellos se refiere el versículo, «¡Los que recordáis al Altísimo no toméis descanso!». Y éste es el pueblo santo, Israel.

Subraya el Zohar que este versículo se refiere específicamente a Israel, porque la estimulación que realiza la unificación depende exclusivamente de nosotros en la tierra. El versículo sugiere *este impulso terrestre*,[1027] «los compañeros [ángeles y *tzadikim* en el cielo] escuchan tu voz [que estudia Torá en voz alta y Me abre tu corazón en la oración]. ¡Haz que yo (también) Te oiga!». Añade el Zohar, «los que eternamente ansían recordarle al Altísimo *Su amor*», es decir la persona cuya alma anhela a la *Shejiná* es como el hombre que persigue a la que desea, cuyo corazón arde de amor, y cuyo amor por ella es tan intenso que es incapaz de dormir.

En forma análoga, los que ansían a la *Shejiná*, «no dan descanso a su corazón», porque su deseo de Ella y la llama ardiente de su amor por la *Shejiná* es tan intensa que cuando llega la hora de despertarse de su sueño, no *se quedan en la cama ni siquiera algunos minutos más* para impedir que les supere el sueño y el letargo. A la inversa, por amor a la *Shejiná*,[1028] se levantan rápido con alegría con la intención de ayudarla a lograr la unión celestial, porque en el momento en que está Ella vinculada a Su Amado, en una unificación con Su Amado en el cielo, están ellos *también* vinculados al Altísimo. Sus almas gozan de alegría y deleite en su vínculo apasionado a la fuente celestial de la vida.

El versículo,[1029] «Béseme Él con los besos de Su boca» alude a lo que antecede y expresa nuestro deseo de fundirnos al *ruaj* celestial, como lo hemos explicado.[1030] El versículo «Los que recordáis (את) *et* (a) *Hashem*» también alude a esto. La palabra *et* representa a la *Shejiná*, y *Hashem* es

---

1027. Cantar de los Cantares 8:13.
1028. El cabalista Rabí Shmuel Darzi, zt'l, recomendaba a sus discípulos que al despertar es importante esperar algunos segundos sentado en la cama antes de levantarse para darle tiempo al alma a que regrese a su cuerpo y se extienda dentro de él.
1029. *Ibíd.* 1:1.
1030. *Véase* el *Portal del Amor*, capítulo II, sección «Unificación Espiritual».

el Altísimo. La palabra «recordáis» expresa conexión y unificación, como vemos en la expresión *azcaratá* –(הִתְרָכְזָא) del versículo:[1031] y hará que (רִיטְקָה) asciendan en humo sobre el Mizbeaj-Altar para un aroma agradable: su (הִתְרָכְזָא) porción conmemorativa para el Altísimo. Como han explicado los comentaristas, la palabra *azcaratá* alude al *ketoret*-incienso, y la palabra *ketoret* alude al apego, ya que la traducción aramea de la palabra *kesher*-vínculo es *katar* - (רְטַק) [que significa en arameo 'atar, vincular'].

Dice el versículo:[1032] «No guardéis el silencio» (מִכָּל יִמַּד לֹא)). Ya hemos explicado en el capítulo IV que es la *Shejiná* quien siempre emite Su cantar,[1033] como lo sugiere el versículo,[1034] «¡Oh Creador Todopoderoso *(Elo-him)*, (רָל יְמַד לֹא)) no guardes silencio!», y Ella depende de los [Hijos de Israel que inicien el proceso con su propia canción de Torá en el mundo] terrenal. A consecuencia [como la canción celestial depende de la terrestre, el profeta ruega a todo el que se levanta para la oración de medianoche] en forma imperativa, «no guardéis el silencio», para que Ella tampoco guarde el silencio.

La llamada de Isaías está explicada en el Zohar anterior, «los que eternamente ansían recordarle al Altísimo *Su amor*, no dan descanso a su corazón». En otras palabras, los que ellos mismos ya se consumen de anhelo por el Altísimo, «que recordáis a *Hashem*», que ya están acostumbrados a recordarle, no necesitan la intimación: «¡No *Le dejéis* guardar el silencio!». La intensidad de su propio anhelo les permitirá comprender por sí solos que no deben «dejarle guardar el silencio».

Por consiguiente, anota el Zohar que éstos «no dan descanso a su corazón». Así como[1035] «una *mitzvá* atrae a otra *mitzvá*», en mayor grado, su deseo de recordarle al Altísimo causa que estén siempre alertas y no les permite nunca guardar el silencio ni dar descanso a su corazón. Esto nos ayuda a comprender el versículo,[1036]

1031. Levítico 6:8.

1032. Isaías 62:7.

1033. *Véase* el *Portal del Amor*, capítulo IV, sección «Un pacto con la *Shejiná*».

1034. Salmos 83:2. Los sabios de la *yeshiva* Bet El de cabalistas en Jerusalén, que fueron discípulos de Rabí Iehudá Guetz, recitan este salmo así como el salmo n.º 2 todos los días de la semana al terminar *shajrit*-la oración matinal.

1035. *Avot* 4:2.

1036. Isaías 62:6.

> He emplazado centinelas sobre tus muros, oh Jerusalén. Nunca se descuidarán, ni de día ni de noche. Nunca guardarán el silencio.

Estos centinelas están designados en el cielo, y les mandan que nunca guarden el silencio. En cambio, «los que recordáis a *Hashem*» están tan próximos al Altísimo, que no necesitan intimación: por su propia voluntad, nunca guardan el silencio. Ayudan a rectificar a la *Shejiná*: no cabe duda de que quien obra de esta forma es Su amado.

Otra rectificación que menciona este Zohar es que «cuando llega la mañana, se van a la sinagoga temprano». La acción subrayada, «ir temprano» es también un acto de amor, porque tal es el grado de su amor y deseo de unirse a la *Shejiná* que se apresuran a ir a la sinagoga. Como enseña el Talmud,[1037] «al ir a la sinagoga, es *mitzvá* ir corriendo», porque dice el versículo,[1038] «conozcamos, esforcémonos a conocer al Altísimo».

También puede decirse que van temprano para estar entre los primeros diez hombres, como lo enseñan nuestros sabios.[1039] Analizaremos más adelante la interpretación esotérica de esta enseñanza.[1040] Continúa el Talmud,[1041] «R. Iehoshua ben Leví les decía a sus hijos: venid temprano a la sinagoga e idos tarde y así tendréis vida larga». Esta afirmación es particularmente cierta en lo que concierne al primer hombre que llega a la sinagoga, acerca del cual anota Rashbí:[1042]

> El que llega temprano se une a la *Shejiná* y alcanza el grado de *tzadik*. Así, pues, llega a ser el amado del Rey.

[...] Hay tres cosas más que has de hacer todos los días para atraer a la *Shejiná* a que more en ti. La primera es ponerte *tefilín*-filacterias; la

---

1037. Tratado *Berajot* 6b.
1038. Oseas 6:3.
1039. *Berajot, op. cit.*
1040. Zohar *Naso* 126a.
1041. Tratado *Berajot* 8a.
1042. Zohar *Terumá* 131a.

segunda es estudiar Torá, y la tercera es darle Su «comida, vestidura, y derechos».

Tefilín

Explican los *Tikunim* que el hombre que se pone *tefilín* es hijo de *Hashem* y que al ponérselos está respetando la señal del pacto, así como la señal de los *tefilín*.[1043] A estos hombres se refiere el versículo,[1044] «no tomarás a la madre», que significa que la *Shejiná* está siempre con ellos.

> Hay que cumplir la señal del pacto —es decir, la circuncisión— con los límites indicados, [es decir, cuando el varón recién nacido tiene ocho días. Ésta es una alusión a la unificación de las letras *Yud* del Nombre Especial y el Nombre Ado-nay, que juntos, tienen ocho letras].[1045] Cumplir la señal de Shabat [supone no andar más allá] de los límites indicados también [doscientos «*amá*» en cada una de las cuatro direcciones, que suman ocho mil y también alude a las ocho letras de la mencionada unificación. Los que cumplen la señal del pacto y de Shabat] unen las dos letras *yud* al principio y al final de los dos Nombres Divinos cuando las letras de ambos están entremezcladas —el Nombre Especial con el Nombre *Ado-nay*. Los sabios de la Mishná enseñan que el hombre no debe nunca llevar menos de dos de las tres señales— es decir, circuncisión, *tefilín* y Shabat. A esos hombres se refiere el versículo, «no tomarás a la madre».

1043. 2a.

1044. Deuteronomio 22:6.

1045. Como he indicado en la «Introducción», la *heh* final del Santo Tetragrama alude a *Maljut* y es, por consiguiente, importante utilizar un libro de *tefila* que represente gráficamente el Nombre *Ado-nai* dentro de la *heh* final del Nombre Especial, y a continuación las letras de ambos Nombres entrelazadas la una con la otra como un reflejo de la unificación celestial. El valor numérico de estos dos Nombres —las cuatro letras del Tetragrama entrelazadas con las cuatro letras de *Ado-nai*— es 91, así como el de la palabra *Amén*. Por lo tanto, recomienda Rabí Shimón que cada vez que respondamos «Amén» visualicemos las letras de estos dos Nombres entrelazadas, ya que esta visualización refleja y apoya la unificación celestial.

En cambio, hay hombres que no llevan dos señales a diario, es decir, la señal de los *tefilín* y la señal de la circuncisión durante los días de la semana, y el Shabat lleva la señal de Shabat y la de la circuncisión. A esos hombres se refiere el versículo, «echarás a la madre».

Se plantea la pregunta ¿por qué tienen los hombres que llevar la marca de dos señales todos los días? La respuesta es que la *Shejiná* –representada por la *Yud* del Nombre *Ado-nay*– nunca está sola, sin el Altísimo –representado por la *Yud* del Nombre Especial–. Asimismo, el hombre debe guardarse cada día de su vida de no estar nunca sin dos de las tres señales. El versículo,[1046] «el murmurador aleja al soberano», alude a quien no [presta atención a esta intimación], porque causa que el Soberano del mundo se aleje de la *Shejiná*. [Y explica qué significan las dos señales. La señal de Shabat representa] el Aspecto Femenino Inferior,[1047] [*Maljut*] acerca de la cual está escrito,[1048] «debéis observar Mis días de Shabat, pues es [*hi*-ella] una señal entre Yo y vosotros por vuestras generaciones. [La segunda señal es la circuncisión, que representa] el Aspecto Masculino Inferior [*Tiferet*], acerca del cual está escrito: «es un pacto perpetuo de sal»[1049]. [Por tanto, en los días semanales se ha de tener dos señales, que son] los tefilín que representan el Aspecto Femenino, así como la señal de la circuncisión, que representa el aspecto Masculino.[1050] La explicación esotérica de lo que precede se encuentra en el versículo,[1051] «¿*Mi*-Quién puede subir por nosotros *hashamaimah*-al cielo…?» ya que la primera letra es la *Mem*, [letra inicial de la palabra *milá*-circuncisión,] y la última es la *He*, [letra final del Nombre Especial], que aluden a los *tefilín*, [o sea *Maljut* o el Aspecto Femenino Inferior, representado también

---

1046. Proverbios 16:28.

1047. La última *He* del Tetragrama representa a *Maljut,* mientras que la *Vav* que le precede representa a *Tiferet*.

1048. Éxodo 31:13.

1049. Explica Rashí que el pacto del Todopoderoso con los *cohanim*-sacerdotes es perpetuo, como si fuese sellado con sal, ya que la sal es indestructible.

1050. Observar la señal del pacto de circuncisión alude a todos los preceptos y las enseñanzas rabínicas acerca del comportamiento sexual. *Véase* al respecto mi libro, *La Luz de Efraim: una visión cabalística sobre el deseo sexual*. Ediciones Obelisco, 2008, Barcelona.

1051. Deuteronomio 30:12.

por la última letra *heh* del Nombre Especial], como está escrito,[1052] «Y será una señal sobre tu brazo». [La palabra hebrea *yadeja* que significa 'tu brazo' alude a las palabras '*yad kejá*-brazo débil', es decir, el brazo izquierdo en el que se anudan los *tefilín*].

Las palabras del Zohar prueban, pues, lo que hemos expuesto.

El estudio de la Torá

Acerca del estudio de la Torá explica el Zohar:[1053]

> R. Iehudá y R. Iose estaban caminando cuando le dijo R. Yehuda a R. Iose: abre la boca y habla de la Torá, porque la *Shejiná* está contigo. Siempre que los hombres discuten temas de Torá, viene la *Shejiná* y se une a ellos. Esto sucede en particular por el camino, donde la *Shejiná* precede a los justos que merecen tener fe en el Altísimo.

El Zohar también enseña que los sabios de la Torá se separan de sus mujeres durante los seis días de la semana para que pueda la *Shejiná* estar con ellos.[1054] No obstante, para que la *Shejiná* esté contigo, tu estudio de la Torá debe continuar asiduamente, a intervalos fijos, y no sólo de vez en cuando. Anota el Zohar:[1055]

> Hay sabios de los cuales dice el versículo,[1056] «Si en tus caminos hallares el nido de un pájaro», porque se encuentran con la *Shejiná* [representada por el pájaro] ocasionalmente, como quien está invitado a ir a un acontecimiento especial en una posada. En cambio hay otros sabios cuyo constante estudio de la Torá forma una morada terrestre permanente dentro de ellos para la *Shejiná*. [...]

1052. Éxodo 13:16.
1053. *Vayera* 115b.
1054. *Bereshit* 50a.
1055. Zohar *Pinjas, Ra'ya Mehemna* 238b.
1056. Deuteronomio 22:6.

Hay sabios de la Mishná cuyo conocimiento de la Torá es su ocupación: la *Shejiná* nunca deja su lado. En cambio hay otros sabios de la Mishná a los cuales alude el versículo «Si te encuentras con un nido de pájaro en el camino»; la *Shejiná* sólo mora con ellos ocasionalmente. A veces está con ellos y a veces no. El misterio de esta enseñanza es que de las veces que la *Shejiná* está con ellos, dice el versículo, «no tomarás a la madre». Sin embargo, de las veces que no está Ella con ellos dice el versículo, «echarás a la madre», [porque no hacen el esfuerzo requerido de ellos para merecer Su compañía].

Los «pichones» son los expertos en los estudios de Mishná, y los «huevos» se refieren a los sabios que se concentran en los estudios bíblicos. De los que no estudian Torá todos los días a horas fijas dice el versículo, «echarás a la madre»; sin embargo, de los que estudian asiduamente está escrito, «no tomarás a la madre».

Añaden los *Tikunim*:[1057]

Si es así, ¿por qué dice el versículo, «Si te encuentras con un nido de pájaro en el camino», ya que esto implica que el pájaro —es decir, la *Shejiná*— sólo viene de manera ocasional? La respuesta es que las personas que no hacen dentro de sí un espacio permanente para la morada de la *Shejiná* sólo reciben Sus visitas ocasionalmente. En cambio, cuando una persona tiene[1058] «un lugar fijo para la oración», o sea, una morada permanente para la *Shejiná*, se vuelve Ella para él lo que el alma-*neshamá* es para el cuerpo. El alma-*neshamá* —que está siempre sumida en asuntos de Torá o en oraciones— constituye una morada terrestre permanente para la *Shejiná*.

Sin embargo, cuando la persona no dice tefilá ni estudia Torá asiduamente sino sólo ocasionalmente, de igual modo, la *Shejiná* sólo mora con él ocasionalmente. Éste es el misterio del versículo, «Si te encuentras con un nido de pájaro en el camino»: está claro que el alma-*neshamá* es el nido para la *Shejiná*, mientras que el cuerpo es el nido para la *neshamá*. Así,

---

1057. 21a.
1058. Tratado *Berajot* 6b.

pues, hay almas que son como compañeras para la *Shejiná*, y a éstas alude el versículo,[1059] «vírgenes que la acompañarán serán traídas a ti». Debido a sus visitas ocasionales a la sinagoga o a la sala de estudios, sólo reciben visitas ocasionales de la *Shejiná*, y a ellos se refiere el versículo, «si en tus caminos hallares el nido de un pájaro».

Alimento, vestidura y derechos

Enseñan los *Tikunim*:[1060]

[Hay muchos que piden para que el Altísimo les proporcione comida, ropa y relaciones conyugales –de Shabat a Shabat– como dice el versículo,[1061] «no disminuirá su comida, su vestidura y sus derechos conyugales». Pero nadie pide [que el Altísimo proporcione el alimento a la *Shejiná*],[1062] «no abandones las enseñanzas de tu madre».

«Su vestidura»: ésta es la prenda con *tzitzit* que rodea a los hombres, y los *tefilín* del brazo. Dice el versículo de éstos,[1063] «plegaria del afligido, cuando está rodeado [de aflicción]». «Sus derechos» se refieren al *Shema* que hay que leer a la hora indicada, [y advierte el versículo,][1064] «Si no cumple con estas tres cosas para ella, ella se irá libre de cargo, sin pago».

Misterio de las tres encarnaciones

Preguntó R. Shimón [a Rab Hamnuna Saba]: abuelo, abuelo, explique la conexión entre estos tres elementos [Su «alimento, vestidura y derechos»] y [las tres encarnaciones], porque es difícil de comprender. Explicó entonces [el anciano sabio]:

1059. Salmos 45:15.
1060. 22a.
1061. Éxodo 21:10.
1062. Proverbios 1:8.
1063. Salmos 102:1.
1064. Éxodo 21:11.

«**Su alimento**» es Su fuente de sustento del lado derecho [el de *Jojmá*-sabiduría y *Jesed*-bondad]. Como dice el versículo,[1065] «Tú abres Tu mano, y satisfaces a toda cosa viviente», ya que la «mano de *Hashem*» alude al lado derecho. [Esto sugiere que la primera encarnación ha de rectificar el alma-*nefesh*, que corresponde a la *sefirá Maljut*-reino por medio de *Jojmá*, que está al lado derecho de la *komá rujanit*-estructura divina a la que nos referimos en la Introducción. Es de *Jojmá* que proviene todo sustento. La energía Divina que se requiere para rectificar el alma-*nefesh* se llama sustento y alimento].

«**Su vestidura**» proviene del lado izquierdo [el de *Guevurá*-reserva; en este nivel sucede la segunda encarnación, la del *ruaj*-espíritu: ahora la persona ha de ocultarse de las *klipot*-malas cortezas espirituales, para impedirles que se peguen a él debido a sus trasgresiones pasadas. Por consiguiente, esta encarnación se vincula con el término «vestidura»].

[El objetivo de las vestiduras es ocultar la carne y la desnudez. El temor de la vinculación de las *klipot*-cortezas sólo se aplica al lado izquierdo, porque todas las tachas provenientes de la violación del pacto se centran en el lado izquierdo. En la segunda encarnación, que sucede en *Guevurá*-reserva, el *ruaj*-espíritu necesita vestiduras para protegerse de las *klipot*-cortezas prevalentes. Lo mismo sucede si no hay trasgresión que tache el *ruaj*, aun así, se necesitan vestiduras. *Incluso Moshé, que proviene de Guevurá*,[1066] «ocultó su rostro, pues tuvo miedo de contemplar al Creador Todopoderoso *(Elo-him)*».

[Es en este nivel de la *sefirá Guevurá* donde hay riesgo de que se peguen las *klipot*-cortezas. *Moshé*, por lo tanto, se cubrió el rostro por miedo de que se le pegaran. Así, pues, para quien está en la tercera encarnación, que queda en *Guevurá*, es preferible ocultar su *ruaj*-espíritu con una vestidura].

Esta prenda se obtiene por medio de la luz de las *mitzvot* de *tzitzit* y *tefilín*, [porque el hombre que se pone *tefilín* y *tzitzit* atrae a sí mismo una iluminación que como una vestidura le protege de las malas cortezas]. Como dice el versículo,[1067] «Porque ésa es su única vestimenta; es su ropa para su piel».

1065. Salmos 145:16.
1066. Éxodo 3:6.
1067. *Ibíd.* 22:26.

Explican que la palabra «carne» alude al cuero de los *tefilín*. En cambio, «vestidura» alude al *tzitzit*, como dice el versículo,[1068] «te harás hebras trenzadas en las cuatro esquinas de tu vestimenta con que te cubres». [Mediante el cumplimiento de estos dos preceptos, se protege el *ruaj*-espíritu de las fuerzas de contaminación espiritual].

«Sus derechos» [se refiere a la rectificación de la *neshamá* por medio de la tercera encarnación, que proviene de *Tiferet*]. *Tiferet* representa a Israel; en este espacio sucede el *yijud*-unificación de,[1069] «Escucha, oh Israel», [de *Tiferet* y *Maljut*, como consecuencia de los *tefilín* y del *tzitzit* que llevan los hombres, y luego aceptan el yugo del reino celestial].

He aquí el *yijud*-unificación [de la *neshamá*: es decir, como el *nefesh* y el *ruaj* se han rectificado por medio de la primera y la segunda encarnaciones, a continuación, en la tercera encarnación, el hombre logra la unificación junto con su *neshamá*, en el misterio de «Sus derechos».

Esta expresión alude al misterio del deleite del Altísimo en el Edén superior con las almas de los rectos. Encontramos una alusión a este misterio en el versículo,][1070] «Si no cumple con estas tres cosas para ella»: [es decir, si no rectificas los tres aspectos de tu alma –*nefesh*, *ruaj* y *neshamá*– por medio de las tres encarnaciones, entonces] «ella se irá libre de cargo, sin pago». [La palabra hebrea que expresa 'pago', *kesef*, que literalmente quiere decir 'dinero', también indica *kisuf*, que significa anhelo; es decir, no sentirás el anhelo de unión y la recompensa del mundo venidero, donde el Altísimo se deleita con los justos].[1071]

Incidentalmente, hemos aprendido que el propósito de la vestidura-*tzitzit* y de los *tefilín* es ocultar a la *Shejiná* de los poderes de justicia estric-

---

1068. Deuteronomio 22:12.

1069. *Ibíd.* 6:4.

1070. Éxodo 21:11.

1071. R. de Vidas no cita el final de este Zohar: Dice el versículo (Job 33:29), «Mira, todas esas cosas hace el Creador Todopoderoso dos veces; sí, tres veces, con un hombre»; *es decir, todo el que no completa las rectificaciones que necesita para su nefesh, ruaj y neshamá no tiene el permiso de regresar a la tierra en otra encarnación para impedir que siga dañándose a sí mismo y a otros.*

ta. Hemos explicado que todo hombre tiene la obligación de rectificar a diario el «alimento, las vestiduras y los derechos» de la *Shejiná*. Al hacer esto se rectificará también su propia alma-*neshamá*, porque la *neshamá* forma parte de *Hashem*, como dice el versículo,[1072] «Pues la porción de el Altísimo es Su pueblo», como lo hemos explicado varias veces. Cuando se rectifica la *Shejiná* por tu intervención, no cabe duda de que vendrá a morar contigo, como dice el versículo,[1073] «Amo a quienes Me aman». Rashbí también discute este tema[1074] a propósito del versículo,[1075] «de cada hombre cuyo corazón lo impulse a dar», como hemos mencionado en el capítulo IV.[1076]

Los cuatro puntos que hemos destacado –es decir, ponerse *tefilín*, estudiar Torá, ponerse *tzitzit* y tener tiempos fijos para el estudio– requieren unificaciones especiales que han de hacerse a diario. Hay otros factores que, con la ayuda del Todopoderoso, explicaremos en el momento apropiado.

Rectifica tus días

Al hombre que rectifica sus días unificando constantemente a la *Shejiná* le dicen,[1077] «Disfruta la vida con la mujer que amas todos los días de la vida». Hemos explicado esto en el capítulo precedente. El Zohar[1078] se refiere a este versículo, y añade,[1079] «Haz todo lo que puedas hacer con tu fuerza»:

> La expresión «con tu fuerza» alude a [*Maljut*, llamada] la Mujer. Ella es «tu fuerza» para fortalecerte en este mundo y en el mundo venidero [porque te infunde energía para cumplir pre-

---

1072. Deuteronomio 32:9.
1073. Proverbios 8:17.
1074. Zohar *Terumá* 128a.
1075. Éxodo 25:2.
1076. *Véase* la sección «Influencia de la mala tendencia».
1077. Eclesiastés 9:9.
1078. De la sección «Los frutos celestiales« al final del capítulo.
1079. *Miketz* 176b.

ceptos en este mundo para que merezcas el mundo venidero]. Has de esforzarte por tener mérito [con la ayuda de *Maljut,*] porque Ella es «tu fuerza» [es decir, tu ayudante] mientras estás en este mundo, y te fortalecerá en el mundo venidero. ¿Por qué [tienes que fortalecerte en este mundo cumpliendo los preceptos de la Torá]?

La respuesta es que después de que el hombre deja este mundo, ya no tiene la fuerza de hacer nada. [Por lo tanto, no podrás decir], «desde ahora, me esforzaré por obrar bien», porque indudablemente,[1080] «no hay obra, ni empresa, ni conocimiento, ni sabiduría en la tumba a la que te diriges». Es decir, si una persona no adquiere méritos mientras esté en este mundo, no lo hará tampoco en el mundo venidero. Por lo tanto, nos han enseñado nuestros sabios que quien no haya preparado masa para el camino mientras estaba en este mundo [o sea, quien no haya cumplido los preceptos] no tendrá nada que «comer» en el mundo venidero.[1081] Y hay buenas obras que el hombre puede hacer en este mundo cuyo fruto puede comerse en el otro, pero el capital permanece intacto para beneficiarle en el mundo venidero.

¡Ven y mira! Iosef adquirió méritos [y pudo comerse el fruto de su trabajo mientras estaba] en este mundo, y también mereció [es decir, disfrutó del capital] en el mundo venidero, porque se esforzó por vincularse a [la *Shejiná,* llamada,][1082] «la mujer que teme al Altísimo». Hay una alusión [a la recompensa futura] en el versículo,[1083] «he trasgredido contra [la *Shejiná,* llamada *Elo-him*]». Debido a esto, mereció ser gobernante en este mundo y también ayudó a Israel a que adquirieran méritos.

Este Zohar explica el inmenso beneficio que derivas al vincularte a la *Shejiná* —en este mundo y en el otro— por medio de tus obras, por las diferentes unificaciones que hemos explicado y por otras que analizaremos, con la ayuda del Todopoderoso.

1080. Eclesiastés 9:10.
1081. Tratado *Ketubot* 67b.
1082. Proverbios 31:30.
1083. Génesis 39:9.

En el nombre del Altísimo

Antes de hacer la unificación que hemos mencionado, debes decir, pronunciando *claramente* las palabras, «Hago lo que estoy por hacer, o cumplo esta *mitzvá,* con el propósito de unificar a la *Shejiná* con el Altísimo». Ten en mente la unificación de las letras de ambos Nombres [el Nombre Especial así como el Nombre *Ado-nay*] entremezcladas [así como puede verse en la mayoría de los libros de oración sefarditas] e intenta que esto eleve a la *Shejiná* y ponga fin a Su exilio. Por ejemplo, si vas de camino a la sinagoga para la oración de la mañana, debes decir, «Voy a unificar a la *Shejiná* con el Altísimo por medio del brazo derecho» —es decir, la *sefirá Jesed*-bondad–. En este momento, debes tener en mente *la unificación del Nombre Divino,* como acabamos de explicar. Lo mismo se aplica a todos los otros preceptos, como lo explica el Zohar:[1084]

> Dijo R. Elazar: todo lo que hagas debe ser en el santo Nombre del Altísimo. ¿Qué significa «en el santo Nombre»? Debes pronunciar el santo Nombre para todo lo que hagas en conexión con Su servicio, y entonces el Otro Sitio no morará en ti; pues [las fuerzas de contaminación espirituales] están siempre [al acecho], próximas al hombre, y podrían pegarse a lo que estás haciendo.

El Zohar especifica, «todo lo que hagas», o sea, todo lo que hagas en este mundo en conexión con tu servicio Divino, porque las *mitzvot* que cumples forman parte de tu servicio Divino. Es posible que en el momento en que emprendas una *mitzvá* tengas algún motivo ulterior en mente, y el Conocedor de todos los corazones tiene conciencia de todo. Por consiguiente, si al comenzar declaras verbalmente que haces lo que vas a hacer en el Nombre de *Hashem* y tienes la intención de unificar el Nombre como acabamos de explicar, toda fuerza de contaminación se apartará de inmediato de la *mitzvá* en cuestión.

Observa que este Zohar subraya «**todo** lo que hagas…». ¿Por qué hace hincapié en «todo»? Está claro que el Zohar te está recordando vincular verbalmente todo lo que hagas con el lado de santidad; porque las

---

1084. *Tazria'* 51b.

malas cortezas espirituales quieren pegarse a la esencia espiritual de las *mitzvot*, ya que las ocupaciones materiales no tienen esencia real. Por lo tanto, incluso si vas a emprender una actividad mundana, declara verbalmente que lo haces en el Nombre de *Hashem* para que las malas cortezas no moren en ninguna de estas actividades.

¡Declara tu intencion!

Era la costumbre de nuestros sabios, de bendita memoria, declarar verbalmente su intención antes de emprender el cumplimiento de un precepto, como lo hacía R. Aba referente a las tres comidas de Shabat. El Zohar narra:[1085]

> Cuando R. Aba se sentaba a una comida de Shabat, disfrutaba de cada una de ellas. [Para una comida], decía: ésta es la santa comida de *'Atika Kadisha*-el santo Anciano. Para otra comida decía: ésta es la comida del Santo, Bendito Él. Así, pues, obraba para cada una de las comidas. [1086]

Él mismo dijo en el Zohar:[1087]

> ¡Ven y mira! Dice el versículo,[1088] «Todas las mujeres inspiradas con sabiduría por sus corazones». En el momento en que emprendían su trabajo, especificaban, «Esto es para el Santuario»; esto es para el Tabernáculo; esto es para la cortina del Arca. Lo mismo hacían todos los artesanos [que participaron en la construcción del Santuario], para que el Espíritu de Santidad morase en su obra, y quedase santificado. Como resultado, cada elemento se elevaba a su lugar con santidad.

1085. *Yitro* 88a.

1086. *Véase* el artículo «Lecturas de Zohar para la mesa de Shabat», en la página web: http://www.healingwithinwithout.com/

1087. *Tazria'* 50a.

1088. Éxodo 35:26.

El Zohar continúa diciendo que incluso las actividades terrestres han de *ser vinculadas con el Nombre Divino, como dijimos anteriormente.*

> Así, pues, si construyes una casa, tienes que especificar al comenzar que lo haces con la intención de servir al Altísimo, porque dice el versículo,[1089] «¡Ay del que construye su casa con la deshonra!». Al hacer esto, obtendrás la ayuda del cielo. El Altísimo dirigirá a ti sus Fuerzas de santidad y te infundirá paz. Como dice el versículo,[1090] «y sabrás que hay paz en tu morada, y al visitar tu hogar, no echarás nada de menos». ¿Qué significa «al visitar tu hogar»? Como hemos enseñado, significa que has de declarar que emprendes la construcción [por el amor de *Hashem*], y entonces «no echarás nada de menos».

El Zohar que precede nos enseña el comportamiento correcto en todas nuestras actividades de este mundo. R. Hamenuna ofrece una lección similar acerca de la construcción de la *succá*-cabaña, como aprendemos del Zohar,[1091] y podemos aplicar esto a todos los demás preceptos.

Es mi parecer que el versículo citado anteriormente, «¡Los que recordáis a *Hashem*, no guardéis el silencio!», contiene un mensaje similar, o sea que hemos de mencionar verbalmente la unificación del Altísimo y de la *Shejiná* como hemos explicado. Cuando lo hacemos, cumplimos el servicio Divino de obra, habla y pensamiento, que corresponde a tres Nombres Divinos –*E-kyeh, el Nombre Especial, A-do-nay*– como explicaremos en el capítulo IV del *Portal de la Santidad*. Quien se esfuerza por llevar a cabo las rectificaciones mencionadas durante sus días cumple el versículo que quiere muchos días en que[1092] «ve el bien».

Vestidura de días

El Zohar nos ayuda a comprender esto.[1093] Todo cuanto el hombre rectifica en sus días formará parte de sus vestiduras para *neshamá*. Mediante esta

---

1089. Jeremías 22:13.
1090. Job 5:24.
1091. *Emor* 103b.
1092. Salmos 34:13.
1093. *Vayji* 224a.

«Vestidura de Días» merecerá contemplar y también disfrutar la dicha oculta para los rectos:

> Hemos aprendido: dignos de alabanza son los rectos cuyos días [están llenos de méritos y del cumplimiento de preceptos,] y permanecen así hasta el mundo venidero. Cuando dejan este mundo, [todos los elementos del servicio Divino que emprendieron durante sus días en la tierra] se aúnan y forman una inapreciable vestidura que podrán ponerse. Vestidos de esta prenda pueden percibir el deleite del mundo venidero. Esta vestidura también les permite existir y mantenerse [en la resurrección de los muertos]. Todos los que tienen esta vestidura podrán mantenerse. Como dice el versículo,[1094] «se mantendrán como una vestidura», [es decir, como merecieron una vestidura por recompensa a su cumplimiento de preceptos, podrán mantenerse en la resurrección de los muertos].
>
> ¡Ay de los descarriados de este mundo, cuyos días están disminuidos debido a sus trasgresiones! Carecen de [vestidura espiritual] para cubrir [sus almas] cuando dejan este mundo. Hemos aprendido: todos los justos que merecen que les envuelva la vestidura inapreciable, producto de su existencia en la vida, serán adornados en el mundo venidero por la corona de los patriarcas [es decir, recibirán una energía Divina similar a la de los patriarcas. Esta energía Divina] emana del río y se dirige a Edén, como dice el versículo,[1095] «Y te guiará el Altísimo, y satisfará tu alma en tiempos de sequía».
>
> En cambio, el trasgresor que no mereció que le cubriese la vestidura durante sus días en la tierra,[1096] «será como un tamarindo en el desierto, que no ve cuando viene el bien». [Es decir, permanecerá en un lugar seco, y no le mantendrá la energía Divina que proviene del río en la resurrección de los muertos].

1094. Job 38:14; traducción de R. Shahar *The Book of Iyyov: A Celestial Challenge* (Jerusalén 5756).

1095. Isaías 58:11.

1096. Jeremías 17:6.

Por lo tanto, la Vestidura de Días te permite probar el supremo deleite del mundo venidero y ser coronado por la *shefa*-energía Divina que proviene del río celestial. Esto nos ayuda a comprender la profundidad del versículo «que ama los días en que ve el bien»: como los días constituyen vestiduras con las cuales cubrimos nuestras almas, debemos amar los días. Así como una persona puede amar la prenda que lleva puesta, ya que si no la tuviera, estaría desnuda, así también debe ser en lo que concierne a la rectificación de su alma. Debe pues amar «los días» que son los ropajes encubriendo a su alma y «ver el bien», ya que mediante la Vestidura de Días logrará ver y deleitarse con el bien del mundo venidero. Como lo explican nuestros Sabios, la vista está vinculada con la percepción espiritual que han de vislumbrar los justos con la luz que [en el tiempo de la Creación fue] fue ocultada para los tzadikim. [La percepción espiritual de los justos a través de la luz oculta] se destaca en el versículo, «Yo no hubiera creído que contemplaría la bondad del Altísimo en la tierra de los vivos».

La palabra clave es «contemplaría» ya que el hombre sólo ve por medio de la luz, y es precisamente a través de esa luz oculta que se llega a la verdadera contemplación. Adán contemplaba esta luz desde una extremidad del mundo a la otra, como lo explicaron los sabios del Talmud.[1097] El Zohar analizó los beneficios de esta luz.[1098]

Ayunar despues de un sueño penoso

Si meditas en lo que hemos escrito, te darás cuenta de que tienes que rectificarte con tu estudio de Torá y tu cumplimiento de los preceptos cada día de tu vida. Como dice el versículo,[1099] «Devuélveselo en el ocaso, para que pueda dormir con su vestidura». El significado de este versículo es que cada día recibe su recompensa particular y, si lo rectificas con tu estudio de Torá y tu cumplimiento de las *mitzvot*, «podrás dormir con tu vestidura». Cada día tiene su propio ángel que le está designado, como indica el Zohar para explicar la razón por la cual hay

---

1097. Tratado *Jagigá* 12a.
1098. Zohar *Bereshit* 31b.
1099. Deuteronomio 24:15.

que ayunar el mismo día en que se tiene un sueño penoso, incluso si eso sucede el Shabat.[1100]

Por lo tanto, nos aconseja la Mishná,[1101] «arrepiéntete un día antes de morir», para que pases todos tus días arrepentido, como explicamos en el *Portal del Temor*.[1102] Si dijésemos, «me arrepentiré mañana», enseña el Talmud:[1103]

> Somos como jornaleros: tomamos prestado durante el día y pagamos por la noche. El mensaje es que el hombre debe siempre esforzarse por tener sesiones constantes de estudio de Torá durante el día, con la intención de cubrir un número determinado de capítulos o páginas de lo que está estudiando. Si está preocupado, coge prestado unas horas de estudio de las que intentaba para ese día y paga el mismo número de horas durante la noche.

El piadoso autor de *Deberes del corazón* desarrolló este tema en su *Portal de la responsabilidad del alma*.[1104] En su discusión del mismo versículo, *es decir*, «Devuélveselo en el ocaso, para que pueda dormir con su vestidura», el Zohar lo vinculó a las plegarias elevadas por el ángel Me-ta-tron.[1105] Dichosa es la persona que rectifica sus días como lo hemos indicado, porque es seguro que ha de contemplar la luz oculta.

Con esto hemos completado este capítulo.

1100. *Emor* 105b. No obstante, el Zohar *Vayakhel* 207a señala que es muy grave ayunar el Shabat ya que al ayunar se impide que baje la energía Divina desde el mundo celestial hasta el terrestre. Más aún, enseña el Zohar que quien no participa en una de las tres *seudot*-comidas requeridas en Shabat está causando un daño en el mundo celestial. El Zohar aconseja a quien tiene un sueño difícil en Shabat ofrecer un ayuno en un día de la semana. *Véase* mi artículo «cómo ofrecer un ayuno» en mi página web.

1101. *Avot* 2:10.

1102. Capítulo X.

1103. Tratado *Eruvin* 65a; perífrasis de la *Guemará*. Explicado según la nota de R. Waldman.

1104. 15-16.

1105. *Ki Tetze* 278a. No se debe pronunciar su nombre.

Capítulo X
SIRVE AL TODOPODEROSO CON ALEGRÍA

Como dedicamos el capítulo precedente a las rectificaciones de la *Shejiná* y Sus adornos, hemos decidido explicar en este capítulo que todas esas facetas del servicio Divino, que forman parte del deber del hombre de rectificar a la *Shejiná*, han de hacerse con alegría. Como dice el versículo,[1106] «porque no serviste al Altísimo, tu Creador Todopoderoso, con alegría y con bondad de corazón», y también,[1107] «Servid al Altísimo con alegría».

Explica el Zohar:[1108]

> Dijo R. Iose: la *Shejiná* sólo mora en un espacio perfecto, [es decir, en el alma de la persona que haya adquirido los niveles correspondientes al *nefesh, ruaj* y *neshamá*, y también se haya esforzado en perfeccionar sus rasgos de carácter]. No mora en un espacio que carezca de [algún aspecto del alma], ni en un espacio tachado [por las trasgresiones del hombre], ni en un espacio triste [en una persona que esté deprimida], sino en un espacio que haya sido preparado para este propósito, en un espacio alegre. Durante los años que Iosef estuvo separado de su padre, Iaacov estaba triste, y como resultado la *Shejiná* no moraba en él.
>
> Hemos aprendido: dijo R. Elazar en el nombre de R. Aba: Dice el versículo, «Servid al Altísimo con alegría. Presentaos

---

1106. Deuteronomio 28:47.
1107. Salmos 100:2.
1108. *Vayji* 216b.

ante Su Presencia cantando». De este versículo comprendemos que sólo puede servirse a *Hashem* con alegría, ya que, como dice R. Elazar, la *Shejiná* no mora en un hombre que esté triste. [Vemos un ejemplo de esto en el caso del profeta Elisha, quien, cuando se enojó y entristeció acerca de Yehoram, rey de Israel, dijo],[1109] «pero ahora traedme a un músico. Y ocurrió, cuando tocaba el músico, que La mano del Altísimo vino sobre él».

De la boca de nuestro maestro, Rabí Itzjak Luria Ashkenazi, de bendita memoria, he oído la explicación del versículo, «porque no serviste a al Altísimo, tu Creador Todopoderoso, con alegría y con bondad de corazón, cuando todo era abundante». Subrayó que «cuando todo era abundante» nos dice que *cualquiera que sea nuestra situación personal,* hemos de servir al Todopoderoso con un sentido enérgico de alegría, como si todo fuese abundante. Esto significa que nuestra alegría debe provenir de [nuestro apego] al Altísimo, de Sus preceptos y Su Torá, mejor que de todo el dinero del mundo. Como dice el versículo acerca de la Torá,[1110] «no pueden compararse a Ella todas las cosas que puedas desear». De igual modo, ninguna alegría del mundo puede compararse con la alegría de *cumplir* una *mitzvá*. Ya he explicado esto anteriormente, en el capítulo II de este portal, referente al amor, y he oído que atribuían esta enseñanza a *Rabenu* Yoná, acerca del versículo,[1111] «honra al Altísimo con tu sustancia».

Conocer los deseos del rey

El modo en que puedes adquirir la alegría del corazón es contemplando la bondad del Creador, como hemos explicado. Piensa en cómo nos entregó la Torá y dite a ti mismo: la Causa de todas las causas ha creado todos los seres vivientes para el bienestar del hombre y dirige Su Providencia Divina hacia mí. A pesar de Su grandeza infinita, Él protege a un mosquito diminuto como yo y aunque no soy nada en comparación con Él, me concede los beneficios de este mundo así como los del mundo venidero.

1109. II Reyes 3:15.
1110. Proverbios 3:15.
1111. *Ibíd.* 3:9.

Esto se asemeja a un rey con un número infinito de ministros distinguidos. Una vez vio a un siervo en su país y le llamó, diciendo: «Es mi deseo que me sirvas y que, de los ministros que me rodean, seas uno de los que ven el semblante del rey». Añadió el rey, «si me sirves correctamente, el puesto que te daré será más alto que el de los respetados ministros que están conmigo». ¿No debe este siervo cumplir sus deberes con plena alegría y decirse: como este gran y poderoso rey, a quien no le falta nada, me ha elegido a mí para que sea su siervo, con la intención de favorecerme, no debería trabajar para él con alegría y corazón dispuesto?

El autor de *Sefer Jasidim* escribe acerca del origen del amor, y señala que para servir al Altísimo con alegría, debes imaginarte por un momento que estás sirviendo a un rey de carne y hueso. Si supieras de algo que le agradaría al rey, no descansarías un momento hasta que encontrases un modo de cumplir el deseo del rey, a pesar de que este rey es *un simple ser humano, cuyo final será* el gusano, como tú.[1112] Te alegrarías sobremanera si supieras que este rey se daba cuenta de lo que hiciste y estaba contento de ti. Como el Rey a quien sirves en realidad es un Rey vivo y eterno, ¡cuánto más deberías luchar por servirle y esforzarte por cumplir Sus preceptos!

Demasiado exquisito para soportarlo

También debes pensar: ¿No emprenden sus quehaceres todos los seres celestiales con alegría, contentos de cumplir la voluntad de su Hacedor? Sin embargo, su tarea celestial es el doble que la nuestra, ya que las esferas nunca cesan su acción. Todas las mañanas, cuando sale el sol, sale con alegría, como dice el versículo,[1113] «el sol es como esposo que sale de su tálamo». Nuestros sabios han comparado el sol a un poeta ante el Omnipresente. Como enseña el Zohar:[1114]

> Al viajar el sol en su órbita, comienza a cantar con una voz agradable. Dice,[1115] «Alabad al Altísimo, invocad Su Nombre. [Dad

---

1112. *Sefer Hajasidim, n.º* 14.
1113. Salmos 19:6.
1114. *Vayakhel* 176a.
1115. Salmos 105:1.

a conocer Sus acciones entre los pueblos]», y,[1116] «Cantad al Altísimo un nuevo cántico», [porque el sol observa todas las obras del Altísimo y le dice al hombre que agradezca a su Creador todos los beneficios que le da]. Israel alaba al Creador de día con el sol, como dice el versículo,[1117] «para que Te temen al salir el sol». [Es decir, para que expresen su temor de Ti con canciones y alabanzas en el momento que Te está cantando el sol. Es en este momento que aceptan el yugo del reino celestial], aunque hemos explicado [que es una *mitzvá* de rezar al amanecer].[1118]

Dijo R. Elazar: si el corazón de los hombres no estuviese bloqueado y el ojo de su entendimiento cerrado, no podrían soportar la dulzura del cántico del sistema solar mientras viaja en su órbita.

Más aún, enseña el Midrash,[1119]

Está escrito,[1120] «Desde la salida del sol hasta su puesta, será alabado el Nombre del Altísimo». Derivamos de esto que desde el momento en que sale el sol hasta su puesta, continúa a alabar al Altísimo. Notamos una experiencia similar cuando Iehoshua estaba en Gabaon, y rezó que el sol continuase a brillar. Iehoshua no dijo, «Sol, (*amod*) párate», sino,[1121] «Sol, detente en Gabaon», [usando la palabra hebrea *dom*, que por lo general significa 'guarda el silencio'].[1122] Esto implica que cuando se para el sol de alabar a *Hashem*, se detiene en su órbita. Por consiguiente, Iehoshua le dijo, «*dom*-guarda el silencio, [para que puedas detenerte]».

Hay una persona que presenció cómo viajó alguna gente a India para ver la salida del sol. Fueron dos hombres pero volvió sólo uno y estaba mudo. El

---

1116. *Ibíd.* 98:1.

1117. *Ibíd.* 72:5.

1118. Tratado *Berajot* 9b.

1119. *Midrash Tanjumah, Ajarei Mot* 9.

1120. Salmos 113:3.

1121. Josué 10:12.

1122. Por ejemplo, la versión hebrea del versículo que vimos en el capítulo IX, «no guardes el silencio» es *al domi lajem*.

primero se acercó demasiado para oír la melodía del sol y falleció; el otro se volvió mudo. A su regreso, este último comunicó la historia por escrito.

De igual modo, el Talmud menciona a Senajeriv, [rey del ejército asirio, quien amenazaba a Israel en el tiempo del rey Jizkiyahu.[1123] Para ayudar a Israel a vencerlos], *Hashem* hizo que el ejército asirio y su rey oyesen el cántico de la esfera solar [y murieron, pues no pudieron soportar el éxtasis que sintieron al oír el sonido de esta música].

La gloria del Altísimo es su alabanza

Así como el sol canta *la alabanza del Altísimo,* así también lo hacen los seres celestiales: los que Él emanó *en el mundo de Atzilut,* los que creó *en el mundo de Beriyá,* los que formó *en Yetzirá,* los que hizo *en Asiyá,* todos alaban a la Causa de todas las causas. El Altísimo creó a todos los seres vivientes por Su gloria, como dice el versículo,[1124] «Quien ha sido creado para Mi gloria es llamado en Mi Nombre. Yo le he formado, sí, Yo le he hecho». La gloria del Altísimo es Su alabanza, como lo indica el salmo,[1125] «En Su Templo, todos dicen, "¡gloria!"».

Los sabios del Midrash desarrollaron este tema:[1126]

> Está escrito,[1127] «Los cielos declaran…» lo que dice el versículo,[1128] «El Altísimo ha hecho todas las cosas según Sus propósitos», es decir, por Su gloria. [La expresión] «según Sus propósitos» signi-

---

1123. Tratado *Sanhedrin* 95b.

1124. Isaías 43:7.
Una traducción más literal de este versículo muestra que la palabra «gloria» viene antes de «quien ha sido creado»: «Quien es llamado en Mi Nombre y para mi gloria, Yo le he creado…». Este orden de palabras se debe a que el versículo contiene alusiones a los mundos celestiales y que la gloria del Altísimo alude al mundo más elevado de *Atzilut.* Los otros tres mundos están indicados como sigue: *Beriyá*: «le he creado-*berativ*»; *Yetzirá*: «le he formado-*yetzartiv*»; y *Asiyá*: «he hecho-*asitiv*».

1125. Salmos 29:9.

1126. *Midrash Tehillim* 19:1.

1127. Salmos 19:1.

1128. Proverbios 16:4.

fica que hemos de alabarle, como dice el versículo,[1129] «Cantad al Altísimo con alabanzas». «[Según Sus propósitos» también puede indicar] como Su testimonio; [es decir, todas las obras de *Hashem* son prueba de Su poder]. La enseñanza de que el Altísimo lo ha creado todo por Su gloria implica que todo, o sea todos los seres vivientes y todos los frutos de Su obra Le alaban.

El rey David se refería a esta alabanza unánime en los versículos,[1130] «Alabad al Altísimo desde los cielos. Alabadle en las alturas. Alábenle todos Sus ángeles. Alábenle todos Sus ejércitos. Alábenle el sol y la luna...». Y anota el Zohar:[1131]

> El versículo «Alabad al Altísimo desde los cielos» [alude al sitio en el más alto mundo celestial de *Atzilut* donde la *shefa*-energía] Divina de las seis *sefirot Jesed*-bondad, *Gevurá*-reserva, *Tiferet*-armonía, *Netzaj*-dominio, *Hod*-empatía y *Yesod*-fundamento comienza a extenderse hacia abajo [con el propósito de iluminar los otros mundos celestiales, así como a la *Shejiná*]. El misterio del versículo,[1132] «inquirid ahora acerca de los días primeros que os precedieron», [se refiere al mundo de *Atzilut* a este nivel y más abajo]. Acerca de «los días primeros que os precedieron» [es decir, los días de la creación] y «desde un confín de los Cielos hasta el otro confín de los Cielos» aún tenemos el derecho de hacer preguntas, pero [sólo podemos esforzarnos por conseguir información a partir de este nivel hacia abajo].
>
> [Por lo tanto, comienza el salmo «Alabad al Altísimo desde los cielos», porque a este nivel podemos comenzar a comprender, y por consiguiente, podemos hacer preguntas]. Sin embargo, más allá de los cielos, [es decir, acerca de las tres primeras *sefirot*: *Keter*-corona, *Jojmá*-sabiduría y *Biná*-entendimiento], no tenemos el derecho de investigar: esto queda oculto [a la percepción humana, e incluso si preguntamos, no recibiremos respuesta].
>
> «Alabadle en las alturas»: «los cielos» y «las alturas» aluden a dos lados, *Jesed*-bondad a la derecha, y *Gevurá*-reserva a la izquierda. Es a partir de aquí que comienzan a extenderse

---

1129. Salmos 147:7.
1130. *Ibíd.* 148:1-3.
1131. *Pikudei* 232a.
1132. Deuteronomio 4:32.

hacia abajo las otras [*sefirot*, es decir, NAHY, que es *Netzaj*-dominio, *Hod*-empatía y *Yesod*-fundamento,] en el misterio de los «grados» para rectificar correctamente, [porque el objetivo principal de NAHY es rectificar el factor determinante en los conductos superiores de la energía Divina].

Misterio de los «grados»

«Alábenle todos Sus ángeles»: los ángeles sugieren las dos hileras [principales, o bien «columnas» que trasfieren la energía Divina, de los lados derecho e izquierdo. El lado derecho con su *Netzaj*-dominio y el lado izquierdo, con su *Hod*-empatía. Estos dos] representan las dos columnas bajo el cuerpo. El objetivo [de estas columnas] es sostener el cuerpo, [que es representado por *Tiferet*-armonía. Las columnas sostienen el establecimiento de fuerzas que guían el mundo terrestre, ya que el Altísimo dirige el mundo con ternura y compasión. Por consiguiente, dirige Su energía por medio de *Netzaj*-dominio y *Hod*-empatía, y ellas canalizan el flujo de energía a las criaturas terrestres según su capacidad de recibirla y contenerla]. ¡Ven y mira! Estas columnas sobre las cuales se mantiene en pie el cuerpo [es decir, *Netzaj* y *Hod*]explican el misterio bajo el concepto de ángel, [como lo dice el versículo, «Alábenle todos Sus ángeles»]. La razón [por la cual *Netzaj* y *Hod* aluden al misterio de los ángeles] *es que* [estas *sefirot* paralelan los muslos humanos, y son] instrumentos corporales que le permiten al cuerpo ir de un lugar a otro. Los espíritus llamados ángeles, cuyo propósito es ser mensajeros de [su Amo] enviados de un lugar a otro, [provienen del misterio bajo *Netzaj* y *Hod*. Los ángeles son creados en el mundo celestial de *Yetzirá*-Formación. Su propósito es ser enviados a cumplir misiones en el mundo terrestre y enfocar la energía Divina, trasmitiéndola de un modo que pueda el hombre recibirla. Como consecuencia, su acción se asemeja a la de dominio y empatía].

«Alábenle todos Sus ejércitos»: todos los santos ejércitos celestiales provienen de este lugar, que representa el misterio bajo la señal del santo pacto [y proporcionan energía a *Maljut*-reino. La señal del pacto] está grabada en los innumerables ejércitos de ángeles restantes que provienen de allí, [ya que todos ellos dan distinción, grandeza y soberanía al Altísimo por medio de

Yesod-fundamento]. Como dice el versículo,[1133] «El Creador Todopoderoso, cuyo Nombre es el Altísimo, Soberano de los ejércitos». El significado de este versículo es que el Altísimo es el factor distintivo de los innumerables ejércitos de ángeles restantes, [porque la palabra hebrea *TSEVAOT*-ejércitos se compone de *TSEVA*-ejército y *OT*-señal distintiva, lo que sugiere que los ejércitos celestiales dan distinción y grandeza al Altísimo].

«Alábenle el sol y la luna»: [el misterio de la unión celestial entre el Altísimo y la *Shejiná*, representados por el sol y la luna, queda en la *sefirá Yesod*-fundamento. *Yesod* también se llama] «sol», [y su propósito es de] iluminar *a Maljut*. [*Yesod* abarca] las estrellas celestiales resplandecientes de luz [que aluden al misterio de las Fuerzas Divinas de *Jesed*-bondad] y las constelaciones, [que aluden al misterio de las Fuerzas de justicia estricta. Así, pues, la continuación del versículo, «Alábenle todas las luminarias» también pertenece al ámbito de *Yesod*,] como hemos enseñado.

[El salmo] luego sube [al más elevado espacio celestial] de donde proviene todo: «Alábenle los cielos de los cielos». Dice el versículo,[1134] «alaben al Omnipresente desde la tierra»; [esto representa a *Maljut*]. El «fuego y granizo» del versículo siguiente corresponden al cielo y a la tierra.

El versículo «Alaben al Altísimo desde los cielos» indica, entonces, el espacio a partir del cual comienza la energía Divina a dirigirse hacia abajo. «Alábenle en las alturas» corresponde a *Jesed*-bondad y a *Guevurá*-reserva. «Alábenle todos Sus ángeles» corresponde a *Netzaj*-dominio y *hod*-empatía.

La razón por la cual se usa la palabra «ángeles» aquí es que los ángeles son mensajeros enviados de un lugar a otro y su fuente celestial es el equivalente Divino del muslo humano. «Alábenle todos Sus ejércitos» corresponde a *Yesod-fundamento*. «Alábenle el sol y la luna» se refiere a *Tiferet*-armonía y *Maljut*-reino. «Alábenle los cielos de los cielos, y las aguas que están sobre los cieloss sugiere las tres primeras *sefirot, es decir, Keter, Jojmá* y *Biná*.

El salmo luego desciende a las fundaciones materiales de la creación: «Alaben al Omnipresente, desde la tierra, los monstruos marinos y todas las profundidades».

1133. Isaías 48:2.
1134. Salmos 148:7.

Comprendemos por qué el salmo no incluye la alabanza de todas las criaturas vivientes, ya que están mencionadas en «Alábenle todos Sus ángeles; alábenle todos Sus ejércitos». Quizás hubiese sido preferible mencionar primero a los ejércitos y luego a los ángeles, pero el salmista tenía que seguir el orden de los Atributos Divinos *expresados por las sefirot*.

Los elementos de la Creación, los celestiales y tanto más los terrestres, todos alaban a la Causa de todas las causas, y «alábenle los cielos de los cielos» alude incluso a *la sefirá Keter*-corona en el espacio más excelso, de donde todo proviene.

Continúa el salmo,[1135] «Alaben el Nombre del Altísimo, porque Él dio la orden, y fueron creados. Concluimos que el «Nombre del Altísimo» —el Nombre Especial— mencionado aquí, expresa la manifestación más esencial de la Creación; este Nombre se vincula a la Causa de todas las causas, Amo y Soberano, como lo he explicado en el capítulo I del *Portal del Temor*. Todos Le alaban por crearlos *ex nihilo*, como lo sugieren las palabras «porque Él dio la orden y fueron creados».

Lo que antecede se aplica asimismo a *Keter*, que también es emanada. Así, pues, la forma imperativa, «Alaben el Nombre» no proviene de *Keter*, sino de más allá, ya que *Keter* es también una emanación Divina. Por lo tanto, en «porque, Él dio la orden y fueron creados», los *taamim (notas musicales de la Torá)* que expresan la puntuación indican el equivalente de una coma después de la palabra «porque», de modo a destacar que *Él es la fuente de toda la creación*.

Según un libro antiguo hay en el cielo, en el mundo del Trono, un ángel que tiene mil bocas, y cien mil lenguas en cada boca. Con cada una de sus lenguas, canta las alabanzas de su Hacedor. Los *Tikunim* explican su esencia excelsa.[1136]

De igual modo, el libro *Berit Menujah* describe a varios ángeles cuyos nombres terminan con sílabas *como ron, que provienen de la misma raíz que la palabra hebrea riná*-cántico. Éstos se encargan de los cánticos y las alabanzas. Se llaman cánticos de *Alamot*.[1137] Es por ellos que los sabios de

---

1135. *Ibíd.* 148:5.

1136. *Tikun* 70: 135a.

1137. *Alamot* era el nombre de un instrumento musical usado en el Templo. *Véase* Salmos 46:1.

la Gran Asamblea incluyeron en el orden de las oraciones,[1138] «Y aunque nuestra boca estuviera llena de canciones como la mar y nuestra lengua con himnos como la muchedumbre de las olas...».

Anhelo de ver el misterio divino

Explican los comentadores que el gran mar canta un cántico de alabanza, como en el versículo,[1139] «para que mi gloria pueda cantarte alabanzas y no quedarse callada», y también,[1140] «Oh *Elo-him*, no guardes más silencio». El mar siempre está estimulado para cantar las alabanzas del *yijud*-unificación celestial, como lo ha explicado mi maestro, de bendita memoria.[1141] Sus olas son espíritus del Trono que también están inspirados a cantar. Lo que antecede nos ayuda a comprender el Zohar:[1142]

> Dice el versículo,[1143] «Cuando se levantan sus olas, Tú las aquietas *(teshabejem)*». [La expresión hebrea «*teshabejem*» proviene de la misma raíz que *shevaj*-alabanza. Es decir, al alzarse, las olas] son dignas de alabanza porque se elevan inspiradas por su anhelo de ver *el yijud*-unificación. Derivamos de esto que quien quiera ver y comprender el misterio Divino, aun cuando no se le permita, se le considera sin embargo digno de alabanza y todos le celebran.

Los espíritus celestiales del Trono van y vienen para ver y percibir la luz Divina un poco más allá de sus poderes de percepción. A pesar de que retroceden y no pueden captar lo que queda más allá de su capacidad, sin embargo, los alaban por ansiar percibir más y unirse en un vínculo apasionado a la luz Divina.

De igual modo, después de la muerte, las almas dan gracias y alaban al Altísimo, como lo explica el Zohar:[1144]

1138. «*Nishmat col jai*» *Tikrav Rinati* p. 505.

1139. Salmos 30:13.

1140. *Ibíd.* 83: 2.

1141. *Shaar Mahut Haanhagá.*

1142. *Noaj* 69b.

1143. Salmos 89: 10; *Metsudah Tehillim.*

1144. *Terumá* 142a.

[Al final de Shabat –en el momento en que el *ruaj* desciende del Edén superior donde ha morado durante el Shabat–] el alma-*nefesh* alumbra y resplandece hasta el Edén inferior *con* [la luz Divina y con la energía que ha recibido del *ruaj*. Fortalecida con esta energía, la *nefesh* entonces] se endereza en su tumba, y se materializa en su forma anterior, en su cuerpo pasado. [Se forma luego una vestidura para la esencia de los huesos,] y todos los huesos del interior de esa forma se levantan [de la tumba], celebran y dan gracias al Altísimo, como lo sugiere el versículo,[1145] «Todos mis huesos dirán: "Oh, Altísimo, ¿quién es como Tú?"». Observa que no está escrito que todos los huesos «dicen», sino «dirán», [en el futuro, o sea, cuando se levanten de la tumba].

[Y si el ojo físico] tuviese el permiso [de ver las formas celestiales, en particular la vestidura de los huesos], durante las noches después de que termina el Shabat, las noches de *Rosh Jodesh* [el mes lunar], y las del tiempo [*Yom Tov* –las fiestas: *Succot*, *Pésaj* o *Shavuot*] vería la apariencia de formas en pie sobre las tumbas, dando gracias y alabando al Altísimo. [Valdría la pena verlo, ya que tiene lugar literalmente en este mundo,] pero la limitación de espíritu del hombre le impide [distinguirlas].

Cántale tu anhelo de Él

Como todos los seres celestiales cantan su apego a Él, del mismo modo, tú también has de cantar y alabar para causar dicha a tu Hacedor, con el propósito de vincularte a Él, porque la canción enciende el anhelo del vínculo apasionado. Cuando recuerdes todos los beneficios y bondades que te otorgó, *sentirás* como describimos *en la oración el Shabat por la mañana*:[1146]

Aunque nuestra boca estuviera llena de canciones como la mar… no acertaríamos, oh Altísimo, nuestro Creador Todopo-

---

1145. Salmos 35:10.
1146. *Nishmat; op.cit.*

deroso, a expresarte nuestra gratitud ni bendecir Tu Nombre, oh Rey nuestro, ni la milésima y ni la diezmilésima parte de los favores, milagros y maravillas que hiciste con nosotros y con nuestros padres en el pasado… Por lo tanto…, el espíritu y el alma que insuflaste en nuestro ser, y la lengua que pusiste en nuestra boca, todos ellos agradecerán, bendecirán, alabarán, glorificarán, y cantarán siempre a Tu Nombre, oh Rey nuestro.

Ésta era la intención del rey David al decir,[1147] «Tu bondad me hará dichoso, porque Tú viste mi aflicción». La dicha que sentía David provenía de su conciencia del amor que el Altísimo le había mostrado. Por lo tanto, David estaba constantemente cantándole a su Hacedor y nos recomendó que le imitásemos y cantásemos las alabanzas del Altísimo, como dice el versículo,[1148] «Regocijaos en el Altísimo, oh justos», y también,[1149] «Cantadle un cántico nuevo».

Observamos que siempre que el pueblo de Israel presenció un milagro hecho para ellos rompieron a cantar. Como dice el versículo,[1150] «Entonces cantó Israel este cántico», y también,[1151] «cantó Deborah».

No puede haber un milagro sin la participación del Atributo Divino de *Jesed*-bondad, como lo enseña el Zohar:[1152]

> Dice el versículo,[1153] «servid al Altísimo con alegría»: la alegría se materializa mediante el *cohen*-sacerdote, porque él siempre está lejos del *din*-juicio, [ya que la raíz de su alma proviene del Atributo *Jesed*-bondad]. Un *cohen*-sacerdote siempre ha de tener el semblante alegre, más que otras personas.

El Zohar cita el versículo «servid al Altísimo con alegría» y anota que quien viola un precepto negativo de la Torá ha de rectificarlo ofreciendo un sacrificio, confesando su trasgresión y sintiéndose arrepentido por

---

1147. Salmos 31:8; *Metsudah Tehillim*.
1148. *Ibíd.* 33: 1.
1149. Salmos 33: 3.
1150. Números 21:17.
1151. Jueces 5:1.
1152. *Vayikra* 8a.
1153. Salmos 100:2.

ello; y si puede derramar lágrimas al expresar su remordimiento, sería mejor para él. Si es así, ¿cómo puede sentir la alegría y el cántico que se le pide? Mientras teníamos el Templo, el proceso dependía del *cohen*-sacerdote y del levita. Debido a su vínculo con *Jesed*-bondad, el *cohen llevaba a cabo la rectificación* con alegría, mientras que el levita era responsable por el cántico. El Zohar pregunta entonces:[1154]

> Ahora [que el Templo está destruido y] no podemos ofrecer sacrificios, el hombre que trasgrede ante su Amo y regresa a Él [arrepentido] evidentemente [tiene que] sentir amargura en el alma, tristeza y el espíritu quebrantado. ¿Cómo puede este hombre estar alegre y lleno de cánticos, como se le pide?
>
> Nos enseñan, sin embargo, que al alabar a su Amo, regocijarse en su estudio de Torá, y estudiar Torá con su cántico, [cumplirá] la alegría y la canción que [requiere para servir al Altísimo. Es decir, el hombre siempre ha de preocuparse por sus trasgresiones, pero durante los momentos en que está alabando al Omnipresente y estudiando Torá, ha de sentir alegría y cantar la melodía de su estudio de Torá con una voz agradable. No obstante, mientras está sumido en su oración, sentirá que se le rompe el corazón por sus errores].

Más aún, el Zohar también enseña que la alegría y el cántico son paralelos a *Yesod-fundamento* y *Maljut-reino*.[1155] Anota el Talmud que[1156] «el hombre siempre debería entrar la distancia de dos puertas en la sinagoga». *Esotéricamente, Maljut y Yesod representan «dos puertas». Esto implica que el yijud-unificación Divino no es completo a menos que la persona «entre la distancia de dos puertas», es decir, a menos que su oración pueda unificar a Maljut y Yesod y absorber alegría en su fuente misma. A causa de esta alegría Israel están destinados a terminar su exilio. Así, pues, la causa principal de tu alegría debe ser que el Todopoderoso te designó como uno de Sus siervos que Le unifican, un privilegio no dado a todos.*

Esencialmente, debes sentirte lleno de alegría en el momento de la oración, en particular si estás en la sinagoga o en la sala de estudios. La

---

1154. *Vayikra* 8b.
1155. *Ibíd.* 8b.
1156. Tratado *Berajot* 8a.

razón que está detrás de esto es que la oración es una necesidad del Altísimo, como podemos verlo por el hecho de que llega a ser una corona para el Rey del mundo. Por lo tanto, dite a ti mismo: ¿Qué hice yo para merecer coronar al Rey del mundo? Si el Rey, por Su gran bondad, me acercó a Él, debo dedicarme a Su servicio con alegría.

Los ángeles y la oración de Israel

A propósito de la oración, R. Shimón bar Iojai enseñó que tres grupos de ángeles se reúnen en la sinagoga en los momentos de la oración.[1157] Un grupo consiste en ángeles *del mundo de Yetzirá* que alaban al Altísimo durante el día; *recitan cánticos de alabanzas desde «Baruj Sheamar» hasta «Yishtabaj» junto con Israel.* Hay otros ángeles que alaban al Altísimo por la noche, y éstos no acompañan a Israel durante el día.

El segundo grupo consiste en ángeles que están presentes cada vez que el pueblo de Israel dice en la tierra, «*Santo, santo, santo es el Altísimo, Soberano de los ejércitos*», en la plegaria llamada kedushá-santificación –*cuando el oficiante repite la Amidá*–. Continúa el Zohar:

> Y bajo la tutela de este segundo grupo están los ángeles que se ponen en movimiento en todos los firmamentos [en el mundo de *Asiyá* para ayudar a que ascienda] la oración de Israel. [Estos buenos abogados de la oración de Israel no permiten que los Acusadores, que están siempre dispuestos, bloqueen las oraciones durante su ascenso].

El tercer grupo de ángeles consta de las «compañeras» celestiales, llamadas «cánticos de *Alamot*», y aluden al misterio de las siete vírgenes dignas *de honrar a la Shejiná*. Estas *vírgenes* también aluden a los siete palacios celestiales que rectificamos en la bendición «*Yotzer or uboré joshej*» (Quien forma la luz y crea la oscuridad). Añade Rashbí:

> Todos estos ejércitos celestiales llevan a cabo sus rectificaciones con el mismo orden que las ejecutan Israel, con los mismos cánticos de alabanza y rezos que recitan Israel.

1157. Zohar *Terumá* 131b.

Así, pues, la rectificación de estos seres celestiales, así como la de la *Shejiná* misma y Sus asistentes, todo depende de las oraciones de Israel. Continúa el Zohar:[1158]

> [La *kedushá*-santificación dicha en la repetición de la *Amidá* – cuando hay un mínimo de diez hombres reunidos– santifica los mundos celestiales, y el Altísimo nos permite que atraigamos a nosotros estos poderes de santidad que originalmente provienen de Él]. Sin embargo, no hay *kedushá-santificación* en el cielo hasta que el pueblo de Israel no la diga en la tierra. Como dice el versículo,[1159] «Deberé ser santificado entre los Hijos de Israel». *Es decir,* [estoy santificado en el cielo por medio de la *kedushá*-santificación dicha por los Hijos de Israel].

Volveré a tratar las demás lecciones de Rashbí acerca del tema en el *Portal de Santidad*.

Alegría ante *Hashem*

Cuando estés en la sinagoga, debes alegrarte de estar en la morada de *Hashem*, como dijo el rey David,[1160] «Me alegré cuando me dijeron: vayamos a la casa del Altísimo». También dijo,[1161] «Mi alma ansía y suspira por los atrios del Altísimo. Mi corazón y mi carne cantan de júbilo al *E-l Jai* (el Creador Viviente)». Asimismo debes alegrarte cuando estés estudiando Torá, como enseña el Talmud:[1162]

> R. Nehuniah ben Hakanah decía una plegaria corta al entrar en la sala de estudio y al salir. Decía al salir, «Te agradecemos, oh Altísimo, nuestro Creador Todopoderoso, que has situado nuestro destino entre los que se sientan en la sala de estudio *y no entre los que se sientan en la esquina [de la calle]. Yo me levanto*

1158. Zohar *Terumá* 133a.
1159. Levítico 22:32.
1160. Salmos 122:1.
1161. *Ibíd.* 84:3.
1162. Tratado *Berajot* 28b; Rab de Vidas sólo cita el principio de la plegaria.

> *temprano y ellos se levantan temprano, pero yo me levanto para estudiar Torá mientras que ellos se levantan para charlas vacías. Yo trabajo y ellos trabajan, pero yo recibo una recompensa por mi servicio y ellos no; yo corro y ellos corren*, pero yo corro hacia la vida del mundo venidero *mientras que ellos corren hacia el pozo de la destrucción».*

Con la ayuda del Altísimo desarrollaremos este tema en el lugar apropiado.

Nuestros rabinos, de bendita memoria, continuaron,[1163] *vinculando la alegría a la profecía* según el modelo del profeta Elisha:[1164] *«"Pero ahora, traedme a un músico". Y ocurrió, cuando tocaba el músico,* que la mano del Altísimo vino sobre él».

> Derivamos de este versículo que la *Shejiná* no mora en el hombre ante la indolencia, la tristeza, la frivolidad, la irreverencia, la conversación o las charlas vacías, sino cuando siente la alegría de *una mitzvá.* Como dice el versículo, *"*Pero ahora, traedme a un músico..."» Dijo R. Iehudá, «Del mismo modo, *se debe entablar una conversación ligera y animada* antes de discutir asuntos legales *(de halajá)».* Dijo Raba, «Asimismo, *quien se acuesta despreocupado y contento* se despertará con un sueño bueno». [...] Así se comportaba Raba, y hacía un comentario gracioso antes de empezar a enseñar, con el propósito de levantar el ánimo de los estudiosos presentes. Luego se sentaba, imbuido de temor reverencial y comenzaba a enseñar.

Debes cumplir los preceptos con ánimo y alegría, ya que las *mitzvot* son los adornos que lleva el Rey. Sentirías aún más la alegría de cumplir *mitzvot* si tuvieses conciencia de la rectificación *espiritual* que lleva a cabo los preceptos, y del gran bien que le estás haciendo a tu propia alma al cumplir una *mitzvá.* Como dice el versículo,[1165] «Los preceptos del Altísimo son correctos y alegran el corazón».

Esto se aplica con particularidad a la *tzedaká*-caridad, ya que has de alegrarte al darla; la alegría que sientes en ese momento te permite vincular-

---

1163. Tratado *Shabat* 30b.
1164. II Reyes 3:15.
1165. Salmos 19:9.

te a la *Shejiná*, como lo sugiere el versículo,[1166] «contemplaré Tu rostro en *tzedek*-justicia». Discutiremos este tema en la sección apropiada. Vemos un ejemplo de esto en el caso del rey David y el pueblo de Israel, que se regocijaron al dar sus ofrendas para la construcción del Templo:[1167] «Y se alegró el pueblo, porque las dádivas habían sido ofrendadas voluntariamente, por cuanto de todo corazón habían sido ofrecidas al Altísimo. Y David el rey estaba jubiloso». Se desprende, pues, de lo que precede que cuando emprendes una *mitzvá* con pleno corazón, la *mitzvá* misma te impregna de alegría.

Más aún, la sección *Idra* del Zohar revela que saludar a todos con el semblante alegre ocasiona un misterio Divino:[1168]

> Hemos aprendido que el versículo,[1169] «Me deleitaré con mi Creador Todopoderoso» alude a la cúspide de la alegría celestial al nivel de *Atik Yomin*. [Cuando hay una iluminación proveniente de la compasión incondicional al nivel de *Keter*, todos los Acusadores son silenciados y se propaga la alegría].

[Explica el Matok Midevash que una de las bendiciones que le pidió el Altísimo a Aarón que les diera a los Hijos de Israel fue,[1170] «Que el Altísimo —es decir, las Fuerzas de Tiferet— ilumine Su rostro para ti». Las palabras de esta bendición implican que la Providencia Divina no siempre ilumina al hombre. Enseña la Idra que quien desea atraer a sí este favor Divino saluda a todos con alegría, ya que al hacerlo se vincula con la fuente celestial más excelsa de alegría y merced].

Como consecuencia, la alegría ilumina los mundos celestiales con[1171] «la luz del semblante del Rey», que es «la vida».

Continúa el Zohar:

> Hemos aprendido que cuando se revelan estas dos facetas [de la fuente más excelsa de alegría y merced —es decir, la fuente celes-

---

1166. *Ibíd.* 17:15.
1167. I Crónicas 29:9.
1168. *Naso* 133a.
1169. Isaías 61:10.
1170. Números 6:25.
1171. Proverbios 16:15.

tial de los Atributos de benevolencia y [1172] «verdad»– las Fuerzas de justicia estricta cesan de obstruir la luz y se desprende una compasión y benevolencia Divina sin límites] las lámparas —es decir, las *sefirot* de *Tiferet*– relumbran con alegría. Como resultado, todas las lámparas inferiores [es decir, las *sefirot* de *Maljut*] se iluminan también, y se llenan de alegría los mundos celestiales. El universo está imbuido de alegría y las Fuerzas de *Jesed*-bondad no cesan de emitir su luz y energía.

Así, pues, hemos de reaccionar con alegría a toda situación y saludar a todos alegremente para infundir la luz de la vida a los universos.

Esto se aplica en particular cuando recibes a un sabio de la Torá o a tu propio maestro: debes obrar como si recibieses a la *Shejiná*, que se ha de hacer con plena alegría. Comenta el Midrash acerca de Aarón:[1173]

> Está escrito,[1174] «él saldrá a encontrarte y cuando te vea se alegrará su corazón». El versículo no se limita a decir que Aarón se alegrará, sino que «se alegrará en su corazón». Dijo R. Shimón bar Iojai: el corazón de quien se alegra de la grandeza de su hermano llevará los *Urim* y los *Tumim*, como dice el versículo,[1175] «Y pondrás en el pectoral los *Urim* y los *Tumim*, que llevará Aarón...».

1172. Éxodo 34:6.
1173. *Tanjumah Shemot* 27.
1174. Éxodo 4:14.
1175. *Ibíd.* 28:30.
Nota de la edición Stone definiendo *Urim ve Tumim*: el pectoral estaba doblado en dos y formaba un bolsillo. *Moshe* metía en él un trozo de pergamino que contenía el Nombre Inefable. Este Nombre era *Urim*, de la palabra *or*-luz, porque causaba que se encendieran las letras de los nombres de las tribus en el pectoral; y se llamaba *Tumim* de la palabra *tamim*-completo, porque si se leían correctamente, estas letras presentaban respuestas completas y verídicas a las preguntas de importancia nacional que le hacía a Dios el Sacerdote Magno. R. Aryeh Kaplan explica el concepto de *Urim veTumim* en su *Living Torah*: consultaban a los *Urim veTumim* como a un oráculo; el Sacerdote Magno meditaba en las piedras hasta que llegaba al nivel de inspiración Divina *(Ruaj Hakodesh)*. Entonces, miraba el pectoral con visión inspirada, y las letras que formaban la respuesta se encendían o resaltaban. Con su inspiración Divina, el Sacerdote Magno combinaba entonces las letras para deletrear la respuesta.

Invitados humanos y celestiales

A propósito de la alegría de las fiestas, sabemos que los sabios enseñan que el hombre tiene el deber de regocijarse en *Yom Tov* compartiendo con los miembros de su hogar comidas que incluyan carne y vino.[1176] La razón por la cual la palabra «fiesta» se dice '*ushpizá*' en arameo es que, literalmente, esta palabra significa «residente ocasional de una posada»: así, pues, del mismo modo en que saludaríamos a un invitado con el semblante bien dispuesto, igual hemos de recibir cada *Yom Tov*, ya que en cada una de las fiestas hay una energía luminosa Divina diferente dirigida a nosotros, como lo explicó Rashbí en el Zohar,[1177] acerca de las[1178] «santas convocaciones».

Enseñaron los *Tikunim* acerca del tema:[1179]

> La *Shejiná* se llama *jag* —«fiesta»— en cada uno de los tres *días de Yom Tov*, [es decir, *Pesaj, Shavuot* y *Succot*, porque recibe la concentración de iluminación y energía Divina particular de cada una de las tres fiestas. Por ejemplo, en *Pesaj* recibe el brillo de *Jesed*-bondad, en *Shavuot* de *Tiferet*-armonía y en *Succot* recibe la concesión ilimitada de *Jojmá* y *Biná*]. Como dice el versículo,[1180] «Tres Fiestas de Peregrinación celebrarás para Mí durante el año», [es decir, para dirigir la iluminación hacia *Maljut*-reino, llamada también «año»]. Debes cumplir [lo que está escrito acerca de nuestra obligación con respecto al Shabat,] «*zajor*-recuerda y *shamor*-guarda»; *zajor*-recuerda alude al *zajar*-el Aspecto Masculino [de *Tiferet*], mientras que *shamor*-guarda alude al Aspecto Femenino [de *Maljut*].
>
> [Los versículos subrayan «para **Mí**», porque la *Shejiná* representa el Templo, y dice el versículo],[1181] «deberán aparecer [literalmente, serán vistos] todos los varones». [Se especifican los varones para que éstos atraigan a la tierra la energía de *Ye*-

---

1176. Tratado *Pesajim* 109a.

1177. *Emor* 94a.

1178. Levítico 23:2.

1179. *Tikun* 21, p. 58b.

1180. Éxodo 23:14.

1181. Deuteronomio 16:16. «Tres veces al año todos tus varones deberán aparecer ante el Altísimo, tu Creador Todopoderoso, en el lugar que Él ha de elegir: en la fiesta de las *Matzot*, en la fiesta de *Shavuot* y en la fiesta de *Succot*; y no aparecerá ante el Altísimo con las manos vacías».

sod-fundamento, que físicamente es análoga al órgano masculino, y espiritualmente, designa la base de todas las bendiciones].

[Continúa el Zohar, el hombre] que va a ver a la *Shejiná* [es decir, como han dicho los sabios, así como los hombres iban a «ser vistos», también iban a «ver»,] ha de darle una ofrenda. [El final del versículo alude a ellos], «y no aparecerá ante el Altísimo con las manos vacías», [o sea, ha de infundirle a Ella energía Divina por medio de sus rezos y ofrendas].

Ha de alegrarse con Ella, [es decir, con la *Shejiná* llamada «fiesta»,] como dice el versículo,[1182] «Te alegrarás en tu fiesta», y el Altísimo también se regocija con Ella. Quien va [al Templo en una de las tres Fiestas de Peregrinación] «para ver» tiene que guardarse contra la tristeza, [porque la tristeza permite que] las Fuerzas de contaminación espiritual y de oscuridad estén en control, [el contrario de la «luz y alegría» concedidas al pueblo judío el día de Purim]. La tristeza también atrae la pena, que empuja al hombre hacia el mundo de los muertos llamado *sheol*, es decir, a la sección baja de Gehinom. Estas fuerzas se llaman *tejol*-bazo, que es conocido por su color negro, y también se llaman «mácula». Por tanto, cuando una persona tiene [tendencia a la] tristeza [debe combatirla ya que ésta] se considera que tiene una mácula, y dice el versículo,[1183] «Todo hombre en el que hubiere mácula no se acercará», [es decir, no es digno de ir al Templo en las tres fiestas].

La fiesta de *Succot* es el epítome de la alegría, y como lo indican nuestras plegarias, hemos de regocijarnos, en particular cuando estamos en la *succá*-cabaña. Menciona el Zohar:[1184]

> Tu semblante debe resplandecer de alegría cada uno de los días de *Succot* [ten cuidado en particular de no entristecerte o enojarte durante *Succot* ya que] estás en la compañía de los invitados celestiales que están contigo.

Y mi maestro, de bendita memoria, *R. Moshe Cordovero*, subrayó la redacción del Zohar, que hace hincapié en «cada uno de los días de *Succot*», en lugar de referirse en general a los siete días de la fiesta. Esto nos enseña que

---

1182. Deuteronomio 16:14.
1183. Levítico 21: 18.
1184. *Emor* 103b.

hemos de hacer muestra de una alegría especial en cada uno de los días de esta fiesta, porque los siete días corresponden a los siete invitados celestiales: cada día de *Succot* recibimos a un invitado celestial distinto y debemos mostrar cuánto nos alegramos de su presencia. El Zohar dice a continuación *que hemos de imitar a R. Hamemuna el Anciano,* quien solía expresar su alegría al entrar a la succá, [ya que sólo quien siente alegría en su corazón puede mostrarles a sus invitados el rostro resplandeciente de alegría].

No necesitamos citar el resto de este Zohar, sino sólo el comentario,

> Hemos de alegrar a los pobres, porque la porción de los invitados [a tus comidas] está vinculada con la de los pobres [es decir, los invitados a tus comidas absorben alegría como consecuencia de lo que comen los pobres, porque la fuente espiritual del pobre está en *Maljut*-reino. Quien alegra a los pobres atrae *shefa*-energía de *Biná*-entendimiento y la dirige a *Maljut*. Entonces, los pobres también quedan infundidos de energía Divina].

De la frivolidad a la alegría

Para sentir la alegría de las fiestas hay que evitar la frivolidad de las bromas y las salidas de las que disfrutan los no judíos. Como dice el versículo,[1185] «No te regocijes, Israel, como los demás pueblos». Nuestra alegría debe provenir del mismo día de *Yom Tov,* ya que éstos son días de sagradas asambleas, como ya hemos explicado.

Las fiestas son oportunidades para que el hombre, que reside en la oscuridad, se regocije con la nueva concentración de energía Divina que puede atraer hacia sí. Como resultado, nuestra alegría en la fiesta *Simjat Torá* ha de ser más intensa que en otros tiempos sagrados. Como nuestros sabios, de bendita memoria, han enseñado,[1186] «sólo se las ha dado fiestas a Israel para permitirles profundizar en sus estudios de Torá».

Es importante comprender que al predominar la alegría se puede causar un *yijud*-unificación celestial, porque es imposible que un ser emanado, separado de su fuente de creación, se aúne con su fuente original a

---

1185. Hoshea 9: 1.
1186. Jerusalem Talmud, Tratado *Shabat* 15: 3.

menos que ambos compartan un motivo de alegría en común. *Esta alegría* causa que el Emanador desee esta reunión celestial. El ser emanado también siente intensa alegría al reunirse con su fuente y absorber energía Divina luminosa.

[...] Está escrito,[1187] «El fuego del Altar se mantendrá encendido». Explica el Zohar que la llama de amor estaba eternamente alimentada por el servicio Divino de los levitas.[1188] [Mientras que el *cohen*-sacerdote proviene de la fuente de *Jesed*-bondad, los levitas provienen de *Guevurá*-reserva. El servicio que proporcionaban en el Templo rectificaba el mundo terrestre aunando las fuerzas Divinas de *Jesed*-bondad y *Guevurá*-reserva. Esta unificación mitigaba la severidad de la reserva infundiéndole bondad*]*. Añade el Zohar:

> [Dice el versículo,[1189] «El levita realizará el servicio de la Tienda de la Reunión», es decir, el objetivo esencial del servicio de los levitas era de] llevar a cabo un *yijud*-unificación entre el Altísimo y las almas colectivas de la Comunidad de Israel, logrando así que se realizara plenamente [la *Shejiná*. El servicio de los levitas causaba que el lado izquierdo –de *Guevurá*-reserva–] se expandiese en la tierra y recibiese a la Comunidad de Israel, como lo indica el versículo,[1190] «Está Su mano izquierda bajo mi cabeza» Sólo entonces podía haber un *yijud*-unificación total, [según el misterio de,[1191] «y me abraza Su diestra». ¿Quién enciende el amor de «Está Su mano izquierda bajo mi cabeza»?] La respuesta es *«hu«* (literalmente, *«él«*), es decir, el levita.

Se ofrecen varias interpretaciones para explicar la respuesta final, *«hu»*; una de éstas es que alude a las Fuerzas Supremas de *Biná*-entendimiento. La energía que encenderá a la Comunidad de Israel con la alegría del *yijud*-unificación provendrá de *Biná*. La iluminación causará *que todos los mundos celestiales se eleven a su fuente en Atzilut-Cercanía y se aúnen*, produciendo así la esencia de la alegría.

1187. Levítico 6: 5.
1188. *Koraj* 178b.
1189. Números 18: 23.
1190. Cantar de los Cantares 2:6.
1191. *Ibíd.*

Esta introducción nos ayudará a comprender los versículos del rey David, dulce cantante de Israel,[1192] «Gozaos en el Altísimo y deleitaos con Él, vosotros que sois rectos», y también,[1193] «Y mi alma se deleitará en el Altísimo». El alma se siente llevada al punto culminante de la alegría al ser iluminada por la luz de *Atzilut*-cercanía en su forma unificada abarcada por el Nombre, ya que las cuatro letras del Nombre Especial aluden a todos los mundos celestiales aunados, como ya hemos explicado.

Quien se vincula al Nombre *al nivel de Tiferet-armonía,* donde todo se aúna, absorbe sustancia vital de su fuente celestial y la extiende hasta el mundo terrestre. […] Así, pues, si quieres infundir alegría a tu alma, medita durante algún tiempo todos los días y contempla la grandeza de las cuatro letras del Nombre, como he explicado en el capítulo V del *Portal de Santidad.*

Meditación diaria

El rey David alude a esta meditación en los versículos,[1194] «He puesto al Altísimo siempre delante de mí», y a continuación,[1195] «Mi corazón, pues, está contento y *kevodi*-mi alma se regocija». La palabra hebrea *kevodi* significa literalmente «mi gloria» y se refiere al alma-*neshamá,* porque la *neshamá* fue emanada por el santo Nombre, como lo indica el versículo,[1196] «Vosotros sois hijos del Altísimo vuestro Creador Todopoderoso». Por consiguiente cuando la persona piensa en el Nombre, su *neshamá* relumbra con un maravilloso resplandor y se regocija.

Tal es la intensidad de la iluminación que recibe el alma-*neshamá,* que puede incluso extender su resplandor hasta infundirlo al cuerpo. Por lo tanto, continúa el versículo,[1197] «Mi carne también disfruta de seguridad» *que después de la muerte,* los gusanos no tocarán sus restos. Éste es el nivel que logran los rectos que se vinculan al santo Nombre; porque incluso después de la muerte, los llaman «vivos». La razón de esto es que su apego al santo

---

1192. Salmos 32:11.
1193. Salmos 35: 9.
1194. Salmos 16: 8.
1195. Salmos 16: 9.
1196. Deuteronomio 14:1.
1197. Salmos 16:9.

Nombre, que es la fuente de la vida, trasmite alguna sustancia vital incluso a su carne, de manera que incluso después de la muerte, los llaman «vivos».

Por lo tanto, podemos comprender que en el versículo anterior, «mi corazón está contento» se refiere a la carne, mientras que *kevodi-*(mi *neshamá*) señala el espíritu que mora en el cuerpo. Y todo fue creado por el santo Nombre, como he explicado en el capítulo VII del *Portal de Santidad*.

Podemos conjeturar que después de la muerte, el alma se une al nivel donde estaba vinculada durante la vida de la persona, de modo que ahora también puede descansar en paz. Sin embargo, esto se aplica asimismo a la carne, porque mientras vivía la persona, su carne también estaba vinculada al Nombre, y se regocijaba en el Nombre. Y de todas las 248 partes del cuerpo, la más importante es el corazón; por consiguiente, mereció David que el gusano no entrase en contacto con su carne.

Lo que antecede nos ayudará a comprender el versículo,[1198] «Cantad alegremente, oh, justos, en el Altísimo». A primera vista, parece que el texto debería ser «Cantadle alegremente al Altísimo», así como el versículo,[1199] «Cantadle, cantadle alabanzas». Sin embargo, la redacción correcta es «en». Esta *redacción insólita* puede explicarse de dos maneras distintas.

Una posibilidad es que el mensaje a los justos es que, si cantan, tengan en mente la unificación del santo Nombre. Se les pide que canten «en el Altísimo», es decir, en el Nombre –que está siempre presente ante ellos– que deben unificar en su mente. Un cántico alegre hecho de este modo puede ocasionar que alcancen un vínculo perfecto con el Altísimo.

Un cántico alegre puede mover al que lo escucha hasta el punto que llegue a vincularse al Altísimo. ¿Cómo sucede esto? Cuando un hombre canta las alabanzas del Rey del mundo como lo hizo el rey David, y también el *tzadik* Iehudá Halevy, quien compuso muchas alabanzas poéticas del Omnipresente, la sola enunciación de estas alabanzas *enciende* el alma de tal modo que logra vincularse apasionadamente a su Hacedor, porque el Altísimo ansía que hablemos de Su grandeza. Como exclamó el rey David,[1200] «Una generación referirá Tus obras a la otra...», y también,[1201] «del poder de Tus grandes hazañas... hablaré». La mayor parte de este salmo explica el

---

1198. Salmos 33:1.
1199. Salmos 105:2.
1200. Salmos 145:4.
1201. Salmos 145:6.

gran mérito que supone de cantar la alabanza del Altísimo; todos estos salmos encienden un profundo anhelo y amor entre Israel y su Padre Celestial.

Esto puede compararse a un rey de carne y hueso que oye a uno de sus siervos hablar con un gran temor reverencial de su amo. Seguro que esto ha de inspirar al rey a que ame a su siervo y se diga a sí mismo, «Es indudable que me ama. Por lo tanto, me esforzaré por responder a su amor». El mensaje no presenta dificultades de interpretación, así como el versículo, «Cantad alegremente, oh justos, a causa del Altísimo», que significa: cuando vosotros, oh justos, cantáis con alegría a causa del Altísimo, enseguida os vinculáis a Él. Las notas musicales de este versículo ponen énfasis en la palabra «justos», ayudándonos así a explicarlo de esta manera.

Devekut y el poder del sonido

Enseña el *Tikunei Zohar* que el mismo sonido de las melodías contiene una alusión a las letras del Nombre:[1202]

> Existen diez clases de «ruedas», [es decir, alientos que provienen de la boca. Los llaman ruedas porque ruedan al ascender de *sefirá* a *sefirá*, y abarcan a todas las *sefirot*. Éstas son diez, que alude a la letra *Yud*, la primera del Nombre, cuyo valor numérico es 10, y] corresponde a los diez dedos; [es decir, representan la función de *Tiferet*-armonía de mitigar a *Guevurá*-reserva. Los cinco dedos de la mano izquierda, así como los cinco dedos de la mano derecha] puntean [las cuerdas del arpa para sacar] la melodía. [Estos diez dedos elevan el aliento que expresa el sonido de la melodía, y se componen de] cinco y cinco, [correspondientes a la primera y última letra *He* del Nombre porque el valor numérico de *He* es cinco]. Ascienden y descienden por medio de «los seis» grados *[Jesed, Guevurá, Tiferet, Netzaj, Hod, Yesod,]* que corresponden a la Vav [del Nombre –el valor de *Vav* es seis–. Los sonidos, por lo tanto, abarcan el Nombre completo y son como una escala de seis peldaños por los cuales los alientos] *ascienden y descienden*.

Uno de los caminos que conducen al vínculo de *devekut* es que te sientes aislado por un tiempo determinado todos los días y contemplas la gran-

---

1202. 27b.

deza del Creador, como hemos explicado en el *Portal del Temor*[1203] y en el *Portal del amor*.[1204] A continuación, lee las respuestas finales de Job al Altísimo;[1205] recita estos versículos lentamente y en voz alta, procurando comprender su significado.

Asimismo, *Rabenu Tam*[1206] sugiere que, una vez por semana, se acostumbre a leer la respuesta Divina a Job desde el torbellino,[1207] «¡Cíñete ahora tus lomos como un hombre!» *Rabenu Yoná*[1208] nos aconseja que leamos todos los días,[1209] «Ahora, Israel, ¿qué te pide el Altísimo, tu Creador Todopoderoso? Únicamente que Le temas al Altísimo, tu Creador Todopoderoso…». Es recomendable seguir sus consejos.

Más aún, durante las oraciones de la mañana, lee los salmos de alabanza en voz alta, prestando atención al significado de las palabras, y conseguirás *devekut*. También deberías acostumbrarte a leer a diario algunos capítulos del Libro de salmos en la sinagoga, en voz alta y con suma concentración. También sería beneficioso leer los salmos con *cavanot* —meditaciones cabalísticas— como lo enseña la Cabalá, mediante algunos de los Nombres mencionados en el Zohar.

Así como el sonido de un cántico conduce al vínculo de *devekut*, la Torá también se llama un cántico; así también, causa *devekut*. Como explicaron los sabios acerca del versículo,[1210] «aún de noche Su cántico está conmigo», el cántico de la Torá surge sólo durante la noche.[1211]

1203. Capítulo II.

1204. Capítulo IV. *Véanse* las secciones «En la cúspide del deseo», y «La hija de rey y el plebeyo».

1205. 42:1-6: Job respondió al Altísimo, y dijo: «Sé que Tú puedes hacer cualquier cosa, y que ningún propósito Te puede ser ocultado. ¿Quién es este que esconde el consejo sin conocimiento? (dices con razón). Ciertamente he dicho lo que no comprendía, cosas demasiado prodigiosas para mí que yo ignoraba. Oye, Te lo ruego, y yo hablaré. Yo te preguntaré, y Tú me dirás. Yo había sabido de Ti de oídas, pero ahora mis ojos Te ven. Por tanto, me retracto de mis palabras y me arrepiento, al ver que soy [nada más que] polvo y cenizas.

1206. *Sefer Hayashar*, Portal 13.

1207. Job 38:3.

1208. Final del *Portal del Temor*.

1209. Deuteronomio 10:12.

1210. Salmos 42:9; nuestra traducción.

1211. R. Daniel Frish explica en su *Matok Midevash* que la canción de la Torá no alude a cánticos o salmos sino al estudio de la Torá, sea el Talmud, la *Halajah*-ley, etc. Vol. 5, p. 504.

El objetivo esencial de estos cánticos, ya sea el cántico de la Torá u otro, es el de proporcionar una fuente de estimulación para la *Shejiná*, como lo indica el versículo,[1212] «para que mi alma pueda cantarte alabanzas, y no quedarse callada. ¡Oh Altísimo, mi Creador Todopoderoso, Te alabaré por siempre!». Sin embargo, la exclamación de David de que alabaría al Altísimo *por siempre,* para que su alma pudiera cantar, no debe interpretarse literalmente, *es decir, que se limitaba a componer cánticos,* ya que si fuera así, ¿cuándo estudiaba Torá? Es indudable que el estudio de Torá de David formaba parte de sus cánticos de alabanza y gratitud, como lo expresa el versículo,[1213] «Te alabaré con corazón sincero cuando yo aprenda Tus justos preceptos».

Una de las maneras en las que se te pide que muestres tu amor por el Rey es honrarle y cantar ante Él en la sinagoga, así como se canta delante de un rey de carne y hueso con la intención de honrarle. Alabar al rey equivale a honrarle, como dice el versículo,[1214] «en Su Templo todo dice: «¡Gloria!».

Cómo se honra al Altísimo

También está escrito,[1215] «Atribuid al Altísimo gloria y fuerza. Atribuid al Altísimo la gloria debida a Su Nombre». ¿Cómo se honra Su Nombre? Está claro que se hace por medio de los cánticos e himnos de alabanza. Como enseña el Zohar:[1216]

> Dijo Rabí Elazar, citando el versículo,[1217] «¡Oh Altísimo! Tú eres mi Creador Todopoderoso. Te exaltaré y alabaré Tu Nombre, porque has hechos cosas maravillosas. Tus consejos desde antiguo son fieles y verdaderos». ¡Qué cuidado han de tener los hombres para proteger el honor del Altísimo, y alabar Su gloria! [es decir, los hombres deben contemplar la esencia del honor

---

1212. Salmos 30:13.
1213. *Ibíd.* 119:7.
1214. Salmos 29:9.
1215. Salmos 29: 1-2.
1216. *Noaj* 73a.
1217. Isaías 25:1.

Divino para tener conciencia de lo que reclama, y para esforzarse con todo su ser en protegerlo]. Cuando la persona sabe cómo alabar a su amo correctamente [es decir, según el orden de los Atributos], el Altísimo cumple su voluntad.

Más aún, tal persona causa un incremento de bendiciones en el cielo y en la tierra, [ya que sabe cómo atraerlas a sí del fundamento de todas las bendiciones]. Por lo tanto, quien sabe cómo alabar al Altísimo y unificar Su Nombre [es decir, llevar a cabo un *yijud*-unificación entre el Altísimo y la Comunidad de Israel] es amado en el cielo [porque es como un hijo de la casa, que sabe cómo reparar la casa y a quien confían la llave de sus tesoros]. También es bien amado en la tierra [porque todos saben que es como el hijo que siempre ha de cumplir la voluntad de su padre]. Esta persona honra al Altísimo [ante su ejército celestial]. Dice el versículo acerca de una persona de esta índole,[1218] «Eres Mi siervo, Israel, en quien seré glorificado», [es decir, como «eres Mi fiel siervo, eres tan importante para Mí como todo Israel, en quien seré glorificado»].

El Zohar [1219] también explica el versículo,[1220] «¡Eleva la voz, oh Bat Galim! ¡Escucha, oh Laish!»:

> Por lo tanto, la persona que multiplica sus alabanzas al Creador [y como resultado, lleva a cabo un *yijud*-unificación celestial] acrecienta la paz en el cielo. Así, pues, dice el profeta, ¡Escucha, oh Laish!», [es decir, la *Shejiná*, también llamada *Laish*, escucha las alabanzas de Israel y las acepta con favor].

Como no sabemos componer alabanzas a *Hashem* nosotros mismos, es mejor que recitemos las del rey David. El rey David pidió que sus salmos se leyeran en las sinagogas y salas de estudio, como dice el versículo,[1221] «Moraré en Tu tienda por siempre». Dijo el rey David, «Creador del universo, sea Tu voluntad que lo que han compuesto mis labios sea recitado en este mundo». Y añade el Midrash:[1222]

1218. *Ibíd.* 49:3.
1219. *Vayjí* 250a.
1220. Isaías 10:30.
1221. Salmos 61:5.
1222. *Yebamot* 95b.

Dijo R. Jeremías en el nombre de R. Iojanán: dice el versículo, «Moraré en Tu tienda por siempre». Se podría pensar que David estaba pidiendo vivir en este mundo así como en el otro. Sin embargo, dijo, «Sea Tu voluntad que mi trabajo se lea en sinagogas y salas de estudio, como si estuviese yo vivo».

Dijeron también los sabios que David pidió que los que leyeran sus salmos de alabanza recibiesen en el cielo la misma recompensa que los que se sumen en el *complejo* estudio de enfermedades como la peste, como dice el versículo,[1223] «Sean aceptas a Ti... las palabras de mi boca y la meditación de mi corazón». Es importante, sin embargo, que quien lea salmos, himnos o cánticos en la sinagoga no los lea en voz alta a menos que tenga buena voz.

Añadió el Zohar acerca del versículo «¡Alza la voz, oh Bat Galim! ¡Escucha, oh Laish!»:[1224]

> Este versículo trata de la Comunidad de Israel, [es decir, de la *Shejiná*, moviéndola a] cantar las alabanzas del Altísimo con Su bella voz, [para alegrarle]. Así, pues, le dicen, «¡Alza la voz!». Aprendemos de esto que quien canta las alabanzas del Altísimo debe hacerlo con un bonita voz, agradable a los que le escuchan. Si no puede [cantar melodiosamente, sin embargo], que no cante en voz alta, [sino que alabe al Altísimo en voz baja]. ¡Ven y mira! Los levitas, [cuyo servicio Divino suponía cantar la alabanza de *Hashem*], provienen del lado de *Guevurá*-reserva, [la fuente de los cánticos y las alabanzas]; dice el versículo acerca de ellos,[1225] «A partir de cincuenta años, retornará de la legión de trabajo y ya no trabajará», [ya que después de esta edad, la voz se debilita].

Así como los cánticos de la Torá conducen al vínculo apasionado con el Altísimo, así también las canciones obscenas y deshonrosas que cantan las mujeres causan que se aleje el alma-*neshamá* de la luz de la vida. Como mínimo, estas canciones constituyen conversación frívola, palabras que carecen de sustancia. ¡Cuántos hombres de almas inferiores se ven atraí-

---

1223. Salmos 19:15.
1224. *Vayjí* 247b.
1225. Números 8:25.

dos por estas canciones vulgares y pierden su alma en el proceso! Por ellos exclamó el profeta,[1226]

«Quita de Mí el ruido de tus cánticos. No quiero oír la melodía de tus salterios».

Y también,[1227]

«Entonan cánticos al son del salterio. [Tocan] instrumentos de música y se comparan con David».

Los sabios del Talmud, de bendita memoria, enseñan:[1228]

Dijo R. Iojanán en el nombre de R. Shimón bar Iojai: los hombres no deben llenarse la boca con risa en este mundo, ya que dice el versículo,[1229] «Y **se llenará** nuestra boca con risas, y nuestra lengua con cánticos. Y dirán entre las naciones: "El Altísimo ha hecho grandes cosas con ellos"». Cuentan de R. Shimón b. Lakish que desde el momento en que oyó esta lección de R. Iojanán, su maestro, no volvió nunca a llenársele la boca con risa en este mundo.

R. Isaac Elfás citó lo que antecede, así como la enseñanza talmúdica al respecto.[1230] Así, pues, citamos sus palabras:

Enseñan en el tratado *Gitin*[1231] que le preguntaron una vez a Mar Ukba: ¿De dónde aprendemos que [debido a la destrucción del Templo], se nos prohíbe ahora cantar [en las salas de fiesta]? Envió una misiva por escrito, citando por respuesta un versículo *de Hoshea*:[1232] «No te regocijes, oh Israel, como los demás pueblos porque te has apartado de tu Creador Todo-

---

1226. Amós 5:23.

1227. *Ibíd.* 6:5.

1228. Tratado *Berajot*, 31a.

1229. Salmos 126:2-3.

1230. Tratado *Berajot*, principio del capítulo V, «*En 'omdin*».

1231. Tratado *Gitin* 7a.

1232. Hoshea 9:1.

poderoso». Le enviaron [otra misiva, indicando que el verso siguiente de Isaías también parecía responder a la pregunta, en particular puesto que se refería a las repercusiones de la destrucción del Templo],[1233] «No beben más vino con una canción...». [Respondió Mar Ukba que, basándose en el versículo de Isaías, da la impresión de que sólo está prohibido el acompañamiento musical; pero del versículo de Hoshea] aprendemos que ambos están prohibidos.

Continúa el Talmud:

Al observar que Mar, hijo de R. Ashi, estaba entrelazando una guirnalda para su hija, le preguntó Rabina: ¿No respetas la interpretación del versículo,[1234] «la mitra sacerdotal será quitada y la corona real será arrebatada»? Respondió: los hombres [han de imitar] al sacerdote magno, pero no las mujeres.

Enseñan al final del tratado *Sotá*:[1235]

Dijo Rab: el oído que escucha canciones habría de ser cortado. Dijo Raba: cuando hay canciones en una casa, eventualmente habrá destrucción. Como dice el versículo,[1236] «Cantarán voces en las ventanas. Habrá desolación en los umbrales...».

Dijo R. Iosef: cando cantan los hombres y comienzan las mujeres a cantar con ellos, hay promiscuidad, pero cuando cantan las mujeres y se unen a ellas los hombres, es como el fuego que se propaga. ¿Cuál es la diferencia entre los dos? [En el primer caso, los hombres sólo son culpables de oír cantar a las mujeres, pero en el segundo caso, la lujuria puede conducir a la inmoralidad sexual y a la trasgresión del Pacto].

Dijo R. Iojanán: la persona que bebe vino mientras escucha la música de los cuatro instrumentos musicales [que mencionaremos] acarrea cinco castigos al mundo. Como dice el

---

1233. Isaías 24:9; traducción de Yaakov Elman.
1234. Ezequiel 21:31.
1235. Tratado *Sotá* 48a.
1236. Zefaniá 2:14.

versículo,[1237] «¡Ay de los que madrugan para ir en pos de la bebida fuerte! Se demoran tarde hasta la noche, hasta que el vino les inflama. La lira y el salterio, el pandero y la flauta y el vino están en sus fiestas». ¿Qué está escrito a continuación?[1238] «Por tanto, Mi pueblo se ha ido en cautiverio, por falta de conocimiento. Y sus hombres honrados están hambrientos, y su multitud está sedienta».

Rechaza el *Gaón* las canciones que se nos prohíbe cantar, como canciones del amor entre dos personas, o canciones que alaban la belleza, como solían hacer los Ismaelitas en las canciones que llaman «*as'ar*». Sin embargo, ningún hombre judío debe evitar cantar las alabanzas del Altísimo, ni cánticos que evoquen beneficios pasados del Creador. Es apropiado cantar éstos en casas de novios o en salas de recepción. No he visto a nadie que se oponga a esta costumbre. Explica el Talmud al respecto:[1239]

> Quien cita un versículo del Cantar de los Cantares y lo canta como una canción popular, y quien cita un versículo en un momento u ocasión en que es inapropiado [es decir, en circunstancias frívolas, en una ocasión que no es ni *Yom Tov* ni ocasión festiva como una boda] acarrea desgracias al mundo. Cuando esto sucede, la Torá se envuelve en arpillera y, erguida ante el Altísimo, exclama: ¡Creador del universo! Tus hijos me están usando para realzar sus asambleas frívolas; me tratan como si fuese un instrumento musical!
>
> Respondió el Altísimo: hija mía, ¿qué pueden hacer mientras comen, beben y se regocijan? Replicó la Torá: Señor del universo, si son expertos en los estudios bíblicos, que estudien la biblia, los profetas o las Escrituras. Si son expertas en los estudios mishnaicos, que estudien Mishná, la leyes y las parábolas. Y si saben estudiar Talmud, que discutan las leyes de *Pesaj*, *Shavuot* o *Succot*, en los tiempos respectivos de estas fiestas.
>
> R. Shimón b. Elazar declaró en el nombre de R. Shimón b. Janina: quien lee un versículo correctamente hace bien al mun-

---

1237. Isaías 5:11-12.

1238. *Ibíd.* 5:13; traducción de Yaakov Elman.

1239. Tratado *Sanhedrín* 101a.

do, como dice el versículo,[1240] «la palabra a su debido tiempo ¡cuán buena es!».

Las añadiduras-*tosefta* al tratado *Sanhedrín* citan la advertencia de Rabí Akiba, «Quien compone una canción basada en los versículos del Cantar de los Cantares y la canta en una fiesta no tiene parte en el mundo venidero»[1241].

Delicias de este mundo

El piadoso autor de *Deberes del corazón* escribe al respecto:[1242] Este mundo y el otro son como dos enemigos; cuando satisfaces a uno provocas la ira del otro. Es importante que sepas, sin embargo, que es imposible que el hombre se vincule a la alegría de su Hacedor siempre que siga disfrutando de los placeres materiales de este mundo, de la comida o de la bebida. Como dijo el profeta,[1243]

> Y he aquí regocijo y alegría, matanza de bueyes y de ovejas, hartazgo de carne y de vino. «¡Comamos y bebamos, [pensó la gente,] porque mañana moriremos!».

¿Qué está escrito a continuación?

> Fue revelado en mis oídos: «[Yo], el Altísimo, Soberano de los ejércitos: de seguro que esta iniquidad no será expiada hasta que muráis».

Dijo el rey Salomón,[1244] «El corazón de los sabios está en la casa de duelo, pero el corazón de los necios está en la casa del festín». Y dijo el profeta

---

1240. Proverbios 15:23.
1241. *Tosefta deSanhedrín:* capítulo XII, letra 5.
1242. *Portal del servicio de Dios,* capítulo III.
1243. Isaías 22:13.
1244. Eclesiastés 7:4.

Jeremías,[1245] «Yo no me senté en la asamblea de los que se divertían en su regocijo». Comentaron nuestros sabios,[1246]

> Le dijo la Comunidad de Israel al Altísimo, «Señor del universo, yo no entré en los teatros ni en los circos de los paganos, ni me divertí con ellos;[1247] «Me senté sola por causa de Tu misión».

Por lo tanto, no se debe gozar de los placeres de este mundo, ya que todos ocasionan la trasgresión, como advirtieron nuestros sabios:[1248]

> Dice el versículo,[1249] «Le digo al arrogante: «No obres con arrogancia», y al malvado: «No hagas ostentación». Les dice el Altísimo a los trasgresores: Los rectos no disfrutaron en Mi mundo y ¿queréis vosotros disfrutar en él? Dijo R. Levy en el nombre de R. Shimón b. Menasia: el talón de Adán relumbraba más que el sol; ¡cuánto más brillaba su semblante! No es de extrañarse, porque por lo general, si un hombre hace tablas para sí mismo, reservando una para su propio uso y la otra para su hogar, ¿cuál hará más bella? ¿No será la suya propia? De igual modo, Adán fue creado para servir al Altísimo, mientras que el sol estaba destinado al servicio de los hombres.
>
> Dijo R. Levy en el nombre de R. Jama, hijo de Janina: El Altísimo le dispuso trece pabellones en Edén, como dice el versículo,[1250] «Estabas en el Edén, en el jardín del Altísimo. Cada piedra preciosa te cubría […]».
>
> Y después de toda esta gloria, se le dijo,[1251] «pues polvo eres y al polvo volverás». Abraham no gozó de Mi mundo y ahora ¿vosotros queréis gozar? Engendró un hijo a los cien años, y al final le dijo el Altísimo,[1252] «Toma ahora a tu hijo, Itzjak, tu [hijo] único… y ofrécelo allí en holocausto […]».

1245. Jeremías 15:17.
1246. *Ejá Rabá;* Introducción, 3.
1247. Jeremías 15:17.
1248. *Vayikra Rabá* 20:2.
1249. Salmos 75:5.
1250. Ezequiel 28:13.
1251. Génesis 3:19.
1252. Génesis 22:2.

Israel ni disfrutó de Mi mundo, porque el versículo no dice «Israel se regocijó en su Hacedor», sino,[1253] «Regocíjese Israel en su Hacedor»; están destinados a regocijarse en las obras del Altísimo en la vida futura. Si puede decirse, el Altísimo mismo no gozó de Su mundo, como está escrito,[1254] «Regocíjese el Altísimo en Sus obras». El versículo no dice «se regocijó», sino «regocíjese». En la vida futura, el Altísimo se alegrará con las obras de los rectos.

Hemos omitido varias secciones de este pasaje que no eran imprescindibles *para aclarar* nuestra discusión.

La risa excesiva

El Libro de buenos rasgos de carácter, que tenemos en forma manuscrita, enseña que no se debe reír demasiado, ya que esto disminuye el temor del Altísimo.[1255]

Cuando te ríes no puedes comportarte con reverencia a tu Hacedor; más aún, cuando te ríes durante excursiones o en casas de juego, ni si quieres puedes sentir el temor del Altísimo. Por lo tanto, debes reprender a tu hijo que no se ría por el menor pretexto. Tampoco debes conseguirle a tu hijo un maestro o compañero que se ría demasiado, como indica el versículo,[1256] «Yo no me senté en la asamblea de los que se divertían en su regocijo», y también,[1257] «En toda pena hay ganancia».

La alegría y la risa traen muchos sucesos desgraciados: por ejemplo, si te alegras cuando tropieza tu prójimo, o cuando está afligido por algún infortunio característico de este mundo. Como dice el versículo,[1258] «No te regocijes cuando cae tu

---

1253. Salmos 149:2.
1254. Salmos 104:31.
1255. *Orjot Tzadikim*, capítulo IX. El texto de R. de Vidas tiene algunas variantes.
1256. Jeremías 15:17.
1257. Proverbios 14:23.
1258. *Ibíd.* 24:17.

enemigo». Y aún peor cuando te alegras de los errores que haya cometido tu prójimo en el servicio del Creador, o de la falta de saber de tu prójimo.

El siervo que atiende con fidelidad a su rey ha de tener conciencia de sus responsabilidades ante su amo. Debe dolerle si ve a gente que se rebela contra su amo y ha de lamentarse por ellos. Entonces se le considera un siervo fiel. Sin embargo, cuando el siervo ve a gente que no prestan atención a su amo y le denigran y *sin embargo, sigue* contento, no se le considera un siervo fiel. Como dice el versículo,[1259] «El Altísimo desea a los que [fijan su atención] en el temor reverencial por Él». Cuando un hombre se alegra ante el tropezón de su compañero, su voluntad no se aúna con la voluntad de su Creador.

Como consecuencia, rezaba R. Nehunia ben Hakaná,[1260] «Que no se equivoquen mis colegas al aplicar la *halajá*-ley y que no me alegre yo *si se equivocan*; y que no me equivoque yo y se alegren ellos a mi costa». Recitaba R. Nehunia esta oración porque se daba cuenta de lo fácil que era alegrarse ante el error del prójimo para sentirse superior a él y hacerse un nombre. Vio que incluso los hombres importantes no ponían particular cuidado en evitar esta falta. Así, pues, la persona cuya voluntad es la voluntad del Altísimo se lamenta cuando los hombres no cumplen la voluntad Divina.

Has de rezar para que incluso tu enemigo sirva al Creador. También, al pronunciar las bendiciones *de la Amidá, Ata jonén* (Tú favoreces al hombre), en *Hashivenu, Avinu* (Retórnanos, oh Padre nuestro), y *Selaj lanu, Avinu* (Perdónanos, oh Padre nuestro), ten en mente de incluir a todo el pueblo de Israel, los que te aman, así como los que te odian. Esto se aplica a todas las bendiciones que digas, ya que, *por ejemplo,* ¿cómo puedes rezar para que se curen todos los Hijos de Israel y no querer que tu prójimo –*incluso la persona que te odia*– se cure?

Este deseo de eclipsar al prójimo está muy difundido en el corazón de los hombres y no tienen conciencia de ello. Por lo tanto, hemos escrito estas líneas para advertirte –si eres de los que sienten reverencia por el Altísimo– que prepares tu corazón y fi-

---

1259. Salmos 147:11. Traducción basada en la de Avraham Sutton: *Hashem desires those who conscientously revere Him.*

1260. Tratado *Berajot* 28b.

jes tu atención en tu Hacedor, volcando tu alma ante el Altísimo por todo el pueblo de Israel, los que te aman, así como los que te odian. Así, pues, estarás cumpliendo la intimación,[1261] «amaréis a vuestro prójimo como a vosotros mismos» y también,[1262] «que el que tenga las manos limpias se hace cada vez más fuerte».

Hay una clase de regocijo y de risa que es aún peor que la clase anterior, como la de quien se burla del ardor con el cual otro se dedica a su servicio Divino y al cumplimiento de los preceptos. Esta clase de hilaridad ocasiona cuatro clases de sucesos desgraciados:

La primera es que tal persona impide que la luz de los preceptos ilumine su alma ennegrecida porque muestra falta de respeto a los que los cumplen. *Su actitud* degrada los preceptos a sus propios ojos.

La segunda es que puede influenciar a la persona recta a que disminuya su nivel de piedad, ya que es posible que incluso una persona recta no pueda soportar la prueba de ser ridiculizada.

La tercera es que muchos que nunca han tratado de seguir el camino del Altísimo no puedan arrepentirse debido al *exceso* de hilaridad y sigan su camino en la oscuridad por el resto de sus días. La tendencia de esta persona de hacer de la vida una broma no sólo le impedirá recibir el bien reservado para los rectos de este mundo, sino que también le enviará al mundo de los muertos. Debido a su ligereza, sufrirá el castigo Divino de los que hacen trasgredir a otros.

La cuarta es que su *continua* risa hace que se asemeje a los pistoleros que se mantienen en los cruces de camino para emboscar y les cortan las piernas a los transeúntes que le llevan regalos al rey. *Se comporta* como quien odia al rey: su actitud es totalmente reprensible.

Otra clase de alegría más amarga que la hiel es la alegría de los que cometen infracciones del Pacto, robos y otras trasgresiones, y de los que gozan al satisfacer su lujuria. El versículo dice acerca de ellos que,[1263] «se regocijan haciendo el mal», y que «se complacen en la perversidad del mal». El castigo Divino que recibirán es duro y los arrastrarán a las profundidades del mundo de los muertos.

1261. Levítico 19:18.
1262. Job 17:9.
1263. Proverbios 2:14.

Existe otra clase de alegría que envuelve los preceptos de humo, porque impide que el temor Divino infunda el corazón de los hombres; es la alegría de los que se emborrachan y se divierten en los bares. Esta clase de alegría conduce a la pena, porque mucho mal proviene de la hilaridad y de las fiestas con mucha bebida. Como dijo la personificación de la sabiduría, Salomón, hijo de David,[1264] «¿Quién se lamenta? ¿Quién se queja? ¿Quién se pelea? ¿Quién delira? ¿Quién tiene herida sin causa? ¿Quién tiene los ojos enrojecidos? Los que se demoran con el vino; los que buscan los licores mezclados».

El profeta Isaías también dijo,[1265] «no consideran la obra del Altísimo ni han reparado en lo que han hecho Sus manos». Asimismo, está escrito,[1266] «El vino es burlador; la bebida fuerte causa conmoción, y el que se bambolea con ellos no es sabio».

Expresión de alegría mediante las bendiciones

Después de explicar la verdadera esencia de la alegría y en qué consisten sus manifestaciones negativas, mostraremos hasta qué punto tenemos el deber de adquirirla. Podemos decir: es cierto que el amor y la alegría constituyen una sola entidad, como lo hemos mostrado. Así, pues, si quieres ser recto y ser considerado descendiente de Abraham, como dice el versículo,[1267] «a quien he escogido, simiente de Abraham, que Me amaba», has de estar alegre al ofrecer al Altísimo las bendiciones de los sentidos, las de las oraciones diarias, de tu estudio de Torá y de tu cumplimiento de los preceptos. También has de recibir a la gente con alegría y absorber la alegría de los días de *Yom Tov* —festivos, como mencionamos.

En las bendiciones, esfuérzate por ofrecer alabanzas y gratitud a la Causa de todas las causas, que creó el objeto que estás bendiciendo, y mediante estas alabanzas, te vincularás al amor de tu Creador, así como a Su grandeza y majestad.

1264. *Ibíd.* 23:29-30.

1265. Isaías 5:12.

1266. Proverbios 20:1.

1267. Isaías 41:8.

Hemos mencionado cómo todos los seres celestiales y las almas en el cielo alaban al Creador por el bien que han recibido de Él, ya que Su energía y Su luz Divina nunca cesan de impregnarlos. Por estos beneficios hemos de bendecirle. Éste fue el objetivo de los sabios de la Gran Asamblea al instituir bendiciones que se han de recitar por todo *de cuanto disfrutamos,* para que recordemos el amor del Altísimo, Su grandeza y majestad, y Su dirección perpetua de cada uno de nuestros pasos.

Las bendiciones nos ayudan a tener conciencia de que El creó *el objeto de la bendición* con el poder de Sus Atributos Divinos, con la intención de permitir a los seres terrestres que disfruten de su *shefa*-energía y se vinculen a Él para siempre. Por consiguiente, hemos de ofrecer alabanzas y bendiciones al Creador con un buen corazón, un buen ojo y con alegría.

El Zohar explica el versículo,[1268] «El Altísimo nos ha tenido presente. Bendecirá a la...» y enseña que cuando alabas a tu prójimo, también has de bendecirle para evitar echarle mal de ojo. [Esto se debe a que quien menciona las alabanzas de su prójimo causa que recuerden en el cielo las trasgresiones de su prójimo. El mal de ojo predomina entonces y dirige hacia ellos las fuerzas de justicia estricta. Por lo tanto, decretaron los sabios que quien juzgue a su prójimo será el mismo juzgado primero]:[1269]

> Cuando bendices a tu prójimo [por ser sabio o tener buenos rasgos de carácter], el Altísimo quiere que lo hagas con buen ojo [para alejar de él el mal de ojo, o sea, las Fuerzas de contaminación espiritual], y con buen corazón. Cuando bendices al Altísimo, ¡cuánto mejor ha de ser tu buen ojo, tu buen corazón y el amor que llena tu corazón! [Por lo tanto, di tus bendiciones con el corazón y con el alma, y no sólo con la boca], como dice el versículo,[1270] «Amarás al Altísimo, tu Creador Todopoderoso con todo tu corazón...».

Podemos comprender el concepto de amor Divino al examinar las diferentes costumbres prevalentes en este mundo. Es sabido que si le das a tu prójimo un regalo *espontáneamente,* y no a cambio de otro que te haya dado él, el receptor del regalo siente el impulso de amarte a su vez, incluso si el regalo carecía de importancia. En el caso del Altísimo, que

---

1268. Salmos 115:12.

1269. *Bamidbar* 117b.

1270. Deuteronomio 6:5.

se lo da todo a todos, de quien dice el versículo,[1271] «Por cuanto todas las cosas provienen de Ti», no cabe duda de que el hombre sentirá el impulso de amarle. Si reflexionas sobre esto al pronunciar una bendición de los sentidos, se encenderá en tu corazón tu amor por Él.

Por otra parte, quien diga una bendición sin la intención de alabar al Creador recibirá el castigo Divino, como lo señala el *Sefer Jasidim*.[1272] Cuando dices tus bendiciones con alegría y buen corazón, te vuelves el conducto *por el cual se revela en la tierra* el Atributo de bondad. Así como el Atributo de *Jesed*-bondad siempre ejerce su influencia de concesión infinita, voluntaria y llena de alegría –ya que, como hemos explicado, la alegría y la bondad provienen de la misma fuente–, así también debe obrar la persona que bendice. Como dice el versículo,[1273] «bendeciré al que Te bendiga». Así como desea infundir a la Comunidad de Israel bendiciones que provienen de *Jesed*-bondad, asimismo la bondad le infunde a él también, y se le considera,[1274] «el que tiene ojo generosos».

«Si te olvido, oh Jerusalén…»

Del mismo modo que has de regocijarte en tiempos de alegría, así también tienes que lamentarte en tiempos de luto, como por ejemplo en los cuatro ayunos [el siete de *Tamuz*, cuando los babilonios abrieron una brecha en el muro de Jerusalén, el nueve de *Av*, cuando los Templos fueron destruidos; el tres de *Tishri*, cuando Guedalia fue asesinado, y el diez de *Tevet*, cuando comenzó el sitio alrededor de Jerusalén],[1275] así como durante los veintiún días entre el diecisiete de *Tamuz* y el nueve de *Av*. Éstos son días de aflicción e infortunio.

Más aún, siempre que no sea un día de alegría, has de llorar la destrucción del Templo y la profanación de Su Nombre entre los no judíos, como enseña el *Tana debe Eliyahu*.[1276]

1271. I Crónicas 29:14.
1272. *Simán 151*.
1273. Génesis 12:3.
1274. Proverbios 22:9.
1275. Zejariá 8:19.
1276. Capítulo IV del *Midrash Yalkut Ki Tisa*, 391.

Tienes que sentir dolor todos los días ante la profanación de la gloria del Omnipresente y de la gloria de Israel. También has de desear, anhelar y esperar con ansia la restauración de la gloria de Jerusalén, de Israel y del santo Templo, así como la redención, *esperando* que suceda pronto.

Comenta el Zohar:[1277]

> Vino R. Yehudah a R. Elazar y le encontró sentado con una mano sobre la boca, con apariencia triste. Le preguntó R. Yehudah, «¿En qué piensa usted, señor?». Respondió *R. Elazar:* Como dice el versículo,[1278] «En la luz del semblante del rey está la vida». [Es decir, cuando el Rey, que es el Altísimo, ilumina los mundos inferiores con Su semblante, les infunde esencia vital. Sin embargo, cuando no brilla Su semblante, no dirige Su energía luminosa sobre los hombres. En particular, cuando la luz de Su semblante se convierte en dolor y llanto, es evidente que la esencia de vida no se enfoca hacia los seres vivientes. R. Elazar estaba expresando su angustia ante el dolor de la *Shejiná* en el exilio].

Comprendemos de este Zohar hasta qué punto hemos de sentir la humildad y la tristeza. Alza los ojos al cielo y verás la restricción de la *shefa*-energía; se oscurecerán los semblantes *si piensan* en las maravillas y los milagros que solían suceder,[1279] «en los días remotos como en los años antiguos». Por lo tanto, debes *reflejar la falta de alegría en el cielo* disipando tu alegría natural y centrando tu espíritu en Él. Te harás, entonces, un receptáculo capaz de contener el Espíritu Divino que se dirigirá a ti, según el misterio de la creación.

Añade el Midrash,[1280]

> Dice el versículo,[1281] «languidece la que dio luz a siete». Dijo Jeremías, «Iba de camino a Jerusalén, cuando alcé los ojos y

---

1277. *Shemot* 17b-18a.
1278. Proverbios 16:15.
1279. Malají 3:4.
1280. *Pesikta Rabati* 26.
1281. Jeremías 15:9; Rashi explica que los siete aluden a Samaria y la diez tribus, de quienes provinieron siete dinastías de reyes malvados. Éstos ya habían sido desterrados.

vi a una mujer sentada en la cumbre de una montaña, vestida de negro, despeinada, que se lamentaba, preguntándose quién la consolaría. Por mi parte, yo también estaba expresando mi propio dolor y me preguntaba quién me consolaría *a mí*. Me acerqué a ella y le dije: «Si eres mujer, háblame, pero si eres espíritu, vete de mi presencia».

Respondió ella: «¿No me reconoces? Yo soy la que tuvo siete hijos. Su padre se fue mar adentro. Mientras lloraba por él, vino una persona y me dijo, "Tu casa se cayó sobre tus siete hijos y los mató". Ya no sé por quién llorar, y por quién desmelenarme».

Le dije: «¿Quién eres? ¿Acaso eres mejor que Madre Sión, que se ha vuelto un pasto para los animales del campo?».

Respondió ella: «Yo soy tu Madre Sión, quien se ha vuelto un pasto para los animales del campo. Yo soy la madre de los siete acerca de los cuales está escrito, "languidece la que dio luz a siete"».

Le dijo Jeremías: «¡Parece *que estás sufriendo* el golpe de un enemigo!». Como dice el versículo,[1282] «¡Sacúdete el polvo! ¡Levántate y siéntate, oh Jerusalén!».

El *Midrash Ejá* del Zohar desarrolló el tema de las lágrimas que hay que verter por el destierro y la destrucción.[1283] Todos los que lloraron por Jerusalén merecerán presenciar su restauración. Como dice el versículo,[1284] «Regocijaos con Jerusalén… Alborozaos con ella, vosotros que la lloráis».

1282. Isaías 52:2.
1283. 92:2.
1284. Isaías 66:10.

Capítulo XI
DEL AMOR A LA PIEDAD

En los capítulos precedentes hemos explicado la esencia del amor al Altísimo y el modo en que puede el hombre adquirirlo según las palabras de Rabí Shimón bar Iojai, de bendita memoria. Ahora discutiremos las preparaciones que debe el hombre llevar a cabo para adquirir este amor y grabarlo para siempre en su corazón.

Nuestros sabios han explicado estas preparaciones en la *Baraita* siguiente:[1285]

> El versículo[1286] «tomarás precauciones contra toda cosa mala» significa que durante el día el hombre no debe permitirse pensamientos que puedan conducirle a la impureza nocturna. Por lo tanto, dijo Rabí Pinjas ben Yaír: el estudio de Torá conduce a la vigilancia; la vigilancia conduce al fervor; el fervor conduce a la limpieza; la limpieza conduce a la abstinencia; la abstinencia conduce a la pureza; la pureza conduce a la santidad; la santidad conduce a la humildad; la humildad conduce al temor a la trasgresión; el temor a la trasgresión conduce a la *jasidut*-piedad; la piedad conduce al *Ruaj Hakodesh* (espíritu de inspiración Divina), y la inspiración Divina conduce a la resurrección de los muertos.

1285. Tratado *Avodá Zará* 20b.
1286. Deuteronomio 23:10.

La *jasidut*-piedad es el más importante de todos, ya que dice el versículo:[1287] «Tú hablaste en visión a Tus piadosos *siervos*». Esta opinión es distinta a la de Rabí Iehoshua ben Leví, quien dijo: La humildad es el más importante de todos, porque dice el versículo:[1288] «El espíritu del Omnipresente, *Hashem Elo-him* —el Altísimo, Creador Todopoderoso está sobre mí, porque El Eterno me ha ungido, para traer buenas nuevas al humilde».

Hemos optado por la opinión de Rabí Pinjas que *jasidut*-piedad es el más importante de todos los rasgos de carácter, de acuerdo con nuestro ensayo sobre el amor, debido a la explicación de Rabí Shimón bar Iojai en el Zohar que los conceptos de *jasidut*-piedad y *ahavá*-amor son idénticos. Dice el Zohar:[1289]

Le dijo Rabí Elazar a su padre: Padre, he oído la explicación del «amor intenso». Dijo su padre: dilo ante Rabí Pinjas, hijo mío, ya que ése es el nivel en que él se encuentra.

Alabando la piedad de Rabí Pinjas,[1290] Rabí Shimón explicó el versículo:[1291] «Regocíjense los piadosos en la gloria»:

Rabí Pinjas es la corona de *Jesed*-bondad, el atributo más excelso. Por consiguiente, hereda la gloria *reservada* para los piadosos.

Podemos ver la fuente común de *ahavá* y *Jesed* en la profecía de Jeremías,[1292] «Sí, te he amado con amor *(ahavá)* eterno. Por tanto, te he atraído con *Jesed*. Más aún, exclama el salmista,[1293] «¡Amad al Altísimo, todos vosotros Sus piadosos siervos!».

Por lo tanto hemos decidido dedicar este capítulo a la exposición de los rasgos de carácter que conducen a la *jasidut*-piedad con su fundamen-

---

1287. Salmos 89:20.
1288. Isaías 61:1.
1289. Zohar *Bereshit* 11b.
1290. Zohar *Ajaré Mot* 62a.
1291. Salmos 149:5.
1292. Jeremías 31:2.
1293. Salmos 31:24.

to de *ahavá*-amor. Cuando se adquieren estos rasgos, el amor y la piedad se graban en el corazón hasta que se alcanza el nivel en que el espíritu de inspiración Divina (*Ruaj Hakodesh*) viene a morar en la persona.

Rashí, de bendita memoria, explica la *Baraita* que antecede:

> A continuación del versículo «tomarás precauciones contra toda cosa mala», está escrito:[1294] «Si hubiere entre vosotros un hombre que no estuviere puro a causa de un incidente nocturno…». El primer mensaje advierte al hombre de que debe tomar precauciones para que no le suceda tal cosa. *Los instrumentos a su disposición son:*
>
> La Torá: al sumirse en sus enseñanzas y comprender sus advertencias, el hombre se guarda *de todo mal.*
>
> El fervor: la persona que tiene cuidado de no trasgredir no se permitirá pensamientos que puedan conducirle a la impureza.
>
> La vigilancia: al enfrentarse con la posibilidad de trasgredir, el hombre ha de tener cuidado de no caer en ella, como dicen de un sabio del Talmud:[1295] «¿No fue porque tenía mucho cuidado de no tocar [la comida]? No, fue porque era muy escrupuloso y no cabía duda de que se había lavado las manos antes *de comer».*
>
> La limpieza: hay que estar limpio de trasgresión.
>
> La abstinencia: hay que abstenerse incluso de lo que está permitido para evitar satisfacer todos sus deseos.
>
> La pureza: tu objetivo es tener un carácter luminoso y una claridad que vaya más allá de la limpieza.
>
> *La adquisición de estos rasgos* conduce a que el espíritu de inspiración Divina more en la persona, porque ésta se vuelve una morada terrenal para la *Shejiná.*

1294. Deuteronomio 23:11.

1295. Tratado *Julin* 107b; Rabí Waldman explica que Rabí Huna estaba dando a Rabí Hamenuna carne y pan para comer, a pesar de que Rabí Hamenuna no se había lavado las manos ritualmente antes de comer, y las manos están en contacto constante con las fuerzas de contaminación espiritual. Pregunta el Talmud si la razón por la cual Rabí Huna no había insistido en que Rabí Hamenuna se lavara las manos era porque este último tenía sumo cuidado de no tocar la comida. La respuesta es que, en realidad, Rabí Hamenuna se había lavado las manos, ya que era conocido por su extrema escrupulosidad acerca del cumplimiento de los preceptos. Esta explicación ilustra la diferencia entre el fervor y la vigilancia; se expresa el fervor antes de la acción y vigilancia al llevar a cabo la acción.

Rabenu Nisim cita la explicación de Rashí y añade unos cuantos comentarios acerca de la humildad, el temor a la trasgresión y la piedad:[1296]

> *Estos rasgos* nos ayudan a volvernos humildes y a distanciarnos de los asuntos de este mundo. Entonces, le tememos a la trasgresión como a un enemigo. Finalmente *llegamos al nivel de la jasidut*-piedad, en que todo lo que emprendemos es por amor al Altísimo.

Deseamos desarrollar la explicación de Rashí y estudiar los particulares de cada uno de los rasgos mencionados, así como examinar cómo aparece cada rasgo en la biblia, los profetas, o las Escrituras.

La Torá ayuda al hombre a adquirir fervor; aprendemos de varias fuentes que el estudio de Torá desarrolla la participación activa de la persona en el cumplimiento de *mitzvot*.

El trabajo *Torat Cohanim* explica:[1297]

> Dice el versículo:[1298] «Si siguiereis Mis decretos y observareis Mis preceptos y los realizareis…».
>
> «Si siguiereis Mis decretos» significa: persevera en tus estudios de Torá.
>
> «Y observareis Mis preceptos»: esto se refiere a quien estudia Torá para cumplir.
>
> El que no estudia tampoco cumple. Terminará por despreciar a otros e *incluso* sentirá menosprecio por los sabios. Al final impedirá a otros que cumplan. Más aún, ni siquiera aceptará los preceptos entregados a Moshé en Sinaí, y eventualmente negará la existencia del Altísimo.

Vemos en esta cita que el esfuerzo que suponen los estudios de Torá apremia al hombre a aplicar lo que ha estudiado cumpliéndolo, como explicó Rashí, de bendita memoria, ya que los numerosos mandamientos y referencias al castigo Divino le incitan a guardarse de la trasgresión.

1296. Tratado *Avodá Zará* 6a.
1297. *Torat Cohanim, Bejukotai* 1.
1298. Levítico 26:3.

La vigilancia

La Torá presenta tres facetas distintas del rasgo de vigilancia.

El primero se encuentra en el mensaje de Yitró a Moshé,[1299]

«Los advertirás en cuanto a los decretos y las enseñanzas».

En su interpretación del versículo,[1300] «para enseñarles a los Hijos de Israel todos los decretos», los sabios talmúdicos explican que los «decretos» se refiere a las lecciones del Midrash, y las «enseñanzas» se aplica a la Torá Escrita y Oral.[1301]

La orden que recibe Moshé, «los advertirás», implica que así como tuvo que advertirles acerca de los preceptos basados en prohibiciones, así también debe advertirles acerca de los preceptos de sentimiento y acción.

El segundo se encuentra en muchos profetas, y en particular en Ezequiel,[1302] «Pero tú, si no advirtieres al malvado…». *La palabra hizharta-advertir usada aquí proviene de la misma raíz que zehirut-vigilancia*. El concepto de vigilancia se aplica a las prohibiciones, así como hemos visto acerca del versículo, «tomarás precauciones contra toda cosa mala», que le pide al hombre de no permitirse los pensamientos impropios durante el día *para evitar la impureza durante la noche*. Concluye Rabí Pinjas que la esencia del cumplimiento de preceptos yace en la vigilancia.

El rasgo de vigilancia afecta incluso a la articulación correcta de *las palabras hebreas en la oración y el estudio de Torá*. Los salmos del rey David sugieren este tercer aspecto de la vigilancia:[1303] «Más deseables son que el oro… Y más dulces son que la miel. Además, por ellos es advertido *[nizhar]* tu siervo».

[Enseña el *Matok Midevash*:[1304] *La articulación se formula en la garganta mediante las letras guturales —Alef, Jet, He, 'Ain— y se revela por medio del*

1299. Éxodo 18:20.
1300. Levítico 10:11.
1301. Tratado *Keritot,* capítulo III, «*Amru lo* –le dijeron…» 13b.
1302. Ezequiel 33:9.
1303. Salmos 19:11-12.
1304. Zohar *Haazinu* 295b. Como hemos visto en el capítulo VI, *Matok Midevash* explica que así como el paladar nos permite saborear la comida sabrosa, así también los maestros de la sabiduría esotérica se esfuerzan por captar todos los niveles de comprensión tras de los preceptos de la Torá para endulzar el proceso de cumplirlos.

aliento que entra en contacto con el paladar mediante las letras Gimel, Yud, Caf, Kuf. Así, pues, la Cabalá distingue entre el paladar y la garganta; conecta el paladar con el atributo Divino de la entrega sin reservas, y la garganta con la entrega con reservas.

Así como el paladar nos permite saborear la dulzura de la comida, la articulación cuidadosa de las letras palatales aúna los atributos de entrega con reserva y sin ella. Esta actitud es «dulcísima» para quien vigila la claridad de su articulación de las letras hebreas en su oración, en el sentido de que le promete una gran recompensa].

Enseña el Zohar:[1305]

> «El rey David nos adviérte de tener cuidado al articular las letras palatales, así como sugiere el versículo,[1306] *"las letras de su paladar son dulcísimas"*». [La continuación del versículo, «es la dulzura misma», alude al efecto del acoplamiento de la garganta y el paladar; es decir, el efecto combinado de la clara articulación de las guturales y palatales es «la dulzura misma» en el cielo]. David tenía sumo cuidado en su pronunciación de las letras *Gimel, Yud, Caf* y *Kuf,* y a eso alude el versículo,[1307] «Lo que no tiene sabor, ¿puede comerse sin sal?»; [o sea, «lo que no tiene sabor» como la carne cruda —es decir, una persona que no cumple la Torá— se vuelve sabroso (se endulza) al echarle sal, o sea, al adoptar los preceptos de la Torá como norma de vida] y,[1308] «el producto de la rectitud será la paz». [El concepto de la rectitud evoca la justicia estricta; así, pues, la entrega reservada de la justicia estricta, evocada por las letras guturales, se endulza mediante la entrega sin reserva sugerida por las palatales, cuyo producto «será la paz». La palabra *shalom*-paz señala la *shelemut*-realización llevada a cabo por el acoplamiento de la garganta con el paladar mediante la clara articulación de las guturales y palatales, que, en el cielo, es considerada «la dulzura misma» y ocasiona la plena realización celestial. Las palabras del salmo aluden a esta realización, ya que si las guturales son] «más deseables que el oro», *las palatales son dulcísimas, ya que son más deseables* «que mucho oro fino».

1305. Zohar *Haazinu* 295b.
1306. Cantar de los Cantares 5:16; mi traducción.
1307. Job 6:6.
1308. Isaías 32:17.

Dijo el rey David: «por ellos es advertido tu siervo» [tenía sumo cuidado de articular claramente las letras guturales y palatales en su rezo, con la intención de producir la plena realización celestial]. «Declaro», [dijo Rabí Shimón hablando de sí mismo,] «que salvo en una sola ocasión, he sido vigilante y me he asegurado [que articulo claramente y sin errores] todos los días de mi vida».

Podemos advertir en en esta cita que hemos de ser vigilantes respecto a todas las especificaciones mencionadas por nuestros sabios, de bendita memoria, y por los libros de sus siervos piadosos. Hemos de ser cautelosos para no tropezar con todos los obstáculos de los cuales nos han advertido.

Hemos de observar que el concepto de vigilancia se aplica a las *mitzvot* de sentimiento y acción positiva, así como a las que implican prohibiciones. Las mencionan en la Torá y en las promulgaciones de los *sofrim* –escribas–, como por ejemplo, la advertencia de no mirar a la mujer, ni siquiera su ropa tendida en un muro,[1309] y muchas más.

El hecho de que el Talmud de Jerusalén no mencione el concepto de vigilancia puede deberse *a la variedad de sus ramificaciones* y a que lo abarca todo. Dice el texto: «El fervor conduce a la limpieza; la limpieza conduce a la pureza; y la pureza conduce a la santidad».

Asimismo, no se menciona la abstinencia junto con los otros rasgos, ya que la abstinencia y la santidad son fundamentalmente similares, como explicaremos con la ayuda del Altísimo.

El fervor

El fervor es superior a la vigilancia, y se aplica a los preceptos de sentimiento y acción positiva así como a los que implican prohibiciones. Este rasgo le enseña al hombre a ser preciso y diligente al cumplir los preceptos de sentimiento y acción positiva. Si se le presenta la oportunidad de cumplir un nuevo precepto, ha de llevarlo a cabo de inmediato, como lo sugiere el versículo,[1310] «cuidarán las *matzot*».

1309. Tratado *Avodá Zará* 20b.
1310. Éxodo 12:17.

Explica la *Mejilta*,[1311]

> No leáis *las matzot*, sino *las mitzvot*. Así como no permitís que la masa de las *matzot* de *Pesaj* se os fermente, así también no permitiréis que se os fermente una *mitzva*, sino que obraréis rápidamente.

De igual modo, la *Mejilta* interpreta el versículo,[1312] «y madrugó Iehoshua por la mañana» como una ilustración de cómo los que obran con fervor cumplen los preceptos sin demora. El fervor del hombre le muestra al Creador el deseo que llena el corazón y el alma de este hombre de obrar por Su amor. Para ejecutar su tarea, no demora su acción sino que la anticipa. Como lo dice el *Tana*:[1313]

> Sé fuerte como el leopardo, liviano como el águila, ligero como el ciervo, y valiente como el león para hacer la voluntad de tu Padre que está en el cielo.

Al obrar con fervor y alegría, el hombre infunde a su acción un espíritu renovado y energía luminosa de la vida celestial, hasta el punto de que se vuelve liviano como el águila. Su capacidad de lograr su propósito depende de la eficacia con que saca de su corazón el espíritu de indolencia y la tristeza que proviene de las fuerzas de contaminación espiritual. Este espíritu puede hacer que le pese su cuerpo hasta tal punto que no pueda levantarse, leer ni cumplir *mitzvot*, como si las partes de su cuerpo estuviesen muertas. Si esto le sucediese, ha de sacar de allí el espíritu de indolencia encendiendo su corazón con un intenso anhelo por el amor al Creador y vinculándose apasionadamente a Él, porque ésta es la Fuente de la Vida.

Su corazón revive entonces; puede volver a estudiar, a enseñar y a cumplir los preceptos de su Padre celestial con fervor y alegría. Le invaden nuevos poderes y se vuelve en verdad «liviano como el águila, valiente como el león», etc. Como dice el versículo,[1314] «aquellos cuya esperanza está en el Altísimo recobrarán sus fuerzas... Correrán y no se cansarán. Caminarán y no desfallecerán».

1311. *Bo* 9
1312. Iehoshua 3:1.
1313. *Mishná: Seder Nezikín* 5:20; *Tikrav Rinati*, p. 59.
1314. Isaías 40:31.

El fundamento principal del fervor es que se adquiere como consecuencia natural del deseo del corazón del amor al Altísimo. Por lo tanto, el fervor es uno de los pasos que conduce a la *jasidut*-piedad, que equivale al amor, como hemos explicado.

Enseña el Midrash al respecto:[1315]

> Dice el versículo:[1316] «Madrugó Abraham y aparejó su asno». Explicó Rabí Shimón bar Iojai: el amor deshace el orden natural de las cosas. ¿No tenía [Abraham] muchos esclavos? [Sin embargo, aparejó su asno él mismo y partió con la intención de sacrificar a Isaac, la persona en la cual, según el orden natural, debería de haberse centrado su amor; pero el amor de Abraham por el Altísimo] deshizo el orden natural de las cosas.

El trabajo *Bet Hamidot* nos enseña acerca del fervor:[1317]

> El fervor es un rasgo esencial, porque el objetivo mismo de la creación del hombre era que mostrase fervor en todo lo que hiciese y en el modo en que se comportase. Dice el versículo:[1318] «y el hombre se trasformó en un ser vivo»: vivir implica obrar con fervor. El hombre fue creado como un ser totalmente dependiente: si no se esfuerza, no come. Como está escrito:[1319] «El Altísimo, Creador Todopoderoso, puso al hombre en el Jardín del Edén, para que lo cultivara y lo guardara». El propósito del trabajo que esperaban de él era que adquiriese fervor.

El Midrash interpreta las palabras «para que lo cultivara y lo guardara» como alusión a la Torá y a sus preceptos:[1320]

> Dice el versículo que [el Altísimo, Creador Todopoderoso, puso al hombre] «en el Jardín del Edén, para que lo cultivara y lo guardara». [Las palabras «para que lo cultivara y lo guardara» nos

---

1315. *Bereshit Rabá* 55:8.
1316. Génesis 22:3.
1317. *Maalot Hamidot,* capítulo 20.
1318. Génesis 2:7.
1319. Génesis 2:15; mi traducción.
1320. *Yalkut Bereshit* 22.

impiden] decir que había que trabajar y arar la tierra, porque ¿no crecían los árboles por sí mismos? [También nos impiden decir] que había que trabajar en Edén para regar la tierra, porque ¿no dice el versículo,[1321] «y fluía de Edén un río para regar el jardín»? Las palabras «para que lo cultivara y lo guardara» indican que hemos de estudiar la Torá y «guardar» los preceptos, como está escrito,[1322] «para custodiar el camino al árbol de la vida», porque,[1323] «es un árbol de vida para los que se aferran a ella».

Explica el Zohar[1324] el versículo,[1325] «le exhaló en sus fosas nasales el alma de vida; y el hombre se trasformó en un ser vivo».

> Dice el versículo,[1326] «Y el Altísimo, Creador Todopoderoso formó al hombre», macho y hembra; [la hembra estaba inicialmente pegada a Adán en la Creación. El Altísimo después le despegó a Eva;] «del polvo de la tierra» [debido a la aparente repetición, la Cabalá ve a Adán como] una imagen dentro de una imagen; [la imagen-*tzelem* que es la vestidura del alma, estaba contenida en el cuerpo. Acerca del alma está escrito,] «insufló en sus fosas nasales aliento de vida». [El alma estaba contenida en la imagen-*tzelem*, que a su vez estaba contenida en el cuerpo. Así como una piedra está incrustada en un sello, que a su vez está puesto en una sortija de sello, así también está el alma encubierta por la imagen-*tzelem*, que a su vez está encubierta por el cuerpo.
>
> Pregunta Rabí Shimón: ¿Por qué [creó el Altísimo al hombre con un cuerpo, una imagen-*tzelem*, además de un alma?] Para permitirle [si es digno de ello] atraer hacia sí y absorber una iluminación que proviene de la fuente más recóndita de merced Divina, [y permitirle ascender al más excelso de los niveles]. Por lo tanto, dice el versículo, «le exhaló en sus fosas nasales el alma de vida», porque toda vida, celestial así como terrenal, depende de este alma [espacio celestial que constituye

---

1321. Génesis 2:10.
1322. Génesis 3:24.
1323. Proverbios 3:18.
1324. Zohar *Naso* 141b.
1325. Génesis 2:7.
1326. Génesis 2:7.

la superficie de contacto entre el Creador infinito y la Creación finita. Este nivel está totalmente unido a la luz Divina que le llega a raudales.[1327] En este espacio reside el nivel de alma llamado *jayá*-esencia vital, que forma parte de la luz circundante del hombre]. El sustento vital de todos los mundos, celestiales y terrenales, proviene de este espacio Divino.

[Rabí Shimón ahora explica el final del versículo,] «y el hombre se trasformó en *nefesh jayá*-un ser vivo, [y mediante el nivel de alma llamado *jayá*-esencia vital, el hombre puede] vincularse [al Altísimo]. Puede entonces elevar su alma de nivel a nivel, [desde su fuente al nivel de *Maljut*, ascendiendo de nivel a nivel], hasta la cúspide, de donde puede el alma atraer hacia sí la energía luminosa infinita [de *Ein-Sof*. La luz de *Ein-Sof*] puede entonces difundirse por todos [los niveles] y se aunarán todos para formar uno solo, en un *yijud*-unificación. [Cuando el alma de los justos asciende a los cielos ocasiona que la luz infinita de *Ein-Sof* se difunda por todos los mundos celestiales; por lo tanto, todo depende de las almas justas de los Hijos de Israel].

Si un hombre [no hace las meditaciones cabalísticas apropiadas y como resultado] impide que se lleve a cabo [la unificación del *Shemá* matinal,] es como si impidiese que la luz de Ein-Sof [iluminase el mundo terrenal]. La consecuencia podría ser, no lo permita el Cielo, [que se pensase equivocadamente que] existe otra fuente de energía luminosa. Como resultado, [el castigo Divino es que] el alma sería cortada [y aislada] del mundo por todas las generaciones. [Es evidente que esta advertencia se destina solamente a los grandes sabios de la generación, hombres que saben ejecutar las unificaciones cabalísticas pero, por motivos propios, se niegan a hacerlo. En lo que concierne el resto de nosotros, ¡ojalá lográsemos concentrarnos en el mero significado de las palabras!][1328]

1327. Rabí Aryeh Kaplan, *Inner Space* (Nueva York: Moznaim, 1990), p. 23.

1328. Existen hoy en día *sidurim*-libros de oración en los cuales las *cavanot*-meditaciones cabalísticas para principiantes aparecen junto con una explicación en hebreo que indica el modo de llevarlas a cabo. Un excelente ejemplo es: *Siddur haRamchal, Sod haYichud*, p. 522. Puede adquirirse mediante la página web del instituto de Ramjal en Jerusalén, que pone a la venta un *sidur* para los días semanales, de tamaño 24 × 17 cm, que también tienen en tamaño de un libro normal, igualmente ofrecen un *sidur* para Shabat que sólo aparece en el tamaño grande: http://www.ramhal.com

La luz de la Causa Primordial se extiende hasta el hombre terrenal en el concepto esotérico de la vida celestial mediante el alma, que tiene raíces en todos los mundos celestiales hasta *Atzilut*-Cercanía, donde reside el nivel de alma llamado *jayá*-esencia vital.

Cuando el hombre se vincula a su Hacedor en el concepto esotérico de la vida celestial, le conceden de arriba el rasgo de fervor, así como un espíritu renovado que revivirá su corazón y las partes de su cuerpo, infundiéndoles el deseo de cumplir la voluntad de su Amo, como ya hemos explicado.

Recompensa

La persona que se vincula al rasgo de fervor está, en verdad, vinculándose a la[1329] «Mujer virtuosa», *a la Shejiná*,[1330] «la mujer que teme al Altísimo», que representa la esencia del fervor. Señala el rey Salomón en su alabanza *a la Shejiná*:[1331] «Se levanta cuando todavía es de noche y da el alimento a su familia»;[1332] «se ciñe los costados con vigor, y fortalece Sus brazos»; [1333] «Ella hace prendas de lino y las vende».[1334] «Atiende los menesteres de su casa, y no come el pan de la ociosidad».

Todos los rasgos que preceden pueden clasificarse bajo la categoría de fervor. *La Shejiná* no se vincula al «pan de la ociosidad», ya que la ociosidad es el ámbito de las fuerzas de contaminación espiritual *acerca de las cuales enseñan*,[1335] «El Creador Todopoderoso ha hecho a uno del mismo modo que al otro».

El cumplir los preceptos con fervor es señal de alegría interior, como dice el versículo,[1336] «servid al Altísimo con alegría». Más aún, los sabios del Talmud enseñan que la *Shejiná* mora tan sólo donde hay alegría. La

---

1329. Proverbios 31:10.
1330. Proverbios 31:30.
1331. Proverbios 31:15.
1332. Proverbios 31:17.
1333. Proverbios 31:24.
1334. Proverbios 31:27.
1335. Eclesiastés 7:14.
1336. Salmos 100:2.

tristeza, así como la diversión frívola, La alejan.[1337] Por lo tanto, cuando un hombre muestra fervor y alegría, la *Shejiná* mora en él; en cambio, quien es indolente y taciturno recibe la pena merecida, como está escrito,[1338] «por no haber servido al Altísimo, tu Creador Todopoderoso, con alegría y corazón dispuesto».

Lo que antecede explica la expresión «el pan de la ociosidad»: El concepto de pan simboliza el alimento espiritual *de la Shejiná*, derivado *del cumplimiento de los preceptos* y del estudio de Torá que aproxima el hombre a Ella. El Zohar compara las *mitzvot* a manjares, basándose en el versículo,[1339] «prepárame manjares como a mí me gustan», que alude a los preceptos de sentimiento y acción positiva. Asimismo, está escrito acerca de la Torá:[1340] «Ven, come de mi pan». Cuando el hombre cumple los preceptos con indolencia, la *Shejiná* no deriva alimento espiritual *de su servicio*, como debería. En este caso dice el versículo,[1341] «Pues el Altísimo, vuestro Creador Todopoderoso, es un fuego que consume».

Como hemos visto,[1342] «la santa *Shejiná* necesita que la aprovisionen constantemente de aceite; ha de recibir energía luminosa de *Jojmá*-sabiduría, el producto del cumplimiento de preceptos de los hombres». Cuando Ella no logra realizarse plenamente con el servicio Divino de una persona, echan a esta persona de la dimensión espiritual.

Por lo tanto, es esencial vincularse a la *Shejiná* y huir de la indolencia. Dice el versículo acerca del fervor:[1343] «¿Ves a un hombre diligente en su trabajo?». En otras palabras, es diligente con la *Shejiná*, que constituye «su trabajo». Explica el *Tikuné Zohar* que al referirse a la *Shejiná*, «trabajo» implica lo que Ella requiere para lograr realizarse plenamente, *que es el cumplimiento de los preceptos y* el estudio de la Torá de los hombres terrenales.[1344]

1337. Tratado *Shabat* 30b.
1338. Deuteronomio 28:47.
1339. Génesis 27:4.
1340. Proverbios 9:5.
1341. Deuteronomio 4:24.
1342. *Véase* el capítulo IV, «Alimento del fuego Divino».
1343. Proverbios 22:29.
1344. Introducción, 14b.

El hombre que se vincula a Ella con fervor,[1345] «*[yityatzev]* se mantendrá de pie ante reyes»: *la palabra «reyes» alude a los diez aspectos de Maljut*-reino *–ya que la Shejiná representa Maljut–* y,[1346] «no se presentará ante [la gente] oscura» *como las klipot*-malas cortezas espirituales, quienes, en contraste con la luz, representan la oscuridad. A la inversa, el hombre cuyas actividades están impregnadas de indolencia, no lo permita el Cielo, se vincula a las fuerzas de la oscuridad y se aleja de los ángeles celestiales en el reino de santidad.

El versículo no dice que el *hombre que muestra fervor* se sentará ante reyes, sino que «se mantendrá de pie». El concepto de mantenerse de pie es una clara alusión a *Tiferet* –las Fuerzas Masculinas de la Providencia: el que *comprende* el concepto esotérico de estimular a la *Shejiná* y de vincularse a Ella mediante su cumplimiento de los preceptos con fervor, ascenderá con la ayuda de Ella al ámbito de *Tiferet*.

También podemos comprender el verbo *yityatzev*-se mantendrá según la interpretación del versículo,[1347] «Manteneos firmes y veréis cómo os salvará hoy el Altísimo». Enseñan los sabios que el concepto de mantenerse de pie, como lo indica la expresión «Manteneos firmes *(hityatzevu)* y veréis», alude a una persona sobre quien mora el espíritu de inspiración Divina *(Ruaj Hakodesh)*.[1348]

Hay otros ejemplos, como,[1349] «vi al Omnipresente de pie *(nitzav)* junto al altar», y,[1350] «El Altísimo vino y *yityatzav*-apareció, y llamó como las otras veces, «¡Samuel, Samuel!» y,[1351] «llama a Iehoshua y manteneos de pie a la entrada del Tabernáculo de reunión», y también,[1352] «su hermana se colocó-*(vatetatzav)* a distancia», y vino el espíritu de inspiración Divina a morar en ella. […] Así, pues, en la luz de lo que antecede, podemos ver que la adquisición del fervor es un paso que conduce a la iluminación del espíritu de iluminación Divina.

1345. Proverbios 22:29.

1346. Proverbios 22:29.

1347. Éxodo 14:13.

1348. *Mejilta, Beshalaj* 2.

1349. Amós 9:1.

1350. I Samuel 3:10.

1351. Deuteronomio 31:14.

1352. Éxodo 2:4.

Podemos enfocar este tema desde una perspectiva distinta. La sección del Zohar *Ra'ya Mehemna* explica que un sabio de la Torá también tiene fervor:[1353]

> El pueblo de Israel siempre se llama hijos del Altísimo, debido a su vínculo con *Tiferet*-armonía y *Maljut*-reino. [Así como] honrar a nuestros padres físicos significa cumplir su voluntad, así también honramos a nuestro Padre celestial y a la santa *Shejiná* al cumplir Sus preceptos de sentimiento y acción positiva [que provienen de *Jojmá* y *Biná*]. Los sabios del Talmud ya han explicado que quien recibe un mandamiento Divino y acepta emprender lo que le piden es más digno de mérito que quien cumple un mandamiento sin que se lo pidan.[1354]
>
> [Si el hombre se considera hijo del Altísimo no necesita explicaciones lógicas antes de cumplir los preceptos. Los cumple espontáneamente –sin preguntas– con la actitud de la generación del desierto, que exclamó espontáneamente],[1355] «Todo lo que ha dicho el Altísimo lo haremos y lo obedeceremos». Ésta es la actitud de la persona que honra a su padre y a su madre: no permite que nada interfiera con su decisión de cumplir su voluntad.

Como hemos explicado en el *Portal del Temor*, el concepto de honor proviene de la *sefirá Jojmá*-sabiduría, debido al servicio que le brinda a *Keter*-corona, que está por encima de ella. Observan los *Tikunim*:[1356]

> Cuando aceptamos cumplir los preceptos que nos mandan, infundimos a la *Shejiná* energía Divina y bendición, ya que la *Shejiná* representa el concepto de *mitzvá*. Asimismo, *la sefirá Yesod*-fundamento [llamada *tzadik*-justo] recibe la energía luminosa de *Tiferet*-armonía [que está por encima de ella], para dirigirla a *Maljut*-reino.

El vínculo entre el Altísimo y los Hijos de Israel se asemeja al de *Tiferet* con *Yesod*; como *Yesod*, se considera que todo Israel es recto, porque in-

---

1337. Zohar *Kedoshim* 82a.
1354. Tratado *Kidushín* 31a.
1355. Éxodo 24:7.
1356. *Tikún* 39, 79b.

funden a la *Shejiná* la luz del cumplimiento de sus *mitzvot*. Como consecuencia, la persona que muestra fervor se vincula con *Tiferet* y, como hemos visto, «se mantendrá de pie ante reyes».

La esencia del fervor yace en el ámbito del cumplimiento *de preceptos* –en el mundo de *Asiyá*-Acción– y depende de *su calidad*, porque *Asiyá* brinda un gran servicio al reino de *Atzilut*-Cercanía. *Ahora podemos comprender que* los jefes de las tribus, *llamados «nesiim» en hebreo, enojaron al Todopoderoso* debido a su indolencia respecto a los donativos para el *Mishkán*-Santuario. Por consiguiente, en el versículo,[1357] «los líderes trajeron…» la palabra *nesiim*-líderes aparece –lo que es poco característico– sin la letra *Yud*, que representa a la *Shejiná*, ya que, como está escrito, Ella no come «el pan de la ociosidad».

Y he oído de mi maestro, de bendita memoria, que para rectificar su actitud, el día de la consagración del Altar, brindaron diez ofrendas,[1358] «un tazón de plata… una vasija de plata…». En este caso, la palabra *nesiim*-jefes aparece con todas sus letras, *incluso la letra Yud*.[1359] Tuvieron cuidado de mostrar fervor en su donativo, para corregir su indolencia anterior, que había afectado a la *Shejiná*.

El alma del hombre sólo puede adquirir el fervor como consecuencia de su temor reverencial al Altísimo, porque sólo si le teme al Rey, cumplirá los preceptos con prontitud. Como teme el menor error u olvido, mostrará fervor en su estudio de Torá y su cumplimiento de las *mitzvot*. *Como hemos visto, el fervor vincula a la persona a Tiferet y Maljut*, y su fervor preparará entonces un conducto para que la *Shejiná* trasmita Su Providencia.

Otros rasgos de carácter que también han de ayudarle a lograr Su propósito son la limpieza y la pureza, que son igualmente ramificaciones del temor, porque el hombre ha de temer que su ropa esté sucia cuando se encuentra ante el Rey. *Ha de asegurarse que no sólo estén limpias y puras las vestiduras que le cubren*, sino también las partes de su cuerpo y de su alma, porque está en la presencia del Soberano del Universo, el Santo, Bendito Él.

He encontrado detalles adicionales a propósito del rasgo de fervor, que he pensado añadir aquí. *Aquí termina el texto*.[1360]

1357. Éxodo 35:27.
1358. Números 7:13.
1359. Números 7:10; el valor numérico de la letra *Yud* es diez.
1360. Rabí de Vidas no cita el pasaje adicional al que se refiere.

Limpieza

Expondremos el rasgo de limpieza enfocando en cuatro ramificaciones.

Primero: estar limpio, purificado de toda trasgresión e iniquidad.

Como dice el versículo,[1361] «El hombre será inocente de iniquidad», y[1362] «límpiame Tú de las faltas ocultas». Todo el que quiera adquirir el rasgo de *jasidut*-piedad, que equivale al amor, requiere el rasgo de limpieza, porque cuando el alma de la persona tiene una mácula le es imposible vincularse al amor Divino.

Esto se asemeja a una prenda manchada de aceite o de cualquier otra sustancia: no podrá teñirse de otro color hasta que esté lavada y la mancha haya desaparecido. Del mismo modo, cuando un alma está afectada por la mácula de la trasgresión, a menos que rectifique sus errores arrepintiéndose por cada trasgresión que haya cometido –como explicaremos–[1363] no podrá vincularse con permanencia a la energía luminosa Divina, porque la trasgresión es una barrera que separa a la persona de su Creador y causa que la persona esté distraída por pensamientos ajenos durante su estudio de Torá y sus oraciones.

Los sabios del Talmud de Jerusalén muestran que el fervor conduce a la limpieza,[1364] citando el versículo,[1365] «cuando termine de expiar». La palabra «termine» indica fervor, en el sentido que implica la realización del servicio ejecutado. En esta sección de la Torá, *Ajaré Mot*, la palabra «terminado» –acerca del servicio Divino ejecutado en Yom Kipur– parece superflua, ya que *¿no basta decir que* «expió»? *¿Qué añade a nuestra comprensión del versículo* el hecho de que el Sacerdote Magno «haya completado el proceso de limpieza como lo sugieren las palabras del versículo «termine de expiar»?

1361. Números 5:31.

1362. Salmos 19:13.

1363. En el *Portal del Arrepentimiento*. Véanse los artículos «*Rectificación del cáncer interior*», y «*Viduy con traducción española*» en mi página web: http://www.healingwithinwithout.com/

1364. Tratado *Shekalim* 3:3.

1365. Levítico 16:20.

Es patente que el versículo destaca el celo *con el que el cohen-sacerdote se entregaba a su tarea*. Los sabios del Talmud explican la palabra «expiación» usando una palabra aramea *(kenoaj)* que denota el acto de limpieza y purificación. Rashí, de bendita memoria, ilustra el significado de la expiación con la lección talmúdica acerca del cuchillo del carnicero usado para degollar un animal ritualmente impropio.[1366] El cuchillo sucio *debe enjuagarse con agua fría, pero* para limpiarlo, *basta* quitarle la sangre frotándolo *con un trapo viejo*, explica Rashí, que clarifica *el concepto de limpieza vinculándolo con el acto de quitarle la sangre al cuchillo ensangrentado con un trapo*.

El Talmud ofrece otra ilustración del término «limpiar» en la historia de Nerón, emperador de Roma.[1367] Cuando Nerón conquistó Jerusalén y quiso destruirla, oyó a un niño que citaba el versículo,[1368] «y Yo tomaré venganza sobre *Edom*-Roma por mano de Mi pueblo Israel». Exclamó Nerón, «¡El Creador quiere destruir Su hogar y luego "limpiarse las manos" en mí!, *aplacar Su ira enfocándola hacia mí*».

Otro ejemplo talmúdico que corrobora el significado de «limpiar» proviene del Libro de Ezra,[1369] *que usa una expresión aramea para designar los* «tazones de oro» con los cuales el *cohen*-sacerdote se limpiaba el dedo, de la sangre de los sacrificios del Templo.

La expiación se asemeja a la pureza que resulta después de limpiar la mancha de la prenda de modo que no quede sombra de suciedad. Cuando el término «limpieza» tiene connotación de «pureza», implica que ha habido una expiación de la trasgresión que ha quitado del alma-*nefesh* la mácula de la trasgresión.

No obstante, cuando el término «pureza» indica la pureza de trasgresión, como en el versículo,[1370] «purifícame enteramente de mi iniquidad», sugiere la restauración del bello color original de la prenda. Como indica Rashí, «puro» implica vivo y luminoso, y es mejor que sólo limpio.

Señalan nuestros sabios que limpiar implica restaurar la nitidez anterior, *pero el agua no es imprescindible;* puede limpiarse de cualquier mane-

---

1366. Tratado *Julín* 8b.
1367. Tratado *Gitín* 56a.
1368. Ezequiel 25:14.
1369. Ezra 1:10.
1370. Salmos 51:14.

ra,[1371] como lo sugiere el versículo,[1372] «me lavaré las manos en inocencia». Sin embargo, el acto de purificar requiere agua para restaurar el blancor luminoso original.

La razón por la cual se necesita la pureza tras la limpieza está indicada en el versículo,[1373] «Pero si la prenda, o la urdimbre, o la trama, o cualquier utensilio de cuero habían sido lavados y la afección desapareció, será lavada nuevamente y se volverá pura».

Segundo: borrar todo rastro de trasgresión.

El propósito del segundo lavado es imbuir a la prenda de un espíritu renovado, santidad y pureza, ya que aun cuando la lepra ha desaparecido con el lavado, y la prenda ya no es impura, todavía carece de pureza. Imbuirla de un espíritu renovado y de pureza requiere un segundo lavado.

El segundo lavado puede explicarse también *debido a la índole espiritual de la contaminación*: a pesar de que ya se haya ido la lepra, se trataba, sin embargo, de una de las fuerzas de oscuridad, que el Talmud menciona acerca de las cuatro clases de lepra y sus colores respectivos.[1374] Como observan los *Tikunim*,[1375] cuando el vestigio de la impureza sigue pegado al hombre o a una de sus posesiones, su adhesión es firme y no se quita con facilidad; se queda adherido como antes. Aunque *el indicio de la impureza* no sea visible, mora en el mismo lugar en que estaba antes la lepra, y puede identificarse claramente.

El segundo lavado es entonces necesario, e ilustra hasta qué punto las fuerzas de santidad son más excelsas que las de impureza: cuando se pega una fuerza de santidad, su adhesión dura para siempre. Por lo tanto, explicaron nuestros sabios a propósito de las ruinas de una sinagoga que no se debían pronunciar elegías [de lamentación por la destrucción de un santuario], ya que está escrito,[1376] «vuestros santuarios quedarán desolados»: *a pesar de su estado actual de ruina y asolamiento, el espacio que solía ser sagrado sigue llamándose «santuario»*. Por lo tanto, la santidad

---

1371. Tratado *Berajot* 15a.
1372. Salmos 26:6.
1373. Levítico 13:58.
1374. Tratado *Nega'im* 1a.
1375. *Tikún* 22, 66b.
1376. Levítico 26:31.

persiste, aun ante la desolación. En el caso de la impureza, sin embargo, a pesar de su esencia espiritual, se requiere el segundo lavado para purificar y blanquear la prenda, así como para aniquilar totalmente la *klipá-mala corteza espiritual*.

Lo mismo puede decirse del arrepentimiento. La persona puede haber cesado de trasgredir y haberse arrepentido con sinceridad, lamentando su antiguo comportamiento. A pesar de que no vuelva a cometer su error de antaño y que haya adquirido la pureza infligiéndose actos penitenciales, *el rastro de la trasgresión que cometió en el pasado* no le dejará hasta que alcance *el nivel de arrepentimiento* en que un Acusador sea incapaz de identificarlo, como si nunca hubiese trasgredido de este modo en el pasado. Tal es el efecto del «segundo lavado».[1377]

El Talmud de Jerusalén[1378] enseña que la limpieza conduce a la expiación, como dice el versículo,[1379] «el *cohen*-sacerdote le procurará expiación y será pura». *Podemos preguntar,* ¿por qué se requiere la pureza si ya se ha expiado la culpa? *La respuesta es que* la expiación sólo representa la limpieza y carece del fundamento de la pureza. Por consiguiente, la persona aún tiene que alcanzar el nivel de pureza.

El segundo nivel de limpieza, y se deriva de la exclamación de Abimelej,[1380] «Con la integridad de mi corazón y la pureza de mis manos hice esto», y del versículo,[1381] «el que tiene manos limpias y el corazón puro». Has de esforzarte por purificar tus manos de la menor mácula producto de la trasgresión, como explicaremos con la ayuda del Todopoderoso. Encontramos una alusión *a este nivel de limpieza* en la discusión del Zohar[1382] acerca del versículo «el que tiene manos limpias y el corazón puro»:

¡Ven y mira! Dice el versículo,[1383] «¿Quién ascenderá al monte del Altísimo?» [al Jardín del Edén]? Continúa [Rabí Aba] con

---

1377. Acerca de la rectificación total de errores pasados, *véanse* los artículos: «Rectificación del cáncer interior» y «Viduy», con traducción española, en mi página web.

1378. Tratado *Meguilá* 28a.

1379. Levítico 12:8.

1380. Génesis 20:5.

1381. Salmos 24:4.

1382. Zohar *Vayera* 100b.

1383. Salmos 24:3.

su análisis: el hombre *merecerá ascender al Edén si* tiene «las manos limpias», si no las utilizó para hacer un ídolo [o si no utilizó sus manos para hacerse la imagen misma del Otro Lado (el lado de las fuerzas de contaminación espiritual)], ni sujetó con ellas nada que no necesitase.

A la inversa, tiene «las manos limpias» si no hizo nada para volverlas impuras, ni se manchó el cuerpo con ellas, como lo hacen los que atraen la impureza hacia sí mismos de su propia voluntad y con sus propias manos [así como lo explica *Rabenu hakadosh,* quien compiló la Mishná, «las manos limpias» se aplican a quien no toca con sus manos la parte baja de su cuerpo]. Así debe ser [la ausencia de trasgresión y de impureza de la persona que tiene] «las manos limpias».

Tercero: quedar limpio de sospecha.

El tercer nivel de limpieza se deriva de las palabras de Moshé a las tribus de Gad y Reubén,[1384] «y quedaréis limpios de culpa ante el Altísimo y ante Israel». Nuestros rabinos, de bendita memoria, derivan de este versículo que el hombre debe alejarse de toda sospecha. Como enseña el Talmud:[1385]

> El hombre que recoge los donativos del tesoro del Templo no debe entrar con una túnica que tenga borde, no sea que la gente sospeche que ha robado los donativos y se los ha escondido en el borde de la túnica. Es importante tomar esta precaución, no sea que se empobrezca y piense la gente, «¡Tiene que haber perdido su dinero porque robó del tesoro del Templo!».

Hay que parecer inocente a ojos de los hombres así como a ojos del Altísimo, como indica el versículo, «entonces seréis libres de culpa ante el Altísimo e Israel». *Para quien adopta esta norma de conducta,* el resultado es que,[1386] «hallará(s) gracia y favor ante la vista del Altísimo y del hombre». Asimismo, los sabios del Talmud nos aconsejan,[1387] «¡Alejaos de todo lo que sea repulsivo o parezca repulsivo!».

1384. Números 32:22.
1385. Tratado *Yebamot* 102b.
1386. Proverbios 3:4.
1387. Tratado *Julín* 44b.

Cuarto: Respetar la señal del Pacto.

Existe también un cuarto *nivel de limpieza*, derivado del versículo,[1388] «haz memoria. ¿Quién pereció siendo inocente?». Enseña el Zohar que este versículo alude a Pinjas, que mereció un pacto con el Altísimo por no enredarse en la trasgresión de *Peor*, ni en el de la *relación con las* mujeres *Moabitas*.[1389] La limpieza es esencialmente el rasgo propio del *tzadik*, representado por Pinjas, cuya recompensa fue el Pacto:[1390] «he aquí que le doy Mi pacto de la paz».

Encontramos estas dos palabras –*limpio y justo (tzadik)*– juntas en el versículo,[1391] «no ejecutes al *que es* limpio *de trasgresión* y al *tzadik*»: Como hemos de ver, ambas palabras aluden al mismo concepto. De acuerdo con el nivel de limpieza que discutimos, el objetivo del hombre ha de ser limpiarse de toda trasgresión, que representa una mácula en la señal del Pacto, ya que éste es el rasgo fundamental del *tzadik*.[1392] Su recompensa es que se considerará en el cielo que ha adquirido el rasgo de limpieza de acuerdo con el significado de este concepto.

La pureza

La limpieza conduce a la pureza. Aunque del concepto de pureza ya se ha hablado en el contexto de la limpieza, quedan por explicar otras facetas de este rasgo. La Torá, los profetas y las Escrituras analizan diversos aspectos de la pureza. Las alusiones acerca de la adquisición de la pureza incluyen:

Primero, se adquiere la limpieza espiritual mediante la inmersión ritual en 40 *se'á* de agua –aproximadamente 25 pies cúbicos o 200 galones.[1393] En la Torá, encontramos muchas alusiones a esta clase de inmersión, como:[1394]

1388. Job 4:7.

1389. Zohar *Pinjas* 215b.

1390. Números 25:12.

1391. Éxodo 23:7; mi traducción.

1392. Véase al respecto mi libro *La Luz de Efraim*, publicado por Ediciones Obelisco. La cuarta edición aumentada del original inglés está publicada por Menorah Books: Jerusalem.

1393. *Véase* Rabí Aryeh Kaplan *Waters of Eden*, en *The Aryeh Kaplan Anthology II* (Nueva York, Mesorah Publications Ltd., 1974), p. 362.

1394. Levítico 22:4.

Todo hombre de la descendencia de Aarón... no comerá de las cosas santas hasta que se haya purificado.

Y,[1395]

será sumergido en agua, y permanecerá impuro hasta el anochecer, y luego se purificará.

Y también,[1396]

se sumergirá en agua de manantial *(mikvé)* y se purificará.

En el caso de un *zav* –un hombre que tiene flujo–,[1397] por ejemplo, la Torá requiere que se sumerja en agua corriente.

La inmersión ritual –como en un *mikvé*– es un medio poderoso de vincular el alma a nuestro Creador y a Su servicio. Cuando una persona se encuentra en estado de impureza, la contaminación espiritual afecta a su corazón. Como mencionamos,[1398] y así como lo explicaron nuestros sabios, la consecuencia es que la persona,[1399] «se vuelve insensible a lo espiritual».

Devekut e inmersión

El amor Divino y el vínculo apasionado al Altísimo dependen de la pureza del corazón de la persona y de *su efectividad en alejar* los pensamientos ajenos, como exclamó el rey David,[1400] «dame un corazón puro, oh Elohim-Creador Todopoderoso». De igual modo, *Rabenu Tam*, en su trabajo *Sefer Haiashar,* explica que la pureza del cuerpo renueva la del alma.

Es inevitable que un cuerpo impuro traiga la contaminación espiritual al alma y, como resultado, le será imposible al hombre concentrarse efectivamente en sus oraciones y evitar el hilo de pensamientos confusos

---

1395. Levítico 11:32.
1396. Levítico 15:13.
1397. *Véase* Levítico 15:13.
1398. *Véase Portal del Amor*, capítulo III, «Una sola estructura».
1399. Levítico 11:43; traducción basada en la de Rabí Arieh Kaplan, en *The Living Torah*.
1400. Salmos 51:12.

que invadirá su mente. Entonces, la mácula de su alma le separará de su Fuente Divina, ya que *el Santo Nombre de Hashem* no mora en un alma-*neshamá* impura;[1401] como dice el versículo,[1402] «Todo hombre en el que hubiere mácula no se acercará».

Por consiguiente, no podrá sentir *devekut-*apego,[1403] ya que la esencia de la *devekut* yace en el ámbito de la Causa de todas las causas, el Alma que abarca a todas las demás almas. Como el Altísimo no mora en el hombre *en este momento,* ¿cómo puede éste *sentir* el apego apasionado?

Por lo tanto, debe el hombre rectificar *toda mácula que tenga* su alma para que el más santo Nombre de *Hashem* —la Causa de todas las causas— more en él. Más aún, para alcanzar la *devekut,* ha de *emprender el proceso de su rectificación* con amor.

Está escrito en el *Sefer Jasidim* que uno de los detractores de la oración, que impide que la oración llegue a oídos del Rey, es la falta de pureza. Los comentadores *Tosafot* anotan que la oración requiere inmersión ritual, mientras que para el estudio de la Torá no es imprescindible. De igual modo, enseña la tradición esotérica que es meritorio sumergirse *antes de la oración, aunque no es imprescindible antes de estudiar* Torá, ya que debido a la etérea esencia de ésta, puede exponerse a las *klipot* sin riesgo de estar afectada *por sus fuerzas impuras.* En este sentido puede compararse la Torá al fuego, que tiene cualidad semejante. En cambio, la oración consiste en peticiones de clemencia y de súplicas para las cuales se necesita la concentración del corazón. Como es inevitable que cuando el hombre está impuro, se muestra confuso y es incapaz de concentrarse, es por lo tanto importante que se purifique *por medio de la inmersión antes de su tefilá-rezo.*

Como lo explica Rashbí en el Zohar y en los *tikunim,* el concepto esotérico del *mikvé* se centra en el misterio celestial de los nueve puntos y se vincula en el cielo al del Nombre Especial: mientras que el *mikvé* contiene 40 *seá* de agua, el Nombre Especial de *Hashem* tiene cuatro letras, cada una de las cuales contiene diez aspectos distintos, *que suman cuarenta.* Ésta es *la base de la* interpretación esotérica del versículo,[1404] «El Altísimo es el *mikvé* de Israel».

1401. Introducción al *Tikuné Zohar,* 3b.
1402. Levítico 21:18.
1403. *Véase* el capítulo III, sección «*Nefesh-*apego» que vincula el grado espiritual de «*Nefesh*» con el apego apasionado.
1404. Jeremías 17:13; mi traducción.

Ahora podemos comprender la interpretación talmúdica de este versículo: así como la inmersión ritual en un *mikvé* purifica a los que se encuentran en un estado de impureza, así también purifica el Altísimo a Israel.[1405] El Creador infunde a Sus almas la pureza que les permite apegarse a Él. Como resultado, quien se sumerge en un *mikvé* está literalmente apegándose al santo Nombre del Altísimo a medida que purifica su cuerpo y su alma.

Su cuerpo adquiere pureza por medio del agua, y su alma por el Espíritu Divino que mora allí con permanencia. Debido a la penetrante santidad será libre de todo mal, incluso si el agua está fría, porque su vínculo apasionado al santo Nombre hace que sea imposible que le suceda nada malo.

El dulce cantante de Israel *alude a este vínculo especial en los versículos*,[1406] «[Él] es mi refugio y mi fortaleza»; [1407]«Él ha de librarte de la trampa del cazador» –de los obstáculos espinosos– y,[1408] «Él encargará a Sus ángeles que se ocupen de ti, guardándote en todos tus caminos. Te conducirán de la mano para que tu pie no tropiece contra una piedra».

El arrepentimiento y la inmersión

El precepto de inmersión ha de cumplirse con alegría, ya que quien no sirve a «al Altísimo con alegría y con bondad de corazón»[1409] recibirá la pena merecida. También es propio pensar en arrepentirse de errores pasados *al sumergirse*, ya que hay un estrecho vínculo entre el concepto del arrepentimiento y el concepto esotérico del *mikvé*, y es del espacio celestial de donde ambos provienen que origina el alma-*neshamá*.

Mientras el hombre siga trasgrediendo, la influencia que proviene del ámbito Divino del arrepentimiento le evade, y además, se le va su alma-*neshamá*, y se encuentra alejado del vínculo apasionado. Al entrar el hombre al *mikvé* se encuentra entre sus cuatro paredes protectoras que recuerdan el espacio cuadrado de la letra final hebrea *Mem* [ם]. La idea del espacio cuadrado alude al aspecto de *Biná cuya luz se extiende hacia abajo*, haciendo que

---

1405. Tratado *Yomá* 85b.
1406. Salmos 91:2.
1407. Salmos 91:3.
1408. Salmos 91:11-12.
1409. Deuteronomio 28:47.

el hombre se vuelva a conectar con las fuerzas protectoras de la *Teshuvá* (arrepentimiento). Como resultado, vuelve la madre a empollar sobre la cría.[1410]

Como enseña el *Tikuné Zohar*, el efecto del arrepentimiento es un retorno a la Fuente.[1411] *La palabra hebrea teshuvá puede leerse «tashuv-He»*, retorno a la *He*. Así como la *He* final del Nombre de *Hashem* vuelve a apegarse a la *Vav* que le precede mediante el arrepentimiento del hombre, así también retorna el alma-*neshamá* al hombre, y la Causa de todas las causas morará ahora en su alma. Más aún, he oído de un anciano sabio que cuando se encuentra el hombre en estado de impureza, su alma-*neshamá* no morará en él hasta que se sumerja, y es patente, como ya hemos explicado.

La razón por la cual el alma-*neshamá* huye *del cuerpo de un trasgresor* es que su esencia etérea le impide morar en una parte –*sea cual fuera*– de un cuerpo *espiritualmente* defectuoso. Está obligada a volver a su Fuente celestial y a reunirse a su espacio anterior. Por lo tanto, al sumergirse el hombre ha de tener la intención consciente de sumergir su alma-*neshamá* en esta excelsa agua, cuyo misterio es que contiene la esencia del mundo venidero, oculta,[1412] «al amparo del Altísimo». Estará entonces en contacto con *Biná* –las Fuerzas Femeninas de la Creación–, cuyas alas se extienden para ampararle con la influencia protectora del Altísimo.

Explica el *Tikuné Zohar* que la *Shejiná* –*Maljut*– se purifica mediante las aguas del *mikvé*, así como *Tiferet*. Del mismo modo, el *ruaj*-espíritu del hombre, así como su alma-*nefesh*, se purifican de toda mácula. También debe el hombre tener la intención que la chispa de la *Shejiná* contenida en él se purifique asimismo de la mácula que La afectaba.

Como consecuencia de la inmersión, se marcha el espíritu de impureza que estaba en el hombre, en el concepto esotérico del concepto de la huida del alma. La inmersión ritual es una poderosa ayuda para alcanzar el nivel de *neshamá*, ya que proporciona[1413] «pureza interior y santidad exterior» así como lo explicamos en el *Portal de la Santidad*.

Según las leyes de la inmersión, el hombre debe sumergirse totalmente en el agua, hasta el último cabello. Esto se debe a que si las fuerzas de contaminación espiritual tuviesen el menor espacio disponible para

---

1410. Alusión a Deuteronomio 22:6; *véase* al respecto nuestro capítulo IX.
1411. Zohar *Vayikrá* 16a.
1412. Salmos 91:1.
1413. Zohar *Pinjas* 245b.

pegarse al cuerpo del hombre, se difundiría la impureza *de nuevo* a partir de ese punto por el resto de su cuerpo, y sería como si nunca se hubiese sumergido. En cambio, cuando sumerge las 248 partes de su cuerpo en el agua, separa de sí totalmente el espíritu impuro por la protección del Altísimo, quien tiene el poder de aniquilar todas las fuerzas impuras, así como el gran águila no teme al buitre devorador.

Otro factor acerca del *mikvé* es que su acción purificadora es similar a la del horno, adonde hay que devolver los utensilios *de cocina hechos de metal que han pertenecido y han sido usados sobre el fuego por un no judío* para que recobren su pureza inicial. Al salir del horno están renovados.[1414]

De igual modo, cuando se sumerge el hombre en un *mikvé* para permitir que su alma defectuosa y sus partes de cuerpo espirituales se reconecten con su Fuente,[1415] está ocultado *por el agua* así como un feto en el seno de su madre; ningún ojo ajeno puede fijar su atención en él. *En este espacio,* el hombre está protegido contra todo lo pueda suceder, como dice el versículo,[1416] «como en los días en que el Altísimo me vigilaba».

Así como el feto sale del seno de su madre, cuando emerge el hombre del *mikvé*, las faltas que oscurecían su alma-*neshamá* y sus partes de cuerpo espirituales están rectificadas; está ahora totalmente renovado y las fuerzas de contaminación espiritual ya no pueden aferrarse a él. Él mismo sentirá un espíritu renovado por la chispa de su alma-*neshamá* que regresará a él.

Antes de entrar en el *mikvé*, el hombre debe pensar en arrepentirse de cualquier trasgresión que haya cometido. También debe confesar sus trasgresiones, para que a las fuerzas de impureza no les quede ningún contacto con su alma-*neshamá*.

Como hemos visto, para purificarse el hombre de la contaminación que proviene de sus emisiones nocturnas *(keri)* o del flujo masculino *(zav)*, no debe haber nada que sobresalga *de su piel,* separando así su carne del agua. Lo mismo se aplica a la purificación de las trasgresiones, pero en este caso, la índole de la contaminación es aún más espiritual y se aferra a su alma-*neshamá*

1414. Tratado *Zebajim* 95b; véase *Waters of Eden*, pp. 334-336.

1415. En el capítulo II de su *Shaarei Kedushá,* Rabí Jayim Vital explica que el cuerpo humano contiene 248 partes del cuerpo y 365 nervios que conectan las partes —correspondientes a los 613 preceptos—. De igual modo, el alma viviente que el Creador ha insuflado en en hombre contiene 248 partes y nervios espirituales que ejercen su función mediante las partes del cuerpo físicas.

1416. Job 29:2.

hasta que produce una mácula. Así como se quita una mancha oscura frotándola enérgicamente con un jabón cáustico, así también quita el arrepentimiento *todas las máculas,* hasta que no quede ningún relieve interno en su alma.

Hemos explicado que la consecuencia fundamental de la inmersión de un arrepentido es que se purifica de sus trasgresiones y le devuelven su alma-*neshamá*. Para lograr esto, ha de considerar en su corazón el arrepentimiento total de sus trasgresiones. No debe sumergirse siempre que siga cometiendo trasgresiones ya que, así como hemos explicado, la inmersión sólo ayudará a purificarle cuando decida *no volver a cometer ninguna de ellas,* y cese para siempre.

Hablaremos en el *Portal del Arrepentimiento* de cómo se reza y se pide perdón por trasgresiones pasadas; el hombre debe primero rectificar sus errores lo mejor que pueda, y luego rezar *para que el Todopoderoso le perdone.* Para lograr *el perdón* ha de confesar sus trasgresiones –al menos con el pensamiento– antes de entrar en el *mikvé*. El trabajo *Sefer Jasidim* indica que es preferible sumergirse tres veces, correspondientes a las trasgresiones accidentales *(jet)*, las trasgresiones intencionales *('avon)*, y los actos de rebelión *(pesha').*

Si el agua del *mikvé* está fría y la inmersión resulta molesta y desagradable, que piense el hombre, como han dicho nuestros rabinos, que sólo puede ganarse el mundo venidero sufriendo aflicciones. El mundo venidero es uno de los tres inestimables regalos que les dio el Altísimo a los Hijos de Israel.

Los beneficios de la inmersión ritual son similares a los del mundo venidero; por lo tanto, así como el mundo venidero, sólo pueden adquirirse estos beneficios mediante aflicciones. El que acepta *padecer* frío –que es una faceta de *din*-justicia estricta imbuida de *Guevurá*-reserva– merece la luz de la buena vida ocultada en el cielo en el mundo venidero, como dice el versículo,[1417] «las represiones de la instrucción son el camino de la vida». Estas aflicciones son verdaderas señales de la bondad Divina, similares a las que padece la persona después de su muerte, porque el alma-*neshamá* no recibe el permiso de entrar en el Edén superior hasta *que está purificada* por su inmersión en el río de fuego.

Es importante sumergirse en el tiempo indicado, y a quien lo hace no le sucederá nada malo, porque,[1418] «el que cumple el mandamiento no conocerá cosa mala». Sin embargo, si un hombre tiene algún impedimento

---

1417. Proverbios 6:23.
1418. Eclesiastés 8:5.

físico que le dificulte la inmersión, o simplemente decide no sumergirse sin motivo plausible, es posible que no tenga la influencia protectora del precepto en caso de que lo necesite. Si por indolencia, el hombre no cumple el precepto de inmersión a tiempo, debe arrepentirse por ello y así impedirá que las fuerzas de impureza se alojen en su alma, ya que *si esto sucede,* es muy difícil deshacerse de ellas.

Es en este sentido como comprendemos el versículo,[1419] «en la presencia de un sabio os levantaréis». Para evitar que el mal impulso pueda envejecer *y arraigarse* dentro de él, ha de mostrar su fe en el Altísimo obrando con rapidez, y[1420] «cuando una persona quiere purificarse, el Altísimo la ayuda». Por la razón que hemos mencionado no le sucederá nada malo, ya que a la vez que se purifica está infundiendo pureza a su alma-*nefesh* y a su espíritu-*ruaj*, su vínculo con el reino celestial. Por lo tanto, al purificar el hombre las chispas de santidad que lleva dentro, es indudable que recibirá ayuda de arriba.

El precepto de *inmersión* ha de cumplirse con temor y amor al Altísimo, como todos los demás preceptos, como lo explicó Rashbí:[1421]

Con temor: tenle temor al Rey que lo manda y no descuides *este precepto*. No ignores Su voluntad. Piensa más bien: si un rey de carne y hueso me mandara hacer algo, emprendería lo que desease de mí con gran fervor, ¡no fuera a trasgredir la ley del rey!

Con amor: ansía el amor del Rey. Tu amor por Él ha de ser tan ardiente que incluso si te pidiera tirarte a una hoguera, como en el caso de Abraham, *has de sentir* que estarías *listo* a hacerlo.

La longevidad y la inmersión

Como está escrito, todos los preceptos del Rey son por nuestro bien.[1422] Tienen el propósito común de permitirnos gozar de la vida eterna. Como dice el versículo,[1423] «Y será un mérito para nosotros si tenemos cuidado

---

1419. Levítico 19:32.
1420. Tratado *Yomá* 32b.
1421. *Tikuné Zohar, Tikún* 10, 25b.
1422. *Véase* Tratado *Kidushín* 39b.
1423. Deuteronomio 6:25.

de realizar todo este precepto». Recibiremos una gran recompensa por nuestros esfuerzos aún en este mundo, porque enseñan nuestros sabios que la consecuencia natural de cumplir los preceptos es prolongarnos la vida.[1424] Dijo Rabí Ianai: he oído de hombres que son estrictos *en su forma de observar el precepto de inmersión, y también* he oído de otros que son indulgentes al respecto: si un hombre es riguroso consigo mismo por lo que se refiere a la inmersión, se le prolongan los días y los años.

El vínculo entre la inmersión y la longevidad se debe a que ambos provienen del mismo excelso espacio celestial. [...] Más aún, cuando se anhela cumplir el precepto de inmersión, es como si se anhelara la vida misma, ya que quien lo manda es el Altísimo, la Fuente de la vida. Como al observarlo el hombre se está vinculando a la Causa de todas las causas —el Nombre Especial— no cabe duda de que se le prolongarán sus años de vida si piensa en estas ideas.

Al observar este precepto, ha de sentirse feliz como si le fuesen a dar una gran cantidad de dinero, ya que al cumplir los preceptos Divinos, se está vinculando al santo Nombre y a la Vida celestial y está rectificando *toda mácula* que tenga su alma. Como dijo el rey David:[1425] «Me regocijo en Tu palabra como quien halla grandes despojos», y está escrito:[1426] «Yo me alegraré en el Altísimo».

A propósito de las palabras de Rabí Ianai que hemos citado, explica Rashí que ser indulgente acerca de la inmersión ritual significaba usar un baño público o que le echaran encima 9 medidas *kabín* de agua. En cambio, el hombre que es estricto consigo mismo al respecto insistirá en sumergirse en 40 medidas *seá* de agua.

Los comentadores *Tosafot* anotaron que Rabí Iehudá ben Tabirá suprimió el precepto de sumergirse para los hombres que hubiesen tenido pérdida de líquido espermático. El sabio aclaró que esta opinión *indulgente* sólo se aplicaba a los que querían estudiar Torá. Antes de la oración, sin embargo, sigue siendo necesaria la inmersión.

Los discípulos de *Rabenu Ioná* discutieron la opinión del sabio talmúdico Rabí Elfás, que derivó del versículo:[1427] «¿No es Mi palabra como

---

1424. Tratado *Berajot* 22a.
1425. Salmos 119:162.
1426. Habakuk 3:18.
1427. Jeremías 23:29.

fuego?» que las palabras de la Torá no son vulnerables a la impureza ritual:[1428]

> Hay comentadores que no distinguen entre el *Shemá* y otras *oraciones que incluyen* pasajes de la Torá. Basándose en la premisa de que las palabras de la Torá no son vulnerables a la impureza ritual, *han concluido que no es necesario sumergirse antes de leer un texto de Torá, como tampoco lo es antes de leer el Shemá.* Sin embargo, se equivocan.
>
> Es evidente que la razón de su indulgencia acerca de la inmersión es su deseo de facilitar la recitación del Shemá. No obstante, está prohibido estudiar Torá cuando la persona se encuentra en un estado de impureza ritual. Como han enseñado los sabios[1429] acerca del versículo,[1430] «esa persona ciertamente será tronchada, su trasgresión está sobre ella». Este versículo se aplica a quien estudia Torá en lugares repugnantes. Consideran los sabios que de todas las trasgresiones cuya pena es la extinción espiritual, la más grave es estudiar Torá en locales repugnantes, porque si se comete un error cuya pena es la extinción espiritual, la pena expía el error. En cambio, quien estudia Torá en un lugar impuro recibe el castigo de extinción espiritual y aún ha de rendir cuentas por su trasgresión.

Según la opinión de *los discípulos de Rabenu Ioná*, es más importante sumergirse antes de estudiar Torá que antes del rezo. Por lo tanto, el que estudia Torá mientras que su cuerpo está impuro recibe un juicio más severo que el que estudia en un callejón sucio, a pesar de que la jurisdicción rabínica ha fijado pena al que es culpable de esto último.

Continúan *los discípulos de Rabenu Ioná* en el nombre de Rabí Elfás, que a su vez cita a Rabí Hai Gaón, de bendita memoria:

> Como el Talmud no se pronuncia definitivamente al respecto, los hombres deben seguir la costumbre adoptada por todo el pueblo de Israel, y es que si un hombre tiene pérdida de líquido

---

1428. Tratado *Berajot* 13b; *Rabenu Ioná de Gerona* escribió *Gates of Repentance* [Portales del Arrepentimiento], Nueva York, Feldheim, 1967.
1429. Tratado *Berajot* 24b.
1430. Números 15:31.

espermático y no hay agua disponible, no debe rezar hasta que pueda lavarse. Aclararon que este lavado no requiere 40 *seá* de agua, sino sólo 9 *kabín*. Deben echarle encima el volumen completo de 9 *kabín* desde un receptáculo *en un movimiento continuo*, para limpiar todo vestigio de su impureza.

Los tratados talmúdicos acerca de la pureza afirman, como Rabí Gaón, que no se debe rezar hasta que pueda uno lavarse. Mi maestro, *Rabenu Ioná*, no concuerda con esta opinión, sino que mantiene que, de no haber agua disponible, o si hay agua pero el hombre no se sumerge, y ni siquiera se lava, aun así no debe perderse la oración por este motivo. Aunque es más probable que se acepten sus plegarias en el cielo si se sumerge, todas *las autoridades rabínicas* concuerdan que no debe de perderse la oración por no tener agua.

Rabenu Moshé, de bendita memoria –*Maimónides*– escribió que los directores de todas las academias de Torá en Babilonia se extrañaron ante su falta de severidad respecto a la inmersión de los hombres con pérdida de líquido espermático. Replicó Maimónides que él mismo nunca se había perdido una inmersión en la vida, pero que en su generación, sólo podía limitarse a escribir lo que era estrictamente requerido por la jurisdicción rabínica.

Como *Rabenu Ioná* le atribuía más importancia a sumergirse antes del estudio de Torá que antes de la oración, aconseja al hombre de no demorar su rezo debido a la falta de inmersión, para evitar el riesgo de no rezar a la hora indicada. Sin embargo, en su opinión no se debe estudiar Torá sin previa inmersión.

Mi opinión es que el hombre que teme al Altísimo adoptará rigurosamente las leyes de la inmersión ritual, y cuando goce de buena salud, insistirá en sumergirse en 40 *seá* de agua. No obstante, si se siente débil o si hace frío, hará que le echen encima 9 *kabín* de agua templada, y si no puede sumergirse debido a algún impedimento físico, no debe perderse ni la oración ni el estudio de Torá debido a ello, sino adoptar en este momento las opiniones más indulgentes al respecto.

Cuando duerme por la noche, no debe evitar levantarse temprano para estudiar Torá porque no se haya sumergido y todavía se encuentre en un estado de impureza. Es preferible confiar en las autoridades rabínicas cuya opinión es menos severa que dejar de estudiar Torá. Durante estas horas, debe comportarse como si estuviese enfermo, ya que si en verdad lo estuviera, es evidente que no se perdería la oración ni el estudio de la Torá *debido a su imposibilidad de sumergirse.*

Los que aplican rigurosamente la opinión de no estudiar Torá ni rezar sin previa inmersión incluso cuando están enfermos tienen un sentido de lógica extraño y no se debe adoptar su actitud. Las costumbres que he mencionado eran las de mi maestro, Rabí Isaac Luria Ashkenazi, de bendita memoria.

La ropa limpia

La Torá también enseña que todo lo que concierne la pureza del hombre –sea su contaminación espiritual o su ropa sucia– ha de limpiarse con agua. Como dice el versículo,[1431] «lavará sus vestimentas y será puro» y,[1432] «lavará sus vestimentas y sumergirá su carne en agua, y se volverá puro».

La Torá menciona el tema de la ropa limpia a propósito del patriarca Iaacov, cuando quería ir a Bet El. Dice el versículo,[1433] «purificaos y cambiaos vuestras vestiduras». A primera vista parece que el versículo se refiere a dos acciones distintas: una es purificarse por medio de la inmersión y la otra es cambiarse de ropa. Sin embargo, como ambas aparecen juntas en el mismo versículo, el cambio de ropa se considera una subcategoría de la pureza. Por lo tanto, el que quiere purificarse ha de llevar prendas de vestir puras, libres de suciedad y de impureza, que no estén manchadas, ya que enseñan que si un sabio de la Torá lleva ropa con una mancha de grasa puede incurrir en la pena de muerte.[1434] […]

De igual modo, el *Rokeaj*, de bendita memoria, escribió:[1435]

> Cuida mucho que tu ropa no esté manchada de excremento o de orina, como dice el versículo,[1436] «Pon atención a tu pie cuando entras a la Casa del Altísimo». Por consiguiente, enséñate a ser

---

1431. Levítico 13:6.
1432. Levítico 14:9.
1433. Génesis 35:2.
1434. Tratado *Shabat* 114a.
1435. *Hiljot jasidut shoresh tahará.*
1436. Eclesiastés 4:17.

muy escrupuloso referente a tu estado de limpieza. Ten cuidado *en este sentido* en lo que concierne a la defecación y trata de no orinar inmediatamente antes de decir la *Amidá*, no sea que te mojes los pantalones por accidente, ya que, ¿cómo puedes implorar, «¡Perdónanos, porque hemos trasgredido!» si estás actualmente en un estado de impureza? Más aún, ten cuidado con la pérdida de líquido espermático, no sea que se aferre a tu piel y a tu ropa y esté tu vestidura pegada a las fuerzas de contaminación espiritual. Purifícate,[1437] «¡Prepárate para encontrarte con tu Creador Todopoderoso, oh Israel!».

El tema de la pureza está también vinculado al espacio, como vemos en las palabras de Moshé a Aarón,[1438] «el pecho de la agitación y el muslo de la elevación los comeréis en un lugar puro». Enseña Rashbí:[1439]

> Sólo se puede recibir el espíritu de inspiración Divina pagando su valor total, [con una lucha intensa por dominar la mala tendencia,] cuidándose de tener el cuerpo puro y preparando un espacio de morada puro [para recibirlo].

No cabe duda de que la preparación de «un espacio de morada puro *para recibirlo*» supone la inmersión ritual, como escribe el *Rokeaj*.

Para recuperar la pureza, el que sufría de lepra había de raparse la cabeza, como dice el versículo,[1440] «La persona que es purificada lavará sus vestimentas, afeitará todo su pelo y se lavará en el agua y se volverá pura». La razón de esto es que en un muchacho, el cabello representa los poderes de justicia estricta y, por lo tanto, es bueno rapárselos. Éste es el misterio de la rasuración del pelo, al cual alude el Zohar:[1441] «hasta que no rasure el pelo de su señor», en el misterio del versículo,[1442] «Si a un hombre se le cae el pelo de la cabeza: es calvo, es puro».

1437. Amós 4:12.
1438. Levítico 10:14.
1439. Zohar *Terumá* 128a.
1440. Levítico 14:8.
1441. Zohar *Vayejí* 217a. Explica Rab Frish que la idea de rasurar «el pelo de su señor» alude al acto de desarraigar las fuerzas de justicia estricta de la *Maljut*.
1442. Levítico 13:40.

Para lograr pureza también es aconsejable cortarse las uñas, como lo hace la mujer al purificarse para reunirse con su esposo.[1443] Más aún, el hombre debe purificarse de todos los elementos relacionados con la contaminación espiritual en la Torá y en los documentos de nuestros sabios. Ya he citado la mayoría de éstos en el capítulo IV del *Portal del Temor*. Además, hay otras costumbres que mencionaré más adelante.

Blanquear las trasgresiones

La esencia de la pureza consiste en arrepentirse de todas las trasgresiones cometidas, como dice el versículo,[1444] «y rociaré agua clara sobre vosotros, y seréis limpios de todas vuestras impurezas, y de todos vuestros ídolos os limpiaré». Es evidente que esta purificación afecta a la mala tendencia, en cuyo ámbito reside la esencia de la impureza. Como dijo el rey David,[1445] «límpiame de mi trasgresión», y muchas plegarias similares. Enseña el Talmud:[1446]

> Un mensaje favorito de Rabí Meír era: estudia con todo tu corazón y con toda tu alma para conocer Mis caminos y para guardar las puertas de Mi Torá. Guarda Mi ley en tu corazón y ten el temor de Mí ante los ojos. Guarda tu boca de toda trasgresión; purifícate y santifícate de toda iniquidad y trasgresiones intencionales. Entonces, estaré contigo en todos los sitios.

El hombre debe tener la intención consciente de purificar sus trasgresiones atrayendo hacia sí el blancor luminoso Divino de *loben,* que proviene de la fuente misma del intelecto Divino, al nivel de los trece atributos de merced. Debe fijar su atención, en particular, en dos de los atributos que mencionan la purificación y el blanqueamiento de las trasgresiones. Uno de estos «per-

---

1443. Zohar *Pinjas* 248b. Rashbí subraya que es muy importante cortarse las uñas antes de Shabat y, a continuación, lavarse las manos ritualmente para impedir que las fuerzas de impureza acaparen la energía espiritual que nos infude en Shabat.

1444. Ezequiel 36:25.

1445. Salmos 51:4.

1446. Tratado *Berajot* 17a.

dona la iniquidad»[1447] –se llama en el Zohar «la segunda rectificación»–, y se relaciona *con un episodio en que Rabí Jizkiyá tiene una visión*:[1448]

> [Vi un rayo de luz Divina] en el cual un ser oscuro estaba purificándose, como si estuviera en un profundo río.

La «tercera rectificación» –«que pasa por alto la trasgresión»–[1449] se relaciona con el versículo,[1450] «pasó el espíritu y los purificó». Aunque todos los trece atributos tienen la característica de mitigar la justicia estricta, sólo estos dos mencionan la trasgresión y la pureza. Es de particular importancia fijar la atención en todo lo que he escrito aquí acerca de Yom Kipur, Día del perdón, cuyo propósito es la purificación de las trasgresiones, como indica el versículo,[1451] «Pues en este día él procurará expiación para vosotros, para purificaros; de todos vuestras trasgresiones ante El Altísimo seréis purificados».

En el excelso día de Kipur, *Hashem* revela Su pura e infinita misericordia que purifica y blanquea las trasgresiones, «para purificaros; de todas vuestras trasgresiones ante el Altísimo seréis purificados».

La pureza de las manos

También hay que utilizar las manos para adquirir pureza, como dice el versículo,[1452] «el que tiene manos limpias se hace cada vez más fuerte». *En nuestra discusión de la limpieza,* hemos mencionado al «que tiene manos limpias»,[1453] a propósito del mandamiento,[1454] «Apartaos del mal». Para adquirir pureza, sin embargo, hay que esforzarse aún más, y como nos

---

1447. Éxodo 34:7; Mijah 7:18.
1448. Zohar *Naso* 132b.
1449. Mijah 7:18.
1450. Job 37:21; traducción basada en la de R. Shahar, *The Book of Iyyov: A Celestial Challenge; op. cit.*
1451. Levítico 16:30.
1452. Job 17:9.
1453. Salmos 24:4.
1454. Salmos 34:15.

dice el versículo,[1455] «hacer el bien»; las manos han de participar en el cumplimiento de *mitzvot* como *tzitzit, tefilín, succá* y *lulav*.

¿En qué se apoya la conexión particular entre «hacer el bien» y el concepto de pureza? ¡«Apartarse del mal» también requiere pureza! *La respuesta es que* la palabra *tahará-*pureza denota luz y claridad, como lo sugiere el versículo,[1456] «era como la esencia del cielo en pureza *(tohar)*».

La palabra *tohar* alude al mundo Divino de *noga-*resplandor. Indica el Talmud que[1457] «una vela es inútil a luz del día»: el hombre *que se contenta con* apartarse del mal no podrá adquirir la lucidez que contiene la pureza. También ha de ser activo en el cumplimiento de los preceptos, ya que esto causará que una concentración de luz Divina del mundo venidero le llene las manos.

La pureza de los ojos

En lo que concierne a la pureza, también se dice del Altísimo que es,[1458] «de ojos demasiado puros para contemplar el mal». De forma análoga a la «pureza de las manos», observamos que el versículo no dice que el Altísimo no ve el mal, sino que es puro y dirige el mundo con santidad, porque Él es santo y sus emisarios también lo son. Llamamos al Altísimo «puro de ojos» porque Su Providencia vigilante está imbuida de permanencia *de claridad infinita, como lo sugiere el concepto de tahará-*pureza, y no se extiende a las fuerzas del mal.

No podemos decir que el Altísimo tenga «ojos limpios», porque *así como la declaración de que un artículo está limpio implica que se le ha quitado una mancha,* lo mismo, «ojos limpios» sugeriría que el ojo de la *Providencia* Divina *había tenido contacto directo y* había visto el mal, y como consecuencia, tenía que purificarse, no lo permita el cielo. Por lo tanto, es imposible *atribuirle limpieza al Altísimo,* ya que Su pureza es eterna.

1455. Salmos 34:15.
1456. Éxodo 24:10.
1457. Tratados *Shabat* 63a y *Julín* 60b.
1458. Habakkuk 1:13.

El Zohar menciona el nivel más etéreo de la misericordia Divina:[1459]

> Hemos aprendido que la luz del ojo menor [que proviene de *Tiferet* cuya providencia es dirigida al mundo terrenal], no puede purificar *y atenuar* sus tonos rojos y negros [que aluden a la providencia caracterizada por la justicia estricta], a menos que esté imbuida del blancor luminoso del ojo Divino, del que decimos,[1460] «el que tiene ojo generoso».

Según el Zohar, el objetivo de *nuestra* pureza *terrestre* es limpiar el matiz rojo, que denota la justicia estricta, de los ojos de la *Providencia Divina*, con la ayuda del blancor luminoso *del nivel más excelso de Keter-corona*, revelando así *la misericordia pura e incondicional del Creador*.

A medida que los ojos *de la Providencia Divina* se limpian de la justicia estricta mediante la luz Divina, se dirige a ellos desde el cielo una concentración adicional de energía luminosa. Así, pues, la palabra hebrea *tahará*-pureza aparece en las Escrituras con estas dos acepciones: a) limpiar la mácula hasta que reaparezca el blancor anterior, y b) atraer del cielo un suplemento de luz Divina, como ya se ha explicado.

El hombre ha de esforzarse por asemejarse a su Hacedor, y purificar sus ojos, impidiéndoles mirar el mal, como se explicará en la sección *Rectificación de los ojos* en nuestro *Portal de la Santidad*. Es de particular importancia no mirar el rostro de un transgresor, como lo enseñan nuestros sabios:[1461]

> Le preguntó Rabí –*Rabí Iehudá Hanasí*– a Rabí Iehoshua ben Korjá: ¿A qué mérito le debe el haber alcanzado una edad tan avanzada? Respondió: nunca he mirado el semblante de un transgresor.

La energía Divina que prolonga la vida del hombre proviene del etéreo espacio celestial en que la ternura y la compasión Divinas son incondicionales. Por lo tanto, la vigilancia y guía del ojo Divino no llega hasta el mal, como se ha visto: «Eres de ojos demasiado puros para contemplar el mal».

Para asemejarse a su Hacedor, el hombre también ha de fijar su atención en todo lo imbuido de santidad, con la intención que así también suceda en el ámbito celestial, así como la Providencia del Altísimo siem-

---

1459. Zohar *Naso* 130a.
1460. Proverbios 22:9.
1461. Tratado *Megilá* 28a.

pre se centra en Sus seres imbuidos de santidad. Como dice el versículo,[1462] «el ojo del Altísimo se dirige hacia los que Le temen». Al obrar de esta manera, el hombre ocasiona que la merced incondicional del Creador ilumine a *Tiferet y Maljut con una energía proveniente de Keter*-corona.

Hemos de ver que es beneficioso que los hombres fijen los ojos en todo lo que esté imbuido de santidad y, *como resultado*,[1463] «verán,[1464] ojo con ojo, [A la llegada del Mashíaj-Redentor, los *tzadikim*-justos verán y percibirán la iluminación que se desprende del "ojo generoso" con la intención de imbuir los "ojos" de las Fuerzas de la Providencia Masculina (*Tiferet*)] con sus propios ojos, al Altísimo retornando a Sión» [la palabra "ojo" de este versículo es expresada en forma singular, ya que también los "ojos" al nivel de *Tiferet* estarán entonces imbuidos del blancor luminoso provenientes de *Keter*, expresado en forma singular "el ojo generoso", y en consecuencia se mitigarán las expresiones de justicia estricta que suelen provenir de *Tiferet* y se llenará Su providencia de compasión así como sucede al nivel de *Keter*]. De igual modo, enseña el Zohar que,[1465] «los *tzadikim* justos y puros merecerán ver con *la luz de Jojmá*-sabiduría», ya que, como dice el versículo, «el ojo del Altísimo se dirige hacia los que Le temen». ¿Cuándo ha de suceder esto? «Cuando regrese el Altísimo a Sión»; y también está escrito,[1466] «Tú, El Altísimo, apareciste ojo a ojo y Tu nube está sobre ellos».

Es evidente que, como indica el Zohar, sólo los *tzadikim* que vigilan el modo en que usan los ojos merecerán un nivel tan excelso.

Nuestros sabios han discutido otra costumbre importante acerca de la adquisición de pureza en relación con el versículo,[1467] «El temor de El Altísimo es puro»:[1468]

1462. Salmos 33:18.

1463. Isaías 52:8.

1464. Los *tzadikim*-justos que se esfuerzan en fijar su atención como indicado en el texto, verán la inmensa compasión proveniente del excelso nivel de revelación Divina al que alude la Torá como «ojo generoso» dirigida a *Tiferet* o las Fuerzas de Providencia con la intención que se intensifique Su compasión hacia la Creación, como expresado en *Shir Hashirim*-el Cantar de los Cantares 5:12, Sus ojos son como palomas junto a los arroyos, bañadas en leche.

1465. Zohar *Naso* 130a.

1466. Números 14:14.

1467. Salmos 19:10.

1468. Tratado *Yomá* 72b.

> Dijo Rabí Iojanán: este versículo se refiere a quien estudia la Torá con pureza, como por ejemplo el que se casa con una mujer y después estudia Torá.

No cabe duda de que para que la mente del hombre pueda vincularse a su Hacedor, tiene primero que casarse, y como consecuencia, se le purificarán los pensamientos. Es absolutamente imposible que un hombre sin esposa alcance la perfección, ya que es deficiente e incompleto, *y en este sentido, se le considera* defectuoso. Sólo cuando el hombre se casa se vuelve completo, como dice el versículo,[1469] «Los creó hombre y mujer. Los bendijo y los llamó Hombre el día que fueron creados»; el Zohar discute este tema con profundidad.[1470]

Otro aspecto de la pureza se relaciona con la,[1471] «Mesa pura» del Templo. Aunque el atributo «pura» *en este caso* se refiere a especificaciones de la ley judía, como han observado nuestros sabios,[1472] no obstante, hay maneras distintas de interpretar la Torá. Podemos decir que la expresión «mesa pura» intenta enseñar al hombre la conducta apropiada: para que su mesa sea pura ha de tener cuidado de no dejarse influenciar por los apetitos de su cuerpo, que provienen de la mala tendencia.

En nuestros días, en que no hay Templo, la mesa del hombre ejerce la función de altar,[1473] y es por medio de su mesa como el hombre recibe la expiación *del cielo*. Al no ceder a las tentaciones de su mala tendencia, de hecho, el hombre las está dominando: así, pues, su mesa se convierte en un altar de expiación que purifica sus trasgresiones.

Pureza del corazón

La pureza también afecta al corazón, como dice el versículo:[1474] «¡Dame un corazón puro, oh *Elo-him*-Creador Todopoderoso!». Éste es el aspecto

---

1469. Génesis 5:2.
1470. Zohar *Vayikrá* 191a.
1471. Levítico 24:6.
1472. Tratado *Yomá* 21b.
1473. Tratado *Jagigá* 27a.
1474. Salmos 51:12.

de la pureza que más afecta a nuestro propósito de alcanzar el vínculo apasionado, ya que, como enseñaron nuestros sabios,[1475] si el corazón es puro, las partes del cuerpo restantes también lo serán:

Así lo han explicado nuestros sabios[1476], a propósito del versículo,[1477] «Yo El Altísimo, busco el corazón y pruebo los riñones [que aluden a los pensamientos recónditos]». ¿Por qué subraya el versículo el corazón y también los riñones? *La respuesta es que* los ojos siguen las advertencias del corazón [que alude a los sentimientos], así como las 248 partes del cuerpo. Como [los pensamientos recónditos que se desprenden de] los riñones aconsejan y el que decide es el corazón, el versículo sólo menciona estos dos órganos, y el Altísimo los pone a prueba. Por lo tanto, dice el versículo,[1478] «Y tú, Salomón, hijo mío, conoce al Creador Todopoderoso de tu padre y sírvele… porque el Altísimo escudriña todos los corazones»; coraz*ones* sugiere la buena y la mala tendencia.

Esto puede ilustrarse con una parábola: un arquitecto construyó una fortaleza, y en ésta diseñó cámaras, alcantarillas y cavernas. Unos días más tarde, nombraron a un recaudador de impuestos, y los habitantes de la fortaleza se escondieron de él en las cámaras y las cavernas. Les dijo él: ¡Necios! ¿Por qué os escondéis? ¿No soy yo quien ha construido la fortaleza, quien ha hecho las cavernas y las cámaras? Asimismo,[1479] «¡Ay de los que se empeñan en ocultarse del consejo del Altísimo! Sus obras están en la oscuridad».

Mencionamos un ejemplo similar en el *Portal del Temor*, sólo que se aplicaba a la persona que trata de ocultarse para trasgredir, mientras que este caso se aplica a la persona que tiene pensamientos *que quiere ocultarle al Altísimo*. Las cámaras y las cavernas de la parábola representan las cámaras del corazón y los riñones.

El que considere *el sentido de esta parábola* se esforzará por purificar su mente, porque el Altísimo le ha creado, y ha hecho su corazón, así como sus riñones. El Altísimo tiene plena conciencia de los impulsos de su corazón; todo está revelado ante Él, y para Él,[1480] «la oscuridad es como

---

1475. *Midrash Tehilim* 14.
1476. *Midrash Tehilim* 14, *Yalkut Yeremiah* 296.
1477. Jeremías 17:10.
1478. I Crónicas 28:9.
1479. Isaías 29:15.
1480. Salmos 139:12.

la luz»: Su Presencia está siempre ante el hombre. ¿Cómo, entonces, puede el hombre no avergonzarse de tener pensamientos contra la voluntad de su Hacedor?

Los sabios del Midrash discuten *la penetrante conciencia Divina* en relación con el versículo,[1481] «grande en consejo»:[1482]

> Dice el versículo,[1483] «He aquí que has hecho los cielos y la tierra con Tu gran fuerza y Tu brazo extendido, y no se Te puede ocultar nada». Dijo Resh Lakish en el nombre de Rabí Elazar ben Azariá, *explicando la implicación de la secuencia de frases en el versículo*: «He aquí que has hecho los cielos y la tierra», y desde el momento *de la creación*, «no se Te puede ocultar nada».

Rabí Hagai citó *el versículo*,[1484] en el nombre de Rabí Itzjak: «Y tú, Salomón, hijo mío, conoce al Creador Todopoderoso de tu padre y sírvele de todo corazón y con el espíritu dispuesto, porque el Altísimo escudriña todos los corazones y entiende todos los pensamientos». Antes de que se formule un pensamiento en el corazón del hombre, ya Le está revelado al Altísimo.

Dijo Rabí Iudán en nombre de Rabí Itzjak: antes de la creación del hombre, sus pensamientos ya Le están revelados al Altísimo. Dijo el propio Rabí Iudán: *dice el versículo*,[1485] «No hay palabra en mi lengua que Tú, oh Altísimo, no conozcas ya»; antes de que comience mi lengua a formular mis palabras, ¡oh Altísimo, Tú ya las conocías!

Sin profundizar en este Midrash, vemos que apoya nuestra tesis. Si considera el hombre que la *Shejiná* mora sobre su cabeza, se dará cuenta de que ha de purificar su mente y su corazón para que la *Shejiná* encuentre en ellos un espacio de morada apropiado.

La mente y el corazón son las dos partes principales del cuerpo humano, de las cuales depende la existencia humana. Por lo tanto, hay que purificarlos de toda mácula, ya que su carácter espiritual es tan excelso que el menor defecto causaría que fuesen imperfectos.

1481. Jeremías 32:19.
1482. *Bereshit Rabá* 9:3.
1483. Jeremías 32:17.
1484. I Crónicas 28:9.
1485. Salmos 139:4.

La mente y el corazón representan el espacio etéreo del mundo de *Atzilut*-Cercanía, como lo explican los *Tikunim*.[1486] Escribió el rey David acerca de la pureza de pensamiento,[1487] «el que tiene manos limpias y corazón puro». Ya hemos discutido el concepto de «manos limpias», y discutimos las enseñanzas de Rashbí al respecto en nuestro desarrollo del rasgo de limpieza. Continúa el Zohar:[1488]

> «Corazón puro»: el que aparta su mente y su corazón del Otro Lado, y los enfoca en el servicio del Altísimo. [Continúa el versículo],[1489] «que no ha llevado Mi alma en vano»; [la ortografía tradicional] *(ktiv) es nafshó*-su alma, mientras que la pronunciación tradicional es *nafshí*-mi alma. La palabra *nafshí* se aplica al aspecto de fe del rey David [el concepto esotérico de *Maljut*: es decir, dice el Altísimo,[1490] «el que no ha jurado en vano por Mi alma», y por tanto no ha causado que las fuerzas de contaminación espiritual se aferren a *Maljut*].
>
> La ortografía tradicional, sin embargo, es *nafshó*, que se aplica al alma del hombre, [y se refiere a un hombre que no haya llevado su alma en vano. Es decir, no se permitió satisfacer los excesos de su corazón, cosa que eventualmente hubiese conducido su alma al ámbito de las fuerzas del mal, que es vano]. Cuando el hombre deja este mundo y se va su alma, [asciende ésta al Jardín del Edén con el mérito] de sus buenas obras. Éstas le permitirán encontrar morada entre los santos seres celestiales, como dice el versículo,[1491] «Yo andaré ante el Altísimo en la tierra de los vivos» [en el Edén]. Esta persona «no ha jurado en vano por Mi alma», [no causó que *Maljut*, llamada «Mi alma» fuese capturada por las fuerzas del mal que son «vanas». Como resultado, su recompensa será que],[1492] «Éste recibirá una bendición del Altísimo» [merecerá ascender al Edén en cuanto deje este mundo].

1486. *Tikún* 55, 88b.
1487. Salmos 24:4.
1488. Zohar *Vayerá* 100b.
1489. Salmos 24:4; traducción literal según la interpretación de *Metsudah Tehillim*.
1490. Salmos 24:4.
1491. Salmos 116:9.
1492. Salmos 24:5.

Este Zohar describe el nivel alcanzado por la persona que perfecciona sus obras y pensamientos, dedicándolos al servicio de su Hacedor. Su alma es parte íntegra de la *Shejiná*, de forma que *nafshó*-su alma y *nafshí*-Mi alma son una sola entidad. Como resultado, en el proceso de la rectificación de su propia alma, está al mismo tiempo rectificando el reino celestial, y su recompensa será que andará «ante el Altísimo en la tierra de los vivos» y que «recibirá una bendición del Altísimo», es decir, la *Shejiná*.

A la inversa, quien lleva su alma en vano causa una mácula, no lo permita el cielo, en el mundo celestial, y como consecuencia, su alma no[1493] «ascenderá a la montaña del Altísimo», ni «podrá estar en Su lugar santo».

El hombre debe purificar su corazón de la envidia, el odio y la rivalidad, así como de las malas normas de conducta relacionadas con el corazón, como la preocupación, la desesperación, la tristeza, la ira, la burla, etc. Por lo tanto, en los *Tikunim* se le pide al hombre que rectifique su corazón purificándolo de todos estos rasgos, para llegar a ser un espacio de morada digno de la *Shejiná*.

La esencia más recóndita del hombre debe concordar con su apariencia exterior: *el buen* vino, que representa la Torá, debe ser conservado y sellado en un receptáculo de primera calidad –el corazón– ya que si se contaminase el receptáculo con el vino de la mala tendencia, debe lavarse por dentro y por fuera tres veces.[1494] Así como la copa usada para la bendición de la mesa, *el corazón* ha de ser enjuagado por dentro y por fuera para que su contenido sea una representación válida de su apariencia exterior:[1495]

> Cuando el receptáculo –el corazón– es puro por dentro y por fuera, [y merece llenarse de Torá] por su cumplimiento de los preceptos [que pertenecen al ámbito del pensamiento, del habla y de la acción,] entonces mora en él la *Jojmá*-sabiduría, así como *Biná*-entendimiento. [Estas fuerzas se relacionan con el corazón, porque el entendimiento abarca la sabiduría. Cuando esto sucede, los conceptos esotéricos de la Torá también moran en el corazón del hombre. Como dice la Torá,][1496] «El Altísimo me hizo como el principio de Su camino», [es decir, sólo un corazón

---

1493. Salmos 24:3.
1494. *Véase* Tratado *Avodá Zará* 33a.
1495. *Tikuné Zohar, Tikún* 28, 72b.
1496. Proverbios 8:22.

puro que es un receptáculo para la Torá merece llegar a ser] «el principio de Su camino», [que alude a la sabiduría de la Torá].

Más aún, si el receptáculo [el corazón] es puro, [se imbuirá de la acción del atributo Divino],[1497] «que limpias», הקנו, [y como consecuencia será digno de entrar en el Palacio para estudiar los conceptos esotéricos de la Torá. En cambio, si no es puro, no merecerá sumirse en los conceptos esotéricos de la Torá para impedir que las fuerzas de contaminación espiritual deriven sustento vital de sus conocimientos de Torá].

Pureza de la mente

También hemos de considerar la pureza del pensamiento, porque el cerebro es un receptáculo importante cuya naturaleza es más refinada que la del corazón. Es por su *importancia intrínseca* que el cerebro se encuentra en el extremo superior de la cabeza porque, como sabemos respecto a los *tefilín*, no se puede rebajar a un nivel más bajo de santidad lo que goza de un nivel superior de santidad.[1498]

Por ejemplo, las correas de los *tefilín* de brazo pueden adoptarse para usarlas en la cabeza; en cambio, las de los *tefilín* de la cabeza no pueden cambiarse para usarlas en el brazo. Las porciones de Torá son idénticas en ambos casos, pero el mero hecho de que las correas de los *tefilín* de brazo se usasen *por algún tiempo* para los *tefilín* de la cabeza les infundió una medida suplementaria de receptividad espiritual. Como resultado ya no se puede rebajarlas a su función anterior para los *tefilín* de brazo.

Así, pues, debemos esforzarnos por purificar nuestra mente lo mejor que podamos. Los que merecen purificar su mente merecerán también gozar en la vida futura lo que, según nuestros sabios, está *reservado* para los rectos –sentarse *en el Edén* con sus coronas sobre la cabeza–.[1499] Les concederán esta corona por purificar su mente con la intención de que la *Shejiná* sea coronada en el futuro.

El concepto esotérico de las «coronas sobre la cabeza» alude a Iehoshua, el *Cohen Gadol* (sacerdote magno):[1500] «Le pusieron una mitra pura

---

1497. Éxodo 34:7.
1498. Tratado *Menajot* 34b.
1499. Tratado *Berajot* 17a.
1500. Zejariah 3:5.

sobre su cabeza». Enseñan los sabios que recibió esta mitra únicamente porque purificó su mente.

Por consiguiente, podemos decir –y parece ser el mensaje esencia– que la «pura mitra» es el premio por cumplir las *mitzvot* relacionadas con la mente, como ponerse *tefilín,* envolverse los *tzitzit* por la cabeza, no afeitarse las patillas, así como la pureza de pensamiento que logra el individuo cuyas intenciones son puras. Mediante estas actividades el hombre logra apegarse apasionadamente a su Hacedor.

¿Por fuego o por agua?

El Zohar y el *Ra'ya Mehemna* presentan posiciones distintas acerca de la pureza. En las porciones de Torá *Koraj*[1501] y *Jukat*[1502] leemos que el *cohen-*sacerdote lograba el nivel de santidad, mientras que el levita se apegaba al estado de pureza. Por consiguiente, el propósito de la vaca *bermeja (pará adumá)* –conectada al lado izquierdo de *Guevurá-*reserva– era más de purificar que santificar, ya que la esencia de la purificación proviene del lado izquierdo.

En cambio, el *Ra'ya Mehemna* observa que la purificación proviene del lado derecho de *Jesed-*bondad, mientras que la santificación proviene del lado izquierdo de *Guevurá-*reserva.[1503] A continuación, revisaremos el proceso de santificación.

Existen dos clases de pureza; una, que proviene por medio del agua, como hemos mencionado, y la otra, por medio del fuego. Es evidente que el agua se vincula al lado derecho –de *Jesed-*bondad–.[1504] El fuego, por otro parte, se vincula al lado izquierdo –de *Guevurá-*reserva– como dice el versículo,[1505] «todo lo que puede resistir el fuego lo pasaréis por él para purificarlo».

Por lo tanto, los utensilios se purifican gracias a estos dos elementos. El agua se usa para los utensilios de cocina que no entran en contacto con el fuego, como lo sugiere el versículo anterior y su continuación, «y todo lo que no puede soportar el fuego, lo pasaréis por agua».

1501. Zohar *Koraj* 176b.
1483. Zohar *Jukat* 180b.
1503. Zohar *Ékev* 273b.
1504. *Véase* Zohar *Sheminí* 41a.
1505. Números 31:23.

A propósito de la purificación de cada alma-*neshamá* de su mácula personal, la índole de la purificación depende del carácter de la mácula en particular. El sabio del Talmud, Rabí Ishmael, discutió las cuatro clases de trasgresiones y la clase de expiación indicada para cada una.[1506] Si el hombre ha trasgredido un precepto de acción o de sentimiento y luego se arrepiente, es perdonado de inmediato, como lo sugiere el versículo,[1507] «Volveos, hijos apóstatas. Yo curaré vuestras apostasías».

La expiación proviene del lado de *Jesed*-bondad, ya que es patente que los preceptos de sentimiento y acción positiva están vinculados a las 248 partes del cuerpo del lado de *Jesed*-bondad, mientras que los preceptos que consisten en prohibiciones están vinculados al lado de *Guevurá*-reserva. El hombre que tiene una mácula como consecuencia de la trasgresión de un precepto de sentimiento y acción positiva de la cual se ha arrepentido, es perdonado de inmediato debido al vínculo con *Jesed*-bondad; y la pureza le llegará por medio de las aguas de *Jesed*.

La trasgresión de un precepto de sentimiento y acción positiva puede ser causada por un sentimiento de indolencia debido al cual la persona deja de cumplir una *mitzvá*, como por ejemplo, *comer matzá* en Pesaj. Si el hombre ha dejado de cumplir *la mitzvá* por indolencia, su rectificación consistirá en adquirir celo y decidir que, de ahora en adelante, cumplirá todo lo que pueda. El agua –es decir, la fuente de energía Divina de la cual proviene la expiación– *completará el proceso de su purificación* limpiando la mácula de su alma-*neshamá de un modo que sólo puede hacerse desde arriba*.

El descuido de un precepto de sentimiento y acción positiva también causará una mácula al alma-*nefesh*, pero no tan profunda como la trasgresión de una prohibición. La inmersión en las aguas de un *mikvé* ayudará a purificar lo que haya dañado al dejar de cumplir la *mitzvá*. Esta diferencia se debe a que, cuando el hombre cumple un precepto, atrae hacia sí una luz Divina que se enrolla alrededor de su alma-*neshamá*. Sin embargo, cuando deja de cumplirla, las fuerzas de contaminación espiritual acudirán de inmediato a morar en él. Las llaman «maldición» y se pegan a todos los lugares desprovistos de santidad.[1508]

1506. Tratado *Yomá* 86a.
1507. Jeremías 3:22.
1508. *Véase* Zohar *Vayjí* 228a; *Terumá* 128a.

Estas fuerzas se apresuran a morar en el hombre, en particular cuando éste deja de cumplir un precepto de acción, *ya que es en los espacios desprovistos de santidad* donde encuentran lo que les es propio y se estimulan.[1509] Para deshacerse de este espíritu de impureza, el hombre debe purificarse en un *mikvé* mediante el contacto con las aguas de *Jesed*-bondad.

Una mácula causada por la trasgresión de una prohibición requiere la segunda clase de expiación: cuando el hombre viola una prohibición y luego se arrepiente, su arrepentimiento suspende *la pena* y recibe la expiación en Yom Kipur. Como dice el versículo,[1510] «en este día él procurará expiación para vosotros, para purificaros».

Cuando el hombre comete un delito capital por el cual estaría condenado al distanciamiento espiritual de *caret* o a la pena de muerte por la corte rabínica-*Sanhedrín*, y luego se arrepiente, su arrepentimiento y Yom Kipur suspenden *la pena* y el sufrimiento completa el proceso de la expiación. Como dice el versículo,[1511] «entonces castigaré sus trasgresiones con la vara y su iniquidad con golpes».

Sin embargo, si el hombre ha profanado el Nombre Divino, etc.[1512].

Observamos que las tres clases de expiación mencionadas se aplican a la trasgresión de prohibiciones. La purificación por todas ellas proviene, pues, del fuego de *Guevurá*-reserva. El ayuno de Yom Kipur purifica, al afligir el alma-*nefesh* de la persona, y también al ofrecer —como en un altar— la grasa y la sangre de la persona que han disminuido, como si se hubiesen derretido por el fuego del sufrimiento.

Como explicaremos, el ayunar[1513] se considera un fuego que purifica al de la mala tendencia *en una interpretación del versículo*, «todo lo que puede resistir el fuego lo pasaréis por él para purificarlo». Asimismo, sufrir aflicciones, para no mencionar el día de la muerte, proporciona una purificación que se asemeja a la del fuego.

La propiedad natural del fuego es quemar por dentro y por fuera hasta blanquear, así como el fuego de la mala tendencia quema al hombre hasta infligirle una mácula. Por consiguiente, la purificación se lleva a

---

1509. Tratado *Eruvín* 9a.
1510. Levítico 16:30.
1511. Salmos 89:33.
1512. *Véase* el Tratado *Yomá* 86a.
1513. *Véase* el *Portal del Arrepentimiento*, capítulo III.

cabo por medio del fuego, ya que, como enseña el Talmud,[1514] «el precepto de "quitar la levadura" sólo puede cumplirse quemándola». Así, pues, es aconsejable que el arrepentido ayune, y también que lleve tela de saco contra su piel para purificarse y blanquearse por dentro y por fuera.

Como la Torá contiene ambas clases de purificación –*por agua y por fuego*– se la compara al fuego, como dice el versículo,[1515] «¿No es Mi palabra como fuego?», así como al agua,[1516] «Todos los sedientos, venid por agua». La Torá representa el concepto esotérico de «la columna central»[1517]; por lo tanto, es propio que lo contenga todo *en una unidad armoniosa*.

Los distintos factores que hemos discutido están todos en la Torá: echar al espíritu de impureza, enfriar el espíritu de impureza del fuego de la mala tendencia, o blanquear la mala tendencia. Por lo tanto, está escrito:[1518] «Las palabras del Altísimo son puras». Rashbí también dijo que la esencia de la pureza proviene de la Torá:[1519]

> ¡Ven y mira! El hombre sólo puede purificarse por medio de las palabras de la Torá. Por lo tanto, las palabras de la Torá no son sensibles a la impureza ritual, porque la Torá purifica a los impuros; [la Torá es como un *mikvé* que purifica a Israel de sus trasgresiones].
>
> La salud [del cuerpo así como del alma] se encuentra en la Torá, como indica el versículo:[1520] «Esto dará salud a tus músculos y médula a tus huesos», y también:[1521] «El temor del Altísimo prolonga los días». La pureza también se halla en la

---

1514. Tratado *Pesajim* 5b.

1515. Jeremías 23:29.

1516. Isaías 55:1.

1517. Las *sefirot* se agrupan en tres «columnas», derecha, izquierda y centro. La disposición de las columnas se basa en las tres primeras *sefirot*: *Keter*-corona, *Jojmá*-sabiduría y *Biná*-entendimiento. Este orden permite la conexión de una con la otra, de modo que el receptáculo de cada una puede contener y trasmitir la luz que entra en ella. La columna derecha, que representa el amor, consta de *Jojmá*-sabiduría, *Jesed*-bondad y *Nezsaj*-dominio. La columna izquierda, que representa la justicia estricta, consiste de *Biná*-entendimiento, *Guevurá*-reserva y *Hod*-empatía. La columna central, que representa la ternura y la compasión, es la síntesis de las otras dos, y consta de *Keter*-corona, *Tiferet*-armonía, *Yesod*-fundamento y *Maljut*-reino.

1518. Salmos 12:7.

1519. Tratado *Kidushín* 80b.

1520. Proverbios 3:8.

1521. Proverbios 10:27.

Torá, [porque purifica al hombre de la impureza que mora en su alma,] como está escrito,[1522] «el temor del Altísimo [la Torá] es sincero y dura para siempre». ¿Qué significa que «dura para siempre»? Significa que [la persona que estudia Torá siempre conservará] su estado de pureza, y éste nunca la dejará.

La pureza de la mente proviene exclusivamente del estudio de Torá, como lo enseñan nuestros sabios,[1523] «El Creador Todopoderoso ha hecho la mala tendencia, y *también* ha hecho la Torá, un medicamento contra ella». Enseña Maimónides:[1524] «Por encima de todo lo que he dicho, el hombre debe concentrarse en las instrucciones de la Torá y ensanchar su entendimiento con sabiduría, porque el pensamiento en infracciones del Pacto sólo puede dominar un corazón que esté vacío de sabiduría. Dice el versículo acerca de la sabiduría,[1525]

Siempre estés embriagado con su amor.

Así, pues, hemos tratado la pureza de la Torá al final de la sección acerca de la pureza, ya que equivale a todas las otras maneras de obtener pureza reunidas y constituye su esencia misma.

«Asi como yo soy santo...»
Dos clases de impureza

La pureza conduce a la *kedushá*-santificación. El *sabio del siglo XII llamado Raabad* —Rabí Abraham ben David de Posquières— inició el *Portal de la Santidad* de su propio libro—*Ba'alé Hanefesh*— explicando la enseñanza,[1526] «la pureza conduce a la santidad», y citando el versículo,[1527] «os santificaréis y seréis santos, pues Yo soy...».

1522. Salmos 19:10.
1523. Tratado *Kidushín* 30b.
1524. *Hiljot Isuré Biyá* 22:1.
1525. Proverbios 5:19.
1526. *Ba'alé Hanefesh: Sha'ar Hakedushá*.
1527. Levítico 20:7.

Escribe *Raabad* a continuación:

> Comenzaré por clarificar la diferencia entre las dos clases de santificación mencionadas en este versículo, así como la *baraita* de Rabí Pinjas ben Yair, que declara que la pureza conduce a la santificación. Explicaré qué es pureza y qué es santificación, y al basarnos en esto comprenderéis en qué consisten estas dos clases de santificación. Existen dos clases de impurezas: una de éstas es consecuencia del contacto físico y la otra no.
>
> Las impurezas que son consecuencia del contacto físico incluyen: tocar el cadáver de un animal *(nevelá) [que murió por sí solo o fue despedazado]*,[1528] o mover la *nevelá de manera indirecta;* tocar bichos o reptiles; tocar la cama de un *zav* o una *zavá –hombre o mujer que hayan tenido flujo–* o tocar a una persona que tenga la peste; tener pérdida de líquido espermático *(keri)*, o tener contacto con la impureza de la muerte; cometer infracciones del Pacto, cualquiera que sea su índole [sea por un hombre solo sea por quien] establece relaciones ilícitas o tomar comidas prohibidas.
>
> Éstas son las impurezas por contacto físico. El que es culpable de violar el Pacto o de comer lo prohibido se llama «impuro», como dice el versículo,[1529] «No te impurifiques por medio de ninguna de estas cosas; pues a través de todas ellas se impurificaron las naciones que yo expulso de ante vosotros».
>
> Las impurezas que no se relacionan con el contacto físico incluyen ver con los ojos, oír con los oídos y expresar con los labios lo que no es propio de ver, oír y decir, así como centrar los pensamientos del corazón en lo prohibido.
>
> La pureza también distingue entre el contacto físico y el que no lo es. La purificación de la pérdida de líquido espermático-*keri*, la peste y la impureza de la muerte requieren la inmersión ritual, y las aspersiones *–con agua que contenía cenizas de la vaca bermeja en los días del Templo–* y por otros métodos de purificación relacionados con la peste; ésta es la purificación requerida por el contacto físico.
>
> La pureza que no se vincula con el contacto físico incluye alejarse de la trasgresión y de la prohibición, adquirir la limpieza de

---

1528. En *The Living Torah, Levítico* 17:15, R. Kaplan traduce la expresión *nevelá*: cadáver de un animal que no fue degollado según las leyes rituales judías.
1529. Levítico 18:24.

corazón, de pensamientos y de palabra, cerrar los ojos y taparse los oídos ante todo contacto con el mal. Todos *los que son vigilantes de éstos* se llaman «puros». Como dicen los versículos,[1530] «de todas vuestras trasgresiones ante el Altísimo seréis purificados»;[1531] «de todas vuestras impurezas, y de todos vuestros ídolos os limpiaré;[1532] «el que cierra sus ojos para no mirar el mal»;[1533] «el que ama la pureza de corazón, el que tiene gracia en sus labios, tendrá como amigo al propio Rey»;[1534] «el que tiene manos limpias y corazón puro».

El que toma estas precauciones se considera puro, y quien no las tiene se considera impuro. El que habla de temas indecorosos es un «hombre de labios impuros»,[1535] mientras que el que tiene cuidado de evitarlos tiene «labios puros».

Vemos, por lo tanto, que la impureza, así como la pureza, tienen ambas dos facetas. Sin embargo, alejarse de la impureza de las trasgresiones y prohibiciones es diferente de alejarse de otra clase de impurezas.

De la pureza a la santificación

El que se aleja del contacto físico con diferentes clases de impureza tan sólo recibe el atributo de «puro», como dice el versículo,[1536] «se lavará en el agua y se volverá puro». En cambio, el que se aleja de las trasgresiones y prohibiciones recibe los atributos «puro y santificado». Como hemos visto, es puro, y también santificado, como sugiere la sección de la Torá acerca de las infracciones del Pacto,[1537] «os santificaréis y seréis santos». Asimismo, en la sección de la Torá acerca de los bichos y reptiles está escrito,[1538] «os santificaréis y seréis santos, pues Yo soy Santo».

1530. Levítico 16:30.

1531. Ezequiel 36:25.

1532. Isaías 33:15.

1533. Proverbios 22:11.

1534. Salmos 24:4.

1535. Isaías 6:5.

1536. Levítico 14:8.

1537. Levítico 20:7.

1538. Levítico 11:44; traducción basada en la de A. Kaplan, *The Living Torah*.

Más aún, a la inversa de la impureza que proviene de la trasgresión o de violar una prohibición, la que proviene del contacto físico no trae consigo la impureza de pensamiento. Por lo tanto, así como el hombre debe alejarse de lo que pudiese ocasionar una trasgresión, así también ha de evitar pensar en ello.

Es importante que el hombre no piense en trasgredir; si penetrase un pensamiento prohibido en su corazón, debe erradicarlo enérgicamente, y aún más evitar imaginarse llevando a cabo una trasgresión. *La razón de esta advertencia* es que la imagen mental de un acto ejecutado conduce a la persona a llevar a cabo dicho acto; por lo tanto, el pensamiento *en la trasgresión* es tan perjudicial como el acto mismo. Así, pues, dice el versículo,[1539] «[consideraré] a toda la casa de Israel responsables de sus pensamientos».

Ésta es la segunda, más excelsa índole de santificación, acerca de la cual nos advierte el versículo, «os santificaréis» – en vuestras obras; y «seréis santos» en vuestro pensamiento. *Esta segunda clase de santificación* se vuelve aparente por el final del versículo, «porque Yo soy santo»: así como Yo soy santo, tanto en obra como en pensamiento, así también debéis serlo vosotros. Aprendemos, pues, que no puede decirse que un hombre se haya santificado hasta que lo haya hecho en sus obras así como en su pensamiento.

Y ahora, has de comprender que un hombre no puede alcanzar este rasgo a menos que ejerza su voluntad de negarse a sí mismo *algunos de los placeres* de los que tiene el derecho de disfrutar, ya que éstos constituyen la autopista hacia la trasgresión. Por lo tanto enseña el Talmud,[1540] «si un hombre pone la mano bajo el vientre, habrían de cortársela», y también,[1541] «si el hombre sujeta su órgano viril al orinar es como si hubiese ocasionado un diluvio en el mundo».

De igual modo le preguntaron a *Rabí Iehudá HaNasí, a quien llamaban «Rabí»*,[1542] «¿A qué se debe que le llamen "nuestro santo maestro"?». Respondió: «Nunca he mirado mi miembro viril». «Si es así», *le dijeron,* «a Rabí Iose también deberían haberle lla-

---

1539. Ezequiel 14:5.

1540. Tratado *Nidá* 13b.

1541. Tratado *Nidá* 13a.

1542. *Véase* el Tratado *Shabat* 118b; citamos una versión de la anécdota del Talmud que sigue más completa de como aparece en el texto de Rabí de Vidas.

mado "nuestro santo maestro"». *Responde el Talmud que en el caso de Rabí, no sólo no miró nunca su órgano viril, como dicen de Rabí Iose, sino que nunca metió la mano bajo el cinturón*».

Todas *las precauciones que tomó Rabí* eran para evitar que le viniesen a la mente pensamientos lascivos. Así, pues, la mala tendencia discute con el hombre y le persigue para tentarle. Sus tácticas consisten en empujar al hombre a saciarse y cumplir todos sus deseos con todo lo que le es permitido. A continuación, después de que la mala tendencia haya acostumbrado al hombre a satisfacer todos los deseos que se le antojen, cuando llega el momento de que los placeres permitidos no están a su alcance, le incita a satisfacerse mediante un trasgresión de menor importancia. De la trasgresión de menor importancia le conduce a una violación más grave, hasta que termina por decirle: Ve y participa en actos de idolatría y niega la existencia de Quien habló y vino a ser el mundo, porque no hay juicio, ni Juez, ni Jardín del Edén, ni *Gehinom*, ni mundo venidero.

Así, pues, el sabio *rey Salomón* escribió en *el libro de Eclesiastés*,[1543] «Eso es un (grave) mal entre todo lo que ocurre bajo el sol»,[1544] «los vivos saben que morirán»,[1545] «come tu pan con alegría», y[1546] «Disfruta la vida con la mujer que amas». Todas las citas que anteceden, *dice el Talmud*,[1547] están sugeridas por la mala tendencia. No desarrollaremos la interpretación de estos versículos, como lo hizo *Raabad*, para no prolongar nuestro ensayo.

Continúa *Raabad*: por lo tanto, el hombre debe ejercer su voluntad y luchar contra sus tentaciones, para que su alma alcance un nivel más elevado que el de los animales, que no tienen nada que les impida satisfacer todo lo que se les antoje.

Los apetitos que dominan al hombre provienen del poder de su alma funcional, o sea animal. Los trasgresores que se dejan llevar por sus tentaciones se asemejan, por lo tanto, a los anima-

---

1543. Eclesiastés 9:3.
1544. Eclesiastés 9:5.
1545. Eclesiastés 9:7.
1546. Eclesiastés 9:9.
1547. *Véase* Tratado *Shabat* 63b.

les, como podemos apreciar en el versículo,[1548] «Pero el hombre no perdura en su honor; *es como las bestias que perecen*, y también:[1549] «¿Quién sabe si el espíritu del hombre va hacia arriba y el espíritu de la bestia va hacia abajo en la tierra?». El «espíritu del hombre» mencionado en este versículo es el alma de los rectos que asciende, y el «espíritu de la bestia… que va hacia abajo» alude al alma de los trasgresores que se asemejan a las bestias.

El mensaje de *Raabad* puede derivarse del versículo:[1550] «Todos van al mismo lugar. Todos ellos vienen del polvo, y al polvo vuelven». La muerte no distingue: no hay diferencia entre la muerte de la persona recta y la del trasgresor, y ni siquiera entre la muerte del hombre y la de la bestia: todos mueren y vuelven al polvo.

Nadie puede distinguir entre un *alma* y otra. ¿Quién sabe el nivel del alma individual, si el alma de un recto ascenderá al cielo, o si la de un trasgresor bajará bajo tierra, a las profundidades del mundo de los muertos?

Nadie en el mundo, sino el Creador, conoce el valor *intrínseco* de cada alma. Esto lo enseña la Torá. Los pensadores de Torá tienen conciencia de ello, pero no existe prueba externa que revele *lo que suceda más allá* de la muerte, ya que en este respecto, todos son iguales.

Pregunta por lo tanto *Raabad*, «¿quién sabe…?».

Quién puede identificar el valor de cada alma, ya que si hubiese una señal que indicase el valor individual, ¡tanto el sabio como el necio tendrían conciencia de ello! Pero no existe tal señal.

Las almas son todas iguales a la hora de la muerte: todas regresan a lo que fue el objeto de sus anhelos cuando vivían. El alma de un hombre recto proviene del espacio celestial en que mora el intelecto Divino; la mantiene su intelecto y añora la fuente Divina de donde es oriunda. Allá regresará después de la muerte. Por otra parte, el alma de un trasgresor ansía las vanidades de este mundo y sus placeres. No recuerda el lugar de donde es oriunda y después de la muerte regresará al objeto de sus apetitos, *termina Raabad*.

Al final de su *Portal de la Santidad*, *Raabad* ofrece una breve interpretación de los rasgos de carácter de los que tratamos:

1548. Salmos 49:13.

1549. Eclesiastés 3:21.

1550. Eclesiastés 3:20.

El hombre debe llevar a cabo sus ocupaciones con fervor, y cumplir los preceptos con celo, no con indolencia. Si se enfrenta con una trasgresión, aplicará su celo a huir y alejarse de ella.

El objeto de la limpieza es quitar la suciedad del cuerpo del hombre así como de su ropa, ya que enseñan,[1551] «si un sabio de Torá lleva ropa manchada de grasa se expone a la pena de muerte». El concepto de la pureza se deriva del de la impureza: cuando el hombre trata de protegerse contra las causas de la impureza, se purificará y comerá incluso sus alimentos diarios —*no sólo las porciones sagradas de los sacrificios en los días del Templo*— con pureza.

La *kedushá*-santificación se aplica al corazón y a la mente, así como hemos visto. La *Jasidut*-piedad refleja la abnegación del *jasid*-piadoso, que siempre va más allá de lo que especifica la ley escrita. *Raabad* discute estos rasgos según aparecen en el Talmud de Jerusalén.[1552]

Retomaremos ahora nuestra propia discusión de la afirmación «la pureza conduce a la santificación», así como al resto de *la baraita de Rabí Pinjas ben Yair*. Aunque no hemos discutido la abstinencia, ya que consideramos que forma parte de la santificación, sí ofreceremos algunas ideas al respecto, según la versión del Talmud que hemos consultado.[1553]

Como hemos explicado en el *Portal de la Santidad*, la santificación abarca dos ramificaciones. Una de éstas pertenece a la categoría de «huir del mal», mientras que la otra equivale a «hacer el bien». Nuestra fuente talmúdica define la abstinencia como subcategoría de «huir del mal», y clasifica la santificación como «hacer el bien». Sin embargo, según el Talmud de Jerusalén, que no distingue el concepto de abstinencia, ambas ramificaciones caben bajo la santificación.

El significado del principio «la pureza conduce a la santificación» es el siguiente. La esencia de la pureza consiste en cuidar las partes del cuerpo de toda mácula: se aparta la lengua de la calumnia; se evita mirar *cualquier escena* que falte de modestia con los ojos, y se apartan las demás partes del cuerpo, de su mácula correspondiente.

1551. Tratado *Shabat* 114a.

1552. Tratado *Shekalim* 3:3.

1553. Tratado *Avodá Zará* 20b.

La santificación, sin embargo, difiere, en el sentido de que *es un proceso interno* que penetra aún más, *en lo más recóndito del fuero interno: el que quiere santificarse* no se limita a evitar la calumnia, sino que guarda el mayor silencio posible. Para alcanzar la santificación de los ojos, no dirigirá su mirada más allá de los cuatro medidas-*amot* que le rodean, así como hemos explicado en el *Portal de la Santidad* acerca de cada parte del cuerpo.

La humildad

Raabad, de bendita memoria, explica cómo la pureza conduce a la santificación y la santificación a la humildad. Su mensaje es que quien logra santificarse podrá adquirir humildad sin esfuerzo. Esto se debe a que el hombre consigue santificarse alejándose de los asuntos de este mundo, con el firme objetivo de vincularse a su Hacedor, como lo indica el versículo,[1554] «Santos seréis, pues Yo soy Santo, el Altísimo, vuestro Creador Toopoderoso». Consulta su interpretación de este versículo.

Cuando un hombre está apasionadamente vinculado a su Hacedor, ser humilde no representa un esfuerzo para él, y si sucediese que le avergonzaran y le humillaran, no estima este mundo lo suficiente como para sentir la necesidad de defenderse. Lo que sea que digan de él, sólo concierne a este bajo mundo y las necesidades de su cuerpo.

Incluso si la gente le humilla acerca de las máculas de su alma, la santidad intrínseca de su propia alma le impedirá afligirse por la mortificación de que es objeto. El alma *acepta este sufrimiento* para expiación a sus trasgresiones. Todo esto lo causa el Altísimo para ayudar al hombre a expiar sus trasgresiones. *Cuando un pariente de Saúl le maldijo,* exclamó el rey David:[1555]

> Dejad que maldiga, porque el Altísimo le ha dicho: «Maldice a David». ¿Quién entonces ha de preguntarle por qué hace eso?

Más aún si resulta el alma avergonzada, [encuentra refugio en la conciencia que] su Amo, a Quien está apegada, la protegerá. Por lo tanto, dijo el rey David:[1556]

1554. Levítico 19:2.
1555. II Samuel 16:10.
1556. Salmos 38:15-17.

«Sí, me he vuelto como hombre que no oye, y en cuya boca no hay argumentos. Porque por Ti, oh Altísimo, esperé. Tú responderás, oh Omnipresente, mi Creador Todopoderoso».

Otro aspecto de la humildad es que cuando un siervo se encuentra con su amo, si viniese un hombre y le insultase en presencia del rey, sería falta de respeto responder en su defensa. Por estas dos razones[1557] observó el rey David, «Por Ti, oh Altísimo, esperé». David tenía en mente la segunda razón al especificar «Por Ti, oh Altísimo, esperé», haciendo señalar así que era él como un siervo ante su amo, esperando que su amo hablase en su defensa.

Respecto a la primera razón podemos decir que motivó el comentario del rey David, «Tú responderás, oh Omnipresente, mi Creador Todopoderoso». En otras palabras, como Tú eres mi Creador Todopoderoso y mi alma está vinculada a Ti, es patente que objetarás al verla deshonrada.

El rasgo de humildad también puede ser como el de Moshé: cuando hablaron Aarón y Miriam acerca de él, dice el versículo:[1558] «Y Moshé era un hombre muy humilde». Sugieren los *Tikunim* una explicación posible de su humildad:[1559] tal era el grado de su vínculo apasionado con el Creador que se avergonzaba de distanciarse lo suficiente para poder replicar. Como resultado, el Altísimo contestó por él. Puede también deberse a esta razón que el rey David exclamó, «Tú responderás, oh Omnipresente, mi Creador Todopoderoso».

El rasgo de humildad también impregna al hombre cuando éste trata de percibir la grandeza infinita del Creador. Como Moshé, de bendita memoria, expresó,[1560] «¿Qué somos nosotros?». ¡No somos ni creaciones en comparación a la grandeza del Altísimo! Discutiremos esta faceta en el *Portal de la Humildad*.

En el segundo capítulo del *Portal del Temor* nos referimos a este temor interno, que es el temor a Su grandeza. Este temor sólo puede adquirirlo el que logre primero cierto grado de santificación. Como dice el versículo,[1561] «¡Temed al Altísimo, vosotros que sois Sus escogidos!».

1557. (1) El derecho de responder corresponde al Altísimo y (2) el acto de responder muestra falta de respeto hacia la Presencia Divina.

1558. Números 12:3.

1559. Introducción al *Tikuné Zohar*, 5b.

1560. Éxodo 16:7.

1561. Salmos 34:10.

El que se deja llevar por los placeres de este mundo no teme al Altísimo del todo. Todas las sugerencias que hemos ofrecido para lograr santificarse son esencialmente diferentes aspectos del temor al Altísimo y de la santificación. Por lo tanto, el temor se vincula a la humildad, así como explica Rabí Shimón bar Iojai,[1562] de bendita memoria, citando el versículo:[1563] «El premio de la humildad es el temor al Altísimo». Hemos citado las enseñanzas de Rashbí en el capítulo III del *Portal del Temor.*

Decir que la santificación conduce a la humildad equivale a decir que el temor conduce a la humildad. El hombre merece ser llamado «humilde» cuando al avergonzarle los otros, su reacción innata es pensar que no es digno de que le haya creado el Altísimo, y [en consecuencia] no replica. Sólo el que está convencido de su propia importancia reaccionará respondiendo a quien le ofendió, «*¿Cómo te atreves* a insultar a una persona como yo?».

Sin embargo, cuando el hombre no se considera ni siquiera una creación Divina, como Moshé, que dijo, «¿qué somos nosotros?», es patente que no replicará en su defensa. Si, más aún, piensa que lo que dijeron de él es cierto, o sea, que debido a sus trasgresiones es, en verdad, una criatura defectuosa y que hubiese sido mejor no crearle, no cabe duda de que no va a refutar el insulto.

Cuando el hombre ha logrado santificarse, el rasgo de humildad con todas sus facetas le vendrá como consecuencia natural, porque quien se entrega a la búsqueda de los placeres de este mundo piensa que todo el mundo le pertenece. Como hemos explicado, sólo el que se aleja de los asuntos materiales puede adquirir el rasgo de humildad, porque cuando el hombre es arrogante, el mundo no puede colmar sus necesidades, tal es su amor propio.

Por otra parte, cuando el hombre es sabio, se da cuenta de que todos los beneficios de este mundo son[1564] «una sombra que pasa» y una[1565] «flor muriente». Más aún, el hombre está aquí hoy, pero mañana su alma puede no estar en este mundo. *La conciencia de su situación conduce al hombre a* enfocar todos sus esfuerzos en la preparación de su morada en el mundo venidero. Entonces, se alejará de los apetitos mundanos y atraerá hacia sí las fuerzas de santidad con el fin de vincularse a su Amo. Éste es

---

1562. Introducción al *Tikuné Zohar*, 5b.
1563. Proverbios 22:4.
1564. Salmos 144:4.
1565. Isaías 28:1.

el objetivo esencial, el premio que el alma ansía,[1566] «iluminarse con la luz de los vivientes».

El dolor de la cura

Lo que antecede puede compararse a una parábola: un hombre poseía el sentido de la vista y podía ver la dulzura de la luz. Sucedió que se volvió ciego, y anhelaba el momento en que, con la ayuda de buenos remedios, desapareciese la barrera que le bloqueaba la vista para poder contemplar de nuevo el resplandor de la luz.

Tal es la situación del alma, que es oriunda de la luz del reino celestial. Cuando el Altísimo la aunó a este bajo cuerpo, cesó de contemplar visiones celestiales. El hombre que es sabio usará la santidad de la Torá y de las *mitzvot* como facultades curativas. Éstas enseguida infundirán santidad a su alma y le permitirán vincularse al resplandor de la luz, la luz de la Torá, ya que, como indica el versículo,[1567] «la Torá es luz». Se arrepentirá para derribar la barrera *que formaron sus trasgresiones* entre él y su Creador.

Aunque habrá de sufrir, así como sufre el ciego al sanarse sus ojos mediante una medicina potente o por cualquier otro medio, no obstante, soportará el dolor con paciencia, con tal de ver la luz de nuevo. Habrá momentos en que se llenará de congoja preguntándose si todo esto le ayudará o no.

Sin embargo, cuando el sufrimiento proviene del arrepentimiento, no cabe duda de que le ayudará a borrar la ceguera de su alma. A pesar de que el alma está encubierta de materia, su luz innata prevalecerá sobre la materia del cuerpo, y éste ya no actuará como barrera que le separa del Altísimo. A partir de entonces, no le será difícil adquirir los rasgos de carácter que mencionamos en este estudio, hasta que logre santificarse, lo que conseguirá derribar la barrera erguida ante su alma. Ésta podrá entonces vincularse apasionadamente al Creador.

1566. Job 33:30.
1567. Proverbios 6:23.

Como anillos de una cadena

Los otros rasgos de carácter mencionados aquí –la humildad, el temor al Altísimo y la piedad– están todos conectados el uno al otro formando una cadena cuyo primer anillo es la santificación. La santificación es como la raíz de todos los rasgos, mientras que la humildad y los demás rasgos son como las ramificaciones que provienen de ella, porque, como hemos explicado, el que ya ha logrado santificarse también ha de estar imbuido de humildad. Más aún, es importante tener conciencia del estrecho vínculo que existe entre la humildad y el temor a la trasgresión.

Cuando el hombre considera lo que hemos explicado en el *Portal de la Santidad* acerca de la santificación de cada una de las partes del cuerpo, verá que la humildad tiene forzosamente que venir como consecuencia de la santificación. Ambos rasgos se aúnan y forman una sola entidad, así como hermanos que nunca se separan.

Por ejemplo, si santifica sus ojos, así como indicamos allá, bajará los ojos constantemente, ya que éste es uno de los requisitos fundamentales para la humildad. Si santifica su lengua, es patente que no se permitirá ser respondón como suele serlo el que está enojado. Más aún, si santifica su corazón, tendrá que apartar de sí rasgos tales como la envidia y el odio; de nuevo, esto es señal de humildad. Por consiguiente, podemos ver que todo lo que hay que hacer para adquirir la humildad en realidad depende del esfuerzo gastado por santificarse, como explicamos allá.

Podemos ver otro vínculo entre la santificación y la humildad y entre la humildad y el temor a la trasgresión. La esencia de la santificación del hombre depende del estado de santificación de su mente. En nuestro *Portal de la Santidad* hemos indicado que, según el Zohar, el versículo «os santificaréis y seréis santos» es un mandamiento de santificar la mente.[1568] Sin embargo, la santificación de la mente sólo puede provenir del alma-*neshamá*, como lo explicamos allá.[1569]

1568. Zohar *Vayetse* 154b.
1569. *Portal de la Santidad*, capítulo IV.

La ira y la idolatría

El Zohar[1570] explica el versículo:[1571] «Apartaos del hombre que tiene *neshamá*-soplo en las ventanillas de la nariz (*apó*)». Como la palabra hebrea que expresa el alma-*neshamá* también significa «soplo», y la palabra «apó», que expresa «las ventanillas de la nariz» también significa «su ira», explica el Zohar que cuando el hombre se enfada, se le va su alma-*neshamá*. No sólo la *neshamá*, añade el Zohar, sino también su alma-*nefesh*, así como sugiere el versículo:[1572] «Tú, que te desgarrarás a ti mismo [literalmente: *toref nashó*-(desgarra su alma-*nefesh*)] en tu ira (apó)...»: «[Cuando el Altísimo creó al hombre, lo hizo de forma que las partes de su cuerpo evocasen las sefirot Divinas;] insufló en las ventanillas de la nariz del hombre un alma santa que comprendía tres [partes]: como hemos enseñado, un alma-*nefesh*, un espíritu-*ruaj* y un alma-*neshamá*». Añade el Zohar, «estas tres fuerzas [se aúnan la una con la otra] y forman una sola entidad».

Esta introducción explica las palabras de los versículos que anteceden. Uno de estos dice que el hombre «desgarra su alma-*nefesh* en su ira», y el otro dice que «tiene la *neshamá* en la nariz» (*apó: literalmente,* su ira). En esta introducción, el Zohar subraya que las tres partes del alma están vinculadas en una sola, y por tanto, se van todas *cuando se enfada el hombre*. La mácula que resulta afecta a las tres partes del alma. Como consecuencia de su ira, añade el Zohar, el hombre desarraiga la raíz de santidad de su alma-*neshamá*, sacándola de su morada celestial y la fuerza a morar en el Otro Lado *[el lado de las fuerzas de contaminación espiritual]*.

Cuando se va todo vestigio de santificación de la *nefesh*, del *ruaj* y de la *neshamá*, viene a morar en el hombre un espíritu de idolatría. Indica el Zohar[1573] que si habla con él una persona en ese momento, se considera que ha establecido un vínculo con un elemento de idolatría. Añade el Zohar:

> Si permite el hombre que su santa *neshamá* participe en este «servicio extraño», [que es la idolatría,] esto la envilece y causa

---

1570. Zohar *Tetsavé* 182a

1571. Isaías 2:22.

1572. Job 18:4.

1573. Zohar *Tetsaveh* 182a.

que el hombre abandone su servicio Divino. Más aún, «la santa alma queda desgarrada y presa a la impureza debido a su ira».

Explican los *Tikunim* que no podemos decir que el alma-*neshamá*, que proviene del mundo de *Atzilut*-Cercanía, esté envilecida y manchada,[1574] [...] porque en este etéreo espacio celestial no hay trasgresión, ni muerte, como indica el versículo:[1575] «El mal no habita delante de Ti».

Si una persona cuya *neshamá* proviene del mundo de *Atzilut*-Cercanía tiene una mácula, los *Tikunim* hacen señalar que esto no constituye una mácula en el sentido que empañe la luz de la *neshamá*, sino que causa la partida de la *neshamá* de *Atzilut*.[1576] Hemos citado este Zohar en nuestro *Portal del Temor*.[1577]

Según Rabí Shimón bar Iojai, la afirmación «la santificación conduce a la humildad» indica que el que merece un alma-*neshamá* del mundo de *Atzilut* —que como hemos indicado[1578] es la esencia de la santidad— también merecerá adquirir el rasgo de humildad y no se dejará llevar por la ira. Como consecuencia, no se manchará su *neshamá*. ¡Es patente que no le van a dar una santa y excelsa *neshamá* a quien constantemente le inflija máculas y la obligue a dejarle!

Es inevitable que el que tenga la tendencia negativa de enojarse vuelva a hacerlo repetidas veces por causas carente de importancia. Ahora bien, no cabe duda de que cuando logre obtener la santa *neshamá* de *Atzilut, la propia neshamá le causará* adquirir humildad. Podrá, entonces, controlar su mala tendencia y no perderá su estado actual de santificación. Podemos decir de tal persona,[1579] «no le ocurrirá ningún mal al justo».

En cambio, cuando el hombre no ha merecido la santa *neshamá* —porque todavía le dominan las fuerzas de contaminación espiritual—, *estas fuerzas* le harán dejarse llevar por la ira. Entonces vendrá a morar en él un espíritu de idolatría, porque no se purificó suficientemente de sus trasgresiones.

Por lo tanto, el hombre debe esforzarse por alcanzar el rasgo de humildad por encima de todos los rasgos mencionados aquí, hasta lle-

---

1574. *Tikún* 67, 98b.
1575. Salmos 5:5.
1576. *Tikún* 70, 124a.
1577. Capítulo IX.
1578. *Portal de la Santidad*, capítulo IV.
1579. Proverbios 12:21.

gar a la santidad. Si ya se ha santificado y las fuerzas de contaminación espiritual no tienen dominio sobre él, ¡es patente que no se vaya a desacreditarse enfureciéndose! Esto le afectaría por dentro y por fuera, como lo ha explicado el Zohar.

Moshé, nuestro maestro, de acuerdo con el inestimable valor de su alma, era muy humilde, como lo indica el versículo,[1580] «Y el hombre Moshé era muy humilde, más humilde que cualquier otra persona sobre la faz de la tierra». Sin embargo dice el versículo:[1581] «Moshé se enojó». Explican nuestros sabios que se le olvidó en ese momento una decisión legal:[1582] *se le fue de la mente porque* por más excelso que sea el mérito y el grado de purificación que haya alcanzado un alma, más pequeña es la mácula que puede causarle una imperfección.

El temor a la trasgresión

Lo que antecede nos ayuda a comprender la afirmación «la humildad conduce al temor a la trasgresión». El que llega a merecer una excelsa *neshamá* ha de temerle a la trasgresión, temerle a la menor desviación, porque cuanto más alto se llega, más se teme cometer una trasgresión.

Esto puede asemejarse a una mancha de aceite que cae en la ropa de una persona: no se puede comparar una mancha que ensucie una prenda de lino con una que ensucie una importante vestidura de lana ni con una mancha que caiga en un vestido de seda bordado. Lo mismo sucede con las máculas *espirituales*. No se puede comparar una mácula que afecte al nivel de *nefesh* de una persona, con una que afecte al nivel de *ruaj*, y aún menos con una que afecte al nivel de *neshamá* de la persona.

Por lo tanto, nuestros sabios, de bendita memoria, citaron el versículo[1583] «en torno de Él, hay tempestad». Explican que para Sus hombres rectos —*los que están en torno de Él*— el Altísimo aplica rigurosamente la justicia estricta por una desviación de un pelo,[1584] *porque una mancha mí-*

1580. Números 12:3.
1581. Números 31:14.
1582. *Sifri: Matot* 157.
1583. Salmos 50:3.
1584. Tratado *Baba Kama* 50a.

nima como un pelo es tan grave para una excelsa *neshamá* como lo sería una mácula ancha como una cuerda, para los demás.

Puede que esto haya sido lo que ocasionaba la ansiedad de Rabí Iojanán ben Zacai cuando estaba a punto de morir. Exclamó en ese momento,[1585] «¡No sé por qué camino me llevan!» ya que, debido a su cuantiosa sabiduría mereció un alma-*neshamá* Divina, y en su caso, la menor desviación se consideraría grave.

El hombre que alcanza el nivel de humildad adquirirá sin esfuerzo el temor a la trasgresión ya que será su *propia humildad* quien le infunda temor a la trasgresión. Es importante que se cuide de no enfadarse para evitar perder su alma-*neshamá* e incurrir en las consecuencias del versículo,[1586] «un trasgresor destruye muchas cosas buenas». Si trasgrede enfadándose le será difícil santificarse debido al espíritu de idolatría que ahora mora en su cuerpo, ya que éste no suelta presa con facilidad.[1587]

Por lo tanto, *así como ha protegido su alma no dejándose llevar por la ira mientras se esforzaba por adquirir humildad,* así también temerá la trasgresión. Como *sabe* que la menor desviación constituiría una mácula, teme perder el excelso nivel de su alma. Sucede a veces que la consecuencia de una mácula es perder para siempre la excelsa alma-*neshamá*. Una vez que se ha ido el alma para no regresar, tendrá que luchar para que vuelva a él como antes, ¡y si al menos estuviera seguro de su regreso!

Lo que hemos explicado anteriormente acerca del ascenso de la santidad a la humildad también se aplica al camino hacia el temor de la trasgresión. En verdad, no se puede comparar una persona que viola *la ley* en la presencia del propio rey, con otra que esté en la corte *de su palacio,* ni con otra que esté en el país del rey.

Asimismo, como hemos explicado, el que se acerca al Altísimo mediante sus buenas normas de conducta y tiene conciencia de que se encuentra ante la Presencia Divina, siempre está imbuido de una profunda humildad y así también temerá la menor trasgresión. Se avergonzará de trasgredir delante del Rey que está junto a él, consciente de que no es digno de ofender al Rey en lo más mínimo.

1585. Tratado *Berajot* 28b.
1586. Eclesiastés 9:18.
1587. Zohar *Tetsavé* 182b.

Y a la cumbre: la *jasidut*-piedad. Conciencia de amar al Altísimo

«El temor a la trasgresión conduce a la *jasidut*-piedad»: todos los rasgos de la *Baraita* que discutimos no son más que peldaños que conducen a la piedad, ya que sólo al esforzarse por ser piadoso se adquiere la capacidad de amar al Altísimo. Así dice el versículo:[1588] «Amad al Altísimo, todos vosotros, Sus piadosos siervos».

Cuando el hombre alcanza el nivel de *jasid*-piadoso siente el amor; le viene entonces el Espíritu de inspiración Divina de *Ruaj Hakodesh*. Enseña el Talmud que la piedad supone ir más allá de lo que especifica la ley escrita: *el que es piadoso nunca opta por la opinión rabínica más indulgente, desviándose de los requisitos de la justicia estricta, porque* esto no es apropiado a su nivel de proximidad.[1589]

La piedad –*a la que también llaman «bondad»*– es uno de los atributos del Altísimo con sus criaturas, como indica el versículo,[1590] «se deleita en la bondad», y también,[1591] «grande en mercedes *(Jesed)* y en fidelidad, que prodigas Tus favores *(Jesed)* a miles de generaciones», y muchos otros.

Después de que el hombre siente el más profundo temor hacia su Hacedor, hasta el punto que nunca comete una trasgresión *intencionalmente*, asciende; el Altísimo ya no dirige Su justicia estricta hacia tal hombre, sino tan sólo Su amor. Esto se debe a que cuando el hombre comete una trasgresión, incluso de menor importancia, precisa el atributo Divino de justicia estricta que le purifique y le quite la imperfección que, como resultado, afecta a su alma. Sólo después de que haya recibido la medida completa de justicia Divina que le corresponda podrá recibir de nuevo el amor del Altísimo.

Por lo tanto, le corresponde al ángel Mijael, *que es Sacerdote Magno en el cielo y representa el lado derecho Divino*, presentar las almas de los rectos en el cielo, *así como un sacerdote presentaría su ofrenda*. Como se administra la justicia estricta primero mediante el lado izquierdo Divino,

---

1588. Salmos 31:24.
1589. Talmud de Jerusalén, Tratado *Terumot*, fin del capítulo VIII; *Midrash Rabá: Génesis* 94:9.
1590. Mijá 7:18.
1591. Éxodo 34:6.

las almas son purificadas inicialmente *por el fuego* del río Dinur.[1592] Sólo entonces intercede el lado derecho Divino mediante *su representante, Mijael, que ofrece ahora en el cielo las almas recién purificadas.*

El que quiera adquirir el rasgo de piedad tiene que abarcar todas sus ramificaciones. Analizaremos ahora las ramificaciones de la piedad. La primera ramificación del rasgo de devoción es la Torá, ya que el amor y la piedad provienen de la Torá, como dice el versículo,[1593] «la ley de bondad está en su lengua». Nuestros sabios, de bendita memoria, observaron que[1594] «un ignorante no puede ser piadoso». La sección *Ray'a Mehemna* del Zohar tiene una bella lección al respecto:[1595]

La Torá proviene de *Jojmá*-sabiduría, que representa la letra *Yud* del Tetragrama. El hombre alcanza el nivel de *jasid*-piadoso cuando mete la *Yud* de *Jojmá*-sabiduría en la Torá; *Jesed—Yud*. [La palabra hebrea *jasid* se escribe como la palabra *Jesed* con la letra *Yud* añadida cerca del final]. Un ignorante que no sabe Torá también carece de *Jojmá*-sabiduría, y como resultado, no merece ser *jasid*, porque le falta la *Yud*.

Más aún, para merecer alcanzar este nivel se debe estudiar Torá desde medianoche hasta la luz del amanecer. Como consecuencia de este estudio, el hombre recibe un hilo de *Jesed*-bondad que el Altísimo extiende sobre la *Shejiná* así como sobre todos los que se vinculan a Ella mediante su estudio nocturno de Torá, como suele decirlo el Zohar, en particular en la sección bíblica *Vayikrá*.[1596] También enseñan los sabios del Talmud que cuando una persona estudia toda la noche, un hilo de *Jesed*-bondad la impregna durante todo el día.[1597] Sólo las horas después de medianoche se llaman en hebreo *layla*-noche; las horas de oscuridad antes de medianoche se llaman *layl* como lo explican los *Tikunim*.

Otro factor que ayuda al hombre a adquirir el rasgo de piedad es el de coger *toda oportunidad que se le presente* para cumplir los preceptos de dar caridad y extender su propia bondad a otros, adoptando todas las

---

1592. El Zohar describe el río Dinur como un fuego espiritual celestial cuyo propósito es purificar las almas después de su estancia terrenal.

1593. Proverbios 31:26.

1594. *Avot* 2:5.

1595. Zohar *Tsav* 29b.

1596. Zohar *Vayikrá* 23a.

1597. Tratado *Jagigá* 12b.

ramificaciones de la bondad, como explicaremos más adelante: todo esto forma parte de la piedad.

También es importante ayunar si se tiene la fuerza de hacerlo como enseñan los maestros del Talmud.[1598] Según algunos, si el que se aflige a sí mismo imponiéndose ayunos personales –*además de los que nos manda la Torá*–, se ha santificado y es piadoso.[1599] Otros mantienen que, a la inversa, es un trasgresor, y *como prueba,* éstos citan el versículo,[1600] «el hombre bondadoso hace bien a su propia alma». Asimismo, enseñan nuestros sabios:[1601] dijo Resh Lakish que quien emprende un ayuno *personal* es un *jasid,* y cita el mismo versículo, «el hombre bondadoso hace bien a su propia alma».

Mi maestro cita a Rashí, de bendita memoria, que explica *la aparente contradicción:* «el hombre bondadoso» *(gomel nafshó)* es el que se priva *(priva su alma nefesh)* de comida y de bebida, como lo hizo Isaac el día que fue destetado *(higamel).* También puede comprenderse «el hombre bondadoso» *(gomel nafshó)* como derivado de *tagmul-*terminación, lo que indica que completó el desarrollo de su alma por amor a su Amo.

Podemos comprender por qué se considera que el hombre que ayuna es piadoso, según las enseñanzas del Zohar:[1602] el hombre es como una rosa roja y blanca. Cuando se destila la rosa sobre el fuego, se vuelve blanca, porque el agua que sale de ella es blanca.

De igual modo, cuando el hombre ayuna, su sangre y su grasa se disminuyen con el fuego del sufrimiento, y el aliento que sale de su boca se asemeja al olor de los sacrificios que se han secado al fuego; se vuelven blancos y expían las trasgresiones del hombre. Por lo tanto, el hombre que ayuna se vincula a la bondad Divina, que es el *loben* –el blancor luminoso del atributo de merced.

Es patente que las palabras de Resh Lakish sólo se aplican al hombre que ha trasgredido y tiene que arrepentirse; si ayuna *como parte del proceso de su arrepentimiento,* se le considera *jasid-*piadoso. Como pudo trasgredir

---

1598. Tratado *Ta'anit* 11a.

1599. Es importante notar que las autoridades rabínicas de nuestros días no recomiendan que se emprendan ayunos personales porque el hombre de hoy no tiene el grado espiritual de antaño y puede dejarse llevar por la ira debido a la debilidad que siente.

1600. Proverbios 11:17.

1601. Tratado *Ta'anit* 11a.

1602. Zohar *Shemot* 20a.

con ayuda *de la energía que recibió* del alimento que el Todopoderoso le dio del lado de *Jesed*-bondad, ahora tiene el deber de privarse de comida y bebida. Como consecuencia, completará el desarrollo de su alma medida por medida, ya que su castigo provendrá de la misma fuente que su trasgresión. Como explicamos en el *Portal de la Santidad* lo que le permite al hombre trasgredir es *la energía que deriva* de la comida y la bebida que lo alimentan.

En cambio, un sabio de la Torá que no trasgrede no necesita emprender ayunos *individuales*: aprendemos esto de Hilel el Anciano, como veremos más adelante. Como era Hilel un hombre piadoso que nunca se había enfadado en su vida, el alimentarse representaba para él un acto de bondad *a su alma*.

Añadió Resh Lakish:[1603] «Un sabio de la Torá no tiene el derecho de hacer ayunos personales, ya que al hacerlo, disminuye su servicio Divino». Rashí, de bendita memoria, explicó que la razón por la cual disminuye el sabio su servicio Divino es porque se siente débil y no puede estudiar.

En nuestro tiempo, sin embargo, los sabios de la Torá no son libres de trasgresión, y en particular de la calumnia o de cualquiera de las trasgresiones que ocasionan que se marche la *Shejiná*,[1604] por lo tanto, es provechoso que ayunen. El que objeta, aduciendo que el estudio de la Torá expía las trasgresiones del hombre, debe aprender del rey David, que era un sabio de la Torá y dirigente del *Sanhedrín*-Tribunal de justicia, y sin embargo ayunaba todos los días desde el momento en que trasgredió, como explicaremos en el *Portal del Arrepentimiento*.

Hay otra razón por la cual el que emprende ayunos personales es considerado *jasid*. El que come recibe su alimento por medio de la naturaleza como las otras criaturas que comen para mantener su cuerpo. El mundo fue creado de acuerdo con *las reglas de* la naturaleza, que representa el nombre Divino *Elo-him*.

De hecho, el valor numérico de la palabra hebrea *ha tevá*-la naturaleza es idéntico al del Nombre *Elo-him*. Así, pues, el mundo fue creado por *Elohim*, y este Nombre se menciona 32 veces en la historia de la Creación. Todos *los elementos de* la Creación siguen las reglas de la naturaleza; por ejemplo, el aceite tiene la capacidad de encenderse, y el agua apaga el fuego –como dicta la naturaleza.

1603. Tratado *Ta'anit* 11a.
1604. Las otras tres clases son: la frivolidad, el halago y la mentira.

El que *ha alcanzado el nivel de jasid*-piadoso puede invertir la naturaleza y por consiguiente podrá decir, «¡Que El que le mandó al aceite que se encienda le mande al vinagre que se encienda!». Asimismo, es patente que el hombre que ayuna porque no quiere derivar su placer de la naturaleza como las otras criaturas será mantenido *por la energía de Jesed-bondad*, que es el alimento etéreo del espíritu.

Éste es el alimento de los sabios de la Torá –el nutrimento del alma que proviene de la *Jojmá*-sabiduría, como hemos explicado en el *Portal de la Santidad*.[1605] Así, pues, *el hombre que ayuna* merece que le consideren *jasid– Jesed-Yud–*. La letra *Yud, que representa la Jojmá*-sabiduría, se une a las fuerzas de *Jesed*-bondad para sustentar a los piadosos que se vinculan al Altísimo.

A los ángeles también los sustenta las fuerzas Divinas de *Jesed*, como lo explica el Zohar.[1606] El alma-*neshamá* se mantiene en el mundo venidero mediante las fuerzas de *Jesed*. Indica el Zohar[1607] que *la neshamá* se llama «hija del *cohen*-sacerdote» como dice el versículo,[1608] «la hija del *cohen*-sacerdote a quien un extraño tome por mujer no podrá comer las ofrendas santas».

A menos que la *neshamá* haya sido conectada a una persona que estaba vinculada a un espíritu de idolatría, la mala tendencia, será nutrida por las ofrendas santas que provienen de las fuerzas de *Jesed*. *La fuente espiritual de* todas las ofrendas santas provienen de la letra *Yud, Jojmá*-sabiduría, del lado derecho Divino. *Otros versículos que subrayan la cualidad nutritiva de Jesed son*,[1609] «podrá comer el alimento de su padre», y[1610] «para que los que Me aman hereden posesiones verdaderas», como indica el Zohar.[1611] *La cualidad del Jesed Divino* puede verse en el versículo:[1612] «También de Ti, oh Omnipresente, es la bondad *(Jesed)*. Porque Tú le das a cada cual según su obra».

Cuando el hombre tiene que comer o tomar un baño en la casa de baños, debe hacerlo por el bien de su salud, y entonces también

---

1605. Capítulo XV.
1606. Zohar *Vayera* 170a.
1607. Zohar *Mishpatim* 95a.
1589. Levítico 22:12.
1609. Levítico 22:13.
1610. Proverbios 8:21.
1611. Zohar *Terumá* 166b.
1612. Salmos 62:13.

será,[1613] «el hombre bondadoso [que] hace el bien a su propia alma». Los sabios del Midrash relacionan el verso precedente a Hilel el Anciano, de santa memoria,[1614] referente al versículo,[1615] «si tu hermano se empobrece...»:

> El versículo «el hombre bondadoso hace el bien a su propia alma» se aplica a Hilel el Anciano, que un día, cuando terminó de estudiar con sus discípulos, comenzó a acompañarlos por el camino. Le preguntaron, «¿Adónde va?». Les respondió él: «a cumplir una *mitzvá*. «¿Qué *mitzvá*?», le preguntaron. Contestó: «Lavarme en la casa de baños». «¿Es eso una *mitzvá*?», preguntaron. «Sí», respondió. «A las estatuas de los reyes que ponen en circos y en teatros, las restriega y las enjuaga el que se encarga de cuidarlas. No sólo se gana la vida con este trabajo sino que le estiman los grandes del reino. ¡Cuánto más debemos nosotros *cuidarnos al lavar nuestro cuerpo*, porque hemos sido creados a *Su* imagen! Como dice el versículo:[1616] «en la imagen del Altísimo Él hizo al hombre».
>
> Hilel el Anciano les dijo a sus discípulos cuando terminó de estudiar con ellos: «Voy a hacer una obra de bondad al huésped de la casa». Le preguntaron: «¿Tiene huéspedes todos los días?». Respondió: «¿No es nuestra pobre alma un huésped de nuestro cuerpo? Está aquí hoy, pero mañana, ¡ya no lo estará!».
>
> Otra interpretación posible: el versículo «el hombre bondadoso hace el bien a su propia alma» se refiere al que es caritativo. *Rabí Alexandri explica la continuación del versículo*, «mas el que es cruel atribula su propia carne»: «Esto se aplica al hombre que celebra una ocasión festiva y no invita a sus parientes por la pobreza de éstos». Debido a esto advirtió Moshé al pueblo de Israel,[1617] «ciertamente le darás».

Otra norma de conducta que contribuye a la adquisición del rasgo de *Jesed* es ser humillado por otro y no replicar. Así interpretan los

---

1613. Proverbios 11:17.
1614. *Vayikrá Rabá* 34:3.
1615. Levítico 25:39.
1616. Génesis 9:6.
1617. Deuteronomio 15:10.

sabios el versículo:[1618] «Tú no consentirás que Tu piadoso siervo vea la Destrucción»:[1619]

> El Altísimo se llama *Jasid,* como dice el versículo:[1620] «porque soy *Jasid*-El misericordioso –la palabra del Altísimo». El rey David se llamaba a sí mismo *jasid* como podemos verlo en el versículo,[1621] «guarda mi alma, porque soy *Tu* piadoso *siervo*». Está escrito, «Tú no consentirás que Tu piadoso siervo vea la destrucción»; dijo Rabí Huna en el nombre de Rabí Alexandri: al que oiga que alguien le maldice y, no obstante, guarda el silencio, se le considera *jasid*-piadoso como David, que recibió una maldición pero permaneció silencioso. Ésta es la norma de conducta del que ama al Altísimo, como han explicado nuestros sabios[1622] acerca del versículo:[1623] «Los que Te amen sean como el sol, en todo su esplendor». Enseñan que los que reciben un insulto y no se apresuran a insultar a su vez, así como los que son humillados por otro pero evitan responder, obran por amor a su Hacedor y se regocijan de los pesares que les envía el Altísimo. Dice el versículo acerca de ellos, «Los que Te amen sean como el sol en todo su esplendor».

Entre las normas de conductas relacionadas con *Jesed* se incluye no guardar rencor, no tomar venganza y no enojarse. Tal fue el mensaje de Jeremías el profeta:[1624] «Vuelve, Israel apóstata, dice el Altísimo. No te regañaré, porque soy misericordioso, dice el Altísimo. No seré rencoroso por siempre».

El fundamento *a la base de esta norma de conducta* es que el hombre que se aleja de rasgos como el ser implacable y despiadado con otros y a la inversa, el favorecer a los otros más allá de lo que requiere la justicia estric-

---

1618. Salmos 16:10. La palabra destrucción alude a Sheol-el mundo de la oscuridad, también denominado «*Gehinom*».
1619. *Midrash Tehilim* 17:11.
1620. Jeremías 3:12.
1621. Salmos 86:2.
1622. Tratado *Shabat* 88b.
1623. Jueces 5:31.
1624. Jeremías 3:12

ta, es digno del rasgo de *Jesed*. De hecho, según las normas de la ley, *cuando un hombre humilla a otro,* siempre que no haya odio entre ellos, es propio que *el ofendido* replique y muestre su descontento a la persona que le ha avergonzado. No obstante, si el hombre ofendido perdona al otro merece *adquirir el rasgo de Jesed, porque está imitando la bondad con la cual* el Altísimo trata a Sus criaturas, mediante Su atributo de *Jesed*. Como dice el versículo,[1625] «no nos ha dado lo que merecíamos por nuestras iniquidades».

Enseña el Zohar al respecto[1626] que al que es piadoso se le considera «un ángel del Altísimo, Soberano de los ejércitos». Como dice el versículo:[1627] «Dado que los labios del *cohen* deben guardar conocimiento, y la gente debe buscar la Ley en su boca, porque es el mensajero del Altísimo, Soberano de los ejércitos».

Explica el Zohar que así como en el cielo, Mijael es un Sacerdote Magno, y proviene del aspecto Divino de *Jesed*, así también es el Sacerdote Magno *humano* del lado de *Jesed* un ángel del Altísimo en el mundo terrenal. El hombre que tiene el rasgo de *jasidut*-piedad favorece a todos, más allá de lo que requiere la justicia estricta. Por lo tanto, no se comporta según el carácter propio de este mundo, creado con las fuerzas de justicia estricta, sino como corresponde al mundo venidero, con la letra *Yud,* que indica la derecha Divina, y *Jojmá*-sabiduría, que es la raíz de *Jesed*. Por consiguiente, la piedad es la cúspide de todos los rasgos de carácter.

El versículo «Guarda mi alma porque soy Tu piadoso siervo» justifica lo que hemos enseñado, y puede comprenderse como sigue: al hombre que recibe una humillación, y aunque puede defenderse guarda silencio, se le considera *jasid*. Continúan los sabios del Talmud acerca del tema:[1628]

> Rabí Levi y Rabí Isaac *ofrecieron interpretaciones distintas al versículo que antecede. Explicó* uno de ellos: Le dijo David al Altísmo: «Señor del universo, ¿no soy piadoso? Todos los reyes del Este y del Oeste duermen hasta la tercera hora *del día,* y en cuanto a mí:[1629] "A medianoche me levantaré para agradecerte, por Tus juicios justos"».

1625. Salmos 103:10.
1626. Zohar *Naso* 145a.
1627. Malají 2:7.
1628. Tratado *Berajot* 4a.
1629. Salmos 119:62.

Enseña el otro: le dijo David al Altísimo: «Señor del Universo, ¿no soy piadoso? Todos los reyes del Este y del Oeste se sientan con su propia compañía, haciendo alarde de su grandeza. En cuanto a mí, tengo las manos llenas de sangre *de la menstruación de las mujeres,* del feto y de placenta, *con la que he tenido contacto directo al venir éstas a consultarme, en mi esfuerzo* por declarar a la mujer pura *y permitir que se reúna* con su marido.

Más aún consulto a mi maestro, Mefiboshet, para todo cuanto hago. Le digo: «Mefiboshet, maestro, ¿he juzgado este caso correctamente? ¿Declaré culpable correctamente, exculpé correctamente, declaré impura correctamente, declaré pura correctamente? Y no me avergüenzo *de consultarle*».

Dijo Rabí Iehoshua, hijo de Rabí Idi: «¿Qué versículo *puede citarse para justificar esta enseñanza?*».[1630] «También hablaré de Tus testimonios ante reyes y no me avergonzaré».

Aprendemos de lo que antecede que al que se levanta a medianoche se le considera piadoso. Más aún, al que se achica ante quien es más grande que él y no se avergüenza de pedirle al otro que verifique si la decisión que tomó era correcta se le considera piadoso. Acerca del versículo que citó Rabí Iehoshua, «hablaré de Tus testimonios ante reyes y no me avergonzaré», hemos de aclarar que la palabra «reyes» alude a los sabios de la Torá.

El fundamento que podemos derivar de esta lección talmúdica es que al que hace algo que la Torá no le exige *para ayudar a otro* —por ejemplo, como hemos visto, ayudar a que una mujer sea declarada pura y pueda reanudar sus relaciones con su marido— se le considera piadoso.

Otra ramificación de *Jesed*-bondad es la de corregir al prójimo. Al hacerlo, se le muestra bondad al alma del prójimo. El hombre que recibe la reprobación de otro ha de aceptar la corrección por el amor al Altísimo. Ha de pensar que esta reprobación es una muestra de la bondad del Altísimo hacia él, porque le va a ayudar a salvarse del juicio de *Gehinom*. Como dijo el rey David, de bendita memoria:[1631] «Castígueme el justo con bondad, y corríjame». Hemos desarrollado el concepto de reprobación en el *Portal de la Humildad*.[1632]

1630. Salmos 119:46.
1631. Salmos 141:5.
1632. Capítulo V.

Otra ramificación de *Jesed* es la fe en el Altísimo, como lo indica el versículo,[1633] «pero al que confía en el Altísimo le rodea la bondad». Dice el Midrash:[1634]

> Dijeron Rabí Elazar y Rabí Tanjum: incluso al trasgresor que confía en el Altísimo, le rodea la bondad.

Los sabios del Midrash derivaron esta interpretación de la primera mitad del versículo precedente: «Muchas son las penurias de los malvados, pero al que confía…».

Continúan los sabios del Talmud:[1635]

> El que quiere ser piadoso ha de cumplir los preceptos de los Tratados *Berajot*-bendiciones, *Nezikín*-agravios y *Avot*-Ética de los padres.

Debemos cumplir las instrucciones acerca de las bendiciones porque el que tiene «buen ojo» es bendito como hemos visto.[1636] Hemos de *cumplir* las instrucciones acerca de los agravios, porque el que le causa a su prójimo un agravio indemnizable, es objeto de la *Guevurá*-reserva Divina, *ya que es por medio de él* que se le ha administrado la justicia estricta a su prójimo. Como resultado, se aleja de las fuerzas de *Jesed*-bondad del Donador de todo. Por lo tanto, es importante estudiar las leyes respecto a los agravios, para evitar infligir perjuicios a otro. Finalmente, la razón por la cual *hemos de cumplir* las instrucciones de la Éticas de los padres es evidente.

Antes de merecer el rasgo de *Jesed*, el hombre debe estar imbuido de temor al Altísimo como lo indica el versículo:[1637] «Pero la bondad del Altísimo es de la eternidad hasta la eternidad para los que Le temen». Esto se debe a que para trepar por la escala *de los rasgos,* primero se llega al temor y sólo después a *Jesed*. Llaman a la *Shejiná* «Temor» y el hombre debe adquirir todas las facetas del temor que Ella representa. A continua-

---

1633. Salmos 32:10.

1634. *Vayikrá Rabá* 15:4.

1636. Tratado *Baba Kama* 30a.

1636. *Véase* el capítulo X, nota 150, en la sección «Expresión de alegría mediante las bendiciones».

1637. Salmos 103:17.

ción, asciende el hombre al reino de *Tiferet* - las *Fuerzas* Masculinas *de la Providencia,* que equivalen a *Jesed.*

Enseña el Zohar que el *tzadik* lleva el nombre de *Jesed; Jesed* se vincula con *Guevurá*-reserva y *Guevurá* lleva el nombre de temor.[1638] El hombre tiene que ser primero vigilante referente a los preceptos que consisten en prohibiciones y luego merecerá el rasgo de *Jesed* al cumplir los preceptos de sentimiento y acción positiva.

Los particulares del temor son los rasgos que hemos mencionado aquí; la vigilancia, la limpieza y la pureza. Profundizaremos más en la discusión de estos rasgos en el *Portal de la Santidad.* Todos los rasgos que hemos mencionado en esta puerta son peldaños de ascensión que conducen al hombre a ser piadoso.

A propósito del versículo que citamos anteriormente: «Desde la eternidad hasta la eternidad la bondad del Altísimo es para los que Le temen», señala el Zohar que el que merece *sentir temor hacia el Altísimo* también merecerá alcanzar la humildad y la piedad.[1639]

> Dijo Rabí Elazar: [Las palabras del versículo], «para los que Le temen» [nos enseñan] que el que *teme la trasgresión* lleva el nombre de *adam*-hombre, ya que el que tiene temor, humildad y piedad lo tiene todo [todos los rasgos].
>
> Preguntó Rabí Iehudá: ¿No hemos aprendido que [la palabra *adam*] se aplica al que incluye dentro de sí al macho y a la hembra, [como dice el versículo,[1640] «los creó macho y hembra», en lugar del que teme la trasgresión?]
>
> Le dijo [Rabí Itzjak]: ¡Por supuesto! El que aúna dentro de sí al macho y a la hembra, [es decir, cuando un hombre se casa,] le llaman *adam* (un hombre).[1641] Ahora bien, a partir de este momento puede también aspirar al temor de la trasgresión. Más aún, se le concede entonces el rasgo de la humildad y el de la piedad.

1638. Zohar *Nasó* 142a.

1639. Zohar *Nasó* 145b.

1640. Génesis 1:27.

1641. Un hombre solo no puede completar la rectificación que tiene que hacer en este mundo. La raíz espiritual del alma se compone de una mitad masculina y otra femenina, que encarnan a este mundo como hombre y mujer. La encarnación de ambos no necesariamente sucede simultáneamente; sólo cuando el hombre es recto alcanza el privilegio de encontrar y casarse con su verdadera compañera.

[En cambio,] el que no incluye dentro de sí al macho y a la hembra no tiene temor [ya que si le temiese a la trasgresión no habría permanecido sin casarse. Por consiguiente, no tiene] ni humildad ni piedad. Así, pues, «un hombre» se aplica al que reúne todos [los rasgos]: como se le considera «un hombre», la *shefa*-energía [de las fuerzas de *Jesed* se enfocan sobre él], y le conceden el rasgo de *jasidut*-piedad, como dice el versículo:[1642] «Porque dije: "Para siempre es edificada la bondad"».

Estimo que las enseñanzas de Rashbí acerca del concepto del hombre se comprenderán mejor tras estudiar el análisis que ofrece el Zohar de las letras que forman la palabra *adam*-hombre.[1643]

Cuando el hombre adquiere todos los rasgos que representan *Jesed*, desarrollados aquí así como los otros rasgos que hemos mencionado, le viene el Espíritu de inspiración Divina de *Ruaj Hakodesh*. Considero que ésta era la intención de los sabios del Talmud al decir,[1644] «el que quiera volverse sabio que se vuelva hacia el Sur». El sentido de esta declaración es que el que quiera merecer que se le conceda el rasgo de *Jojmá*-sabiduría tiene que adquirir primero los rasgos que se asocian con *Jesed* –que lleva el nombre de «Sur»– porque *Jesed* es la morada de la *Jojmá*-sabiduría. Por consiguiente, al adquirir los rasgos de *Jesed*, es patente que merecerá la *Jojmá*-sabiduría que mora en ella.

A *propósito del camino que conduce al* Espíritu de inspiración Divina, el profeta Eliyahu enseña:[1645]

Dice el versículo:[1646] «Deborá era profetisa». ¿Por qué cualidad especial mereció Deborá llegar a ser profetisa y jueza del pueblo de Israel? ¿No servía Pinjas, hijo de Elazar *como juez y profeta de Israel* en ese tiempo? Invoco al cielo y a la tierra por testigos que a todo individuo, hombre, mujer, sea judío o no, libre o esclavo, puede venirle el Espíritu de inspiración Divina *(Ruaj Hakodesh)*. Todo depende de su conducta.[1647]

1642. Salmos 89:3.
1643. Zohar *Bereshit* 34b.
1644. Tratado *Baba Batra* 25b.
1645. *Tana debe Eliyahu*, capítulo IX.
1646. Jueces 4:4.
1647. La traducción del mensaje de Eliyahu se adapta a la de Rabí Aryeh Kaplan, z"l.

La conclusión de la enseñanza de Eliyahu acerca de Lapidot, el marido de Deborá, es notable.[1648]

Esto concluye el capítulo.

1648. Como Lapidot era analfabeta, y por lo tanto no podía estudiar Torá, sugirió Deborá que hiciese mechas y las llevase al santo Templo en Shiloh. Como las mechas que hacía eran gruesas, los hombres podían estudiar Torá durante muchas horas durante la noche. Fue por el mérito del consejo que le dio a su marido que recibió Deborá el Espíritu de inspiración Divina de *Ruaj Hakodesh*.

Capítulo XII

EN ESTE CAPÍTULO EXPLICAREMOS QUE PARA AMAR AL ALTÍSIMO Y SER PIADOSO HAY QUE ADQUIRIR TRES RASGOS: EL PRIMERO ES CONFIANZA ABSOLUTA, EL SEGUNDO, FE Y EL TERCERO, ALEGRÍA.

La palabra hebrea «bitajón» define la convicción interior que sugiere la confianza absoluta. Dice el versículo:[1649] «Al que confía en el Altísimo le rodea la bondad».

Emuná-Fe: nuestro padre Abraham fue el primer creyente, como dice el versículo,[1650] «Y él (Abram) tuvo certeza en el Altísimo». *Amaná*-creencia es la primera palabra mencionada en la Torá que indica fe. Asimismo, está escrito en Deuteronomio,[1651] «Él es el Altísimo, tu Creador Todopoderoso –Él es el Creador Todopoderoso, el Creador fiel, Quien guarda el pacto», y también,[1652] «un Creador Todopoderoso de fe sin iniquidad, justo y recto es Él».

En su discusión del versículo,[1653] «Entonces Moshé (Moisés) y los Hijos de Israel quisieron cantar esta Canción al Altísimo», los sabios del Midrash nos hablan de la fe:[1654]

Dice el versículo:[1655] «Mira desde la cima del Amaná, desde la cumbre de Senir y del Hermón». «Desde la cima del **Ama**ná» se refiere a

---

1649. Salmos 32:10.
1650. Génesis 15:6.
1651. Deuteronomio 7:9.
1652. Deuteronomio 32:4.
1653. Éxodo: 15:1.
1654. *Shir Hashirim Rabá* 4:8 y *Shemot Rabá* 23:5.
1655. Cantar de los Cantares 4:8.

Abraham, de quién está escrito que «tuvo certeza *(he- emín)* en *Hashem*»; «desde la cumbre de Senir» se refiere a Itzjak; «y del Hermón» se refiere a Iaacov.

Enseñan los *Tikunim*:[1656]

> Dice el versículo:[1657] «la fidelidad de Tus tiempos…»; la fe que hemos de tener en la bondad *(Jesed)* del Altísimo se aprende de *Zeraim* (literalmente, 'semillas') –el primer orden de la Mishná–. [Explica Rashí que el hombre le muestra su fe al Altísimo separando los diezmos de su cosecha como se lo pide la Torá].

Más aún:

> La fe alude a las Fuerzas Femeninas de la Creación del lado de *Jesed*-bondad [*Biná* lleva el nombre de «Fe» y el plantar y germinar de las semillas proviene de *Jesed*]. He aquí la plegaria *Shemá* [en el Orden de *Zeraim*, Tratado *Berajot*, se encuentran las leyes acerca del *Shemá*] –que representa la fe–. [Cuando los Hijos de Israel recitan el *Shemá*, están declarando su fe en la unidad del Creador y aceptando el yugo de Su Reino; más aún, están vinculándose a las fuerzas celestiales de *Jesed*-bondad].

Simjá-Alegría: explica el Zohar que el *cohen*-sacerdote alegra *a la gente*,[1658] como dice el versículo,[1659] «servid al Altísimo con alegría».

Desarrollaremos ahora cada uno de estos rasgos y subrayaremos *las facetas que caracterizan cada uno de ellos*, porque esto elucidará en qué consiste el amor perfecto al Altísimo.

1656. *Tikuné Zohar*, 5a.
1657. Isaías 33:6.
1658. Zohar *Vayikrá* 8:1.
1659. Salmos 100:2.

Confianza absoluta-*bitajón*

La confianza absoluta define la paz interior y la armonía que sientes cuando estás aliviado de un miedo que te preocupaba anteriormente. Con tu fuente de protección actual, que ves como un escudo, un muro de seguridad, te sientes seguro, y ya no te ves amenazado por el terror como antes, como dice el versículo,[1660] «tus murallas altas y fortificadas en las que confiaste».

Por ejemplo, el pobre confía en que una persona rica le mantenga con un donativo; el hombre fuerte confía en la fuerza de sus músculos, y el hombre erudito confía en su sabiduría. Sin embargo, todos estos beneficios provienen en realidad del Altísimo –de Sus atributos Divinos que dirige hacia nosotros–, ya que Él y Sus atributos forman una sola entidad. El rey David, de bendita memoria, exclamó:

«Pero en cuanto a mí, he confiado en Ti, oh Altísimo».[1661]
«Pero en cuanto a mí, en Tu bondad confío».[1662]
«Aun entonces estaré confiado».[1663]
«En Él ha confiado mi corazón y soy auxiliado».[1664]
«Confía en Él, que obrará».[1665]

La idea de tener confianza absoluta en el Altísimo se expresa en hebreo con la preposición *'al*, que literalmente significa «sobre», así como vemos en el versículo,[1666] «Echa tu carga sobre el Altísimo, que te sostendrá». Enseña el Zohar que la carga individual del hombre depende de su *mazal*-destino, que está en el cielo, como lo sugiere la preposición *('al)*-sobre. Por lo tanto, está escrito:

1660. Deuteronomio 28:52.

1661. Salmos 31:15.

1662. Salmos 13:6.

1663. Salmos 27:3.

1664. Salmos 28:7.

1665. Salmos 37:5.

1666. Salmos 55:23.

«Confío en la bondad de *Elo-him*-el Creador Todopoderoso».[1667]
«En *Elo-him* (el Creador Todopoderoso) confío, por lo que no temeré».[1668]
«Bienaventurado es quien confía en Ti».[1669]
«Su corazón es firme, y confía en el Altísimo».[1670]
«En el temor del Altísimo tiene un hombre gran confianza».[1671]
«Bienaventurado es quien confía en el Altísimo».[1672]
«El que confía en el Altísimo será abundantemente gratificado».[1673]

Los versículos que preceden te muestran la fuente de la confianza si tienes conciencia de los Nombres Divinos y de los atributos así como los explica el Zohar.

Deberes del corazón acerca de la confianza

El autor de *Deberes del corazón* enumera los requisitos para adquirir confianza absoluta en el Altísimo:[1674]

Primero: has de creer que la compasión que el Creador, bendito sea, tiene hacia el hombre, excede de la de cualquier otro, y que la compasión y ternura que te muestren los hombres en realidad provienen de las del Altísimo. Como dice el versículo:[1675] «El Altísimo lleno es de compasión y de gracia», y[1676] «Te tenga compasión, y sea misericordioso contigo y te multiplique».

Segundo: ninguno de los medios que contribuyen al bienestar del hombre Le son ocultos al Creador, porque Él ha diseñado las raíces de

---

1667. Salmos 52:10.
1668. Salmos 56:12.
1669. Salmos 84:13.
1670. Salmos 112:7.
1671. Proverbios 14:26.
1672. Proverbios 16:20.
1673. Proverbios 28:25.
1674. *Shaar Habitajón*, capítulos II y III.
1675. Salmos 103:8.
1676. Deuteronomio 13:18.

su alma, su forma y sus características, y ha interconectado *todos estos elementos dentro del hombre*. El Altísimo es *la fuente* de sabiduría infinita que sabe todo lo que le atañe al hombre, lo que puede favorecerle y lo que puede constituir una amenaza para él, lo que es bueno para él en este mundo y en el mundo venidero. Como dice el versículo,[1677] «Yo soy El Altísimo tu Creador Todopoderoso, que te enseña para tu provecho, que te conduce por el camino que debes seguir».

Tercero: el Altísimo es la cumbre del poder y ningún obstáculo puede impedirle realizar Su voluntad, como dice el versículo:[1678] «Él es sabio de corazón y poderoso en fortaleza». Sus decretos anulan los de otros y nadie puede revertir Sus juicios, como está escrito:[1679] «Él hace cuanto quiere», y también:[1680] «Así será Mi palabra que sale de Mi boca, la cual no volverá a Mí sin ser realizada, *sino que cumplirá lo que Yo desee*». Por lo tanto, nada Le impide cumplir el deseo del que confía en Él, ya que si fuese Él débil, la confianza del hombre en Él no sería absoluta.

Cuarto: el Altísimo tiene plena conciencia de todo lo que pueda ayudar a la persona que confía en Él. Nada que pueda beneficiar al hombre se Le escapa, sea oculto o aparente. Su Providencia vigilante se extiende sobre todos los hombres y nunca los deja ni los descuida. Nada que les concierne se Le escapa nunca. Como dice el versículo:[1681] «He aquí que El que guarda a Israel no dormita ni se duerme», y[1682] «¿Por qué dices tú, oh Iaacov, y hablas, oh Israel: "Mi camino está oculto al Altísimo, y mi causa no la tiene en consideración mi Creador Todopoderoso"?». ¿No sabes, no has oído que el Altísimo es Eterno?».

Quinto: el Altísimo dedica sumo cuidado a la guía del que confía en Él, *y le sigue* desde el principio de su existencia, por todas las etapas de su desarrollo –su niñez, su juventud, su madurez y su vejez– hasta el final de su vida. Como dice el versículo:[1683] «¿No es Él tu Padre, tu Amo? ¿No

---

1677. Isaías 48:17.
1678. Job 9:4.
1679. Salmos 115:3.
1680. Isaías 55:11.
1681. Salmos 121:4.
1682. Isaías 40:27-28.
1683. Deuteronomio 32:6.

te ha hecho y formado»? También está escrito,[1684] «Porque Tú eres el que me sacó del seno materno. Me diste confianza cuando estaba sobre los pechos de mi madre. Sobre Ti fui echado desde mi nacimiento. Tú eres *E-lí*, mi Creador Todopoderoso desde el seno de mi madre», y[1685] «¿No me has derramado como leche?».

Sexto: como todo asunto que le atañe al hombre que tiene confianza absoluta en Él está bajo la vigilancia exclusiva del Altísimo, nadie puede perjudicarle, ni ayudarle, ni siquiera protegerle sin el permiso Divino, porque se asemeja al siervo encerrado en una torre bajo el poder de su amo.

Cuando te des cuenta de que ningún ser humano puede ayudarte ni dañarte sin el permiso del Todopoderoso, cesarás de temer al hombre y, en lugar de ello, pondrás tu confianza absoluta en el Creador, bendito sea. Como está escrito,[1686] «No depositéis vuestra confianza en príncipes»; [1687]«Maldito es el hombre que confía en el hombre», y[1688] «Bienaventurado aquel que confía en el Altísimo».

Séptimo: has de saber que el Altísimo en quien confías es la cima de la generosidad y de la bondad para quienes lo merecen así como para quienes no lo merecen. Su benevolencia es hasta la eternidad y el chorro de su bondad es constante e inagotable. El hombre tiene el deber de servirle por la inmensa bondad que le ha mostrado el Altísimo, a pesar de que puede no haberlo merecido, y que él no se anticipó con su propio amor. Como dice el versículo:[1689] «¿Quién Me ha dado algo que Me obligue a pagárselo»? De igual modo, dice el rey David, de bendita memoria:

> «Muchas cosas has hecho, oh Altísimo, mi Creador Todopoderoso. Grandes son Tus obras y Tus pensamientos sobre nosotros».[1690]
> «El Altísimo es bueno para todos, y Su benevolencia está presente en todas Sus obras».[1691]

1684. Salmos 22:10-11.
1685. Job 10:10.
1686. Salmos 146:3.
1687. Jeremías 17:5.
1688. Jeremías 17:7.
1689. Job 41:3.
1690. Salmos 40:6.
1691. Salmos 145:9.

«Quien da alimento a toda carne, porque Su bondad perdura por siempre».[1692]

«Tú abres Tú mano, y satisfaces a toda cosa viviente con favor».[1693]

Muestra el intelecto que, como el Altísimo abarca estos siete principios, debes afirmar tu confianza en Él *hasta que llegue a ser una certeza interior,* entregándote a Él sin reservas. No debes dudar de la justicia de Su sentencia ni enojarte ante lo que haya elegido Él para ti. Como dice el rey David,[1694] «encontré penurias y tristeza, e invoqué el Nombre de el Altísimo».

Si reflexionas en estos siete principios te darás cuenta de que todas estas normas de conducta se vinculan directamente al atributo de *Jesed* del Altísimo. En particular, se vinculan con Su Providencia ininterrumpida y con la dádiva ilimitada que proviene del Ojo vigilante del nivel más etéreo de merced Divina *al nivel de Keter-*corona, denominado *Arij Anpin,* como lo indica el Zohar:[1695]

> Este Ojo no dormita ni duerme, sino que siempre vigila. Nos enseñan que lo vigila todo y [que es de la forma más etérea de *Jesed*-bondad] de este Ojo que viene todo el sustento. Nos enseñan también: este Ojo lo mantiene todo, como dice el versículo:[1696] «El que tiene el ojo generoso será bendito (*yevoraj*)». No leas *yevoraj*-será bendito, sino *yevarej*-bendecirá, porque este *Ojo* lleva el nombre de «buen Ojo», y de ahí están bendecidas todas [las criaturas].

Otra forma de Providencia Divina se sugiere en el versículo:[1697] «Tú *(Atá)* eres el que me sacó del seno materno. Me diste confianza cuando estaba sobre los pechos de mi madre», se vincula *con la forma inferior de la bondad* Divina, que lleva el nombre de «*Atá*-Tú».[1698] Otros versículos que

---

1692. Salmos 136:25.

1693. Salmos 145:16.

1694. Salmos 116:3-4.

1695. Zohar *Idrá Nasó* 129b-130a. *Véase* la sección «Pureza de los ojos» en el Capítulo XI de esta obra.

1696. Proverbios 22:9.

1697. Salmos 22:10.

1698. Como hemos visto en el Capítulo XI, la compasión al nivel de revelación divina de *Keter* se describe como «inmensa compasión» mientras que al nivel de revelación de *Tiferet* no es más que «compasión» ya que al nivel de *Tiferet* la juicia estricta comienza a operar.

usan la forma «Atá» y aluden a esta forma inferior de Jesed son:[1699] «Serás un sacerdote por siempre», y también:[1700] «Tú *(Atá)* eres Quien me sacó del seno de mi madre». Por tanto, *además de la forma de Jesed celestial sin límites asociado el nivel de Keter-corona*, también hay una forma particular de Providencia que se vincula al *Jesed* inferior. *Esta forma de Providencia se asemeja a la* vista-*reiyá, y al lado derecho Divino*. Los *Tikunim* ofrecen una explicación[1701] que se basa en el versículo,[1702] «la cara de un león al lado derecho»: *arié*-león sugiere *reiyá*-vista. En contraste *con la primera forma de Jesed illimitado*, esta forma de Providencia Divina que proviene del Ojo del nivel de Providencia de *Tiferet* se interrumpe a veces, y a esto se debe la exclamación del rey David,[1703] «¡Despierta! ¿Por qué pareces dormir, oh Altísimo?».

En cambio, la forma de Providencia más etérea no se interrumpe nunca. Por consiguiente, siempre que *la confianza absoluta de bitajón* está presente, atrae hacia abajo el lado Divino de *Jesed*-bondad, y causa que impregne a todos los demás atributos.

Así, pues, vemos que la confianza absoluta-*bitajón* está vinculada con la forma más elevada de *Jesed*, como sugiere el versículo:[1704] «Porque el rey confía en el Altísimo; sí, en la bondad del Altísimo. No será movido».

El concepto de confianza absoluta se vincula incluso con el Nombre Divino *Elo-him*-Creador Todopoderoso, a pesar de la asociación de este Nombre con la justicia estricta. Dice el versículo,[1705] «En *Elo-him* el Creador Todopoderoso confío y no temeré» —*la confianza absoluta se vincula con el aspecto de Jesed* incluido en el Nombre *Elo-him*, y está señalada por el Nombre *É-l* al principio de *Elo-him*—. Por lo tanto, el versículo,[1706] «Confío en la bondad de *Elo-him* por siempre y para siempre» sugiere el aspecto de *Jesed*-bondad que está incluido en el atributo de *Elo-him*. El que confía en el Altísimo merece que el *Jesed* Divino le rodee porque ha

---

1699. Salmos 110:4.
1700. Salmos 22:11.
1701. *Tikuné Zohar* 122a.
1702. Ezequiel 1:10.
1703. Salmos 44:24.
1704. Salmos 21:8.
1705. Salmos 56:5.
1706. Salmos 52:10.

ocasionado que las fuerzas de *Jesed* infundan todos los otros atributos, como hemos explicado.

El que tiene confianza absoluta ha de reflexionar y tener conciencia de que el Creador observa dentro de su corazón si su convicción interior es completa *y sin reservas*. Si un hombre sirve a un rey de carne y hueso, le es posible ocultarle a su amo los secretos recónditos de su corazón, pero el Altísimo ha creado el corazón del hombre. Por lo tanto, no se Le escapa nada, como lo indica el versículo:[1707] «*El Altísimo* conoce los pensamientos del hombre, y sabe que son vanidad». También está escrito:[1708] «Pero El que mora en los corazones, Él comprende», y[1709] «Porque Tú, sólo Tú, conoces los corazones de los hijos de los hombres».

No debes confiar en ningún ser humano, sino tan sólo en el poder del Altísimo, como dice el versículo:[1710] «Maldito es el hombre que confía en el hombre y se apoya sobre un brazo de carne y cuyo corazón se aparta del Altísimo». Los beneficios materiales que recibe el hombre, como el alimento, las posesiones o la curación, todos provienen del Todopoderoso.

El piadoso autor de *Deberes del corazón* ha comparado *la acción de la Providencia Divina* con una rueda que saca agua de un pozo por medio de recipientes diseñados para este propósito; si faltase uno de estos medios intermediarios el hombre sería incapaz de sacar agua.[1711]

También he encontrado una bella parábola para ilustrar este proceso. *La acción de la Providencia Divina* puede compararse con una hilera de ciegos que andan en fila, la mano de uno sujetando el hombro del que va delante. Todos los ciegos siguen al dirigente, que puede ver. Si se soltase éste de la mano del que le sujeta, todos tropezarían y se caerían.

Del mismo modo, el hombre debe pensar que no hay más dirigente que el Creador Todopoderoso. Él existe por encima de todos, y es responsable, directa e indirectamente, de todas las causas y procesos por los que pasa el hombre para alcanzar los beneficios que le conceden. La curación, por ejemplo, puede lograrse por medio de un remedio o tratamiento medicinal, *pero el proceso mismo proviene del Creador.*

1707. Salmos 94:11.

1708. Proverbios 24:12.

1709. II Crónicas 6:30.

1710. Jeremías 17:5.

1711. *Shaar Habitajón*, capítulo III.

El hombre no debe tener confianza absoluta en el modo en que se gana la vida actualmente. Si cesase esa forma particular de ingreso, esto no significaría que le faltaría sustento, porque el Altísimo le proveería medios de manutención. Esto puede compararse a un hombre que corta árboles con un hacha. Aunque es el hacha quien corta el árbol, el poder no proviene del hacha sino del hombre que lo maneja. Como dice el versículo:[1712] «¿Debe el serrucho envanecerse ante aquel que lo maneja?».

A propósito de la confianza absoluta-*bitajón*, el autor de *Deberes del corazón* escribió que el hombre debe aplicarse con sumo cuidado y esfuerzo a cumplir el servicio que le ha confiado el Creador, y a observar Sus preceptos.[1713] Más aún, ha de tener cuidado de evitar todo lo que le advirtió el Altísimo que no hiciese para que el Creador cumpla sus propios deseos. Como lo expresa la Mishná:[1714] «Cumple Su voluntad como si se tratase de tu propia voluntad, para que Él cumpla tu voluntad como si se tratase de Su propia voluntad. Domina tu voluntad ante la Suya…». También está escrito:[1715] «Confía en el Altísimo, y haz el bien. Habita (tranquilo) en la tierra y ten por preciosa la fidelidad» y,[1716] «El Altísimo es benevolente para los que Le esperan, para el alma que le busca».

Sin embargo, el que confía en el Creador y, no obstante, se rebela contra Él, ¡qué necio es, y qué pobres son su saber, su intelecto y su conciencia! Digamos que un hombre te concede un puesto a su servicio, y te pide que cumplas una tarea particular o te advierte de que no hagas ciertas cosas. Si desobedeces sus órdenes, cuando se entere tu patrón de que no has cumplido lo que esperaba de ti, se mostrará propenso a no cumplir lo que tú esperabas de él.

Esto se aplica más aún al que confía en el Altísimo pero infringe las leyes y los preceptos que el Creador Todopoderoso nos ha asignado y nos ha indicado que cumplamos. ¡La desilusión que siente el trasgresor ante sus propias esperanzas truncadas será aún mayor cuando se rebele contra su Hacedor! Más aún, ya no merecerá que le consideren un hombre que

---

1712. Isaías 10:15.

1713. *Shaar Habitajón*, capítulo III, «Cuarto preliminar».

1714. *Avot* 2:4.

1715. Salmos 37:3.

1716. Lamentaciones 3:25.

confía en el Altísimo. Dice el versículo de tal persona:[1717] «Porque, ¿cuál es la esperanza del impío, por mucho que haya ganado, cuando el Creador Todopoderoso le quita su alma? ¿Oirá el Creador Todopoderoso *(É-l)* su grito *cuando le sobrevenga el dolor?*». Y también,[1718] «¿Habéis de robar, asesinar, y fornicar… en tanto que venís ante Mí en esta Casa donde se invoca Mi Nombre…?».

Éstas son algunas de las enseñanzas de *Deberes del corazón*. Puedo añadir que acerca de esta norma de conducta está escrito,[1719] «el necio se comporta con exceso de confianza».

También es importante no confiar en su propia riqueza, como dice el versículo:[1720] «El que confía en sus riquezas caerá» porque, en realidad, todo proviene de Él, como está escrito,[1721] «Porque todas las cosas provienen de Ti, y es de lo Tuyo que Te hemos dado».

Una de las normas de conducta propias del que confía en el Altísimo es la de no confiar en la rectitud de sus propias obras, teniendo la certidumbre que esto le salvará de las preocupaciones mundanas y de las malas enfermedades. Si hace esto, está comiéndose los méritos que haya acumulado.

Debe más bien poner su confianza absoluta en la bondad Divina, ya que sus obras no bastan para pagar la deuda que ha contraído con su Hacedor, como explica el autor de *Deberes del corazón*:[1722]

Aunque el valor de tus obras fuese el doble o el triple de lo que es, no obstante, no cubriría ni uno de los beneficios que te ha dado el Creador. A la inversa, debes pensar que de la misma manera que el Creador da sustento a todas Sus criaturas, así como a las raíces, el ganado, las bestias y los animales, *también a ti te dará sustento*. Como enseñaron nuestros sabios, de bendita memoria:[1723]

> Se sienta y mantiene *a Sus criaturas,* desde los cuernos de los bueyes salvajes hasta los huevos de los piojos. No es por el mé-

---

1717. Job 27:8-9.
1718. Jeremías 7:9-10.
1719. Proverbios 14:16.
1720. Proverbios 11:28.
1721. I Crónicas 29:14.
1722. *Shaar Avodat HaElohim,* Introducción.
1723. Tratado *Avodá Zará* 3b.

rito de las obras que hayan hecho que tiene Él merced de estas criaturas, sino por Su infinita compasión, y así también tendrá merced de ti.

Las particularidades de la confianza son muchas. Tan sólo hemos ofrecido unas cuantas ideas de *Deberes del corazón*.

Por lo general, el que *ha alcanzado* la confianza absoluta merece que le consideren piadoso. Así, pues, se vuelve el conducto de la trasmisión Divina del atributo de *Jesed*, como Abraham. Como hemos visto, así como en lo que concierne el *jasid*-piadoso, se considera que el que confía ama al Altísimo.

Debido a su amor, el que confía anhela vincularse apasionadamente al amor Divino, como dice el versículo,[1724] «hay un amigo que se apega a uno más que un hermano», como hemos explicado en los capítulos precedentes; como resultado, enfocará todo su amor en el Creador.

Así también, el que confía no dependerá de los hombres, ni pondrá su fe en ellos en lo que se refiere al resultado de sus negocios, sino en el Creador. Al poner su confianza absoluta en su Hacedor, se vincula a Él y le ama. Ésta es la esencia del mensaje de *Rabenu Bejaye*, cuando escribe que el que confía debe elegir morir al servicio del Altísimo como el patriarca Abraham cuando le echaron al horno, así como Jananiá, Mishael y Azariá, a quienes hemos mencionado.[1725] De igual modo, Abraham sufrió diez pruebas, y si no hubiese sido por su confianza absoluta y por la intensidad del amor que le profesaba a su Creador, se habría desviado del camino.

Fe-emuná

Está escrito,[1726] «y hallaste que su corazón Te era fiel»: como aparece aquí, la palabra *neemán*-fiel denota una fuerza inmovible. Tiene el mismo sentido en toda la Torá, como por ejemplo,[1727] «te construiré una casa segura (*neemán, literalmente, fiel*)». La palabra *neemán*-fiel se usa con sentido opuesto en el

---

1724. Proverbios 18:24.

1725. *Shaar HaBitajón*, final del capítulo IV.

1706. Nehemías 9:8.

1727. I Reyes 11:38.

versículo,[1728] «mas su corazón se conmovió, pues no podía creerles *(lo heemin)*». *Las palabras neemán y amén provienen de la misma raíz,* lo que implica el cumplimiento de una acción, como en,[1729] «y la mujer responderá: "Amén, amén"». No es preciso desarrollar este tema, ya que no presenta dificultad.

La fe y la confianza se basan en el mismo fundamento: cuando tienes confianza, así como cuando tienes fe, tu corazón está cerca del objeto de tu deseo, y también, de la fuente de donde proviene tu anhelo, como hemos explicado.

He encontrado un texto que afirma que es imposible *alcanzar la confianza absoluta* del *bitajón* si te falta fe-*emuná*. Tu propia fe en el Altísimo te conducirá a confiar en Él, ya que tu fe en el Creador te ayudará a comprender que tu seguridad en este mundo, así como en el próximo, sólo viene de Él y no de otro. Entonces podrás creer en Él sin reservas y con todo tu corazón.

Tu ayuda más potente para tener fe es no temer a nada malo, sino aceptar todo lo que te suceda con alegría, como un siervo que sabe que su amo tiene corazón abierto y ojo generoso. Cuando les pide a sus siervos que ejecuten tareas penosas, también les da grandes beneficios y acrecienta sus ganancias. Los siervos se vuelven sus consejeros; comen en su mesa, se montan en el carro del segundo en poder[1730] y tienen acceso a su tesoro.

No cabe duda de que un siervo que tenga conciencia de todo esto no se preocupará de nada más que de servir a su amo y de cumplir la voluntad de éste con alegría. Aunque el trabajo que se espere de él sea arduo, cuando recuerde la recompensa que recibirá por su obra, todo le parecerá más fácil. En cambio, el hombre que ve que su amo es avariento y que su esfuerzo es mucho mayor que su paga sólo se aplicará con pesar.

Tal es la situación del que cree en la sabiduría de la verdad: todo el trabajo que haga y el esfuerzo que emplee para ejecutar el servicio del Creador es sólo por su propio beneficio. El Altísimo le dará buen premio por todo lo que ha sufrido por el honor de Su santo Nombre, y por cualquier servicio que haga por el amor al cielo recibirá intenso placer en el mundo venidero.

1728. Génesis 45:26.
1729. Números 5:22.
1730. *Véase The Living Torah,* nota al pie de la página, acerca de Génesis 41:43.

Vemos un ejemplo de esto en el caso de Nabucodonosor, que en recompensa por los cuatro pasos que dio en honor del Creador, mereció grandeza en este mundo.[1731] De igual modo, Esaú, en recompensa por el respeto que le mostró a su padre y a su madre, él y sus descendientes merecieron grandeza en este mundo, y así muchos más.

Es patente que el que cree sin reservas se regocijará de todos los juicios que reciba del Altísimo. ¿Quién no se regocijaría al dar una moneda a una causa de caridad por el amor del cielo, sabiendo que ganará en cambio una medida de oro en el mundo venidero? Más aún, el que cree en *Elohim*-el Creador Todopoderoso con el corazón lleno, creerá *también* en el castigo del trasgresor y no se permitirá trasgredir.

Así, pues, toda la Torá depende de la fe. Por lo tanto, el propio principio de la Torá es:[1732] «Yo soy el Altísimo, tu Creador Todopoderoso...» y «No tendrás a otros dioses en Mi Presencia». Y si el hombre no cree, ¿de qué le sirve la Torá?

Siempre que crea el hombre en lo más recóndito de su corazón que el Creador cumplirá todo lo que está escrito en Su Torá, que castigará a los trasgresores y que es un Testigo que le dará buena recompensa a los que cumplan los preceptos de Su Torá, continuará cumpliendo los mandamientos de la Torá.

Si el ladrón y el salteador de caminos supiesen que eventualmente los atraparían y les impondrían la pena de muerte, cesarían de robar en lugar de escaparse. Sin embargo, piensan y esperan que se salvarán.

Toda la Torá depende de la fe, como dice el versículo,[1733] «la persona recta vivirá por su fe». Está escrito de Abraham que,[1734] «Y él tuvo confianza absoluta en el Altísimo, y Él se lo tuvo en cuenta como mérito»: su fe ocasionó que todo lo otro que hizo en su vida se considerase obras de rectitud. Como dice el versículo:[1735] «en toda Mi casa él es el fiel».

Quisiera añadir que todos los preceptos basados en la tradición oral requieren fe, y el que no cree en ellos destruye toda la Torá. Si no cree que ésta es la Torá que Moshé nos entregó, ni acepta las enseñanzas de

---

1731. Tratado *Sanhedrín* 9b.
1732. Éxodo 20:2-3.
1733. Habakuk 2:4.
1734. Génesis 15:6.
1735. Números 12:7.

los sabios acerca de los preceptos como *succá, lulav,* y otros, está negando toda la Torá.

Lo mismo se aplica a todo lo que nos trasmitieron oralmente, *de generación en generación,* que nuestros rabinos, de bendita memoria, mencionan en el tratado *Berajot*:[1736] el que ve la piedra en la cual se sentó Moshé, o los vados del Jordán, o el sitio en el monte Carmel en que Eliyahu hizo un altar para el Creador…».

Todas estas creencias dependen de la trasmisión oral. El sitio en que dicen que se situaba el Templo, el emplazamiento de la ciudad de Jerusalén, y más: todos requieren fe. Si el hombre cree, su alma resplandecerá de amor ferviente al Creador cuando recuerde los milagros que ha hecho por nosotros en estos lugares. Y si no cree, está claro que no ama a su Hacedor.

Los sabios del Midrash[1737] explican el versículo,[1738] «y el pueblo temió al Altísimo y tuvieron fe en el Altísimo y en Moshé (Moisés), Su siervo»:

> «Y tuvieron fe en el Altísimo» y en recompensa por su fe les vino el Espíritu de inspiración de *Ruaj Hakodesh* y se pusieron a cantar. Como dice el versículo:[1739] «Entonces Moshé (Moisés) y los Hijos de Israel quisieron cantar esta Canción a el Altísimo».

Dijo Rabí Nejemiá: ¿De dónde derivamos la enseñanza que cuando el hombre cumple una *mitzvá* con fe, merece *Ruaj Hakodesh*? —de lo que aprendimos acerca de nuestros antepasados—, que les vino *Ruaj Hakodesh* en recompensa por su fe. De hecho, ¡fue por el mérito de su fe como nuestros antepasados fueron redimidos de Egipto! Como está escrito:

> [1740]«Y el pueblo creyó».
> [1741]«El Altísimo preserva a los fieles».
> [1742]«Éste es el portón del Altísimo. Los justos entrarán por él».

1736. *Berajot* 54a.
1737. *Mejilta: Beshalaj,* 6; *Yalkut: Beshalaj* 240.
1738. Éxodo 14:31.
1739. Éxodo 15:1.
1740. Éxodo 4:31.
1741. Salmos 31:24.
1742. Salmos 118:20.

Está escrito acerca de los que tienen fe:[1743] «Abrid las puertas, para que pueda entrar la nación justa que guardó fidelidad». Y también:[1744] «Es cosa buena alabar a el Altísimo».

¿A qué se debe esa alegría? A la fe que sostuvo a nuestros antepasados en este mundo, que se asemeja a la noche.[1745] Por lo tanto, está escrito,[1746] «declarando Tu bondad por la mañana».

De igual modo, Iosafat *(Iehoshafat)* le dice al pueblo:[1747] «Creed en el Altísimo vuestro Creador Todopoderoso, y seréis salvados; creed a Sus profetas, y prosperaréis». También está escrito,[1748] «¡Oh, Altísimo! ¿No están Tus ojos sobre la verdad?»[1749] «el justo vivirá por su fe», y[1750] «*Sus compasiones* se renuevan cada mañana. ¡Grande es Tu fidelidad!».

Los desterrados sólo han de reunirse *para la redención* por el mérito de su fe, como dice el versículo:[1751] «Ven conmigo desde el Líbano, esposada Mía...». «Mira desde la cima del *Amaná* (literalmente, creencia)». También está escrito:[1752] «Te desposaré conmigo para siempre. Sí, te desposaré en justicia y rectitud».

Grande es la fe a ojos de El que habló y vino a existir el mundo, porque *su profunda* creencia-*amaná* permitió que les viniera *Ruaj Hakodesh* y comenzaron a cantar. Como dice el versículo «y tuvieron fe en el Altísimo y en Moshé (Moisés), Su siervo», y también,[1753] «entonces ellos creyeron en Sus palabras y Le cantaron alabanzas».

1743. Isaías 26:2.

1744. Salmos 92:2.

1745. Anota Rabí Waldman: ¿Por qué mérito cantarían Su alabanza en el mundo venidero, que lleva el nombre de «alba», como dice el versículo (Salmos 92:3), «declarando Tu bondad por la mañana»? Por el mérito de «Tu fidelidad por las noches» —su fe durante la oscuridad del exilio— que se asemeja a la noche.

1746. Salmos 92:3.

1747. II Crónicas 20:20.

1748. Jeremías 5:3.

1749. Habakuk 2:4.

1750. Lamentaciones 3:23.

1751. Cantar de los Cantares 4:8.

1752. Oseas 2:21.

1753. Salmos 106:12.

Hemos visto al principio de este capítulo por qué la creencia-*amaná* se vincula con *Jesed*-bondad, y citamos los *Tikunim*: «He aquí la plegaria *Shemá*, que representa la fe». Los *Tikunim* se refieren aquí a los cuatro párrafos contenidos en los *tefilín*, ya que el tercero de estos párrafos contiene el *Shemá*, y representa *Jesed*. Acerca del tercer párrafo *del Shemá*, mencionamos el *yijud*-unificación:[1754] «El Altísimo es nuestro Creador Todopoderoso. El Altísimo es Uno».

De igual modo, Rabí Shimón bar Yojai enseñó, como hemos visto en el capítulo V:[1755]

> La tercera sección [la tercera de las cuatro secciones bíblicas contenidas en los *tefilín* de la cabeza] representa el concepto esotérico del lado derecho, llamado «*Jesed*-bondad celestial», que ocasiona los *yijudim*-unificaciones en el cielo. [La *shefa divina* que resulta de éstos] se difunde a las cuatro esquinas del universo. [Esto produce una armonía] que se extiende hasta las más bajas profundidades.

Con la ayuda de estas fuerzas de *Jesed* que se extienden a todas las criaturas, como hemos visto, «hasta las más bajas profundidades», las criaturas creen en Él y en Su unidad. Como consecuencia, la primera vez que aparece en la Torá la palabra *emuná*-fe, se refiere a Abraham, porque fue por intermedio del patriarca que se reveló la verdadera fe en el mundo. Como dice el versículo,[1756] «y él tuvo certeza en el Altísimo». Y enseña el Zohar:[1757] «El patriarca Abraham informaba a todos los que venían a él que hay un Creador que creó el mundo, y que Su bondad mantiene a todos».

A la luz de lo que antecede, comprendemos la enseñanza del Zohar,[1758] que cuando respondemos «Amén», por cada bendición *que oímos*, es como si hubiésemos abierto las puertas Divinas de la *shefa*-energía. Así también se abrirán estas puertas para nuestra alma cuando llegue el momento que deje este mundo. Como dice el versículo:[1759] «¡Abrid las puertas, para que puedan entrar los *miembros de la* nación justa, que

---

1754. Deuteronomio 6:4-9.
1755. Zohar *Bo* 43b.
1756. Génesis 15:6.
1757. Zohar *Lej Lejá* 79a.
1758. Zohar *Vayelej* 285b.
1759. Isaías 26:2.

guardan la fe!». No leas *emunim* «los que guardan», sino *amenim*-los que responden «Amén».

Esto se debe a que la función de abrir las puertas del cielo le corresponde a *Jesed*-bondad, como quedó explicado en los *Tikunim*.[1760] Nos dice la lógica que el Rey sólo abrirá Sus puertas por Su gran bondad y simple voluntad, ya que si se considerase el punto de vista de la justicia estricta de *din*, es incuestionable que cesaría de correr el chorro de *shefa*-energía. Es por estas fuerzas de *Jesed* que se abren *estas puertas*, como dice el versículo,[1761] «Tú abres Tu mano».

Como al responder «Amén», el hombre ocasiona que se abran las puertas por medio de las fuerzas de *Jesed*, así también se abrirán para él estas mismas puertas en el futuro. Por lo tanto, es por medio de la energía de *Jesed* que dirige Él hacia nosotros que arraigamos Su fe en lo más profundo de nuestro ser. Así, pues, dice el versículo,[1762] «se renuevan cada mañana. Grande es Tu fidelidad!».

Él nos muestra cada mañana Su inmensa bondad, porque Le confiamos *al acostarnos* nuestra alma cansada y nos la devuelve renovada. Nuestro cansancio anterior ha desaparecido, porque ésta es un alma renovada, tan fresca como en el momento de su creación: esto es una gran bondad. Es patente que esta renovación diaria proviene del lado Divino de *Jesed*, como han observado nuestros sabios acerca de *la frase de nuestras plegarias matinales*,[1763] «con Su bondad renueva cada día la obra de la Creación».

Tenemos muestra de Su bondad «cada mañana» –porque la mañana se vincula con Abraham– y por lo tanto exclamamos, «¡Grande es Tu fidelidad!». Así, pues, es con profunda fe que noche tras noche continuamos confiándole nuestra alma, y que recordamos Su bondad con nosotros por la mañana.

Retomemos nuestra discusión: la confianza absoluta-*bitajón* y la creencia-*amaná* están asociadas, porque el que cree en *Elo-him*-el Creador Todopoderoso de todo su corazón también confiará en Él con certeza férrea. Su confianza le conducirá a no temerle a nada ni trabajar por nadie que no sea el Creador, ya que Él es Todopoderoso. *Su actitud* le impedirá poner su esperanza en cualquier otro y comprometerse a nada que pueda interferir con su servicio Divino.

1760. *Tikuné Zohar* 116a.
1761. Salmos 145:16.
1762. Lamentaciones 3:23.
1763. *Tikrav Rinati, op. cit.*, p. 101.

No temerá nada acerca de otros, ni le preocuparán sus controversias, ni recelará reprenderlos en temor de ofenderlos, ni se avergonzará ante ellos, ni cubrirá sus mentiras. Como dice el versículo:[1764] «Porque *A-donai*-el Omnipresente, *Elohim*-el Creador Todopoderoso me ayudará; por lo que no he sido confundido».

Su confianza absoluta le conducirá a liberar su corazón de los asuntos de este mundo, y a vincular su corazón a intereses de Torá y del servicio Divino; esto le será imposible a menos que tenga una confianza profundamente arraigada en el Nombre Inefable del Altísimo. Su recompensa será, por lo tanto, cuantiosa, pues se vinculará a las fuerzas de *Jesed*, como dice el versículo,[1765] «pero al que confía en el Altísimo, le rodea la bondad».

La expresión «le rodea» implica que la energía de *Jesed*-bondad le abrazará y le rodeará, como sugiere el versículo:[1766] «*Su vestimenta la rodea, y por lo tanto no tiene el derecho de venderla a otro*». Explica el Zohar que es una prenda inapreciable que proviene del Nombre Divino *E-lo-hah*, que representa *Jesed*.[1767]

La razón por la cual se especifica que puso su fe en el Nombre Especial es porque es la fuente de todos los Nombres Divinos, y de toda existencia. Como puso su fe en el Nombre que es la propia esencia de todo, que sostiene a las criaturas y les da vida, su espíritu y su alma están liberados de todas las preocupaciones mundanas, y las fuerzas de *Jesed* le ocultan de los emisarios de la justicia Divina. Como dice el versículo:[1768]

> Yo diré del Altísimo que es mi refugio y mi fortaleza, mi Creador Todopoderoso *(Elo-hai)*, en Quien confío, El que ha de liberarte de la trampa del cazador, y de la fétida pestilencia. Te cubrirá con Sus plumas, y bajo Sus alas tendrás refugio.

1764. Isaías 50:7.

1765. Salmos 32:10.

1766. Éxodo 21:8; En *The Living Torah*, Rabí Kaplan traduce este versículo: «He is considered to have broken faith with her...». La expresión hebrea *bigdo bah* significa en inglés «he broke faith with her», y en español, «la traicionó». No obstante, la Cabalá elige una traducción literal —«su prenda-*beged* la rodea»— que las fuerzas Divinas de *Jesed* circundan el alma humana como lo haría una prenda. Hemos optado por la traducción literal para la mejor rendición del texto de Rabí de Vidas.

1767. Zohar *Mishpatim* 96b.

1768. Salmos 91:2-4.

El hombre que es *neemán*-fiel y confía ha de ser resuelto *y constante* en su servicio Divino. Puede compararse al clavo que está fijado con firmeza en su lugar y no se moverá, ya que está escrito que el Altísimo es,[1769] «el Creador Todopoderoso (Nombre Divino *El*) fiel, Quien guarda el pacto y la benevolencia para los que Lo aman…».

Su *Jesed*-bondad se extiende siempre a todas las criaturas, y si Sus fuerzas de *Jesed* no pudiesen ejercer su función incluso por un instante, no lo permita el cielo, la aniquilación total no tardaría en llegar.

El Altísimo estableció un pacto irrevocable con Sus criaturas, asegurándoles que Su *Jesed*-bondad nunca les dejaría. Por lo tanto, la Torá muestra que existe un vínculo entre las palabras *brit*-pacto y *Jesed*-bondad, como lo indica el versículo,[1770] «El Altísimo, tu Creador Todopoderoso, guardará para ti el pacto *(brit)* y la bondad *(Jesed)*». Como expresa el profeta,[1771] «y las montañas podrán alejarse… pero Mi bondad no se alejará de ti. No será anulado Mi pacto de paz».

Por lo tanto, el que es *neemán*-fiel a las palabras del Altísimo, a Sus preceptos y a Su Torá, se vincula con las fuerzas de *Jesed* y con las de la *sefirá Yesod*-fundamento, que lleva el nombre de *tzadik*. El hombre que es *tzadik*-recto también es *neemán*-fiel. Explica el Zohar que el concepto esotérico de la palabra *Amén* se vincula con el concepto de *tzadik*:[1772] el valor numérico de la palabra hebrea *Amén* es 90, idéntico al de las letras del Nombre Especial y del Nombre *Ado-nay* combinados.[1773]

El Nombre Divino que resulta de la combinación de estas letras está conectado con *tzadik*, que es *Yesod*-fundamento, al que alude el versículo,[1774] «porque todo cuanto hay en el cielo y en la tierra es Tuyo». La palabra «todo» alude a la función Divina de la *sefirá Yesod*-fundamento, que abarca el cielo y la tierra y los unifica, como explican los *Tikunim*. La combinación de los dos Nombres Divinos mencionados lleva a cabo la unificación, ya que el Nombre Especial representa el cielo, mientras que el Nombre *Ado-nay* representa la Providencia Divina en la tierra.

1769. Deuteronomio 7:9.
1770. Deuteronomio 7:12.
1771. Isaías 54:10.
1772. *Tikuné Zohar* 19, 40a; Zohar *Bereshit* 31a.
1773. *Véase* el capítulo IX, sección «*Tefilín*».
1774. I Crónicas 29:11.

El acróstico de la palabra *Amén* es –*El*-Creador Todopoderoso *Melej*-Rey *Neemán*-fiel– prueba de que un hombre que es *tzadik* es también *neemán*-fiel, debido al vínculo en común de las palabras *tzadik* y *neemán* con la palabra *Amén*.[1775]

Señala el Talmud que, en la palabra *neemán*-fiel, la letra inicial *Nun* se dibuja como una figura doblada –נ –, mientras que la *Nun* final es derecha – ן – [1776].

El mensaje es que el hombre que es neemán-fiel a su Hacedor debe inicialmente –en este mundo– doblarse, ser humilde, para que al final –en el mundo venidero– esté derecho, como la Nun final de la palabra neemán-fiel.

Las cuatro letras del Nombre Especial abarcan la esencia de nuestra fe. Por consiguiente, la primera vez que aparece en la Torá la palabra *emuná*-fe es en relación con el Nombre Especial, como dice el versículo[1757] «[Abram] tuvo certeza en el Altísimo *(Y-H-V-H)*», y también,[1777] «y tuvieron fe en el Altísimo *(Y-H-V-H)*«. Y en nuestro *Portal del Temor*, ya nos hemos referido a la enseñanza de Rabí Shimón bar Iojai que en este Nombre Divino yace la esencia de la fe de Israel.[1778]

El Altísimo puso la fe del pueblo de Israel entre las cuatro letras de Su Nombre. Por lo tanto, todos los otros Nombres Divinos se derivan de este Nombre.

Nos explican que la Causa de todas las causas aúna las cuatro letras de Su Nombre. Por lo tanto, la persona que es fiel se vincula con el Nombre más santo del Creador Todopoderoso y con la Causa de todas las causas.[1779] Bienaventurado es.

Alegría-*simjá*

Hemos mencionado que la alegría viene como consecuencia de la confianza-*bitajón* y de la fe-*emuná*, porque el siervo que confía en su maestro y

---

1775. Zohar *Vayelej* 285b.

1776. Tratado *Shabat* 104b.

1777. Éxodo 14:31.

1778. *Portal del Temor*, capítulo I; *Tikún* 57, 91b.

1779. Cada uno de los Nombres Divinos expresa un modo particular en que el Altísimo se vincula con el mundo terrenal. Aunque el Tetragrama es el más importante de los Nombres, no obstante, Su Luz deriva de la Luz Infinita de la Causa de todas las causas.

cree que va a recibir una recompensa cuyo valor es muy superior al de su propio trabajo se dedicará a su tarea con alegría. Se regocijará de todo lo que su amo decrete para él y, como resultado, sufrirá con paciencia todo lo que le suceda, como por ejemplo el enfermo que toma medicinas amargas por su valor curativo. La consecuencia de esta reacción *a la vida* es que libera al hombre de las preocupaciones de este mundo.

Otro beneficio de la alegría puede verse en la parábola de los dos hombres acerca de los cuales dijo Eliyahu que tendrían su parte del mundo venidero por la alegría que mostraban.[1780] Si veían a un hombre triste, le animaban, y si veían a dos personas peleándose, les contaban historietas de humor hasta que lograban hacer la paz entre ellos.

Los sabios del Talmud recomiendan un enfoque similar para el estudio de Torá:[1781] se acostumbra a comenzar una sesión de estudio con comentarios ligeros cuyo carácter humorístico tienen el propósito de abrir el corazón y permitirle al hombre estudiar con alegría. No obstante, no se trata aquí del regocijo de los maliciosos, sino de la alegría que proviene de los preceptos Divinos; como dice el versículo:[1782] «Los preceptos del Altísimo son correctos y alegran el corazón». Ésta es la alegría que infunde al hombre que cumple los preceptos.

Para adquirir esta alegría, hay que cumplir el precepto de aceptar la justicia Divina por todo lo que suceda; como dice el versículo:[1783] «Debes saber en tu corazón que así como un padre castiga a su hijo, así el Altísimo, tu Creador Todopoderoso, te castiga». Si incluso después de que el hombre se arrepiente no vuelve a tener la vida despreocupada de antes, aun así debe pensar que es por su propio bien por lo que su situación se ha vuelto más difícil. Al tomar esta actitud, estará cumpliendo un precepto de sentimiento y acción positiva.

La razón por la cual esto le sucede es que antes de su arrepentimiento, el Altísimo le permitía gozar de los frutos de cualquier precepto que cumpliese en este mundo para negarle la dicha infinita del mundo venidero. La adquisición de la alegría depende de esta actitud, la de contentarse con lo que le ha dado el Altísimo.

1780. Tratado *Ta'anit* 22a.
1781. Tratado *Shabat* 30b.
1782. Salmos 19:9.
1783. Deuteronomio 8:5.

El hombre *aprende a* contentarse con su situación al alegrarse de los problemas que le vienen, del mismo modo que se alegra de lo bueno que le sucede, y sufriéndolos con alegría. El que tiene esta actitud está liberado de las preocupaciones de este mundo porque se satisface con lo poco que tiene y piensa, «Lo que el Altísimo ha decretado a mí me basta».

Y ahora, fíjate y ten conciencia de que la alegría lo abarca todo, porque el que se preocupa de los asuntos de este mundo no tiene paz interna en su vida. Siempre está pensado en maneras de ganar dinero, porque lo que el Altísimo ha reservado para él no parece suficiente para cubrir sus gastos.

En cambio, el hombre que se contenta con lo que tiene es rico aunque sea pobre, porque encontrará alegría en el Altísimo, a quien considerará su propia porción. De igual modo, está escrito,[1784] «"El Altísimo es mi porción", dice mi alma»;[1785] «¡Oh Altísimo! Tú eres la porción de mi herencia y de mi copa», y[1786] «Regocíjese el corazón de los que buscan al Altísimo».

Este rasgo sólo se halla en los hombres rectos que sienten un deleite total al cumplir su servicio Divino y derivan una intensa alegría de su abstinencia; como dice el versículo,[1787] «¡Gozaos en el Altísimo y deleitaos en Él, vosotros, que sois justos!» y,[1788] «Para los justos difunde la luz, y la alegría para los rectos de corazón».

Por lo tanto, el hombre debe derivar su alegría exclusivamente de sus estudios de Torá; al cumplir los preceptos, su corazón debe colmarse de alegría al pensar que ha merecido de servir al Rey excelso ante el cual se prosternan los seres celestiales. Así, pues, exclama el rey David,[1789] «Me regocijo en Tu palabra, como quien halla grandes despojos».

Más aún, la recompensa del hombre que cumple un precepto con alegría es mil veces mayor que la del hombre que lo considera un deber. Abraham y David se sumían en asuntos de Torá todo el día, honrando al Altísimo con cánticos y alabanzas, alzando sus voces alegremente.

Cuando el hombre alcanza este nivel, todas las partes de su cuerpo exultan al sentir el deleite de la proximidad Divina, y le viene el Espíritu

---

1784. Lamentaciones 3:24.
1785. Salmos 16:5.
1786. Salmos 105.3.
1787. Salmos 32:11.
1788. Salmos 97:11.
1789. Salmos 119:162.

de inspiración de *Ruaj Hakodesh*. Su corazón se regocija entonces; está imbuido de amor al Altísimo y su alma desborda de felicidad.

Por el mérito de su temor al Altísimo y de su integridad, le revelan de arriba misterios celestiales y nuevas interpretaciones de la Torá, ante los cuales se siente trasportado de dicha.[1790] Como lo expresa el rey Salomón:[1791] «Mi alma desfallecía desde que me había llamado Él», y también,[1792] «y mis pensamientos se regocijarán cuando Tus labios hablen cosas justas». Asimismo, dijo el rey David:[1793] «¡Bendice al Altísimo, oh alma mía!».

Asciende el alma a los cielos, y como tiene conciencia de su fuente Divina, dirige su amor al Creador y atesora Sus preceptos. Cuando el alma alcanza su excelso espacio, en el cual se asemeja a Él, se aúna con Él en Sus lugares recónditos, y ocasiona Su deleite en sus cámaras. A cada instante desfallece de amor por Él y Le recuerda por las noches al acostarse. Permite entonces el Altísimo que esta persona sienta el ansia de alegría; como dice el versículo:[1794] «Me deleitaré en el Altísimo. Se regocijará mi alma en mi Creador Todopoderoso *(Elo-hai)*». Dichosa es la persona que merece sentir esta etérea alegría.

La *Shejiná* sólo reside en espacios en que mora la alegría; los profetas no lograban profetizar cuando querían. Tenían que concentrarse, sentarse con el corazón lleno de dicha y regocijo y meditar, porque la profecía no viene ante la tristeza o la indolencia, sino sólo donde hay alegría. Por lo tanto, los hijos de los profetas ponían tambores, liras y arpas ante ellos, y sólo entonces pedían que les viniese la profecía; como dice el versículo:[1795] «Y ocurrió cuando tocaba el músico, que la mano del Altísimo vino sobre él».

El amor es la armonía-*Tiferet* del alma, porque ésta se adorna con la armoniosa belleza de la beatitud con la cual se regocija en el Altísimo y

---

1790. Todas las ediciones impresas usan la palabra hebrea *nitsolu*, que literalmente significa «fueron salvadas». Según el sentido del texto, sin embargo, esta lectura parece ser un error de impresión. Por lo tanto, la hemos traducido como *«tsahalu»*, un verbo que hace hincapié en el arrebato de alegría que siente la persona ante la proximidad del Altísimo.

1791. Cantar de los Cantares 5:6.

1792. Proverbios 23:16.

1793. Salmos 104:1.

1794. Isaías 61:10.

1795. II Reyes 3:15.

se vincula apasionadamente a Él, resplandeciente en su temor reverencial ante Él, despidiendo la luminosidad de su fulgor. La vehemencia de su deseo infunde su amor al Creador, y queda trasportada por un anhelo etéreo de ser coronada con la aureola de pensamientos limpios y puros. Gime por la intensidad de su dicha y exultación ante la proximidad de su Amado celestial, y se une a Él con los lazos de amor, buscando e indagando en su demanda de ascensión a la luz—en la luz de la vida.

Al elevarse en su anhelo de conocer la santidad de su Creador, y al vincularse a Él con fe, se expande entonces con alegría y éxtasis y se intensifica su exaltación. En este momento se intensifica aún más la santidad del *Kodesh Hakodashim*-sanctasanctórum; su amor se profundiza entonces y halla gracia ante el Soberano del Universo. Resplandece su belleza y despide el fulgor luminoso de su amor. El Altísimo le permite entonces que difunda su luminosidad para darle acceso en las cámaras interiores de resplandor y unificarla en la luz de la vida.

Que nos cuente el Misericordioso entre Sus siervos que se deleitan en Él.

Hemos incluido en este capítulo secciones de *Deberes del corazón*, de *Portal del Arrepentimiento*, y del *Camino de los justos (Orjot Hatzadikim)*, que tenemos en manuscrito.[1796] Las pocas enseñanzas que hemos añadido a éstos provienen de la inspiración que nos ha concedido el Altísimo. Pedimos que el Altísimo nos dirija en el camino de Sus preceptos y de Su Torá y nos cuente entre los que aman Su Nombre, Amén. Que sea esa Su voluntad.

Con esto hemos concluido el capítulo y el portal.

1796. Traducción de S. J. Cohen (Nueva York, Ktav Publishing House, Inc., 1982).

Apéndice I

LISTA CONFECCIONADA POR RABÍ DE VIDAS DE LOS TEMAS QUE APARECEN EN CADA CAPÍTULO.

Capítulo I

- ❖ Temer al Rey significa evitar cuidadosamente trasgredir Su voluntad.
- ❖ El temor y el amor aluden a la *Yud* y a la *He* del Nombre Especial del Altísimo.
- ❖ Cuando amas al Rey, sólo quieres hacer lo que es bueno y justo a Sus ojos. Por lo tanto, el Creador Todopoderoso nos ha dado cinco recordatorios diarios.
- ❖ Obrar por amor y obrar por temor. No digas, «Estudiaré Torá para volverme sabio».
- ❖ Enseñanzas de *Deberes del corazón* acerca del amor.
- ❖ Al amar al Todopoderoso causamos que se abracen los querubines celestiales.
- ❖ Amar significa entregarse.
- ❖ «Como en el agua, el rostro contesta al otro».

. . . .

Capítulo II

- ❖ El nombre *Atzilut* se basa en la palabra «amor».
- ❖ La palabra *mitzvá*-precepto implica una unión; el mundo entero fue creado para que el hombre unificase al Nombre Especial del Altísimo por medio del cumplimiento de *mitzvot*.

- ❖ El verdadero servicio Divino basado en el amor es servir al Creador sin esperar recompensa.
- ❖ El que sirve al Altísimo por amor merece el deleite celestial que «ningún ojo ha visto».
- ❖ Lo que cada individuo reciba en el mundo venidero, el que sólo alcance el nivel de *nefesh* o más, depende de sus obras.
- ❖ Explicación de la Mishná: amar al Altísimo con motivaciones personales.
- ❖ El alma-*neshamá* del hombre forma parte del Altísimo.
- ❖ Cuando el hombre se santifica un poco, le santifican mucho desde arriba. Proclamará en el futuro una voz celestial, «¡Todos los que han obrado con el Altísimo que vengan y reciban su recompensa!».
- ❖ Cuando considera el hombre que el Altísimo le creó, diseñando y sellando en su cuerpo y su espíritu las veintidos letras sagradas *del alfabeta hebreo*, está inspirado a amarle y a cumplir Su voluntad.
- ❖ El que se levanta en la mitad de la noche lleva el nombre de siervo del Creador. Cuando se despierta, se enciende su amor por el Altísimo. Entonces, debe pensar que asimismo sucederá en la resurrección de los muertos.
- ❖ El requisito esencial para alcanzar el amor del Creador es querer aislarse, porque al hombre a quien le gusta la compañía de otros le será imposible vincularse a su Hacedor.

. . . . . .

Capítulo III

- ❖ Así como una cuerda consta de dos o tres hebras entrelazadas, así también está el Altísimo vinculado a nosotros y nosotros a Él.
- ❖ Cuando le llega al hombre la hora de morir, el alma-*nefesh* se agarra al cuerpo como el hombre que va a irse por un largo viaje y tiene que separarse de su amada: la separación es muy dura.
- ❖ Los celos son el signo principal del amor, como el que está celoso de su esposa por el gran amor que le profesa, y no quiere que un extraño se interponga entre ellos. El hombre recto ha de vincularse a la *Shejiná* con un amor de igual intensidad.

- ❖ El sabio de la Torá se separa de su esposa durante los días de la semana para estar con la Hija del Rey –la Torá– durante Sus períodos de tiempo, por la noche.
- ❖ Has de estudiar Torá hasta la luz del día para aunar la noche con el día.
- ❖ Nadie ama al Altísimo más que los que se levantan en la mitad de la noche para estudiar Torá.
- ❖ Todos los mundos celestiales forman una sola estructura; cada uno de ellos mora dentro del otro.
- ❖ Cuando el hombre atrae a sí un poco de impureza, le envían del cielo una gran concentración de impureza.
- ❖ El hombre se vincula a su Creador aunando sus almas *nefesh, ruaj* y *neshamá*.
- ❖ El amor que el Eterno le profesa a Israel se trasmite mediante tres expresiones: el vínculo, el deseo y la voluntad arrolladora.
- ❖ Como los patriarcas son un «carro» celestial por medio del cual el Creador se nos revelaba por el gran amor que nos profesaba, el Creador les infundió almas santas del cielo.
- ❖ El «vínculo» señala el lazo de amor entre dos personas, en que el alma de una se adhiere a la de la otra.

. . . .

Capítulo IV

- ❖ El hombre no debe casarse con una mujer hasta que la vea, no sea que vea en ella algo que le desagrade.
- ❖ Así como el fuego precisa aceite para arder, así también el fuego Divino que mora sobre nuestras cabezas está alimentado por los estudios de Torá, las oraciones y el cumplimiento de preceptos.
- ❖ Es una necesidad del Altísimo –si puede decirse así– que la *Shejiná* tenga un lugar de residencia apropiado en el mundo. Por las tres clases de amor, la *Shejiná* establece un pacto con los justos que se vinculan a Ella de este modo, porque es por medio de este pacto que logra realizarse plenamente.
- ❖ No bebas de un vaso mientras miras otro. Has de alejar de ti el amor de este mundo, porque equivale a adorar ídolos. Tu corazón debe vincularse a Ella (la *Shejiná*) con amor y santidad.

- ❖ Has de cumplir cada uno de los preceptos con deseo y entusiasmo del corazón; con gran amor.
- ❖ Como la mala tendencia del hombre le domina todos los días, han dicho los sabios que el pensamiento conduce a la lujuria; la lujuria conduce al amor, etc.
- ❖ Así como el hombre no demoraría sus relaciones íntimas con su esposa en la cumbre de su deseo por todo el dinero del mundo, así también debería ser tu deseo de cumplir un precepto, porque al cumplirlo, estás vinculándote a la Hija del Rey, la *Shejiná*, también llamada hija de Iaacov.
- ❖ Hay hombres para los cuales el dinero es más importante que su bienestar; por lo tanto, dice el versículo, «con toda tu alma»…
- ❖ Así como el concepto del deseo se aplica al cumplimiento de preceptos, así también puede aplicarse al estudio de la Torá.
- ❖ Parábola de la hija del rey que salió de la casa de baños y la vio…

. . . . . .

Capítulo V

- ❖ Enseñanzas de *Deberes del corazón* acerca de cómo se ama al Todopoderoso.
- ❖ El mundo sólo existe gracias al amor.
- ❖ Explicación de lo que decimos en nuestras oraciones diarias, «y en Su bondad, renueva todos los días, eternamente, la obra de la creación».
- ❖ Bella explicación de las bendiciones.
- ❖ A cambio de todo lo que hacen los hombres al cumplir preceptos y al hacer buenas obras les basta que el Altísimo haga que amanezca el sol para ellos.
- ❖ «Si un hombre compra una medida de carne… ¡cuánto debe esperar hasta que se cocine! En cambio, mientras que los hombres duermen en sus lechos, el Altísimo hace que sople el viento, se levanten las nubes…».
- ❖ Hay tres principios fundamentales en la observación del mundo; este mundo fue creado mediante las treinta y dos enunciaciones del Nombre *Elo-him* en la historia de la creación, que son treinta y dos senderos de sabiduría.

- ❖ Cada tallo de hierba, cada animal, tiene un ángel y una fuerza espiritual celestial.
- ❖ El gallo negro fue designado para llamar a medianoche y despertarnos para que sirvamos a nuestro Creador.
- ❖ La nuez tiene cuatro secciones, lo que alude a las fuentes de los cuatro ríos en Edén.
- ❖ Bello ejemplo de Rabí Iosef Gikatilia.
- ❖ Las expresiones como «la mano» o «el pie» u otras partes de cuerpo atribuidas al Altísimo sólo se usan para representar Sus Fuerzas, pero no tienen esencia ni forma.
- ❖ El misterio de las piedras preciosas y las perlas proviene de los Atributos Divinos.
- ❖ La razón por la cual el término *Shabat* existe en las lenguas de las setenta naciones y nunca cambia. Hay dos factores que no niegan las naciones: a) El Altísimo creó el mundo y b) resucita a los muertos.
- ❖ Entre los temas que hemos de estudiar a propósito de la creación del mundo está la observación de la noche y del día.
- ❖ Al amanecer, con el primer rayo de sol, domina el Atributo Divino de merced, como puede verse en el caso de los los enfermos, cuyos síntomas empeoran por la noche, pero se alivian por la mañana temprano hasta media mañana.

. . . .

Capítulo VI

- ❖ El hombre fue creado como un microcosmos, una réplica del mundo terrestre, y todas las partes de su cuerpo están dispuestas según el orden de la creación.
- ❖ Cuando estudias la sabiduría de la verdad –la Cabalá– tratas con la obra de la creación más que otros sabios de la Torá.
- ❖ Enseñanza de los *Tikunim* que el alma-*neshamá* lleva el nombre de *tzelem*-imagen.
- ❖ El alma humana comprende diversos elementos. Puede tenerse una *nefesh,* un *ruaj* y una *neshamá* vinculados con los ángeles-*ofan* del mundo de *Asiyah*, o con los seres celestiales-*jayá* del mundo de *Yetzirah*, o aún más alto, según su mérito.

- Por qué es salado el líquido que humedece los ojos; el líquido que sale de los oídos, grasiento; el de la nariz, fétido; y el de la boca, dulce.
- No hay pintor como nuestro Creador: ha diseñado cada rostro humano, y no hay uno que se asemeje a otro.
- La razón por la cual el Altísimo se llama nuestro Padre, nuestro Rey, y nosotros somos Sus hijos.
- El número de personas saludables víctimas de muerte repentina nos muestra que el Altísimo se vincula a nosotros mediante el alma-*neshamá*; por lo tanto, ésta nos deja según la voluntad de Él.
- La mayoría de los preceptos de acción positiva se cumplen por medio del dinero, como por ejemplo *el tzitzit, los tefilín, la succá,* etc.
- [Encontramos este amor eterno] en el Altísimo, que es Asociado del hombre desde el momento que mora en el seno materno hasta el día de su muerte, y le salva de muchas enfermedades.
- El viento del Norte soplaba entre las cuerdas del arpa del rey David. Entonces, se despertaba el rey y venía a morar en él el Espíritu de inspiración Divina de *Ruaj Hakodesh*.
- El Altísimo se ha quedado con tres llaves que no ha confiado a ningún mensajero: la llave de la lluvia, la llave de la concepción y la llave de la resurrección de los muertos.
- Oración de Rabí Alkabetz Halevi acerca del sustento que se ha de decir a diario.
- No hay pelo para el cual no haya creado el Altísimo su propio folículo, para que uno no derive sustento de otro. El hombre debe tener conciencia de los muchos milagros que ha hecho el Altísimo para él personalmente, de cuántos peligros y formas de muertes le ha salvado.
- Quien no haya tenido sueño durante siete días consecutivos es un trasgresor.
- Existen sabios que son expertos en la ciencia de la fisiognomía, y pueden decirle a la gente cuándo obraron bien o en qué trasgredieron.
- Diferencia entre la muerte de un hombre y la de otras criaturas, entre las enfermedades del hombre y las de los animales; en particular, la peste que nos ha enviado el Altísimo por nuestras trasgresiones…
- La muerte, en particular, en lo que concierne al pueblo de Israel, es un acto de amor Divino, ya que ayuda a rectificar el alma del difunto.
- La *Shejiná* lleva el nombre de «Rueda», porque es por Ella que se encarnan las almas.

- ❖ El hombre siempre debe considerarse en parte digno de alabanza y en parte de censura.
- ❖ El arrepentido es bondadoso con su propia alma.
- ❖ El Altísimo les da tiempo a los trasgresores antes de castigarlos por su comportamiento, ya que quizás con el tiempo el trasgresor se arrepienta; entre sus manos se encuentra la tarea de elegir.
- ❖ Debido a la trasgresión de Adam, el hombre está encubierto por un cuerpo material que le impide a su alma contemplar los reinos excelsos celestiales. Mediante la muerte, el hombre se deshace de su cuerpo y adopta una prenda espiritual compuesta de sus estudios de Torá y de los preceptos que cumplió durante su estancia en este mundo.
- ❖ Historia del hombre recto que falleció fuera de su ciudad.
- ❖ Razón por la cual los rectos llevan el nombre de «vivos» después de su muerte.
- ❖ Historia de la recompensa que recibió el justo Rabí Iehudá ben Shoshan después de su muerte, por haber guardado el silencio como lo hizo.
- ❖ El Altísimo hará un pabellón personal para toda persona recta en el Jardín de Edén, cada cual según su nivel.
- ❖ En el mundo venidero, el rostro de los rectos se asemeja al sol, la luna, los cielos, los rayos, etc.
- ❖ Tres cosas reflejan el mundo venidero: el Shabat, la luz del sol y las relaciones conyugales.
- ❖ La buena fragancia que olemos cuando termina el Shabat es también un deleite para el alma que refleja el mundo venidero.
- ❖ El hombre ha de mejorar sus obras y siempre tener presente el temor de cometer alguna trasgresión.
- ❖ Cuando la mala tendencia queda dominada bajo la buena tendencia, la Izquierda *Divina* está incluida bajo la Derecha, la oscuridad se vuelve luz, y la amargura se vuelve dulce.
- ❖ Cuatro clases de personas han de expresar su gratitud *al cielo*: el que cruza el mar, el que viaja por el desierto, el que se recupera de una enfermedad y el prisionero a quien liberan.

. . . . .

Capítulo VII

- Todo Nombre que designa al Altísimo también se aplica a Israel.
- El Altísimo usó cinco nombres de cariño para designar a los ángeles, y llamó a Israel con los cinco; ama a Israel más que a los ángeles.
- A pesar de que el Altísimo tiene miles de ángeles que Le sirven y Le alaban, sólo desea las alabanzas de Israel.
- Cuando se oye en el cielo la voz de un sabio que explica la Torá, y después las voces de otros que responden «Bendito sea Su Nombre…», el Altísimo se regocija y les dice a los ángeles, «¡Venid a ver …».
- Los israelitas tuvieron diez milagros en el Mar Rojo.
- El Altísimo ejecutó por medio del agua todos los milagros que hizo por Israel.
- Todos los milagros fueron ejecutados por el aspecto Divino de amor puro.
- El amor que le profesa el Altísimo a Israel se desprende de las palabras de nuestras oraciones diarias, instituidas por los sabios de la gran asamblea.
- Las palabras de la Bendición de la mesa, «por Tu pacto que sellaste en nuestra carne» ilustran el vínculo de amor entre el Altísimo y el pueblo de Israel, porque la señal de Su Nombre está sellada en nuestra carne. Así se acostumbra entre amigos que se aman el uno al otro: hacen una señal entre ellos como prueba de su amor.
- Cuando los israelitas salieron de Egipto, era la intención del Altísimo bajarles el Templo que estaba construido en los cielos. Cambió esta intención cuando trasgredieron con el becerro.
- El milagro que se ejecutó para todo Israel en el tiempo de Mordejai y Ester fue que aceptaran toda la Torá.
- Los milagros que hemos tenido en el pasado, los que se nos hacen a diario para beneficiarnos, así como los que tendremos en el futuro, son todos ejecutados por la *Shejiná*, que está vinculada a nosotros.
- La *Shejiná* nos guarda en todos sitios. Por lo tanto, tenemos el deber de unificarla por medio de nuestros preceptos y oraciones.
- Como los israelitas se llaman Sus hijos y forman parte de Su Nombre, deben obrar como hijos que honran a su padre.
- ¿Cuántos milagros te ha hecho el Altísimo de los que ni siquiera tienes conciencia? Si te comieses un trozo de pan antes de masticarlo

y mojarlo con la saliva, te rasguñaría al bajar a tus intestinos *a través del esófago hacia el estómago.*
- Grande es el pastor que cuida su rebaño.
- Hemos de darnos cuenta de que el Creador responde a nuestras plegarias de angustia cuando nos arrepentimos de nuestras trasgresiones y emprendemos ayunos de arrepentimiento. El Altísimo, entonces, responde de inmediato a nuestras plegarias. Esto se aplica particularmente a la falta de lluvia, como le sucede a menudo al pueblo de Israel.
- En comparación con las otras tribus, los sacerdotes-*cohanim* han de observar veinticuatro preceptos, correspondientes a los beneficios especiales con los que los ha favorecido el Creador.

. . . .

Capítulo VIII

- Diferencia entre el hijo del Creador y el siervo del Creador. Si quieres vincularte a la *Shejiná* con amor, tienes que estimularla siempre con tus obras, sea con el estudio de Torá o con el cumplimiento de las *mitzvot*.
- Razón por la cual se disputaban las tribus acerca de quién sería el primero que entrase en el mar.
- La *Shejiná* no logra un *yijud*-unificación mediante el misterio del amor, sino mediante el alma de los justos.
- Dijo el Altísimo, «Cuando estudias Torá, eres bondadoso con el prójimo, y rezas junto con una comunidad, estimo tu comportamiento como si Me hubieses redimido a Mí y a Mis hijos de las naciones».
- La Torá proviene del lado derecho del Altísimo, que corresponde a *Jesed*-bondad, y el que estudia Torá con la intención de efectuar el *yijud*-unificación lleva el nombre de *jasid* que obra por amor a su Hacedor.
- El amor de Abraham se dirigía a la *Shejiná*.
- El valor que adquiere el cumplimiento de preceptos y el estudio de Torá cuando se hace con la intención de unificar a la *Shejiná*, y no por motivos personales.

. . . .

Capítulo IX

- ❖ Indicaciones adicionales de lo que debes hacer para mostar tu amor por la *Shejiná*.
- ❖ La palabra hebrea *teshuvá*-arrepentimiento alude a la *Shejiná*, a La que representa la última letra *He* del Nombre Especial. El significado esotérico es que la palabra *teshuvá* puede leerse *tashuv He*, es decir, «que regrese la *He*» y se una de nuevo a las demás letras del Nombre: *Yud, He, Vav.*
- ❖ Si no se morase el aire en los pulmones del hombre, el corazón quemaría al hombre con su fuego.
- ❖ [La *neshamá* es el aliento del hombre]. Rabí Bisni, Rabí Aja y Rabí Iojanan dijeron en el nombre de Rabí Meir, «El alma-*neshamá* llena el cuerpo del hombre. Mientras el hombre duerme, asciende el alma y atrae hacia sí la vida celestial».
- ❖ «Amarás al Altísimo, tu Creador Todopoderoso con todo tu corazón y con toda tu alma…». La expresión «con toda tu alma» significa con cada alma que Él ha creado dentro de ti. El Nombre Especial del Creador representa la fuerza vital de este mundo y del otro.
- ❖ El nivel de los hombres justos que saben separar sus pensamientos de los intereses materiales y enfocar el anhelo de su corazón en el Soberano del Universo.
- ❖ Tu objetivo ha de ser de ayudar a la *Shejiná* a que logre la unión en el cielo por medio de tus tres oraciones diarias: por la mañana, por la tarde y por la noche.
- ❖ Si, al levantarte de tu lecho nocturno, te aplicas a estudiar Torá con amor a la *Shejiná*, ¡qué cuantiosa ha de ser tu porción!
- ❖ Hay tres cosas que haces cada día para atraer a la *Shejiná* a que more en ti. La primera es ponerte *tefilín*-filacterias; la segunda es estudiar Torá y la tercera es darle «alimento, vestidura, y derechos».
- ❖ Los «pichones» son los estudiosos de la Mishná, y los «huevos» se refieren a los estudiosos de la Biblia.
- ❖ Su «alimento, vestidura y derechos» es el misterio tras de las tres encarnaciones.
- ❖ Si deseas llevar a cabo la unificación de la *Shejiná* debes decir, pronunciando las palabras, «Hago esta actividad o cumplo este precepto para unificar a la *Shejiná* con el Altísimo».

- ❖ Nuestros sabios, de bendita memoria, solían declarar sus intenciones verbalmente antes de cumplir un precepto.
- ❖ Lo que el hombre rectifica en sus días constituye una vestidura para su alma-*neshamá*. Es mediante esta Vestidura de días por la que merece contemplar y deleitarse en la beatitud oculta para los justos.
- ❖ La razón por la cual hay que hacer un ayuno el mismo día que se ha tenido un mal sueño es que cada día tiene su propio ángel que le está designado.

. . . .

Capítulo X

- ❖ Todos los aspectos del servicio Divino que hemos mencionado que constituyen lo que debe hacer el hombre para unificar a la *Shejiná* han de hacerse con alegría.
- ❖ Para servir al Creador con alegría, imagínate por un momento que estás sirviendo a un rey de carne y hueso: si supieses de algo que le complaciera al rey, no descansarías un momento hasta encontrar la manera de cumplir el deseo real.
- ❖ Desde el momento que se levanta el sol hasta que se pone, no cesa de alabar al Altísimo.
- ❖ Hay en el cielo, en el mundo del Trono, un ángel que tiene mil bocas y mil lenguas en cada boca. Con cada una de sus lenguas, canta las alabanzas del Altísimo.
- ❖ Como todos los seres celestiales cantan su anhelo de vincularse a Él, asimismo, tú también debes cantar y alabar a tu Hacedor para vincularte a Él.
- ❖ Hay tres grupos de ángeles reunidos en la sinagoga para rectificar las oraciones diarias.
- ❖ Dice el versículo, «pero ahora, traedme a un músico». Derivamos de este versículo que la *Shejiná* no mora en el hombre ante la indolencia, ni la tristeza, ni la irreverencia, ni la conversación ni la charla, sino cuando percibe la alegría de una *mitzvá*.
- ❖ La razón por la cual la palabra aramea que expresa *Yom Tov*-fiesta es *Ushpizá* es que literalmente esta palabra significa «el residente ocasional de una posada»: por lo tanto, así como hay que recibir a los

huéspedes con buen semblante, así también hay que recibir los días de *Yom Tov*.

❖ Para atraer hacia uno mismo la alegría de Yom Tov hay que evitar divertirse con bromas y hacer salidas como las de los gentiles.

❖ Si quieres imbuir tu alma de alegría, medita durante algún tiempo todos los días y contempla la grandeza de las cuatro letras del Nombre.

❖ Te sería muy beneficioso si acostumbrases a leer en la sinagoga todos los días algunos capítulos del Libro de Salmos, en voz alta y concentrándote.

❖ Una de las maneras en que has de mostrar tu amor por el Rey es honrarle y cantar ante Él en la sinagoga, así como se canta frente a un rey de carne y hueso para honrarle.

❖ El que lee salmos en la sinagoga, himnos o cánticos *religiosos* no debe leer en voz alta a menos que tenga buena voz.

❖ El hombre no debe llenarse la boca de risa en este mundo.

❖ El que recita un versículo del Cantar de los Cantares tratándolo como una canción [secular], y el que recita un versículo en un banquete en un momento que no es apropiado, es decir, haciendo de él tema de burla y diversión, ocasiona daño al mundo.

❖ Al hombre le es imposible vincularse a la alegría de su Hacedor siempre que siga gozando de los placeres de este mundo, de la comida o la bebida.

❖ No debe el hombre reírse demasiado, ya que esto disminuye su temor al Altísimo. Más aún, el que se ríe en excursiones o en casas de juego no tiene temor del cielo.

❖ Los sabios de la gran asamblea instituyeron bendiciones que hemos de recitar sobre todo lo que probamos, para que recordemos el amor del Altísimo, Su grandeza y majestad.

❖ Podemos captar el concepto del amor Divino examinando las distintas costumbres de este mundo. Es sabido que si le das a tu compañero un regalo espontáneamente, sin esperar nada a cambio, al recibirlo sentirá el impulso de amarte a su vez.

❖ Así como el hombre debe regocijarse en tiempos de alegría, así también debe de acongojarse en tiempos de luto.

❖ Todos los que sintieron el luto por Jerusalén tendrán el privilegio de presenciar su restauración.

. . . .

Capítulo XI

- ❖ Preparativos de los que el hombre mismo tiene que ocuparse para adquirir este amor e imprimirlo con permanencia en su corazón.
- ❖ Al adquirir el celo y la alegría, el hombre infunde un nuevo espíritu a sus acciones así como el espíritu de la vida celestial, hasta el punto que se volverá tan ligero como el águila.
- ❖ El ejemplo de la vestidura manchada de aceite o de cualquier otra sustancia: no puede teñirse de otro color hasta que esté lavada y la mancha quitada. Asimismo, cuando un alma está manchada por la imperfección de la trasgresión, a menos que rectifique sus errores arrepintiéndose por cada trasgresión que haya cometido la persona, no se vinculará con permanencia a la energía luminosa Divina, porque cada trasgresión es una barrera que separa a la persona del Creador.
- ❖ El hombre ha de alejarse de toda sospecha.
- ❖ Uno de los elementos que dificultan la oración del hombre e impiden que llegue a oídos celestiales es la falta de pureza.
- ❖ El misterio del *mikvé* está vinculado en el cielo al del Nombre Especial: el *mikvé* contiene 40 *se'ah* de agua, y el Nombre del Creador tiene cuatro letras, cada una de las cuales contiene diez aspectos distintos, *que suman cuarenta*. Éste es *el fundamento* de la interpretación esotérica del versículo, «El Altísimo es el *mikvé* de Israel».
- ❖ Cuando el hombre está en estado de impureza, el alma-*neshamá* no mora en él hasta que se sumerge en un *mikvé*.
- ❖ Bella explicación del misterio de la inmersión en el *mikvé*.
- ❖ La obra *Sefer Hajasidim* observa que es preferible sumergirse tres veces consecutivas, correspondientes a las trasgresiones involuntarias *(jet)*, las trasgresiones intencionales *('avon)* y los actos de rebelión *(pesha')*.
- ❖ Al observar este precepto, el hombre ha de sentirse tan feliz como si estuviera a punto de recibir una gran cantidad de dinero, porque al cumplir los preceptos del Altísimo, está vinculándose al santo Nombre y a la vida celestial, y está rectificando *toda mácula que tenga* su alma.
- ❖ El que quiera purificarse debe llevar ropa limpia, sin grasa ni impureza y que no esté manchada, porque enseñan que si un sabio de la Torá lleva ropa manchada de grasa puede incurrir en la pena de muerte.
- ❖ Para adquirir pureza es también bueno cortarse las uñas, como lo hace la mujer cuando se purifica para estar con su marido.

- El hombre debe tener la intención consciente de purificar sus trasgresiones atrayendo hacia sí un blancor luminoso Divino que proviene de la propia fuente del intelecto Divino al nivel de los treces Atributos de merced. Debe centrarse, en particular, en dos de estos Atributos que mencionan la purificación y blanquear las trasgresiones.
- Para que la mente del hombre se vincule a su Hacedor, primero tiene que casarse, y como resultado se le purifican los pensamientos.
- Si considera el hombre que la *Shejiná* mora sobre su cabeza, será consciente de que debe purificarse la mente y el corazón para que la *Shejiná* encuentre un espacio apropiado en donde morar.
- Una explicación de lo que, según nuestros sabios, está reservado para los rectos en la vida eterna, es poder sentarse *en el Edén* con sus coronas sobre la cabeza, gozando del resplandor de la *Shejiná*.
- Explicación de las cuatro clases de trasgresión y del arrepentimiento relacionado con cada uno de ellos, según la enseñanza de Rabí Ishmael.
- La razón por la cual la Torá se asemeja al fuego, así como al agua.
- Existen dos clases de impureza: una requiere la acción positiva y la otra no.
- Si el hombre sujeta su miembro viril al miccionar, es como si ocasionara un diluvio en el mundo.
- El hombre que está apasionadamente vinculado a su Hacedor está imbuido de humildad, y si fuese el objeto de vergüenza y mortificación, no estima este mundo lo suficiente como para responder en su defensa.
- El hombre también se sentirá imbuido de humildad cuando trate de mostrar la grandeza infinita del Creador.
- El alma-*nefesh* espera su recompensa, «de gozar en la luz de los vivos», así como el hombre que tiene los ojos abiertos puede ver la dulzura de la luz.
- El vínculo entre la santificación y la humildad se debe a varios factores. Cuando el hombre se enoja, no sólo le deja su alma-*neshamá*, sino también su alma-*nefesh*.
- Hay un hombre que *no es hombre sino* ángel, y lleva el nombre de Me-ta-tron. Hay una conglomeración de *poderes Divinos* en el mundo de *Atzilut,* cuya función evoca la de las partes del cuerpo.
- Moshe Rabenu, nuestro maestro, de bendita memoria, debido al valor de su excelsa alma, era muy humilde.

- ❖ El que merece una excelsa *neshamá* ha de temer la trasgresión, porque cuanto más alto es el nivel que se alcanza, más se teme trasgredir.
- ❖ Esto puede compararse a la mancha de aceite que cae en la ropa de una persona: no se puede comparar una mancha que caiga en una prenda de lino con una que caiga en una vestidura importante de lana, ni con otra que manche una prenda de seda. Lo mismo sucede con las máculas de índole espiritual. No se puede comparar una mácula que afecte a la persona que está al nivel de *nefesh*, con una que afecte a una persona al nivel de *ruaj*, ni con una que afecte a una persona al nivel de *neshamá*.
- ❖ No se puede comparar la persona que viola *la ley* ante el propio rey con la que está en la corte *de su palacio,* ni con otra que está en el país del rey. Asimismo, el que se aproxima al rey por sus buenas obras...
- ❖ El rasgo de piedad supone siempre ir más allá de lo que especifica la ley escrita.
- ❖ La razón por la cual el ángel Mijael *–que adopta el papel de sacerdote magno espiritual–* es el que presenta las almas de los rectos *en el cielo como ofrenda.*
- ❖ Explicación de la enseñanza «un ignorante no puede ser piadoso».
- ❖ La Torá proviene de *Jojmá*-sabiduría, que representa la letra *Yud* del Nombre Especial. El hombre alcanza el nivel de *jasid*-piadoso cuando mete la *Yud* de *Jojmá* dentro de la Torá –es decir, *Jesed*– *Yud*.
- ❖ Hay que estudiar Torá desde la medianoche hasta la luz del amanecer para recibir el hilo de *Jesed*-bondad.
- ❖ Podemos comprender la razón por la cual la persona que ayuna lleva el nombre de *jasid*-piadoso según la parábola de la rosa que es roja y blanca...
- ❖ El mundo fue creado según *las reglas de la* naturaleza, que representa el Nombre Divino *Elo-him*. De hecho, el valor numérico de la palabra hebrea *hatevá*-naturaleza es el mismo al del Nombre *Elo-him*.
- ❖ El que oye que le maldicen y, no obstante, guarda el silencio se considera *jasid*-piadoso.
- ❖ Explica el Zohar que así como en el cielo Mijael es un sacerdote magno y proviene del aspecto Divino de *Jesed*, así también es el *cohen*-sacerdote del lado de *Jesed* un ángel del Creador en el mundo terrenal.
- ❖ Al que se levanta a medianoche se le considera *jasid*-piadoso. Más aún, el que se achica ante otro mayor que él, y no se avergüenza de hacerle preguntas al otro para verificar si la decisión que tomó era correcta se le considera piadoso.

- ❖ El que quiere ser piadoso debe cumplir los preceptos de los tratados *Berajot*-bendiciones, *Nezikin*-perjuicios, y *Avot*-padres.
- ❖ Significado de la afirmación del Talmud, «el que quiera volverse sabio que se vuelva hacia el Sur».

. . . .

Capítulo XII

- ❖ Para amar al Altísimo y ser piadoso has de adquirir tres rasgos: confianza, fe y alegría.
- ❖ El autor de *Deberes del corazón* enseña los requisitos que te ayudarán a adquirir la confianza total en el Altísimo.
- ❖ El que confía debe reflexionar y tener conciencia de que el Creador observa dentro de su corazón si su convicción es completa *y sin reservas*.
- ❖ Una bella parábola que ilustra este proceso: *los caminos de la Providencia Divina* pueden compararse a un grupo de ciegos que andan en una hilera, la mano de uno apoyada sobre el hombro del que va delante de él.
- ❖ El hombre que *ha alcanzado la convicción interna* de la confianza merece que le llamen *jasid*-piadoso: así pues, llega a ser el vehículo para la trasmisión Divina del Atributo de *Jesed*, como Abraham.
- ❖ Tu ayuda más potente para adquirir la fe es no temer nada malo, sino aceptar todo lo que te suceda con alegría, como el siervo que sabe que su amo tiene el corazón abierto.
- ❖ En recompensa por la fe con la cual nuestros antepasados en Egipto creían en el Altísimo, les vino el Espíritu de inspiración Divina de *Ruaj Hakodesh* y comenzaron a cantar.
- ❖ Cuando respondes «amén» cada vez que oyes una bendición, es como si abrieses las puertas Divinas de *shefa*-energía. Asimismo, se abrirán esas puertas para tu alma cuando le llegue el momento de dejar este mundo.
- ❖ El beneficio que recibe la persona que *aprende* a contentarse con su porción, y otros particulares de la alegría.
- ❖ Abraham y David se sumían en asuntos de Torá durante todo el día, honrando al Altísimo con cánticos y alabanzas, alzando la voz alegremente.

Apéndice II
ENSAYO ACERCA DE *RESHIT JOJMÁ*
(por Rabí Moshe Schatz)

El mecanismo de la redención

Según la tradición, se debe ocultar del público la sabiduría de Cabalá, a fin de que no malinterprete sus profundos conceptos.[1] Sin embargo, enseña el Zohar que eventualmente esta sabiduría saldrá a la luz y será revelada a todos. Más aún, el Zohar añade que en generaciones futuras, hasta los niños comprenderán la sabiduría secreta de la Torá.[2]

¿Cómo conciliar ambos principios? ¿Qué distingue a las generaciones tardías de las más tempranas, especialmente al tener en cuenta que los niveles de erudición y rectitud de antaño superaban con creces al actual?

Esta pregunta es paralela a otra cuestión primordial. A saber: ¿cuándo se puede revelar esta materia, y cuándo es mejor evitarlo? El Zohar advierte repetidas veces que quien revela misterios de la Torá a un auditorio que carece la preparación requerida, causa que el pueblo de Israel se vuelva vulnerable a los Acusadores, siempre prestos a recordar al Creador las faltas de Su pueblo.[3] Y sin embargo, la participación en la difusión de la sabiduría secreta de la Torá es una tarea esencial que despierta la compa-

---

1. Zohar vol. 3, Idra Rabá p.128a.
2. Zohar 118a, *véase* más adelante.
3. Véase *Shaar HaCavanot* edición Attieh p. 86. Columna b. Edición de letra cuadrada vol. 2. p. 187; *véase* Zohar vol. 3, Idra Zuta, p. 294b.

sión Divina hacia el mundo así como la conciencia mesiánica. Por consiguiente, el no involucrarse en este estudio causa lo contrario, tal como señalaron los cabalistas a través de las generaciones.[4]

Por otra parte, es innegable que actualmente la sabiduría de la Cabalá está acaparando la atención pública. ¿Hemos de alegrarnos o lamentar tal situación? ¿Qué está haciendo el Soberano del Universo y por qué?[5]

A fin de allanar estas cuestiones, es menester comprender el mecanismo de la redención. Una de las razones por las cuales es vital el estudio correcto de la Cabalá, es que sus teorías holísticas e integradoras suscitan una nueva conciencia y sensibilidad hacia la vida, hacia nuestra relación con el Todopoderoso, relación que abarca todos los aspectos de su Creación, desde el ser humano hasta el mero objeto del ámbito inánime.

Dicha comprensión es esencial para captar las ideas del gran sabio del siglo XVIII, el Gaón de Vilna, sobre la relación entre la Torá y la sabiduría mundana, y su incidencia en el proceso redentor. El Gaón de Vilna mantiene que el desarrollo de la redención está intrínsecamente ligado al desarrollo de la Torá a través de las generaciones. Como veremos a continuación, debido a las leyes de armonía universal este desarrollo de la Torá ha de ser paralelo al desarrollo de la sabiduría laica.

Rabí Hilel de Sh'klov, discípulo del Gaón de Vilna, dice en nombre de su maestro:[6]

> El desarrollo del proceso mesiánico se produce paso a paso, conjuntamente con la difusión de la sabiduría de la Torá, mediante la revelación de los secretos místicos de la Torá junto con el desarrollo de los siete campos del saber natural [la ciencia] a partir de la iniciativa de abajo [los esfuerzos humanos]. Tal es el significado del siguiente Zohar: «En el año 600 del sexto

---

4. Véase la introducción de Rabí Jaim Vital al *Etz Jaim;* introducción de *Kisei Melej* acerca del *Tikuné Zohar* por Rabí Jaim Buzaglo; introducción a *Or HaJamá* acerca del Zohar por Rabí Avraham Azulai; prácticamente todas las introducciones a los trabajos de Cabalá hacen hincapié en este tema. Un compendio de este tema aparece en *Kol O'mar Koré* por Rabí Yashia Asher Zelig Margolis, impreso en su libro *Kojó de Rashbí*. Véase el Raya Mehemna en nuestra nota n.º 17.

5. *Véase* la introducción de Rabí Jaim Vital al Etz Jaim.

6. *Kol Hator* Jerusalén, 1994 p.117, párrafo # 4.

milenio [1840] se abrirán los portales de la sabiduría celestial y las fuentes inferiores de sabiduría».[7]

Estudiaremos el texto completo del Zohar a fin de comprender el proceso en su totalidad. Esta sección se refiere a la última letra *He* del Nombre Especial, que representa a la *Shejiná*; y a la letra *Vav*, que representa la luz de *Mashíaj* (el Mesías).[8] Dice el Zohar:[9]

> Dijo Rabí Iose: está escrito:[10] אֲנִי ה' בְּעִתָּהּ אֲחִישֶׁנָּה «Yo, el Altísimo, la aceleraré [la redención] en su momento *(be-itá)*». La palabra בְּעִתָּהּ *("en su momento")* puede leerse [vocalizándolo de otra manera] בְּעֵת ה' *"be-et He"*, es decir, cuando llegue el momento de la letra *He* [al momento indicado por el valor numérico de la letra *He*, que es cinco]. Esto es, cuando llegue el tiempo que la letra ה' *"He"* se levante del polvo de Su exilio [como el valor numérico de la letra *He* es cinco, *"be-et He"* significa, *"al final del quinto milenio, aceleraré la redención"*. Añadió Rabí Iose: «aunque la redención aguarde hasta que *Maljut*-la *Shejiná* se levante del polvo del exilio], aún así Israel no permanecerá en el polvo *del exilio más* [del tiempo de] **un día** y no más».

---

7. Véase también el comentario del Gaón de Vilna a Isaías 1:2, in *Likutei HaGra*, p. 11, Jerusalén 1963. Han de conocerse las tres areas principales de la sabiduría: la metafísica, las ciencias naturales y las ciencias aplicadas".

8. La ***última He*** del Nombre Especial יהו"ה se refiere a la *Shejiná*, presencia de Creador Todopoderoso, כנסת ישראל la nación de Israel, la Torá, y el mundo entero. Todo cuanto se aplica a uno se aplica a los demás. Como la última *He* es la sefirá de *Maljut*, también se aplica al resto del mundo, ya que *Maljut* representa al universo en su conjunto. La He, como *Maljut*, es una entidad femenina y receptora de energía. En cambio, **la Vav** es masculina. Es quien prodiga la energía y representa la luz del Mashíaj. En caso de exilio, la *He* se separa de la *Vav* y se exilia. El valor numérico de la *He* es 5, y representa el quinto milenio, en que se manifiesta la mayor parte del exilio. El valor numérico de la Vav es 6, y representa el sexto milenio, en que se encuentra la luz del *Mashíaj*, y viene a sacar a la He, que representa a Israel, al mundo, etc., del exilio.

9. Zohar vol 1. *Vayera* pp. 116b – 117a, 118a.

10. Isaías 60: 22.

Explica el Zohar que un «día» del Altísimo equivale a mil años, ya que el universo físico tal como lo conocemos durará seis mil años.[11] Los seis mil años están aludidos en los seis días de la Creación. Por tanto, cada uno de los seis días de la Creación representa mil años. El período principal del exilio es el quinto milenio [del 4000 al 5000. Es decir, del 240 al 1240 de nuestra era].[12] De la perspectiva histórica, esta época alude a la primera parte de la edad media. Desde entonces ha comenzado a descender paulatinamente la luz mesiánica. Hemos de añadir al exilio otro medio día –es decir, desde las horas matinales hasta mediodía del sexto día– de modo que el período del exilio y el proceso redentor duren «un día y medio» – 1.500 años.

El sexto día representa el principio de la luz mesiánica. Sin embargo, han dicho nuestros sabios que la verdadera luz mesiánica comenzará a manifestarse a partir del mediodía en adelante, cuando el día comienza a imbuirse del resplandor del Shabat entrante. Así como el sol comienza a ponerse a partir del viernes al mediodía, la era mesiánica está iluminada por el Gran Shabat que comienza al anochecer. El Gran Shabat corresponde al séptimo milenio que sigue a la segunda mitad del sexto día, así como el Shabat sucede al atardecer del viernes. Como hay diferentes modos de calcular a qué corresponde el concepto de "mediodía", el momento exacto fluctúa según los méritos del pueblo de Israel.

---

11. Zohar vol. 2, p. 176b: שיתא אלפי שנין תליין בשיתא קדמא -«los seis mil años [que ha de susbistir el universo] están incluidos en los seis días de la Creación». Véase Rosh Hashaná 31a, Sanhedrin 97a y Avoda Zara 9a.

12. El pensamiento cabalístico trasmite múltiples facetas de revelación incluidos en cada una de las cuatro letras del Nombre Especial que queda fuera de nuestro ámbito. Para la comprensión de este ensayo basta con subrayar que según el Zohar, las dos letras finales del Nombre (**Vav**, cuyo valor numérico es 6, y **He** = 5) aluden al quinto y sexto milenio. El período de tiempo entre los años 4000 y 5000 del calendario hebreo [240-1240 de la era común] estaba imbuido de total obscuridad espiritual. Es cierto que el Segundo Templo fue destruido en el año 3828 [68 de la era común], 172 años antes de que comenzara el quinto milenio [240 e. c].. Sin embargo, así como lo presenta el Zohar, este período fue el «talón» que está apegado al período que le precede (en este caso, el quinto milenio) y también comparte algunas de las características de esta época. La palabra hebrea עקב(talón) cuyo valor numérico es 172, alude a tal enseñanza. El mensaje que trasmite el Zohar es que el decreto de la mayor parte de este exilio es el quinto milenio, así como aduce el Zohar en respect al versículo «*Me dejó desolada y enferma **el día** entero*» (Lamentaciones 1:13).

Dijo Rabí Iehudá: ¡Ven y mira! Cuando la Comunidad de Israel [*Maljut*, es decir la *He* final del Nombre Especial] fue exilada [a raíz de la destrucción del Templo y salió] de Su hogar [el "hogar" de *Maljut* alude a la *Vav* del Nombre Especial —es decir, *Tiferet*— que es el nivel de revelación Divina de donde proviene la luz mesiánica] se separaron las letras *He* y *Vav* del Nombre Divino – por así decir – [es decir, se distanció *Maljut* de *Tiferet*]. Como se separaron [la *Shejiná*, la nación de Israel y la Torá que están exiliadas, exclamó la *Maljut*] lo que está escrito:

«Enmudecí silenciosa, callando hasta el bien a causa de mi vivo dolor.» [13] La voz y la expresión están mudas. *Es el exilio de la Torá, que al no expresarse, no es comprendida correctamente, y por tanto crea conceptos erróneos.* Por eso Ella [la *Shejiná*, la nación de Israel y la Torá] yace en el exilio durante el día representado por la letra *He*.

¿A qué se refiere? Al quinto milenio. Aunque el exilio comenzó antes del quinto milenio, aún así las mayores aflicciones sucedieron durante el quinto milenio. Como indica el Zohar, citando el siguiente versículo, כל היום דוה - «*Me dejó desolada y enferma el día entero*» (Lamentaciones 1:13).

El misterio de la *Vav* es que alude al sexto milenio, *o el período de tiempo del principio y punto intermedio dentro del sexto milenio indicado por el número seis que depende del mérito del pueblo de Israel. En ese momento comenzará a bajar la luz mesiánica, y es cuando la Vav alzará a la He del polvo del exilio.*[14] *El texto implica más adelante que la luz del sexto —la Vav— proviene del séptimo milenio —el gran Shabat*. Por tanto, es en el curso del sexto milenio cuando la luz de la *Vav* alzará del exilio a Israel, a la *Shejiná* y a la Torá. **Esta Vav representa la luz mesiánica que *es el sexto milenio*. Esta Vav va a sacar a Israel del exilio y encaminarlos hacia la era mesiánica que proviene de la luz de Gran Shabat.**

[Hay distintas perspectivas respecto a dónde comienza la Vav, existiendo diferentes puntos intermedios en que se estima que descenderá la luz mesiánica. Esto se debe a que cada principio y punto intermedio de un período de "seis" marca un

---

13. Salmos 39:3.

14. La Vav representa la luz mesiánica que **es el sexto milenio**. Esta *Vav* saca a Israel del exilio, llevándolos a la era mesiánica que proviene de la luz del Gran Shabat. Esta era ha de suceder **después** de la segunda mitad del sexto milenio. *Véase* la nota 19.

nuevo nivel del descenso de la luz mesiánica, aunque el verdadero Mashíaj no llegue aún]. **Los períodos de Seis** [o sea la Vav = 6 multiplicada por *Yud* = 10, que suma sesenta], **simbolizan los períodos variables de la luz mesiánica.** *Si aún no llegó Mashíaj*, cada sesenta años[15] del sexto milenio la *He* –[que representa a Israel, la *Shejiná*, la Torá y el mundo, ya que la *He* alude a *Maljut*!]– **acumula poder para unirse a la *Vav* con el propósito de abandonar el exilio por completo. ¡Éste es el proceso de la redención!**[16]

Por lo tanto, en el año seiscientos del *sexto* milenio [el año 5.600 = 1840] se abrirán los portales de sabiduría **celestial [la Cabalá]**, así como las fuentes **inferiores** de la sabiduría [**la ciencia**]. Entonces, todo el mundo se preparará a entrar al séptimo milenio estudiando los misterios de la Torá,[17] así como

---

15. La referencia del Zohar a sesenta años no ha de comprenderse según su sentido literal. Consiste en un símbolo cabalístico según el cual las cifras seis y sesenta representan respectivamente la Vav y la sefirá *Yesod*-fundamento. Estos períodos intermedios no dependen de intervalos de seis o sesenta años; por lo tanto, podría tratarse de más así como menos de seis o sesenta años, según el tiempo aludido bajo el concepto cabalístico de la *Vav*.

16. *Véanse* las notas 17 y 20.

17. El proceso de la redención *es una mezcla de exilio y redención* que están sucediendo simultáneamente. Uno de los principios de la Cabalá que debemos conocer es que siempre hay una iniciativa de abajo que exige alguna participación directa o indirecta. Esta participación atrae hacia abajo la emanación de la luz en forma de sabiduría, sustento, etc. Por lo tanto, el proceso de la redención supone alguna participación de nuestra parte. Declara el *Ra'ya Mehemna* en el Zohar, *[vol. 3, parshat Naso, p. 124b]* las palabras que Eliyahu (*Elías*) el profeta dice a Rabí Shimón bar Iojai: «*A través de tu libro* [el Zohar] *comenzará a brillar una luz de despertar al Altísimo* [de arrepentimiento]. *A éstos no les será necesario sufrir pruebas ni tribulaciones porque probarán del Árbol de la Vida, que es el libro del Zohar.* **Por medio de esto saldrán del exilio con amor y compasión**». El mensaje es que para atraer hacia abajo la luz y la era mesiánica dotada de compasión Divina en lugar de juicio estricto, debemos abrir esta conciencia mesiánica **a través de la espiritualidad derivada de nuestros estudios de Cabalá.** Si no lo hacemos, estamos creando para nosotros la entrada a la era mesiánica a través de las tribulaciones y el juicio estricto, como dice el *Tikuné Zohar, tikún* 30 s.v. *Nativ Tinianá*, p. 73b. y el *tikún* 43, p. 82a. Véase en ambos lugares el comentario *Kisé Melej* y la introducción de rabí Jaim Vital al *Etz Jaim*. Véase también la nota 14. El Zohar y el Gaón de Vilna señalan la importancia de estudiar la Cabalá a la par de la ciencia secular. Sólo hay que estudiar la ciencia secular con la intención de conectarla a la Cabalá, ya que **sin** el estudio preparatorio de la Cabalá, **es imposible lograr el objetivo deseado.** Bajo el manto de la ciencia secular se oculta *Oró shel mashiaj* (la luz del Mesías), que ilumina la compresión de la Cabalá, porque ambos estudios están vinculados. Entonces puede verse que no hay más que el Altísimo y Su Torá.

sucede el sexto día de la semana,[18] cuando el sol **comienza a ponerse tras su cenit de mediodía.**[19] El viernes por la tarde la gente se prepara para recibir el Shabat; de igual modo, **a partir de la segunda mitad del sexto milenio todo se acelera, así como aumenta la actividad el viernes por la tarde en el hogar judío** y se hacen los preparativos para el Gran Shabat. A esto alude el versículo: «En el año seiscientos de la vida de Noé… se rompieron *las fuentes del gran abismo* [la ciencia] y se abrieron las ventanas del cielo [Cabalá]» (Génesis 7:11).[20]

---

18. El Gaón de Vilna no es el único en establecer paralelísimos entre las enseñanzas del Zohar y la sabiduría laica. Véase *Ketem Paz* por Rabí Shimon Levi, p. 255a y *Ashmoret HaBoker* por Rabí Iehudá, hijo de Rabí Shlomo HaCohen, p. 200d. La comprensión de los misterios de la Torá forma parte de todas las connotaciones subyacentes bajo la «preparación para Shabat», ya que las delicias de los manjares de Shabat también pueden comprenderse de forma alegórica, aludiendo a la dicha de comprender que los misterios del universo y de la Torá coinciden. Añade *Ashmoret HaBoker:* «El mensaje central del Zohar no se limita a una revelación de Torá por sí misma, sino que las fuentes de la ciencia van revelándose para lo que se llama en hebreo *Tikun Olam* –rectificación del universo, como por ejemplo hermosos edificios, adelantos de la tecnología, etc. (cuya sabiduría no es mas que Torá ya que la Torá es la fuente de todo así como el Altísimo es la fuente de todo, como explicaremos.) Lo precedente no ha de ponerse en duda ya que se basa en un principio esencial. **Toda luz que se revela y se rectifica en la dimension espiritual ha de tener su reflejo en la dimension física.** Hay un gran secreto oculto tras de este principio pero no tengo el permiso de revelar más». Véase la nota 20.

19. Es decir, pasado el mediodía, a las 12:30 de la tarde cuando comienza a declinar el sol, y no al crepúsculo, cuando de hecho comienza el Shabat, porque el Zohar se refiere a la preparación para Shabat que se hace la víspera de Shabat después del mediodía. Este período del viernes por la tarde representa la verdadera era mesiánica. De aquí proviene el concepto de la duración del exilio, «un día y medio», el quinto milenio hasta la tarde del sexto. El quinto milenio es la dureza del exilio, del que no podrían liberarse ni siquiera por medio de *la teshuvá* (el arrepentimiento). Sin embargo, a partir del sexto milenio en adelante la luz del *Mashíaj* comienza a brillar, y aumenta la posibilidad de redención.

20. Deducimos de lo que precede el mensaje del Zohar: aunque el *Mashíaj* aún no ha llegado, no obstante, los acontecimientos mundiales adelantan el proceso de la redención al recibir la luz mesiánica de la manera que está bajando –camuflada en la sabiduría laica como las ciencias, etc. Como explica el Zohar, esta infiltración de la luz celestial forma parte del proceso de preparar al mundo para la luz mesiánica. La luz mesiánica es la percepción y la conciencia de la unicidad y la sabiduría del Altísimo– la revelación de la Torá en todas sus facetas a través del contacto con la realidad que nos rodea. En otras palabras, la redención está sucediendo en un proceso gradual que tiene apariencia de forma natural (si no merecemos la redención milagrosa). El Zohar que hemos citado hace hincapié en los diferentes períodos en que la última *He* del Nombre Especial– que alude al mundo en general y a

El proceso de la redención se acelera a medida que nos acercamos al tiempo indicado.

Como hemos mencionado, אֲנִי ה' בְּעִתָּהּ אֲחִישֶׁנָּה «Yo, el Altísimo, la aceleraré».[21] Continúa el Zohar:

Maljut en particular – recibe la luz mesiánica dirigida hacia abajo y por resultado se imbuye de poder, intensificando su preparación para salir del exilio cuando llegue el momento. Al no haber llegado aún la redención, la historia realiza la continuación del proceso en forma del exilio. El proceso de la redención consiste en el flujo de exilio que baja junto con el de redención entrelazados uno con otro y ejerciendo su influencia el mundo desde la perspectiva exterior así como la interior. Por una parte la luz mesiánica baja camuflada y es exiliada entre las naciones del mundo bajo la forma de sabiduría laica, ciencia y tecnología. **Desde el punto de vista de esta perspectiva exterior,** el exilio parece aún más intenso en el sentido que la ciencia y la sabiduría laica no parecen tener relación alguna con la Torá y peor aún – parece que están trasgrediendo la Torá. Y sin embargo, por otra parte, como el mundo en realidad es *Maljut* –la última He– está recibiendo la influencia de la luz mesiánica oculta bajo las ciencias laicas y a consecuencia su poder está aumentando. ¿Cómo es posible? Podemos captar el proceso al **analizarlo desde la perspectiva interior** al haber estudiado la Cabalá correctamente –es decir, unida al conjunto de las enseñanzas de Torá y de sus preceptos para revelar los niveles subyacentes– y por resultado al considerar la ciencia no sólo se verán paralelos sino que se comprenderá cómo completan y realzan la comprensión de la Cabalá para crear un nivel de conciencia superior. Y vemos lo dice el Zohar a continuación: «Por lo tanto, en el año seiscientos del *sexto* milenio [el año 5.600 = 1840] se abrirán los portales de sabiduría **celestial [la Cabalá]**, así como las fuentes **inferiores** de la sabiduría **[la ciencia]**. Entonces, todo el mundo se preparará a entrar al séptimo milenio estudiando los misterios de la Torá». Por lo tanto el estudio de la sabiduría laica por entremedio de la Cabalá está percibiendo la sabiduría celestial desde la perspectiva interior y a consecuencia se convertirá ésta en un recipiente para percibir la Cabalá con una profundidad que, como mencionamos, realzará su nivel de conciencia. Esta conciencia forma parte del conocimiento de אין עוד מלבדו «¡No hay ningún otro fuera de Él!» Todo representa la extensión del Altísimo y de la Torá y éstas son las chispas de conciencia mesiánica. La comprensión de los misterios de la Torá a este nivel expansivo es la preparación a la conciencia mesiánica que a su vez, es la preparación al Gran Shabat. El Zohar por lo tanto vincula la sabiduría laica con la Cabalá no sólo para intensificar la apreciación de los milagros Divinos como dicen algunos, ya el Zohar no precisa decirnos eso. Lo que nos está comunicando es cómo puede entrarse a una nueva dimensión de conciencia de Torá. Como hemos indicado, ésta es nuestra contribución al proceso de la redención. Aunque en el tiempo del Gaón de Vilna la ciencia laica no se acercaba al nivel actual, no obstante el Gaón de Vilna trató de iniciar la conciencia mesiánica para que pudiera realizarse en su época. Como no sucedió así, él vio en este Zohar como una profecía de lo que está sucediendo en nuestro tiempo, como hemos de explicar.

21. Isaías 60: 22.

> A medida que nos acercamos a la verdadera era mesiánica, incluso los niños podrán comprender la simplicidad de la sabiduría mística que se revelará a todos. Como dicen los profetas: *«Luego [Yo, el Altísimo] daré a los pueblos una lengua pura, para que todos puedan invocar el nombre del Altísimo, para servirle con **una sola voluntad**»*.[22]

Explica el Zohar que el proceso de la redención se refiere a la luz de la era mesiánica que desciende por etapas. Cuando ésta finalmente comience, la Unicidad del Altísimo será revelada a todos; todos estarán conscientes de ella y tendrán los medios para comprenderla.

No obstante, si no merecemos la era mesiánica su energía luminosa se esparcirá en diferentes campos y seguirá haciéndolo hasta el punto intermedio siguiente. El Altísimo prometió irradiar esta luz hacia abajo en un momento determinado, y está cumpliendo Su promesa, ya que una vez que se emite la energía espiritual, ésta sigue bajando hasta alcanzar su propósito. Si quienes estaban destinados a recibirla –el pueblo judío– no han llegado al nivel de cercanía al Creador que de ellos se esperaba, la energía espiritual descenderá igualmente, pero desviándose de su meta inicial.[23]

---

22. Sofonías 3:9.

23. El «*Lev Simja*», es decir, Rabí Simja Bunim Alter, rabino de Gur, hermano del *Beit Israel*, era bien conocido en los círculos jasídicos Gerer, por una declaración que hizo que, citada en nuestro contexto, no requiere explicación: el Altísimo concedió tres regalos (*hashpaot*) al mundo. La comunidad de Torá de Israel, al no apoderarse de estos tres regalos en el momento que se concedieron, los perdió a favor de las fuerzas externas del «Otro Lado». La *Jojmá* se perdió y cayó en las manos de los científicos. *Eretz Israel* se perdió y cayó en poder de los sionistas laicos. La *teshuvá* se perdió y cayó en las manos de los judíos asimilados –dando lugar al movimiento de *baalé teshuvá*. (Rabí Simja Bunim, autor del *Lev Simja*, analizando el comentario del Rebe de Kotzk al Zohar que precede). Nota sobre la declaración referente al movimiento de *retornantes,* judíos asimilados que regresan a la Torá. ¡Es increíble que este despertar, que también debería haber sucedido entre los miembros de la comunidad judía ortodoxa, fue «desterrado» y concedido **sólo** a los judíos asimilados! Es decir, fueron los asimilados y no los religiosos quienes se sensibilizaron a la luz de *teshuvá* que emanaba del reino celestial. Este despertar es una apertura a la conciencia de la Cabalá en relación a la luz mesiánica que debería haberse producido entre los ortodoxos, y a partir de ellos debía expandirse hasta afectar la conciencia colectiva de Israel.

Sus chispas serán diseminadas entre las naciones, que a su vez producirán ilustración, ciencia y tecnología.

Cuando las chispas de la luz mesiánica se diseminen entre las naciones, como dice el Zohar precedente, se abrirán los portales de la sabiduría celestial junto con las fuentes inferiores de la ciencia. No obstante, la revelación de distintas facetas de la sabiduría no es una meta individual sino que sucede para que la sabiduría se trasforme en un recipiente para las nuevas percepciones de la Cabalá, revelando así la Unicidad del Altísimo. Esencialmente, la sabiduría no es tan divisiva como la vemos hoy. Más bien se compone de diferentes aspectos, como las partes de un *partzuf* o entidad íntegra. La redención de la sabiduría secular, hasta el punto de unificarse con la Cabalá, forma parte del proceso redentor. La Cabalá es un metasistema que unifica toda la sabiduría en una entidad íntegra superior, volviéndose un reflejo de la Unicidad del Altísimo.

La aceleración del progreso científico está sucediendo en nuestra época particular para preparar a la humanidad para la era mesiánica, que es la luz del séptimo milenio. Esto no significa la puesta del sol, sino el momento en que el sol *comienza* a descender en el firmamento pasado el medio día. El Altísimo está llevando a cabo este proceso a nivel cósmico, preparando a la humanidad para la luz del Gran Shabat.

Según el Zohar, la sabiduría secular junto con la Cabalá son chispas de la luz oculta de *Mashíaj*, y su mencionada aceleración está sucediendo como parte de los preparativos para el séptimo día –es decir, el séptimo milenio, que sucede a la era mesiánica. Asimismo, a partir de la mitad del sexto día comienza a vislumbrarse la luz del séptimo, y su fulgor aumenta a medida que el día se acerca.

El quinto día [milenio] corresponde al exilio. Tenemos después como otro medio día, «la mañana» del sexto milenio. Observamos un proceso similar en la obra de la creación. Aunque en el quinto día fueron creados los pájaros, peces y animales marinos, aún así, durante la mañana del sexto día fueron creados los mamíferos. Este día y medio que el Creador dedicó a los animales, representan la duración de nuestro exilio. A continuación, pasada la mitad del sexto día de la Creación, el Creador formó a Adán, que representa la idea de *Mashíaj*. Por tanto, el período comprendido desde la creación de los animales hasta la del hombre es paralela al día y medio de nuestra preparación para el Shabat y asimismo, al concepto del Zohar del día y medio que conduce a la era mesiánica – la redención.[24]

Construcción de un recipiente

La iniciación gradual del proceso mesiánico corresponde a la lenta difusión de los conceptos cabalísticos. La Cabalá revela el fundamento de la creación de una forma unificada. Tales revelaciones forman parte de la luz mesiánica. En consecuencia, los conceptos de la Cabalá van revelándose según el grado de luz mesiánica que desciende. Puede plantearse la pregunta si los primeros cabalistas conocían las enseñanzas de la Cabalá como las presentó el Arizal. Rabí Moshé Cordovero enseñaba la Cabalá en Safed del modo tradicional, hasta que llegó el Arí revelando una dimensión radicalmente novedosa.

Rabí Jaim Vital en el *Etz Jaim*, señala en nombre del Arizal:[25]

> Rambán (Najmánides) y sus compañeros de estudio, así como los primeros sabios [como Rabí Nejuniá ben Hakaná, autor del *Bahir*] también comprendían el concepto de *partzuf*. Si pese a ello no utilizaron dicho término, *es* **porque la luz mesiánica del *partzuf* no comenzó a fluir a este mundo sino** *a partir de la época del Arizal.*

---

24. El concepto del milenio se basa en un versículo del salmo 90:4, «Porque mil años, ante Tus ojos, son como ayer cuando han pasado, y como una vigilia en la noche». Señala *Pirkei D'Reb Eliezer*, cap. 48, que una hora cósmica (un día del Altísimo) equivale a 83 y 1/3 años, y se calcula dividiendo 1000 por 12, ya que el día tiene doce horas. Como lo indica el Talmud (*Sanhedrín* 38a) las doce horas del día nos trasmiten la acción Divina en los días de la creación mientras que las doce horas de la noche representan el período de tiempo en que no trabajó. Por resultado, un día cósmico completo puede calcularse dividiendo 1000 por 24, mientras que 1000 dividido por 12 indica sólo las horas del día; 500 divido por doce indica un hora cósmica y 2/3 de año (o 41 años y 8 meses). Es evidente que el texto alude al modo de calcular en qué consiste «el día y medio» del exilio y del proceso de redención –que están entrelazados uno con otro. Por ejemplo, el año 5000 (1240 E. C.) es la víspera del sexto día. El año 5500 (1740) representa la mañana a las 6:00am, y el año 5600 (1840) indica aproximadamente las 8:00am, momento en que la gente suele ir al trabajo: Éste es el momento en que la Edad Industrial llegó a su plenitud. El año 5750 (1990) representa las doce del mediodía.

25. *Etz Jaim* vol. 2 p. 119, y edición de letra cuadrada vol. 2, p. 413 s. v. L'hari Z'L.

El albor de la luz mesiánica permitió al Arí introducir el concepto de *partzuf*, aunque era voluntad Divina que limitase sus revelaciones al respecto a sus comunicaciones privadas con su discípulo principal, Rabí Jaim Vital. Por desgracia, el Arizal enseñó un concepto místico del Zohar antes de que bajase del Cielo la emanación de tal enseñanza. Por lo tanto, cuando enseñó dicho concepto sus discípulos no estaban listos para recibirlo, y el Arizal sintió que su muerte sería el resultado directo de tal revelación prematura, como de hecho sucedió.[26]

Aún no queda clara la relación entre la difusión de la luz mesiánica y la inhabilidad de los primeros sabios de discutir conceptos que conocían. ¿Cómo se puede comprender un concepto y simultáneamente, ser incapaz de formularlo? ¿Cuál era el impedimento que prohibía su difusión?

Para allanar esta cuestión, analicemos el proceso de la comunicación entre un disertante y su oyente. La comunicación de una idea implica que el oyente posee los medios (un recipiente) para comprenderla. El idioma es uno ellos. La comprensión del oyente presupone que conoce el idioma de comunicación, pues en caso contrario sólo percibirá sonidos sin sentido. Si sólo posee rudimentos del idioma, comprenderá hasta cierto punto, pero sin captar el significado pleno del disertante.

Un recipiente sólo puede contener la sustancia que en él se vierte, según su capacidad. En este caso, la sustancia es el pensamiento comunicado, que puede verse como la luz que se disemina, y el recipiente es la capacidad de captación de la mente. Cuanto más y mejor domine el individuo cierto concepto, más fácil será comunicarle los aspectos más sutiles o información interna relacionados con él.

Sucede a menudo que pensadores o artistas se adelantan a su época. Su generación no está preparada para captar sus ideas, especialmente porque no hay nada en su entorno que concuerde con lo que el inventor intenta comunicar. En consecuencia y dado que la gente carece de medios para comprender, rechazan su mensaje. Un ejemplo es Wilhelm Reich, psiquiatra alemán que discutió ideas de la Nueva Era (como la integración de cuerpo y mente) en los años cincuenta, y su sociedad

---

26. Véase *Shifjei haAri hashalem vehamevoar*, Edición Ahavat Shalom, p. 120. El Arízal sabía que era voluntad Divina que cediese a las insistencias de Rabí Jaim Vital al respecto. Véase también *Shaar haGilgulim*, por Rabí Jaim Vital, Jerusalén, 1072, edición *Benéi Aaron*, p. 351, s. v. *vaatah ejtov;* antigua edición de Jerusalén, p. 59; edición de letra cuadrada (Ashlag), p. 148.

reaccionó confinándolo en prisión. La recepción de sus ideas fue muy negativa, porque en esa época la gente carecía de los recipientes adecuados para recibirlas. Actualmente y gracias al aporte de la ciencia contemporánea, estos conceptos parecen elementales y son plenamente aceptados.

Para aceptar una idea, el oyente ha de tener un concepto equivalente que armonice con lo que le están diciendo. Este concepto equivalente se vuelve el recipiente que le permite emplazar en su mente lo que están comunicando. A medida que la ciencia progresa y el mundo se vuelve más sofisticado, la mente se prepara progresivamente a aceptar conceptos más abstractos.

La ciencia como recipiente para la Cabalá

Un ejemplo que ilustra la complejidad de la trasmisión de un concepto como el mundo celestial de *Atzilut* desde la perspectiva de este mundo es el ordenador. Digamos que un hombre acostumbrado a trabajar con un procesador de textos abre un disco con la intención de desarmarlo. Ve un pequeño disco de plástico. ¿Es aquí donde se conservan las letras, palabras y oraciones que él suministra al ordenador? ¿Cómo funciona? ¿Cómo recibe y conserva la información? Si sucediese esto hace sesenta o setenta años, como es un fenómeno por encima del intelecto y de la naturaleza, ¡podrían haber pensado que era el resultado de poderes ocultos! Hoy en día, mismo si no comprendemos exactamente cómo los electrones reconocen y conservan datos, estamos equipados para aceptarlo.

La persona que tiene educación científica puede comprenderlo, pero mismo la que no lo comprende, aún así puede aceptarlo porque el ordenador se ha vuelto parte íntegra del conocimiento humano. En cierto modo puede considerarse que esta aceptación forma parte del proceso espiritual al nivel físico aunque aún no se trata de espiritualidad auténtica. No obstante, tratar con un fenómeno como el ordenador expande la mente, permitiéndole de captar niveles de conocimiento más abstractos y etéreos. Estos últimos son recipientes que preparan la mente a comprender conceptos espirituales: ¡no sólo creer en el mundo espiritual, sino comprenderlo!

El Zohar conecta «los portales de la sabiduría celestial», es decir, la sabiduría interna de la Torá, con «las fuentes inferiores de la sabiduría».

Así, la sabiduría inferior —la ciencia— se convierte en el recipiente que permite que el receptor contenga la luz; que es la sabiduría celestial o Cabalá.

El Zohar alude a un proceso que se está introduciendo progresivamente en el mundo, y queda claro que aunque el *Mashíaj* todavía no está aquí, los recipientes que nos permitirán contener la luz mesiánica están llegando cada vez más rápido. Por lo tanto se está cumpliendo la profecía de Isaías, «Yo, el Altísimo, la aceleraré en su tiempo». En otras palabras, «a medida que se acerque el tiempo, aceleraré el proceso».

¡No es de extrañar pues, que incluso los niños comprenderán la sabiduría interna de la Torá! Esto no será un acto de magia, ya que al estar familiarizados con conceptos científicos, los niños podrán comprender más rápido que los adultos que, por lo pronto, continúan cerrados de mente. Y esto ya está sucediendo.

Volviendo a las cuestiones planteadas más arriba, ¿cuándo puede revelarse algo? Cuando se sabe que el oyente posee el recipiente adecuado para captarlo. Si está familiarizado con los conceptos de la ciencia secular, tendrá un recipiente que le permitirá comprender. En cambio, quien no está familiarizado con la ciencia actual carece de dicho recipiente. En consecuencia, quien percibe que su auditorio carece de los medios necesarios para comprender, no debe trasmitirles su saber.

Los primeros sabios comprendieron la sabiduría interna de la Torá como una iluminación de *ruaj hakodesh*-inspiración Divina, pero no podían hablar de ello claramente porque aún no se habían establecido los requisitos. En otras palabras, las mentes carecían de recipientes para captar estos conceptos. En cambio en nuestro tiempo, los recipientes de comprensión están aquí y son objeto de continua discusión, para que todos puedan comprender.

Un caso ilustrativo de la disparidad existente entre el saber intuitivo de un tema y su expresión verbal, puede encontrarse en la anécdota talmúdica[27] que presenta al Todopoderoso Quien le muestra a Moshé una escena en que Rabí Akiva estudia con sus discípulos. Moshé está confundido porque no podía comprender lo que discutían Rabí Akiva y sus discípulos. Moshé no captaba el modo en que Rabí Akiva usaba los nuevos conceptos o «recipientes», que habían evolucionado desde su propia era, porque Moshé había recibido la misma información básica, pero a nivel intuitivo. Es decir, no podía extraer información de la Torá como Rabí

---

27. *Menajot* 29b.

Akiva, que había desarrollado su técnica de estudio como consecuencia de los nuevos «recipientes» y métodos de enseñanza que estaban a su disposición, pero no a la de Moshé.[28]

Si examinamos los últimos 400 años de historia prestando atención al desarrollo de las revelaciones de Torá trasmitidas en la época, notamos una marcada diferencia entre las enseñanzas de Torá y las de la ciencia. La ciencia en esa época estaba atrasada y en consecuencia incapaz de actuar como receptor para la comprensión de la Cabalá, ya que en verdad, la Cabalá imparte información al nivel de la ciencia del siglo veinte y más aún. Si consideramos que el Arizal estaba revelando el concepto de *partzuf* acerca del cual sus predecesores aún no podían expresarse por no tener los recipientes cognitivos para ello, ¿cómo entonces pudo el Arí trasmitir su Torá?

En realidad, sólo al principio del siglo veinte comenzaron a llegar los verdaderos recipientes, como la sicología, la relatividad, la mecánica cuántica y la informática de la computación, etc. Esta explosión de ciencia sólo comenzó a llegarle al público hacia el final de los años setenta. En otras palabras, ¡la idea que la sabiduría laica sirve de recipiente con respecto a la Cabalá tan sólo puede aplicarse al final del siglo veinte y comienzo del presente! Hoy en día es notorio que en comparación al siglo diecinueve, el siglo veinte ha dado un salto espectacular en el campo de la ciencia, y la información científica disponible sigue cobrando velocidad en un desarrollo que nunca había sucedido en el pasado. Podemos por lo tanto preguntarnos: ¿Por qué está sucediendo ahora, y qué tiene de particular nuestra época?

Escribe Rabí Jaim Vital en su introducción al *Etz Jaim*:[29]

> Declara el Zohar,[30] «Moshé (Moisés) dijo: esto es lo que el Altísimo ha ordenado: un *omer* entero de él servirá de depósito para vuestras generaciones, para que vean el pan con que os alimenté en el desierto, cuando os saqué de la tierra de Egipto». Moshé (Moisés) le dijo a Aarón: «Toma una vasija y coloca en ella un *omer* entero de maná; colócala ante el Altísimo [ante el Arca de Testimonio] como depósito para vuestras generacio-

---

28. *Véase* el *Leshem Shevo Veajlamá, Sefer Ha'De'a*, vol. 2, p. 171. Sección 5.

29. *Véase* la introducción al *Etz Jaim* de Rabí Jaim Vital; edición Attieh p. 4b (7), edición de Jerusalén de letra cuadrada p. 17b - 18a.

30. Zohar *Bereshit: Vayeji*, p. 217a.

nes».[31] Explica el Zohar el significado oculto: la Cabalá [maná] ha de permanecer secreta y escribirse en forma de código [que sólo comprendieran los iniciados] con el objetivo de preservarla para las generaciones futuras, en la época de *Mashíaj*, cuando se abrirán sus secretos. Como declara el *Tikuné Zohar*:[32] Eliyahu (el profeta) le dice a Rashbi: «¡Cuánta gente va a mantenerse y nutrirse de tu libro [la Cabalá] cuando se revele en el mundo en la última generación al final de los días [antes de la era mesiánica],[33] ya que está escrito, "proclamaréis libertad en la tierra para todos sus habitantes"».[34]

Más arriba hemos citado la nota de Rabí Jaim Vital, diciendo que «los primeros sabios no utilizaron la terminología de *partzuf* ya que la luz mesiánica del *partzuf* no comenzó a fluir a este mundo sino *a partir de la época del Arí*». Esto significa que hay un descenso paulatino de la luz mesiánica, ya que cada nueva percepción valiosa proviene de esta luz. Es decir, para que se comprenda un concepto, primero tiene que descender la luz mesiánica que corresponde a ese concepto. En tiempos del Arí, descendió una concentración especial de la luz que le permitió mencionar el concepto de *partzuf*, pero aún faltaba la intuición de *ruaj hakodesh* (inspiración Divina), que excedía el nivel cognoscitivo del momento.

El nuevo nivel de *ruaj hakodesh* sólo le permitía al Arizal discutir estos conceptos con los iniciados, que ya estuviesen preparados para comprender al nivel intuitivo. A medida que pasó el tiempo fue descendiendo más *ruaj hakodesh*, y sin embargo seguían faltando recipientes cognitivos de comprensión humana para captar las enseñanzas de la Cabalá. La única manera de comprender verdaderamente la Cabalá era a través de la intuición de *ruaj hakodesh*. Con el devenir del tiempo, aumentó a tal punto el fluido Divino que fue posible percibir la Cabalá a través del intelecto humano, de manera que se va facilitando y aclarando paulatinamente.

---

31. Éxodo 16: 32-33.
32. Tikuné Zohar, final del Tikún 6 p. 23b -24a.
33. El *Tikuné Zohar Jadash* dice claramente que esto va a suceder *antes* de la venida del *Mashíaj*: no durante la era mesiánica sino en el período de tiempo que le precederá a la era mesiánica. El Zohar se refiere a la generación **antes** de la era mesiánica y no la de su principio (*psak* de Rabí Yitzjak Dilitesh, publicado al principio del Zohar, vol. 1.)
34. Levítico 25:10.

Un cabalista del principio del siglo veinte, Rabí Shlomo Eliashiv, escribe acerca del tema:[35]

> Lo que estaba prohibido investigar y exponer hasta el día de ayer se permite hoy. Esto lo ha sentido todo auténtico comentarista. Varios temas cuya excelsa índole intimidaban a los miembros de generaciones pasadas son asequibles con facilidad en nuestro tiempo. Esto se debe a que los portales de la comprensión humana del mundo terrenal se han abierto «**a consecuencia del fluido continuo de revelaciones Divinas**».[36]

En el curso de los años hasta el siglo veinte esta luz ha seguido bajando paulatinamente mientras que a la par, sucedía en el ámbito de la ciencia y la tecnología un proceso paralelo al de la comprensión de la Cabalá con el intelecto. Aunque hasta el siglo veinte, el progreso de la ciencia se desarrolló con lentitud, en los últimos décadas los adelantos tecnológicos han progresado con asombrosa velocidad y el impulso continúa de tal forma que incluso a los profesionales les cuesta seguir integrando la creciente información en sus campos. Este ímpetu no ha sido casual, ni tampoco sea coincidencia que al principio del siglo veintiuno la información científica esté tan desarrollada que se publican más de 700 artículos al día provenientes de todo el mundo. No cabe duda de que esté sucediendo un fenómeno único en nuestros tiempos. Eso es lo que subrayaba Rabí Jaim Vital acerca del Zohar citado, que la ***última generación*** antes del *Mashíaj* va a ser quien abra los secretos de la Cabalá. La pregunta es, ¿cómo va a suceder esto?

Proceso del *Mashíaj ben Iosef*

Para comprender es importante saber que existen dos clases de *mashíaj*, el llamado «*Mashíaj* descendiente de Iosef» y el «*Mashíaj* descendiente de

---

35. *Leshem Sh'vo V'Ajlamá*, Sefer Biurim, p. 21, columna 4.
36. Véase también *Shem Haguedolim* de el *Jidá* (Rabí Jaim Yosef David Azulai), sección Alef, no. 219, p. 11 (21). Basado en lo que precede, el *Jidá* utiliza esta enseñanza para explicar cómo pudo el Arí mencionar conceptos que no aparecieran en textos anteriores, etc. Explica porqué, con este texto del Zohar, el antiguo texto cabalístico atribuido a Rashbí no fue revelado hasta el siglo trece y no antes, debido a que *"el **ruaj hakodesh todavía no había bajado a los recipientes del mundo terrenal**."*

David».[37] El *Mashíaj* de Iosef opera **a través de la naturaleza**[38] y su era es natural, aunque espectacular, más allá de la trasmisión en palabras. En cambio, la era del descendiente de David es milagrosa y, tal como los profetas la describen, supera la grandeza de la era del descendiente de Iosef.[39]

---

37. Acerca de los dos mesías ver Midrash Tehilim 60: 3; Succá 52b, Zohar vol. 1 p. 25b y en diversas citas del Midrash y del Zohar.

38. Talmud Jerosolimitano, *Berajot* 1: 1 p. 4b «Así como el alba rompe por un rayo de luz que se extiende poco a poco aclarándose paulatinamente, así también la redención de Israel viene al principio poco a poco y con el tiempo se desarrolla cada vez más». El hecho que está sucediendo paulatinamente proviene de un intermediario humano, el Mashíaj descendiente de Iosef, mientras que lo que proviene del Creador sucede instantáneamente, por medio del Mashíaj descendiente de David.

39. Escribe el Gaón de Vilna: «*El Mashíaj ben Iosef es un proceso natural anterior a la era del Mashíaj descendiente de David, cuyos actos serán milagrosos. El Talmud se refiere a la era del Mashíaj ben Iosef al decir que no hay diferencia entre la era mesiánica y este mundo, fuera de la subyugación*» (Berajot 34). Vilna Gaón *Sifra D'Tzniutá*, Toledano, Jerusalén 1986 (primera edición de Vilna), p. 16c en la segunda edición de Vilna p. 10c. «El *mashíaj ben Iosef* es de "la tierra" (es decir, es un proceso natural relacionado con la tierra), mientras que el *mashíaj ben David* es del Cielo» (es decir, milagroso relacionado con "el Cielo"). *Beer Yitzjok* por Rabí Yitzjak Isaac Javer en *Likutei HaGra*, p. 181-181b; escribe Rambán-*Najmanides:* «Con el permiso y ayuda de las naciones los judíos irán a Israel y establecerán su propio reino (nación) como está escrito, "Ellos (las naciones) traerán a todos vuestros hermanos de todas las naciones, etc. (Isaías 66:20)"». Ramban – Najmanides acerca del Cantar de los Cantares 8:13; véase también *Radak*: «Toda salvación proviene directamente del Altísimo Solo y Él causa que suceda por medios naturales a través del hombre así como sucedió cuando el Todopoderoso causó que sucediese la redención del exilio babilonio a través de *Koresh*-Cirus, el monarca persa. Del mismo modo el Altísimo traerá la redención a través de las naciones del mundo, quienes estarán inspiradas a iniciar el retorno de los judíos a la tierra de Israel como dice el versículo: "Ellos (las naciones) traerán a todos vuestros hermanos de todas las naciones, etc. (Isaías 66:20)"».*Radak* –Rabí David Kimji acerca de los salmos 146:3. También el Gaón de Vilna describe cómo sucedería el proceso de la redención: «A pesar de que el pueblo de Israel habrá de ser exiliado por el "Brazo Derecho" (la bondad compasiva), como dice el versículo, "con inmensa compasión Te recogeré (Isaías 54:7), no obstante, la redención comenzará por el "Brazo Izquierdo" (la limitación), y representará el "*pakidá*-recordatorio" – una redención parcial, así como sucedió en el tiempo de Cirus, el monarca persa quien concedió el permiso para que los judíos regresaran a Israel y reconstruyeran el Templo mientras seguían en exilio. A continuación el despertar de la redención sucederá a través del "Brazo Derecho" – con compasión." Comentario del Gaón de Vilna al *Tikuné Zohar Jadash*, p. 27; "La Torá está entretejida con los dos *mashíaj* de Caín y Abel, y el *Mashíaj ben Iosef* llegará antes del *Mashíaj ben David.*" Vilna Gaón Sifra D'Tzniutá *ibid*. p. 51c-52b, y en la segunda edición de Vilna, p. 31b-32b.

Este prefacio trata sólo del proceso del Mashíaj de Iosef, que conduce a la era de David. Comprender el *Mashíaj ben Iosef* es percibir cómo ocurre el proceso de la redención.

Si el pueblo de Israel estuviese listo para merecer la era mesiánica ahora, la redención podría suceder rápida y milagrosamente. Sin embargo, si no lo merecemos, continuará siendo un proceso que progresa paso a paso por medios naturales. Se necesita la ciencia para acceder a la Cabalá, porque el Mashíaj de Iosef obra de modo natural. La luz mesiánica vinculada con el *Mashiaj ben Iosef* desciende de manera oculta y está exiliada entre las naciones bajo el aspecto de ciencia y tecnología. Tener en mente lo que precede nos facilitará comprender lo que sugiere Rabí Jaim Vital en su introducción al *Etz Jaim*:[40]

> El Zohar declara: «A medida que se acerca la era mesiánica, incluso los niños podrán comprender la sabiduría mística». Explica Rabí Jaim: «En la ***última*** generación podrán comprenderse los secretos esotéricos de la Torá que les eran inaccesibles a las generaciones anteriores. *Pero surge la pregunta,* ¿si las generaciones anteriores no podían comprender, cómo podremos nosotros? Es porque esta sabiduría será abiertamente revelada en las generaciones postreras, particularmente en la última».[41]

Pero la pregunta es, ***¿cuándo y cómo*** sucederá? Para responder a estas preguntas, Rabí Jaim Vital[42] ofrece dos citas del Zohar. La primera es del *Tikuné Zohar*, que nos dice ***cuándo*** sucederá esto, en una revelación del profeta Eliyahu a Rabí Shimon bar Iojai:

> ¡Cuánta gente se mantendrá y alimentará de su libro cuando sea revelado en la Tierra, en la ***última*** generación al final de los días!

---

40. Introducción al *Etz Jaim*, Jerusalén, edición Attíe, p. 6. Edición de letra cuadrada, p. 15.
41. A continuación veremos a qué se refiere «la última generación».
42. Introducción al *Etz Jaim*, edición Attíe p. 8. Edición de letra cuadrada, p. 19.

La segunda es una enseñanza del *Tikuné Zohar Jadash*, que nos dice **cómo** sucederá:[43]

> Tú, Eliyahu, precederás a la profecía en la generación *anterior* al arribo de la era mesiánica… Te revelarás a algunos cara a cara, a otros te revelarás **escondido por el ojo del intelecto, y a otros te revelarás a través de su sabiduría.**

¿Qué significa **"escondido por el ojo del intelecto"** y **"a través de su sabiduría"**? Dijimos anteriormente que los recipientes cognitivos del entendimiento humano están influenciados por la revelación de ciencia de su tiempo. Por lo tanto, la expresión del Zohar, "escondido por el ojo del intelecto y a través de su sabiduría" nos dice que la **Cabalá se revelará por medios naturales,** es decir a través del conocimiento científico de la ciencia y vice versa, porque la interrelación entre ciencia y Cabalá *forma parte del ruaj hakodesh*, como puede verse a luz de lo que precede. Si el individuo se lo merece, ¡puede lograr que Eliyahu el profeta comunique con él en su mente, revelándole la profundidad de la Torá interna![44] Éste es el proceso de revelación de la luz mesiánica –el *ruaj hakodesh*– que está evolucionando y descendiendo gradualmente, **revestido** de las diversas formas y modelos del tiempo, volviendo a la Cabalá más accesible. En cambio, en generaciones anteriores **la revelación y el desarrollo de la Cabalá sucedía** por medios naturales, lo que implica que **esta clase de** *ruaj hakodesh* **aún no había descendido** *hasta el punto que está sucediendo hoy en día.*

Como no merecemos que el *Mashíaj* llegue *ahora*, el proceso mesiánico se va produciendo de modo oculto, por medios naturales. En otras palabras, parte de ese medio natural es la revelación de la ciencia y la Cabalá integradas para formar un conjunto. El grado de revelación de la ciencia en esta última generación está sucediendo con un impulso tan vertiginoso que no cabe duda de que se trate de recipientes esperando a ser purifica-

---

43. Zohar *Jadash*, publicado por el Mossad HaRav Kook, Jerusalén, p. 103a.
44. No es que vaya a escuchar a alguien que habla con él en su mente, sino que sería como si por sí mismo él comprendiese estas profundas ideas. Un ejemplo sería de percibir las ideas que le envían con plenitud, de forma instantánea y no lineal, permitiéndole captar cómo todos los elementos se amoldan para formar un conjunto perfecto.

dos para integrarse con sus correspondientes en el ámbito de la Cabalá, y abrir los profundos misterios que tan largo tiempo esperan.[45] Por ende, podemos comprender que el Zohar y el Gaón de Vilna que citamos al principio son en realidad una profecía que recién comienza a realizarse.

Al comienzo del nuevo siglo, vemos que el mundo ha cambiado radicalmente en un salto espectacular cuyo impulso se acelera de una forma que nunca ha sucedido en el pasado. Esto nos está preparando a contemplar el mundo con un enfoque espiritual. La ciencia moderna nos dice que el espacio y el tiempo no son absolutos, y que la materia en su esencia no es sustancia física. Ni mencionamos otros campos de la ciencia que están adelantando en el mismo impulso hacia modos de pensar más trascendentales. Y por consiguiente, estamos aprendiendo a percibir la realidad de forma más abstracta, en dimensiones más elevadas. Esta clase de lógica es ya un precursor y requisito para percibir una conciencia más excelsa así como dimensiones celestiales, que se precisan en el estudio de la Cabalá y no estaban a nuestro alcance hasta ahora.

---

45. Es notable que Rabí Baruj Shick que era sobrino del famoso sabio *Shaagat Aryeh* y visitaba al Gaón de Vilna (GRA) con frecuencia, tradujo la geometría de Euclides del griego al hebreo bajo la guía del GRA y recibió la aprobación de grandes rabinos. Se imprimió la obra en Ámsterdam en el año 1780, dieciocho años antes del fallecimiento del GRA. En su introducción, Rabí Shick cita este singular principio que había oído directamente del GRA: en enero de 1778, estaba en Vilna visitando al célebre genio, luz de todas las comunidades, el famoso rabino y maestro, Rabí Eliyahu. Yo mismo le oí decir: **la falta de saber acerca de propiedades de las ciencias naturales se refleja en una carencia cien veces peor en la sabiduría de la Torá porque la Torá y las ciencias están asociadas una con otra...** [Este comentario se refiere en particular a la Cabalá y a algunas otras facetas de Torá revelada, ya que **para la mayoría de los aspectos de Torá revelada** el estudio de las ciencias y sabiduría laica es innecesario]. Me instó a traducir al hebreo lo más posible de los campos de conocimientos laicos. Su propósito era, **como él mismo expresó, «de quitarles la presa de la boca»** para que la sabiduría fuese accesible a nuestro pueblo Israel. Esto ha de quitarles la vanidad y el orgullo a los gentiles que rugen, diciéndonos: «¿Dónde está vuestra sabiduría?» y queda el Nombre del Cielo profanado. A consecuencia decidí santificar el Nombre del Cielo **cumpliendo la voluntad** de nuestro santo maestro [el Gaón de Vilna] que el Altísimo le cuide y le proteja –y de copiar todo lo que pueda traducir a nuestra santa lengua [el hebreo] para quitarles la presa de la boca. Comenzaré por tanto por traducir la geometría de Euclides porque es el fundamento de otros campos de sabiduría. Si examinamos su mensaje se destaca que el Gaón de Vilna estaba tratando y esperando iniciar la luz mesiánica en su tiempo y de atraer la era mesiánica. Como no sucedió así, se convirtió en una profecía que está comenzando a realizarse en nuestro tiempo.

La información aludida sólo llegó a manos del público en los últimos veinte años del siglo pasado y al principio del siglo XXI está expandiéndose como el fuego. Por primera vez ha llegado el momento en que tenemos la oportunidad y posibilidad de llevar a cabo la relación entre la Cabalá y la ciencia. Esto significa que presenciamos el principio de una nueva era y que la *dor ajarón*-"última generación" que menciona el Zohar está comenzando a germinar ahora con las semillas plantadas el siglo pasado. En otras palabras, es ahora,[46] a medida que aplicamos el dictamen del Gaón, que van a revelarse los profundos misterios de la Cabalá a los cuales se refiere el Zohar. La llave está en nuestras manos y hemos de utilizarla.

El proceso de evolución cabalístico a través del cual lo complejo se trasforma en fácil está sucediendo simultáneamente en el ámbito de la ciencia. Las ideas complejas desarrolladas en los libros de texto están simplificándose al presentarlas sus mismos autores en el formato de libros populares que permiten al público general de captar la esencia de complejas discusiones científicas.

La integración de la ciencia y la Cabalá comienza por individuos cuya percepción de la Cabalá influencia su conciencia de conceptos científicos paralelos y les permite sintetizarlos en la Cabalá. De igual modo, su percepción de la ciencia tiene influencia directa sobre su conciencia de conceptos cabalísticos paralelos y les permite volver a sintetizarlos en la ciencia.

A medida que nos acercamos a la era mesiánica actual todo se adelanta con creciente velocidad.[47] Más y más de estos individuos se reúnen para realizar aún mayores niveles de síntesis entre la Cabalá y la ciencia. Más y más de estas personas se reúnen para formar la conciencia colectiva que inicia la era mesiánica.

---

46. Podría ser que actualmente nos encontrásemos en el curso de la «última generación»; sea la voluntad del Altísimo que merezcamos ver el fruto de la revelación de los profundos misterios de Cabalá mencionados en el Zohar al principio de este estudio, cuya espina dorsal es el proceso del *Mashíaj ben Iosef.*

47. Explica el Gaón de Vilna el significado literal del versículo (Isaías 60:22): «Yo, el Altísimo, la aceleraré [la redención] en su momento *(be-itá)»:* A medida que nos acercamos a su tiempo indicado *"be'itá"* el proceso se acelera en un impulso creciente por medios naturales.

La meta: unificación total

El propósito Divino de este proceso paulatino es la revelación de la luz mesiánica. El Altísimo va a revelarse en el mundo físico para mostrar Su Unicidad; como está escrito, *«no hay ningún otro fuera de Él»*.[48] Este versículo sugiere la unificación *(yijud)* de todas las fuerzas Divinas. El hecho de que el Zohar conecte las ciencias seculares con la dimensión interna de la Torá implica que llegará un tiempo en que el mensaje de la ciencia secular y el de la Cabalá serán uno. El Creador entregará al mundo la unicidad del mundo, sin diferenciación. Como predijo el profeta, *«porque la tierra estará llena del conocimiento del Altísimo, así como las aguas cubren el mar»*.[49]

Sin embargo, incluso el agua en el lecho marino tiene distintos niveles: en algunos lugares tiene poca profundidad mientras que en otros tiene más. Asimismo, el nivel de entendimiento de cada persona será relativo a su propio grado de preparación. En este sentido, el pueblo judío alcanzará mayor percepción de la Unicidad Divina debido a su mayor preparación. Sin embargo, todos serán incluidos, tanto judíos como gentiles, pues de otro modo no habría unificación.

Por lo tanto si miramos hacia atrás, podemos apreciar el modo en que el Creador prepara a los hombres hacia la era mesiánica, dándoles instrumentos del intelecto con los cuales comienzan a comprender el ámbito espiritual. El hombre comienza a vislumbrar la unicidad entre las enseñanzas que la ciencia ha estado propagando en los últimos décadas. La gente está consciente de las nuevas tendencias de la ciencia y su estrecho vínculo con el más allá, el mundo del espíritu. Han llegado al punto en que pueden manipular este vínculo para producir efectos deseados tal como la sanación, pero muchos aún no han logrado ubicar el poder Divino de donde originan.

El próximo nivel, que proporcionará al mundo con nuevos recipientes de comprensión, puede ser la conexión entre la ciencia y la ética. En otras palabras, el hombre ha de estar dispuesto a hacer el esfuerzo requerido para alcanzar el vínculo deseado con el Altísimo si desea que sus actividades en el mundo de la ciencia sean efectivas. Por lo tanto, las naciones pueden lograr un nivel más elevado de conciencia espiritual, dedicando nuevos esfuerzos para distinguir entre el bien y el mal.

---

48. Deuteronomio 4:35.
49. Isaías 11:9.

El desarrollo natural de la realización del estrecho vínculo entre la ciencia y la ética refleja el interés actual en la relación entre la sabiduría y la dimensión interna de la Torá. Es por tanto los que ya han adquirido los instrumentos de Torá para la comprensión de la Cabalá –los judíos– que han de usar los instrumentos de las ciencias y luego poner sus conocimientos a la disposición de un mundo insatisfecho, para dar a luz una sabiduría unificada.

La evolución de la información producida en las últimas décadas proporcionó los recipientes para captar las dimensiones internas de pensamiento que se encuentran en la Torá. Como hemos dicho, **esto es una preparación para que el mundo perciba la Unicidad del Altísimo y de toda la Creación.** El temor de las generaciones anteriores de que los no iniciados usarían o interpretarían mal la información ya no es fundado, porque en nuestra época existen nuevos recipientes de percepción. Por lo tanto, vemos la necesidad de difundir la Cabalá especialmente en esta era, como parte del proceso de la redención, siempre que se revele con los recipientes y conceptos apropiados para su correcta comprensión.[50]

La comprensión del proceso de redención realza el papel unificador de la Torá. Es decir, así como el Altísimo y la Torá son uno, no debemos considerar que la Cabalá y la ciencia son dos entidades distintas, sino dos sistemas de sabiduría que se complementan mutuamente. Esto se debe a que, aun cuando parece que todo proviene de la inventiva humana, la fuente última del conocimiento es el Altísimo. De hecho, cuando se comprende la Cabalá correctamente se ve que es la clave, como un metasistema que unifica toda la sabiduría. Nada permanece fuera del sistema Divino. Por lo tanto, percibir todo en el universo como parte de un conjunto unificado es la manifestación y la conciencia de la Unicidad del Altísimo.

Fundamentalmente, el misterio de la Unicidad Divina se encuentra en el amor. Es el amor del Altísimo que unifica los mundos superiores e inferiores, elevando el conjunto de lo existente hasta el nivel en que todas las fuerzas Divinas se reúnen en una. Es por lo tanto apropiado, al umbral de la redención, traducir al español el *Portal del amor* del libro *Reshit Jojmá*, y ponerlo al alcance del público. Este santo libro ilumina al lector acerca del verdadero sentido del amor al Altísimo. Sólo quien se entrega

---

50. Advertimos que esto depende del nivel y la intención del lector y de su percepción, así como del maestro que comunica la información.

a *Hashem* con un amor unido al temor por la separación, puede lograr la unificación ansiada en el cielo.[51]

El *Portal del amor* discute conceptos clave de la Torá como el bien y el mal, abordándolos desde la perspectiva de su raíz celestial. La Unicidad del Altísimo muestra que el mal no puede ser una entidad independiente. Más bien, en la era mesiánica la humanidad percibirá que fundamentalmente, lo santo y lo secular, así como el bien y el mal, forman parte del conjunto.

El no iniciado puede preguntarse si la historia de un violador que se enamora de su víctima (como puede leerse en *El portal del amor* del *Principio de la Sabiduría*[52]) es el modelo más oportuno que podamos emular en nuestros sentimientos hacia el Creador. Sin embargo, el hecho que los sabios del Midrash hayan elegido este mismo ejemplo hace unos mil quinientos años, nos hace indagar en la naturaleza del mal con relación al bien.

¿Qué significa "el mal"? Si "no hay nada ajeno a Él", si no hay existencia más que la del Altísimo, ¿cómo hace el Otro Lado para imbuir al mal de una ilusoria existencia independiente? El cabalista del siglo XII, Rabí Azriel de Gerona, enfoca el tema en su pregunta, ¿por qué ha de aceptarse que el Altísimo estrecha Su energía luminosa por medio de diez *sefirot*? ¿Por qué no podemos limitarnos a aceptar al Altísimo como *Ein Sof*, el Ser Infinito que hizo la creación *sin* sefirot?[53] Responde Rabí Azriel que *Ein Sof* es un proceso continuo de perfección ilimitada. Si *Ein Sof* excluyese la posibilidad de limitación, podría pensarse que el concepto de limitación no proviene del Altísimo. De ser así, esta declaración implicaría que la limitación está más allá del Altísimo, y esto significaría que hay existencia fuera del Altísimo. Si la limitación no forma parte de lo Divino, al decir que la limitación es la raíz de toda la creación que está limitada, se está diciendo en realidad que existe algo ajeno al Altísimo. Esto es imposible, ya que el Altísimo lo abarca todo y no hay nada fuera de Él. Por lo tanto estamos forzados a concluir, dice Rabí Azriel, que el Altísimo lo abarca todo, incluyendo la limitación.

---

51. Zohar, *Vayakhel*, p. 216a.

52. *Véanse* los capítulos III (a partir de la sección «Grados de aproximación») y IV.

53. Rabí Azriel de Gerona fue discípulo de Rabí Isaac «el ciego» y maestro del Rambán (*Najmánides*). Véase la introducción de rabí Moshe Schatz al estudio de Rabí Azriel de Gerona, *Biur Esser Sefirot*, Jerusalén 1997, p. 30, n.º 3, (*ot gímel*).

Más aún, advierte Rabí Azriel, si asumimos que la infinitud de la luz Divina excluye la posibilidad de limitación, hemos disminuido Su infinita perfección. Así pues, el mensaje es que la Luz Infinita del Altísimo ha de incluir lo infinito así como la limitación, y que la limitación que proviene de lo Divino se denomina «las sefirot». Aunque los conceptos de infinito y limitación parecen opuestos, vistos en el presente contexto son dos partes de un conjunto unificado mayor, que existe en una realidad dimensional más elevada –la Luz Infinita de *Ein Sof*.

El poder de la limitación es la raíz fundamental de la cual proviene lo que vemos como «el mal». *El mal es la esencia de la limitación:* ¡no se conoce más que a sí mismo! La razón por la cual existe para sí y nada más que para sí es que está cubierto de un velo: una limitación que sólo le permite distinguirse a sí mismo. El estrecho vínculo entre los conceptos de «mal» y «velo» pueden verse en inglés: intercambiando las letras de la palabra «evil» (mal), obtenemos «veil» (velo). El mal no es más que un velo.

El poder de la limitación es lo que la Cabalá llama la sefirá *Guevurá*. Por oposición a *Guevurá*, tenemos *Jesed*. La *Guevurá* implica la limitación y el estrechamiento de la luz Divina, mientras que *Jesed* denota la expansión infinita. Por lo tanto es con *Guevurá* como puede hacerse un recipiente, ya que ése es el propósito de lo que en Cabalá se denomina un recipiente: comprimir la luz para poder contenerla, y vincularse a la luz.

La función primordial del recipiente es captar la energía luminosa Divina para trasmitirla a su vez. El recipiente ha de formar parte de un *partzuf* para recibir luz, integrarla, y retrasmitirla. Cuando el recipiente recibe más luz de *Guevurá* de la que puede abarcar, comienza a guardar su contenido **sólo para sí,** sin trasmitir ni tratar con otros *fuera* de sí. Entonces deja de ser un recipiente para su prójimo y se convierte en una entidad egoísta interesada solamente en sí misma. Esto es lo que se denomina *klipá* (corteza). La *klipá* está compuesta de la misma materia que el recipiente, pero como contiene una luz que no trasmite, se ve ahora como una existencia independiente, y esto es lo que define el mal. Siempre que nos demos cuenta que, visto desde arriba, el mal es sólo el otro lado del bien y forma una entidad unificada con él, ya no hay mal. En cuanto sale a relucir la comprensión del *yijud* se alza el velo del mal, permitiéndonos ver que forma parte de un conjunto celestial en que el mal carece de existencia.

Por lo tanto, es el poder del *yijud* quien elimina el mal. El paulatino despertar de las ciencias es la fuerza fomentadora de la unificación, aunque sigue siendo bajo la forma de *klipá*, ya que la ciencia todavía se ve como una entidad independiente. No obstante, se acerca el tiempo en que la humanidad adquirirá la capacidad de ver la ciencia desde una dimensión más elevada, y comprenderá que el *yijud* abarca todo el saber y que es una expresión del Altísimo. Entonces se podrá aceptar «el bien y el mal» como un conjunto unificado en el que nunca hubo mal.

Podemos ilustrar lo antedicho con la historia de dos santos hermanos, Rabí Pinjas y Rabí Samuel Horowitz. Rabí Samuel, conocido por el nombre de Reb Shmelka de Nickelsberg, y su hermano, quien escribió famosos comentarios del Talmud, eran discípulos del gran Maguid de Mezritch, Rabí Dov Baer.

Preguntaron al Maguid: «*¿Qué significa la declaración rabínica que hemos de agradecer y alabar al Altísimo por el mal, del mismo modo en que lo hacemos por el bien? ¿Cómo es posible hacer esto con la misma alegría?*»[54] El Maguid los envió a preguntárselo a Reb Zusha (el hermano de Reb Elimelej de Lizensk). Preguntaron a Reb Zusha: *¿Cómo puede alabarse al Altísimo por el mal del mismo modo que por el bien?* Aquel (pese a vivir casi en la indigencia) respondió con asombro: "*Me sorprende que el Rebe os haya enviado a mí, ya que jamás he tenido un mal día. Para mí, todo es bueno. Entonces ¿cómo puedo explicaros lo que quisieron decir los rabinos?*».

¡Afortunados los que ven la vida con este enfoque! En el futuro todos podremos alabar al Altísimo por el bien así como por el mal, y diremos al Altísimo así como le dijo el profeta Isaías: וְאָמַרְתָּ בַּיּוֹם הַהוּא אוֹדְךָ יְהֹוָ"ה כִּי אָנַפְתָּ בִּי יָשֹׁב אַפְּךָ וּתְנַחֲמֵנִי «*Yo te agradezco, Altísimo, que Te enojaste conmigo, y ahora Tu ira se ha calmado y me consolaste*».[55]

El dolor y el sufrimiento se sienten cuando las entidades opuestas se ven como fuerzas que chocan entre sí. Sin embargo cuando dichas entidades opuestas son percibidas como dos partes que forman un conjunto unificado, entonces se verán la risa y las lágrimas como dos extremos que provienen del mismo lugar. Las lágrimas sólo expresan carencia y limitación, mientras que la risa *integra* todos los aspectos en una entidad unificada.[56] Cuando se alcanza este nivel, incluso el hambre

---

54. *Berajot* 54a.
55. Isaías 12:1.
56. Véase el *Leshem Shvo V'Ajlamá Sefer Ha'Daiá* vol. 2 p. 101 (51a) s.v. *V'sider; ibid.* vol. 2 pp. 143-145 (72a-73a). *ibid.* vol.1 p. 12 (6d) ot 4.

y el dolor se ven bajo el mismo prisma que la alegría jubilosa, como expresiones del amor del Altísimo. Como dice Rabí Eliyahu de Vidas en el *Portal del amor:*[57]

> «Me has dejado hambriento y desnudo; me has puesto en la oscuridad de la noche, y me has mostrado Tu grandeza y Tu poder. Si me quemases con fuego, [se refiere a la llama de amor, Shelhuva Derajimu שלהובא דרחימו][58] Te querría todavía más y sentiría más exaltación y regocijo ante Tu proximidad».

---

57. Capítulo primero.
58. *Sh'lahuva D'rajimu*: «llamas de amor». Es una expresión del Zohar, vol.1 p. 245a. El gran cabalista Rabí Shlomo Eliyashiv utilizó esta expresión a menudo en su trabajo, *Leshem Shvo V'ajlamá*.

Glosario

a

ajoti: mi hermana
ahavá: amor
akará: estéril
akeret habayit: ama de casa
aleinu: es a nosotros
'alot ha shachar: alba (primera luz del día antes de salir el sol)
aretz: tierra, país
Asiyá: acción
atá: tú
atzilut: cercanía
avinu: nuestro Padre
avon: trasgresiones intencionales

b

Baalé teshuvá: judíos que retornan a la Torá
bat: hija
bayit: hogar
Benei Israel: Hijos de Israel
Beit HaMikdash: Santo Templo
Berajot: bendiciones
Bereshit: Génesis
Beriyá: creación
bitajón: confianza absoluta

bitul: entrega
Biná: entendimiento
boreh: Creador
brit mila: circuncisión

c

Cohanim: sacerdotes
col: todo

d

Daat: conocimiento
devekut: apego apasionado
dim'a: lágrima
din: justicia estricta
dinim: fuerzas de justicia estricta

e

Ejad: uno
Ein Sof: Ser Infinito
emuná: fe
emunateja: tu fe
eshet jayil ateret baala: mujer de valor, corona de su esposo
'et-time; ***et ratzon:*** tiempo favorable

g

gadol: grande
ganuz: oculta

Geula: redención
Guevurá: limitación

h

Hagadá: Historia del Éxodo
Hakadosh Baruj Hu: El Santo Bendito es
Halajá: ley
Havayá: El Nombre Especial
Hallel: Salmos de alabanza
Hasgajá: Providencia Divina personalizada
HASHEM: 'El Altísimo'; literalmente, 'El Nombre'
hashpaot: influencias
hayom: hoy
hejal: santuario, palacio
Hod: empatía

i

iejidá: nivel más elevado del alma
ikar: esencial
ikará: la esencial
Im yirtzeh Hashem: si es la voluntad del Todopoderoso
Immenu: nuestra madre

j

jayá: alma viviente; también se refiere a uno de los niveles elevados del alma que no pueden contenerse durante los días semanales y que sólo recibimos al escuchar la repetición de la Amidá de Mussaf en Shabat
jemdá: deseo

jefetz: deseo arrollador con connotaciones de deleite que nos infunde un anhelo infinito de unión
Jesed: bondad
jet: trasgresiones accidentales
jai: ser humano
Jojmá: sabiduría
joshej: oscuridad
jurban: destrucción

k

Keter: corona
Kiddush: oración sobre el vino que se lee en Shabat y Yom Tov
klipot: cortezas espirituales
komá: estructura

l

lashon hara': calumnia
laila: noche
leshabeaj: alabar

m

Maljut: reino
makif: circundante
Mashíaj: Redentor
maor: luminario (plural: ***meorot***)
Melave Malka seuda: comida para acompañar a la Reina Shabat
meirot: iluminadas

melej: rey
menorá: candelabro
merkavá: lugar de residencia
menujá: reposo y armonía espiritual
mikvé: baño ritual
minian: grupo que consta de un mínimo de diez hombres
mitzva: precepto
mitzvot: preceptos
mojín: conciencia
morá: temor reverencial
Motzae Shabbat: conclusión del Shabat
Mussaf: Amidá adicional de Shabat

n

naase venishma': haremos y escucharemos
nefesh: alma (término genérico)
neshamá: aspecto elevado del alma
neshikin: besos
ner: vela
netz: amanecer
Netzaj: dominio
nevelá: cadáver de un animal que murió por sí solo o fue despedazado
nishmat: el alma de…
noga: resplandor
nukva: concepto espiritual de la entidad femenina como receptor

o

oneg: deleite espiritual
oneg Shabbat: sentimiento de deleite espiritual el día de Shabat
or: luz
ot: señal

p

pesha: actos de rebelión

r

rajamim: compasión
ratzon: voluntad, deseo
rayati: mi amada
refua: sanación
refua shelema: sanación total
reiyá: vista
reshimu: impresión
Ribbono shel Olam: Señor del Mundo
rina: cantar
roni: clamar
rosh: cabeza
Rosh Jodesh: Principio del mes
ruaj: espíritu

s

sanhedrín: corte rabínica
sefirot: emanaciones
shalem: completo
shamayim: cielos
shamor: observa
shefa: Luz y abundancia divina
shelemut: plenitud espiritual
Shemí: Mi Nombre
Shemot: Éxodo
Shejiná: Presencia Divina
Shir haShirim: Cantar de los Cantares
shomer Shabbat: guardar las leyes de Shabat

shmone esre: Oración silenciosa que se recita en pie
siddur: libro de oración

t

tahará: pureza
targum: traducción aramea de la Biblia
tefilá: oración
tehilim: salmos
tikkun: rectificación, reparación
tzadik: hombre justo
tzedek: justicia
tzelem: imagen astral; vestidura espiritual del alma.
teva: naturaleza.
tisha-be-Av: nueve del mes de ***Av***, fecha en que fueron destruidos ambos Templos
tefilín: filacterias
teshuvá: arrepentimiento
teshuká: deseo.

v

Vayikra: Levítico

y

Yesod: fundamento
yetzirá: formación
yijud: unificación
yijudim: plural de yijud
yismaj: se regocijó

Yom Tov: fiestas (Pesaj, Shavuot, Succot)
yotzer: forma

Z

Zajor: recordar
Zijrí: Mi recuerdo

Índice

Rabí Jaim P. Sheinberg 13

Prefacio (por un eminente rabino y cabalista de nuestros tiempos) 15
Portal del Amor. (Introducción a la edición española) 19
    La plegaria de medianoche 34
    Centinelas de Jerusalén 38
    Disminuir la necesidad de sueño 42
    El arpa de David 45
Sobre la presente traducción 49
Agradecimientos 53

Portal del Amor

Introducción. (Temer al Todopoderoso significa evitar la trasgresión) 57

Capítulo I. (Obligación de desempeñar nuestro servicio por amor
Esencia del amor según nuestros sabios, de bendita memoria) 59
    Cinco recordatorios 59
    Objetivo: el amor 60
    Deberes del corazón: el amor 63
    El abrazo de los querubines 67
    Amar es entregarse 68
    Espejo del corazón 75
    Más allá de *Atzilut:* la fuente 77

Capítulo II. *Atzilut:* mundo de amor 81
    La *mitzvá:* unión con el Altísimo 84
    Servicio de amor 85
    Deleite celestial 86
    Motivación y niveles de la otra vida 88
    El amor interesado 90
    «Los besos de Su boca» 91
    Unificación espiritual 94
    Un vínculo más íntimo 96
    Lazo con las fuerzas de la creación 98

Capítulo III. La esencia del amor: Cómo vincularse a él para
que nunca te abandone 101
    El anhelo nocturno 101
    La chispa divina 103
    Partes de un todo 105
    ¡No me abandones! 106
    Desgarrado por los celos 108
    Períodos de tiempo de la hija del rey 108
    Fusion de la noche con el día 109
    La mayor prueba 110
    La recuperación de tu alma 111
    Con ambas tendencias 113
    Con todos los niveles de tu alma 116
    Acceso al mundo del trono 118
    Extranjero en tierra extraña 119
    Una sola estructura 121
    Grados de aproximación 123
    El carro divino 125
    *Nefesh-*apego 126
    Del deseo a la voluntad total 129

Capítulo IV. El amor a la *Shejiná:* Cómo amarla para que nunca
se separe de ti 131
    Como desearías que te amasen 131
    Alimento del fuego divino 133
    Un pacto con la *Shejiná* 135
    Una por otra 136
    Pensamientos ajenos 137
    Diná: a la inversa 139

Vínculo mediante los hombres justos 139
Solidarizarse con la *Shejiná*..141
Dos deseos que se funden..142
Influencia de la mala tendencia 144
Barreras que bloquean a la *Shejiná*..146
Anhelo de unión 148
En la cúspide del deseo 148
Entregarse en cuerpo y alma...149
Lo que te sea más preciado 150
Abstracción total 153
La hija del rey y el plebeyo 153
De lo mundano a lo divino 154

Capítulo V. Rabenu Bejaye acerca del amor divino 157
Acto de amor 160
Re-creación eterna...161
Treinta y dos senderos de sabiduría divina 164
Fuerzas angélicas 165
Misterios divinos en la naturaleza...166
Creación celestial y terrenal 168
Personificaciones de lo divino...170
El misterio de las piedras preciosas 175
Las maravillas del mar 176
El Shabat: concepto universal...177
¿Quién creó esos cuerpos celestes? 178
La noche y el día 180
La compasión divina brilla al amanecer 181

Capítulo VI. Sobre la creación del ser humano, sus normas de conducta mientras vive, y la recompensa que recibirá tras su deceso. 183
El cuerpo humano: réplica del mundo 183
¿Por qué los hombres tienen barba? 185
Envoltura del alma..186
Más acerca de los niveles de alma 188
Retratista divino..189
Amor entre donante y receptor 190
Amado compañero..192
Corazón, pensamiento y acción..194
Una casa digna del «compañero» 195
El arpa del rey David..196

Tres llaves divinas	199
Plegaria por el sustento	200
Frustración al buscar el sustento	202
Angustia de la gacela	204
Providencia personal	204
El mundo de los sueños	206
Uso del cetro real	207
La espada del ángel de la muerte	208
Rectificación fundamental	209
Rueda de encarnacion	210
Bondad con el alma	213
¿Para qué vine al mundo?	214
Prenda de luz	215
La rectitud contra la descomposición	216
La Torá es la vida	217
El valor del silencio	217
Un pabellón en el cielo	218
Un edén propio	222
El deleite del alma	223
Objetivo principal: los preceptos	226
La gacela del alba	228
Vergüenza celestial	230
Firme como una columna	231
¿Cuál es mi prioridad?	233
Todo era amor	234

Capítulo VII. Este capítulo se centra en el amor del Altísimo por su pueblo Israel 237

Llamados por el nombre divino	237
Más cercano que los ángeles	240
¡Si perdéis, pierdo yo también!	243
¡Si os duele, me duele a Mí también!	243
¡No acusen a Mi pueblo!	244
El Altísimo sólo quiere alabanzas de Israel	246
Venid y mirad	247
Yo soy quien os alumbra el camino	248
Diez milagros en el mar	250
Shehacol: milagros mediante el agua	252
Vínculo de *boré nefashot rabot* con el agua	253
El agua, los milagros y la bondad divina	254

La naturaleza y la justicia estricta 256
La palabra del Altísimo: la bondad 256
Como el agua apaga el fuego… 257
¿Carbones calientes o pan caliente? 260
Mi más preciado tesoro 261
El amor del Altísimo y la Torá 263
El amor en la oración 265
«El Todopoderoso no pudo soportar la desgracia de Israel» 269
La *Shejiná* cautiva 272
Un amor no correspondido 274
Con nosotros en tiempo de aflicción 276
«¡Nunca te olvidaré!» 278
Bondad oculta 280
La oveja entre lobos 282
Plegarias de aflicción 283
Cómo el agua refleja una mirada de amor… 284
¡Cuidado con la ingratitud! 286

Capítulo VIII. El propósito de los capítulos precedentes ha sido estimular
tu amor al Altísimo. Hemos explicado cómo todos los milagros que hemos tenido
fueron ejecutados por la *Shejiná*. Eres tú quien tienes que encender el amor
dentro de ti, y decidimos añadir este capítulo para explicar los modos
en que puedes vincularte a Ella con amor 289
El hijo del rey 289
Concepto esotérico de estimular su deseo 291
La producción de frutos celestiales 292
Sostén de la *Shejiná* en exilio 295
La redención del Altísimo 297
Por amor a la *Shejiná* 298
La bondad hacia el Altísimo 299
La hija de Abraham 300
Unificación de la *Shejiná* 302

Capítulo IX. Vuélvete una morada terrestre 309
Con cada soplo 313
Protección eterna 315
Fe implícita 316
Alejarse del monólogo interior 318
La única barrera 321
Las tres *tefilot* diarias 322

«¡No guardes más silencio!» 324
Tefilín 328
El estudio de la Torá..330
Alimento, vestidura y derechos 332
Misterio de las tres encarnaciones..332
Rectifica tus días 335
En el nombre del Altísimo 337
¡Declara tu intencion!..338
Vestidura de días 339
Ayunar despues de un sueño penoso 341

Capítulo X. Sirve al Todopoderoso con alegría..343
Conocer los deseos del rey...344
Demasiado exquisito para soportarlo...345
La gloria del Altísimo es su alabanza...347
Misterio de los «grados» 349
Anhelo de ver el misterio divino..352
Cántale tu anhelo de Él 353
Los ángeles y la oración de Israel 356
Alegría ante *Hashem*...357
Invitados humanos y celestiales 361
De la frivolidad a la alegría..363
Meditación diaria..365
Devekut y el poder del sonido...367
Cómo se honra al Altísimo..369
Delicias de este mundo 375
La risa excesiva 377
Expresión de alegría mediante las bendiciones...380
«Si te olvido, oh Jerusalén…» 382

Capítulo XI. Del amor a la piedad..385
La vigilancia..389
El fervor..391
Recompensa..396
Limpieza...401
La pureza 406
Devekut e inmersión...407
El arrepentimiento y la inmersión 409
La longevidad y la inmersión...413
La ropa limpia...417

Blanquear las trasgresiones 419
La pureza de las manos..420
La pureza de los ojos 421
Pureza del corazón 424
Pureza de la mente 429
¿Por fuego o por agua? 430
«Asi como yo soy santo...». Dos clases de impureza 434
De la pureza a la santificación 436
La humildad 441
El dolor de la cura...444
Como anillos de una cadena 445
La ira y la idolatría 446
El temor a la trasgresión...448
Y a la cumbre: la jasidut-piedad. Conciencia de amar al Altísimo 450

Capítulo XII. En este capítulo explicaremos que para amar al
Altísimo y ser piadoso hay que adquirir tres rasgos: el primero
es confianza absoluta, el segundo, fe y el tercero, alegría 463
    Confianza absoluta-*bitajón*..465
    Los deberes del corazón acerca de la confianza 466
    Fe-*emuná* 474
    Alegría-*simjá* 483

Apéndice I. Lista confeccionada por Rabí de Vidas,
de los temas que aparecen en cada capítulo 489

Apéndice II. Ensayo acerca de *Reshit Jojmá* (por Rabí Moshe Schatz).............505

Glosario 533

LA LUZ DE EFRAIM
Simja H. Benyosef

448 páginas

La Luz de Efraim, de un modo asombrosamente sencillo y didáctico, aborda los temas más actuales y complejos: el dificultoso desarrollo personal y las delicadas relaciones humanas entre los distintos sexos. El protagonista es un cabalista que trasmite sus enseñanzas a una pareja joven, ayudándola y guiándola a encontrar la espiritualidad auténtica que ésta tanto desea y ansía. Sin embargo, el tema subyacente de *La luz de Efraim* es la conciencia mesiánica que se vincula con la figura del Iosef bíblico y la difícil prueba a la que es expuesto en su vida personal: conciencia que está descendiendo al mundo de un modo oculto, de manera aparentemente natural, mas reflejando el propósito Divino de encender los corazones hacia la dimensión espiritual indispensable para preparar la Redención.

«*La luz de Efraim* es un libro maravilloso, altamente recomendable». Rabí Eliézer Berland Rosh Yeshiva de Shuvu Banim «*La Luz de Efraim* es un libro importante que trata de un tema esencial para el servicio divino del hombre». Rabí Jaim P. Scheinberg y Rosh Yeshiva de Torah Or «Creo sinceramente que esta obra puede inspirar y ayudar a sus lectores a alcanzar la elevación espiritual…». Dayan Janoj Ehrentreu y Rosh Bet Din, Londres.

La tercera edición inglesa de este libro que aparecerá en unos meses, incluye un nuevo capítulo acerca de cómo rectificar la pureza del alma en nuestro tiempo. Un resumen en español de este capítulo se encuentra en la página web: www.healingwithinwithout.com